Warum seid Ihr nicht ausgewandert?

Inhalt

Prolog		9
1933	Auf die Dauer wird das Experiment Hitlers nicht gut ausgehen.	26
1934	Ich muß in die Bank und mich täglich von aufgehetzten Menschen herabwürdigen lassen.	39
1935	Haltet fest zusammen und laßt Euch nicht unterkriegen.	47
1936	Fünf Vierteljahre war ich geschützt, jetzt geht es wieder einer ungewissen Zukunft entgegen.	61
1937	Man lernt ja immer noch nicht die nötigen Konsequenzen zu ziehen, weil man den letzten Rest von Hoffnung nicht aufgeben will.	83
1938	Die neuen Gesetze bereiten mir großen Kummer.	104
1939	Man darf, man muß hoffen, daß wir gerettet werden...	125
1940	Das gibt es nicht, dass eine Arierin von Juden Anordnungen entgegenzunehmen hat.	142
1941	Es heißt für uns jetzt nur, durchhalten!	152

1942	Erst wenn ich wieder auf der Straße war, die Gitter hinter mir runterrasselten, erlaubte ich meinen Knien zu zittern.	178
1943	Als wir uns vor 16 Jahren kennenlernten, ahnten wir Gott sei Dank nicht, was uns bevorstand.	199
1944	Der gute Stern scheint Euch und uns verlassen zu haben...	261
1945	Wir können das uns auferlegte Schicksal nicht wenden, es muß ausgelitten werden.	364

Epilog 424

Danksagung 468

Bildnachweis 470

Über die Autorin 471

Register 472

Irène Alenfeld

Warum seid Ihr nicht ausgewandert?
Überleben in Berlin 1933 bis 1945

 verlag für berlin-brandenburg

Lektorat: Alexander Knaak, Berlin

Satz, Gestaltung und Covergestaltung: Moritz Reininghaus, Berlin
Gesetzt aus der Minion Pro.

Druck: Mercedes Druck GmbH, Berlin

ISBN: 978-3-86650-015-0

1. Auflage 2008
© Verlag für Berlin-Brandenburg GmbH
Stresemannstraße 30, D – 10963 Berlin

Jede Form der Wiedergabe oder Vervielfältigung, auch auszugsweise,
erfordert die schriftliche Zustimmung des Verlags.

www.verlagberlinbrandenburg.de

Meinen Eltern

Ich will nicht die letzten Konsequenzen ziehen, sondern um der Kinder willen meine Position als Deutscher bis zum letzten verteidigen. Wie ungerecht, wie sinnlos ist das alles.
Erich Alenfeld, 7. Juli 1937

Ich habe bisher immer auf unseren guten Stern gebaut und aus den Glückserfahrungen zu lernen und Mut zu schöpfen versucht. Und so wollen wir es auch diesmal wieder halten.
Sabine Alenfeld, 4. Juli 1941

Meine Großeltern, väterlicherseits: Eugen Alenfeld, Chef des Bankhauses E. Alenfeld & Co. in Magdeburg, und seine Ehefrau Elsa, geb. Schlesinger-Trier, um 1910.

Prolog

Eine ganz normale Familie. Heute. In Deutschland. Die einen sind protestantisch, die anderen katholisch. Die einen gehen regelmäßig zum Gottesdienst. Die anderen nicht so oft. Die einen gehören der einen, die anderen einer anderen politischen Partei an. Nicht jeder toleriert großzügig von den eigenen Überzeugungen abweichende Meinungen ... doch alle vereint ein ausgeprägtes Verantwortungsgefühl sozialer Verpflichtung, bürgerlichen Engagements für dieses oder jenes, Anlässe gibt es zur Genüge.

War es das, was unsere Großeltern und Urgroßeltern einst für ihre Familie erhofft hatten? Völlig aufzugehen in der deutschen Gesellschaft als treue Staatsbürger, die sich in nichts von ihren Mitbürgern unterscheiden, schließlich nicht einmal mehr durch ihre Religion? Das hatten die Großeltern[1] gewagt, ein Jahr bevor das neue viel versprechende, welträtsellösende Jahrhundert anbrach: mein Vater Erich, sein Bruder Walter, seine Schwester Carla[2] wurden evangelisch getauft, die Eltern dagegen verblieben im alten Glauben, dem mosaischen, wie man damals sagte, wohl um das peinliche Wort »jüdisch« zu vermeiden.

Hundert Jahre später, allen Schrecknissen des vergangenen Jahrhunderts zum Trotz, scheint das Ziel erreicht: Die Urenkel wissen kaum noch etwas von vergangenen Kämpfen, Verfolgungen, Zweifeln, Enttäuschungen; die Bedrohungen der Nazizeit sind ihnen aus Geschichtsbüchern geläufig, keine eigene Erfahrung verbindet sie mit den dort beschriebenen Vorgängen.

---

1   *Eugen Alenfeld (geb. Magdeburg 1861 – gest. Magdeburg 1923), Privatbankier und Chef des Bankhauses E. Alenfeld & Co. und seine Ehefrau Elsa, geb. Schlesinger-Trier (geb. Frankfurt am Main 1872 – gest. Berlin 1941).*

2   *Erich Carl Julius Alenfeld (geb. Magdeburg 1891 – gest. Berlin 1977), Bankvorsteher. Walter Robert Paul, (geb. Magdeburg 1893 – gest. Magdeburg 1912), Bankkaufmann. Carla Laura Mathilde (geb. Magdeburg 1894 – gest. Berlin 1984).*

Die drei Schwestern Schlesinger-Trier: Elsa verh. Alenfeld, Marie-Therese verh. Lüders, und Martha, spätere Gesellschafterin bei »Exzellenz von Seeckt« (von links), um 1895 (?).

Die Generation meines Bruders Justus[3] und meiner selbst hat anderes erfahren: die Verfolgungen, die dem Vater wie auch uns Kindern – kaum bewusst – galten, die Menschen um uns herum, von denen manche eines Tages nicht mehr erschienen, aber nicht wie in anderen Familien dem Krieg an der Front oder den Bomben auf deutsche Städte zu Opfer gefallen waren. So der Rechtsanwalt Dr. Richard Marcuse[4] – mit der Aktenmappe unter dem Arm, um den Judenstern zu verdecken – der als »Konsulent« die alte Martha Liebermann[5] beriet und sie, als er schließlich doch 1942 nach Theresienstadt deportiert wurde, meinem Vater zu guter Obhut anvertraute, der ihr in goldenen Jugendzeiten oft genug im Salon seiner Tante, der Geheimrätin Dohme,[6] begegnet war. Bis zu Marthas tragischen Freitod sollte sie mein Vater viele Male besuchen und für ihr leibliches Wohl sorgen.

Das tat er gemeinsam mit dem Grafen Bernstorff,[7] nachdem alle im Ausland unternommenen Bemühungen fehlgeschlagen waren, der 84-jährigen Martha die Emigration in letzter Minute zu ermöglichen. Es blieb ihnen nur, ihr das Leben als Geisel des »Dritten Reiches« erleichtern zu helfen. Sie überlebte nicht und auch Graf Bernstorff nicht, der in den letzten Apriltagen 1945 hingerichtet wurde. Doch mein Vater überlebte.

Nicht seine Tanten, die Schwestern Schlesinger-Trier: Marie,[8] Frau von Philipp Lüders, Schwägerin von Marie-Elisabeth Lüders, der späteren Alterspräsidentin des Deutschen Bundestages. Starb Marie von eigener Hand? Oder an dem ihr als (getaufter) Jüdin verweigerten Insulin, denn sie war schwer zuckerkrank? Und Martha Schlesinger-Trier,[9] ihre Schwester, über viele Jahre Gesellschafterin »ihrer Excellenz« von Seeckt, Witwe des Reichswehrgründers Hans von Seeckt?[10] Es kam der Tag, da Dorothee von Seeckt die arme alte Martha nicht mehr vor der De-

3 Dr. jur. Justus Alenfeld (geb. Berlin 1931 – gest. Bad Homburg 1996), Jurist und Bankier.
4 Dr. Richard Marcuse (geb. Berlin 1893 – gest. Theresienstadt 1944), Rechtsanwalt und Notar, vgl. Simone Ladwig-Winter: »Anwalt ohne Recht – Schicksal jüdischer Rechtsanwälte in Berlin nach 1933«, Berlin 1998. Hier wird für Dr. Richard Marcuse als Todesdatum »Februar 1944 / Theresienstadt« angegeben.
5 Martha Liebermann, geb. Marckwald (geb. Berlin 1857 – gest. Berlin 1943), Ehefrau des Malers Max Liebermann.
6 Emma Dohme geb. Alenfeld (geb. Magdeburg 1854 – gest. Berlin 1918), Schwester von Eugen Alenfeld. Erste Ehe mit Ernst Daniel Henry Springer (geb. Frankfurt am Main 1840 – gest. Wien 1880), zweite Ehe mit Dr. Robert Dohme (geb. Berlin 1846 – gest. Konstanz 1893), Geheimer Regierungsrat, Direktor der Kunstsammlungen des Königlichen Hauses.
7 Albrecht Graf von Bernstorff (geb. Berlin 1890 – gest. Berlin/Gefängnis Lehrter Straße 1945), Diplomat und Bankier.
8 Marie Therese Lüders, geb. Schlesinger-Trier (geb. Frankfurt am Main 1875 – gest. Berlin 1942), Ehefrau von Dr. Philipp Ernst Johannes Lüders (geb. Berlin 1875 – gest. Husum 1946), Regierungsrat im Preußischen Kultusministerium, 1936 entlassen.
9 Martha Henriette Schlesinger-Trier (geb. Berlin 1884 – gest. Berlin 1942).
10 Hans von Seeckt (1866–1936), General, Chef des Truppenamts der Reichswehr, 1920 Chef der Heeresleitung, 1925 Rücktritt.

portation schützen konnte. Hatte sie ihrem Leben ein Ende gesetzt oder hatte ein Herzschlag sie erlöst? Die dritte Schwester, meine Oma Elsa Alenfeld, war gottlob eines natürlichen Todes gestorben, wenige Monate, bevor im Berlin des Herbstes 1941 die großen Deportationen einsetzten.

Und so viele andere, die Rat und Hilfe bei meinem Vater suchten, die schemenhaft in meinem Kinderleben auftauchten, bis sie eines Tages für immer verschwanden.

In der Nachkriegszeit dann wurden unmerklich Weichen gestellt, die unser ganzes weiteres Leben bestimmen sollten. Mein Weg führte mich zur Wiederentdeckung des Judentums, das mein Vater für seine Familie »überwunden« glaubte. Aus dem Ersten Weltkrieg gibt es diesen Brief, den er seinem Vater Eugen als junger Offizier aus dem Feld geschrieben hatte: »Ich denke christlich, doch ich fühle jüdisch (...)«, und versuchte sich von dieser Zerrissenheit durch klare Grenzziehung in jeder Hinsicht zu befreien. So war er zutiefst verletzt, als nationalsozialistischer Rassenwahn ihn als »Fremdstämmling« wieder zurück ins »Abseits« verdammte.

Die Emigration hat er in den frühen Jahren der Naziherrschaft wohl kaum in Erwägung gezogen, obwohl in seinem Freundes- und Bekanntenkreis die ersten bereits die angestammte Heimat verließen. In seiner Jugend war er viel gereist, nach England, nach Italien – Bildungsreisen. Für immer in ein anderes Land zu ziehen kam ihm nicht in den Sinn. Auch als sein ihm von Kindheit an vertrauter Vetter Max Springer[11] sozusagen in letzter Minute vor Kriegsausbruch mit Frau und Söhnen nach Frankreich emigrierte, ins Ungewisse, blieb mein Vater standhaft: Sein Weg war ein anderer. Das wahre Ausmaß der Gefahr hat er offenbar nicht erkannt.

Ob er im Laufe seines langen Lebens das Ziel erreichte, christlich zu denken

Mein Urgroßvater väterlicherseits, männliche Linie: Julius Alenfeld, Bankgründer in Magdeburg (um 1870).

11 Dr. jur. et phil. Max Ernst Julius Springer (geb. Frankfurt am Main 1877 – gest. Paris 1953), Emma Dohmes Sohn aus erster Ehe mit Henry Springer.

und zu fühlen? Ich glaube, es ist ihm gelungen – auch wenn er beim sonntäglichen Glaubensbekenntnis im Gottesdienst bewusst einige Worte nicht mitsprach, was seine kleine Tochter regelmäßig erschauern ließ, vielleicht konnte der Gott der Liebe auch zürnen und selbst Erwachsenen nichts durchgehen lassen? Seine Abstammung hat mein Vater jedenfalls nie verleugnet. Dazu waren die Bindung an die eigene Familie, die Verehrung der Vorfahren, die im 19. Jahrhundert zu Wohlstand und Ansehen aufgestiegen waren, viel zu stark in ihm verankert. Allerdings empfand Erich die Herkunft eines Teils der väterlichen Familie »aus dem Osten«, nämlich aus Chodziesen/Kolmar (heute: Chodzież/Polen) in der »Grenzmark Posen-Westpreußen«, als Schandfleck auf der Erfolgsgeschichte. Ebenso den Beruf des Ahnen, der nach Magdeburg ausgewandert war: Er war Schächter, *Schochet*.

Meine Urgroßmutter väterlicherseits, männliche Linie: Mathilde Alenfeld, geb. Beyfus, mit dem »Verdienstkreuz für Frauen und Jungfrauen« (1871).

Man denke, ein Schlachter, der nach den Bestimmungen des jüdischen Gesetzes Tiere ohne vorherige Betäubung tötet, indem er ihnen Speise- und Luftröhre durchschneidet! Die andere Seite, die Frankfurter Finanzaristokratie der Rothschilds, Worms' und Beyfus' wurde uns Kindern immer wieder in wärmsten Tönen geschildert.

Er selbst war für seine Anständigkeit und Treue hochgeschätzt, lebte nach ethischen Grundsätzen, die für mich eng mit den Traditionen jüdischen Glaubens verknüpft sind, aus denen dann christliche Lebensvorstellungen wuchsen.

»Er hatte Gegner, doch keine Feinde«, rief ihm der Pfarrer ins Grab nach – nicht jeder darf auf einen solchen Nachruf hoffen.

Im Grunde habe ich meinen Vater nicht gekannt, denn er kam aus einer Welt, die Lichtzeiten von der unsrigen entfernt ist. Er war vor dem Ersten Weltkrieg ein junger Erwachsener gewesen und trug das 19. Jahrhundert in meine Kinderwelt. Seine Kindheit und Jugend lagen für mich in einer unvorstellbaren Ferne, so wie Grimms Märchen, deren Hänsel und Gretel mir eines Tages auch nicht mehr Wirklichkeit waren. Ich ahnte nicht, dass er als Kind im goldenen Märchen gelebt hatte. Mit Einschränkungen. Doch seine Eltern glaubten, durch

Meine Großeltern mütterlicherseits: Walter Geppert, Landgerichtsrat, Wiesbaden, und seine Ehefrau Käthe, geb. Schacht, um 1910.

Meine Eltern, lange bevor sie sich kennen lernten: Erich Alenfeld als Abiturient 1909, Sabine Geppert als Backfisch in Wiesbaden 1917.

die Taufe ihm und seinen Geschwistern die endgültige Einbettung in die deutsche Gesellschaft verschaffen zu können.

Als ich 1933 zur Welt kam, war Hitler gerade an die Macht gelangt. Die Welt hatte sich grundlegend geändert, noch ehe den Menschen dieser entscheidende Wandel bewusst geworden war. Meine Eltern[12] hatten sich sechs Jahre zuvor kennengelernt und führten anfangs ein ganz normales Leben. Doch was war 1927 »normal«? Der Erste Weltkrieg lag hinter ihnen, sie hatten den Zusammenbruch des Kaiserreichs erlebt, den unrühmlichen Abtritt Wilhelms II., die Gründung der Republik samt den begleitenden Unruhen, die alles wie ein Steppenbrand verzehrende Inflation. Kurzum, den Zusammenbruch der bürgerlichen Gesellschaft mit seinen Begleiterscheinungen, die da hießen: Arbeitslosigkeit, Hunger, Verarmung, Verfall der bis dahin für unerschütterlich gehaltenen Werte. Rückblickend scheint es nicht erstaunlich, dass sich die Menschen in ihrer Not an die Weltverbesserer klammerten, ihnen blindlings Glauben schenkten oder meinten, den ihnen nicht zusagenden Teil der Heilsbotschaft nicht ernst nehmen zu müssen, gar korrigierend entschärfen zu können.

Schwer vorstellbar sind heute die Mittellosigkeit wie die selbstverständliche Bescheidenheit, in der so viele und auch meine Eltern damals nach dem Ersten Weltkrieg lebten. Es wurde buchstäblich jeder Pfennig umgedreht. Sie lebten in gepflegter Umgebung praktisch ohne Geld, während ihre ethischen Wertvorstellungen wie ihre Umgangsformen die Umwälzungen unbeschädigt überlebt hatten. Im Gegensatz zu vielen anderen Verarmten gab es bei ihnen allerdings noch immer ererbte materielle Güter, die man in klingende Münze umzusetzen versuchte.

Doch wie viele Demütigungen waren zu durchstehen, ehe ein weiteres Stück zu niedrigstem Preis verkauft, nein, verramscht und damit die Miete von Erichs Mutter Elsa für den nächsten Monat gesichert war! – Über viele Jahre trug mein Vater ererbte Mäntel auf, er hatte kein Geld für einen neuen Wintermantel. Sein Gehalt war so knapp, dass er weder für Anzug noch für Hut und Stiefel Geld zurücklegen konnte. Jedoch war er nie bereit, die im Elternhaus geübte Gastfreundschaft ernstlich so einzuschränken, wie dies seine Schwiegermutter Käthe Geppert[13] offensichtlich von ihm erwartete, die ihn anfangs ein wenig als »Bruder Luftikus« einstufte. Denn eine Woche ohne Gäste war für den Bankierssohn Erich schlicht nicht vorstellbar. Während das preußische Käthchen, die Apothekertochter aus der traditionsreichen Polnischen Apotheke[14] in der Friedrichstraße, Ber-

12 *Erich Alenfeld und seine Ehefrau Sabine Katharina Hedwig, geb. Geppert (geb. Berlin 1902 – gest. Berlin 1993).*

13 *Katharina Julie Geppert, geb. Schacht (geb. Berlin 1870 – gest. Wiesbaden 1938), Ehefrau von Walter Johannes Geppert, Landgerichtsrat (geb. Berlin 1867 – gest. Wiesbaden 1924).*

14 *Seit 1831 im Besitz ihrer Familie, die ursprünglich als Hugenotten aus Frankreich geflohen war. Nach dem Ersten Weltkrieg in »Dorotheenstädtische Apotheke« umbenannt, weil die Kundschaft »nicht beim Polen kaufen« wollte.*

lin-Mitte, ihrem Binchen »noch 10 Mark zum Färben Deines Hochzeitskleides« in den Brief einlegte und »nur ein, zweimal im Jahr einen Tee« gab. Eine ganz normale Familie. Damals. In Deutschland.

»*Warum seid Ihr nicht ausgewandert?*«

Eine Frage, die ich oft in meiner Jugend gedacht, manchmal auch gestellt habe – nie jedoch in meiner Kindheit: Da war die Welt noch in Ordnung, das Vertrauen in meine Eltern ungebrochen. »Und wenn die Welt voll Teufel wär' (...)«, und das war sie ja auch. Es war Krieg – innen und außen. Hitler führte Krieg gegen die Juden – und gegen die ganze Welt. Meine Familie, der Vater evangelischer Christ jüdischer Abstammung, die Mutter zur Hälfte hugenottischen Ursprungs, also ebenfalls protestantisch, gehörte zu denen, die der Krieg doppelt traf: Innen und außen.

Wir hatten Glück: Wir überlebten. Wir waren noch einmal davon gekommen, wie Thornton Wilder in seinem damals viel gespielten Theaterstück sagt. Die Erwachsenen versuchten, sachte, gegen die widrigen Zeitumstände, zur Normalität zurückzukehren. Und das hieß auch, denen die Hand zu geben, die jahrelang feige weg geschaut hatten, die nicht betroffen gewesen waren, weder so noch so. Dazu die Last der Erinnerung an die vielen, die nicht überlebt hatten! Freunde, Verwandte, Bekannte, denen mein Vater versucht hatte zu helfen – doch die Friedhöfe waren voller Notgräber, Reihen von ordentlich ausgerichteten kleinen Gräbern unglücklicher Selbstmörder ...

Davon wusste die Zwölfjährige wenig. Sie spürte jedoch in ihrer Nachkriegswelt, wie unsicher und wie verlogen sich viele Erwachsene verhielten. Und diese Reaktion fand sich als Widerhall auch bei ihren Klassenkameradinnen. Wer mehr wusste, wer anderes erlebt hatte, teilte es seltsamerweise nicht mit denen, die unter gleichem Schicksal gestanden hatten. War es Scheu, war es der Versuch, auch in der Schule zur »Normalität« zurückzukehren? Jung zu sein – ohne Vergangenheit?

Erst vier Jahre später sollte die Sechzehnjährige fähig sein, ihre Eindrücke in einem Schulaufsatz in Worte zu fassen:

»Wanderung durch Ruinen. Der letzte Krieg hat uns viel hinterlassen, an dem wir alle schwer zu tragen haben. Dies ist unsere Pflicht und Schuldigkeit. Denn zählen wir uns zu dem deutschen Volk, fühlen wir uns als Deutsche, so haben wir auch Schuld an dem letzten Kriege und den Greueltaten, die geschehen sind. Wir wollen dies oft nicht wahrhaben, besonders wir junge Generation, und doch ist es so. Wenn ich mich selber frage, gab es für mich irgendein Mittel, Schuld zu vermindern, so muss ich es bejahen, obwohl ich doch auch in dem letzten Kriege genug zu leiden hatte. Und so wie mir ergeht es vielen, die sich für völlig schuldlos halten, nur weil es ihnen selber nicht allzu gut ging. Es gehört eine persönliche Entschlossenheit dazu, die Schuldfrage zu bejahen und sie nicht einfach gleichgültig oder unentschlossen beiseite zu schieben. Hierzu hat uns der Krieg ein Mahnmal hinterlassen: die Ruinen. In keiner

Die Geschwister 1949: Backfisch Irene und der Abiturient Justus.

Gegend Deutschlands finden wir nicht diese Reste einer überheblichen und schmachvollen Zeit. Es liegt nun an den einzelnen Menschen, ob sie diese Stätten der Zerstörung und des Grauens erkennen als eine Mahnung vergangener Zeit oder nur als Verunzierung der Gegend betrachten. (...) Und wie ist es jetzt, vier Jahre nach Ende des Krieges? Ist alles Alte zerstört, hat eine neue Zeit begonnen? Nein, das einzige Bestreben der Menschen ist, nur alles wieder so zu machen, dass es dem Alten ähnelt und nicht mehr an die dazwischen liegende Zeit erinnert.«

Das waren harte Worte, eigentliche Paukenschläge, deren Widerhall sie selbst nur schwer ertrug; die Absolutheit ist sicherlich ihrem Alter zuzuschreiben, nicht dem Einfluss des Vaters, der ihr ja »versöhnen und verstehen, vielleicht sogar verzeihen« vorlebte. Die absolute Zugehörigkeit zum deutschen Volk, komme da, was gekommen ist – war allerdings auf seinem Konto zu verbuchen.

»Warum seid Ihr nicht ausgewandert?«

Wen wundert's, dass diese junge Person diese Frage oft gedacht und manchmal zu stellen gewagt hat? Damals wusste sie ja nicht, dass das Überleben in der ihnen zwölf Jahre lang verweigerten Heimat einen großen Schatz darstellte, der ihrem ganzen Leben Halt und zugleich brisante Kontrapunktik geben würde. Wen wundert's, dass sie erst einmal mit allen ihren Kräften bestrebt war, dieses Land der zwiespältigen Gefühle so schnell wie möglich zu verlassen. Sie suchte klare Verhältnisse, eindeutiges Engagement, ein Volk, das sich durch tadellose Zivilcourage und Widerstand gegen den Besatzer auszeichnete – mit einem Wort: Frankreich. Das Land der bürgerlichen Freiheiten und Wahrer der Menschenrechte! (Es sollten einige Jahrzehnte vergehen, ehe sie erkannte, wie sehr sie – gemeinsam mit allen ihren jugendlichen Zeitgenossen in Frankreich – von hehren Legenden betört worden war) Doch von nun an würde sie ein Vater- und ein Mutterland besitzen, und über viele Jahre schien ihr das Leben im Mutterland Frankreich um vieles einfacher, da unbelastet.

»*Warum seid Ihr nicht ausgewandert?*«

Gänzlich unerwartet ist diese Frage wieder auferstanden, als ich 1994, nach dem Tod meiner Mutter im Jahr zuvor, unser Berliner Elternhaus auflösen musste und im Schreibtisch meines Vaters einen Fund machte, der als Schatz, doch auch als »Büchse der Pandora« bezeichnet werden muss: Statt den Resten einer einst liebevoll über Jahrzehnte gehegten Briefmarkensammlung (in vielen Briefen finden sich Hinweise auf meines Vaters Sammelleidenschaft), entdeckte ich große Mengen von Briefen, zum Teil aus einer doppelten Vorkriegszeit, also der Zeit vor dem Ersten Weltkrieg! Eine ganze tiefe Schublade voll. Mitten im Umzug – Auflösung und Neubeginn in meiner alten Heimatstadt Berlin – war es unmöglich, diesen Briefberg zu erforschen, nach Jahren, nach Personen einzuteilen. Das alles kam später, allmählich. Erst einmal landeten die Briefe in Kartons und verließen, wie alles andere, Bücher, Möbel, Dokumente, vor allem der väterlichen Familie, das »arische« viereinhalb Zimmer-Häuschen in der Beerenstraße 25, Berlin-Zehlendorf, in dem wir einst Nazis und Krieg überlebt hatten.

Oral history in Briefen ... Mein Vater Erich hatte nicht nur systematisch einen Großteil seines jahrzehntelangen Briefwechsels mit meiner Mutter Sabine aufbewahrt – die bisweilen fehlenden Briefe aus einem »Briefpaar« sind offensichtlich von Sabine vernichtet worden, wenn sie ihren Inhalt für allzu brisant hielt, um sie auf Reisen eventuellen Blicken preiszugeben – sondern auch aus seinem Verwandten- und Freundeskreis. Alle ihm wichtig erscheinenden Briefe hatte er nach eigenen, subjektiven Kriterien für seine Sammlung ausgewählt.

Ursprünglich gehörte er wohl einfach zu der Gattung Mensch, die nichts wegwerfen kann. Im Laufe der Entwicklung von der Weimarer Republik zum »Dritten Reich« mag ihn sein Geschichtssinn geleitet haben, diese und jene Aussagen als Zeitzeugnisse aufzubewahren. So ist verständlich, dass in den Dreißigerjahren vielerlei Briefzeugen dazu kamen, die vorher nicht des Aufhebens für wert erachtet worden wären. Es mag nicht an mangelnder Korrespondenz gelegen haben, denn man telefonierte damals nur im äußersten Notfall, Depeschen wurden eher verschickt als das Fräulein vom Amt um Vermittlung gebeten, wenn es um Gespräche außerhalb der eigenen Stadt ging. So finden sich zum Beispiel in den Dreißigerjahren kaum Briefe seiner Schwester Carla, die eine ausgezeichnete Briefschreiberin gewesen ist, jedoch erst in den Jahren 1943 bis 1945 zur Chronistin der Ereignisse in ihrer Heimatstadt Magdeburg avanciert, deren Bombardierung und Zerstörung sie so minutiös schildert wie die alten Stiche in meinem Elternhaus die Belagerung und Zerstörung der Stadt durch Tilly[15] im Dreißigjährigen Kriege.

---

15   Johann t'Serclaes Graf von Tilly (1559–1632), Oberbefehlshaber der katholischen Liga-Truppen

Auch aus der Verwandtschaft meiner Mutter wurden einige Personen, vor allem ihre Mutter Käthe Geppert und ihre beiden Schwestern Hildegard und Anneliese[16] in den Kreis der Briefzeugen aufgenommen, der später – zum Teil durch mein Eingreifen – um weitere Briefschreiber zur Verdichtung der Zeitatmosphäre vergrößert wurde. Mein Ziel war es, ausschließlich mit dem im Elternhaus gefundenen Material, zu arbeiten; darum habe ich auch Auszüge aus Schulbüchern, Schulaufsätzen und Diktaten, Liederbüchern, *Auerbachs Kinderkalender* und so weiter aufgenommen, desgleichen Familiendokumente sowie von Erich unmittelbar nach entsprechenden Vorkommnissen, wie Vorladungen zur Gestapo, verfasste Berichte. Ein Versuch, die Umwelt zu rekonstruieren, die Einflüsse, denen Erwachsene wie Kinder damals ausgesetzt waren.

Natürlich bleibt die so geschilderte Welt subjektiv bestimmt, denn auch die von meinem Vater aufbewahrten Zeitungsausschnitte, die ich in das Panorama mit einband, sind nach seinen Auswahlkriterien gesammelt, vielleicht sogar nur Überreste einer einst systematisch angelegten Sammlung, die der Willkür der Zeit ausgeliefert war. Darum scheint es mir gerechtfertigt, die subjektiven Schilderungen durch historische Anmerkungen zu ergänzen, ohne dabei den Anspruch auf objektive Darstellung erheben zu wollen.

Ein besonderer Glücksfall ist, dass in meiner Familie die Kunst des Briefeschreibens so natürlich wie die täglichen Gespräche bei Tisch gepflegt wurde; Verständigung lief ganz selbstverständ-

Wiesbaden 1935: Anneliese Geppert heiratet Otto Völker. Vorne rechts Mutter Käthchen, links Hildegard.

im Dienste des Kurfürsten von Bayern, nach Absetzung Wallensteins 1630 war Tilly bis zu seinem Tode auch Oberkommandierender des kaiserlichen Heeres. Die seit 1524 protestantische Stadt Magdeburg wurde immer wieder im Rahmen der Religionskriege belagert und zerstört.

16 *Dr. phil. Hildegard Julie Lina Anna Geppert (geb. Berlin 1899 – gest. Berlin 1974), Schriftstellerin. Zu den von ihr veröffentlichten Romanen zählen Michael Stromberg (Weimar 1930), Eine Frau reist allein (Weimar 1937), Eine Frau schweigt (Weimar 1938), Bummel am Bodensee (Böhmisch-Leipa 1941), So fröhlich wie der Morgenwind (Böhmisch-Leipa 1942). Anneliese Viola Völker, geb. Geppert (geb. Wiesbaden 1909 – gest. Gießen 1990), Biologin, Ehefrau von Prof. Dr. Otto Völker (geb. Heidelberg 1907 – gest. Gießen 1986), Zoologe.*

lich über das gesprochene wie über das geschriebene Wort. Die Kinder lernten, noch bevor sie selbst schreiben konnten, Briefe an den Vater oder die Großmutter zu diktieren: »Plauderbriefe«, wie Großmutter Käthchen sie nannte und solche erbat, als sie schwer an Krebs erkrankt, in Wiesbaden ahnte, dass sie ihre Enkelkinder in dieser Welt nicht mehr sehen würde.

So verfügte ich über vielerlei Quellen: Beschreibungen von Hochgebirgslandschaften und Touren (»Turen«, wie mein Vater in seiner etwas bizarren Orthografie schrieb, die wohl nicht nur seiner Kindheit Ende des 19. Jahrhunderts zu verdanken ist und die ich – wie bei allen anderen Briefzeugnissen und Dokumenten – bewusst in Originalschreibweise übernommen habe), politische Erörterungen und Kommentare zum Zeitgeschehen, Angelegenheiten aus dem privaten Bereich der Familie, Kinderbriefe, die ihrerseits ausführliche Beschreibungen lieferten, und schließlich die Schilderungen der letzten tragischen Jahre des »Tausendjährigen Reiches«. Anfangend mit den Deportationen, endend mit der grausamen Zerstörung Berlins durch Bombardierungen und zu guter Letzt Straßenkämpfe.

Den Abschluss bilden Briefe, die nach Kriegsende Tod oder Überleben von Familienangehörigen und Freunden schildern, dazu neue Kümmernisse, nämlich die katastrophalen Entwicklungen in der sowjetischen Besatzungszone in den Jahren 1945/46 sowie den desolaten Zustand der schwer angeschlagenen Stadt Berlin – und parallel dazu die ersten Reaktionen auf die soeben überstandene Zeit des Nationalsozialismus: »Persilschein«-Ersuche, Briefe, in denen die Verfasser auf diese und jene gute Tat der vergangenen zwölf Jahre verweisen. Ihnen verdanke ich Hinweise auf so manches mutige Verhalten, das meinem Vater das Leben erleichterte, einige Male sogar rettete – freilich sind mir auch einige beschämende, unwürdige Charaktere in jenen Briefen begegnet, für die ich nicht so bereitwillig jenes Verständnis aufbrachte, um das sich mein Vater von erster Stunde an bemüht hatte.

Fast alle Briefeschreiber sind heute tot. Und doch klingen ihre Mitteilungen, Geschichten, Probleme, Anliegen, Schilderungen in meinen Ohren, als sprächen sie heute zu mir. Sie ahnten gewiss nicht, dass ihre Briefe sie viele Jahrzehnte später in den Zeugenstand versetzen würden, dass man ihnen zuhört, um zu erfahren wie es damals war, was sie bewegte, warum sie sich so und nicht anders verhalten haben. Im Falle meiner Familie, warum sie das Unheil nicht hatte kommen sehen – oder sah sie es und glaubte nicht daran, oder ahnte sie die lebensbedrohende Gefahr und blieb dennoch? Ihre Zeit durch ihre Augen zu sehen, ihre Umwelt durch ihre Schilderungen bildhaft zu erfassen, zu VERSTEHEN!

Für den heutigen Leser gibt es allerdings eine Verständnisschwierigkeit: Für ihn sind aufgrund der vergangenen Ereignisse Juden, die in Deutschland leben, an erster Stelle Juden, Fremdkörper, nicht Deutsche, nicht einfach Nachbarn, die eventuell einer anderen Religion angehören. Deutsche und Juden: Schon immer Antipoden? Ein später Sieg des Nationalsozialismus? Oder haben meine Vorfahren in völliger Illusion gelebt, waren nie als Mitbürger akzeptiert worden, obwohl sie, wie mein Großvater Eugen, der Privatbankier, Chef des Bankhauses E. Alenfeld & Co., in ihrer Heimatstadt Magdeburg »hochgeschätzt« wurden?

»Ein Jude will Preuße sein: Rathenau«: Mit diesen Worten wurde vor einiger Zeit von einem Berliner Rundfunksender ein Feature angekündigt. Eine schlimmere Beleidigung hätten sich die Nazis auch nicht ausdenken können! Rathenau WAR Preuße, er lebte in dieser preußischen Welt, sie schuf und sie bedingte ihn, wie all die vielen anderen patriotischen Deutschen jüdischer Abstammung, die meinten, völlig eingebettet in der deutschen Gesellschaft, in der deutsch-jüdischen Symbiose zu leben. Schließlich, wenn auch noch »der letzte Unterschied, der letzte Baustein des Andersseins, die Religion abgestreift war«: Vorbehaltlos eingebunden, akzeptiert?

Zu diesen zählte sich mein Vater. Ich weiß nicht, ob der Begriff der »deutschjüdischen Symbiose« von ihm auf sein eigenes Leben angewendet wurde. Hätte man ihn, hätte man meine Mutter, die als preußische Protestantin, allerdings im gemütlichen hessischen Rheinland in Wiesbaden aufwuchs, wodurch der strengen Lebensauffassung ein kleiner Nasenstüber versetzt wurde, danach gefragt, ich glaube, die Frage hätte sie überrascht. Sie lebten so selbstverständlich in dieser »Symbiose«, dass ihnen ein solcher Begriff gar nicht in den Sinn gekommen wäre. Hat das Bild, das ich durch meine Erziehung vom Leben meiner Vorfahren in Deutschland erhalten habe, nur in der Phantasie der Ausgeschlossenen existiert, haben »die anderen« es nie geteilt, auch vor hundert Jahren nicht?

Graben wie in archäologischer Vergangenheit, auf Funde stoßen, die manchmal zerborstenen Fragmenten ähneln, denen es nachzuforschen gilt, um sie im größeren Zusammenhang zu verstehen. Die eigene Kindheit: Auch ein Objekt archäologischer Forschung? Meine Kindheit: Wie im Festungsturm zu Jericho führen viele Stufen hinab in die früheste Zeit. Die Sohle liegt tief unter der Erdoberfläche, auf der wir uns heute bewegen, tief unten, wo die Wurzeln sind. Wurzeln sollen nähren, nicht zerstören: Werden sie zu mächtig, sprengen sie die stärksten Gebäude, die mächtigsten Steinplatten mit ihrem Klammergriff. Das habe ich mit eigenen Augen gesehen, nicht in der Oase im Wüstensand, nein, tausende Meilen entfernt im Urwald, dort, wo die Natur »über Nacht« zerstört, was Menschenhand geschaffen – diese allumschlingenden, umklammernden, zerstörerischen Wurzeln von Angkor.

War es Instinkt, war es Verteidigung eigenen Seins, die schon das kleine Kind auf »selber machen« beharren ließen? Ich bin ein glückliches Kind gewesen, bekam soviel Liebe von Eltern und Bruder wie ein harmonisch wachsendes Lebewesen ebenso zur Nahrung braucht wie die Muttermilch der frühen Tage. Dennoch, der Drang zur Selbständigkeit war von vornherein ausgeprägt; ausgeschlossen, so dachte ich, dass alles per Vererbung von Vater und Mutter, von Großvätern, »Uhrzeigeromas« (meine Urgroßmutter Laura),[17] Großtanten um drei Ecken, in mich eingegangen sein sollte, dass »singen, malen, schreiben« mir zugefallene Gaben wären, die ich, wie das Sterntalerkind, mit geöffneten Händen als meinen Teil des Familienerbes empfangen hätte.

Die »Büchse der Pandora«: Eigenschaften, die ich stets als meine ureigensten angesehen hatte, entdeckte ich nun in den Briefen meiner Eltern als *ihre* Neigungen, Veranlagungen, als *ihre* Schwächen wie Stärken. Als wäre ich nur ein neu zusammengesetztes Mosaik längst vorhandener Teilchen ... Dies war die eine Seite, die mir im Lauf der Monate, die bald zu Jahren wurden, die Lektüre dieser Hunderte von Briefen so faszinierend machte; die andere Seite der Reise in eine zum Teil pränatale Vergangenheit wurde zur Schatzsuche. Meine Belohnung war die Entdeckung meiner Eltern in ihrer Hinneigung zueinander wie zu ihren Kindern, die allen Belastungen der Zeit und der eigenen Charaktere standgehalten hatte. Freilich auch ihrer ständigen Kämpfe miteinander, vor allem der Weigerung meines Vaters, seiner elf Jahre jüngeren Frau Freiraum zuzugestehen, in dem sie ihre eigenen Interessen und Vorlieben pflegen konnte. Ein weiteres Geschenk war die Entdeckung ihrer Tapferkeit und Hilfsbereitschaft, um die nicht viele Worte gemacht wurden.

Allerdings überrascht in Erichs Briefen sein offensichtliches Unverständnis für die eigene prekäre Lage, dessen Leben stets am seidenen Faden hing, den meine Mutter sozusagen in der Hand hielt. Er schien nie zu bedenken, dass meiner Mutter, der »Arierin«, ganz andere Optionen offen standen. Die Zwangsscheidung wurde von beiden stets nur als Bedrohung, nie als Möglichkeit der Befreiung angesehen, die eigene charakterliche Lauterkeit setzten sie als selbstverständlich beim Partner voraus. Meinem Vater war damit der Weg zu einem Verhalten freigegeben, das aus heutiger Sicht als recht autoritär und wenig kompromissbereit erscheint.

Auf der anderen Seite gab es ein ganzes Geflecht von Freundschaften, zum Teil aus Jugendzeiten, das sie, wie in Erwiderung ihres eigenen vertrauensvollen Gebens, nun stützte und schützte. Eine wundersame, tröstliche Geschichte, die vielen anderen leider nicht widerfuhr.

Dagegen fühlte ich mich bei der Entdeckung der Briefe meiner Großmutter Käthchen unschuldig schuldig. Von deren großer Güte und Anteilnahme an unserem Schicksal und Wohlergehen habe ich nichts oder sehr wenig gewusst; sie war zu früh gestorben, als dass sie Spuren der Erinnerung in dem kleinen Kind hätte hinterlassen können. Nicht anders erging es Hildegard, der älteren Schwester meiner Mutter, die uns Kindern in frühen Tagen unter großem Einsatz so viel Zuneigung und Zeit gegeben hatte – und dennoch in unserer Erinnerung eher

---

17 *Laura Schlesinger geb. Trier (geb. Frankfurt am Main 1848 – gest. Berlin 1936).*

den Stiefplatz der naiven schriftstellernden Tante auf der ewigen Suche nach *dem* deutschen Lustspiel zugewiesen bekommen hatte. Ein schweres Schicksal – eine Meningitiserkrankung im Krieg, Penicillin war nicht verfügbar – trug ihr für die letzten Jahrzehnte ihres Lebens Epilepsieanfälle und daraus folgende Behinderung ein. Und doch verdanken wir ihr und dem von ihr für uns gekauften Häuschen in Berlin-Zehlendorf, dass wir eine Überlebenschance während der NS-Diktatur bekamen. Dies zum familiären Gehalt der Briefe, der den Leser vermutlich nur beiläufig berührt und keine Veröffentlichung gerechtfertigt hätte.

Ein Wort scheint mir an dieser Stelle noch angezeigt: Die Frage, wie weit man Privates preisgeben darf, ob die Abrundung des Gesamtbildes, das den Weg des/der Betroffenen erst recht verständlich macht, die Bloßlegung von Auseinandersetzungen privater Natur, charakterlicher Schwächen oder auch von Bemerkungen über Dritte rechtfertigen kann. Mein Bemühen war, wegzulassen, was verletzend auf Nachfahren wirken könnte und die Gesamterscheinung in nichts abrundet, sondern eher durch beschämende Details beeinträchtigt. Es handelt sich ja nicht um Personen, die zu ihrer Zeit im öffentlichen Leben standen, so dass die Öffentlichkeit ein Recht auf ihre vollständige, alles umschließende Darstellung hätte. Und selbst dann gäbe es Grenzen.

Auf der anderen Seite scheinen mir gewisse Verhaltensweisen aus dem Druck der Ereignisse geboren, der keineswegs nur zusammenschweißt, die Menschen zu einer Schicksalsgemeinschaft werden lässt. Gewiss, sie wurden in eine solche Gemeinschaft gedrängt, gleiches Schicksal ließ sie zusammenrücken, Menschen, die vorher wenig gemein hatten, fanden sich unversehens vereint, doch das schloss Zank und Hader nicht aus. Die Grundhaltung mochte stimmen, die Umsetzung im täglichen Leben wurde von dem beeinflusst, was auf allen Mitbürgern und um so mehr auf den Verfolgten besonders in der Kriegszeit lastete: Nächtliche Bombenalarme, mangelnder Schlaf, tägliche Angst, zerbombte Wohnungen, Angst vor Zwangsräumung, Zusammenrücken und Aufnahme Ausgebombter und damit verengter Wohnraum, harte Arbeitsbedingungen mit stundenlangen Fußmärschen zum und vom Arbeitsplatz, schließlich ungeheizte Wohnungen, Wassernot, Kohlenmangel, Stromsperren, Lebensmittelnot, langes Anstehen um jegliches Essbare undsoweiterundsofort. So finden sich in den Briefen auch kleinliche, enttäuschende Bemerkungen, die so gar nicht in das bis dahin gewachsene Bild des Briefeschreibers passen wollen.

Interessant schien mir an diesen Briefzeugnissen, wie sehr sich die Ereignisse der Zeit darin widerspiegeln, ja, man kann fast von einer Chronologie sprechen, obwohl es natürlich Lücken gibt, da meine Eltern die meiste Zeit ein gemeinsames Leben in Berlin führten und anfangs glücklicherweise nur wenige Wochen im Jahr getrennt waren – und sich dann schrieben. Doch der Entwicklungsbogen ist klar zu erkennen, anfangend mit ihrer Verlobung im Jahre 1927, den Krisen der späten Weimarer Republik, der großen Weltwirtschaftskrise seit 1929 mit daraus resultierender hoher Arbeitslosigkeit und weiterer Verarmung, dem Aufstieg Hitlers bis zur »Machtergreifung« am 30. Januar 1933.

Diese ersten Jahre ihrer Ehe (1927-1933) wurden von mir aus Gründen der Ökonomie, nämlich der Begrenzung auf die wesentlichen Jahre des NS-Regimes, ausgelassen Doch sei so viel zum besseren Verständnis des Briefwechsels gesagt:

Mein Vater Erich lebte seit 1920 als Bankkaufmann in Berlin, nachdem das väterliche Bankhaus E. Alenfeld & Co., Magdeburg, im Jahre 1920 mit der Mitteldeutschen Creditbank (MCB), Frankfurt am Main und Berlin, fusionierte. Diese wiederum nahm 1929 ein Fusionsangebot der Commerz- und Privat-Bank, Berlin, an, nachdem die MCB die Wirren der Hyperinflation und der schließlich eintretenden Währungsstabilisierung durch Einführung der Rentenmark einigermaßen glimpflich überstanden hatte.

Im Fusionsvertrag von 1920 war Erich eine Anstellung auf Lebenszeit zugesichert worden, während sein Vater Eugen einstweilen in seinen bisherigen Geschäftsräumen die Magdeburger Filiale der MCB leitete. Doch dieser starb nach schwerer Krankheit am 27. April 1923. »Er war ein Mann, zu dem seine Mitarbeiter und Angestellten voller Verehrung und Achtung aufsahen. (…) Seine Freundlichkeit und sein väterliches Wohlwollen haben ihm unsere Herzen über das Grab hinaus gewonnen.« So der Nachruf der Magdeburger Filiale der Mitteldeutschen Creditbank. Sein Sohn Erich kehrte nicht nach Magdeburg zurück. Nach weiterer Ausbildung bei der MCB Berlin wurde er 1925 »Depositenkassenvorsteher«. Nach der Fusion

Verlobung in Wiesbaden: links mein Vater Erich, in der Mitte Käthchen Geppert, rechts die Jungverlobte (offiziell!) Sabine, September 1927.

1929 blieb seine Stellung unverändert. Er leitete die »Depositenkasse YZ« der Commerz- und Privat-Bank am Kaiserdamm 95 in Berlin-Charlottenburg.

Meine Mutter Sabine, die in Wiesbaden zur Bibliothekarin ausgebildet wurde, fuhr im Frühjahr 1927 zur Ablegung ihres Staatsexamens an der Staatsbibliothek nach Berlin, der Stadt, in der sie geboren, aber nicht aufgewachsen war, und aus der beide Eltern stammten, Walter Geppert und seine Ehefrau Käthe, geborene Schacht.

Sabines erster Besuch galt der Familie des besten Freundes ihres 1924 in Wiesbaden verstorbenen Vaters Walter: Dem Architekten Alfred Breslauer mit Ehefrau Dora und vier Töchtern. In deren Hause in der Rheinbabenallee, Berlin-Dahlem, war der Junggeselle Erich Alenfeld ein gern gesehener Gast. Sie lernten sich am ersten Abend kennen, verliebten sich, im Juli 1927 kam es bei einem Ausflug nach dem Kloster Himmelpfort zu einer heimlichen Verlobung, die im September in Wiesbaden mit einem fröhlichen Fest besiegelt wurde. Die standesamtliche Trauung war im Dezember 1927, die kirchliche im April 1928. Mein Bruder Justus kam 1931 zur Welt.

1933

Auf die Dauer wird das Experiment Hitlers nicht gut ausgehen.
Vorläufig wird nichts zu machen sein, denn ein Wall
von Glaube umgibt ihn.

Bereits im ersten Jahr des »Tausendjährigen Reiches« prasselten Gesetze, Verfügungen und Durchführungsverordnungen auf die zum großen Teil unvorbereiteten »nichtarischen« Bürger ein; wenige hatten Hitlers Mein Kampf gelesen oder seine schlecht formulierten, bisweilen wirren Vorstellungen nicht ernst genommen. Wenige ahnten, mit welcher Geschwindigkeit diese umgesetzt und auf ihr Leben so tief greifend einwirken würden.

Es fing an mit der »Reichstagsbrandverordnung« des greisen Reichspräsidenten Hindenburg vom 28. Februar 1933 zum »Schutze von Volk und Staat«, die Grundrechte aller Bürger außer Kraft setzte, dem »Ermächtigungsgesetz zur Behebung der Not von Volk und Reich« vom 24. März, dem Boykott aller jüdischen Geschäfte am ersten April, gefolgt vom großen Donnerschlag des 7. April: Dem »Gesetz zur Wiederherstellung des Berufsbeamtentums«,[1] das die Ausschaltung aller »nichtarischen« Beamten vorsah, mit gewissen Sonderregelungen für jüdische Frontkämpfer.

---

1   Vgl. »Gesetz zur Wiederherstellung des Berufsbeamtentums« vom 7. April 1933: § 3 (1) Beamte, die nicht arischer Abstammung sind, sind in den Ruhestand (§§ 8ff.) zu versetzen; soweit es sich um Ehrenbeamte handelt, sind sie aus dem Arbeitsverhältnis zu entlassen. (2) Abs. 1 gilt nicht für Beamte, die bereits seit dem 1. August 1914 Beamte gewesen sind oder die im Weltkrieg an der Front für das Deutsche Reich oder für seine Verbündeten gekämpft haben oder deren Väter oder Söhne im Weltkrieg gefallen sind (...).« Vgl. den Brief Hitlers an Hindenburg vom 5. April 1933: »Hochverehrter Herr Reichspräsident! Die Abwehr des deutschen Volkes gegenüber der Überflutung gewisser Berufe durch das Judentum hat zwei Gründe: Erstens das ersichtliche Unrecht, das durch die unerhörte Zurücksetzung des deutschen Staatsvolkes gegeben ist. (...) Zweitens die schwere Erschütterung der Autorität des Staates, die dadurch bedingt wird, daß hier ein mit dem deutschen Volk nie ganz verwachsener Fremdkörper, dessen Fähigkeit in erster Linie auf geschäftlichem Gebiet liegt, in die Staatsstellungen drängt und hier das Senfkorn für eine Korruption abgibt, von deren Umfang man auch heute noch keine annähernd genügende Vorstellung besitzt. (...) Überhaupt soll ja das erste Ziel dieses Reinigungsprozesses nur sein, ein gewisses gesundes und natürliches Verhältnis wieder herzustellen und zweitens aus bestimmten staatswichtigen Stellen Elemente zu entfernen, denen man nicht Sein oder Nichtsein des Reiches anvertrauen kann.« Vgl. Reichsgesetzblatt 1933/I, S. 175f.

Dieser so genannte »Arierparagraph« sollte von nun an eine Knebelrolle spielen, wie wir sie uns heute kaum vorstellen können: Ob Ausschluss von »nichtarischen« Lehrern aus Lehrervereinen, von »nichtarischen« Kassenärzten aus ihren Kassen, von »nichtarischen« Apothekern, Sportlern und Turnern, Steuerberatern, Zahnärzten und Zahntechnikern, schließlich der Schriftsteller aus dem »Reichsverband Deutscher Schriftsteller« ... Jede Berufsgruppe wurde erfasst, der arische Rassenwahn bot blind-eifrigen Erfüllungsgehilfen der neuen Herrscher ein weites Betätigungsfeld. Bereits am 8. April hatte mein Vater von seinem ehemaligen Regimentskommandeur, Generalleutnant a. D. (außer Dienst) Richard Waechter, eine Bescheinigung über seine Fronttätigkeit im Weltkrieg erhalten, wie er in kurzer Zeit vom Einjährig-Freiwilligen zum Regiments-Adjutanten zum Offizier befördert worden war. »In dem nach Auflösung des Regiments gebildeten Verein der Offiziere des ehem. 1. Thür. Feldartl. Regts. Nr. 19 komme ich noch jetzt regelmäßig mit Herrn Alenfeld zusammen und freue mich der alten kameradschaftlichen Beziehungen, die uns miteinander verbinden. Wegen seines kameradschaftlichen Geistes, seines vornehmen, stets zuvorkommenden Wesens und seiner gesellschaftlichen tadellosen Formen genießt er die ungeteilte Achtung aller alten Regimentskameraden.« Den meisten sollte bald darauf der Mut fehlen, ihm ins Angesicht zu schauen, geschweige denn die Hand zu reichen ...

Am 14. Juli 1933 erschien das »Gesetz über den Widerruf von Einbürgerungen und die Aberkennung der deutschen Staatsangehörigkeit«, das vor allem und schon damals auf Juden aus Osteuropa abzielte. Am 20. Juli 1933 kam das »Ergänzungsgesetz zum Gesetz zur Wiederherstellung des Berufsbeamtentums« heraus und ermöglichte nunmehr auch die Entlassung »nichtarischer« Frontkämpfer. Am 26. Juli verkündete der Reichsfinanzminister in einem Runderlass, dass die Auswanderung von Juden erwünscht sei und nicht unterbunden werden dürfe, wobei gleichzeitig die von Reichskanzler Brüning 1931 per Notverordnung zur Verhinderung der Kapitalflucht eingeführte »Reichsfluchtsteuer« erhoben würde,

Sabine Alenfeld geb. Geppert, jungverheiratet, um 1930.

und damit zur ersten Maßnahme systematischer Ausplünderung jüdischer Bürger mutierte.
Doch mein Vater dachte keineswegs an Auswanderung. Nachdem er nunmehr zum »Fremdstämmling« abgestempelt und auf Grund einer Denunziation zum »Staatsfeind« erklärt, in die Berliner Zentrale der Commerz- u. Privat-Bank, Behrenstraße, Berlin-Mitte, strafversetzt worden war, (vielleicht als Schutzmaßnahme von wohlwollenden Direktoren erdacht, um ihm weitere Verfolgungen durch die »NS-Zellenleitung« in der von ihm geleiteten Depositenkasse am Kaiserdamm in Berlin-Charlottenburg zu ersparen), schrieb Erich am 20. Juli 1933 an die »Personal-Abteilung der Commerz- und Privatbank AG, zu Händen des Herrn Direktor Hampf«: »Sehr geehrter Herr Direktor! Mit Rücksicht darauf, dass ich nach den gesetzlichen Bestimmungen zu den Fremdstämmlingen zähle, erlaube ich mir 3 Zeugnisse über meine militärische Tätigkeit während des Weltkrieges zur Ergänzung meiner Personal-Akten zu überreichen.« Das Zentralnachweisamt für Kriegsverluste und Kriegsgräber, Büro für Kriegsstammrollen bescheinigte am 4. August 1933, dass er »vom 18. 7. bis 25. 7. 1918 an der Abwehrschlacht zwischen Soissons und Reims teilgenommen [habe] und vorstehende Bescheinigung als ausreichende Unterlage zur Nachprüfung der Frontkämpfereigenschaft [diene] (...)«. Sein engster Jugendfreund, der Rechtsanwalt und Notar Dr. Justus Koch,[2] der eine große Rolle bei Erichs Überleben spielen sollte, beglaubigte am 15. August 1933 die wörtliche Übereinstimmung »vorstehender Abschrift mit dem Original.«

2 *Dr. Justus Koch, Rechtsanwalt und Notar (geb. Magdeburg 1891 – gest. Düsseldorf 1962). Im Ersten Weltkrieg Dragoner, nach Sturz mit schwerer Beinverletzung wurde er Flieger: Beobachter und Kopilot in der Fliegerstaffel des Marschalls von Bieberstein. Bekanntschaft mit Hermann Göring, damals sehr erfolgreicher Jagdflieger. Nach dem Ersten Weltkrieg hatte Justus Koch in Berlin W 35, Victoriastraße 32, eine Anwaltssozietät mit mehreren Partnern. Er war auf Urheberrechtsschutz für Musik spezialisiert und wurde Mitbegründer der STAGMA, heute GEMA (Gesellschaft für musikalische Aufführungs- und mechanische Vervielfältigungsrechte). Im Zweiten Weltkrieg diente er in Finnland und in den Niederlanden. Kurz nach dem Attentat des 20. Juli 1944 war er belauscht worden, wie er zu seinem Freund Fritz Siebel (Flugzeugwerke) sagte: »Ja, muss man denn alles selber machen, damit es klappt.« Dem drohenden Kriegsgerichtsverfahren entkamen die beiden per Flugzeug nach Kreta, das bereits von den Engländern besetzt war. Als Spione verdächtigt, kamen sie erst in ein Sondergefängnis, dann in ein Kriegsgefangenenlager in Schleswig-Holstein. Im Winter 1946 entlassen, wurde er im Nürnberger Wilhelmstraßenprozess der Verteidiger von Paul Körner (1893–1957, Staatssekretär, »SS-Obergruppenführer«, seit 1928 Mitarbeiter Hermann Görings, 1936 Stellvertreter Görings als »Beauftragter für den Vierjahresplan«, 1939–1942 Aufsichtsratsvorsitzender der »Reichswerke Hermann Göring«, 1941–1945 stellvertretender Leiter des »Wirtschaftsführungsstabes Ost« und viele weitere hohe NS-Posten. 1949 in Nürnberg zu 15 Jahren Haft verurteilt. Ende 1951 auf freien Fuß gesetzt). Justus Koch gründete nach dem Krieg eine Rechtsanwaltskanzlei in Düsseldorf, vertrat unter anderem die Witwe und Tochter Hermann Görings in einem Bilderstreit mit der Stadt Köln.*

Die immense Bedeutung der Militärpapiere! Alle, alle Auszeichnungen der Großeltern, Eltern, seiner Schwester Carla wie seiner eigenen: Dem Vaterland gedient zu haben. Charpiezupfen[3] und Essensversorgung, Kriegsgefangenenbetreuung und Verwundetenpflege. Die Bewährung an der Front: Der zartbesaitete, nervlich gereizte, an bildenden Künsten und Literatur mehr als an Bankgeschäften interessierte Bankierssohn Erich diente vom ersten bis zum letzten Tag des Ersten Weltkrieges, schrieb ein Kriegstagebuch voll patriotischen Eifers, wurde schnell befördert, Unteroffizier, berittener Meldegänger, Regiments-Adjutant, dann Offizier, natürlich das Eiserne Kreuz I. und II. Klasse, schwere Verwundung und schließlich, Monate nach dem unrühmlichen Abtritt des Kaisers und dem Kriegsende,

Erich Alenfeld, Leiter der Commerzbank-Depositenkasse YZ, um 1930.

Entlassung ins Zivilleben. Und nun, 1933, zum »Fremdstämmling« degradiert. Später, während des Zweiten Weltkrieges, drängte es ihn, den eigenen Kindern immer wieder diese Militärpapiere zu zeigen, er selbst als »wehrunwürdig« vom neuerlichen Waffengang ausgeschlossen, in zwiespältigen Gefühlen befangen: Das regelmäßig nächtlich erworbene Wissen um die Verbrechen, die (nicht ausschließlich, doch vor allem) im Osten begangen wurden, und die »Schmach« des Ausschlusses aus der Wehrmacht, denn die hat saubere Hände, sie bewahrt ihre Reinheit als kämpfende Truppe ... Dem Kind bleiben als unauslöschlicher Eindruck die vielen Durchschläge, alle schlecht getippt mit verrutschten Zeilen, zwei Drittel des Blattes bleiben leer, mit den immer wiederkehrenden Auszeichnungen von Großeltern, Eltern, Vater und Tante.

Und das Kriegstagebuch.

Die »Büchse der Pandora«. Das Kriegstagebuch, einst mit Bleistift in einem mit schwarzem Wachstuch bezogenen Quartheftchen notiert und später, in Großformat getippt und gebunden, wichtigen Familienmitgliedern überreicht, wie Erichs Tante Emma Dohme, die in Berlin einen berühmten Salon führte und mit vielen Künstlern befreundet war, scheint schon damals nicht mit ungeteiltem Beifall auf-

---

3   *Bis spätes 19. Jahrhundert sehr gebräuchliches Verbandmittel, bestehend aus Fäden von zerzupfter Leinwand.*

genommen worden zu sein. Dem heutigen Leser ist der ungebremste Patriotismus, der pflichtschuldigst in Freund und Feind, Gut und Böse einteilt, eher peinlich. So war es mir tröstlich, in einer Passage vom September 1914, beim Vormarsch ins damals russische Hinterland von Krakau, einer vor allem von Juden bewohnten Gegend, nachdenkliche Töne bei Erichs Begegnung mit den in seinen assimilierten Kreisen so gefürchteten wie verachteten Ostjuden zu entdecken: Zu Gast bei einem Rabbiner und seiner schönen Tochter, die nach außen bescheiden, ja ärmlich lebten, im Hause jedoch alle Zeichen von Gesittung und Kultur boten, war mein Vater tief beeindruckt – dennoch verließ ihn nie die Furcht vor den Ostjuden und ihrem Einfluss auf das westliche Bild »vom Juden«. Damals litt er unter den hochmütigen Reden seiner Regimentskameraden, ihre Verachtung galt einer Welt, die nicht die seine war, aber dennoch in Beziehung zu seiner Familie stand. »Ich denke christlich, doch ich fühle jüdisch.« Später wurde aus der Abstammung der Familie ein großes Geheimnis gemacht: Erichs Kinder sollten nie erfahren, dass ein Teil seiner Vorfahren im 18. Jahrhundert aus Polen nach Magdeburg eingewandert waren.

Die minutiösen Schilderungen von Schlachtaufstellungen und Biwaks, requiriertem Federvieh und *Hexe* und *Tipse*, den Zwergschnauzern, die unter dem Pferd des Meldegängers in alle *Aventuren* mittrabten, die zerstörten Dörfer Ostpreußens, Plünderungen durch Russen und Tartaren, die oft wenige Stunden vor dem Einmarsch der deutschen Truppen in die großen Wälder geflohen waren, später die blutigen Schlachten im Westen, der zermürbende Stellungskrieg, bisweilen Zeitungen mit seltsamen Nachrichten aus der Heimat – all dies wurde in langen Auszügen viel zu jungen Kinderohren vorgelesen ... Im Übrigen steht auf der letzten Seite des letzten Quartheftchens unter dem 20. November 1918 ein Zitat von Ranke:[4] »Überhaupt geschieht es in der Weltgeschichte nie, dass gewisse

Emma Dohme, geb. Alenfeld, verheiratet mit Dr. Robert Dohme, Direktor der Kunstsammlungen des königlichen Hauses, um 1908.

---

4   *Leopold von Ranke (1795–1886), Historiker.*

Ideen bis zu ihrer äussersten Consequenz die Herrschaft erlangen, alles frühere historische Leben müsste sonst zerstört werden und eine neue Welt beginnen.«

Hatte Hitler Ranke gelesen? War der 21. März 1933, »Der Tag von Potsdam«, aus dieser Erkenntnis geboren, das Alte mit dem Neuen unter viel Glanz und Gloria zu verbinden? Erich hatte drei Tage später, am 24. März 1933 aus Seefeld geschrieben: »Ich hörte natürlich Potsdam an, ebenso Fackelzug unter den Linden usw. Großartige Regie; Musik berauscht an sich und nun die MassenAnziehungskraft und Suggestion der Zusammengehörigkeit und der Wiederkehr des Alten. Gefühl ist alles, nicht Intellekt, ihr siebenmal klugen Demokraten!«

Vier Wochen nach Sabines Niederkunft war nämlich mein Vater nach Seefeld in Tirol gereist, um sich von den Strapazen meiner Geburt zu erholen – und seine ewig lästige Bronchitis in frischer Schneeluft zu kurieren. Dem verdanke ich einige Briefe meines Vaters, der nicht nur bewegende Naturschilderungen nach Berlin schickte, sondern in dieser frühen Zeit des »Dritten Reiches« sich ernsthaft mit der »nationalen Revolution« befasste. Doch zuerst möchte ich meine Mutter mit ihrem Brief vom 17. März 1933 zu Worte kommen lassen, der sie als glückliche Familienmutter schildert. Leichte Vorahnungen sind spürbar, doch scheinen sie von den ersten Vorboten des »Dritten Reiches« Mitte März 1933 unbeeinflusst.

»Lieber Erich! Deine heutige Karte war mir eine große Beruhigung. Du musst schon entschuldigen, wenn ich immer gleich so besorgt bin, (ich habe nun mal nicht das Zeug zu einer guten Krieger-Frau!) (…) Wir leben hier in geruhsamer Idylle, was nur durch Nachrichten aus der Außenwelt – Seefeld – getrübt werden kann. Ich komme mir etwas dumm vor mit dieser Empfindlichkeit, aber schließlich liegt mir doch sehr viel daran, dass Du erholt wiederkommst. Wir haben es in 5-jähriger Ehe soweit gebracht, dass eine gewisse Beruhigung und Harmonie eingetreten ist, über die ich immer so glücklich bin – und nun sollte irgendetwas dazwischen kommen? Ich habe ja sowieso immer Angst, dass unser beginnendes Familienglück den ›Neid der Götter anregt‹ und würde gern einen Ring wie Polykrates opfern, aber hoffentlich mit besserem Erfolg. Nicht wahr, Schätzlein, Du denkst auch immer daran, dass zuhause 2 Kinder u. eine Frau auf Dich warten und Dich brauchen. Schließlich ist es immer noch etwas anderes, ob ein Mann draußen im Feld ist zur Verteidigung des Vaterlandes, - da müssen diese Sorgen wegfallen, weil es doch um mehr geht. Aber so! - - So, jetzt habe ich mir meine Sorgen mal runtergeschrieben, kann diese Gefühlsduselei lassen und Dir berichten, dass hier alles in schönster Ordnung ist.«

Liest man diesen Briefwechsel meiner Eltern aus dem Frühjahr 1933, so frappiert vor allem, wie ernsthaft sie sich mit dem Nationalsozialismus auseinandersetzten, dem sie trotz allem positive Seiten abzugewinnen suchten.

31

»Mir wird die völlige Trennung von der liberalen Welt sehr schwer«, schrieb Erich im gleichen Brief vom 24. März 1933, »so sehr gerade Hitlers Standpunkt: Kapital und Wirtschaft unter den Staat mir zusagt und nicht von heute an sondern von Jugend an, in immer steigendem Maße. Da bin ich schon lange nationaler Socialist, von Kindheit an in heißer Ablehnung gegen die Vorherrschaft der Banken. Aber so sehr ich der nationalen Bewegung nahe stehe, so sehr misstraue ich doch heute dem socialen Gehalt der neuen Richtung. Ich bin bereit, unter Opfern seelischer Art, mich umzustellen, wenn ich erkenne, dass die Regierung wirklich das ausführt, was sie verspricht. Deklamatorische Reden, Parteiprogramme hören sich stets gut an. Lese ich jetzt Hitlers Ausführungen im Reichstag, dann könnte ich einen großen Teil ruhigen Herzens unterschreiben.

Wo bleibt da das alte unabänderliche Programm der 25 Punkte, wo bleibt die Brechung der Zinsknechtschaft, das ›Herzstück‹ des Programms? Geblieben ist der Hass gegen die ›Marxisten‹ und ein Kampf gegen missliebige Juden. Persönliche Kämpfe. Ämterschacher größten Stils: Ist das würdig einer nationalen Revolution? Aber abwarten: Hitler hat sich, zumindest scheinbar, umgestellt, wie weit werden die immanenten Kräfte der ganzen Bewegung Hitler mitreißen und welche Diagonale wird aus dem KräfteParallelogramm hervorgehen? Nur darauf kommt es an, nicht auf die leidigen, verabscheuenswerten Einzelheiten.«

Mein Vater Erich in Seefeld/Tirol, März 1933.

So mögen viele gedacht und weitere Entwürdigungen und Entehrungen hingenommen haben. Die intellektuelle Verarbeitung der Ereignisse führte zu keiner praktischen Konsequenz. Erich schrieb in seinem ersten Brief aus Tirol am 13. März 1933, nur wenige Tage nach der »Gleichschaltung«, also der Absetzung aller nicht nationalsozialistisch geführten Länderregierungen, an Sabine: »Mit Interesse lese ich Conrad Heidens[5] Hitler Studie und mit Besorgnis sehe ich, wie sovieles eintrifft, das dieser

---

5 Konrad Heiden (geb. München 1901 – gest. New York 1966): Geschichte des Nationalsozialismus – Karriere einer Idee. Berlin, Rowohlt 1932. Heiden verfasste vier Jahre später die erste große Hitler-Biographie in deutscher Sprache: Hitler, das Leben eines Diktators. Eine Biographie. Band 1. Das

voraussah. Auf die Dauer wird das Experiment Hitlers nicht gut ausgehen. Vorläufig wird nichts zu machen sein, denn ein Wall von Glaube umgibt ihn und das Heer der Gläubigen schützt seine Stellung. Ich erlebte es auf meiner Reise: Menschen, die nicht Anhänger Hitlers sind, stehen doch auf dem Standpunkt: Man soll ihn probieren lassen … Der Appell ans Gemüt hat gesiegt. Es wird auch einmal anders kommen. Aber vorläufig ist die Macht in festen und skrupellosen Händen.

Positiv zu werten ist die ungeheure Begeisterung eines kompakten Haufens mehrerer 45 Prozent Deutschen, die sogar die Mainlinie übersprungen hat. Die erste Revolution hat nicht den Mut gehabt, die Konsequenz der Lage zu ziehen. Ob die nationale Revolution ›die Konsequenz zieht und ein unitarisches Reich‹ schafft? Der Widersacher Bayern ist unterlegen. Ein williger Einheitsstaat dürfte für Deutschland kein Gewinn sein, wohl aber ein scharf durchorganisierter foederativer Staat, dem die kleinen Staaten geopfert werden und der nur einige Bundesstaaten übrig lässt, wobei Norddeutschland und Mitteldeutschland Reichsland sind. Dann fehlt noch Oesterreich. Das wird die Aufgabe des nächsten Jahrzehnts sein, den Anschluß herbeizuführen trotz Frankreichs. Seelisch vorbereitet ist er, heute mehr als vor einigen Jahren. Die nationale Erstärkung ist auf jeden Fall ein Gewinn, die eine Unterlage der Zukunft ist gewonnen. Nun heisst es die sociale Unterlage finden. Alle Tiraden Hitlers überzeugen mich nicht, dass er in der Lage sein wird, Deutschland diese zu gewähren. Sein Seelenkreis ist da zu eng, zu einseitig. Seine sociale Auffassung ist zu spiessbürgerlich, zu sehr von Hass durchtränkt …

»Mir wird die völlig Trennung von der liberalen Welt sehr schwer«, Erich Alenfeld, 24. März 1933.

Zeitalter der Verantwortungslosigkeit. 447 Seiten. Zürich 1936; Band 2. Ein Mann gegen Europa. 396 Seiten. Zürich 1937. Er emigrierte 1933 nach Paris, 1940 über Portugal in die USA.

Der ›KommunistenSchreck‹, wie neulich die DAZ[6] schrieb, hat zu gut gewirkt. Das war ›Tells Geschoss‹. Ja, es hat vorzüglich gewirkt. Nicht umsonst hat Hitler, haben Hugenberg und Konsorten jahrelang die Panikstimmung geschürt, genährt. Jetzt haben sie den Lohn davon getragen. Das deutsche Bürgertum sieht sich (mit Portemonnaie) gerettet, das nationale Empfinden hat sich dazu Bahn gebrochen und nun: wird alles gut werden! Ja, das ist eben die Frage. Vorläufig werden die Posten vergeben und den einen das gegeben, was den anderen weggenommen wird. Dann werden die Pauken geschlagen und die Fahnen gehisst und dann? Ist die Weltkrisis behoben, ist die Agrarkrisis beruhigt, wo bleiben die Exporte? Die nationale Plattform ist gewonnen. Das ist viel, ist eine Korrektur der großen Zukunftslinie, aber sie allein wird nicht die Lage Deutschlands bessern. Die Entwicklung eines Volkes beruht auf mehreren Komponenten. Die eine ist korrigiert, auf Zukunft eingestellt, aber die anderen? Um diese wird eines Tages, früher oder später, der Kampf einsetzen.«

Auch aus einer glücklichen Kinderstube ließ sich die Politik nicht vollends verdrängen. So schrieb Sabine ihrem Erich am 14. März aus Berlin: »Ich kam mit Dicke [ältere Schwester Hildegard] heute morgen in einen so heftigen Meinungswechsel, dass wir in Zukunft Politik vermeiden werden. Die Dinge liegen eben so: wir stehen der Zukunft skeptisch abwartend gegenüber mit vielen hemmenden Zweifeln, die andern voll Vertrauen mit der bestimmenden Zuversicht auf eine Besserung. Es muß sich eben zeigen, ob diese Bewegung von einer Parteibewegung wirklich zu einer Volksbewegung werden kann. 52% sind eben noch nicht das ganze Volk. Der gestrige Aufruf Hitlers ist ja gut; er musste jetzt auch wirklich im Interesse des Ganzen aufhören die andern zu verdammen; durch Unterdrückung gewinnt man keine Freunde. Ich meine hier die Sozialdemokraten, die doch weiß Gott ›Volk‹ sind. Macht geht vor Recht ist Dickes Gegenargument, wenn ich über ungerechte Behandlung der ›anderen‹ schimpfe. Man muß ja im Allgemeininteresse wünschen, daß wirklich fähige Männer da sind, die positives leisten können, das wäre gut für uns alle. Aber es hängt doch nicht allein von der Fähigkeit des Führers ab, Krisenwenden sind nicht zu zwingen.«

Als rührend vertrauensselig mag der heutige Leser bei seinem heutigen Kenntnisstand diesen Briefwechsel beurteilen, geschrieben im Monat der Reichstagswahlen, bei denen die Nationalsozialisten auf 288 von 648 Sitzen (44 Prozent) im Parlament gelangt waren und zusammen mit der »Kampffront Schwarz-Weiß-Rot« (Deutschnationale Volkspartei und Stahlhelm) eine knappe absolute Mehrheit von 52 Prozent erreichten. Hätten meine Eltern bei ihrem eindeutig politischen Interesse vorhersehen sollen, dass innerhalb weniger Monate die Gewerkschaften zerschlagen würden, die noch bestehenden bürgerlichen Parteien zur Selbstauflösung gezwungen, die SPD am 22. Juni verboten, während die KPD dieses Schicksal gleich nach

6   Deutsche Allgemeine Zeitung, Berlin.

dem Reichstagsbrand getroffen hatte – und die Begriffe »Schutzhaft« und »Konzentrationslager« für viele politische Gegner zur furchtbaren Wirklichkeit wurden. Denn zu allererst kamen diese an die Reihe, die Juden, Hitlers persönliche Feinde, wurden erst einmal »nur« drangsaliert.

Eine Woche später, am 20. März 1933, meldete Erich aus Seefeld: »Ich lese Dt. Zeitungen, heute die SonntagsVoß [*Vossische Zeitung*, Sonntagsausgabe]. Ich bin im Bilde. Ich bin nicht generell gegen alles – Ich bin doch kein Rindsvieh, aber die Behandlung der Sozis usw.: nein und abermals nein! Die Umwandlung der Friedrich Ebertstr., der Stresemannstr. [in »Hermann-Göring-Straße«]: Das geht über die Hutschnur, ist mehr als Byzantinismus! Und die würdige Tonart des Lokalanzeigers. Der kann sich nicht genug überbieten, den Nazis gleichzukommen. Warum ist eigentlich Bruno Walter[7] so verhasst? Ist der Sozi? Schöne Zeiten, die hoffentlich auch eines Tages ihre Korrektur finden werden. Und dann der edle Schacht:[8] victor triumphans. Jetzt hat er es geschafft: nur keine Überzeugung, dann geht alles.« »Bruno Walter ist doch Jude!« schrieb Sabine am 22. März nach Seefeld zurück. »Das genügt in heutiger Zeit.«

Im Hochsommer, als Sabine mit Mutter Käthchen in Feldberg / Mecklenburg sich bei Professor Kahns[9] musikalischen Veranstaltungen von Entbindung und Stillzeit erholte, hatte die Drangsalierung Erich erreicht. Anzeige, Verfolgung, Strafversetzung in die Berliner Zentrale der Commerz- und Privatbank. Was war vorgefallen? Zwei Angestellte der von Erich geleiteten Bankfiliale hatten ihn im Juli 1933 bei der »NS-Betriebszellenleitung« der Bank angezeigt, er habe im Schalterraum behauptet, Hitler sei ein Mörder. Mein Vater konnte zwar nachweisen, dass diese Behauptung falsch sei, doch musste er eingestehen, dass er im Winter 1933, nach der Machtergreifung Hitlers, einmal erklärt habe, es käme nicht darauf an, ob die Kommunisten oder die Nazis mehr Gegner getötet hätten, sondern es wäre allein maßgebend, wer diese Morde befohlen hätte.

»Für Deine Briefe innigen Dank«, schrieb er ihr am 29. Juli 1933, »ich kann Trost gebrauchen. Meine Abteilung ist nett zu mir, aber dies Spiessrutenlaufen in der Bank. Jedermann weiß es. Überall Bekannte. Überall frühere Angestellte

---

7   *Bruno Walter (geb. Berlin 1876 – gest. Beverly Hills 1962), Dirigent, Pianist und Komponist.*

8   *Hjalmar Schacht (1877–1970), deutscher Finanzpolitiker. 1923 Reichsbankpräsident. 1930 Rücktritt. Drängte Hindenburg, Hitler zum Reichskanzler zu ernennen. 1933–1939 Reichsbankpräsident. 1935–1937 Reichswirtschaftsminister und »Generalbevollmächtigter für die Kriegswirtschaft«. Zentrale Figur der NS-Aufrüstungspolitik. Bis 1943 »Reichsminister ohne Geschäftsbereich«. Kontakte zum Widerstand. 29. Juli 1944 Inhaftierung. 1946 acht Jahre Arbeitslager. 1950 Freispruch. Gründung einer Bank, Beraterkarriere in Entwicklungsländern.*

9   *Professor Robert Kahn (1865–1951), Mitglied der Akademie der Künste Berlin, veranstaltete Musikwochen in Feldberg / Mecklenburg.*

von mir, im Kasino, Garderobe usw. Das ist schrecklich (...) Ab Montag tief im Keller zur Aufnahme von Depots, dh mit vielen Menschen in Berührung kommen, die heute schon grienten. Nun es muss sein um unser aller willen. Auch D. und G. rieten zu, ja stille zu bleiben und abzuwarten, hatten schon in der Bank davon gehört. Unter den Vorstehern natürlich Tagesgespräch. (...) Ich danke Dir, dass Du mich moralisch stützt.«

Im nächsten Brief vom 1. August 1933 schrieb er dem »lieben Binchen« – eine Anrede, zu der Erich sich nur selten hinreißen ließ – »Es ist gut, dass Du Dich ordentlich austoben und Körper und Seele stärken kannst. Was ich damals in Seefeld tat, das holst Du jetzt ordentlich nach. (...) Hier gibt es nur wieder Arbeit und Aufregung. Dein Mann ist doch arg mitgenommen. Die Gedanken kreisen immer wieder um den einen Schmerzenspunkt. Allzuoft werde ich an die Vergangenheit erinnert. Überall in der Bank begegne ich ehemaligen Angestellten von den verschiedenen Kassen, dazu die alten Bekannten aus der M.C.B. [Mitteldeutsche Creditbank] Es ist schon bitter. Sitze jetzt den ganzen Tag im Tresor und kontrolliere EffektenBestände, dauernd feuchtwarme Luft und künstliches Licht. Der einzige Trost: Es hätte noch schlimmer kommen können. Als ich heute mein Gehalt komplett erhielt, da war es doch eine Beruhigung.«

Doch zurück zu den Gesetzen, Verordnungen, Ausführungsbestimmungen des ersten Jahres der braunen Herrschaft. Das »Reichskulturkammergesetz« vom 22. September 1933, das für alle Bereiche der Kultur »Kammern« schuf, betraf zwar den jüdischen Teil meiner Familie nicht direkt, dass aber dieser Ausschluss »nichtarischer« (und auch anderer) Künstler aus dem Kulturleben – nur wer einer »Kammer« angehörte, durfte kulturell tätig sein – bittere Folgen für das gesamte deutsche Kulturleben haben sollte, wurde damals nur von einer Minderheit erkannt. Die jüdischen Künstler dagegen reagierten zwangsläufig schnell. Bereits Mitte Juli 1933 war in Berlin der »Kulturbund Deutscher Juden« gegründet worden, um jüdischen Künstlern neue Auftritts- und Erwerbsmöglichkeiten zu schaffen, und gleichzeitig als Alternativangebot für ein jüdisches Publikum, dem zwar der Besuch von Theater- und Musikveranstaltungen noch nicht untersagt war, aber den dort nun herrschenden Geist als feindselig empfand.

Ich glaube nicht, dass mein Vater je an einer Veranstaltung des jüdischen Kulturbundes teilgenommen hat. Er fühlte sich dieser Welt nicht mehr verbunden – zudem hatte er, wie so viele, das Ausmaß der Ächtung nicht begriffen. Der Reigen der Ausschluss-Erlasse drehte sich jedoch immer weiter, bis Jahresende konnte nur noch Bauer sein, wer deutscher Staatsbürger, »deutschen und stammesgleichen Blutes« und »ehrbar« war; »nichtehrbar« waren offensichtlich all die Bauern und Viehhändler im Südwesten Deutschlands und anderswo; »nichtehrbar« waren die »nichtarischen« Frontkämpfer, die der »Kyffhäuser-Bund«[10] ausschloss, »nichtehrbar« waren Reichsbahnbeamte, die selbst »nichtarisch« oder mit einer »nichtarischen« Frau verheiratet waren, sie waren zu entlassen. »Nichtarier« konnten weder als Schöffen noch als Geschworene berufen werden – laut Verordnung vom 13. November 1933.

Wer heute dieses Stakkato von Gesetzen, Verordnungen, Verboten, Behinderungen, Einschnürungen, Beraubungen und Entrechtungen verfolgt, der kann nur zu einem Schluss kommen: Ein solches Land so schnell als möglich zu verlassen, das einen Teil seiner Bürger derart erniedrigt und jeglicher Lebensgrundlage beraubt!

Warum taten sie es nicht! Warum waren bis Mai 1939 erst 250 000 von insgesamt 500 000 deutschen Juden ausgewandert? Der Funke Hoffnung? Woher dieser unauslöschbare Drang, die Bedrohung nicht auf die eigene Person zu beziehen, ein Nischenleben zu führen, Warnungen in den Wind zu schlagen, das Menetekel an der Wand nicht zu sehen?

Meine Eltern waren Kinder ihrer Zeit, die Vorkriegszeit hatte sie geprägt; der Staat vertrat die geordnete Welt, auch nach den Schrecknissen des Ersten Weltkriegs und den darauf folgenden Wirren hatten sie ihr Vertrauen in Staat und Obrigkeit nicht gänzlich verloren.

Die »Büchse der Pandora«. Meine Eltern lebten in Vorstellungen und Vorurteilen ihrer Zeit, von deren Einfluss sie sich trotz eigener Verfolgung nicht frei machen konnten. Osteuropäer lebten nicht auf unserer Kulturstufe; Ostjuden waren nicht nur anders, sondern gefährdeten durch ihr Anderssein das Leben der Assimilierten, die, so glaubten sie, gänzlich verwurzelt in der deutschen Gesellschaft lebten. Warum öffneten nicht einmal die Novemberpogrome 1938 meinen Eltern die Augen? Konnte man alle Geschehnisse unter menschlicher Schwäche abbuchen? Gewiss, ihnen war Hilfe von Fremden wie Freunden zuteil geworden, doch wie viele Fälle unter Freunden und Bekannten waren ihnen zu Ohren gekommen, denen ganz anders mitgespielt worden war? – Im Sommer 1937, als die Drangsalierung auch in Erichs Leben recht konkrete Formen angenommen hatte, schrieb er an Sabine: »Ich will nicht die letzten Konsequenzen ziehen, sondern um der Kinder willen meine Position als Deutscher bis zum letzten verteidigen.« War es nur um der Kinder willen? War es nicht vielmehr Erich, dem die Heimat zu verlassen unmöglich war, die Heimat, die durch die Taufe in der Kindheit mit einem »Neuen Bund« bestätigt worden war?

10 »Kyffhäuserbund«, 1900 als Dachverband deutscher Kriegervereine aus dem »Deutschen Kriegerbund« hervorgegegangen. Mit Machtantritt der Nationalsozialisten gleichgeschaltet und ab 1938 als »NS-Reichskriegerbund ›Kyffhäuser‹ e.V.« die Alleinvertetung aller ehemaligen Soldaten. Am 3. März 1943 aufgelöst. Anlass war die verlorene Schlacht um Stalingrad. Vermögen und Mitglieder wurden der NSDAP unterstellt.

Auch die anderen, die schließlich doch ausgewandert sind, fühlten wie er, waren ihrer deutschen Heimat tief verbunden. Die Trennung schnitt ins eigene Fleisch – und wer Verfolgung und Krieg im Ausland knapp überlebt hatte, wie Erichs Vetter Max Springer mit Frau und Söhnen in Südfrankreich, stellte sich auch danach die Frage, ob der Zufluchtsort nun neue Heimat sei oder eine Rückwanderung in die alte Heimat dem geretteten Leben erst den rechten Sinn gäbe. Ich jedenfalls verdanke meinem Vater, dass ich in Deutschland aufgewachsen bin, Heimatgefühl wie zwiespältige Gefühle kenne, die sich aus Vergangenem herleiten, bisweilen auch aus nicht so weit entfernten Begebenheiten – und die Entdeckung Europas als größerer Heimat, Fluchtpunkt aller Nachgeborenen, um den Fehlern der alten Generation zu entkommen. – Mein französischer Großvetter dagegen, Sohn von Erichs Vetter Max, verdankt seinem Vater eine neue Heimat und ebenfalls doppelbödige Gefühle, denn das Zugehörigkeitsgefühl zur alten Heimat ist bis heute nicht erloschen, obwohl er seit mehr als 60 Jahren in Frankreich zu Hause ist.

1934

Ich muß in die Bank und mich täglich von aufgehetzten Menschen herabwürdigen lassen. Ich muß täglich diese Seelenqualen ertragen.

Die »Gleichschaltung« ergriff im folgenden Jahr, 1934, immer weitere Bereiche der »Volksgemeinschaft«, wie man nun sagte; die einen wurden immer mehr ausgeschlossen, die anderen zu Disziplin und Unterordnung aufgerufen: »Deutsche Volksgenossen! Der 1. Mai 1934 wird als der Feiertag der nationalen Arbeit von allen Volksgenossen festlich begangen werden. (...) Die Belegschaft der Commerz- und Privat-Bank versammelt sich am 1. Mai um 7¾ Uhr morgens pünktlich im Lichthof (...). Der Marsch nach dem Tempelhofer Feld muss in mustergültiger Disziplin vonstatten gehen, den Anordnungen der Leitung ist unbedingt Folge zu leisten. Die Teilnehmerausweise werden auf dem Tempelhofer Feld den Amtwaltern der N.S.B.O.[1] übergeben. Die N.S.B.O.-Mitglieder tragen das Betriebszellenabzeichen und die Kampfbinde, die übrigen Mitglieder der Gefolgschaft das Abzeichen der Deutschen Arbeitsfront.« So der Obmann der »N.S.-Betriebszelle der Commerz- und Privat-Bank« unter gleichzeitiger Androhung »Wer es an diesem Tage vorzieht zu Hause zu bleiben, zeigt durch seine Gleichgültigkeit und Interessenlosigkeit, dass er nicht wert ist, als Mitglied unserer Betriebsgemeinschaft betrachtet zu werden.«

Ebenfalls nicht mehr wert einer Betriebsgemeinschaft anderer Art, nämlich den deutschen Theatern, anzugehören, waren »nichtarische« Schauspieler, denen per Erlass vom 5. März 1934 das Auftreten auf deutschen Bühnen nicht mehr gestattet war. Ein ebenfalls schwerwiegender Einschnitt in das Alltagsleben in Deutschland, das viele Menschen und keineswegs nur die »Nichtarier« betraf, war der Erlass vom 17. Mai 1934, nach dem »nichtarische« Ärzte oder Ärzte mit »nichtarischen« Ehepartnern die Zulassung zu den Krankenkassen abgesprochen wurde, diesmal ohne Berücksichtigung ihres eventuellen »Frontkämpferstatus«.

1   »Nationalsozialistische Betriebszellenorganisation«.

Am folgenden Tag erschien ein neues »Gesetz zur Reichsfluchtsteuer«: Die Freigrenze wurde von 200 000 auf 50 000 Reichsmark herabgesetzt. Dem folgte am 23. Juni 1934 ein »Runderlass der Reichsstelle für Devisenbewirtschaftung«: Die Zuteilung von ausländischer Währung an Auswanderer wurde von 10 000 auf 2 000 Reichsmark herabgesetzt.

Gewiss, man wollte die jüdischen Mitbürger loswerden, aber bitteschön unter Hinterlassung ihres Eigentums. Am 28. Juli 1934 wurde allerdings jüdischen Auswanderern erlaubt, durch Ankauf deutscher Waren im Rahmen des »Haavara«-Abkommens Vermögen nach Palästina zu übertragen. Dies führte zu erheblicher Mehrarbeit in den Banken, zehn bis zwölf Stunden Arbeitszeit waren für meinen Vater und seine Kollegen nicht selten. Dazu kamen das ständige Gefühl der Herabwürdigung und Zweifel, ob seine so viel jüngere Ehefrau das rechte Verständnis für seine Not aufbringe.

In einem Brief aus dem Moorbad Bramstedt,[2] wo er im April/Mai 1934 als Kassenpatient wieder einmal seinen Bronchialkatarrh kurierte, diesmal wirklich mitten im Volk: Arbeiter, Bahn- und Postbeamte, Straßenbahner, Fischer und Bauern, zog er das Fazit aus dieser Schieflage ihres Ehelebens: »Ich ziehe mich von der Welt zurück, weil enttäuscht und deprimiert, und dann entkräftet, Du stürzt Dich in die Welt, geladen mit Energie und Leidenschaft, tobst Deine Gefühle in Tönen aus und entfremdest Dich dem Heim und seinen Aufgaben. Für mich waren die letzten Wochen meines Berliner Aufenthalts schwere Leidenstage: meine Nerven waren am Ende: siehe Herzanfall und der letzte Rest wurde im Kampf mit den Gewalten der Bank aufgerieben. Wo warst Du in diesen kritischen Tagen? Im Konzert, im Quartett! (...) Ich habe mich innerlich sehr über diese Geigerei aufgeregt. Du tätest klüger weniger davon zu reden und mir meine Ruhe zu lassen. Die Geigerei ist für mich ein rotes Tuch, das mich jedes Mal in Erregung bringt. (...) Ich muß in die Bank und mich täglich von aufgehetzten Menschen herabwürdigen lassen. Ich muß täglich diese Seelenqualen ertragen. Ist es zu viel verlangt, wenn ich zu Hause Ruhe und Erholung haben möchte. Ich glaube doch, dass in diesem Falle die Kameradschaft Dir das Opfer auferlegt, auf mich Rücksicht zu nehmen, zum mindesten in so kritischen Stunden da mich die Verzweiflung gefasst hat und ich der Unterstützung bedarf. Das ist wohl die Zusammenfassung aller Gedanken und Grübeleien, die in meinem Innern mit dem Begriff: Geigerei verknüpft sind. So manche schlaflose Stunde habe ich diese

---

2   *Auszug aus dem* Informationsblatt des Neuen Kurhauses Bad Bramstedt: *»Die Patienten bilden eine Gemeinschaft, in der alle, ohne Rücksicht auf Herkunft und Stellung, sich wohl fühlen sollen. Eine solche Gemeinschaft ist nur möglich, wenn jeder Patient dem anderen Achtung entgegenbringt und Rücksicht auf ihn nimmt. (...) Dazu gehört auch, daß unschön und unangenehm wirkende Nachlässigkeiten in der Kleidung in- und außerhalb des Hauses wie z. B.: Erscheinen in Hausschuhen, ohne Kragen, in Hemdsärmeln usw. vermieden werden. (...) Die Verwaltung ist bereit, im Bedarfsfalle an Patienten Kragen auszugeben. Hausschuhe in- und außerhalb des Hauses dürfen nur getragen werden auf ärztliche Anordnung.«*

Sätze vor mich hergebrütet. Jetzt stehen sie da und mögen Klarheit und Schluß dieser Debatte bringen.«

Ganz offensichtlich verstand mein Vater nicht, dass die für ihn so wichtige Durchhaltekraft seiner Frau einen Boden brauchte, aus dem sie sich nähren und erneuern konnte. Das war für Sabine die Musik. Und die Geige – eine Amati-Imitation –, die der geigespielende Vater ihr in der Jugend geschenkt hatte, mit der sie ein Leben lang musizieren sollte.

In der großen Welt wurde währenddessen Hitlers Weg zur absoluten Alleinherrschaft durch Mord und Totschlag freigekämpft: »SA-Stabschef« Ernst Röhm und zahlreiche hohe SA-Führer, deren Machtansprüche - etwa die Schaffung eines aus SA-Männern gebildeten Milizheeres - Hitler wie der Reichswehrführung unbequem wurden, ließ der große »Führer« zwischen dem 30. Juni und dem 2. Juli 1934 kaltblütig erschießen, auf gleiche Weise hatte die SA selber oft genug ihre Gegner ins Jenseits befördert. Die Gelegenheit nutzend, ließ Hitler viele weitere Regime-Gegner liquidieren. Der lachende Dritte war die SS,[3] die kurz darauf aus ihrer Unterordnung unter die SA »befreit« und Hitler direkt unterstellt wurde.[4]

Einen Monat später, am 2. August 1934, starb Hindenburg, der greise Reichspräsident. Der »Propagandawart der N.S.-Betriebszelle der Commerz- und Privat-Bank« rief seine »Arbeitskameraden und -kameradinnen« zur Volksabstimmung am Sonntag, den 19. August 1934 auf unter Hinweis auf das »Reichsgesetz vom 1. August 1934«: »Das Amt des Reichspräsidenten wird mit dem des Reichskanzlers vereinigt. Infolgedessen gehen die bisherigen Befugnisse des Reichspräsidenten auf den Führer und Reichskanzler Adolf Hitler über.« »Niemand entziehe sich dem Rufe des Führers!« tönte der Aufruf schneidig. »In geschlossener Einheit gibt das Deutsche Volk am 19. August 1934 dem Führer den Beweis seines Vertrauens. Heil Hitler!« 84 Prozent der Stimmberechtigten votierten dafür. Die Wehrmacht war bereits am Todestag Hindenburgs, dem 2. August, auf Hitler vereidigt worden. Ohne Widerspruch? Eingedenk alter Kaiserherrlichkeit? Das sollte verhängnisvolle Folgen haben.

Die Drangsalierung jüdischer Mitbürger ging indessen weiter, nun schloss man per Prüfungsordnung Tierärzte, wenig später Apotheker von der Prüfung aus, und wer sich habilitieren wollte, musste den »Ariernachweis« erbringen. – Davon war Erich nicht betroffen, er hatte seinen Abschluss zum Diplomvolkswirt 1929 nebenberuflich abgelegt, zum »Doktor« reichten wegen beruflicher Überbelastung die Kräfte nicht mehr. Doch erfuhr er im Dezember 1934 eine schwere

---

3   SA: »Sturmabteilung«, SS: »Schutzstaffel«.
4   *Im Frühsommer 1934 war die »Gleichschaltung« so weit fortgeschritten, dass die unter dem Vorwand angeblicher Putschpläne ausgeführten Morde bereits am 3. Juli vom Kabinett als »Staatsnotwehr« akzeptiert wurden.*

41

Demütigung, deren tiefe Wirkung noch zwölf Jahre später zu spüren ist, als er anlässlich des Entnazifizierungsverfahrens eben dieses Commerzbankdirektors um Stellungnahme gebeten wurde: So schrieb Erich als »Hauptamtliches Mitglied der Entnazifizierungs-Kommission Zehlendorf« am 31. Juli 1947 an die Entnazifizierungskommission Wilmersdorf: »Ich bin ehemaliger Beamter der Commerzbank

Elsa mit ihren Enkelkindern Irene, genannt Reni, und Justus auf dem Balkon Am Fischtal 90 (Berlin 1934).

Aktiengesellschaft. Ich war 1933 Vorsteher der Depositenkasse Kaiserdamm (YZ) und wurde im Juli 1933 wegen einer angeblichen Äusserung [Hitler sei ein Mörder], von 2 Angestellten der Kasse denunziert. Als Staatsfeind hingestellt, wurde ich meines Postens enthoben und in die Zentrale versetzt. (…) Entgegen den von der Zelle[5] ausgegangen Anweisungen haben einige Direktoren mir eine wohlwollende Haltung entgegengebracht. (…) Als seinerzeit die Kredit-Abt. II vorbereitet wurde, habe ich mich auf Anraten meiner Bekannten um eine Stellung in dieser Abteilung beworben. Von dieser Bewerbung hatte Herr Bardtenschlager Kenntnis bekommen. Eines Tages liess er mich kommen. Er benutzte die Gelegenheit, um mich, der ich wehrlos war, aufs schwerste zu beschimpfen und zu kränken. Ich versuchte, ihm die

---

5 »N.S.-Betriebszelle«.

Dinge so darzustellen, wie sie sich in Wirklichkeit zugetragen hatten und wies darauf hin, dass ich alter Frontkämpfer und Offizier sei. Dies nützte nichts. Er verletzte mich in ungehörigster Weise und spielte sich als Verteidiger der Ehre Hitlers auf. (...) Auf Grund eigener Erfahrung darf ich wohl sagen, dass es keinen nichtswürdigeren Beamten im Hause der Commerzbank gegeben hat als diesen Herrn. Er war sicherlich nicht von Hause ein echter Nationalsocialist. Aus Eigennutz hat er aber mit den Vorkämpfern der Partei sich zusammengefunden und sich rücksichtslos für die Ziele der Partei eingesetzt. Wenn er gekonnt hätte, so hätte er mich meinen Gegnern ausgeliefert.« So mein Vater nach dem Krieg, der doch ansonsten vom ersten Tage an für »versöhnen und verstehen, vielleicht sogar verzeihen« eintrat.

Doch zurück zum Jahr 1934. Weihnachten nahte. Großmutter Käthchen schickte liebevoll verpackte Geschenke für Groß und Klein und schrieb nach Berlin: »Nach all den frohen, mit Kinderjuchzern belebten Stunden, genießt Ihr Eltern Euch dann, Dankbarkeit im Herzen, dass Ihr solch Glück Euer Eigen nennen könnt! Die Gedanken wandern dann hin und her zu allen Lieben, die beim brennenden Weihnachtsbaum auch Euer gedenken.« Der Alenfeldsche Weihnachtsbaum war mit gläsernen Trompeten und Posaunen, Vögeln mit wippendem Federbusch, silbernen und goldenen Kugeln geschmückt – alle aus Erichs Kindheit – und einem eher schäbigen roten Vögelchen aus gepresster Watte mit der scherzhaften Warnung im Vogelschnabel: »Naschen verboten!« Nie ist es mir in den Sinn gekommen, weder als Kind noch als junger Erwachsener, dass ein Weihnachtsbaum im Hause meiner Großeltern, Eugen und Elsa Alenfeld, eigentlich nichts zu suchen hatte. Freilich, ihre Kinder hatten sie taufen lassen, doch zu den wenigen, uns von meinem Vater nicht vorenthaltenen Beschreibungen aus einer jüdischen Vergangenheit gehört das Bild des Großvaters Eugen, der an den hohen jüdischen Feiertagen bedeckten Hauptes – damals trug man Zylinder – in die Synagoge wanderte, der einstige Schatzmeister der Magdeburger Gemeinde, der, nachdem er seine Kinder hatte taufen lassen, dieses Ehrenamt hatte aufgeben müssen. Der Weg der Assimilation.

»Naschen verboten!« Das galt vor allem dem jüngeren Bruder Walter, »Pepi die Naschkatze«. Der ließ sich nicht abschrecken, der biß in alle Süßigkeiten, ließ die Hälfte angeknabbert am Baum zurück. Heiteres Familienleben ... Ob sie immer fröhlich gelacht haben – oder ließ man gelegentlich auch seinen Ärger an ihm aus, dem Letztgeborenen? Der sah recht jüdisch aus, da half auch die Taufe nicht! Warum hat er sich erschossen? Gleich nach dem Abitur 1912, gerade hatte er die Aufforderung zum Militärdienst, zum Einjährigen, erhalten. Woher hatte er die Pistole? Doch nicht von den Indianerspielen im Sterngarten, jenem parkartigen Reservat gut situierter Bürgerfamilien, in denen die Kinder Krockett und wildere Spiele trieben, manch junge Liebelei ihren Anfang fand, während die Eltern sich an Blumen- und Obstbaumzucht erfreuten.

Warum tat er es? Weil man ihn wegen seines Aussehens hänselte? Weil er spürte, all diese Bemühungen waren umsonst – sie blieben was sie immer gewesen:

Mein frühverstorbener Onkel Walter Alenfeld, den ich nie kennenlernte, um 1911.

Ausgeschlossene? Und waren doch hoch angesehene Bürger ihrer Stadt Magdeburg, noch heute schwingt Ehrfurcht vor dem Bankier Eugen und seinen Empfängen in den Stimmen der späteren Generationen mit, die nur per Hörensagen davon wissen. Eine Mischung von Hochachtung und Bewunderung, die auch dem kultivierten Hause, der Gastfreundschaft, der Sammlung Magdeburger Fayencen und Steingutes von Guischard[6] gelten, der Stiftung meines Großvaters Eugen, von der noch heute Spuren im Magdeburger Stadtmuseum zu finden sind, wenn auch der Großteil der Sammlung, in Salzstöcke ausgelagert, bei Kriegsende vernichtet wurde.

»Ich denke christlich, doch ich fühle jüdisch.« War es das, was den Bruder kurz vor dem Ersten Weltkrieg in den Tod trieb? Ich weiß nicht viel von ihm, aufbewahrt wurden ein paar Schulaufsätze, dem Stil der Zeit entsprechend; ein hübsch gebundenes Quartbüchlein mit handschriftlichen Auszügen über die Renaissance- Condottieren und Fürstengeschlechter und Des Wandervogels Liederbuch, herausgegeben vom »Wandervogel, Eingetr. Verein, Steglitz b. Berlin«, 1905. War er ein Jugendbewegter?

Vor allem verdanke ich Walter die erste kindliche Begegnung mit großer Kunst: Im Esszimmer der große Holzschnitt in Martin-Schongauer-Nachfolge: Eine Kreuzigungsszene mit der trauernden Maria, gestützt vom treuen Jünger Johannes, umgeben von Matronen in mächtig wallenden Gewändern, auf der anderen Seite des Kreuzes sehen die Männer eher dräuend als trauernd aus und die Schächer rechts und links vom sterbenden Gottessohn so kummervoll, als hätten sie schon ihr verfehltes Leben bereut. Im Hintergrund eine Landschaft mit Burgen, Türmen, eine Stadt vor geschwungenen Hügeln. Seitdem liebt das Kind

> 6 *Johann Philipp Guischard (1726–1798), Abkömmling einer Hugenotten-Familie, Glaubensflüchtlingen, die erst in Straßburg und seit Beginn des 18. Jahrhunderts in Magdeburg ansässig waren; gründete 1756 eine Fayence- und eine Steingutfabrik, die bald über Verkaufsniederlassungen in vielen preußischen Städten, aber auch in Russland und Polen verfügte. Vgl. »Die Magdeburger Fayence- und Steingutmanufaktur der Familie Guischard 1756–1839«, Ausstellungskatalog Magdeburger Museen, 1995.*

Holzschnitte. Der geheimnisvoll verstorbene Onkel Walter, von dessen vermuteter Todesursache nie gesprochen wurde, soll das Bild verdreckt in einem Kohlenkeller im Elsass gefunden haben, oder war es im Hinterzimmer eines Kolonialwarengeschäftes? Die Reise ins, damals, deutsche Elsass: eine Belohnung fürs bestandene Abitur? Und danach der Selbstmord: Warum?

Sein älterer Bruder Erich dagegen zog weiter auf dem Weg der Assimilation, der Erste Weltkrieg brach aus, er bekam Gelegenheit »sich zu bewähren«. Ihre Schwester Carla hatte sich mit ebensolcher Konsequenz noch als Backfisch in einen werdenden Berufsoffizier, Sohn eines Obersten, verliebt. Karlernst Pohl[7] war und blieb die Liebe ihres Lebens, auch als die Zeiten schwer wurden, der jungvermählte Offizier (mit Kaisers Erlaubnis!) nicht in das »Hunderttausend-Mann-Heer«[8] übernommen wurde, einstweilen im Bankgeschäft seines Schwiegervaters unterkam und später, als dieses nicht mehr zu halten war, mit einer größeren Bank, der Mitteldeutschen Creditbank (MCB), fusionieren musste und schließlich in der Commerzbank aufging, seinen Lebensunterhalt in den Magdeburger Electrizitätswerken verdiente. Schwere Zeiten. Inflationszeiten. Verarmung des Bürgertums. Kinder wollte Carla nicht haben, ihrem geliebten »Dicken« keine »Bastarde« zumuten – und liebte später von Herzen die »Bastarde« ihres Bruders, Junge und Mädchen, uns.

Kriegsheirat 1918: Carla Alenfeld und Hauptmann Karlernst Pohl.

Die »Büchse der Pandora«: Mein Vater Erich war einige Jahre Mitglied des »Stahlhelm«![9] War es seine Verbundenheit zur »großen Zeit der Bewährung«?

7   *Karlernst Pohl (geb. Ehrenbreitstein/Koblenz 1890 – gest. Berlin 1964), Berufsoffizier, 1919 entlassen, Buchhalter und Leiter des Einkaufes der Elektrowerke AG Kraftwerk Magdeburg.*

8   *Der Versailler Vertrag von 1919 bestimmte unter anderem die Abrüstung des deutschen Heeres auf 100 000 Mann, das so bis 1933 bestand und nach Hitlers Machtübernahme und der Wiedereinführung der allgemeinen Wehrpflicht 1935 im Eiltempo zur »Wehrmacht« aufgebaut wurde.*

9   *»Stahlhelm – Bund der Frontsoldaten« wurde im Dezember 1918 von dem Chemiefabrikanten*

Hilfsschwester Carla vom Roten Kreuz und Erich als frischgebackener Leutnant (1915).

Nicht mehr der junge Mann aus wohlhabendem Hause mit Nervenleiden im Schwarzwald-Sanatorium, nein, der tapfere Meldereiter mit Hexe und Tippse, den Zwergschnauzern, die unterm Pferd mit in den Kampf zogen. Dann die rechte Hand des Regimentskommandeurs – sein Adjutant. War es dies alles, was ihn solch reaktionärem, den »Deutschnationalen« nahe stehenden Verein beitreten ließ? Und war doch Mitglied der liberalen Deutschen Demokratischen Partei und hatte eine politische Nase. Wollte er noch einmal den »Neuen Bund« bestätigen? Oder war er dem »Stahlhelm« beigetreten, weil »ein Schüler unseres Gymnasiums«, der Magdeburger Franz Seldte,[10] den »Stahlhelm« gegründet hatte? Anhänglichkeit an den letzten Kaiser war es nicht. Erich war nachdrücklich Anhänger der Republik, wenn auch kein 27. Januar ins Land zog, an dem nicht »Kaisers' Geburtstag« halb scherzend, halb sehnsüchtig gedacht wurde. Und da das Kind oft genug negative Bemerkungen über den »jungen« Kaiser gehört hatte, begriff es erst Jahrzehnte später, dass jener 27. Januar Geburtstag des ungeliebten Wilhelm II. und nicht des hochverehrten Reichsgründers Wilhelm I. war. Doch das war schon zu einer Zeit, als Kaisers Geburtstag von Mozarts Geburtstag und dieser wiederum vom Bild der ausgemergelten befreiten Hungergestalten von Auschwitz überlagert wurde.

---

und Reserveoffizier Franz Seldte gegründet. Ursprünglich als bloßer Interessenverband für Veteranen gedacht, entwickelte sich der »Stahlhelm« zu einem entschiedenen Gegner der Weimarer Republik. Schon vor 1933 kam es zu Annäherungen an die Nationalsozialisten; 1934 unter der Bezeichnung »NS-Frontkämpferbund« gleichgeschaltet, ein Jahr später aufgelöst.

10   *Franz Seldte (1888–1947), 1918 Gründer und Führer des »Stahlhelm« bis 1935 (Auflösung), seit 1934 preußischer Wirtschaftsminister, SA-Obergruppenführer 1935. Reichsarbeitsminister 1933–1945. Tod in amerikanischem Militärlazarett.*

1935

Haltet fest zusammen und laßt Euch nicht unterkriegen. Ihr müsst Seelenkraft haben, die Euch viel Schmerz tragen hilft.

Zu Anfang des Jahres 1935 trat meine Mutter Sabine in die evangelische Bekenntnisgemeinde nach Beschluss des Bruderrates vom 10. Januar 1935 ein, und wurde unter der Nummer 97 in die Liste der Bekenntnisgemeinde der Ernst-Moritz-Arndt-Kirche, Onkel-Tom-Straße in Berlin-Zehlendorf eingetragen. Auf der Rückseite ihres Ausweises steht: »Die Bekennende Kirche ist der Zusammenschluss aller derer, die die Heilige Schrift Alten und Neuen Testaments nach der Auslegung der reformatorischen Bekenntnisse als die alleinige Grundlage der Kirche und ihrer Verkündigung anerkennen. – Die Glieder der Bekennenden Kirche sind durch das Evangelium aufgerufen. Deshalb wollen sie sich zum Wort Gottes und zum Tisch des Herrn halten und ein christliches Leben führen. Sie wollen beten und arbeiten für eine Erneuerung der Kirche aus dem Wort und dem Geist Gottes. Sie wissen sich zu entschlossenem Kampf wider jede Verfälschung des Evangeliums und wider jede Anwendung von Gewalt und Gewissenszwang in der Kirche verpflichtet.«

Auch mein Vater soll Mitglied der *Bekennenden Kirche* gewesen sein, seinen Mitgliedsausweis habe ich leider nicht in seinem Nachlass gefunden. Auf jeden Fall steht fest, dass ihm als treuem Mitglied der Zehlendorfer Paulus-Gemeinde, der meine Familie seit 1939 angehörte, nie der Zugang zum Gottesdienst verweigert wurde – wie so vielen anderen geschah –, im Gegenteil erfuhr meine Familie praktischen Beistand durch Pfarrer Dilschneider,[1] ebenfalls Mitglied der *Bekennenden Kirche*, als unsere Lage immer prekärer wurde. So wuchs das Kind unter dem Eindruck auf, dass die *Bekennende Kirche* im Gegensatz zu den »Deutschen Christen« unter Reichsbischof Ludwig Müller[2] den Juden in ihrer Not beistand. Martin Niemöller,[3] Mitbegründer der *Bekennenden Kirche*, wusste es besser und

---

1   Otto A. Dilschneider (geb. Berlin 1904 – gest. Berlin 1991), evangelischer Theologe.
2   Ludwig Müller (geb. Gütersloh 1883 – gest. Berlin 1945) evangelischer Theologe. 1933 Wahl zum »Reichsbischof der Deutschen Christen«.
3   Martin Niemöller (geb. Lippstadt 1892 – gest. Wiesbaden 1984), evangelischer Theologe. 1933

47

bedauerte Jahrzehnte später, dass der Kirchenkampf einen weit größeren Raum in ihrem Widerstand gegen Hitler eingenommen hatte als der Beistand für verfolgte jüdische Christen oder Nichtchristen, also Glaubensjuden beziehungsweise Atheisten.

Doch kehren wir zum Jahr 1935 zurück, das im Februar das Verbot jüdischer Versammlungen erlebte, in denen »(…) für das Verbleiben in Deutschland Propaganda gemacht wird«! Im gleichen Monat wohnte Sabine in Wiesbaden der Uraufführung der »Flugstaffel Kramm« bei – einem Theaterstück ihrer Schwester Hildegard, das laut *Berliner Illustrirte* [sic] »die Probleme des wahren und scheinbaren Führertums und der Kameradschaft erörtert«, doch trotz zeitgemäßer Thematik nur wenige Aufführungen erlebte. Derweilen rang Erich weiterhin um die Freundschaft mit seinem besten Freund Justus, dessen so anders verlaufender Lebensweg für Erich Anlass zu Zweifeln und Enttäuschungen war: Der eine befand sich als Rechtsanwalt und Notar auf stetig aufsteigender Bahn, während der andere sich mühselig über Wasser hielt. Doch in der Zeit der Not trugen die vielfältigen Verbindungen des treuen Freundes immer wieder zum Überleben bei. Das wusste Erich damals noch nicht und beschrieb am 15. Februar 1935 eher bitter ein Tischgespräch mit ihm: »Wir speisten zusammen mit Auburtin im ›Rheingold‹.[4] (…) Das gute Bockbier tat uns allen gut. Sonst Politik, Bank und einiges Persönliches. Justus gab so einiges zum Besten, das für den Justus von heute so recht bezeichnend ist. Ich bin sein einziger Freund von der Linken – sollte wohl eine Umschreibung sein – Im allgemeinen stünden seine Freunde (…) im konservativen Lager, wobei er nationalsocial und konservativ ganz leichthin auf einen Nenner brachte. Er gab der Verwunderung Ausdruck, warum er nicht früher der ›Partei‹ beigetreten sei. Auburtin wies lächelnd auf den springenden Punkt hin: weil man den Erfolg nicht voraussehen konnte. Im übrigen gibt es keine objektive Wahrheit mehr, selbst Zeitgenossen können sich nicht im Urteil finden. Der Standpunkt des Beurteilenden hängt zu sehr davon ab, ob er Nutzniesser oder Ausgebeuteter des Systems ist. Selbst so nüchterne, kluge und sonst gerecht denkende Menschen können nicht mehr aus ihrem UtilitätsUrteil heraus. (…) Durch uns alle geht der Zwiespalt. Wir alle müssen das Gute der Bewegung anerkennen und zu gleicher Zeit den Wahnwitz tadeln. Je nach unserem sonstigen Lebensplatz neigen wir dazu, das eine zu verkleinern oder zu übersehen und entsprechend die andere Seite zu vergrößern, soweit wir nicht Kinder der Masse sind und kritiklos die Ereignisse über uns Herr

Gründung des »Pfarrernotbundes« als Reaktion auf Gleichschaltungsversuche der evangelischen Kirche durch Reichsbischof Müller. Mitbegründer der Bekennenden Kirche, 1937 Verhaftung, Verurteilung zu sieben Monaten Haft, nach Freilassung als »persönlicher Gefangener des Führers« bis Kriegsende im KZ Sachsenhausen.

4 *Dr. Victor Auburtin, Rechtsanwalt, Partner in der Anwalts-Sozietät »Koch, Nordenflycht und Auburtin«. Das »Restaurant und Weinhaus ›Rheingold‹« befand sich in der Bellevuestr. 19/20, Berlin W9 (am Potsdamer Platz).*

werden lassen. Dass dem bei Justus nicht der Fall ist, ist selbstverständlich. Immerhin der Herr ist Nutzniesser, hat Erfolg und wird von den unangenehmen Begleiterscheinungen keineswegs tangiert. Und das ist entscheidend für ihn und das umgekehrte für mich.«

Zweifellos war Freund Justus moderner eingestellt als mein Vater. Als dieser noch für die Impressionisten schwärmte – deren deutsche Vertreter er als Banklehrling im Salon seiner Tante Dohme kennen gelernt hatte – war Justus längst Bewunderer Ernst Barlachs und der Expressionisten geworden. Nach dem Ersten Weltkrieg war er weder dem »Stahlhelm« Franz Seldtes beigetreten, auch wenn der zehnmal aus dem Magdeburger Dom-Gymnasium wie er selbst stammte, noch irgendeinem anderen »Frontkämpferbund«. Franz Seldte, den späteren Arbeitsminister unter Hitler, bat er dann allerdings mehr als einmal um Intervention für seinen Freund Erich. Warum er gleich zu Anfang der Partei beigetreten ist? In seiner eidesstattlichen Erklärung vom 20. April 1946, dem so genannten Persilschein, schreibt mein Vater: »(…) kann ich bezeugen, dass Dr. Koch zwar 1933 Parteimitglied wurde, um, wie er hoffte, den bürgerlichen Einfluss in der Partei zu verstärken, dass er schon bald, insbesondere nach den Ereignissen des 30. Juni 1934 [»Röhm-Putsch«] einsah, dass diese Hoffnungen trügerisch waren. Er bemühte sich nach Kräften, das von den Nazis begangene Unrecht wieder gutzumachen und unterstützte seine jüdischen Bekannten und Freunde.«

In den konfliktgeladenen Dreißigerjahren tröstete Sabine ihren Mann mehr als einmal und hoffte für beide Freunde, dass sie die Spannungen durchhalten, und eines Tages, unter besseren Zeitumständen, zu den klaren Verhältnissen ihrer Jugendfreundschaft zurückkehren könnten. Obige Erklärung ist der beste Beweis: sie blieben Freunde, bis der Tod sie trennte.

Im März 1935 machte mein Vater, wiederum allein und vom winterlichen Bronchialkatarrh wieder einmal geplagt, Ferien im Kleinen Walsertal, in Bödmen bei Mittelberg. In einem ersten Brief vom 22. März 1935 schilderte er sein Ferienquartier: »Endlich habe ich die richtige Tageseinteilung gefunden, so dass ich zum Briefeschreiben komme. Ich habe um 6 Uhr Mittag gegessen – ganz gegen die Küchenordnung der Gemse – habe dann eine gute Stunde geruht und sitze jetzt in der Bauernstube am runden Tisch, die halbwüchsigen Kinder des Bauern sitzen neben mir und lesen, (…) am Kachelofen trocknen Schuh und Strümpfe der Hausbewohner und Sportgäste, ein Ruhebett steht neben dem Ofen. An der Wand hängen GemsenGeweihe, die Eltern, der Peter als Kaiserjäger, Dollfuß[5] als Oberleutnant der Schützen – Vater Fritz war mit ihm im selben Bataillon. In der Ecke das Kruzifix, die Mutter Gottes, Jesus, beide mit offenen Herzen.

---

5   *Engelbert Dollfuß (1892–1934), österreichischer Politiker. 1932 Bundeskanzler, gegen Anschluss Österreichs an das Deutsche Reich. 1933 Gründung der »Vaterländischen Front«, 1934 von nationalsozialistischen Putschisten ermordet.*

Als »wehrunwürdig« aus dem Reservedienst entlassen, erhielt mein Vater (Leutnant d. R.) dennoch Hindenburgs Auszeichnung.

Ein Schrank, Bänke an den Fensterwänden: So sieht es hier aus. Elektrisch Licht belichtet den Raum. Draußen ist stille Nacht. Von den Bauernhäusern dringt Lichterschein zu Tal. Oben schimmern die Sterne. Bleich ragen die schneeigen Häupter der Berge gegen den Himmel. In den Mondnächten umrahmte silberner Glanz die Spitzen, auch wenn man ihn nicht sah, verdeckt durch die allzunahen Mauern, die das Tal umschließen.« Eines Tages begegnete er zufällig einem zünftigen Skifahrer namens Pepi und ließ sich mit ihm auf eine größere »Tur« ein, die eigentlich seine Kräfte überforderte. Am nächsten Tag, dem 28. März 1935 schrieb er Sabine: »Am liebsten würde ich heute hinaufgehen und die Sache noch einmal machen, um mich moralisch zu reinigen. Heldentum ist so ›ne Sache, viel Gewohnheit (...), Vertrauen auf die Bretter, auf sich selber, das ist die Hauptsache und das wiederzugewinnen war der Zweck meiner Reise.« Und seine Rückkehr ins Dorf schildernd: »Ich blieb dankbaren Herzens stehen, dankbar einen solchen schönen Tag erlebt zu haben, ohne Gefahr, ohne Verletzung, unter Niedersiegung aller schmächlichen [sic] Gefühle.«

Zu eben dieser Zeit erhielt der Bankbeamte Erich Alenfeld »Im Namen des Führers und Reichskanzlers auf Grund der Verordnung vom 13. Juli 1934 zur Erinnerung an den Weltkrieg 1914/1918 das von dem Reichspräsidenten Generalfeldmarschall von Hindenburg gestiftete Ehrenkreuz für Frontkämpfer.« Ein Routinevorgang? Hatte die ausstellende Behörde, der Polizeipräsident in Berlin, irrtümlicherweise auch »nichtarische« Frontkämpfer erfasst? Auch die »nichtarische« Hilfsschwester vom Roten-Kreuz des *Vaterländischen Frauen-Vereins*, Carla Pohl, geborene Alenfeld, die jahrelang während des Ersten Weltkrieges im »Vereinslazarettzug« als Krankenpflegerin gearbeitet hatte, wurde mit dem »Ehrenkreuz für Kriegsteilnehmer« ausgezeichnet.

Im selben Monat März 1935 wurde allen jüdischen Schriftstellern vom Präsidenten der Reichsschrifttumskammer mitgeteilt, dass ihnen jede schriftstellerische und literarische Tätigkeit in Deutschland untersagt sei. Das Netz wurde immer enger gezogen. Ob die Gleichschaltung von *Auerbachs Deutschem Kinder-Kalender* im 53. Jahrgang 1935 damit in direktem Zusammenhang steht? Jedenfalls schreibt der Herausgeber und Kalendermann Dr. Adolf Holst am Ende des Buches in seiner Plauderecke »An die gesamten Kalenderkinder«: »Da mit Gegenwärtigem der Auerbach-Kalender in andere Regie übergeht, ist nun die Stunde gekommen, von der ich manchem unter Euch schon gesprochen oder geschrieben habe, nämlich die Stunde, da wir als Kalenderkind und Kalendermann Abschied voneinander nehmen müssen. Ich glaube zu wissen, dass wohl den meisten von Euch – und besonders den älteren und jahrelang getreuen – dieser Abschied nicht leicht fallen wird, wie auch mir das Scheiden von unserem lieben alten Auerbach-Kalender (der ja nun bereits sein neues braunes Kleid trägt), für den ich 22 Jahre gearbeitet und dem ich 16 davon als Herausgeber und Kalendermann gedient habe, schmerzlich genug ankommt. (...) So seid denn noch einmal alle von Herzen dafür bedankt und in Liebe gegrüßt! (...) Seid und bleibt d e u t s c h im wahrsten und tiefsten Sinne des Wortes, dann wird Euer Weg stets hell sein und Euer Wandern voll Freude!«

Die braune Farbe des Einbands sollte sich nicht bewähren, in den mir vorliegenden Bänden von 1940 und 1942 – in jener Zeit erbte man von älteren Kindern nicht nur Kleidung, sondern auch Bücher – herrscht wieder das charakteristische Rot vor. Hatten die Kinder, im Gegensatz zu ihren Eltern, gewagt zu protestieren? Dabei ist in keinem anderen mir bekannten Band die Indoktrination so groß wie im 53. Jahrgang von 1935: Kinder wie Jugendliche werden grundsätzlich in Uniform gezeichnet; die Fotos sind durchgehend heroisch, blonde verbissenstrenge Jungensgesichter, die Mädel betont weiblich in Trachtengewändern. Schon auf dem Vorblatt ein Foto des Führers mit einem kleinen, natürlich blonden Mädel im Dirndl, darunter ein Gedichtchen von Herausgeber Adolf Holst:

»Und sind wir auch noch jung und klein,
Auch uns willst Du Freund und Führer sein!
Drum rufen wir auch alleweil:
Wir lieben Dich! Heil Hitler! Heil!«

Abwechselnd mit harmlosen Scherenschnitten und kleinen Geschichten folgt die Besingung der Siegrune: »Von herrlichem Heldentume kündet ihr

51

mahnender Mund«, ein paar Seiten darauf: *Aus der Geschichte des Deutschen Jungvolks* von H. Böer, »Fähnleinführer im Jungbann Osterland« (das damals eigentlich noch Österreich hieß), etwas später gibt es ein *Marschlied mit Noten für die deutschen Jungvolkkameraden*: »Sind wir auch noch jung, ach so jung an Jahren, wir sind gehärtet durch die deutsche Not!« Und in dem Aufsatz *Gemeinschaft* erfahren die jungen Leser: »Vor uns, der Jugend, liegt die Zukunft. Und diese Zukunft zu bauen und zu formen nach der Weisung des Führers – das ist unsere Aufgabe. Dies bedeutet Arbeit an uns selbst, es bedeutet aber auch Arbeit des einen für den anderen: Gemeinschaftsarbeit.«

Das war der Trick! Welcher junge Mensch würde dabei nicht begeistert mitmachen? – Die Zuschriften, Gedichtchen, Reime und Plaudereien mit den Kindern auf den letzten Seiten, die Zusammenfassung ihrer Briefe und Verse sind völlig unpolitisch, vom braunen Kleid ist nichts zu spüren ... sie wurden im Jahr zuvor geschrieben.

Am 11. April 1935 kam ein Erlass heraus, der Parteimitgliedern den persönlichen Verkehr mit Juden untersagte. Für meine Eltern wie für viele andere bedeutete dies einen Einschnitt in ihrem Zusammenleben mit Freunden und Bekannten. Und obwohl sich viele, zumindest in der Anonymität der Großstadt Berlin, nicht daran hielten, gab es doch genügend Konfliktstoff und weitere Einengung. Aus den »Persilscheinen«, die mein Vater im Nachkrieg ausstellte, ist allerdings ersichtlich, dass sich in seinem Fall die Parteigenossen nicht nur nicht daran gehalten, sondern ihm oft ihre Hilfe zuteil werden ließen.

Anfang September 1935 unternahmen meine Eltern eine Englandreise mit dem Motorschiff *Monte Pascoal* der »Hamburg-Südamerikanischen-Schiffahrts-Gesellschaft«. Trotz strengen Verbots[6] benutzten sie den Autobus-Ausflug nach dem »Shakespeare District« zu einem Besuch in Oxford, wo Erich in goldenen Vorkriegszeiten ein Semester studiert hatte, und – da die englische Zollbehörde »zur Verhütung von Übertretungen die Mitnahme von Gepäck von Bord an Land untersagt« – übernachteten sie vermutlich ohne Zahnbürste, Rasierpinsel und Nachtgewänder in dem *First-Class Family and Commercial Hotel* »The Wilberforce« gegen Zahlung von 17 *shillings* und weiteren 2 *shillings* für zwei *supper*. Woher hatten sie das Geld?

Reisende durften beim Einschiffen in Hamburg »nur im Besitze von baren Zahlungsmitteln von höchstens RM 10,- pro Person in deutschen oder ausländischen Scheidemünzen oder in ausländischen Noten« sein. Auf einem weiteren Blättchen

---

6 »*In Ergänzung des Verbots der englischen Behörden, den Aufenthalt in London über die fahrplanmäßige Zeit auszudehnen, machen wir darauf aufmerksam, dass den Passagieren während der Liegezeit des Schiffes in Greenwich/London ein Übernachten an Land in Hotels, Pensionen oder bei Verwandten (...) nicht gestattet ist*« (aus der Broschüre »Londonreisen mit MS Monte Pascoal im Sommer 1935«, 6. Londonreise, 3. September ab Hamburg).

mit wichtigen Mitteilungen heißt es warnend: »Keine Aufenthaltsverlängerung in London. Die englischen Behörden verbieten, den Aufenthalt in London über die fahrplanmäßige Liegezeit des Schiffes in Greenwich/London auszudehnen. Es ist also nicht möglich, eine oder mehrere Reisen in London zu überspringen oder die Reise ganz in London zu beenden (...) gleichgültig ob sich die Passagiere im Besitze eines Passes befinden oder nicht.«

Und im Prospekt der siebentägigen *London-Reisen mit M.S. Monte Pascoal* heißt es unter »Allgemeines in puncto Kleidung«: »Die Reisen sind als volkstümliche Fahrten anzusehen, bei denen jeglicher Luxus vermieden wird. Es wird deshalb empfohlen, sich in einfacher Straßen-, Bord- oder Touristenkleidung zu bewegen. In den Kabinen und Schlafsälen sind überdies keine Kleiderschränke vorhanden, sondern nur Haken zum Aufhängen der Kleidung.« Wer dennoch das Londoner Exil auf diesem Wege suchte, kam dort also entblößt wie gerade dem Mutterleib entsprungen an. Ob sich Erich und Sabine auch nach Lebensmöglichkeiten in England erkundigt haben, obwohl ja der große Donnerschlag erst einige Tage nach ihrer Rückkehr erfolgte, ist mir nicht bekannt, wohl aber der Besuch bei Onkel Paul und Tante Daisy Schlesinger-Trier,[7] Bruder und Schwägerin von Erichs Mutter Elsa, der er aus London schrieb: »Wir lesen die *Times* und sind gut im Bilde. (...) Paul und Daisy lassen grüßen, waren FreitagAbend bei ihnen und haben sie aufgeklärt. Du würdest wohl doch erschreckt sein, wenn Du das sähst. Alle Hochachtung.«

Onkel Pauls Bankhaus in Frankfurt war in der großen Krise 1931 zusammengebrochen, darüber verlor auch Elsa ihre letzten Reserven; als die Gläubiger so weit als möglich aus dem Privatvermögen befriedigt waren, wanderten sie völlig verarmt in Daisys Heimat aus und wohnten in London in den *mews*, ehemaligen Kutscherwohnungen und Ställen, die damals keineswegs *fashionable*, sondern eher Elendsquartiere waren. – Elend ging es bei der Speisenfolge der von meinem Vater wie alle anderen Informationsblättchen gesammelten Speisekarten nicht zu, wohl aber sehr deutsch: Kerbelsuppe mit Röstbrot, Schweinebraten mit pikanter Tunke und Kartoffeln, Thüringer Bratwurst mit Kartoffelmus, Fetteringe in Tomaten, Schweinskarbonade mit Bratkartoffeln und Zuckergurken, Nordsee-Schellfisch gebraten mit Kirgisentunke, Kartoffeln, um nur einige Gerichte zu nennen. Am Abschiedsabend übertraf sich der Schiffskoch selber mit Windsor-Suppe, gebratenem »Kücken« und Schnittspargel plus (obligatorischen) Kartoffeln, Maraschino-Gefrorenem, dazu gab es Tafelmusik, angefangen mit dem Ernst-August-Marsch und Gräfin Marizas *Grüss mir mein Wien*, bis schließlich ein *Zehn Minuten Schlager Potpourri* in das große *Abschiedsfest in der Halle u. im Speisesaal* überleitete. Ob sich meine Eltern an diesen Frivolitäten des »Kraft-durch-Freude«-Abends beteiligten, ist mir nicht bekannt. Am Tage ihrer Rückkehr nach Berlin, dem 11. September, wurde verordnet, dass Juden in Zukunft nur noch Pässe mit Geltung für das Inland auszustellen sind.

---

7   *Paul Ludwig Schlesinger-Trier (geb. Berlin 1879 – gest. London 1963), Bankier. Ehefrau Daisy Delphine, geborene Ladenburg (geb. London 1883 – gest. London 1961).*

Paul Schlesinger-Trier, Onkel meines Vaters, Privatbankier, und seine englische Ehefrau Daisy, geb. Ladenburg, späte Dreißigerjahre.

Der bereits erwähnte, nächste Donnerschlag – so unüberhörbar wie die Posaunen des Jüngsten Gerichts – ließ nicht lange auf sich warten: Am 15. September 1935 wurden anlässlich des »Nürnberger Reichsparteitages« die so genannten »Nürnberger Gesetze« verkündet. Das »Gesetz zum Schutze des deutschen Blutes und der deutschen Ehre«[8] und das »Reichsbürgergesetz«.[9] Sie leiteten einen tiefen Riss im deutschen Volk ein, zwischen denen, die verfolgt,

8   Auszug aus dem »Gesetz zum Schutze des deutschen Blutes und der deutschen Ehre«: »Durchdrungen von der Erkenntnis, daß die Reinheit des deutschen Blutes die Voraussetzung für den Fortbestand des Deutschen Volkes ist, und beseelt von dem unbeugsamen Willen, die Deutsche Nation für alle Zukunft zu sichern, hat der Reichstag einstimmig das folgende Gesetz beschlossen, das hiermit verkündet wird: § 1 (1) Eheschließungen zwischen Juden und Staatsangehörigen deutschen oder artverwandten Blutes sind verboten. Trotzdem geschlossene Ehen sind nichtig, auch wenn sie zur Umgehung dieses Gesetzes im Ausland geschlossen sind. § 2 Außerehelicher Verkehr zwischen Juden und Staatsangehörigen deutschen oder artverwandten Blutes ist verboten.
§ 3 Juden dürfen weibliche Staatsangehörige deutschen oder artverwandten Blutes unter 45 Jahren in ihrem Haushalt nicht beschäftigen. § 4 (1) Juden ist das Hissen der Reichs- und Nationalflagge und das Zeigen der Reichsfarben verboten. (...) § 5 (1) Wer dem Verbot des § 1 zuwiderhandelt, wird mit Zuchthaus bestraft.«

9   Auszug aus dem »Reichsbürgergesetz«: »§ 1 (1) Staatsangehöriger ist, wer dem Schutzverband des Deutschen Reiches angehört und ihm dafür besonders verpflichtet ist. (...) § 2 (1) Reichsbürger ist nur der Staatsangehörige deutschen oder artverwandten Blutes, der durch sein Verhalten beweist, daß er gewillt und geeignet ist, in Treue dem Deutschen Volk und Reich zu dienen. (...) (3) Der Reichsbürger ist der alleinige Träger der vollen politischen Rechte nach Maßgabe der Gesetze.«

und denen, die nicht verfolgt wurden. »Zwei Welten, in denen wir leben. Das ist das Unfassbare. Die Wissenden und die Unwissenden. Wie wird das enden?« schrieb Erich später. Erst einmal klammerten sich meine Eltern an die Kategorisierung und damit verbundene Klärung hinsichtlich des von diesen Gesetzen betroffenen Personenkreises. So kommt es, dass ich über viele Jahre zu Hause hörte, unsere Familie verdanke ihr Überleben den »Nürnberger Gesetzen«! Das ganze abgefeimte Ausmaß der Ausgrenzung Hunderttausender wurde mir erst als Erwachsener bewusst.

Uns hatten nicht die »Nürnberger Gesetze« gerettet, sondern Paragraph 5 der »Ersten Verordnung zum Reichsbürgergesetz« vom 14. November 1935, auf den in den folgenden Jahren Gesetze, Verordnungen und Runderlasse immer wieder Bezug nahmen.[10] Dieser Paragraf 5 definierte peinlich genau wer »Jude«, wer »jüdischer Mischling« ist, er unterschied zwischen »Volljuden«, »Halbjuden«, »Vierteljuden«.

Im übrigen sollten innerhalb von Partei und Regierung Erörterungen über die Kategorisierung und Behandlung der »Mischlinge« bis zum Zusammenbruch des »Dritten Reiches« auf der Tagesordnung stehen, je nach Kriegslage setzten sich mal die einen und mal die anderen durch. Glücklicherweise kam es nie zur völligen Gleichsetzung von »Halbjuden« mit »Volljuden« und damit zu ihrer längst vorgesehenen Deportation in die Vernichtungslager. Diese Auseinandersetzungen werden immer wieder in Briefen meines Vaters erwähnt, der von Gewährsleuten – vermutlich aus der hohen Ministerialbürokratie – seine Informationen erhielt.

Der eigentliche Rettungsanker, der Sonderstatus der »privilegierten Mischehe« wurde allerdings erst im Dezember 1938, nach den großen November-Pogromen, durch Erlass des »preußischen Ministerpräsidenten« Hermann Göring eingeführt: »Der Führer hat auf meinen Vortrag folgende Entscheidungen in der Judenfrage getroffen (…)«: Privilegierte Mischehen – Hierunter sind Mischehen zwischen Deutschblütigen und Juden zu verstehen: a) aus denen Kinder hervorgegangen sind, die nicht als Juden im Sinne des § 5 der 1. Ver-

10   Auszug aus der »Ersten Verordnung zum Reichsbürgergesetz« vom 14. November 1935: »§ 2 (2) Jüdischer Mischling ist, wer von einem oder zwei der Rasse nach volljüdischen Großelternteilen abstammt, sofern er nicht nach § 5 Abs. 2 als Jude gilt. Als volljüdisch gilt ein Großelternteil ohne weiteres, wenn er der jüdischen Religionsgemeinschft angehört hat. § 5 (1) Jude ist, wer von mindestens drei der Rasse nach volljüdischen Großeltern abstammt. (…) (2) Als Jude gilt auch der von zwei volljüdischen Großeltern abstammende staatsangehörige jüdische Mischling, a) der beim Erlaß des Gesetzes der jüdischen Religionsgemeinschaft angehört hat oder danach in sie aufgenommen wird, b) der beim Erlaß des Gesetzes mit einem Juden verheiratet war oder sich danach mit einem solchen verheiratet, c) der aus einer Ehe mit einem Juden im Sinne des Absatzes 1 stammt, die nach dem Inkrafttreten des Gesetzes zum Schutze des deutschen Blutes und der deutschen Ehre vom 15. September 1935 geschlossen ist, d) der aus dem außerehelichen Verkehr mit einem Juden im Sinne des Absatzes 1 stammt und nach dem 31. Juli 1936 außerehelich geboren wird.«

ordnung zum Reichsbürgergesetz vom 14. 11. 35 gelten, einerlei, ob der Vater oder die Mutter jüdisch ist. b) die kinderlos sind und bei denen der Mann deutschblütig ist und die Frau Jüdin ist.« Damit waren solche Mischehen gemeint, deren Kinder nicht der jüdischen Religionsgemeinschaft angehörten. Sie wurden dementsprechend »privilegiert« behandelt. Bis in den Herbst 1944 wurde – in Berlin – der jüdische Partner einer solchen »privilegierten Mischehe« nicht deportiert. In den letzten Monaten des »Dritten Reiches« überschlugen sich die Erfüllungsgehilfen der Rassefanatiker allerdings, um auch diese letzten überlebenden Juden zu vernichten. Auch ihre Kinder, »Mischlinge ersten Grades«, waren wieder einmal stärker bedroht.

Die erste Reaktion auf die »Nürnberger Gesetze« findet sich in einem Brief von Vaters Schwester Carla Pohl vom 19. September 1935:

»Lieber Erich! Karlernst diktiert mir folgendes:

(…) Die Verkündigung und Annahme der fraglichen Gesetze im Reichstag wird Dir inzwischen gezeigt haben, dass wir in Magdeburg nicht zu schwarz gesehen haben und dass Bestimmungen in Kraft getreten sind, wie wir sie andeuteten, da wir unter der Hand darüber benachrichtigt worden waren. (…)

Ich hoffe, dass Du inzwischen in Berlin Dich bemüht hast festzustellen, unter welchen Bedingungen der Zuzug nach Berlin möglich ist. Es ist doch anzunehmen, dass die wesentliche Bedingung dafür ist, dass die Betreffenden in der Lage sind für ihre Ernährung selbst Sorge zu tragen. Hierüber erbitte ich zunächst Deine Antwort, da diese eine weitere Klärung bringt und uns bis zum 1. X. nur noch eine Woche bleibt. Seit Tagen drücken wir an dem Brief an Dich herum und haben hin und her überlegt und geredet wie die Sache am besten in Ordnung kommen kann. Dein Vorschlag an Carla, mit einer Trennung zu warten bis Großmutter die Augen schliesst und Deine Erklärung, zu diesem Zeitpunkt Deine Mutter sofort nach Berlin zu nehmen, vertagen die Auseinandersetzung lediglich, schaffen aber die Schwierigkeiten nicht aus der Welt, da der Ärger im Hause weiterläuft wie wir dieses ja oft genug zum Ausdruck gebracht haben. Es ist eben etwas anderes, ob man jemand für 2 Tage besucht oder ein paar Tage zu Besuch hat, oder ob man seit 13 Jahren aufeinander hockt weil der Entscheidung aus dem Wege gegangen wurde. (…) Heute ist es nicht der tägliche Ärger, der so aufreibt, sondern die ewige Angst, dass durch die Neugierde, die beide Damen fortwährend auf die Corridore und in mein Zimmer treibt, sich Situationen ergeben, die mir persönlich zum größten Schaden sind und da ich nicht nur für mich allein zu sorgen habe, sondern alles daran setzen muss Carla zu schützen, so ist das in einer Wohnung leben nicht mehr erträgbar. Deine Mutter wollte die Gefahren der heutigen Zeit nicht sehen, vielleicht haben ihr die neuen Gesetze die Augen geöffnet. Soweit meine Kenntnisse über Elsas Vermögensverhältnisse reichen, müssten Pension & Zinsen es ermöglichen in Berlin in einer Pension zu leben, wie für die Großmutter Unterbringung in einem Heim für alte Damen, sofern Tante Marie [Lüders, Tochter von

Laura Schlesinger-Trier, der »Großmutter«] sie nicht zu sich nimmt, worüber Du wohl schon mit ihr gesprochen hast. (...)

In der Verantwortung nur auf uns Beide alleingestellt, sind wir viel eher in der Lage durchzukommen als mit dem unvermeidlichen großen Haushalt und doch immerhin einer Verantwortung für die beiden alten Damen, die wie Großmutter nicht sehen und begreifen kann und Mutter, die nicht begreifen will was auf dem Spiele steht. (...) Deine Mutter macht in ihrer Unüberlegtheit Bemerkungen auch vor Leuten, die gegebenenfalls dieses sehr falsch in den Hals bekommen können, ob und welche Folgen das haben kann, lässt sich auch nicht übersehen, jedenfalls können sie sehr unangenehm sein.«

Zwei Tage später schrieb mein Vater am 21. September an meine Mutter, die mit meinem großen Bruder ihre Cousine Carola, genannt Krölchen[11] auf dem Lande in Pommern besuchte:

»Liebe Sabine! Die Entscheidung ist gefallen. Pohls wollen die Trennung. Also müssen die Parteien auseinander. Ich habe Pohls Brief im einzelnen nicht beantwortet, um nicht unnützer Weise die Leidenschaften zu fördern. Damit ist niemandem gedient. Ich habe ihnen erklärt, dass ich Mutter bestimmen werde, zu kündigen. Ich habe dann aber hinzugefügt, dass ich nach wie vor es für richtig halte, wenn Großmutter und Mutter eine Wohnung in M. [Magdeburg] suchen. Geht es nicht aus den diversen bekannten Gründen, dann müssen sie nach Berlin in eine Pension. (...) Zunächst fahre ich morgen vorm. – voraussichtlich mit Frl. Tochter – nach Magdeburg, um Mutter ungestört die Lage auseinanderzusetzen und das Nötige zu veranlassen. Ich habe mich auch bei Frau Oberst Pohl[12] angemeldet, um mit ihr zu reden. (...) Lagatz[13] rief an und teilte mit, dass nach guten Quellen die Notiz über Juden und Völkerrecht (gesetzl. Minderheit) Absatz 2 wegen Heirat ein Irrläufer sei! Es hätte in Nürnberg schwere Kämpfe um die Gesetze gegeben. Der Kompromiss sei als endgültig (vorläufig?) anzusehen. Man wolle die Mischlinge aufsaugen und die Juden abkapseln. Daher Mischlingen Ehe mit Ariern gestattet, bzw. Junggesellen der außereheliche Verkehr mit Arierinnen erlaubt (darüber große Freude bei unserem Freunde, was wir gerne verstehen wollen). Über die uns interessierende Frage wegen Frl. Clärchen wusste er nichts, wollte sich aber erkundigen.«

---

11   Carola Mengel (geb. Berlin 1906 – gest. Berlin 1991), Tochter von Lilli Schluckebier, Schwester von Käthe Geppert geb. Schacht, Sabines Mutter.

12   »Tante Lies«: Elisabeth Pohl geb. Greiner (geb. Magdeburg 1869 – gest. Magdeburg 1958), verheiratet mit dem Berufsoffizier Ernst Johann Karl Pohl.

13   Otto Lagatz, langjähriger Freund meiner Eltern, vermutlich »Mischling ersten Grades« mit jüdischer Mutter, wohnte in der Kufsteiner Straße in Schöneberg, nach dem Amtlichen Fernsprechbuch Berlin 1941 besaß er eine Metallschrauben-Fabrik.

So kam es zu einer kleinen Reise Erichs mit seiner zweieinhalbjährigen Tochter nach Magdeburg, die er in einem weiteren Brief an Sabine im fernen Pommern am 23. September vergnügt beschrieb, obwohl doch der Reiseanlass eher hochnotpeinlichen Ursprungs war:

»Meine Fahrt mit Renchen war entzückend. Sie benahm sich wie eine junge Dame, machte mir keinerlei Arbeit und störte niemanden. In M., wo Mutter wie üblich zu spät an die Bahn ging und uns infolgedessen verfehlte, gingen wir bei strahlendem Sonnenschein zu Fuß in die Wohnung und überfielen die Uhrzeigeroma [Urgroßmutter Laura Schlesinger-Trier] und das Mädchen. Dann traf Mutter hinterdrein im Haus ein und war natürlich höchst erstaunt, uns beide vor sich zu finden. Alle freuten sich sehr über die muntere junge Dame, die zuerst etwas befangen war, dann aber schnell beim Spielen aus sich herausging. (…) Zu Tisch gab es erst eine Katastrophe. Ich hatte ihr schönen Kartoffelbrei machen lassen, schnitt kleine Brocken Schweinefleisch hinein und weiße Rehhirschbrust. Sie wollte nichts essen, wimmerte: ›Datig, nach Hause, Mumme Lärchen.‹ Ich tröstete sie, flötete süß: ›Iss doch‹, die Bissen gingen nicht hinein. Endlich riss die Geduld, ich gab ihr 3 auf den Hintern, brachte sie zu Bett, zog das Kleid aus: ›Artig Tisch sein, artig, Bock heraus.‹ Ich zog sie wieder an, alle Tränen waren fort, sie aß, zwar langsam, aber mit größtem Appetit, alles auf. Eine Stunde dauerte die Fütterung, die beiden alten Damen wurden schon ungeduldig. Jedoch, die Schlange war satt und lustig. (…)

Zur Sache. Mutter und Großmutter ziehen. Mutter will aber erst zum 1. April kündigen, da sie keinesfalls im Winter umziehen will. Ich versprach ihr meine Unterstützung und habe auch Frau Pohl darum gebeten. Ich werde es heute Abend Pohls schreiben. (…) Mutter war gefasst. Sie würde gern im bisherigen Rahmen leben und es vorziehen, in M. zu bleiben. Großmutter ist bitter bös auf Carla, auch nicht ganz zu Unrecht. Carla war schlecht zu ihr. Selbstverständlich versteht die alte Frau nicht, was in Carla vorgeht. Die letzten Monate haben ihr Gemüt verwirrt. Die Zustände in M. sind eben trostlos. Noch heute prangen überall die großen Transparente, sind überall die bewussten kleinen Zettel angebracht. Zur Illustration: Im Tennisgarten ist Sommerfest, Herr u. Frau Neubauer sind zugegen. Die Musik schweigt gerade, da setzt ein Sprechchor ein: ›Juden raus!‹ Herr u. Frau Neubauer verlassen die Gesellschaft. Magdeburger beste Kreise, Sommer 1935.«

Ein gnädiger Gott, wie es so heißt, erlöste meine Uhrzeigeroma Laura im März 1936 im 88. Lebensjahr. Meine Oma Elsa dagegen wurde in Berlin in einer Wilmersdorfer Pension, Münstersche Straße 7/8, untergebracht. Sie starb im Februar 1941 – hatte auch hier ein gnädiger Gott eingegriffen? Das Tragen des Judensterns und darauf folgende Deportation wurden ihr nicht zum Schicksal.

Eine direkte Folge der »Nürnberger Gesetze« war die erzwungene Entlassung von »Mumme Lärchen« (Fräulein Clärchen), die meiner Mutter im Haushalt beistand, doch offensichtlich nicht ausreichend durch Sabines arisches Blut vor Rassenschande geschützt war. Die Eingabe an den »Reichs- und Preußischen Minister des Innern« wurde am 18. Dezember 1935 abschlägig beschieden. »Im Namen des Führers und Reichskanzlers teile ich Ihnen hierdurch mit, daß Ihrem Antrage auf Belassung der bisher in Ihrem Haushalt beschäftigten Hausangestellten nicht entsprochen worden ist. Dieser Bescheid ist endgültig.«[14] Auch der bereits erwähnte Reichsarbeitsminister Seldte, »ein Schüler aus unserem Gymnasium«, ließ durch seinen persönlichen Referenten erklären: »(…) daß er zu seinem aufrichtigen Bedauern keine Möglichkeit sieht, in Ihrer Angelegenheit etwas zu veranlassen.«

Es mag heute recht nebensächlich erscheinen, ob eine junge Mutter mit zwei kleinen Kindern, die ihren Beruf aufgegeben hat und »nur« Hausfrau ist, über eine Haushaltshilfe verfügt oder ganz auf eigene Kräfte angewiesen ist. Vergessen wir nicht, damals gab es so gut wie keine Maschinen im Haushalt, fast alles wurde manuell unter großem Aufwand erledigt. Also wurden von allen Seiten alle möglichen Lösungen vorgeschlagen, wie etwa arische Mädchen anderer Nation – Erichs Argument: »Da deutsche Juden arische Mädchen fremder Nation heiraten dürfen, warum nicht eine arische Haushaltshilfe fremder Nation – das wäre notfalls eine Lösung für uns.« Oder eine »Mischlingin« aus dem eigenen Land. So kam im Frühjahr 1936 Maria Bondy frisch nach dem Abitur zu uns.[15] Sie hatte eigentlich Medizin studieren wollen und war auf Grund ihres Mischlingsstatus nicht zugelassen worden. Die Freundschaft mit ihr sollte über viele Jahre bestehen.

Großmutter Käthchen verfolgte besorgt aus Wiesbaden die neuen Schwierigkeiten ihrer Berliner Kinder: »Im Freundeskreis u. Bekanntenkreis ist man einer Meinung u. zwar, daß die ganze Judenfrage zu weit getrieben ist (…)«, schrieb sie am 11. Oktober 1935. »Es liegt an den kleineren Führern, die aus nichts plötzlich eine Rolle spielen und derselben garnicht gewachsen sind! (…) Meine einzige Hoffnung ist, daß für Euch der ›Frontkämpfer‹ die Rettung ist.« Es gab also bereits im Oktober 1935 die Legende von »unserem Führer«, der von alldem nichts gewusst. Die wenigsten hatten Hitlers *Mein Kampf* gelesen, da stand alles drin. Neun Tage später schrieb Käthchen: »Inzwischen sind auch die Ausführungsbestimmungen über die Nürnberger Gesetze heraus! Solltet Ihr als Volljuden gelten (mir wird so schwer das Wort zu schreiben), dann wäre ja Euern lieben Kindern ein Leben beschieden, das ihnen andauernd Unterdrückung, Hetze von allen Seiten bringen würde. (…) Für Erichs günstige Aussichten auf der Bank freue ich mich – wenn auch das Euch nur Enttäuschungen brächte, könntet Ihr ja mit Recht den Gedanken fassen ins Ausland zu gehen. Auf mich dürftet Ihr in dem Punkt keine Rücksicht nehmen – Ihr seid die jüngere Generation – Euer Fortkommen u. die Ausbildung Eurer lieben Kinder steht im Vordergrund!«

14 »*Der Reichs- und Preußische Minister des Innern*«, *Nr. I A - /5017 b.*
15 *Maria Bondy (1919-1993), nach dem Krieg Studium der Medizin in Mainz. Ab 1954 Allgemeinmedizinerin, verheiratet mit Joachim Koerlin, drei Töchter. Nichte des Schweizer Schriftstellers François Bondy, Cousine des Theaterregisseurs Luc Bondy.*

Ob meine Eltern vielleicht doch anderes als eine Reise auf einem »KdF-Schiff«[16] gebucht hatten?

Kurz darauf war der 33. Geburtstag meiner Mutter, und Käthchen schrieb ihr: »So kommt nun endlich der Glückwunsch von Mutti, wirst Du denken. Mein Kind, so innig und aus bewegtem Herzen heraus ist er wohl noch nie gewesen; er gilt Euch Beiden zugleich. Haltet fest zusammen und laßt Euch nicht unterkriegen. Ihr müsst Seelenkraft haben, die Euch viel Schmerz tragen hilft! Nehmt einen innigen Kuss von mir! (...) Wo viel Licht, ist viel Schatten! Das Licht aber ist das Größere.«

---

16 KDF = Das »Reichsamt ›Kraft durch Freude‹«, eine Unterorganisation der »Deutschen Arbeitsfront«, bot ein umfangreiches kulturelles und touristisches Freizeitprogramm in den Dreißigerjahren, vor allem die Kreuzfahrten mit eigener »KdF-Flotte« waren sehr beliebt. Im Krieg wurde ihr Einsatz umfunktioniert, die Schiffe zu Truppentransportern. Gegen Kriegsende erlangten sie einen traurigen Ruhm als Flüchtlingsschiffe für die aus Ost- und Westpreußen vor den sowjetischen Truppen fliehende deutsche Bevölkerung.

1936

*Fünf Vierteljahre war ich geschützt,
jetzt geht es wieder einer ungewissen Zukunft entgegen.*

Lassen wir das neue Jahr mit dem Wiesbadener Servietten-Orakel beginnen, das sich letztenendes doch, wenn auch anders als erhofft, bewährte. Am 5. Januar hatte Käthchen ihrer Tochter Sabine beschrieben: »Ich mache Orakel wegen Fräulein Clärchen – trenne jeden Tag die Stickerei einer Serviette auf (gut ¾ Std.) – täte ich es nicht – hat Euer Antrag auf keinen Fall Erfolg – etwas kindlich, nicht wahr, aber doch befördernd, dabei ist der Monatsnamen noch nicht ausgetrennt. Jede Post, die nun kommt, öffne ich mit Herzklopfen – geht es Euch anders?«

Im nächsten Brief hieß es: »Daß die Antwort auf den Antrag (...) noch nicht eingetroffen ist, gibt mir immer noch etwas Hoffnung. Meine Servietten sind ganz nach m. Vorsatz ausgetrennt, nun kommen noch die Monate dran; am meisten Arbeit machten mir heute d. Augen des Christkindes ganz auszutrennen! Was man nicht alles tut!«

War es zur Besänftigung des zürnenden Gottvaters ob solcher Missetaten, dass Käthchen das *Mannhafte Gebet* von Gustav Falke (1853–1916) ihrem Brief beilegte, welches dem heutigen Betrachter vor allem zeigt, wie weit die Geschehnisse zweier Weltkriege uns von derart heroischem Denken entfernt haben:

»Herr, laß' mich hungern dann und wann / Satt sein macht stumpf und träge / Und schick mir Feinde, Mann um Mann / Kampf hält die Kräfte rege / Gib leichten Fuß in Spiel und Tanz / Flugkraft in goldner Ferne / Und häng' den Kranz, den vollen Kranz / Mir höher in die Sterne.«

Stumpf und träge« ging es im Februar nicht zu, denn nun hieß es den konfliktbeladenen Umzug meiner jüdischen Oma Elsa nach Berlin vorzubereiten, keine leichte Sache für meinen Vater, der während der Woche schon genügend beruflich zu kämpfen hatte. Wie immer versuchte Sabine zu vermitteln und zu trösten; so in ihrem Sonntagsgruß vom 1. Februar 1936 nach Magdeburg. »Sieh zu, daß mit Mutter und Carla alles in Ruhe und Frieden geht und rede Mutter vor allen Dingen gut zu, daß sie es hier mit uns doch ganz nett haben kann. Mein liebes Herrchen, ich bin oft so traurig, daß ich Dir in all dem Kummer doch nicht recht helfen kann, denn den kann man ja nur mit sich allein abmachen. Und daß das, was ich Dir als Hilfe geben will (...) so oft von Dir nicht angenommen werden will! Das macht es doch für uns beide nur schwieriger. Laß den Kopf nicht hängen, ich gebe mir ja auch immer die größte Mühe, es nicht zu tun und nach Möglichkeit Deine Depression aufzuhalten, ehe sie ins Uferlose sinkt. Denn wo kämen wir sonst hin! Wir haben doch die Kinder.«

Zum fünften Geburtstag meines großen Bruders Justus am 22. Februar 1936 meldete sich seine »ihn wirklich zärtlich liebende Patentante« Hildegard, die »ihm immer helfen will, sein Leben so gut und harmonisch als möglich einzurichten; denn wer wie er ein so feines Seelchen mitbekommen hat, der hat zwar das Glück, für Schönheit und Geist empfänglicher zu sein als andere, aber er hat auch grössere Schwierigkeiten, mit den Widrigkeiten des Daseins fertig zu werden; (...) ganz abgesehen von seinem politischen Schicksal, das wir noch nicht übersehen können, gottlob.« Auch sie beschäftigte die Suche nach einer passenden Haushaltshilfe. »Ich hörte von Frau Laser, dass auch Mischlinge nicht gern in sog. jüd. Haushalte gehen, weil man ihnen das als Bejahung des Judentums auslegt, was ihrem Fortkommen schaden könnte; man versucht sich dadurch zu helfen, dass man die Angestellte als Besuch erklärt, aber es kommt ja so auf den einzelnen Menschen an! Bitte sucht immer weiter. (...) Ihr müsst Kräfte behalten für den Umzug der Mutter!!«

Mitte März war es geschafft: Mutter Elsa in Berlin, die Haustochter Maria gefunden, Käthchens Kommentar aus Wiesbaden am 18. März: »Es ist wirklich zu viel für Euch, gut, daß Ihr Beide zusammenhaltet! Mutter Alenfeld wird nun, da die Arbeit vorbei ist, sich vielleicht schneller einleben, als Ihr denkt. Habt nur guten Mut u. verwöhnt sie nicht zu sehr; das klingt von mir aus fast lieblos – aber es ist gut gemeint in Eurem eignen Interesse. Ihr seid verschiedene Generationen, jung u. alt (ich meine Alt-Alenfeld u. Jung-Alenfeld) u. Ihr Beide müßt sehen, dass Ihr füreinander freie Zeit habt, die Euch allein gehört neben all den großen Schwierigkeiten, die Euch auferlegt werden.«

Inzwischen schrieb Hildegard an einem neuen Roman und berichtete am 30. April nach Berlin: „Soeben sind Deine Zwei, allerdings in etwas veränderten Verhältnissen, in meinem Roman aufgetreten, es macht mir einen Riesenspass, sie zu beschreiben in ihrem gegensätzlichen Wesen. – Letzte Woche fing ich an, Tennis zu spielen, es ging besser als ich dachte, nach 2 Jahren Pause; ich hatte noch eine schöne Beingelenkigkeit vom Skilaufen her. – Von allen Seiten der Canazeier Freunde[1] sind jetzt Fotos eingetrudelt, manche ganz famos! Die kleine Jüdin, mit der wir uns so gut verstanden, schrieb mir einen sehr lieben Brief über diese schöne Zeit der Sportfreundschaft; hier ein Satz, der für alle spricht: ›Ich war so glücklich, plötzlich zwei Freunde bei mir zu haben (den Skilehrer und mich), aber

---

[1] Canazei, eine Gemeinde im Fassatal im Trentino, Italien, bekannter Fremdenverkehrsort.

zwei Freunde, die mir verboten sind – verboten durch Ihre Heimat, die ich auch wieder als meine liebe und sicher nicht weniger als Sie und Fritz. Glauben Sie, dass es für mich einfach erschütternd war, wieder mit zwei Deutschen zusammenzusitzen und zu ihnen zu gehören.‹ (…)«

Im ersten Halbjahr 1936 herrschte wegen der Olympischen Spiele in Deutschland geduckte Ruhe, die Tafeln »Juden unerwünscht« und ähnliche Verbotsschilder waren bereits ein Jahr zuvor per Verfügung des preußischen Innenministers von Hauptverkehrsstraßen unauffällig entfernt worden. Hitler ließ sich allerdings nicht davon abhalten, im März den Locarnovertrag[2] aufzukündigen und die entmilitarisierte Zone des Rheinlandes zu besetzen, so, wie er ein Jahr zuvor das Saargebiet, per Abstimmung, »heim ins Reich« geholt hatte. So viel Kreide konnte der »Führer« gar nicht schlucken, um als untadeliger Friedensfürst die Olympischen Spiele zu *patronieren*. Auch der Präsident der »Reichsschrifttumskammer« ließ sich nicht davon abhalten, am 31. März des olympischen Jahres zu verkünden: »Die Mitglieder des Bundes reichsdeutscher Buchhändler sind verpflichtet, für die Berechtigten und deren Ehegatten den Nachweis der arischen Abstammung bis zum Jahre 1800 zurück zu bringen.« Ein Anlass für weitere tausende deutscher »Volksgenossen«, Ahnenforschung zu betreiben und ihren Beitrag zur »Blutreinheit« ihres Volkes zu erbringen. Denn so steht es im Vorwort zum »Ahnenpaß«, eigenhändig vom »Führer« Adolf Hitler unterzeichnet: »Die gesamte Bildungs- und Erziehungsarbeit des völkischen Staates muß ihre Krönung darin finden, dass sie den Rassesinn und das Rassegefühl instinkt- und verstandesmäßig in Herz und Gehirn der ihr anvertrauten Jugend hineinbrennt. Es soll kein Knabe und kein Mädchen die Schule verlassen, ohne zur letzten Erkenntnis über die Notwendigkeit und das Wesen der Blutreinheit geführt worden zu sein. Damit wird die Voraussetzung geschaffen für die Erhaltung der rassenmäßigen Grundlagen unseres Volkstums und durch sie wiederum die Sicherung der Vorbedingungen für die spätere kulturelle Weiterentwicklung.«

Ob Sabines »Ahnenpaß« mit der Anschrift »Berlin-Zehlendorf, Am Fischtal 90« in jenem Frühjahr entstanden ist? Hatte sie in ihrer Ausbildung zur Bibliothekarin nicht vor allem mit Büchern zu tun gehabt, wenn auch nicht mit ihrem Handel? Auf jeden Fall galt ihr die strenge Ermahnung: »Der Ahnenpaß stellt eine Urkunde im Sinne des Gesetzes dar: es ist daher bei seiner Erstellung auf peinlichste Genauigkeit der gemachten Angaben und auf die unbedingte Richtigkeit der niedergelegten Ahnenreihen zu achten.« Ob Sabine gegen den der Mahnung vorausgestellten »Programmpunkt 4 der NSDAP«: »Staatsbürger kann nur sein,

---

2 *Konferenz von Locarno, 5. bis 16. Oktober 1925, Außenminister Stresemann strebte die Entspannung der deutsch-französischen Beziehungen an und die damit verbundene internationale Anerkennung Deutschlands. Der Eintritt Deutschlands in den Völkerbund wird für März 1926 geplant. Der Vertrag von Locarno bedeutet einen wichtigen Schritt auf dem Wege europäischer Friedenssicherung, wurde allerdings gleichzeitig von nationalistischer Seite scharf kritisiert.*

wer Volksgenosse ist. Volksgenosse kann nur sein, wer deutschen Blutes ist, ohne Rücksichtnahme auf Konfession! Kein Jude kann daher Volksgenosse sein!« durch ihr hugenottisch-»welsches« Blut verstieß, ist mir nicht bekannt.

Der nächste ausführliche Briefwechsel meiner Eltern ist einem fünfwöchigen Aufenthalt meiner Mutter Sabine mit uns Kindern und der Haustochter Maria Bondy an der Nordsee in St. Peter-Ording/Holstein zu verdanken. Der erste Brief ist undatiert, vermutlich vom 2. Juni 1936: »Geliebtes Herrchen! Glücklich gelandet! Zwar im Regen, aber das Häuschen ist so unbeschreiblich schön und geschmackvoll, dass Dein einziges Streben sein muß, für 8 Tage herzukommen. (…) Die Fahrt im leeren Abteil war glänzend, erst ab Hamburg wurden die Kinder lebhaft. Jetzt schlafen beide schon. Von der Gegend haben wir noch nichts gesehen, außer endlosen Wiesen mit Kühen, Pferden, Schafen und zum Entzücken der Kinder Störchen! Vom Wohnraum aus weiter Blick aufs Meer, das man allerdings nur ahnt. Räume, Geschirr, Decken, Kissen – alles ganz reizend! Du hättest Deine reine Freude dran. Die Frau hat Geschmack und der Preis ist im Anbetracht der Schönheit wirklich nicht zu hoch. Bleibt nur ein Wunsch: komm her und sieh Dir's an!«

Jeden Tag schickte Sabine einen kleinen Bericht nach Berlin, jeden Tag schilderte sie ihm das freie, frische Leben zwischen Meer und Wattenmeer, Dünen, in denen die (immer noch hustenden) Kinder nach Herzenslust herumtoben konnten … »Und wie geht es Dir? Wir sprechen ununterbrochen vom Vatilein, wann und ob er kommt. Wenn Du es irgend einrichten kannst, mußt du sehen wie fein es hier ist. Es kostet Dich einen 50 Mark Schein.« Auch am vierten Tag, Sonnabend früh vor dem Frühstück, versuchte Sabine ihren Mann zu einer kleinen Reise nach St. Peter-Ording zu verlocken: »Gestern abend war Mondschein, Fröschequaken und Leuchtfeuer von? Wir sind nicht ganz klar, ich behaupte es müsste Helgoland sein, wir werden heute ›Eingeborene‹ fragen. Herrchen, wirklich Du musst sehen, dass Du loskommst. Wir haben es ideal hier, das kleine Kieferngärtchen am Haus mit Sandgrube ist riesig angenehm, da man nachm. Zuhause bleiben kann. Der Weg zum Strand ist weit, auf der Sandbank waren wir überhaupt noch nicht. (…) Auf der Karte sieht alles viel näher aus als es in natura ist. Der gestrige Weg nach Badeanstalt St. Peter-Ort dauerte eine gute halbe Stunde, zur Sandbank wird's also dasselbe sein. Heute werden wir an den Strand gehen, der auf dem Festland an der Brücke ist. Bei Flut ist im Wattenmeer genug Wasser für die Kinder zum Plantschen. – Gestern habe ich uns auch angemeldet, für die ganze Zeit zahlen wir 14,50 Kurtaxe, wenn Du kämst, kostete es Dich noch 2,-.«

Doch für Erich gab es wenig Hoffnung für gemeinsame Ferientage an der Nordsee im Haus *Zuflucht*, wie die Hausbesitzerin ihr Häuschen nicht passender hätte nennen können. Am Sonntag, dem 7. Juni 1936 schickte er einen ausführlichen Bericht über die letzten unangenehmen Vorkommnisse in der Commerz- und Privatbank:

»Liebe Sabine! Deine frohen Briefe, die Karten liegen um mich herum. Ich sehe Euch voll Freuden im Sonnenschein, am Strande, im Kiefernwäldchen, im schönen Haus: Wie gerne käme ich Deinem Wunsche nach und besuchte Euch auf 8 Tage, aber ich fürchte, es wird nicht gehen.« Folgte eine minutiöse Beschreibung der Vorfälle, die in einer beklemmenden Unterredung beim Vorgesetzten, Direktor Schultze, »Pg« (»NSDAP-Parteigenosse«), endeten: »In vier Wochen müssten die laufenden Entschuldungen fertig ein. Das wäre meine Hauptaufgabe. Er könnte mich jederzeit woanders hinsetzen. Wenn er mich daliesse, so wäre das seine Sache. Ich könnte ja helfen, aber, im Falle die Arbeiten sich überschnitten, so ginge seine Arbeit vor. Ich möchte dies S. sagen und strikte danach handeln, es folgte sogar eine Drohung mit Zeugnis! (...) Sie brauchten mich doch für die Rückstellungen, für Urlaubsvertretungen August/September. Was die Rückstellungen betr., so meinte Schultze, wenn ich tot wäre, müsste die auch ein anderer machen!

Es ist noch nicht allzu lange her, da sprach er anders mit mir. Inzwischen ist eben die Verschärfung der Judenfrage eingetreten und Scholling wegen angeblichen zu starken Hervortretens für jüdische Angestellte zum Niederlegen seines Amtes als Betriebsführer gezwungen worden. Damals sprach er ganz offen mit mir. Jetzt belügt er mich und markiert den scharfen Vorgesetzten. Auf alle Fälle bin ich in der Klemme und voraussichtlich in wenigen Wochen genötigt, die K.A. II [Kreditabteilung II] zu verlassen und bestenfalls in eine fremde Abteilung überwechseln, schlimmstenfalls in die Rev. Abt. zurückzukehren. In dieser persönlichen Lage scheint es mir ratsam, nicht um Urlaub einzukommen, da ich nicht nur Herrn Griep [Direktor], der sehr freundlich ist, sondern auch Herrn Schultze fragen muß. (...)

Ich bin natürlich von dieser Wendung der Dinge beunruhigt. Die Fusion der Abteilungen ließ schon nichts gutes ahnen. Fünf Vierteljahre war ich geschützt, jetzt geht es wieder einer ungewissen Zukunft entgegen. Genug: seid froh, dass Ihr Euch erholen könnt. Wer weiß, was nächstes Jahr aus uns sein wird. Carla schrieb kürzlich auch sehr pessimistisch. Die Schrumpfung des Geschäfts in der Bank, die Verkleinerung der Abteilungen, das Sparen an allen Enden, zeigt doch, dass zum mindesten die Großbanken für die kommenden Dinge Vorsorge treffen.

Mein Leben als Strohwitwer vollzieht sich sonst in folgender Weise: Um 7 Uhr stehe ich auf, putze 1 Paar Schuhe, dann setze ich Wasser für den Tee auf, wasche mich in dieser Zeit! Frühstück in der Küche, auf Holzbrett und 1 Teller. Den ersten Tee versüsste ich mit Salz, beim Ausgießen rutschte das Glas aus dem Becher in den Ausguss und zerbrach. Sonst ist alles gut gegangen. Morgens trinke ich den Tee warm, abends kalt, 2 Tage von einer Portion im Tee-Ei! (...) Umsomehr kostet das Ausgehen: Abendessen mit Justus [Koch] (...) Von Justus schrieb ich schon. Sein Hass gegen die Juden ist reiner KonkurrenzNeid, erklärlich aus seinen Erfahrungen, aber diese Verallgemeinerung doch nicht anders als die Stellungnahme gewisser kleiner Leute. Er mußte zugeben, dass er von den Schattenseiten der Zeit wenig persönlich merkt. Ihn trifft es überhaupt nicht, er redet von Lasten und Ausgaben, persönlicher Einfachheit (...). Mein Nettogehalt von 505 RM findet seinen

Beifall, er aber lehnte einen Staatsposten mit 1 200 RM ab. Ja, ja, so wandeln wir uns, je nachdem, ob wir gerade oder schief liegen.«

Fünf Wochen verbrachte Sabine mit den Kindern, unterstützt von Maria, der verhinderten Medizinstudentin, in St. Peter-Ording, während deren fast täglich Briefe gewechselt wurden, die zuverlässig am nächsten Tag ihren Adressaten erreichten! Sabine schrieb ihre Postillen oft in englisch, las englische Bücher – der Einfluss des Englischunterrichts, der vermutlich nicht zufällig in jenen Jahren dem Geigenspiel im Rang gefährlich nahe kam – und entdeckte, daß man heikle Dinge eher in einer fremden Sprache ausdrücken könne dank eines gewissen Verfremdungseffektes.

An ein- und demselben Tag, dem 9. Juni 1936, schrieb Erich: »Mit 44 Jahren ist das Leben noch nicht beendet, auch wenn innerlich das Bedürfnis nach Ruhe groß ist. Es hat keinen Zweck sich einzuschließen und zu versagen. (...) Ich will mich nicht unterkriegen lassen.« Und hielt Ausschau nach einer neuen Tätigkeit, falls die Bank ihn entlassen müsse. Sabine, am gleichen Tag: »Wie oft haben wir schon das Schlimmste befürchtet und Du bist immer noch glimpflich davongekommen. Laß den Mut nicht sinken ... Was nutzt der Lebenspessimismus – nichts wird anders dadurch, zum mindesten nicht erträglicher. Wenn Du immer schwarz siehst, nimmst Du Dir die ganze Widerstandskraft gegen die Schwierigkeiten, die kommen können. Es tut mir leid, dass Du gerade jetzt wieder das Unangenehme hast, da (nicht wo!) ich nicht zu Deiner Aussprache da bin. (...) Seit Sonntag ist es recht kalt, morgens nur 10–12°, und durch sehr starken Westwind wird es mittags auch nicht viel wärmer. Dafür ist die Brandung fabelhaft! Ich nahm gestern mein erstes richtiges Bad. Einfach herrlich! Hinterher war ich krebsrot von Wind und Wellenschlag. Ein Jammer ist, dass das für die Kinder noch zu viel ist. Der lange Weg hin und zurück übers Watt (auf der Brücke) bei scharfem Wind ist nicht richtig.«

Einen Tag später am 10. Juni: »Dein heutiger Brief hat mich wieder etwas beruhigt, denn es ist gut, wenn Du mit anderen Menschen zusammenkommst und siehst, welche Schicksalshärten die oft erleiden müssen. Daran gemessen ist das, was uns durch die Lebensunsicherheit bedrückend erscheint, gar nicht so schlimm. (...) Daß Du doch mal wieder den Wunsch hast andere Menschen kennen zu lernen, neue Verbindungen einzugehen, beruhigt und freut mich. Du bist mit 44 Jahren nicht alt, sondern eigentlich durch eine gewisse menschliche Reife auf dem Höhepunkt des Lebens – wenn auch die Strömungen der heutigen Zeit stark dagegen sprechen und nur der Jugend das Wort geben. Das was ich bei Dir manchmal als für Dich hemmend empfinde, ist der zu starke Drang in die Vergangenheit, das auch im persönlichen vorherrschende Interesse für Historie, das ständige Zurückschauen. Natürlich kann man nicht mit derselben Sicherheit vorwärts schauen, weil es sich ja um noch ungelebtes fremdes Leben handelt, aber man darf den Drang zum Weiter-und Vorwärtsleben nicht zu kurz kommen, nicht verkümmern lassen. (…) Ich gebe zu, dass die Zeit sehr dazu angetan ist, den Schlussstrich schon jetzt mit 44 Jahren ziehen zu wollen – aber da Du ja schließlich nicht für Dich allein lebst sondern eine junge Frau und zwei kleine Kinder hast, bist Du verpflichtet weiter zu wollen. (…) Daß ich mich bemühe den besonderen Umständen Rechnung zu tragen, weißt Du. Du bist nun mal schwierig zu behandeln und manchmal recht erschwerend empfindlich – Du weißt das übrigens selbst sehr gut, ebenso wie ich weiß, dass ich aufbrausend und für empfindliche Naturen zu laut bin – aber auf Grund dieser Selbsterkenntnis müsste es doch eigentlich ganz gut zusammen gehen.«

Ferien Sommer 1936 in St. Peter-Ording: vorne Justus und Reni, links Purdi von Stolzenberg, rechts Maria Bondy, unsere Haustochter.

In Sabines Brief fand sich ein Briefchen der 17-jährigen Maria Bondy: »Sehr verehrter Herr Alenfeld. Heute sind wir nun schon eine Woche hier; wir haben es ja <u>so</u> gut. Und dafür, daß ich hier sein darf, möchte ich Ihnen viele Male danken. Ich werde ja so verwöhnt von Ihnen. Wenn ich so mit den Kindern im Sand spiele und tolle, dann bin ich wirklich ein ganzes Kind. (…) Die Briefmarke schickt Mutter Ihnen mit ganz besonderen Grüßen. Ich habe schon mit Freude festgestellt, daß keine Zacke fehlt. Ich habe jetzt jeden Morgen das Vergnügen, daß die Kinder kommen. Ich wache immer von dem Gebrüll auf, das Rene anfängt: ›Mutti, ich will zur Maria.‹ Dann kommt tap-tap-tap die Renepuppe zu mir, und dann muß ich erzählen. Märchen, aus der Jugendzeit und wieder Märchen. Und dann kommt auch bald Justus und dann fängt die Toberei erst an.«

Unter den zahlreichen englischen Briefen, die Sabine meinem Strohwitwervater Erich nach Berlin schickte, sei einer auschnittweise zitiert:

»Sunday, in the forenoon [14. Juni 1936]
My dearest,
Since we met Aunt Hildegard at the station yesterday the desire to see you here is greater than before. Did you think about the possibility to come here? It would be very nice for us all. The children would enjoy it the most, they ask very often for you. (...) Sometimes I am so sad that one only writes nice letters and is half so nice when one is together. Don't you think the same? You never would admit it, I know – you fear to give something away from you. But is this the only way for a man? Women like more to say and to write such aimable things – but I am sure – and that is the consolation in all bad times – that men can feel the same, that you poor men are only too busied with other things. The relation to the other sex is not the first and chief point in your life as in ours! And therefore you are in a nearly cruel way 'economical' with love-signs! Do you never think that we need them as a daily food? After eight years of matrimony I now know that the difficultiest thing in a woman's life is to become accustomed to the missing of these signs or to take other less nice expressions as signs for love and sympathy. But I assure you, my dear Erich, that is a hard lesson to learn and one must change in the very female feelings of life. (...) We are now after dinner, the whole family is sleeping, only I have a little chat with you. My dear, I like to do it in English, it is nicer because I feel all a little bit stranger and newer. Do you understand? It is like a new relation, a new love. Don't say that I exaggerate, for me it is so.«

Fünf Tage später schrieb ein triumphierender Erich am 19. Juni nach St. Peter-Ording: »Ich bin Kreditarbeiter in der KA II geworden. Herr Griep [Direktor der Commerz- und Privatbank] hat mir heute die Mitteilung gemacht. Perlwitz ist leider das Opfer geworden. Eine bodenlose Gemeinheit. Immerhin: Ich habe mich durchgekämpft und bin anerkannt. Ich bin zwar nur inofficiell Sachbearbeiter, ohne Unterschrift, aber mit allen sonstigen Rechten, richtiger RessortBearbeiter. Solange also keine gesetzliche Änderung erfolgt, bin ich geborgen. Lange Unterredung anschließend mit Schultze gehabt.«

Den nächsten Brief schrieb Erich am Sonntag, auf dem Balkon – ohne Datum: »Um 7 Uhr bin ich aufgestanden und leicht bekleidet zur Krummen Lanke [einer der Seen im Berliner Grunewald] geradelt, wo ich mit Dr. Perlwitz und Frau ein Rendez-vous hatte. Mit einiger Verspätung kamen sie auch an und dann begaben wir uns an die bekannte Stelle am Nordzipfel. Es war köstlich: das Wasser frisch, die Luft warm. Allerdings schon ziemlich voll im Gegensatz zum SonnabendMorgen. Da waren wir im ganzen ca. 6 Menschen und es war feierlich still. Dafür waren wir heute in Gesellschaft und nach dem Baden war ich FrühstücksGast bei P's, die recht hübsch in der Kurstr. wohnen. Ihr Balkon ist ideal, groß, breit und geschützt. Da haben wir ordentlich gefuttert und Kaffee getrunken. Nachher wurde das Kind gebadet und angelegt. Wir Männer sahen dem ersten Teil zu und machten dann einen Schwatz, natürlich über die unglückliche Entwicklung in der Bank. Mir ist es schrecklich, dass P. sozusagen für mich geopfert wurde. Er war zu bescheiden, wollte seine Verbindungen nicht benutzen. (…)

So bin ich unversehens zu Amt und Würden gekommen – im Augenblick, da fast sämtliche Juden (Kochmann noch?) [Commerzbank-Direktor] pensioniert worden sind. Soviel Glück belastet schon. Schultze sagte unter anderem: ›Sie sind klug, machen Sie Ihre Arbeit und bleiben Sie so bescheiden.‹ Gott gebe mir den Verstand, alles richtig zu machen. P. ist mir an Erfindungsgeist über. Er wird mir sehr fehlen. Wir ergänzen uns zu schön. Auf alle Fälle: ich bin glücklich (I am happy) (…). Bedenke doch, auch Bardtenschlager hat zugestimmt. Dezember 34 ist überholt! Komme, was kommen mag.«

Die Entlassung kam Ende November 1936.

Doch Erich gab nicht kampflos auf. Er hatte einen fairen, verständnisvollen Gegner: Direktor Hampf, Leiter der Personalabteilung der *Commerz- u. Privatbank A.G.* Unter dem 29. November schrieb Erich ihm: »Ich beziehe mich auf die Unterredung, die ich am gestrigen Tage mit Ihnen bezüglich meines Ausscheidens aus der Commerz- und Privat- Bank A. G. gehabt habe. Ich erklärte mich bereit, diesen schwerwiegenden Schritt zu tun unter Berücksichtigung der vorliegenden Umstände, wenn ich für die materiellen Einbussen einen Ausgleich erhielte. Sie waren so liebenswürdig, mir für den Gehaltsausfall der nächsten 3 Jahre einen Betrag von insgesamt RM 4 500 zu bewilligen. Ich bitte mir über diesen Betrag hinaus eine Sondervergütung zu gewähren, zu deren Rechtfertigung ich mir erlaube, Folgendes auszuführen:

Ich bin, wie Ihnen bekannt ist, der Sohn des im Jahre 1923 in Magdeburg verstorbenen Bankiers Eugen Alenfeld, über dessen Ansehen in der Bankwelt das anliegende Beileidsschreiben des Herrn Justizrats Katzenellenbogen[3] Auskunft gibt. Als mein Vater durch Vertrag vom 20. April 1920 das im Jahre 1852 gegründete Bankgeschäft auf die Mitteldeutsche Creditbank überführte, da war es seine Absicht, die Zukunft seiner Familie zu sichern, insbesondere mir, seinem einzigen noch lebenden Sohne, eine Lebensstellung zu verschaffen. Aus Umständen, die ich nicht zu vertreten habe, da sie auf dem Gebiete der Rassenpolitik liegen, und die

---

3 Dr. *Albert Katzenellenbogen, Justizrat. Vorstandsmitglied der Mitteldeutschen Creditbank in Frankfurt am Main. 1914 bestand der Vorstand aus sechs ordentlichen Mitgliedern. 1923 verblieben zwei: Dr. Katzenellenbogen in Frankfurt und Fritz Reinhart in Berlin.*

nicht in meinen Leistungen begründet sind, sehe ich mich veranlasst, meine mich ausserordentlich befriedigende Tätigkeit aufzugeben und auf die von den Vertragsschliessenden seinerzeit gewollte Lebenssicherung zu verzichten. Ich beginne einen neuen und zweifellos unsicheren Lebensabschnitt. Ich bitte daher in diesem Falle, mir eine Sondervergütung von RM 12 000,- erwirken zu wollen. Ich bitte zu berücksichtigen, dass ich 4 ½ Jahre meinem deutschen Vaterlande als Offizier und Frontkämpfer gedient und dann fast 17 Jahre für die Bank mit Eifer und gewissen Erfolgen gearbeitet habe.«

Die Antwort am 15. Dezember 1936 lautete: »Wir nehmen Bezug auf die mehrfachen Besprechungen und bestätigen Ihnen der Ordnung halber, dass Sie mit dem Ende dieses Monats aus unseren Diensten scheiden, wogegen wir Ihnen zum Ausgleich aller Ansprüche aus Ihrem Dienstverhältnis, wie sie auch heissen mögen, insgesamt RM 5 000.-- als Abfindung zur Verfügung stellen. (…) Indem wir die Gelegenheit benutzen, Ihnen für die uns geleisteten wertvollen Dienste verbindlichst zu danken, übermitteln wir Ihnen unsere besten Wünsche für Ihre Zukunft. Mit deutschen Gruß.«

Erichs Antwort am 20. Dezember: »Wenn ich trotz Ihrer mündlichen Zusicherungen nochmals auf den Inhalt des Schreibens der Commerz- und Privat-Bank vom 15. ds. zurückkomme, werden Sie dies bitte der Sorge um meine Familie zugute halten. Meine Bereitwilligkeit zum freiwilligen Austritt hatte zur Voraussetzung den Abschluss eines Anstellungsvertrages mit einem anderen Bankhaus und eine angemessene Entschädigung für meine materiellen Einbussen (…). Solange nicht beide Voraussetzungen verwirklicht sind, kann ich begreiflicherweise auf meine bisherigen Rechte nicht verzichten. Ich bin aber überzeugt, dass sich mit Ihrer weiteren Hilfe und Unterstützung, für die ich Ihnen auch bei dieser Gelegenheit nochmals verbindlich danke, eine befriedigende Lösung ermöglichen lassen wird, sobald Herr Dr. Wassermann von seiner Reise zurückgekehrt ist. Mit deutschen Gruss, Ihr sehr ergebener Erich Alenfeld.«

Der letzte Brief in diesem turbulenten Jahr ist von Großmutter Käthchen am 29. Dezember: »Die letzten Wochen vor dem Weihnachtsfest sollen Euch wohl immer schwere Schicksalsschläge bringen – es ist ja erschütternd, was mir Erich in seinem langen Brief mitteilte. Gut, daß wir dieses Thema schon berührten bei unserem letzten Zusammensein in Berlin. Wie bin ich glücklich, daß ich gesund bin, immer den Willen zum Helfen und zur Arbeit habe. Dies soll auch Euch immer eine Beruhigung sein, und vor allem einen gewissen inneren Halt geben; was in meinen Kräften steht, will ich für Euch tun und für Eure lieben Kinder, die mir so ans Herz gewachsen sind. Haltet nur ja fest zusammen und erschwert Euch das Leben nicht durch tägliche kleinliche Ärgernisse. Das Licht, das zum Weihnachtsfest Euere Herzen erhellt hat, muß zu jeder Zeit das Dunkel erhellen, welches es zu ersticken droht! Und Du, lieber Erich, mußt Dich stärken an der Gewißheit, daß Du Anerkennung für Deine Leistungen gefunden hast – auch die beiden prächtigen Briefe von Deinem Regimentsvorgesetzten müssen Dir Kraft zum Durchhalten geben. Mich hat das Leben auch schon vor manche Aufgabe gestellt – ich traute mir so wenig zu – und hatte ich den Berg erklommen, war ich stärker an Selbstvertrauen, u. so gibt das Leben mir nun auch durch Dein Geschick, lieber Erich, neue Aufgaben, u. wie will ich mich bemühen Euch zu helfen!«

Verlassen wir das olympische Jahr nicht, das zumindest im Briefwechsel meiner Eltern keinen sportlichen Widerhall gefunden hat – die propagandistisch gelungen inszenierte Eröffnung der XI. Olympischen Sommerspiele fand ja am 1. August 1936 in Berlin statt, da war meine Mutter Sabine mit Kindern und Haustochter längst von Haus *Zuflucht* in St. Peter-Ording ins Zehlendorfer Fischtal 90 zurückgekehrt – ohne einen Blick auf weitere einschnürende Gesetze zu werfen, die gleich nach den Olympischen Spielen verkündet wurden. Da gibt es den »Runderlass des Reichsinnenministeriums« vom 4. Oktober 1936, »betreffend die Taufe von Juden: Der Übertritt zum Christentum verändert ihren Status nicht!«

Mein Vater Erich war als Kind gemeinsam mit seinen Geschwistern Walter und Carla getauft worden, 1899, gerade vor der Jahrhundertwende – doch das machte keinen Unterschied. Ein Jude bleibt ein Jude bleibt ein Jude. Es gab kein Entreebillett ins exklusive »arische Christenleben« deutscher »Volksgenossen«.

Kurz darauf, am 9. Oktober 1936, wurde dem »Reichsbund jüdischer Frontkämpfer« jegliche politische Betätigung untersagt, allein die Betreuung jüdischer Kriegsopfer war ihm noch gestattet.

Dem »Reichsbund jüdischer Frontkämpfer« gehörte mein Vater Erich nicht an, wohl aber dem »Verein der Offiziere des ehem. 1. Thüringischen. Feldartillerie-Regiment. Nr. 19« wie dem »Verein der Offiziere des Landwehr-Feld-Artillerie-Regiment No. 8, später Feldartillerie Regiment 280«. Vielleicht waren »(...) sein kameradschaftlicher Geist, sein vornehmes, stets zuvorkommendes Wesen und seine gesellschaftlich tadellosen Formen (...), die ihm die ungeteilte Achtung aller alten Regimentskameraden einbrachten«, – so bescheinigt von seinem ehemaligen Regimentskommandeur Richard Waechter, Generalleutnant a.D. am 8. April 1933 – den alten Regimentskameraden noch nebelhaft im Gedächtnis.

Vielleicht kannten einige die schriftliche Aussage des ehemaligen Kommandeurs des Feldartillerie Regiments 280, Oberstleutnant a. D. Salisch vom 11. April 1933: »Erich Alenfeld war ein kriegserfahrener Frontoffizier, pflichttreu erprobt in jedem Dienst. Im letzten Verzweiflungskampf des Regiments am 4. 11.18 Führer einer vorgeschobenen Batterie hielt er vorbildlich tapfer die Stellung bis zum Aeussersten, die letzte am Feind. Selbst verwundet führte er erst die Reste der Bedienung zurück, ehe er sich in Lazarettbehandlung begab. Dem Verein der Offiziere des Regiments gehört er seit Gründung an. Seine in langen Jahren vielmals bewährte selbstlose Kameradentreue fand ihre äussere Anerkennung in der

Die Geschwister Alenfeld in Magdeburg: Carla, Erich und Walter (1900). Ein Jahr zuvor waren sie getauft worden.

Wahl zum Kassenwart des Vereins.« Doch den meisten fehlte die Courage, den »Fremdstämmling« als Gleichen unter Gleichen zu behandeln. Sie schauten weg, als sie gemeinsam am Grabe ihres alten Regimentskommandeurs standen, dem »kgl. preuss. Oberstleutnant a. D. Anders, Commandeur des Landwehr-Feld-Artill. Regt. No. 8«, der »Seinem tüchtigen, treuen u. tapferen Adjutanten Erich Alenfeld am 10jährigen Gedenktage des 1. Zusammentreffens in Pfirt i/Oberelsass am 8. August 1915 – in herzlicher Erinnerung an die in gemeinsamer Tätigkeit verbrachte Zeit während des Weltkrieges und in aufrichtiger Anerkennung der dem Landwehr Feld Artillerie Rgt. Nr. 8 und seinem Kommandeur geleisteten hervorragenden Dienste. 8. VIII.1915 - 8. VIII. 1925«, mit diesen Worten gedankt hatte.

Vergessen (von den »arischen Frontkameraden«) waren die Lobesworte seiner Exzellenz v. Below – V. Armeekorps, Generalkommando – der am 22. November 1917 dem Regiments-Adjutanten, Leutnant der Reserve Ahlenfeldt [sic], für (…) »seine besonderen Verdienste und tätige Mitarbeit an den artilleristischen Vorarbeiten für die Abwehrschlacht ›Ganze Front‹ in der Michel I-Stellung« besondere Anerkennung aussprach.

Vergessen (von den »arischen Frontkameraden«) waren die im Kriege erworbenen Auszeichnungen des Leutnants d. R. Erich Alenfeld:
    1. Eisernes Kreuz II. Klasse: Verliehen am 8. November 1914
    2. Eisernes Kreuz I. Klasse: Verliehen am 19. Februar 1918
    3. Hamburgisches Hanseaten Kreuz: Verliehen am 16. Dezember 1916

4. Ehrenkreuz für Frontkämpfer: Urkunde vom 25. März 1935
5. Schwarzes Verwundeten Abzeichen: Urkunde vom 8. November 1918
Vorbei. Vorbei. Tapferkeit vor dem Feinde zu beweisen war einfacher als Zivilcourage in der Heimat. Die sollte ein Privileg des Verfolgten werden – mit jedem Jahr des »Tausendjährigen Reiches« wuchs die Zivilcourage meines Vaters, er setzte sich unermüdlich ein, anderen zu helfen. Manchen half er zu überleben, andere kamen trotzdem im braunen Maelstrom um. Nicht nachvollziehbar blieb für die Tochter, dass der Vater nach den unheilvollen zwölf Jahren sich wieder alljährlich zu den Regimentstreffen seiner alten Kameraden einfand.

Nur wenige Kameraden hielten Erich, dem »Fremdstämmling«, über die zwölf braunen Jahre die Treue. Um so wichtiger waren meinem Vater die »Militärdienstverhältnisse der Familie«, eine ganze Akte, in der in unzähligen, von seinem Freund Dr. Justus Koch, Rechtsanwalt und Notar, beglaubigten Kopien die Auszeichnungen der Familie Alenfeld aufbewahrt waren: Angefangen mit dem Großvater und Bankgründer, *Second-Lieutenant* (entspricht dem heutigen Rang eines Leutnants) und langjährigen Vorsitzenden des Gemeindevorstands der Synagogen-Gemeinde zu Magdeburg, Julius Alenfeld und seiner Frau Mathilde:

Tätigkeit der Familie Alenfeld im Kriege
1870–1871
Mathilde Alenfeld
   Im Dienst der freiwilligen Krankenpflege, insbesondere Verwundeten-Fürsorge.
Julius Alenfeld
   Fürsorge für die französische Gefangenen in Magdeburg.

Kriegsdekorationen:
Mathilde Alenfeld
   1. Verdienstkreuz für Frauen und Jungfrauen
   2. Kriegsdenkmünze von Stahl am Nicht Combattanten Bunde
   3. Erinnerungsmedaille Kaiser Wilhelms des Grossen
Julius Alenfeld
   1. Denkmünze für wirkliche Combattanten
   2. Landwehr-Dienstauszeichnung

Julius (ursprünglich Jacob) Alenfeld oder Ahlenfeldt war im Jahre 1820 bereits in Magdeburg zur Welt gekommen. Sein Vater Joseph Lazarus, der aus Chodziesen/Kolmar (heute: Chodzież/Polen) eingewanderte *Schochet*, später Wechselmakler, wird erstmals 1808 als Bürger der Stadt Magdeburg im Königreich Westfalen erwähnt. König Jérôme, Bruder Napoleons I., der nicht nur als »Bruder Lustig«, sondern als liberal gesonnener Herrscher sein Königreich regierte, hatte befohlen, alle Juden zu erfassen, in das Register der Synagoge beziehungsweise der Bürgermeister einzutragen. Dazu hatte jeder einen Beinamen anzunehmen, der der Unterscheidungsname der Familie sein sollte. Wie es zur Wahl des Namens Alenfeld gekommen ist, lässt sich nicht zurückverfolgen.

Dagegen entdeckte ich in einem damals so beliebten vielstrophigen Jubiläumsgedicht zur Silberhochzeit von Julius und Mathilde, dass dieser auf dem Rückweg von einer Parisreise vermutlich aus geschäftlichen Gründen den Bankier Mayer Levin Beyfus in Frankfurt am Main aufsuchte und dabei dessen Tochter Mathilde kennenlernte. Julius muss so unternehmungslustig, anziehend und aufstrebend gewirkt haben, dass es sehr schnell mit der Frankfurter Bürgertochter zu einem Ehegelöbnis-Vertrag im Juni 1853 kam. Mathilde ersuchte um ihre Entlassung aus der Bürgerschaft der Freien Stadt Frankfurt und gemäß Artikel 1 des »Ehe- und

Hartnäckig – nicht aufgeben: Der Kampf des »Glaubensjuden« Julius Alenfeld um sein Offizierspatent zum »Second-Lieutenant«, 13. März 1849 erfolgreich abgeschlossen.

Erb-Vertrages« vom 30. August 1853 sollten sie binnen fünf Wochen »ihre Ehe in Frankfurt am Main sowohl vor dem Zivilstands-Beamten abschließen als nach Israelitischem Ritus eingesegnet werden.« Sie heirateten am 4. September 1853.

Mathilde brachte den Glanz der Frankfurter Finanzaristokratie in die ehrgeizige Familie im fernen Magdeburg: Ihre Mutter Zerline (geborene Worms) stammte wie die Familie Beyfus aus einer seit Jahrhunderten in Frankfurt am Main ansässigen jüdischen Familie, die auf Grund der bekannten Auflagen zum Handel und Wechsel-, das heißt Bankgeschäft, genötigt war. Dies tat sie mit bemerkenswertem Erfolg. Zerlines Mutter, also Mathilde Beyfus' Großmutter, war Jeannette (ursprünglich Schönge) Rothschild, die älteste Schwester der berühmten fünf Brüder, die der Vater Mayer Amschel Rothschild (1743–1812) einst in die Welt geschickt hatte, und die nach dem ersten, 1760 in Frankfurt gegründeten Bankhaus Rothschild vier weitere in London, Neapel, Paris und Wien gründeten. So gibt es in meiner Familie handschriftliche Auszüge aus dem Testament des Amschel Mayer Rothschild, ältester Bruder von Jeannette, Großonkel von Mathilde Alenfeld, geborene Beyfus. Zudem hatte Baron Amschel Mayer von Rothschild als Familienoberhaupt den schon erwähnten »Ehe- und Erb-Vertrag« unterzeichnet.

Zu diesem Zeitpunkt hatte der Verlobte aus dem Königreich Preußen, Jacob (genannt Julius) Alenfeld, der junge Magdeburger Bankier, bereits 1849 den Bürgereid der Stadt Magdeburg geleistet, im gleichen Jahr die Beförderung zum *Second-Lieutenant* durchgesetzt, war im Mai 1852 als Mitglied in die Korporation der Kaufmannschaft der Stadt Magdeburg aufgenommen worden und hatte sich um den Posten eines Wechselmaklers bei eben dieser Kaufmannschaft beworben. Das war der Grundstein zu seiner Bank.

Es scheint eine glückliche Ehe geworden zu sein. Mathilde genoss bis zu ihrem Lebensende bedingungslose Verehrung. Alle Empfänge, Diners, gesellschaftlichen Verpflichtungen, die ein Privatbankier gegenüber seiner Clientèle hat, wusste sie meisterlich zu arrangieren. Julius selbst muss ein amüsanter, von Ideen sprühender, liebenswürdiger Gastgeber gewesen sein. Im Übrigen war er in allen Institutionen seiner Synagogen-Gemeinde, in allen Wohltätigkeitsanstalten mit vollem Engagement tätig, bekannt für Anteilnahme und Menschlichkeit. Sie hatten Erfolg, und sie hatten drei Kinder: Emma, die Erstgeborene im Juli 1854,[4]

---

4 *Von ihr wird noch oft die Rede sein: Emma Alenfeld (geb. Magdeburg 1854 – gest. Berlin 1918), heiratete in erster Ehe 1875 den Frankfurter Bankier Henry Springer, ihr einziger Sohn Max wurde 1877 in Frankfurt geboren. Nach dem frühen Tod des Ehemanns heiratete Emma in zweiter Ehe 1882 den Kunsthistoriker Dr. Robert Dohme, »Direktor der Kunstsammlungen des Königlichen Hauses« und Vertrauter des Kronprinzen Friedrich Wilhelm, des späteren Kaisers Friedrich III. Ihr Salon, ursprünglich ein regelmäßiges Arbeitstreffen im Berliner Stadtschloss mit Dohmes Museumskollegen, wurde bald zu einem beliebten Treffpunkt des liberalen, künstlerischen Berlins. Robert Dohme verstarb 1893 allzu früh an einem Herzleiden. Seine Frau führte den Salon mit illustren Gästen aus Wissenschaft, Wirtschaft und vor allem den bildenden Künsten über viele Jahre weiter bis zu ihrem Tode 1918.*

Auszeichnung des Internationalen Roten Kreuzes für Julius Alenfeld, der 1870/71 in der Kriegsgefangenenbetreuung mitgearbeitet hatte.

Charles 1855, der als Siebzehnjähriger 1872 in Meran an Schwindsucht starb, und Eugen, 1861 geboren, Nachfolger des viel zu früh verschiedenen Julius, der bereits 1882 in seinem geliebten Thale im Harz einem Herzleiden erlag. Sein Grabstein auf dem Jüdischen Friedhof in Magdeburg trägt die Inschrift: »Er verwaltete 3 Jahrzehnte das Vorsteheramt in hiesiger Gemeinde treu seinem Wahlspruch: ›Der Gemeinschaft dienen ist auch ein Gottesdienst‹.«

Seine Frau Mathilde überlebte ihn um viele Jahre, bis zuletzt der Mittelpunkt der Familie. Als sie 1903 starb, waren ihre drei Enkelkinder bereits getauft (1899). Ihr Grabstein trägt die Inschrift: »Nur Liebe und Güte geleiteten mich alle Tage meines Lebens. Ps. 23,6.«

Tätigkeit der Familie Alenfeld im Kriege
1914–1918 (Erster Weltkrieg)
Eugen Alenfeld:
    Im Dienst der freiwilligen Krankenpflege
Elsa Alenfeld:
    Insbesondere Bahnhofsdienst

Kriegsdekorationen:
Eugen Alenfeld:
    1. Verdienstkreuz für Kriegshilfe
    2. Rote-Kreuz-Medaille 3. Klasse
Elsa Alenfeld:
    Rote-Kreuz-Medaille 3. Klasse

Dem gerade zwanzigjährigen Sohn Eugen fiel als Nachfolger und Chef des Bankhauses keine leichte Aufgabe zu. Er meisterte sie vorbildlich und erwarb sich in Magdeburg einen hohen Ruf als Bürger, Humanist und Kunstsammler, vor allem von Magdeburger Fayencen und Steingut der hugenottischen Firma Guischard. Dem Kaiser Friedrich Museum seiner Heimatstadt (heute: Kulturhistorisches Museum Magdeburg) vermachte er zu Lebzeiten großzügige Schenkungen, die in zwei Vitrinen ausgestellt waren. Im Zweiten Weltkrieg hatte man die Museumsbestände zu ihrem Schutz in Salzstöcke ausgelagert, so auch die Stiftung Alenfeld – umsonst: Nach Kriegsende 1945 erreichte sie doch noch die Vernichtung. Es heißt, neugierige GI's hätten die Salzstöcke erforschen wollen, eine Petroleumlampe sei umgefallen … alles brannte aus. Überlebt hat die wichtigste, nach Eugens Tod zu seinem Gedenken vermachte Schenkung: Eine ovale Netzrandplatte, auf deren Rückseite die Signatur, mit einer Durchstaubschablone aufgetragen, als wichtiges Mittel zur Identifizierung Magdeburger Fayencen dient.

Carl-Ludwig Schlesinger-Trier, Privatbankier, und seine Ehefrau (und Cousine) Laura, geb. Trier (Urgroßeltern), um 1866.

Dem Beispiel des Vaters folgte Eugen in seinen vielseitigen Tätigkeiten für die Synagogen-Gemeinde, war über lange Jahre verantwortlich für die Finanzen der Gemeinde, dies hielt ihn nicht davon ab, seine drei Kinder vor der Jahrhundertwende taufen zu lassen. So musste er seine Ehrenämter niederlegen, doch zu den hohen Festtagen ging er weiterhin in die Synagoge, zu Fuß, mit Zylinder, der damals die übliche Kopfbedeckung war. Als Dreißigjähriger hatte er 1891 die neunzehnjährige bildhübsche Elsa Schlesinger-Trier geheiratet, wiederum aus einer Frankfurter Bankiersfamilie stammend. Die Eltern Carl Ludwig und Laura, Cousin und Cousine, verlegten in den späten 1870er Jahren ihren Wohnsitz in die Voßstraße nach Berlin, in unmittelbare Nähe zur Wilhelmstraße, Sitz des Reichspräsidenten, des Reichskanzlers, des Auswärtigen Amts und anderen preußischen Ministerien, und führten dort ein recht aufwendiges Leben. Von ihren vier Kindern kamen Elsa und Marie Therese in Frankfurt am Main zur Welt, Paul und

Martha in Berlin, deren Schicksal in diesem Briefwechsel häufig Erwähnung finden wird.

Der üppige Lebensstil des Bankiers Schlesinger-Trier scheint die erstgeborene Elsa stark geprägt zu haben. Sie stellte als junge Bankiersgattin hohe gesellschaftliche Ansprüche, so blieb ihr wenig Zeit für ihre drei Kinder, meinen Vater Erich, geboren 1891, seinen Bruder Walter 1893, die Schwester Carla 1894. Eine Erzieherin, Fräulein Adumeit, wurde für die Tochter, meine Tante Carla, engagiert. Für die beiden Buben hatte wohl das Hauspersonal zu sorgen. Warum der Zweitgeborene, Walter, sich mit 19 Jahren das Leben nahm, ist nie geklärt worden.

Dass mein Vater Erich doch noch eine richtige Mutter fand, allerdings mit 36 Jahren, ist im Grunde Carlas Erzieherin zu verdanken. Nachdem Carla sie nicht mehr benötigte, wahrscheinlich rebellierte sie und wollte nicht anders sein als ihre Freundinnen, die ohne Begleitung einer Erzieherin zur Schule gingen, suchte sich Fräulein Adumeit eine neue Stellung. Sie fand sie bei dem Architekten Alfred Breslauer in Berlin! So lernte mein Vater als junger Erwachsener die Familie Breslauer kennen ... und viele Jahre später, als er noch immer als allgemein geschätzter Junggeselle bei Breslauers ein- und ausging, eine Sabine Geppert, Tochter von Alfred Breslauers Jugendfreund Walter Geppert und Käthe Schacht. Käthchen brachte Erich die liebevolle Zuneigung und Einfühlsamkeit entgegen, die er von der eigenen Mutter nie in dem Maße erfahren hatte.

Carla: »Hilfsschwester des Roten Kreuzes namens des Vaterländischen Frauenvereins« (1915).

Tätigkeit der Familie Alenfeld im Kriege
Carla Alenfeld (verh. Pohl)
Helferin des Roten Kreuzes ab 4. 8. 1914, Hilfsschwester des Roten Kreuzes ab März 1915, ab Januar 1916 im Lazarettzug 3.

Kriegsdekorationen
1. Erinnerungszeichen des Vaterländischen Frauen-Vereins für seine Hilfsschwestern
2. Rote-Kreuz-Medaille 3. Klasse
3. Ehrenkreuz für Kriegsteilnehmer

Carla, die einzige Tochter, hatte sich als Backfisch in Karlernst Pohl verliebt, ältester Sohn eines Berufsoffiziers, der seinem Vater in der militärischen Laufbahn folgen wollte. Er war nicht nur eine stattliche Erscheinung, sondern offensichtlich sehr charmant und ebenso verliebt in die junge Person mit dem ausdrucksvollen Profil wie sie in ihn. Sie heirateten im Mai 1918 - eine Kriegshochzeit mit kaiserlicher Genehmigung. Bis 1916 hatte Karlernst im Feldartillerie-Regiment Nr. 26 gedient, in dem er nach dem Abitur seine militärische Ausbildung erhalten und vom Fahnenjunker zum Offizier befördert worden war. Dann wurde er als »Instruktionsoffizier für Gebirgsartillerie« in die Türkei, dem Bündnispartner des Deutschen Reiches, geschickt. Bis Kriegsende blieb er auf dem Balkan. Im Oktober 1918 zum Hauptmann befördert, wurde er 1920 »infolge Heeresverminderung verabschiedet« (Der Versailler Vertrag hatte die Heeresstärke auf hunderttausend Mann beschränkt).

Meine Urgroßeltern mütterlicherseits, männliche Linie: Johannes Justus Geppert, Justizrath, Berlin, und seine Ehefrau (und Nichte) Anna, geb. Geppert.

Meine Großeltern Elsa Alenfeld, geb. Schlesinger-Trier und ihr Ehemann Eugen, um 1890.

Sabine Geppert kam aus einer recht anderen Welt. War es bei Privatbankiers, allein aus Gründen der Kundenpflege, üblich, nach außen viel Schein zu verbreiten, so herrschte in gutbürgerlichen preußischen Familien, deren Söhne die Rechtswissenschaften studierten, eine ganz andere Auffassung vor: Bescheidenheit, Zurückhaltung, eine stille Fassade, die nichts vom Reichtum dahinter ahnen ließ.

Justizrat Johannes Justus Geppert, Rechtsanwalt und Notar in Berlin, geboren 1820 in Stettin (mit vermutlich schwedischen Vorfahren), gestorben 1890 in Berlin – gehörte zu jenen »Unauffälligen«, der allerdings durch die Heirat seiner Nichte Anna Geppert, Tochter seines Bruders Theodor, doch gewisse, die zulässigen Grenzen überschreitende Neigungen zuließ. Anna, 1836 in Berlin geboren, starb jung (1873) und hinterließ eine Tochter Lisbeth, die ein Leben lang der Pflege und Betreuung bedurfte. Von den zwei Söhnen starb einer in jungen Jahren, der andere, Walter Johannes Geppert, Sabines Vater, war ein sehr korrekter, doch musischer Mensch, der nur aus preußischer Pflichterfüllung nach dem Studium der Jurisprudenz eine berufliche Laufbahn einschlug und es bis zu seinem Tode 1924 in Wiesbaden zum Landgerichtsrat brachte. Das von »den alten Tanten« (Schwestern von Johannes Justus Geppert?) bewohnte und gezeichnete Geppertsche Stammhaus hinter der St. Hedwigs-Kathedrale und der königlichen Oper (heute: Staatsoper unter den Linden), das bezaubernde kleine alte Stadtpalais in der Dorotheenstraße, Berlin-Mitte, das der Assessor Walter Geppert abreißen und von seinem Freund Alfred Breslauer durch ein mächtiges, mehrgeschossiges Wohnhaus ersetzen ließ, zeugen von dem damaligen Wohlstand, der allerdings später dem Patriotismus und der Inflation zu Opfer fiel. Käthe, geborene Schacht, Tochter des hoch angese-

Das Geppertsche Stammhaus zwischen St. Hedwigs-Kathedrale und Königlicher Oper in Berlin, im Hintergrund die Friedrichwerdersche Kirche.

Das alte Geppertsche Wohnhaus in der Dorotheenstraße 6, das Sabines Vater 1897/98 von Alfred Breslauer durch ein mehrgeschossiges Mietshaus ersetzen ließ.

Meine Urgroßeltern mütterlicherseits, weibliche Linie: Julie Schacht, geb. Hagemann und ihr Ehemann, Dr. phil. Carl Schacht, Medizinalrat, Besitzer der Polnischen Apotheke Berlin, um 1870.

henen Medizinalrats Dr. Carl Schacht[5] von der Polnischen Apotheke und Walter Geppert, Hauptmann der Reserve im 3. Garde Feldartillerie-Regiment – was allerdings bei Gepperts kaum der Erwähnung wert erachtet wurde – hatten selbstverständlich Kriegsanleihen von beträchtlicher Höhe gezeichnet. Als die Töchter Hildegard, Sabine und Anneliese nach dem Zusammenbruch von Kaiserreich, Währung und elterlichem Vermögen erfuhren, dass ihre Eltern bis vor kurzem recht wohlhabend gewesen waren, hatten sie nur ein Bedauern: »Wenn wir das gewusst hätten, dann hätten wir jeden Tag ein Frühstücksei essen können.«

5   Dr. phil. Carl Schacht (geb. Berlin 1836 – gest. Berlin 1905), Medizinalrat, verheiratet mit Julie Schacht geb, Hagemann (geb. Magdeburg 1842 – gest. Berlin 1871)

1937

Man lernt ja immer noch nicht die nötigen Konsequenzen zu ziehen,
weil man den letzten Rest von Hoffnung nicht aufgeben will.

Am 1. Januar 1937 informierte Erich Commerzbank-Direktor Hampf: »Sehr geehrter Herr Direktor! Unter Bezugnahme auf mein Schreiben vom 19. 12. 36 beehre ich mich Ihnen mitzuteilen, dass durch Ihre gütige Unterstützung meine Angelegenheit geordnet ist. Die Firma A. E. Wassermann[1] hat sich schriftlich bereit erklärt, mich im Austausch zu übernehmen. Der Austausch selber soll gegen Mitte des Monats, nach Rückkehr des Herrn Dr. Wassermann erfolgen. Ich bitte Sie, mich vorher, wenn möglich in diesen Tagen, empfangen zu wollen.«

Erich wurde gegen einen »Arier« im noch jüdischen Bankhaus A. E. Wassermann, in dem er einst seine Banklehre gemacht hatte, ausgetauscht; arisiert firmierte die Bank später unter dem Namen *v. Heinz, Tecklenburg & Co.* in Berlin. So bekam mein Vater noch einmal eine Gnadenfrist und als Leutnant der Reserve a. D. gute Wünsche von seinem früheren Regimentskommandeur Generalleutnant a. D. Richard Waechter: »Möge das neue Jahr die Schwierigkeiten mildern, vor allen Dingen aber Sie wieder auf eine sichere Grundlage stellen und stets gesund erhalten. Mit treu kameradschaftlichen Grüßen.« Die Behrend, wie sie sich

---

[1] *Das Bankhaus* A. E. Wassermann, *Wilhelmplatz 7 in Berlin W8, war ursprünglich eine Filiale des 1860 in Bamberg von den Brüdern Angelo und Emil Wassermann gegründeten Bankhauses, das in Bayern schnell zu überregionaler Bedeutung angewachsen war. Beide Brüder wurden 1884 zu königlich-bayrischen Hofbankiers ernannt. Die 1889 in Berlin gegründete Filiale wurde von den ältesten Söhnen der beiden, Max und Oskar Wassermann geführt und übertraf schnell das Bamberger Mutterhaus an Bedeutung. Oskar Wassermann verließ 1912 das Familienunternehmen und wurde Vorstandssprecher der Deutschen Bank. Er gründete 1922 das Palästina-Werk »Keren Hajessod e. V.« als deutsche Zweigstelle der in London eingetragenen KH-Weltorganisation zur Einwerbung von Mitteln für den Aufbau Palästinas. Sigmund, jüngerer Bruder Oskars, folgte diesem in die Berliner Filiale und war 1932/33 Vorstandsmitglied des Deutschen Bank- und Bankiergewerbes. 1938 fiel das gesamte Unternehmen einem Zwangsverkauf zum Opfer. Das Berliner Bankhaus* A. E. Wassermann *konnte sich bis zum Oktober 1938 halten. Dr. Sigmund Wassermann wanderte erst nach Holland, später in die Vereinigten Staaten aus.*

selbst nannte, ein früheres Hausmädchen aus Sabines Elternhaus, schrieb am Jahresanfang: »Ich kann mir denken wie Herr Alenfeld leidet, er nahm doch früher alles so schwer. Ich weiß, Binchen, wie treu Sie sind es ist Ihre gute Erziehung u. daß müssen Sie Mutti danken, die wirklich eine deutsche Mutter ist.«

Am 11. Januar 1937 wurde meinem Vater von der Commerzbank schriftlich bestätigt: »(…) dass wir mit Rücksicht auf die von Ihnen mündlich vorgetragenen Umstände die Abfindung auf RM 7 500,-- netto bemessen wollen.«

Hartnäckig – nicht aufgeben: So hatte schon Erichs Großvater Julius Alenfeld, der Bankgründer, um sein Offizierspatent 90 Jahre zuvor gekämpft, als er sich erst nicht mit dem Unteroffiziersgrad abfinden, und dann als Leutnant der Reserve nicht hinnehmen wollte, dass »Glaubensjuden« ihren Reservedienst nur in einem Landwehrregiment machen dürfen.

Wie ist es eigentlich mit Justus' Schulanmeldung ausgegangen?«, schrieb Hildegard zu gleicher Zeit aus Wiesbaden. »Hier müssen die Mischlinge ab Ostern nach Mainz! in die dortige jüdische Schule fahren, da ab 1937 keine Judenstämmlinge mehr in deutschen Schulen aufgenommen werden. Du kannst mir glauben, dass alle, die Justje hier kennenlernten, wehen Herzens an den kleinen Kerl und seine unvermeidliche Tragik denken und innig mit Euch mitfühlen. (…) Pfui Deibel, wie sieht es in der Politik aus! Einer provoziert den andern, als ob sie nicht früh genug losschlagen könnten, keiner ist besser als der andere. (…) Ein Glück immerhin, dass d. Kampf gegen den Bolschewismus nicht auf unserm Boden ausgefochten wird.«

Diese Neigung zur schwammigen Verallgemeinerung fand ich in vielen Briefen, selbst bei der Naturwissenschaftlerin Anneliese, Sabines jüngerer Schwester, die am 13. Januar kommentierte: »In diesem Zusammenhang möchte ich auf Erichs Worte an Mutti, ausländische Sender zu hören und etwa die Times zu lesen, etwas sagen: 1) Wer garantiert, daß dort wirklich Wahres gesagt u. geschrieben wird; denn jeder Bericht ist gefärbt. 2) Hat es einen Sinn, sich die Zukunft schwarz auszumalen, wo wir persönlich doch keinen Einfluss auf das Geschehen im Ausland u. im eigenen Land nur zu einem winzigen Bruchteil haben? (…) Dass in Eurem Fall alles noch viel schwieriger liegt, wissen wir genau; daß es da noch mehr Faktoren zur Beunruhigung gibt als bei dem Durchschnitt. So wünschen wir Euch denn zum neuen Jahr ganz besonders herzlich, dass es Euch manch schönes bringt, dass Euch über die unvermeidlichen Bitternisse hinweghilft, die ja wohl auch kommen werden.«

Noch war Erichs Kampf nicht beendet, die Austauschstelle zu einem Monatsgehalt von 550,- Reichsmark – »postnumerando zahlbar« – wurde ihm zwar Ende Januar bestätigt, doch Erich schrieb noch ein Mal am 29. Januar 1937 an Direktor Hampf: »Hiermit erlaube ich mir höflichst mitzuteilen, dass die Firma A. E. Wassermann mich gebeten hat aus organisatorischen Gründen erst Ende nächster Woche meinen Dienst anzutreten. Ich bitte daher, noch bis dahin im Hause der Commerz- und Privat-Bank A. G. arbeiten zu dürfen.«

Demütigend? Gewiss. Sie lebten von der Hand in den Mund. Eine Woche Verdienstausfall konnte er sich nicht leisten – und so arbeitete er noch weitere acht Tage für seinen früheren Arbeitgeber (mit dem bereits ausgestellten Zeugnis in der Tasche: »Unsere besten Wünsche begleiten ihn auf seinem ferneren Lebenswege.«). Zum gleichen Zeitpunkt wurde im deutschen »Beamtengesetz«, in eindeutiger Befolgung der »1. Verordnung zum Reichsbürgergesetz«, verkündet: »Beamter kann nur werden, wer deutschen oder artverwandten Blutes ist und mit einer Person gleicher Abstammung (außer Mischling zweiten Grades) verheiratet ist. Beamte, die diese Bedingung nicht erfüllen, sind zu entlassen.«

Aus Wiesbaden schrieb am 11. Januar ein besorgtes Käthchen: »Es ist recht, daß Du Deinen Erich mit Optimismus unterstützt. Was kommen soll, kommt, u. wir müssen es hinnehmen. Hieran möchte ich noch die Frage knüpfen wo die Bank von Wassermann liegt? welche Strecke Erich fahren muß, auch laß mich gelegentlich wissen, wie er sich einarbeitet; er soll nur ja zurückhaltend sein u. die mit ihm arbeitenden Menschen beobachten. Man traut heute fast keinem mehr. Zu Hause mit Dir kann er sich dann aussprechen.«

Im Frühling 1937 wurde mein Bruder Justus eingeschult, mit ihm der Nachbarssohn Michael, dessen Eltern Käte und Jani Hell, Kunstrestauratoren, bereits nach London ausgewandert und dort auf Wohnungs- und Ateliersuche waren. Sabine hatte ihnen Fotos der beiden Erstklässler mit großer Schultüte geschickt, dazu die kleine Schwester Anna beim Spielen im Garten. »Das war wirklich eine greifbare Sonntagsfreude und ich danke Ihnen sehr herzlich dafür«, schrieb Käte in einem undatierten Brief aus London, »so gross sind sie geworden und sicher ganz verändert. (…) Manchmal tun sie mir leid, dass sie hierher kommen müssen, mitten in diese grosse steinerne Stadt, aus der Ruhe von Zehlendorf in dieses geräuschvolle, betriebsame Leben, gleich eine neue Sprache, Michael zu Ostern in die Schule. Aber vielleicht fällt es ihnen gar nicht so schwer. Und das erspart ja so viel anderes, dass man dies leicht nehmen muss. Wir haben immer noch keine Wohnung. Und die letzten Tage Suche bei dieser enormen Hitze, und dem Verkehr, der, glaube ich, in Kensington am intensivsten ist, haben uns beschliessen lassen, mal wieder in einem anderen Viertel zu suchen. (…) Und am 28., wie ich heute nach Hause geschrieben habe, werde ich wieder in Berlin sein. Gegen diese Riesenstadt mit dem wirklich unfasslichen Verkehr wirkt Berlin wie ein Nest. Und ich muss sagen, ich freue mich auf die Ruhe. Die laute U-Bahn fährt geradezu flüsternd gegen die Bahnen hier, und so hübsch langsam. Sie merken, ich bin ein bischen müde vom Wohnungssuchen.

Zur Abwechslung bin ich dann bei Jani im Studio. Ein Nordzimmer, das immer hübsch kühl ist. Trotzdem bin ich manchmal betrübt, dass die Sonne nie

Michael Hell und mein Bruder Justus am ersten Schultag, Frühjahr 1937.

herein kommt. (...) Es ist gut für ein Atelier, aber nicht zum Leben. Und so hoffe ich, ein Haus zu finden, das Ost-West Lage hat, sonst hiesse das, die Hälfte der Zimmer nach Norden. Das wär doch mies. – Aber um zum Studio zurückzukommen, es sind viele hübsche Bilder drin, die wir teils gemeinsam, teils allein behandeln. Manchmal beschränkt sich meine Rolle darauf, bewundernd daneben zu sitzen, und damit Jani anzufeuern.

Mittags und abends wird immer englisch gesprochen, man lernt ganz gut. Ich habe jedenfalls plötzlich das Gefühl, einen Schritt weitergekommen zu sein. Aber es ist doch eine ulkige Sprache, besonders was die Konversation anbelangt. Die versprochene Karte habe ich noch nicht an Mr. Wehner geschrieben, weil ich nicht weiss, was. Haben Sie noch Stunde bei ihm? Dann sagen Sie ihm doch bitte einen Gruss von mir.«

Aus der Zeit ihres gemeinsamen Englischunterrichts in Berlin hatte Sabine noch einen früheren Brief Käte Hells aufbewahrt, der wohl eine Art Hausaufgabe darstellt:
»Dear Mrs. Alenfeld,
(mal sehen, was wir gelernt haben!)
It was simply charmingly of you to invite me for this evening. My husband will not be at home, and so I really do not know nicer thing, than to come to see you.
(Noch etwas Nettes über den Ehemann)
I hope your husband will consent to this invitation and will not be to tired today. For my part, (?) I shall be glad to see him.
(Nun der Dank)
Many thanks! It is very nice of you!
It is very difficult, to be aimable in a foreign language.
(Und der Schluss, den ich erst von Ihnen lernen soll)
With kindest regards Yours (very?!) sincerely
Zu Deutsch herzlichen Gruss Ihre

                    Käte Hell«

Zwei junge Frauen lernten gemeinsam englisch. Bereiteten sich beide darauf vor, Deutschland zu verlassen? Käte Hell, durch ihre Mutter mit der Verlegerfamilie Ullstein verwandt, also jüdischer Abstammung, hatte anscheinend dem Drängen ihres Mannes Jani nachgegeben, der früher als viele andere ihre Gefährdung in der Heimat erkannt hatte. Meine Mutter Sabine, die den »arischen« Teil in ihrer »Mischehe« mit meinem Vater Erich bildete, lag die Vorstellung der Auswanderung sicherlich viel ferner, obwohl ihre Lage nicht weniger bedrohlich war. Erichs Übernahme in die jüdische Bank war von vornherein prekär. Jeder Monat, der ohne Zwischenfälle, das heißt ohne weitere Verschärfung verlief, war ein kleiner Sieg. Am 28. Mai 1937 schrieb Erich an Sabine, die ihre Mutter Käthe mit der kleinen Tochter Reni in Wiesbaden besuchte: »In der Bank nichts Neues. Wir leben einen guten Tag zusammen. Dr. W. sieht auch keine akute Gefahr für uns alle. Ich für meine Person habe immer noch Befürchtungen, mehr aus dem Instinkt heraus als aus positiven Tatsachen. Das Verhalten gewisser Herren gefällt mir nicht. Ich habe das nun einmal durchgemacht und habe feine Witterung.«

Feine Witterung hatte er auch weiterhin für Sabines Hang zur Musik und daraus wachsenden Freundschaften. So schrieb er ihr am 31. Mai nach Wiesbaden: »Vielen herzlichen Dank für Deinen ausführlichen Brief, mit dessen Inhalt ich in jeder Weise ›konform‹ gehe. Mein Wunsch nach ehelicher Kameradschaft ist immer vorhanden, enthält alles, was ich im Leben erwarte, soweit die Liebe zu den Kindern nicht in Frage kommt. Wenn ich Kameradschaft mit meiner Frau pflege, dann erwarte ich aber, dass sie zu mir hält und mit mir an einem Lebensstrang zieht. Fühle und sehe ich aber, dass sie (...) Freunden gleichfalls Kameradschaft oder Freundschaft gewähren will, dann bricht in mir das Fundament des Vertrauens. Ohne Vertrauen keine Kameradschaft. In meiner Lebensstufe ist geistige und seelische Kameradschaft das Wesentliche. Wie kann dies Ideal erreicht werden, wenn Du Freunden Teile Deines seelischen Ichs abgeben willst, wenn Du hinter meinem Rücken SeelenAustausch mit Freunden treibst. Niemals werde ich zu solchen Dreibündnissen mich hergeben. (...) Ich habe mich nicht nach den Sitten und Gebräuchen ferner Länder zu richten, sondern darf das Maß anlegen, das hier bei uns gebräuchlich ist und zwar nicht bei den Bohemiens sondern bei Bürgerlichen, aus deren Mitte ich stamme. (...) Ich gebe auch gerne zu, dass ich Dich in den Stürmen des Lebens brauche, weil Du eine starke, kluge (...) Frau bist. Ich empfinde dies oft. Ich kann mich aber nicht zärtlich geben, d. h. mein Inneres erschließen, wenn Du vor lauter Geigerei und Hellerei [Käte und Jani Hell] keine Zeit für mich hast. (...)

Wie bitter ist mir oft zu Mute, nach all den Eindrücken des Tages, und all den Erniedrigungen, denen ich nun seit Jahren ausgesetzt bin. Soll das alles spurlos an mir vorübergehen? Nun, laß uns die Lehre aus dem Vergangenen ziehen: Helfen wir uns gegenseitig, erleichtern wir uns die Bürde des Lebens. Wer weiß, wie alles noch kommen mag, was wir noch erleiden müssen.«

Sabines Reaktion: »Es ist ein absoluter Irrtum, dass Frauen mit Liebe und Zärtlichkeit kurz gehalten werden müssen. Es besteht keine Gefahr, dass ich ›übermütig‹ werde, auch wenn Du etwas zärtlicher bist und zugibst, dass Du mich liebst und brauchst. Eifersucht ist ja auch eine Form der Liebe, aber leider die, die am wenigsten Gegenliebe hervorruft. (…) Ich weiß ganz genau und bin mir dessen ganz sicher, dass ich zu Dir und zu unsern Kinder gehöre, dass dort mein Lebensinhalt ist und dass Musik und Freundschaften – so schön sie sind und so sehr ich sie zur Bereicherung und Erweiterung meines Lebens brauche – mich nie von dieser Hauptaufgabe werden abbringen können.«

Die Zeit im Elternhaus bei der Mutter, abschalten und auftanken in mütterlicher Geborgenheit – Sabine fand sie in Wiesbaden, so wie Käte Hell sehnsuchtsvoll von London nach Berlin schaute und die Tage bis zur Abreise zählte. Erst später sollte sie ermessen können, dass sie sich noch einmal in die Höhle des Löwen gewagt hatte.

»Wir frühstücken auf dem Balkon«, schrieb Sabine bereits am 28. Mai nach Berlin an den Strohwitwer Erich, »wir haben ein unglaubliches Glück mit dem Wetter, es ist angenehme Luft, Sonne aber nicht zu heiß (…) Mutti ist von dem Besuch ihrer leicht ergrauten aber gut und geschmackvoll gekleideten Tochter mit der reizenden Enkelin sehr angetan. Und ich habe es ganz so, wie ich es mir gewünscht habe: Ruhe und keine Menschen. Nur Frau Bondy werden wir wohl morgen Nachmittag zum Tee bei uns sehen. Ich habe mit Mutti und Hildegard [der älteren Schwester] wegen unserer Herbstferien gesprochen und mache Dir folgenden Vorschlag. Wir lassen Maria [Bondy] ruhig zum 1. Sept. ziehen, wie sie es sich wünscht. (…) Ich möchte vor dem 1. November keinen neuen Menschen in m. Haushalt haben. Ich kann das mit Hilfe von Frl. Warning [der Wäschefrau] für eine gewisse Zeit sehr gut allein machen. Justus ist schon 3 Stunden in der Schule, Reni spielt im Garten (…)

Und dass ich abends zu Hause bleibe, mit Dir zusammen unser schönes Heim, die Ruhe, Bücher, Radio genieße, kann unserer Ehe nur gut tun. Einmal in der Woche Quartett wird bleiben können, Orchester gebe ich leicht und gern auf. Das wäre kein Opfer. Wenn ich dann eine Zeit lang alles allein gemacht habe, empfinde ich die neue Hilfe als eine wirkliche Entlastung. Im Augenblick habe ich durchaus kein Verlangen, mich auf einen neuen Menschen umzustellen. (…) Ich möchte Dich nur noch mal bitten, es Maria in keiner Weise übel zu nehmen, dass sie einen richtigen Beruf ergreifen will. (…) Schließlich weiß ich es ¼ Jahr vorher, da kann man ihr doch wirklich keinen Vorwurf machen. Bitte, Herrchen, sei da vernünftig! Sie ist ein so ordentliches und nettes Menschenkind, dass man ihr die endlich gefundene Lehrstelle doch nur von Herzen gönnen kann.«

In Erichs Brief vom 31. Mai war nicht nur von ehelicher Kameradschaft undsoweiter die Rede gewesen, nein, auf dem zweiten eng beschriebenen Briefbogen gab es eine echte Sensation: »Ein Einschreibbrief holte mich gestern aus der [Bade-] Wanne:

Bezirkskommando Berlin IX:
Wehrpass Notiz für Lt.d.R.a.D. E. A.
Sie haben im Falle einer Mobilmachung über Ihre Einberufung noch einen besonderen Befehl abzuwarten, (...).
Benachrichtigung: Sie sind auf Grund des § 7 des Wehrgesetzes v. 21. Mai 35 Wehrpflichtiger des Beurl.-Standes und gehören der Ldw. I an. (...)«[2]

»Mithin gehöre ich dem Militär an«, jubelte Erich, »nicht etwa der Ersatz Reserve II; aber als Offizier wohl kaum – Immerhin die erste Verbindung ist da. Ich werde nächste Woche hingehen und mich freiwillig zu einer Übung melden bzw. fragen, ob das statthaft ist. Herr Theilemann [Prokurist in der Bank A. E. Wassermann] war sehr erstaunt über meine Mitteilung und bemerkte freundlichst, ›dann können Sie ja wieder zur Commerzbank‹. Das war ehrlich und deutlich. Immerhin waren wir uns klar, dass es nicht identisch ist mit Übungsaufforderung. Eine Übung findet bei Herrn Th. wenig Gegenliebe. Er wies auf die Geldausgaben hin und die kleine Zahl des Personals. An und für sich kann ich auf Urlaub gehen, wann ich will, sofern es meiner Abteilung passt. Die Übung darf nur zum Teil auf Urlaubszeit gehen, ein Teil des Urlaubs muß als solcher genommen werden. Vorläufig sind wir ja noch nicht soweit. Erst Bezirkskommando, dann Herr Döring wegen Bestimmungen und zuletzt entscheidet Herr Wassermann und nicht Herr Thielemann. Der Doktor ist nach wie vor freundlich zu mir, wenn auch wortkarg. Er zieht mich weiter hinzu für Kredite und unterschreibt anstandslos meine Briefe. Solange er Herr in seinem Hause ist, dürfte ich kaum etwas zu fürchten haben.«

»Liebes Herrchen!« antwortete Sabine aus Wiesbaden am 2. Juni: »Dank für den langen Brief, der mich natürlich sehr beschäftigt. Ich kann mir wohl denken, welche Wünsche nun mit einemmal wieder wach werden. Trotzdem: denke an Karlernst [Pohl, Mann von Erichs Schwester Carla, ehemaliger Berufsoffizier]! In diesem Punkt laufen anscheinend zwei Bestimmungen gegeneinander.«

Die »Büchse der Pandora«: Was mein Vater hier an Wünschen und Hoffnungen äußerte, muss uns heute auf Grund unserer ganz anderen Erfahrungen völlig abwegig erscheinen. Dass ein Mensch, der mit immer spitzfindigeren Verordnungen, Erlassen und dergleichen. aus der Lebensgemeinschaft seines Volkes

---

2   »Lt.d.R.a.D. E. A.« = Leutnant der Reserve außer Dienst Erich Alenfeld, »Berurl.-Stand« = Beurlaubtenstand; »LdW. I« = Landwehr. Die Landwehr war neben dem Feldheer ein Teil der Streitmacht Preußens und des Deutschen Reiches; wurde in Preußen nach Scharnhorsts Entwurf am 17. März 1813 eingeführt; in ihr dienten alle wehrpflichtigen Männer im Alter von 17–40 Jahren, die nicht zu den regulären Einheiten eingezogen wurden. Später gab es zwei »Aufgebote«: 1. Aufgebot - Die Wehrpflichtigen gehörten ihm fünf Jahre, 2. Aufgebot – sie gehörten ihm drei Jahre an. Im 1. Aufgebot waren jährlich zwei Übungen (Manöver) von drei- bzw. einwöchiger Dauer abzuleisten. Die Offiziere der Landwehr wurden meist dem Reserveoffizierkorps (aufgestellt aus den »Einjährig-Freiwilligen«, den nach dem Abitur freiwillig einen verkürzten Wehrdienst von nur einem Jahr Absolvierenden) entnommen.

(des deutschen! um jedes Missverständnis zu vermeiden) ausgeschlossen wird, dennoch sein Vaterland wie eh und je liebt, zu ihm steht, ja, es verteidigen will! Gegen wen? Auch die folgende Generation, Neffen, Söhne seiner Freunde, reagierte wie er: Sie eilten, mit Notabitur, zu den Fahnen, bis sie als Mischlinge aus der Armee ausgeschlossen wurden oder, ehe dies geschah, den »Heldentod fürs Vaterland« starben. »Man muss unterscheiden«, erklärte mir ein Neffe meines Vaters, der Krieg und Verfolgung überlebt hatte, »zwischen den Nazis und dem Vaterland. Das zu verteidigen war uns selbstverständlich.« - »Auch bei einem Angriffskrieg?« - »Es ging doch gegen den Erbfeind! Es war selbstverständlich, gegen Frankreich in den Krieg zu ziehen (...). Dazu die Gefahr des Kommunismus/Bolschewismus. Die Russen waren die größere Gefahr. Darum musste das kleinere Übel, die Nazis, akzeptiert werden und das Vaterland gegen die Kommunisten verteidigt werden, das hatte Vorrang ...«

Mit diesen Argumenten wurden auch junge Franzosen verführt, in der kollaborierenden *Légion des Volontaires Français* (LVF) gemeinsam mit den Deutschen gegen die sowjetischen »Bolschewisten« zu kämpfen. Wer nicht fiel, wurde allerdings im eigenen Land für den Rest seines Lebens verachtet und geächtet. Anders in Deutschland, wo die von Hitler geschürte Furcht vor den »Bolschewisten« auf Grund abweichender geschichtlicher Umstände noch über Jahrzehnte allgegenwärtig blieb.

Wer sein Vaterland liebt, der liebt auch die Fahne, die Fahne mit den »Reichsfarben«, nein, den »Republikfarben« schwarz-rot-gold; doch die sind längst verboten, verboten ist auch dem »Fremdstämmling« das Hissen der »Reichs- und Nationalflagge« und das Zeigen der »Reichsfarben schwarz-weiß-rot«. Als das »Gesetz zum Schutze des deutschen Blutes und der deutschen Ehre« im September 1935 erschien, mögen sie die volle Auswirkung dieses Paragraphen 4 nicht verstanden haben, die Paragraphen 1 bis 3 waren soviel furchterregender, sie griffen von vornherein in ihr Leben ein. »Die Fahne ist mehr als der Tod«, lautet Baldur von Schirachs[3] Widmung in *Blut und Ehre*, dem Liederbuch der »Hitlerjugend«. Die Fahne kann auch töten ...

Auch Sandburgenfähnchen? Als Sabine im Sommer 1937 wieder mit den Kindern an die Nordsee fuhr, diesmal nach Norddorf auf der Insel Amrum, holte sie der »Fahnenerlaß« ein. Sie hatte gemeint, alle Sorgen, Bedrängnisse, Einschränkungen seien in Berlin zurück geblieben. Bis auf die Fahne. Zuhause durfte man sie nicht mehr hissen: keine Fahne vom Balkon, aus dem Fenster, auf dem Dach, denn der Haushaltsvorstand ist »Fremdstämmling«, hat keine Ehre im Leib. Was tun am

---

3   Baldur von Schirach (1907–1974), 1925 Eintritt in die NSDAP, 1928 »Leiter des NS-Studentenbundes«, 1931 »Reichsjugendführer der NSDAP«, 1933 »Jugendführer des Deutschen Reiches«. *Bedingungsloser Gefolgsmann Hitlers.* 1940 »Gauleiter und Reichsstatthalter in Wien«. *Verantwortlich für die Deportation der Wiener Juden. 1946 in den Nürnberger Prozessen zu 20 Jahren Haft verurteilt, 1966 entlassen.*

deutschen Strand der muschelverzierten wimpelgeschmückten Sandburgen? Sabine kaufte den Kindern Landesfähnchen von Schleswig-Holstein, waren die nicht genauso schön, wenn sie im Seewind auf der Sandburg flatterten? Doch damit war es nicht getan.

Am 27. Juni 1937 schrieb sie Erich nach Berlin »Meine Gedanken sind ununterbrochen bei Dir. Es ist nicht so einfach ganz allein zu sein, keinen Menschen zur Aussprache zu haben. Wenn die blöde Zeit mit ihren noch blöderen Rassenproblemen nicht wäre, wäre alles einfach. Daß ich durch die Fahnenfrage solche ›Sorgen‹ haben könnte, habe ich nicht gedacht. Bitte, lieber Erich, nimm es mir nicht übel, wenn ich mich mal ausspreche. Ich schrieb, die Fahnenfrage hätte ich mit Energie gelöst; leider ist das keine Lösung, denn ein Herr aus der Pension, der immer stramm ›Heil Hitler‹ grüßt, fragte Justus, warum er keine Hakenkreuzfahne habe. Die Antwort war: ›Aus bestimmten Gründen, die ich noch nicht verstehe.‹ Die Kinder betteln nun täglich um eine andere Fahne – und um allen Fragereien aus dem Weg zu gehen, werde ich ihnen hier doch 2 kleine Hakenkreuzfahnen kaufen, die dann im geeigneten Augenblick kaputt gehen werden und nicht nach Berlin mitkommen. Hoffentlich ist das eine vernünftige Lösung. (...) Da die Kinder an sich ja die gesetzliche Erlaubnis haben, die Hakenkreuzfahne zu zeigen [sie waren vorläufige Reichsbürger], ist es für hier die bessere Lösung.«

Sabine entschloss sich zum Kompromiss. Mit schlechtem Gewissen. Sie wusste ja, was das Hakenkreuz bedeutete. »Ich möchte Dir nicht wehtun damit, mein liebster Erich, aber ich weiß keinen anderen Ausweg. (...) Bei meiner und auch Deiner Überlegung in dieser Fahnenfrage haben wir die Gesprächigkeit der Kinder nicht einkalkuliert. Das ist überhaupt der schwierigste Punkt in dem Leben in der Pension. Man isst an kleinen Tischen, aber Justus fühlt dauernd das Bedürfnis mit Damen des Nebentisches zu reden. Sie sprechen überhaupt dauernd ungefragt, was aufdringlich und unerzogen wirkt. Es ist nicht leicht, ihnen eine gewiße ›Schüchternheit‹ beizubringen.«

Wo beginnt das Mitläufertum? Ich hab' ja nicht gewusst, konnte sie zu ihrer Entschuldigung nicht anführen. Förderte sie damit das Regime? Es waren viele kleine Gesten dieser Art, deren Masse jenes Klima schufen, in dem bald unwidersprochen Unrecht vor aller Augen geschehen sollte. Nein, sie plagte sich redlich mit der Fahnenfrage ab, schließlich wollte sie ihre Ruhe haben, die Nerven schonen, die für wichtigeres vonnöten waren – die Fähnchen verschwanden am Ende der Ferien. Diese Krise war damit überstanden.

Doch der leidige Flaggenparagraph suchte sich andere Opfer. Am 2. Juli 1937 fragte Erich sie: »Weißt Du, warum Onkel Philipp [Lüders] in Pension gehen muß? Wegen der Flaggenfrage! Bis vor einiger Zeit flaggten die Herren in Onkel Ph. Lage [»deutschstämmiger« Beamter mit »jüdischstämmiger« christlicher Frau]. Dann

Sommer 1937, in Norddorf auf Amrum: Sabine mit den Kindern im Strandkorb, im Hintergrund die »heiß erbettelte« Hakenkreuzfahne.

wurde ihnen empfohlen, nicht mehr zu flaggen. Nun machten die Herren eine Eingabe, flaggen zu dürfen. Die Antwort ist: Wer nicht flaggen kann, kann nicht Beamter sein! Das ist logisch, entspricht dem Gesetz! Das ist heutiger Geist! – Onkel Ph. ist völlig gebrochen. Er hat es seinem Jungen noch nicht gesagt, weiß auch nicht, welche Pension er bekommt. Im übrigen ergänze ich noch dahin: Das Beamtengesetz in alter Fassung lief per 30. Juni ab. Auf Grund irgendeines Paragraphen konnte man wegen politischer Unzuverlässigkeit pensioniert werden. Dieser Paragraph fiel ab 1. Juli fort. Deshalb war Eile geboten. Die Herren mußten freiwillig versprechen, um ihre Pensionierung einzukommen! Noble Gesellschaft!«

Ja, keine Ehre im Leib! Und wenn ein preußischer Beamter sich von seiner jüdischstämmigen Frau nicht scheiden lassen will, dann ist er ehrlos, hat sein Recht verwirkt, die Fahne im Amt zu grüßen ... Jahre später wird die Zwangsscheidung zur lebensgefährdenden Bedrohung. Doch für Erichs Onkel Philipp stellte sich die Frage nicht mehr, seine Frau war bereits am 9. Februar 1942 gestorben. Ob eines natürlichen Todes oder nicht, ist bis heute unklar.

In jenem fernen Sommer 1937 hatte viele Menschen die Unruhe ergriffen, Angst vor Krieg, Angst vor all dem Ungewissen ... die dringendsten Anzeichen einer bevorstehenden, ganz Europa ergreifenden Auseinandersetzung kamen aus Spanien: Am 26. April 1937 hatte die deutsche »Legion Condor« Guernica zerstört, das zum Mahnmal für die Schrecken des Krieges werden sollte. Seit einem Jahr schon tobte der Bürgerkrieg in Spanien, Hitler hatte sich von vornherein auf die Seite Francos mit seinen gegen die republikanische Regierung rebellierenden Truppen gestellt. »Die spanische Affaire erinnert an die Bombe zu Sarajewo 1914«, hatte Erich Ende Mai gemeint, »Wären wir fertig mit Rüsten, so würde es bald losgehen. Als heute die Extrablätter der B. Z. verteilt wurden, da dachte mancher an Juli 14 zurück.« Nun, am 2. Juli 1937 kommentierte er: »Was 1938 kommen wird, ist voller Rätsel. Die politische Lage ist gespannter als je. Englische Minister verbringen Urlaub im Inland. Eine Macht blufft gegen die andere. Die Rüstungen gehen weiter. Wie lange soll das gehen? Eines Tages explodiert der europäische Kessel. Damals hieß der Zündstoff Balkan, jetzt Spanien.«

Seinem Brief hatte er einen Zeitungsausschnitt vom 1. Juli beigelegt: »Pfarrer Niemöller verhaftet. DNB [Deutsches Nachrichtenbüro] meldet: Am Donnerstag wurde der Bekenntnispfarrer Martin Niemöller aus Berlin-Dahlem von der geheimen Staatspolizei festgenommen und dem Richter vorgeführt, der Haftbefehl gegen ihn erlassen hat. - Niemöller hat seit langer Zeit in Gottesdiensten und Vorträgen Hetzreden geführt, führende Persönlichkeiten des Staates und der Bewegung verunglimpft und unwahre Behauptungen über staatliche Maßnahmen verbreitet, um die Bevölkerung zu beunruhigen. Desgleichen hat er zur Auflehnung gegen staatliche Gesetze und Verordnungen aufgefordert. Seine Ausführungen gehörten zum ständigen Inhalt der ausländischen deutschfeindlichen Presse.«

Bereits eine Woche zuvor, am 25. Juni 1937 hatte Erich empfohlen: »Kauf ab und zu eine Zeitung. Die Kirchenfrage steht erneut im Vordergrunde: evangelische, katholische Priester als Volksfeinde. Am Sender erneut der Ernst der Lage betont. Carla sah schon Gespenster.«

Sabine antwortete prompt am 4. Juli: »Die Nachricht von Niemöller hatte ich auch hier als Zeitungsüberschrift gelesen. (...) Bezeichnend: Der Heil-Hitler-Herr las beim Frühstück seiner Frau die Niemöller Notiz vor und erklärte: Das ist der Alt-Testamentliche. Wie falsch so eine Erklärung ist. Von der Seite nicht anders zu erwarten.« Im selben Brief berichtete meine Mutter von einem Gespräch mit ihrer Jugendfreundin Ilse Danckelmann, die nun ebenfalls mit ihrem Mann Bernhard[4] und den Kindern auf Amrum Ferien machte. Die jahrzehntealte Freundschaft litt genau unter diesem von den Rassegesetzen verursachten Riss: Der Ausschluss meines Vaters aus allem gesellschaftlichen Verkehr mit ihnen machte ihm schwer zu schaffen. So hatte er zu der »leidigen Flaggenfrage« bereits am 2. Juli geschrieben: »So traurig das alles ist, so gut ist es, daß Danckelmanns davon hören. Ist es auch nur ein winziger Abschnitt aus dem Sektor des Lebens, dem wir angehören, so genügt er schon. Die Kirchenpolitik pp. dürfte das ihrige tun, um Herrn D. zu zeigen, daß Einseitigkeit allein Staatspolitik nicht machen kann. Es ist früher gesündigt worden, aber was heute geschieht, ist in vieler Hinsicht auch eine Sünde wider den Menschenverstand, wider Recht und Moral und göttliches

---

4   *Ilse Danckelmann geb. Vogt (1902–1983), Bernhard Danckelmann (1895–1981), Jurist.*

Gesetz und trägt den Keim des Vergänglichen in sich. Nur kann niemand sagen, wann die Peripetie kommt, ob wir im besonderen die Puste haben, um den Tag der Wandlung hier zu erleben.«

In ihrem Antwortbrief berichtete Sabine: »Mit D's habe ich gestern abend bei einem Glas Bier das erste mal auch über diese Dinge gesprochen. Das ist aber äußerst schwierig, da ich ja nicht nur anklagend sprechen kann, dann rechnen sie mich von vornherein zu den ewigen Nörglern.« Im nächsten Brief vom 7. Juli sprach Erich wieder einmal von den anstrengenden, überlangen Arbeitstagen: »Mir steht der Ekel bis oben an. Ich bin kein Arbeiter für mechanische Arbeit, auch wenn es Feinmechanik ist. Ich schäme mich oft über meinen heutigen Zustand. Es ist zu deprimierend trotz des Bewußtseins von 500 RM Monatsverdienst. (...) Ob Herr Danckelmann ahnt, was der Wahn von der Rasse für mich bedeutet? Hat er seine eigenen Sprüche von den Kriegsteilnehmern vergessen? Ich will nicht die letzten Konsequenzen ziehen, sondern um der Kinder willen meine Position als Deutscher bis zum letzten verteidigen. Wie ungerecht, wie sinnlos ist das alles. Wie schwer wird es da, an göttliche Gerechtigkeit zu glauben. Muß das alles sein?«

Einige Tage später, am 12. Juli, schrieb Sabine: »Unsere Karte, die Fotografie, von der Wattwanderung wirst du wohl inzwischen bekommen haben. (...) Ich ging mit Ilse hinterher und wir hatten ein recht aufschlußreiches u. von ihrer Seite sehr verständnisvolles Gespräch über die Schatten der heutigen Zeit. Sie hat volles Verständnis für Deine Lage und findet die Art, wie man sich in der Judenfrage benimmt, so unmoralisch. Die Wertung: Jude oder Nichtjude gleichbedeutend mit anständig oder nicht-anständig ist ihr unverständlich. Wir sprachen auch über Bernhards Lage in bezug auf uns. Sie gab zu, daß es für ihn äußerst schwierig sei, besonders, da er doch alle Fälle zu bearbeiten hat, in denen Beamte sich mit Juden einließen. Er muß sie nach den heutigen Anschauungen verwarnen, resp. verurteilen – da kann er doch unmöglich zu uns kommen. (...) Ilse bedauert das sehr, aber ich glaube, das klügere ist, diese Situation bis auf weiteres zu vermeiden.«

Im Sommer 1937 war Ilses Mann Bernhard Danckelmann noch Kammergerichtsrat am Kammergericht von Berlin. Während seiner gut fünfjährigen Tätigkeit an diesem Gericht war er unter anderem Sachbearbeiter für Justizverwaltungsangelegenheiten. Ab Herbst 1937 war er Gerichtsrat am Preußischen Oberverwaltungsgericht. 1942 wurde er »Reichsrichter« am neu errichteten »Reichsverwaltungsgericht«. Für ihn galt, was bereits am 11. April 1935 verkündet worden war: »Parteimitgliedern wird der persönliche Verkehr mit Juden verboten.« Wie zu seiner Entschuldigung fügte Sabine in ihrem Bericht hinzu: »Immerhin hat mir wohl getan zu hören wie ihre eigentliche Ansicht ist. Im Amt kommen ja auch Dinge vor, die das Anständigkeitsbedürfnis des Beamten stark auf die Probe stellen. Für rechtlich denkende Menschen ist es eine unerfreuliche Zeit. Der Mangel an moralischer Grundlage, die Erziehung zur Unanständigkeit bedrückt auch sie.«

»Die ›Oma‹ sitzt im Holzstuhl und liest die Frankfurter Zeitung«, schrieb Erich am Sonntagnachmittag, den 11. Juli 1937: »Der Frosch sitzt im Moos und denkt über den Einfluss des kalten und regnerischen Wetters auf den Fliegenvorrat nach. Die Kakteen erholen sich von dem Regenbade, dem sie zum Teil 24 Stunden ausgesetzt waren. Und ich sitze am Schreibtisch, den Kopf mit allerlei Gedanken erfüllt und die Seele voll Unruhe und Missmut. (...) Dass es Euch gut geht, darf Dich nicht im Hinblick auf meinen augenblicklichen Zustand verdriessen. Ich bin glücklich, Euch wohl und froh zu wissen. Ich denke es mir herrlich, bei wildem Wind am Strande oder durchs Watt zu wandern, losgelöst von den Sorgen der Zeit. Ich habe in den Bergen oft ähnlich gelebt und bin wochenlang vom Kampf ums Dasein gelöst gewesen. Darin bestand ja ein Teil der Erholung neben dem ständigen Training des Körpers und der täglichen Höherschraubung der Leistung. Genieße die Zeit des Ausspannens. Wer weiß, welche Aufgaben unserer noch im Winter harren.

Heute morgen wollte ich per Rad zu Perlwitz [ehemaliger guter Kollege aus der Commerzbank], der vor kurzem vom Urlaub zurückgekehrt ist. Es goss aber in Strömen, sodaß wir 15 Minuten telefonierten. Ich hörte von ihm u. a. daß nunmehr sämtliche Nichtarier aus der Bank entfernt sind, einschl. der 3 Direktoren. Also hat Hampf [Personaldirektor der Berliner Commerzbank] es doch gut mit mir gemeint. Das ist eine große Beruhigung. Nachher bin ich bei Prof. Hirsch gewesen [Professor für Nationalökonomie an der Berliner Friedrich-Wilhelms-Universität, heute Humboldt-Universität], den ich zufällig anrief und der mich sofort einlud, bei ihm vorzusprechen. Über eine Stunde plauderte ich mit dem dänischen Professor [Julius Hirsch war mit Frau und Sohn bereits nach Dänemark ausgewandert], der mir 2 dänische, von ihm geschriebene, Bücher zeigte, der aber gleichzeitig Bankier bzw. Vermögensverwalter in Deutschland ist. Wir kamen auf mancherlei zu sprechen. Er bedauerte es, daß ich nicht den Doktor gemacht habe.[5] Das würde mir heute sehr nützen (in Amerika). Im übrigen hielt er es für richtig, hier durchzuhalten und niemals mutlos zu sein. (Mit den Millionen von Frau Hirsch entschieden leichter). Immerhin vieles war richtig. Er fragte mich u. a. nach meinem Gehalt, lächelte und erzählte mir, daß er und seine Frau daran gedacht hätten, mich zum Liquidator ihrer Firmen zu machen, da der langjährige

---

5   Dr. phil. Julius Hirsch (1882–1961), Wirtschaftspolitiker, Nationalökonom. 1919–1923 Staatssekretär im Reichswirtschaftsministerium. 1926 Honorarprofessor für Betriebswirtschaft Handelshochschule Berlin, gleichzeitig 1926 Honorarprofessor an der Friedrich-Wilhelms-Universität Berlin. 1933 Professor für Betriebswirtschaft an der Universität Kopenhagen. April 1940 zeitweise in deutscher Haft. Anfang 1941 über die UdSSR, Japan in die USA. 1941–1961 Professor an der New School for Social Research, New York. 1941–1943 Chefberater der US-Regierung in Preispolitischen Fragen. Ab 1954 Direktor des Business Administration Center, New York, betriebswirtschaftliches Beratungszentrum für öffentliche und private Unternehmer. Erich hatte bei Prof. Hirsch in den Zwanzigerjahren nebenberuflich die Prüfung zum Diplom-Volkswirt abgelegt, die anschließende Promotion jedoch aus Zeitnot abgebrochen.

Prokurist der Fa. Jarislowsky weg wollte. Im Augenblick sei es nicht akut! Vorläufig bliebe der Herr. Aber es könnte doch noch dazu kommen und dann würden sie sich mit mir in Verbindung setzen!«

Diesem Brief hatte Erich eine rührende Einnahmen/Ausgaben-Aufstellung beigelegt, der bei Einnahmen von RM 500,- im Monat zeigte, dass selbst bei bescheidenstem Lebensstil (»Mittagessen täglich 1,-, Butter, Wurst, Schinken und Brot pro Woche 5,-, Sonntagessen mit der Mutter 5x2 Mark« und so fort) ein Minus von 30 Mark entstand, das nur durch Überstundenbezahlung ausgeglichen werden konnte.

Sabines Reaktion kam prompt. »Dein heutiger Brief hat mich aufrichtig betrübt«, schrieb sie am 15. Juli aus Norddorf auf Amrum zurück. »Vor allen Dingen die Sache mit dem Geld. Vatilein, daß Du sparst, wo Du kannst, kann ich mir doch wirklich denken; ich fürchte sogar, daß Du es manchmal zu viel tust. (…) Wir sind hier auch sehr vernünftig, geben so wenig wie möglich nebenbei aus, siehe unsere Sparsamkeit in Fotos. Die haben Dir ja auch ein Bild gegeben, was die Kinder machen. Sie spielen täglich am Strand, bauen Burgen, Schiffe aus Sand, ziehen bei kommender Flut Gräben, baden einmal am Tag 10 Minuten und sind in der Sonne der letzten Tage ganz nett braun geworden. Täglich um 5 Uhr kommt das Westerland-Helgoland-Schiff in weiter Ferne vorbei; anschließend das Verbindungsschiff Hörnum-Norddorf. Wasserflugzeuge sehen wir öfters – Kriegsschiffe nie, denn vor Amrum sind Sandbänke, immer wieder Sandbänke. Heute, als wir bei Ebbe badeten, mussten wir weit hinein ins Meer, um genug Wasser zu haben. Den Kindern imponiert das sehr.

Ich lese ein Buch über Amrum: Vorgeschichte, Geologie, Kultur, Geschichte und konnte Maria fein daraus erzählen. Kam mir vor, wie Erich seine Frau bilden will! Aber es ist hübsch Bescheid zu wissen, auf welchem Boden man ist. Nach Westerland möchte ich auch noch mal, aber allein. Für morgen, einem verbilligten Tag, ist mir allerdings die Lust etwas vergangen durch Deine Sparmaßnahmen. Ich komme mir so verwöhnt vor, wenn ich solche Extratouren mache und Du lebst brav und sittsam zuhause.«

Dann kam der zehnjährige Verlobungstag am 24. Juli 1937, den Erich und Sabine zwar getrennt feiern mussten, doch einmütig positiv bewerteten.

»Mein liebes Herrchen«, schrieb Sabine am 22. Juli nach Berlin: »Das wird heute also ein richtiger ›Gedächtnisbrief‹ zum 24. Um das Positivste der vergangenen Jahre vorwegzunehmen, habe ich einige Photos gemacht, von den Kindern und von uns drei zusammen, damit Du Dir vor Augen halten kannst, was ›Du aus mir gemacht hast‹. Wenn Du Dir Deine Kinder ansiehst, mußt Du der Wahl Deiner Frau doch ganz zufrieden sein, denn sie sind wirklich gutes Produkt von uns beiden. Und wenn Du die vergangenen 10 Jahre durchblickst, mußt Du auch zugeben, dass der Entschluß in Himmelpfort-Hohenlychen für uns beide zum Segen ausgefallen ist.[6] Für mich hat jedenfalls das Leben bei allen inneren und äußeren Schwierigkeiten so viel Positives gebracht, daß ich nur bejahend dazu stehen kann. (...) Und was die politischen Sorgen betrifft, so bemühe ich mich immer wieder Vergleiche mit anderen Schicksalen heranzuziehen. Wenn man sich z. B. überlegt, wie häufig hier oben auf Inseln & Halligen ein aufgebautes Leben vernichtet wird, wieder von vorne angefangen werden muß – so haben wir es doch noch im wirtschaftlichen retten können. Und ich habe trotz allem die – vielleicht unbegründete – Hoffnung, dass es hier noch weiter gehen kann. Und wenn doch mal ein Wechsel eintreten sollte, so haben wir (...) die Tatsache unserer Zusammengehörigkeit, die sich doch bisher bei äußerem Druck immer besonders bewiesen hat.«

Erich schrieb ihr morgens um halb sieben am Verlobungstag, dem 24. Juli 1937: »Heute ist nun 10jähriger Verlobungstag! Dankbar können wir den Zeitabschnitt betrachten. Kam auch manches anders als wir es uns dachten, so sind wir doch eine glückliche Familie geworden und haben eine neue Einheit geschaffen, die unseren Daseinszweck rechtfertigt. Nun wollen wir alles tun, um unsere Kinder zu tüchtigen frohen Menschen zu machen und alles zu unterlassen, was unserem Frieden Abbruch tut.«

Am Ende seines Briefes gab er noch eine Erklärung zu den vielen Überstunden der letzten Wochen, unter denen er und seine Kollegen bei A. E. Wassermann bis zur Erschöpfung gelitten hatten: »Die viele Arbeit in der Bank rührte von dem verstärkten Palästina-Transfer her, wegen der englischen Maßnahmen gegen die neue Einwanderung. Gestern war es zum ersten Male ruhiger.«

Hier bekam mein Vater – fast hautnah – den Atem der großen Weltgeschichte zu spüren. Es handelte sich um Geschehnisse im Nahen Osten, deren Ausstrahlung bis in die Büros einer deutschen Bank reichte (freilich einer auf diesen Teil des Orients spezialisierten Bank). Am 7. Juli 1937 hatte die britische Peel-Kommission[7] die Teilung Palästinas empfohlen – was von Arabern wie Juden abgelehnt wurde. Die Einsetzung dieser Untersuchungskommission war die Antwort der britischen Mandatsmacht auf den im Jahr 1936 ausgebrochenen bewaffneten arabischen Aufstand, der über Jahre anhielt und ursprünglich totalen Einwanderungsstopp wie Verbot des Landverkaufs an Juden zum Ziel hatte. Denn die jüdische Einwanderung, die in den Zwanzigerjahren recht mäßig geblieben war, stieg ab 1933 sprunghaft an. Die Engländer lavierten zwischen den beiden, ihnen aus dem Völkerbundmandat, auferlegten Verpflichtungen (Förderung einer jüdischen Heimstätte in Palästina

---

6   *Meine Eltern verlobten sich während eines Ausflugs zur Ruine des Zisterzienserklosters Himmelpfort; gegründet 1299, 1541 säkularisiert, unweit des Städtchens Fürstenberg am Schwedt-See nördlich von Berlin gelegen, heute vor allem bekannt durch das benachbarte KZ Ravensbrück, das direkt am Ufer des Schwedt-Sees 1938/39 von der SS durch Häftlinge des KZ Sachsenhausen errichtet wurde.*

7   *Benannt nach Lord Peel, früherer Minister für Indien, dem Vorsitzenden der Kommission.*

und Wahrung der bürgerlichen und religiösen Rechte bestehender nicht-jüdischer Gemeinschaften ebendort) und konnten es keiner Seite recht machen.

Auf jeden Fall überwachten sie die Einwanderung schärfer, während als Ergebnis der »Nürnberger Gesetze« eine immer stärkere Verarmung der »nichtarischen« Bevölkerung in Deutschland um sich griff: Die »Arisierung« jüdischer Unternehmen hatte bereits ein solches Ausmaß angenommen, dass viele Deutsche jüdischen Glaubens ohne Arbeitsplatz und damit ohne Lebensunterhalt waren, denn nur die wenigsten verfügten über sagenhafte Vermögen, wie es der *Stürmer* ihnen allen unterstellte. Noch war das »Dritte Reich« an ihrer Auswanderung interessiert, doch womit sollten arbeitslose Bürger zweiter Klasse diese finanzieren?

In den Unterlagen meines Vaters fand ich in einem »Informationsblatt« der *Palästina Treuhand-Stelle der Juden in Deutschland,* Berlin W 35, Potsdamer Straße 72, vom Juli 1937 mit dem Titel *Unterstützungen und Geldgeschenke aus dem Auslande,* eine weitere Version der Anwendung des »Haavara-Abkommens«, das den doppelten Mechanismus erklärt: Unterstützung aus dem Ausland zu Gunsten jüdischer Empfänger in Deutschland mit sogenannter »Haavaramark«,[8] und Förderung der Auswanderung von Juden aus Deutschland mit Hilfe der für die »Haavaramark« gezahlten Devisen.

In Deutschland lebende Juden durften je Person von jüdischen Spendern im Ausland pro Monat bis zu 200,- Reichsmark für laufenden Unterhalt erhalten, darüber hinaus durften Geldgeschenke bis zu weiteren 200,- Reichsmark monatlich aus folgenden Anlässen in Haavaramark gezahlt werden: Zu *Pessach, Purim, Roschhaschanah, Chanukka,* anlässlich von Hochzeiten und ähnlichem ... und zur Grabpflege (jedoch nicht Begräbniskosten!).

---

8   Haavara *heißt auf Hebräisch Transfer. Das »Haavara-Abkommen«, eine Vereinbarung zwischen dem »Reichswirtschaftsministerium«, der Zionistischen Vereinigung für Deutschland und der Anglo-Palestine Bank wurde im August 1933 unterzeichnet. Es ermöglichte jüdischen Einwanderern oder Investoren, Kapital aus Deutschland in Form von Waren nach Palästina zu exportieren und erleichterte die jüdische Auswanderung aus Deutschland. Zwei Gesellschaften wurden zur Durchführung des Abkommens gegründet: PALTREU (Palästina-Treuhandstelle zur Beratung deutscher Juden) in Berlin und Haavara in Tel Aviv. Erstere war eine Partnerschaft zwischen der Anglo-Palestine Bank (vertreten durch das Berliner Palästina-Amt der zionistischen Bewegung) und den deutsch-jüdischen Banken von Max Warburg und Oskar Wassermann [jetzt A. E. Wassermann]. Sie empfing die Einzahlungen in Reichsmark und besorgte die deutschen Waren für den Export. Bis 1935 betraf das Abkommen nur Einwanderer, deren Vermögen 1 000 Pfund Sterling überschritt. Diese Summe forderten die britischen Behörden als Kapitalbescheinigung für die Einwanderung nach Palästina. Sie wurde in Fremdwährung von deutschen Behörden angewiesen. Das »Haavara-Abkommen« erfüllte seinen Zweck bis wenige Monate nach Kriegsbeginn, als der Transfer wegen der Wirtschaftsblockade gegen Deutschland gestoppt werden musste. In knapp sieben Jahren waren rund acht Millionen Pfund Sterling direkt nach Palästina gelangt, sechs Millionen indirekt. Mehrere tausend Einwanderer nutzten das Abkommen, und eine wesentlich höhere Zahl profitierte von der allgemeinen Steigerung der Aufnahmefähigkeit des Landes durch den Zufluss deutsch-jüdischen Kapitals. Vgl. Enzyklopädie des Holocaust.*

»Maßgebend dafür, ob der Spender und der Zahlungsempfänger als Juden gelten, sind die Bestimmungen des Reichsbürgergesetzes. Entscheidend ist daher nicht die Zugehörigkeit zur jüdischen Religionsgemeinschaft, sondern die jüdische Abstammung.« Es folgen eine Reihe nun schon vertrauter Spitzfindigkeiten und Verbote, deren Differenzierungsgrad den heutigen Leser frappieren. In Berlin war es das (noch) jüdische *Bankhaus A. E. Wassermann*, das mit der Bearbeitung dieser Vorgänge beauftragt war. Eine Erklärung für die ständige Überarbeitung meines Vaters, der in der Devisenabteilung tätig war.

Das »Informationsblatt« der *Palästina Treuhand-Stelle der Juden in Deutschland G.m.b.H.*, wie sie mittlerweile hieß, denn der Begriff »deutscher Jude« war seit 1935 verbannt, diente anscheinend vor allem als Werbemittel, denn unter 5. »Was haben Sie zu tun?« wird die Katze aus dem Sack gelassen:

»In Ihrem eigenen Interesse und zur Förderung der Auswanderung von Juden aus Deutschland bitten wir Sie, Ihre ausländischen Verwandten und Freunde jüdischer Abstammung auf die Möglichkeit der Zahlungen von Unterstützungen und von gelegentlichen Geldgeschenken in Haavaramark hinzuweisen. Schreiben Sie sofort an Ihre ausländischen Freunde und Verwandten und übersenden Sie ihnen dieses Werbeblatt.

Sollten Sie sich nicht selbst an diese Personen wenden wollen, so bitten wir Sie, uns die Adressen der in Betracht kommenden Spender anzugeben. Wir werden dann veranlassen, daß die Spender ohne Nennung Ihres Namens in allgemeiner Form auf die Möglichkeit aufmerksam gemacht werden, Unterstützungszahlungen in Haavaramark zu leisten.«

Das »Dritte Reich« war an der Auswanderung überflüssiger Elemente der »deutschen Volksgemeinschaft« interessiert, von denen manche so hartnäckig – auch nach schimpflicher Ausstoßung aus ihrem Amt wie Notare, Richter, Ärzte – weiter an ihrem Vaterland hingen, dass im März 1937 eine erneute Gestapo-Anweisung erfolgte, assimilatorisch eingestellte Juden schärfstens zu überwachen.

Im September 1937 verlautete, Juden könnten aus der Schutzhaft entlassen werden, wenn eine Auswanderung nach Palästina oder nach Übersee gewährleistet sei; im Oktober 1937 verkündete der Reichsführer SS und Chef der Deutschen Polizei, Heinrich Himmler, zur eventuellen Rückkehr von Emigranten in das Reichsgebiet per Erlass: »Emigranten werden bei ihrer Rückkehr verhaftet und in ›Schulungslager‹ eingewiesen. Als Emigrant gilt, wer das Reich nach dem 30. 1. 1933 aus politischen Gründen verlassen hat.«

Dieser Erlass sollte im Sommer 1940 noch eine traurige Rolle spielen: Emigranten, die längst in Frankreich Fuß gefaßt, ja naturalisiert worden waren, wurde angesichts der allgemeinen Panik und Angst vor der fünften Kolonne die französische Nationalität wieder abgesprochen, sie gerieten, wie alle »feindlichen Ausländer« in Internierungslagern. In ihrer Verzweiflung oder Unkenntnis meldeten sich etliche zur Rückwanderung bei der deutschen Waffenstillstandskommission. So ereilte sie ihr Schicksal doch noch. Wer nach England emigriert war, sollte auch Enttäuschungen als *enemy alien* erleben, aber er überlebte.

Einstweilen dankte Käte Hell im Herbst 1937 aus London für Sabines Abschiedsgeschenk, sie hatte die Zehlendorfer Wohnung in der Onkel-Tom-Straße 63 in allen Einzelheiten fotografiert. »Was haben Sie uns für eine Freude gemacht! Zunächst will ich danken. Der Mann später, wenn er Zeit hat. Wir sind beide begeistert, Jani lässt das Büchlein kaum aus der Hand! Wie nett aber auch alle Aufnahmen geworden sind. Jani staunt über seine Kinder, Ich freue mich, auf diese sehr reizende Weise eine Erinnerung an die alte Wohnung zu haben. Schönen Dank! Ich glaube kaum, dass Sie ahnen, wie viel Sie uns damit geschenkt haben. Oder doch? Man spürt so die Liebe heraus, mit der jede Aufnahme gemacht ist. Liebe, gute Sabine! Es war ein schönes Stückchen gemeinsames Leben, diese Jahre. Und ich werde nie vergessen, wie ich Sie das erste Mal sah, mit beiden Kindern, ich nur mit Michael, und Sie so vergnügt sagten: ›Zwei sind überhaupt erst richtig!‹

Uns geht es hier weiter erstaunlich gut. Und wenn ich manchmal die Sprüche über unsern Erfolg und Reichtum? auch übertrieben finde, so ist die Wahrheit noch wunderbarer; z. B. hat Jani heute einen Brief bekommen von einem Mann, dem masslos imponiert hat, dass er ein Bild, (sozusagen ein Probestück), nicht angerührt hat, und ihm jetzt ein wichtiges! anbietet. (...) Unser Atelier steht derartig voll mit Sachen, dass man sich kaum rühren kann und wir beide mit Vergnügen an den grossen Raum in Carlton Hill denken. (...) Ich gestehe aber, dass ich hier glücklich bin. Weil mir das Land liegt, die Leute, und die unbeschreibliche Freiheit! Wir haben eine Menge Freunde hier; wirkliche, gemeinsame Freunde. Das Englisch lässt noch zu wünschen übrig. Trotzdem sind sie stolz auf meine Fortschritte, und erfreulicherweise wird man auch ab und zu verbessert.«

In Deutschland wurde dagegen im November 1937 die Gesetzesschraube noch einmal fester angezogen: Per Erlass des »Reichsinnenministeriums« durften Auslandspässe für Juden nur in Ausnahmefällen ausgestellt werden und zwar: Für die Auswanderung, für Reisen im volkswirtschaftlichen Interesse Deutschlands, bei schwerer Erkrankung und so weiter. Meinen Vater tangierte dies wenig. Er wollte ja nicht auswandern. Dagegen stand in unserer Familie die Haushaltshilfenfrage an. Maria Bondy, die »halbarische« Haustochter, hatte eine Lehrstelle gefunden: Da sie zum Medizinstudium nicht zugelassen wurde, machte sie eine Ausbildung als Krankenschwester, doch hielt sie Eltern wie Kindern über lange Jahre die Treue. Nun sollte zum Herbst eine neue Hilfe gefunden werden. England? Holland? Österreich! Wer hatte eine »Mischlingin« aus guter Familie, die gerne ins »Reich« geht? Der *Verein der Freundinnen junger Mädchen in Graz* befaßte sich mit der Vermittlung von Haustochterstellen, wie Hildegard bei einem Besuch von Onkel Julius und Tante Frida Schacht in der steirischen Landeshauptstadt feststellte.[9] Es wurde schließlich Irmgard Buttiron gefunden, in Deutschland aufgewachsen, doch mit italienischem Pass.[10]

Die wahre Tragödie bahnte sich jedoch unbemerkt, ganz sachte an: In Wiesbaden litt Großmutter Käthchen (Geppert) seit längerem an Unwohlsein, wie sie es nannte, machte Fastenkuren, trank alle möglichen Kräutertees, hütete das Bett mit Wärmflasche, sah aus »wie eine magere Ziege (mit Trommelbauch)« und lebte sehr zurückgezogen. »Mach Dir keine Gedanken um mich! Ich will gesund werden.« Und schrieb im selben Brief am 19. November 1937: »Daß Erich von neuem von seinen Regimentskameraden ausgeschlossen wird,[11] ist sehr betrüblich für ihn; sie können ja nicht anders – Du siehst, wer zu ihm halten will, persönlich im eigenen Haus: nur Koppe und Frau bleibt ihm Freund u. zeigt Verständnis für seine Lage. Haltet nur weiter zusammen.«

Gegen Weihnachten ließ es sich nicht mehr verheimlichen: Käthchen war ernstlich erkrankt. »Mein liebes Binchen!«, schrieb sie am 21. Dezember 1937, »Meine letzten persönlichen Grüße brachte Euch der inhaltsreiche Brief über Hausangelegenheit [das Wiesbadener Elternhaus sollte verkauft werden]. Am nächsten Tage am 13. 12. begab ich mich zur Beobachtung ins Krankenhaus, denn mein Zustand mit meinem ›Trommelleib‹ beunruhigte mich zu sehr. Gestern also nach 8 Tagen, die durch manche Prozedur mir viel Unbehagen verschafften, wurde ich entlassen mit dem Resultat, daß nichts ›Schlimmes‹ vorliegt – Darmkrämpfe und Spannungen. Die Bettruhe, die ich erst mal nötig habe, tut mir gut, u. ich glaube sicher, daß ich mich bald wohler fühlen werde. Wir schrieben Euch absichtlich nichts davon; es war keine schöne Zeit für uns Beide hier. Wie dankbar bin ich, dass ich Hildegard hier habe; sie bewährt sich in ihrer Umsicht sehr u. wir werden am Heiligen Abend sehr dankbar unser stilles Fest feiern. Sie packte wie ich mit Mutterliebe die Pakete, die Zettelchen schrieb ich im Krankenhaus. (…) Könnte ich Euch alle doch im Weihnachtsglück sehen. Was schenkt Ihr Beide Euch nun von meinem Geldgeschenk? Und das Knusperhäuschen hast Du doch besorgt?? Laß uns wissen, wie die Sache mit Irma ausgeht! Daß sie wieder zu Euch kommen kann ist mein sehnlichster Wunsch! ›Mach Dir keine Gedanken‹ Binchen, die Sanatoriumsleiterin will

---

9   *Julius Schacht (geb. Berlin 1871 – gest. Graz 1964), Pfarrer, Bruder von Käthe Geppert geb. Schacht, Frida Schacht geb. Rizzi (geb. Villach 1882 – gest. Graz 1970).*

10   *Irmgard Buttiron (geb. 1921), verheiratete Brand.*

11   *Am Grab ihres alten Regimentskommandeurs Anders wagten nur zwei alte Kameraden, ihm die Hand zu drücken.*

auch mal vom Bett aus sehen, ob alles funktioniert – ich will mich erstmal gründlich ausruhen – in Hildegards Zimmer steht die Chaiselongue, von da habe ich Sonne. – Kinder, man kann von mir sagen: Schönheit vergeht, Tugend besteht, Alt werden ist nicht schön.

Nun nehmt Ihr alle Lieben meine Grüße entgegen zum schönen Weihnachtsfeste.

Immer in Liebe,
Mutter und Großmutter«

»Wenden!« hatte Hildegard auf den Brief der Mutter gekritzelt:
»Liebe Alenfelder!

Hoffentlich überrascht Euch Muttis Brief nicht zu heftig. Wir haben absichtlich nicht geschrieben, ehe wir nicht das – gottlob beruhigende – Resultat wussten. Sie war sehr gut aufgehoben und bei den besten Ärzten, sog. Kapazitäten, aber ich bin doch froh, daß ich sie wieder hier habe und sie pflegen kann; sie ist ein rührender Patient! Wir lachen schon wieder.«

Zum ersten Mal traf ein Weihnachtspaket in Berlin ein, das nicht von Großmutter Käthchen gepackt war, sondern von Hildegard. Natürlich wirkten die Nachrichten aus Wiesbaden auf Sabine sehr beunruhigend, so schrieb sie der Mutter am 27. Dezember einen beschwörenden Brief, mit dem sie sich selber vielleicht Mut zusprechen wollte:

»Mein geliebtes Mulein!

Du bist natürlich die erste, die einen Dankensbrief von uns bekommen soll und die Dicke [die ältere Schwester Hildegard] gleicherweise, denn ihr Paket war wirklich à la Mulein gepackt. Ich bin ja so froh, daß ich Euch am Heiligen Abend gesprochen habe. Ich saß schon wie auf Kohlen, denn das Gespräch ließ ungewöhnlich lange auf sich warten. Bist Du nun schon mal draußen gewesen, Käthchen? Ich denke mir, daß Dir die frische Luft gut tun wird. Da die Ärzte ja nun festgestellt haben, daß es wirklich nichts schlimmes ist, mußt Du Dich auch bemühen, Dich von dem Gedanken frei zu machen. Bitte, Mulein, denke nicht immer, das sei der Anfang vom Ende – ich weiß ja, dass Du so denkst – das ist doch gar nicht nötig! Viele Menschen in Deinem Alter sind mal krank und erholen sich doch wieder ordentlich. (…) Also, Käthchen, laß die dunklen Gedanken nicht Herr werden. Die innere Einstellung zu so einer Krankheit ist doch auch wichtig. (…) Und damit Du gleich eine Freude hast, kann ich Dir erzählen, dass Irma heute Befreiungsschein und Arbeitsbuch bekommen hat. Morgen zieht sie bei uns ein! Wenn die polizeiliche Anmeldung reibungslos verlaufen ist, haben wir in diesem Punkt ein Jahr Ruhe! Hoffen wir das Beste!«

Das neue Hausmädchen, keine Haustochter, Irma (Irmgard) Buttiron, hatte bereits zum 1. Oktober 1937 ihre Arbeit in meinem Elternhaus aufgenommen, dann hatten sich bürokratisch-rassistische Hürden aufgebaut, die trotz aller Bemühungen befreundeter Fürsprecher erst nach vielen Wochen zähen Ringens hatten überwunden werden können. Der sogenannte »Befreiungsschein« und das »Arbeitsbuch« wurden zum Jahresende erteilt. Irma, die *Signorina,* wie sie mein Vater nannte, blieb uns über viele Jahre treu und machte einige *memorable* Aufregungen mit, an die sie sich noch heute als 86-jährige lebhaft erinnert.

Auch mein Vater schrieb an seine Schwiegermutter Käthchen Geppert, zu der sich ein herzlicheres Verhältnis als zur eigenen Mutter in diesen zehn Jahren seit der Verlobung entwickelt hatte:

»Meine liebe Mutter!
(…) Sabines Wünschen für Dein persönliches Wohlergehen schließe ich mich aus vollem Herzen an. Vertraue auf Deinen Arzt, habe Mut für die Zukunft und lasse Dich pflegen. Du hast so viele Jahre für uns alle gesorgt, nun laß es Dir gefallen, daß man für Dich sorgt. Hildegard macht das so vortrefflich, daß Du jetzt Dein Augenmerk auf Dich selbst richten darfst und mußt. Ich wünsche Dir von ganzem Herzen baldige Genesung im neuen Jahr, möchte es Dich und uns vor weiterem Schaden bewahren und uns allen weiter soviel Freude an den lieben Kleinen gewähren. In herzlicher Dankbarkeit grüßt Dich, Dein getreuer Erich.«

1938

Die neuen Gesetze bereiten mir großen Kummer. Weil sie die Wahrheit ins Gegenteil verkehren und auf Grund einer Lüge Unmögliches verlangen.

Bitte in Ruhe lesen!« Am 9. Januar 1938 informierte Hildegard, die die Mutter in Wiesbaden pflegte, wie es wirklich um sie stand: »Mit unserem Käthchen steht es nicht mehr gut. (...) Die Krankenhausärzte haben sich mir gegenüber garnicht geäußert; Dr. Schrank [der Hausarzt] sprach von Bedenklichem, das aber noch nicht genau definiert werden könnte. Und erst der vorzügliche Homöopath Dr. Knöll, zu dessen Natürlichkeit und Klarheit Mutti viel Vertrauen hat, sagte mir vernünftigerweise die Wahrheit mit der Weisung, auch Euch zu benachrichtigen: Krebs der Bauchspeicheldrüse und Bauchwassersucht sowie Metastasen ... Wie lange es dauert, hatte ich nicht den Mut zu fragen, es wäre müßig und man erschüttert sich die Widerstandskraft.«

Der geplante Verkauf des Wiesbadener Elternhauses[1] wurde einstweilen aufgegeben; es begann das Abschiednehmen, und instinktiv sprachen die drei Schwestern nur noch von »Mulein«, als wollten sie ihre eigene Kindheit in zärtlicher Weise wieder zurückrufen. Als erste wollte sie ihre Schwester Lilli[2] sehen: »Tante Lilli fragte an, ob sie mich besuchen könne«, schrieb Käthchen am 17. Ja-

---

[1] Die Villa wurde 1912 im Landhausstil erbaut von Alfred Breslauer, Jugendfreund von Sabines Vater Walter Geppert, der als junger Architekt Bauführer des ersten Bauabschnittes des von Alfred Messel entworfenen *Kaufhauses* Wertheim *am Leipziger Platz war.* »Alfred Breslauer (hat) die Traditionen des Meisters am lebendigsten aufgegriffen, bewahrt und fortentwickelt (...) Breslauer hat seine Arbeit vor allem dem vornehmen Landhaus, dem Einzelhaus gewidmet«, schrieb Wilhelm von Bode, Generaldirektor der Preußischen Museen 1927 zur Einführung in Alfred Breslauers Werk. Dieser hatte in Berlin vielerlei Bauten für die Familien Geppert und Schacht ausgeführt, das *Wohnhaus Geppert in der Dorotheenstraße 6,* in dem meine Mutter Sabine 1902 zur Welt gekommen ist, wie auch den Neubau der Polnischen Apotheke *in der Friedrichstraße, die auf eine Stiftung der Kurfürstin Sophie Dorothea zurückgeht und seit Anfang des 19. Jahrhunderts im Besitz der Familie Schacht war, aus der Käthe Geppert stammte.*

[2] *Luise (Lilli) Schluckebier geb. Schacht (geb. Berlin 1867 – gest. Berlin 1945), verheiratet mit dem Apotheker Ludwig Schluckebier (geb. Mengeringhausen/Waldeck 1850 – gest. Berlin 1936), Besitzer der Apotheke am Wittenbergplatz, gegenüber dem* Kaufhaus des Westens (KaDeWe).

Sabines Elternhaus in Wiesbaden, 1912/13 von Alfred Breslauer, Walter Gepperts Jugendfreund und treuem Messel-Schüler, im Landhausstil erbaut.

nuar, »ich schlug es ihr nicht ab, denn wir Schwestern haben Verlangen nach Aussprache.«

Hildegard berichtete regelmäßig nach Berlin über den Zustand der kranken Mutter. Am 21. Januar 1938 schrieb sie: »Heute war Dr. Schrank da; er stellte fest, dass der Leib entspannter ist (die Wirkung des Homöopathen), sagte mir aber, dass die Knoten in der Bauchhöhle anwüchsen und dass es auch ihm bitter sei, Komödie spielen zu müssen; er ist froh, dass ich stabil genug bin mitzutun und mir nichts merken zu lassen. Gottlob lässt ja jeder Kranke die Hoffnung nicht fahren, das bedeutet immer Widerstandskraft; aber innerlich bereitet sich Mutti ganz klar auf alles vor, sie liest viel im Gesangbuch, weil – wie sie sagt – alles, was sie fühlt, dort so schön und richtig ausgedrückt ist. Sie ist geistig ganz frisch, wird nur leicht müde und kann Lebhaftigkeit nicht mehr viel vertragen.«

»Einladung zum letzten Besuch«, steht in Sabines Handschrift auf dem Umschlag mit Poststempel 26. Januar 1938: »Liebes Binchen!« schrieb die Mutter, »Ich schreibe heute früh im Bett, damit Hildegard den Brief noch zeitig zur Post geben kann. Immer wieder erfreuen mich Deine lieben Briefe, hab' herzlichen Dank. So wie Du an mich denkst, so tue ich dasselbe an Dich! (…) Da Du doch bald zu uns kommen willst, schlagen wir vor, daß Du Sonntag fährst; könntest Du früh fahren D-Zug 7.40 über Leipzig, dann wärest Du 16.46 hier und ich hätte Euch drei Schwestern beisammen, was doch sehr schön wäre. (…) Ich hoffe, Du kannst Deine Reise in Ruhe antreten, Erich ist ja ein so rührender Hausvater u. Deine Irma scheint ja auch zuverlässig zu sein.«

Die Schacht'schen Schwestern: Lilli Schluckebier (links) und Käthe Geppert, die Jüngere.

Zehn Tage verbrachte sie bei Käthchen. Ihre ersten Eindrücke schilderte Sabine nach Berlin am 31. Januar: »Als ich um 5 Uhr hier oben ankam, lag Mulein noch im Bett. Sie sah sehr schmal aus, aber nach den ersten 5 Minuten hat man sich dran gewöhnt und findet das alte liebe Mulein wieder. Daß sie langsamer und etwas mühsamer spricht, erschüttert mich am meisten. (...) Wenn man länger mit Mulein zusammen ist, merkt man doch, daß sie um alles Bescheid weiß. (...) Auch mir gegenüber äußerte sie, daß man in ihrer Lage als Hilfe nur den Glauben an Christus habe und daß sie in diesem Glauben Kraft und Ruhe fände. Es ist gut, daß man sich nichts mehr vorzumachen braucht. Einem Menschen vom geistigen und seelischen Format unserer Mutter steht das auch nicht zu.«

Erich antwortete ihr am 1. Februar abends um 21.30: »Vielen Dank für Deinen ausführlichen Brief, den ich heute nach 12-stündigem Dienst vorfand. Deine Zeilen klären mich über alles auf und ich finde, daß die Ruhe Deiner Mutter sich auf Dich übertragen hat. Das Ende ist ja so unvorstellbar und ein so tiefer Einschnitt ins Leben des Einzelnen, daß ich Deine Mutter nur glücklich preisen kann, im Glauben an Christus Kraft zu finden. Ich hätte ihr und uns gewünscht, daß dieses böse Erbe der Väter erst viel später sich geltend gemacht hätte. Nun wünsche ich ihr, daß die Krankheit nur langsam voranschreiten möge und daß ihre geistigen Kräfte so rege bleiben wie bisher. Sei glücklich, in Frieden und Ruhe diese nie zu vergessenden Stunden mit Deiner Mutter verbringen zu können. Es ist ja nur eine Spanne Zeit, die wir länger leben, der Ewigkeit gegenüber ein Nichts. Dazwischen liegt die Zukunft unserer Kinder, zunächst das Herrichten ihres Lebensfundaments. Daran mitzuarbeiten ist unsere Aufgabe, ist die erfüllt dann ist der Rest ein Gottesgeschenk«, antwortete ihr Erich.

»Wir haben schrecklich viel zu tun. Es nimmt kein Ende. Neues hörten wir nicht. Man tuschelt dies und jenes. Weder sind aber gesetzl. Maßnahmen bekannt geworden, noch Veränderungen in der Bankwelt. Frl. Rosenthal fährt morgen nach London auf Urlaub. Sie hat wieder alles erreicht. Es scheint so, als ob Krückeberg [Abteilungsleiter bei A. E. Wassermann] es durchsetzt, daß sie später ins Sekretariat kommt, sobald Frl. W. die Stellung in der Schweiz antritt. Sie wird glücklich sein, wir auch.

»Signorina« Irma mit Justus und Reni, die stolz das Kinderkleidchen von Urgroßmutter Mathilde vorführt, Frühjahr 1938.

Signorina [das Hausmädchen Irmgard Buttiron] macht ihre Sache vorzüglich. Es klappt alles. Heute Abend erbat sie sich Urlaub fürs Kino.«

Drei Tage später, am 4. Februar, berichtete er aus Berlin: »Die Arbeit nimmt zu statt ab. Die 1,50 pro Tag sind sauer verdient. Ich bin, und ich nicht allein, von dieser Schufterei recht mitgenommen. Der Doktor [Dr. Sigmund Wassermann] ist wieder da. Er kann zunächst die Börse überzeugen, daß er nicht im Ausland geblieben ist und daß er vorläufig seine Firma leitet. Die Gerüchte schwirren nur so umher. Jeder weiß etwas anderes. Heute verabschiedete sich der kleine Nathan zum letzten Male. Er fährt heute Nacht via London nach New York: in die ungewisse Zukunft, ausgestattet wie ein Graf und mit dem Hoffen des 23-jährigen. Aus dem Bereich des Politischen hört man überall, dass Blomberg³ geht. Das Rätsel ist der Nachfolger. Man spricht von Göring, Himmler oder von Militärs = Reichenau –

3   Werner von Blomberg (1878–1946), Generalfeldmarschall und Politiker, 30. Januar 1933 Reichswehrminister, 1935 »Reichskriegsminister« und »Oberbefehlshaber der Wehrmacht«. Wegen »unstandesgemäßer Heirat« am 4. Februar 1938 Entlassung (»Fritsch-Krise«); während der Nürnberger Prozesse in der Haft verstorben. Werner Freiherr von Fritsch (1880–1939), ab 2. Mai 1935 Oberbefehlshaber des Heeres, Sturz am 4. Februar 1938 wegen Opposition gegen Hitlers forcierte Kriegspolitik, wenngleich Befürworter von Aufrüstung und Krieg. Fiel im Polenfeldzug. Walter von Reichenau (1884–1942), Generalfeldmarschall (1940), 1933 Chef des Wehrmachtsamtes, 1935 Kommandierender General des VII. Armeekorps, 30. November 1941 Befehlshaber der Heeresgruppe Süd in der Sowjetunion. Propagierte Hitlers »Weltanschauungskrieg gegen jüdisches Untermenschentum«. Tod durch Schlaganfall nach Flugzeugabsturz.

der Nazi-Sport-General in München oder Fritsch, dem Oberbefehlshaber des Heeres. Vortisch, der auf der Durchreise von Kopenhagen begriffen, mich heute anrief und mit dem ich und Frau bei Wallenberg in der Leipzigerstr. speiste, hat ähnliches gestern in dänischen Zeitungen gelesen. Hier wurde Göring als Nachfolger genannt. Warum das alles ist, weiß niemand.«

Am 8. Februar wußte er mehr Einzelheiten zu berichten: »Über die politischen Dinge könnt Ihr nichts ahnen, wenn Ihr nicht ausländische Zeitungen kauft oder Radio hört. Wir stehen in einer großen Krise, ob am Anfang oder am Ende, ist schwer zu sagen. Seit Wochen schwirren ja hier viele Gerüchte umher. Das was bei uns in den Zeitungen steht, ist nur die eine Seite. In Wirklichkeit liegen viel schwerwiegendere Dinge vor: Die Generalität unter Fritsch hat Vorstellungen erhoben wegen Blomberg, Abtritt verlangt. Von der anderen Seite wurden Gegenvorschläge gemacht: Himmler, Göring, v. Reichenau konkurrierten. Hitler hat die Kompromisslösung getroffen (...). In englischer Zeitung las ich, daß Sonntag großer Empfang bei Hitler war: 50 Generale mußten antreten und sich ins Gewissen reden lassen. Am 20ten ist Reichstag. Man erwartet große Dinge: Einerseits Friedensrede, andrerseits Verwaltungsmaßnahme zur Vereinheitlichung des Reiches und dann gewisse Dinge, die ich nur andeuten kann: Oesterreich. Dank des Russen [Störsender?] konnte ich nicht alles verstehen. Hörte aber auch in der Bank ähnliches. ›Dramatische Entwicklungen stehen bevor‹, so sagte der Mann am Radio. Bestreben Englands, sich mit Italien zu einigen, das wegen dieser Dinge und infolge wirtschaftlicher Notlage geneigter wäre, aus Spanien sich zurückzuziehen. Auf alle Fälle ist alles gespannt, was werden wird. So harmlos, wie Ihr auf Grund unserer Zeitungsnachrichten die Situation anseht, ist sie nicht. Ob die Nachrichten aus der Luft alle richtig sind, weiß ich natürlich auch nicht.«

An diesem Briefauszug zeigt sich wieder einmal, wie schwer wir heute beurteilen können, was damals unter einer Diktatur möglich war, was man in Erfahrung bringen konnte – zumindest in der »Reichshauptstadt« – und was verborgen blieb. Heute wissen wir, dass sich Hitler durch diese Aktion den Weg für den Einmarsch in Österreich frei machte. Am 5. November 1937 hatte er Reichskriegsminister Blomberg, dem Oberbefehlshaber des Heeres Fritsch und Außenminister von Neurath seinen Entschluss erklärt, in Kürze Österreich und die Tschechoslowakei dem »Reich« einzuverleiben. Die brachten Bedenken vor. Anfang Februar 1938 trat der Außenminister zurück, ihm folgte von Ribbentrop. Nun kam die Auseinandersetzung mit Blomberg und Fritsch. Der Reichskriegsminister wurde entlassen, seine Stelle blieb unbesetzt, Fritsch durch Walther von Brauchitsch ersetzt. Gleichzeitig wurde das »OKW« (Oberkommando der Wehrmacht) unter General Wilhelm Keitel, einem dem »Führer« blind ergebenen Militär, eingerichtet. Hitler, Reichskanzler *und* Reichspräsident, wurde auch sein eigener oberster Feldherr: Er unterstellte sich die Wehrmacht unmittelbar, seinen engsten Getreuen, Göring und Himmler, verdarb er damit eigene *Aspirationen*; die bis dahin »unabhängigen«

Militärs hatten von nun an als neuen obersten Befehlshaber einen einstigen Gefreiten. *So war die Szene gesetzt,* dem österreichischen Bundeskanzler Schuschnigg[4] wurden die Daumenschrauben angepasst, am 12. Februar 1938 musste er unter Hitlers Druck Nationalsozialisten in seine Regierung aufnehmen, eine von ihm in letzter Minute geplante Volksabstimmung über ein unabhängiges Österreich kam nicht mehr zustande.

Zurück zu meiner Familie. Als Sabine am 10. Februar 1938 wieder in Berlin eintraf, ahnte sie nicht, dass das langsame Dahinsiechen des geliebten Muleins so bald zum erlösenden Ende käme. Der Mutter schrieb sie nach ihrer Rückkehr am 11. Februar:

»Mein geliebtes Mulein! Meine Karte von der verspäteten aber glücklichen Landung hast Du erst am Sonnabend früh bekommen, da ich sie leider erst in Zehlendorf einsteckte. Erich hatte mir in den ersten 10 Minuten, zwischen Bahnsteig Anhalter Bhf. und Bahnsteig U-Bahn Potsdamer Platz, soviel politisches, bankliches, berufliches, persönliches zu erzählen, daß ich sozusagen mit einem Kopfsprung in Berlin landete. Ist das hier ein Tempo! Es ist mir nach dem gemächlichen behutsamen langsamen Leben bei Euch doppelt aufgefallen.

Mulein, ich bin so froh, daß ich bei Dir gewesen bin! Ich weiß jetzt, wie es Dir geht, wie Dein Leben verläuft und wo Eure besonderen Sorgen stecken. Wir haben doch viel voneinander gehabt und die Geduld mit der du die Krankheit trägst, ergänzt und vollendet in schönster Weise das Bild, das ich von dir habe. Wenn ich mal so werden will wie Du habe ich noch allerhand zu zähmen und zu bekämpfen.«

Am 2. März führte Hildegard offizielle und inoffizielle Briefe in ihrer Korrespondenz mit den Schwestern ein. Im inoffiziellen Brief an Sabine vom 2. März 1938 heißt es: »Anliegend die offizielle Karte, die ich Mutti vorlas. – Heute geht das schwarze Kostüm an Dich ab; ich möchte doch raten, die Umänderung bald vornehmen zu lassen. Mutti quält sich sehr, ist sehr schwach. (…) Da sie das Gesangbuch meist nicht mehr halten kann, lese ich ihr draus vor; es sind wirklich schöne, sprachlich kraftvolle Lieder darin, die man jetzt erst zu verstehen lernt; die allgemeine Gottverbundenheit kommt darin so innig zum Ausdruck (ganz abgesehen von den speziell christlichen Vorstellungen), dass sie wirklich ein Trost sind.«

Am Sonntag, den 6. März 1938, traf schneller als erwartet das Telegramm in Berlin ein: »Mutter sanft entschlafen. Hildegard.«

Nun war Sabine allein. Keiner würde ihr mehr schreiben: »Haltet nur weiter zusammen, laßt Euch nicht unterkriegen. Ihr müßt Seelenkraft haben, die Euch

---

4   Kurt Edler von Schuschnigg (1897–1977), österreichischer Politiker. Seit 1934 Bundeskanzler, zeitweise Außen- und Verteidigungsminister. Im »Berchtesgadener Diktat« Zustimmung zur Aufnahme des Nationalsozialisten Arthur Seyß-Inquart ins Kabinett. Nach deutschem Einmarsch 1938 verhaftet. 1941–1945 KZ-Haft.

viel Schmerz tragen hilft. Wo viel Licht, ist viel Schatten. Das Licht aber ist das Größere.« Niemand würde ihr mehr kleine Zettel in den Brief einlegen mit wohlgemeinten Sprüchen wie: »Nichts ist so weit von uns wie die Seele eines Menschen, der neben uns sich befindet.« Oder Kalenderblättchen mit Weisheiten wie: »Kinder sind Rätsel von Gott und schwerer als alle zu lösen; aber der Liebe gelingt's, wenn sie sich selber bezwingt. (Lenau)«

Nun trug Sabine volle Verantwortung, konnte nirgends mehr so vertrauensvoll »abladen« wie bei der Mutter. Die alte Behrend, früheres Hausmädchen, sprach, wie viele andere, in ihrem Kondolenzbrief am 15. März aus, dass der schnelle Tod der Mutter von den drei Schwestern Sabine am härtesten getroffen hätte: »Mein liebes Sabinchen, ich war so traurig, daß ich des Nachts nicht schlafen konnte. (...) Ich wäre gern für sie gestorben, denn sie konnte noch lange für Sie sorgen. (...) Mutti's Briefe und Liebe werde ich lange noch entbehren.«

Käte Hell schrieb aus London: »Ich fand immer, dass Ihr Verhältnis zur Mutter so sehr dem zu meiner glich, und deshalb kann ich mir vorstellen, wieviel Sie verloren haben. Und wie auf der anderen Seite Sie doch Trost finden an dem Gedanken, dass Ihre Mutter sich nicht zu lange quälen musste. (...) Töchter bedeuten für Frauen immer viel; je älter beide Teile werden, umso mehr, hat Mutter gesagt. Ich bin überzeugt, dass Sie so eine Tochter gewesen sind und dass Ihre Mutter ein gut Teil von dem, was sie für lebenswichtig und lebensrichtig hielt, in Ihnen sah. Wenn man älter wird sieht die Welt anders aus. Und ich glaube sogar, dass man zum Schluss Sterben als etwas Organisches ansieht. Das Beste gibt man den Kindern mit. Und dann liegt es an den Kindern, dieses Beste fruchtbar und damit irgendwie unvergesslich zu machen. – Das werden Sie sehr gut können, Sabine. Und Ihre Trauer wird allmählich in das ganz positive Gefühl einer nur verwandelten Liebe übergehen.

Wie schön, dass Sie ein paar Tage allein mit Ihrem Mann haben werden, bevor das Alltagsleben wieder anfängt. Die grossen Kunstwerke ordnen einem so gut die Sinne für das, was schön und wichtig ist, und geben einem Mut – irgendwie, finde ich. Welchen Gedanken, da alle guten Gedanken schon früher mal gedacht sind, Rilke in Form eines sehr schönen Gedichts ausgesprochen hat. Apollo-Torso heisst es. Kennen Sie es? Sonst schreibe ich es Ihnen mal. – Ich hier entdecke die unsagbare Schönheit der deutschen Sprache. Man spricht zwar im Haus meist deutsch, aber doch beinah ebenso viel englisch, im Ganzen gesehen. Plötzlich geht einem die Sprachschönheit der einfachsten Gedichte auf. (…) Liebe Sabine, wollen Sie mir einen Gefallen tun und gelegentlich ab und zu mit meiner Mutter telefonieren. Ich glaube, dass sie sehr unglücklich ist jetzt, sie hat wohl auch Grund genug dazu. (…) Ihr Mann wird hoffentlich nichts dagegen haben. – Ich hab ja immer gesagt, dass Auswandern kein Spass ist. Da sitze ich nun hier und kann nicht herein zu ihr, und sie kann nicht mehr heraus zu mir. Such is life!«

Auch Robert und Anni Liebermann,[5] mit Erich seit Jugendzeiten befreundet, die unter den gleichen Bedingungen wie Erich und Sabine in Deutschland zu überleben versuchten, meldeten sich am 17. März aus Hamburg. »Liebe Sabine«, schrieb Anni, »zum Tode Deiner Mutter möchte ich Dir unser herzlichstes Beileid ausdrücken. Es ist immer schlimm einen lieben Menschen hergeben zu müssen und heute empfindet man es vielleicht doppelt. Das einzige, was heute überhaupt noch Wert hat, ist die Familie und wohl noch nie hatte man sich so eng aneinander angeschlossen.«

Unter den vielen anderen verständnisvollen Beileidsbriefen beeindruckten mich besonders zwei Telegramme von Erichs neuem Arbeitgeber, A. E. Wassermann. »Empfangen Sie den Ausdruck unserer herzlichen Anteilnahme = Bernstorff v. Heinz Wassermann«; ein zweites Telegramm der Kollegen aus der Devisenabteilung: »Spricht Ihnen, lieber Herr Alenfeld und Ihrer Gattin ihre wärmste Teilnahme aus«, und ein Schreiben des Prokuristen Georg Theilemann, der auch im Namen der »Gefolgschaftsmitglieder« der Firma» »zu dem großen Verluste, den Sie durch den Tod Ihrer Frau Schwiegermutter erlitten haben, meine aufrichtigste Teilnahme ausspreche.«

Auch Erich hatte eine liebevolle Mutter verloren, voller Anteilnahme für alle Geschehnisse in seinem Leben, mehr als es seine eigene Mutter je zu zeigen vermocht hatte. Nun standen sie einander gegenüber, Erich und Sabine mussten sich ohne Käthchens »liebevollen Rat und inniges Mitleben« durch dieses schwierige Leben kämpfen. Erich würde weiterhin auf Sabine bauen – und an ihrer »Kameradschaft« zweifeln; sie würde ihm weiterhin versichern, wie sie ihn liebe und dass er und die Kinder ihr Lebensinhalt seien, und »(…) daß Musik und Freundschaften – so schön sie sind und so sehr ich sie zur Bereicherung und Erweiterung meines Lebens brauche – mich nie von dieser Hauptaufgabe werden abbringen können.«

So fing das Jahr 1938 an – und weiter ging es Schlag auf Schlag. Am 12. März marschierten die deutschen Truppen in Österreich ein, am 13. März wurde der Anschluss an das Deutsche Reich verkündet. Was Erich im Februar angedeutet hatte, war also eingetreten. Ob er mit soviel Jubel in Österreich gerechnet hatte? Sabines Onkel Julius Schacht, Pfarrer in Graz, jedenfalls schrieb vier Wochen später in Gedenken an den Tod seiner Schwester Käthe: »Gerade hören wir die Begeisterung aus Wien. Es ist wohl ein ungeheurer Druck von uns genommen.« Einen Tag später, am 10. April, wurde durch Volksabstimmung der Anschluss nachträglich bestätigt (99,73 Prozent Ja-Stimmen).

---

5   Robert Liebermann (geb. Hamburg 1883 – gest. Hamburg 1966), Annemarie, geborene Stampe (geb. Magdeburg 1893 – gest. Hamburg 1987), ihr einziger Sohn Rolf (geb. Hamburg 1917 – gefallen in Russland 1942) war vermutlich Patensohn meines Vaters Erich. Robert Liebermann war verwandt mit Max Liebermann, dem Maler. Roberts Urgroßvater Jacob Liebermann war der Bruder von Max Liebermanns Großvater Joseph Liebermann.

Nun konnte sich Hitler der »Lösung« des nächsten »Raumproblems« zuwenden: Der Besetzung der Tschechoslowakei. Das bedingte weitere Aufrüstung – wie sie finanzieren? Ganz einfach, die systematische Ausplünderung der Juden erhielt einen kräftigen Schub durch den »Beauftragten für den Vierjahresplan«, Generalfeldmarschall Göring, der am 27. April 1938 eine *Verordnung über die Anmeldung des Vermögens von Juden* veröffentlichen ließ (auf Grund der *Verordnung zur Durchführung des Vierjahresplans* vom 18. Oktober 1936).

Bruder Justus 1937 zu Besuch in Wiesbaden bei Großmutter Käthchen und Tante Hildegard Geppert, ein Jahr vor Käthchens Tod im März 1938.

In diesem Fall waren meine beiden Eltern von der Anmelde- und Bewertungspflicht betroffen, da diese auch den »nichtjüdischen« Ehegatten miteinschloss, wobei wiederum auf den schon bekannten Paragraph 5 der ersten Verordnung zum »Reichsbürgergesetz« Bezug genommen wurde.[6] Nur wenn der anmeldepflich-

6 »*Anleitung zur Ausfüllung des Vermögensverzeichnisses nach dem Stand des Vermögens am 27. April 1938: (...) B. Wer ist anmeldepflichtig? (...) 5 a) Anmeldepflichtig ist jeder Jude, wenn der Gesamtwert des anmeldepflichtigen Vermögens ohne Berücksichtigung der Verbindlichkeiten 5.000 RM übersteigt; b) Jude ist, wer von mindestens drei der Rasse nach volljüdischen Großeltern abstammt. Als volljüdisch gilt ein Großelternteil ohne weiteres, wenn es der jüdischen Religionsgemeinschaft angehört oder angehört hat; c) Als Jude gilt auch der von zwei volljüdischen Großeltern abstammende*

tige Gesamtwert des Vermögens ohne Berücksichtigung der Verbindlichkeiten 5 000 RM nicht überstieg, entfiel die Anmeldepflicht. Doch wehe dem, der zu einem späteren Zeitpunkt diesen Grenzwert überschreiten sollte und nicht seiner Anmeldepflicht nachkam oder übersehen hatte, dass Generalfeldmarschall Göring zwischenzeitlich Maßnahmen getroffen hatte, »(...) die notwendig sind, um den Einsatz des anmeldepflichtigen Vermögens in Einklang mit den Belangen der deutschen Wirtschaft sicherzustellen«: Wer nicht, nicht richtig oder nicht rechtzeitig angemeldet hatte, der konnte mit Gefängnis und Geldstrafe, in besonders schweren Fällen mit Zuchthaus bis zu zehn Jahren bestraft werden. »Der Täter ist auch strafbar, wenn er die Tat im Ausland begangen hat.«

Wer heute diese Texte liest, kann sich der zwanghaften Vorstellung nicht entziehen, unzählige peinlich-kleinliche Federfuchser mit Ärmelschonern im Untergrund so beflissen wie Alberichs böse Zwerge am Wühlwerk zu sehen. Wieder wimmelt es von Spitzfindigkeiten wie: »Anzumelden und zu bewerten ist das Vermögen nach dem Stand *zu Beginn* des 27. April 1938.« War an diesem Tag ein Kursrutsch an der Börse zu verzeichnen gewesen? Hätte der Vermögensstand am Abend dem »Dritten Reich« nennenswerten Schaden zugefügt?

In der *Anleitung zur Ausfüllung des Vermögensverzeichnisses* findet sich unter *Absatz C* der »Bewertungsmaßstab«, der weniger als ein Jahr später zu weiterer schamloser Ausplünderung eingesetzt wurde. Da heißt es: »Jeder Vermögensbestandteil ist mit dem gemeinen Wert anzusetzen, den er am 27. April 1938 gehabt hat. Der gemeine Wert wird durch den Preis bestimmt, der im gewöhnlichen Geschäftsverkehr nach der Beschaffenheit des Wirtschaftsguts bei einer Veräußerung zu erzielen wäre.«

Für den Sommer 1938 gibt es keine Briefe meiner Eltern; nicht, weil sie verloren gegangen oder misstrauischer Augen wegen vernichtet worden wären: nein, zum ersten Mal nach all den getrennt verbrachten Feriensommern, in denen Erich, seine Stellung in der Bank verteidigend, auf Urlaubsgesuche verzichtet hatte, verbrachte er drei echte Ferienwochen mit seiner Familie auf Hiddensee. »Ich denke es mir herrlich«, hatte er ein Jahr zuvor am 11. Juli 1937 an Sabine geschrieben, »bei wildem Wind am Strande oder durchs Watt zu wandern, losgelöst von den Sorgen der Zeit. Ich habe in den Bergen oft ähnlich gelebt und bin wochenlang vom Kampf ums Dasein gelöst gewesen.«

Ob sie so losgelöst von der Zeit diese drei Augustwochen »in Wind, Sonne, Meer und Dünen« haben verbringen können? Gerade vor ihrer Abreise war die Einführung der »Kennkarte für Juden« ab 1. Januar 1939 angekündigt worden, war ein »Runderlass des Reichsinnenministeriums bezüglich jüdischer Straßennamen« herausgekommen: Sämtliche nach Juden und jüdischen Mischlingen 1. Grades be-

staatsangehörige jüdische Mischling (...); d) Anmeldepflichtig ist auch der nichtjüdische Ehegatte eines Juden. Das gilt für alle Fälle, in denen die Ehe am 27. April 1938 bestanden hat.«

Ferien 1938 an der Ostsee in Vitte auf Hiddensee. Endlich einmal die ganze Familie beieinander! Vater Erich schippt am Strandburgwall.

nannte Straßen waren umzubenennen, und in der dritten Ferienwoche erfuhren sie, dass ab 1. Januar 1939 Juden ihrem Vornamen die Zwangsnamen »Israel« bzw. »Sara« hinzuzufügen hatten. Die zahllosen Postkarten an die Oma in Berlin, an Freunde und Bekannte wurden dennoch in harmloser Sommerfreude geschrieben, so können wir sie hier als unbedeutend, da unpolitisch, getrost beiseite legen.

Im September 1938 brach die »Sudetenkrise« aus, die ja von langer (deutscher) Hand vorbereitet worden war. Wenige Stichworte genügen: Gesteuerte »Unruhen« im Grenzgebiet, der britische Premier Chamberlain bei Hitler auf dem Obersalzberg, ein zweites Treffen mit Hitler in Bad Godesberg, dann das »Münchner Abkommen« der vier Großmächte Frankreich, Großbritannien, Italien und Deutschland. *Appeasement*, Beschwichtigungspolitik, Daladier und Chamberlain meinen, Europa den Frieden erhalten zu haben. Ausverkauf und Verrat. Deutsche Soldaten, Gestapo und SS rücken am 1. Oktober in das »Sudetenland« genannte Nordböhmen und Nordmähren ein. Am 5. Oktober 1938 tritt in Prag Präsident Beneš[7] zurück, einen Tag darauf erklärt sich die Slowakei (mit deutscher Unter-

---

7   *Neville Chamberlain (1869–1940), britischer Politiker, konservativ, Gesundheitsminister, Schatzkanzler, ab 28. Mai 1937 Premierminister. Vertreter der Appeasementpolitik. Mitunterzeichner des Münchner Abkommens am 30. September 1938, durch das ohne Beteiligung der Tschechoslowakei und der mit ihr verbündeten Sowjetunion die Abtretung des Sudetenlandes an Deutschland beschlossen wurde. Edouard Daladier (1884–1970), französischer Politiker, Radikalsozialist,*

stützung) für autonom. Im März 1939 wird die Tschechei schließlich als »Protektorat Böhmen und Mähren« dem »Großdeutschen Reich« angegliedert. Ausverkauf und Verrat.

Der 5. Oktober 1938 ist auch für jüdische Deutsche ein fataler Tag: Ihre Reisepässe werden eingezogen und, unter erschwerten Auflagen, mit dem Kennzeichen »J« versehen, in gewissen Fällen wieder ausgestellt. Das »J« hatten die Schweizer Eidgenossen von ihrem bedrohlichen Übernachbarn erbeten, um ja nicht ihre kostbare »Neutralität« aufs Spiel zu setzen (durch die illegale Einreise zu vieler jüdischer Deutscher - nun konnten diese bei den Grenzkontrollen schnell ausgemacht und zurückgeschickt werden).

In feinster Schreibschrift auf feinstem Papier gedruckt wurde den Kunden des *Bankhauses A. E. Wassermann*, Berlin W 8, Wilhelmplatz 7, in direkter Nachbarschaft mit den höchsten Partei- und Regierungsämtern,[8] im Oktober 1938 mitgeteilt: »Hierdurch beehre ich mich, Ihnen folgendes zur Kenntnis zu bringen: Mein Mitinhaber Herr Dr. Sigmund Wassermann ist aus meiner Firma ausgeschieden. Die Gesamtprokura von Herrn Carl Herstatt ist erloschen. Meinem bisherigen Kollektivprokuristen Herrn Georg Tecklenburg habe ich Einzelprokura erteilt. Unterzeichnet: A. E. Wassermann«.

Im neuen Unterschriften-Verzeichnis der Firma, gültig ab Oktober 1938, (»die früheren Verzeichnisse verlieren hierdurch ihre Gültigkeit«), stehen als Geschäftsinhaber Albrecht Graf von Bernstorff – mit dem mein Vater wenige Jahre später gemeinsam Martha Liebermann, die Witwe des Malers Max Liebermanns, betreuen sollte – und Joachim von Heinz, als Einzelprokurist: Georg Tecklenburg. Nun war das Bankhaus zur Gänze »arisiert«. Die Kunden? Noch nicht.

Hatte mein Vater in Vorahnung – oder in Kenntnis – dieser Pläne deshalb seine sonstige Vorsicht aufgegeben und »mitten im Sommer« Urlaub genommen? Wusste er bereits, dass seine Tage als »jüdischer – gegen arischer – Austauschmann« in der Bank gezählt waren?

Am 21. Oktober 1938 erhielt mein Vater sein Kündigungsschreiben: »Auf Grund mir gemachter Auflagen sehe ich mich genötigt, Ihnen Ihre Stellung in meinem Hause zum 30. Juni 1939 zu kündigen.« Nun konnte kein Käthchen tröstende, ermunternde Worte an Erich und Sabine richten, sie waren auf sich gestellt – und sie kämpften weiter. Es gab noch einen Strohhalm: Erichs Professor für Na-

Abgeordneter, 1938-40 Ministerpräsident, Mitunterzeichner des Münchner Abkommens. Eduard Beneš (1884–1948), tschechoslowakischer Politiker, 1918–1935 Außenminister der Tschechoslowakischen Republik. 1933–1938 Staatspräsident. 5. Oktober 1938 Rücktritt und Exil. Ab 1940 Präsident der Exilregierung in London, ab 1945 wieder Staatspräsident. 7. Juli 1948 nach Prager Staatsstreich Rücktritt.

8 *Direkt nebenan, Hausnummer 8/9, lag Goebbels »Reichsministerium für Volksaufklärung und Propaganda«, auf der anderen Seite des Wilhelmplatzes lagen Hitlers Reichskanzlei und der Sitz der SA (Palais Borsig). Ebenfalls am Wilhelmplatz befanden sich Reichsfinanzministerium, Reichsverkehrsministerium und das berühmte Hotel »Kaiserhof«.*

tional-Ökonomie, Julius Hirsch, der »dänische Professor«, zuvor an der Friedrich-Wilhelms Universität zu Berlin, hatte doch ein Jahr zuvor von einer eventuellen Vertrauensstellung gesprochen. Bereits am 11. Juli 1937 hatte Erich nach einer zufälligen Begegnung in Berlin, einen Besuch bei ihm geschildert (s. o.). Ob meine Eltern noch im Oktober 1938 eine Reise Sabines nach Kopenhagen zu Professor Hirsch planten – sie konnte ja ungehindert reisen mit ihrem »arischen« Pass – lässt sich aus ihrem Taschenkalender nicht ersehen.

Man sagt, dass Tieren ein sechster Sinn gegeben ist, der sie das Ausbrechen eines Vulkans oder die Reibungen gegeneinanderschiebender Kontinentalschollen, die schließlich die Erde zum Beben bringen, früher als der Mensch und seine feinstausgetüftelten Apparate erkennen lässt. Sie spüren die bevorstehende Tragödie, den Zusammenbruch festgefügter Welten. Ist es das Empfinden von Hoffnung, das uns vom Tier unterscheidet, doch dem Menschen zugleich Augen und Ohren verschließt, die Wahrnehmung seiner Sinne ausblendet? Ist es der menschliche Geist, der Unvorstellbares in das Reich der Phantasie abschiebt, der nicht wahrhaben will, was längst Wirklichkeit ist?

Das Bankhaus A. E. Wassermann wird »arisiert«.

Was der Mehrheit der »Volksgenossen« Wirklichkeit war, fand ich in *Auerbachs Kinderkalender* von 1940 in der *Plauderecke der Kalenderkinder*. Hier in Auszügen der Bericht der Lisa B. aus Weimar: »Vom 4.–6. November [1938] war hier in Thüringens Gauhauptstadt Weimar Gauparteitag, an welchem auch unser Führer teilnahm. Von unseren 2 000 Jungmädeln wurden 400 ausgesucht, die am 5. November 1938 mit im Schloß für unseren herrlichen Führer Spalier stehen durften. Das überaus große Glück hatte auch ich. (...) Ich stand mit oben im Schloß, gerade da, wo die Treppen aufhörten, neben einem SS-Mann. (...) Auf ein Zeichen unserer Ringführerin sangen wir das Lied ›Und die Morgenfrühe, das ist unsere Zeit‹. Dabei kam unser Führer langsam aus dem Saal heraus. Ehe unser Führer die Treppe wieder hinunterging, drehte er sich zu mir um, und sah mich, ausgerechnet mich sah unser herrlicher, von Gott begnadeter Führer ganz lange an, kam auf mich zu, lachte mich an und streichelte mich schließlich! (...) Das herrliche und überaus große Erlebnis werde ich nie in meinem ganzen Leben vergessen. Du kannst Dir gar nicht denken, wie überaus glücklich ich bin, in einer so überaus herrlichen und großen, segensreichen und einer sehr, sehr glücklichen Hitler-Zeit leben zu dürfen. Die ganze segensreiche Regierung kann ja das gesamte Großdeutsche Reich dem lieben Gott und seinem einzigwunderbaren Führer Adolf Hitler gar nicht mit Worten danken, so überaus groß ist das Glück, das seit 1933 in Deutschland ist.«

Jungmädchenschwärmerei? Die Großen haben es ihr vorgelebt. Die andere Wirklichkeit heißt Buchenwald – gerade vor den Toren der Stadt auf dem Ettersberg gelegen. Der »von Gott begnadete Führer« ergriff wenige Tage nach dem thüringischen »Gauparteitag« am Abend des 9. November die Gelegenheit beim Schopf, die ihm der Herrgott oder die Vorsehung mit der Pariser Verzweiflungstat eines 17-jährigen jüdischen Emigranten am 7. November geliefert hatte:[9] Nach zweitägiger Vorbereitung durch Hetzkampagnen in der gleichgeschalteten deutschen Presse ließ Hitler durch seinen »Reichspropagandaminister« Goebbels ein Pogrom im ganzen »Großdeutschen Reich« inszenieren, wie es Deutschland seit dem Mittelalter nicht mehr erlebt hatte.

Die meisten der noch existierenden 400 Synagogen wurden ein Opfer der Flammen – die Feuerwehr durfte nicht eingreifen, bis auf eine rühmliche Ausnahme (die Neue Synagoge in der Oranienburger Straße in Berlin) hielt sie sich daran; 7 500 jüdische Geschäfte wurden schwer beschädigt oder ganz zerstört: Riesige Vermögenswerte wurden vernichtet, ein Schaden, der nicht nur die jüdischen Deutschen betraf. Etwa 100 Juden kamen offiziell ums Leben; rechnet man die zahlreichen Selbstmorde dazu, waren es bedeutend mehr. Etwa 30 000 wurden verhaftet und auf drei Konzentrationslager verteilt: Buchenwald bei Weimar, Dachau bei München und Sachsenhausen bei Berlin. Der inszenierte Volkszorn ließ sich nicht so leicht wieder abstellen, Plünderungen, Zerstörungen, Verhaftungen hielten über Tage an.

---

9   *Herschel Grynszpan (1921–1944?), in Hannover aufgewachsener polnischer Staatsbürger jüdischen Glaubens. Seit 1936 illegal in Paris, Versuche der Rückkehr nach Deutschland von deutschen Behörden abgelehnt. Im Oktober 1938 wurden seine Eltern und Geschwister im Rahmen einer größeren Aktion zusammen mit Tausenden anderer polnischer Juden aus Deutschland ins Niemandsland an der Grenze zu Polen bei Bentschen (heute: Zbąszyń/Polen) abgeschoben (Polen hatte sich geweigert, sie aufzunehmen). Am 7. 11. 1938 schoss Grynszpan auf den Legationssekretär der Deutschen Botschaft in Paris, Ernst vom Rath (1909–1938, Diplomat, seit Oktober 1936 in seinem Amt). Rath erlag seinen Verwundungen im Krankenhaus am 9. 11. 1938. Staatsbegräbnis am 17. 11. 1938 in Düsseldorf in Anwesenheit Hitlers. Grynszpan wurde 1940 nach Deutschland ausgeliefert und ins KZ Sachsenhausen verschleppt. Er sollte nach dem »Endsieg« in einem Schauprozess abgeurteilt werden. Sein Verbleib ist ungewiss, er wurde 1960 für tot erklärt.*

In Sabines Taschenkalender findet sich erst unter dem 11. November ein Hinweis: »Schwarzer Freitag!« und ein Konzertbesuch wird gestrichen. Erich war am Abend des 10. November, also nach der furchtbaren Pogromnacht vom 9. November, Richtung Magdeburg geflohen.

Zwei Nachbarn retteten ihm das Leben, doch lassen wir meinen Vater (als hauptamtliches Mitglied der Entnazifizierungs-Kommission Berlin-Zehlendorf) per Leumundszeugnis vom 10. März 1946 selber sprechen:»Ich bin jüdischer Abstammung. Dies vorausgesetzt erkläre ich das Folgende: Ich habe Herrn Ewald Vetter,[10] geb. 29. X.1894, Berlin-Zehlendorf, Onkel-Tomstrasse 35, im Hause unseres jüdischen Kinderarztes Dr. Demuth kennengelernt und bin dort des öfteren mit ihm zusammengekommen. Er hat mich im November 1938 telephonisch vor den vorsichgehenden Verhaftungen gewarnt. Ihm verdanke ich, dass ich mich retten konnte. Ich bin später wiederholt in seiner Wohnung und in seinem Atelier gewesen und habe viele politische Gespräche mit ihm und seiner Frau geführt. Er hat stets aus seinem Abscheu des Nationalsozialismus und insbesondere der Judenverfolgung kein Hehl gemacht. Beide Ehegatten sind mir und meiner Frau freundschaftlichst entgegengekommen, so haben sie mir angeboten, Sachen von uns bei ihnen unterzustellen.«

Und der zweite Nachbar: In seiner Aussage vom 19. März 1946 schrieb mein Vater:»Am Abend des 9. November 1938, als die ersten Verhaftungen von Juden bekannt wurden, traf ich den mir bis dahin unbekannten Dr. Erich Kühn, Berlin-Zehlendorf, Am Fischtal 55 im Hause des gleichfalls in privilegierter Mischehe lebenden Dr. Demuth. Wir berieten gemeinsam mit einigen Freunden des Hauses die Lage. Auf Anraten der verschiedenen Herren ging ich nicht nach Hause, sondern nahm das Anerbieten des Dr. Kühn, in seinem Hause die Nacht zu verbringen, an. Am folgenden Tage fuhr ich zunächst ins Büro [in nächster Nähe zu Ministerien und Reichskanzlei: Berlin W 8, Wilhelmplatz 7!], um dann abends nach Magdeburg zu meiner Schwester zu fahren. Am Nachmittag desselben Tages erschienen die Polizeibeamten in meiner Wohnung, um mich zu verhaften. Es ist mir bekannt, dass Herrn Dr. Kühn später aus dieser menschenfreundlichen Handlung Schwierigkeiten infolge einer Anzeige entstanden sind.«

Der dritte Helfer war sein Freund Justus Koch, mit dem seit Kindheitstagen eine enge Bindung bestand und unter dessen so anders verlaufendem Lebensweg wie Auffassungen Erich in den Dreißigerjahren sehr gelitten hatte. Nun, in der Stunde der Bewährung – doch lassen wir Erich in seiner eidesstattlichen Erklärung vom 20. April 1946 selbst zu Worte kommen:»Als im November 1938 die Verfolgungen und die Verhaftungen der Juden einsetzten, hat Dr. Koch sich persönlich laufend im Polizeipräsidium über den Gang der Ereignisse informiert und mir, der ich in Magdeburg bei meiner Schwester Zuflucht gesucht hatte, ständig Nachrichten zukommen lassen.«

---

10   *Ewald Vetter (1894–1981), expressionistischer Maler.*

Die wichtigste Person war aber natürlich meine Mutter Sabine. Sie hielt eisern zu ihm, sie verlor auch nicht die Nerven, als ein Polizist auf der Schwelle stand, um meinen Vater zu verhaften: Das Nest war leer und sie wusste nichts über den Aufenthaltsort ihres Mannes.

Aus Magdeburg schrieb er zwei Briefe an Sabine. Den ersten am 13. November 1938: »Als ich gestern Deine Stimme hörte, war ich sehr beruhigt. Die neuen Gesetze – ich hörte bereits Abends davon am Radio – bereiten mir großen Kummer. Erstens weil sie die Wahrheit ins Gegenteil verkehren und auf Grund einer Lüge unmögliches verlangen. Die 1 Milliarde Buße[11] bedeutet Konfiskation der jüdischen Vermögen und Zerstörung aller restlichen Werte. Im übrigen dürfte auch der 10.te Teil nicht aufzubringen sein. Entweder wird oder soll das Ausland die Differenz aufbringen oder aber Zwangsarbeit Werte schaffen, die angerechnet werden. Letzteres bedeutet Verewigung der Haft. (...) Das alles läßt mich nicht zur Ruhe kommen. (...)

Hoffentlich kündigt die Gagfah[12] nicht sofort, sodass wir noch Zeit haben, alles zu besprechen. Wie gedenkst Du mit Irmgard [italienisches Hausmädchen] zu verfahren? Ob Du deswegen mit Justus [Dr. Justus Koch] sprichst und ihn fragst, ob er bis Mitte Dezember Gelegenheit hat, den von ihm geplanten Schritt zu tun. Das könnte doch alles ändern. Wenn Irmgard am 15. XI. abgemeldet werden soll, so muß sie unter den gegebenen Umständen effektiv umziehen und muß dort bis auf Besuche dableiben. Hildegard [Geppert, Sabines ältere Schwester] wird den Ernst der Lage einsehen und bei uns helfen, wofür ich ihr schon heute Dank sage. Ebenso wie für Besorgung des Frosches und der Kakteen. (…) Die armen Ladenbesitzer: sie sollen den ihnen zugefügten Schaden selber bezahlen und dann noch Zuschüsse zahlen. Und dafür geben sich deutsche Männer her. Männer mit achtbarem Namen. (…) Heute abend kommt Frau Oberst Pohl [Schwiegermutter von Erichs

---

11   *Am 12. November hatte die NS-Regierung eine »Verordnung über eine Sühneleistung der Juden deutscher Staatsangehörigkeit« erlassen: »Die feindliche Haltung des Judentums gegenüber dem deutschen Volk und Reich, die auch vor feigen Mordtaten nicht zurückschreckt, erfordert entschiedene Abwehr und harte Sühne. Ich bestimme daher auf Grund der Verordnung zur Durchführung des Vierjahresplans vom 18. Oktober 1936 (Reichsgesetzbl. I S. 887) das Folgende: § 1 Den Juden deutscher Staatsangehörigkeit in ihrer Gesamtheit wird die Zahlung einer Kontribution von 1 000 000 000 Reichsmark an das Deutsche Reich auferlegt. § 2 Die Durchführungsbestimmungen erläßt der Reichsminister der Finanzen in Benehmen mit den beteiligten Reichsministern. Berlin, den 12. November 1938. Der Beauftragte für den Vierjahresplan, Göring, Generalfeldmarschall.« Unter gleichem Datum erschien die »Verordnung zur Ausschaltung der Juden aus dem deutschen Wirtschaftsleben«. Dies bedeutete die Schließung sämtlicher jüdischer Geschäfte und Handwerksbetriebe. Ebenfalls unter dem 12. November 1938 wurde die »Verordnung zur Wiederherstellung des Straßenbildes bei jüdischen Gewerbebetrieben« veröffentlicht. Sie besagte, daß die Juden alle Schäden des Pogroms selbst tragen mußten. Sie durften auch keine Versicherungen in Anspruch nehmen, im Gegenteil: die ausgezahlten Entschädigungen wurden vom Staat einbehalten. Vgl. »Reichsgesetzblatt Teil I, ausgegeben zu Berlin, den 14. November 1938, Nr. 189, S. 1579«.*

12   *Gagfah = »Gemeinnützige Aktiengesellschaft für Angestellten-Heimstätten«.*

Schwester Carla, verheiratet mit Karlernst Pohl], die tagsüber in Halberstadt war, zurück. Sie ist wie eine Mutter auch zu mir. Ich werde vielleicht die Nacht in ihrer Wohnung zubringen. Karlernst fährt auf zwei Tage ins BraunkohlenRevier, um bei den Elektro-Werken die Buchhaltung einzusehen. Ich schlafe viel, gehe spazieren – es ist sehr warm – und sorge mich um unsere Zukunft. Hoffentlich bleibt alles in Ordnung, unterbleibt der angekündigte Besuch und kann ich Dienstag Abend via Potsdam zu Euch stossen. Bußtag möchte ich mit Dir in die Kirche.«

»Magdeburg, den 14. November 1938
Meine liebe Sabine, Herzlichen Dank für Deinen Brief, der leider erst heute um 5 Uhr nachm. eintraf, sodass ich bereits recht ›nervös‹ wurde. Der Inhalt ließ mich aufatmen. Dir und Hildegard herzlichen Dank für den Entschluß, das Haus zu kaufen.[13] Nur eine Frage hätte ich: Wenn Irma bleiben kann, ist dann die Möglichkeit sie unterzubringen? Der Umzug eilt ja nicht, so lange die Gagfah nicht kündigen muß. (...) Es ist ja alles so im ungewissen, dass es schwer ist, das richtige zu treffen: Es ist ja ein Wunder, dass Dr. W [Wassermann] noch nicht geholt ist. Übrigens informiere Dich doch bitte auch bei Krückeberg,[14] er hört viel in der Bank. Ich kann von hier aus nichts beurteilen, höre nur Radio, was zwar die Seele mit Schrecken erfüllt, aber keine Rückschlüsse auf die tatsächlichen Verhältnisse gestattet. (...) Hast Du Bedenken gegen mein Kommen, so bleibe ich Bußtag hier und gehe mit Carla und Karlernst in die Ulrichskirche. (...) Ich danke meinem Freunde [Justus Koch] und allen freundschaftlichen Seelen für ihre Anteilnahme. Ich danke aber insbesondere Dir, meine liebe Frau, für Deine tapfere Haltung. Du bist mir eine große Hilfe. Wenn wir wieder zusammen sein werden, dann gibt es keinen Streit mehr um Nichtigkeiten, auch nicht wegen des Geigens.«

Es ist verblüffend, dass mein Vater Erich – die Seele mit Schrecken erfüllt – auch unter diesen Eindrücken von nacktem Terror und Gewalt, wo Ungesetzlichkeit unter den Augen der Polizei zu Gesetz wurde, immer noch nicht an Auswandern dachte.

Oder doch? Aus Sabines Taschenkalender geht hervor, daß sie am 13. Dezember 1938 eine Reise nach London unternimmt. In einem separaten Taschenbüchlein sind die Abfahrzeiten Bhf. Zoo, Köln, Ostende, Dover, London vermerkt, entsprechend für die Rückfahrt – 21 Stunden brauchte sie von Berlin nach London; vielerlei Namen, auch der eines englischen Hilfskomitees, und viele Termine sind vermerkt. Über Brüssel/Amsterdam ging die Reise zurück. Für Amsterdam hatte sie Anschrift und Telephonnummer der Kunsthandlung Cassirer mit ihrem treuen Geschäftsführer Dr. Lütjens notiert - vermutlich von

13 Das war die »arische« 4 ½ Zimmer-Doppelhaushälfte in der Beerenstraße 25, Berlin-Zehlendorf, in der wir alle Gefahren und Unbillen der Nazizeit überleben sollten.

14 Prokurist und Leiter der Devisenabteilung bei A. E. Wassermann, mit dem sich mein Vater sehr gut verstand.

den Eltern Breslauer oder der Tochter Marianne, deren Mann Walter Feilchenfeldt seit 1926 die Nachfolge von Cassirer gemeinsam mit Max Liebermanns Nichte Grete Ring angetreten hatte, Sabine mit auf den Weg gegeben? Was meine Mutter mit dieser Reise erreichte, weiß ich nicht zu sagen. Vielleicht gelangte sie zu der Überzeugung, dass es für eine Familie wie die unsrige wenig Chancen auf Unterstützung durch ein jüdisches Hilfskomitee gab, und dass es den christlichen Institutionen in England an Verständnis für die Lage getaufter Juden im Deutschen Reich mangelte. *Hörrr Hitler* wollte doch den Frieden!

Im Leumundszeugnis für Bernhard Danckelmann, seit 1941 Richter am »Reichsverwaltungsgericht« zu Berlin, führt mein Vater unter anderem zu dessen Weißwaschung an: »Dr. D. hat verschiedentlich mir Informationen aus dem Innenministerium über die Behandlung der Judenfrage gebracht. So war er es, der mir Ende Dezember 1938 zuerst Kenntnis von dem Erlass Hermann Görings über die privilegierte Mischehe[15] gab, wodurch ich in meinem Entschluss in Deutschland zu bleiben, entscheidend beeinflusst wurde.«

An diesen Rettungsanker klammerten sich meine Eltern. In den folgenden Jahren sollte es viele Kämpfe innerhalb der NS-Führung um eben diesen Sonderstatus geben, die Zwangsscheidung wurde immer wieder als Instrument weiterer Ausmerzung diskutiert; doch wir hatten Glück: Die zerstrittenen Lager fanden nie zu einigendem Beschluß, ehe dem Regime von außen ein Ende gesetzt wurde.

Meine Eltern hatten sich also zum Ausharren in der Heimat durchgerungen, obwohl es seit Mitte November erneut Verordnungen, Erlasse, Anordnungen hagelte, die jüdische Deutsche in ihrer Bewegungsfreiheit immer weiter einschnürten. Die Bezeichnung »Bürger 2. Klasse« reicht bei weitem nicht, eigentlich waren sie zu Geiseln geworden: Der Besuch von Theatern, Kinos,

---

15 »*Privilegierte Mischehen: Hierunter sind Mischehen zwischen Deutschblütigen und Juden zu verstehen: a) aus denen Kinder hervorgegangen sind, die nicht als Juden im Sinne des § 5 der 1. VO zum Reichsbürgergesetz vom 14. 11. 1935 gelten, einerlei ob der Vater oder die Mutter jüdisch ist. b) die kinderlos sind und bei denen der Mann deutschblütig ist und die Frau Jüdin ist. Rechtliche Grundlage bildet der Erlass des Ministerpräsidenten Hermann Göring vom Dezember 1938. Hier heißt es: Der Führer hat auf meinen Vortrag folgende Entscheidungen in der Judenfrage getroffen: Mischehen - I. Mit Kindern (Mischlingen ersten Grades) a) Ist der Vater Deutscher, die Mutter Jüdin, so darf diese Familie in ihrer bisherigen Wohnung verbleiben. Für diese Familie ist also hinsichtlich der Unterbringung kein Judenbann auszusprechen. Das Vermögen der jüdischen Mutter kann in solchen Fällen auf den deutschen Ehemann bzw. auf die Mischlinge übertragen werden. b) Ist der Vater Jude, die Mutter Deutsche, so sind derartige Familien ebenfalls vorläufig nicht in jüdischen Vierteln unterzubringen, da die Kinder als Mischlinge 1. Grades im Arbeitsdienst und in der Wehrmacht dienen und nicht der jüdischen Agitation ausgesetzt werden sollen. Hinsichtlich des Vermögens kann vorläufig so verfahren werden, dass es auf die Kinder ganz oder teilweise übertragen werden kann. II. Mischehen ohne Kinder a) Ist der Ehemann Deutscher, die Frau Jüdin, so gilt das unter I a) gesagte. b) Ist der Ehemann Jude, die Frau Deutsche, so ist bei diesen kinderlosen Ehen so zu verfahren, als ob es sich um reine Juden handelt. (...)« Vgl. Erlaß vom 12. 11. 1938.*

Tante Hildegard Geppert 1938, die für uns die »arische« Doppelhaushälfte kaufte.

Konzerten, Ausstellungen war ihnen untersagt; jüdischen Kindern wurde der Besuch deutscher Schulen nicht mehr gestattet; im Laufe des Jahres 1938 waren ihnen nach und nach alle akademischen Berufe (und viele andere mehr) verboten worden, Ärzten die Approbation entzogen – nur in Ausnahmefällen durften sie noch als »Krankenbehandler« für Juden tätig sein; desgleichen wurde Rechtsanwälten die Zulassung gestrichen, wiederum nur in Ausnahmefällen war ihnen unter der Bezeichnung »Konsulent« gestattet, Juden rechtlich zu beraten; schließlich durften sie auch nicht mehr an kaufmännischen oder handwerklichen Prüfungen teilnehmen.

Als besonders tückisch erwies sich die am 28. November 1938 eingeleitete Erfassung der jüdischen Wohnungen.[16] Die nächste Maßnahme hieß Zwangsübersiedlung in sogenannte »Judenhäuser«: Wer dort erst einmal gelandet war, konnte sich staatlicher Verfolgung – und die hieß in wenigen Jahren Deportation – kaum noch entziehen.

Wie nützlich die im April 1938 per Verordnung geforderte »Anmeldung des Vermögens von Juden« gewesen war, sollte sich am 3. Dezember erweisen: Nun gab es eine weitere Verordnung über den Einsatz des jüdischen Vermögens, das sich vorzüglich zur Begleichung der Sühneabgabe eignete; gleichzeitig wurde die Zwangsveräußerung jüdischer Gewerbebetriebe und damit endgültige Ausschaltung der Juden aus dem Wirtschaftsleben, ebenso von Grundeigentum, Wertpapieren, Juwelen, Schmuck und Kunstgegenständen eingeführt. Die Ausplünderung kam nun so richtig in Schwung!

---

16 Die 1937 geschaffene Behörde des »Generalbauinspektors für die Reichshauptstadt Berlin« (GBI) sollte dabei eine sinistre Rolle spielen. Ihr Leiter, Albert Speer, hatte die jüdische Bevölkerung Berlins als »Manövriermasse« auserkoren, um in Verfolgung seines größenwahnsinnigen Berliner »Neugestaltungsprogramms« ganze Stadtviertel entlang der geplanten »Nord-Süd-« und »Ost-West-Achse« abreißen zu können. Es handelte sich teilweise um vorwiegend von jüdischen Familien bewohnte Stadtviertel. Sie hatten Germania, der visionären neuen Reichshauptstadt, Platz zu machen. Koste es was es koste. Oder ihre Wohnungen zu räumen und »arischen« Abrißopfern zur Verfügung zu stellen.

Im Nachlass meines Vaters fand ich ein Informationsblatt des *Bankhauses A. E. Wassermann* für die »nichtarischen« Kunden des Hauses: »Betr.: Erste Rate der Sühneabgabe der Juden, fällig am 15. Dezember 1938. Auf Grund der von mir bei der zuständigen Stelle eingeholten Informationen ergibt sich für die rubrizierte Zahlung folgende Regelung: Grundsätzlich ist die erste Rate, wie auch bereits in der Tagespresse bekanntgegeben, in bar zu entrichten. Ich bin aber da-

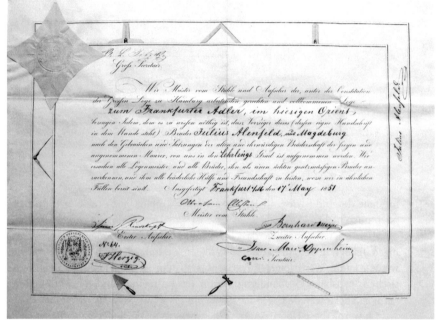

Aufnahme meines Urgroßvaters Julius Alenfeld in die »Loge zum Frankfurter Adler, im hiesigen Orient«, Frankfurt, »17' May 1851«

hin informiert worden, dass die Abgabeverpflichteten ein für die Bestreitung ihres Lebensunterhaltes erforderliches Barguthaben zurückhalten können. Die Entscheidung, wie hoch das für die Bestreitung des Lebensunterhaltes erforderliche Barguthaben ist, ist in jedem Einzelfalle besonders zu beurteilen. Ich gehe davon aus, dass meine Kunden ein Barguthaben behalten können, das für den Lebensunterhalt der nächsten drei Monate ausreicht, einen Betrag von RM 5 000,- jedoch nicht übersteigt.

In den massgeblichen Bestimmungen ist weiter vorgesehen, dass die Abgabepflichtigen, soweit ihr Barguthaben nicht ausreicht, Schmuck, Juwelen und Kunstgegenstände veräussern. – Bekanntlich ist ein freihändiger genehmigungsfreier Verkauf bei Objekten über RM 1 000,- nicht gestattet. Die Annah-

Perlenbesticktes Portefeuille meines Urgroßvaters Julius mit Freimaurersymbolen.

mestelle der Industrie-und Handelskammer arbeitet nach meinen Informationen noch nicht.

Hiernach ist es möglich, dass die Kunden mir den Auftrag geben, für denjenigen Teilbetrag der am 15. 12.1938 fälligen Zahlung, der in bar nicht entrichtet werden kann, Wertpapiere ihres Depots auf ein »Treuhandkonto« der Preussischen Staatsbank (Seehandlung) Berlin, das für meine Kunden bei mir geführt wird, zu übertragen. Massgeblich ist der amtliche Kurs vom 30. November 1938.

Ich werde diese Übertragung vornehmen, wenn Sie anliegenden Revers, unterschrieben, an mich einsenden, von welchem ich Ihnen ein Doppel für Ihre Akten überreiche.«

Im beiliegenden Revers heißt es: »Ich besitze ein Barguthaben in Höhe von: RM .... Dieses Guthaben benötige ich für die notwendigen Kosten meines Lebensunterhaltes für die nächste Zeit. Soweit ich Schmuck, Kunstgegenstände und Kostbarkeiten besitze, kann ich sie zur Zeit nicht veräussern.«

Was sind Kostbarkeiten? Das Porträt der Urgroßmutter Mathilde Alenfeld, gemalt von Dora Hitz, Mitbegründerin der Berliner Secession und oft gesehener Gast in Emma Dohmes Salon? Oder das perlenbestickte, mit den Freimaurersymbolen verzierte Portefeuille, in welchem auf einem üppig gemalten Dokument Urgroßvater Julius' Aufnahme in die Loge vom Großen Orient erklärt wird?

Und dann feierten sie Weihnachten. Ohne Käthchens liebevolle Briefe und Pakete. Es wird ein trauriges Fest gewesen sein – trotz erwartungsvoller Kinderaugen.

1939

Man darf, man muß hoffen, daß wir gerettet werden, aber wie ein Alp liegt das alles auf mir und vielen anderen, mit denen ich beruflich fast täglich zusammenkomme.

Das schicksalhafte Jahr 1939 begann in meiner Familie mit einer Reise Sabines nach Kopenhagen zu Professor Hirsch. Am Tag vor ihrer Abfahrt hatte sie in ihrem Taschenkalender »Witte/Jarisl.« (Jarislowsky) notiert. Vermutlich gab es eine Vorbesprechung mit Professor Witte, der wie mein Vater bei dem Nationalökonom Julius Hirsch an der Friedrich-Wilhelms-Universität studiert und sich gemeinsam mit ihm auf das Diplom-Volkswirt-Examen vorbereitet hatte. »Wir haben seitdem in enger Verbindung gestanden«, schrieb mein Vater in seinem Leumundszeugnis nach dem Krieg am 5. Januar 1948. »In den nachfolgenden Jahren, als der Kampf gegen das Judentum einsetzte und ich auch in den Kreis der Verfolgten geriet, hat Dr. Witte treu zu mir gestanden und mich jahrelang seelisch unterstützt. Er ist oftmals in meinem Büro gewesen – ich verwalte das Vermögen des ehemaligen Staatssekretärs Professor Julius Hirsch und seiner Familie, die zur Zeit in New York leben. Ebenso bin ich wiederholt im Büro des Dr. Witte am Schiffbauerdamm wie auch später am Koppenplatz gewesen. Wir standen während des Krieges in ständigem Nachrichtenaustausch. In offenster Weise besprachen wir die Feindnachrichten und steckten die Frontlinien an den Wandkarten ab. Dr. Witte machte mich mit seinen Mitarbeitern bekannt. Sie kannten mein Schicksal und kamen mir gleichfalls freundschaftlich entgegen. (...)

Dr. W. half mir auch, das Mobiliar des Prof. Hirsch vom Speicher abzuholen und einen Teil nach Dänemark zu verschicken, einen anderen Teil bei der Bewag¹ zu verstecken. Seine Leute wussten, dass es sich um jüdisches Gut handelt. Dr. Witte scheute sich nicht, ganz offen für unseren gemeinsamen Hochschullehrer und Gönner einzutreten. (...) Er hat aufrechten Sinnes seine antinationalsozialistische Einstellung nicht verleugnet, sondern vom ersten bis zum letzten Tage der Hitlerzeit eine konsequent gegnerische Haltung eingenommen.«

---

1   *Bewag = Berliner Elektrizitätswerke Aktiengesellschaft.*

Vorerst sind wir jedoch im Januar 1939 und alle Schrecken liegen noch vor uns. Drei Tage blieb Sabine in Kopenhagen; am 10. Januar 1939 schrieb sie Erich auf einer Postkarte: »Ich habe hier tüchtig zu tun, Dein Professor hält mich ordentlich in Atem: gestern abend, heute vormittag, heute abend.« Am Freitagabend gab es ein Schuricht-Konzert,[2] da war sie offensichtlich zurück in Berlin, denn sie hat es nicht durchgestrichen.

Eine Woche später, am 17. Januar 1939, veröffentlichte die Berliner Presse unter dem Titel »Ankaufsstelle für Kulturgut: Zuständig für Erwerb von Kunstgegenständen aus jüdischem Besitz« folgende Informationen:

»Gemäß der Zweiten Anordnung über die Anmeldung des Vermögens von Juden vom 24. November 1938 wird zur Durchführung der Verordnung über den Einsatz des jüdischen Vermögens vom 3. Dezember 1938 durch den Reichswirtschaftsminister, den Reichsminister des Innern und den Reichsminister für Volksaufklärung und Propaganda u. a. folgendes bekanntgemacht: Als öffentliche Ankaufsstellen für Gegenstände aus Gold, Platin und Silber sowie Edelsteine und Perlen im Sinne des § 14 der Verordnung über den Einsatz des jüdischen Vermögens werden die öffentlichen, von Gemeinden (...) betriebenen Pfandleihanstalten bestimmt. Für den Erwerb von sonstigen Schmuck- und Kunstgegenständen aus jüdischem Besitz, deren Einzelpreis den Betrag von 1 000 Reichsmark übersteigt, ist für das gesamte Reichsgebiet die öffentliche Ankaufsstelle für Kulturgut in Berlin zuständig. Die Einrichtung dieser Stelle erfolgt auf Weisung des Reichswirtschaftsministers im Einvernehmen mit dem Reichsminister für Volksaufklärung und Propaganda.«

Ebenfalls im Nachlass meines Vaters fand ich einen maschinengeschriebenen Durchschlag im DIN A5-Format, mit dem ich damals, vor Jahren, wenig anfangen konnte:

»Inschrift am Leihhaus Jägerstrasse.[3]

Ausnahme von der Zwangsablieferung

1) für die eigenen Trauringe und die eines verstorbenen Gatten

2) für silberne Armband- und Taschenuhren

3) für gebrauchtes Tafelsilber, und zwar für je zwei vierteilige Essbestecke, bestehend aus Messer, Gabel, Löffel und kleinem Löffel je Person.

4) darüber hinaus für Silbersachen bis zum Gewicht von 40 g je Stück und einem Gesamtgewicht bis zu 200 g je Person

5) für Zahnersatz aus Edelmetall, soweit es sich im persönlichen Gebrauch befindet.

---

2   *Carl Adolph Schuricht (1880–1967), deutscher Dirigent. 1912–1944 erster Dirigent, später Generalmusikdirektor der Stadt Wiesbaden. 1944 Übersiedlung in die Schweiz. 1950–1966 Gastdirigent des Radio-Sinfonieorchesters des Süddeutschen Rundfunks in Stuttgart.*

3   *Der Sitz der Adolph Jarislowsky'schen Erbengemeinschaft war Jägerstraße 69 (Berlin-Mitte, Gebäude kriegszerstört, heute Neubau mit Gedenktafel), in unmittelbarer Nähe, Nummer 64, befand sich das Leihhaus.*

Gold RM 1,60 pro g (?)
Silber RM -,03 pro g (?)«

Wer gab sich dazu her, solch teuflische Details zu erdenken? Deutsche Juristen zu Diensten des »Reichswirtschaftsministers« Walter Funk? Oder des »Reichsministers für Volksaufklärung und Propaganda« Dr. Joseph Goebbels? Sie mag es beruhigt haben, dass wenige Jahre später der »Zahnersatz in persönlichem Gebrauch« nach Vergasung des Besitzers doch noch dem »Großdeutschen Reich« zu weiterer Verfügung zufiel, bevor man die nicht verwertbaren Überreste verbrannte.

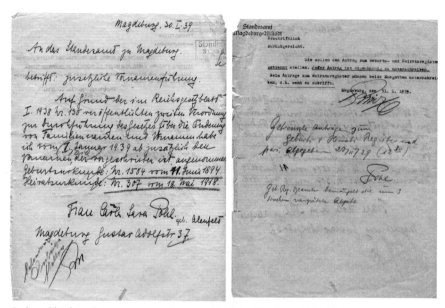

Carla meldet ihren Zwangsvornamen Sara verspätet beim Standesamt Magdeburg an.

Aber noch war es nicht so weit, noch wollte man die Juden – nach ihrer Ausplünderung, versteht sich – loswerden. Nachdem zu Jahresanfang sämtliche jüdischen politischen Organisationen aufgelöst worden waren, richtete man am 24. Januar 1939 eine »Reichszentrale für die jüdische Auswanderung« ein, auf diese Weise behielt man alles im Überblick. Oder doch nicht? Denn wenige Wochen später gab es einen Erlass des »Reichsführers SS und Chefs der Deutschen Polizei« Heinrich Himmler zum Thema »Verhinderung illegaler Auswanderung von Juden«. Sollte es beileibe Menschen geben, die ihr bisheriges Vaterland ohne Begleichung von Reichsfluchtsteuer, Vermögenssteuer, Judenvermögensabgabe, 1. Rate, 2. Rate und sofort, verlassen wollten?

Die zweite Rate der »Sühneabgabe« war fällig zum 15. Februar 1939, dazu veröffentlichte das *Jüdische Nachrichtenblatt* unter der Rubrik »Aus Recht und Wirtschaft«

am 14. Februar einen ausführlichen Kommentar zum »Runderlass des Reichsministeriums der Finanzen zur Judenvermögensabgabe vom 31. Januar 1939« mit neuen Vorschriften zur »Judenvermögensabgabe«. Auch hier kann man sich des Eindrucks nicht erwehren, dass fanatische Tüftler am Werk waren: Da ist von Kurszetteln die Rede, die den Finanzämtern für die Berechnung des Annahmewerts von Wertpapieren zugestellt werden, wobei demnächst für den am 15. Februar 1939 fälligen Teilbetrag ein neuer Kurszettel herauskommen wird. Zwischenzeitlich ist »(…) ein Dividendenabschlag vorzunehmen, bzw. negative Stückzinsen bei festverzinslichen Wertpapieren zu berechnen in solchen Fällen, in denen von einem solchen Wertpapier bereits ein nach dem Fälligkeitstag der Judenvermögensabgabe fälliger Zinsschein abgetrennt worden ist.« Undsoweiterundsofort.

Unter Punkt 2: »Ankaufstelle für Kostbarkeiten« [sic] wird daran erinnert, daß vor der Inzahlungnahme von Wertpapieren und Grundstücken die Abgabepflichtigen ihren Besitz an Kostbarkeiten und Kunstgegenständen veräußern und das erlöste Bargeld zur Zahlung der Judenvermögensabgabe verwenden müssen. Unter dem Titel »Bewertung von Grundbesitz« ist folgendes zu lesen: »Für die Bewertung von Grundbesitz ist § 3 der Anmeldungsverordnung vom 26. 3.1938 gemäß der gemeine Wert maßgebend. In den Anmeldungen ihres Vermögens nach dem Stand vom 27. 4.1938 haben viele Juden ihren Grundbesitz mit Werten angeführt, die weit über dem Einheitswert von 1935 liegen. (…) Sind die Werte des Grundbesitzes durch eine Veränderungsanzeige berichtigt worden, so ist zu prüfen, ob diese Berichtigung zu recht besteht. Die Wertminderungen werden oft damit begründet, daß das Grundstück (…) in letzter Zeit zu geringeren Preisen verkauft worden ist. Die meisten Grundstücksverkäufe der letzten Zeit sind im Zuge der Entjudung des Grundbesitzes vorgenommen worden. Solche Verkäufe liegen nicht im Rahmen des gewöhnlichen Geschäftsverkehrs, der allein für die Bemessung des gemeinen Wertes maßgebend ist.« Waren es nicht die Juden, denen man gerne talmudistische Denkart vorwarf? Hier scheint mir ein glatter k.o.-Sieg der germanischen Juristen vorzuliegen. Des walte Wotan. Oder Loki, der Listenreiche. Sollte es denkbar sein, daß dieselben Juristen nach dem Krieg für die Gesetzestexte zuständig waren, nach denen Wiedergutmachungsfälle zu regeln waren? Nichts steht dieser Vermutung im Wege, da ja der Kommentator der »Nürnberger Gesetze« ebenfalls in der Adenauerzeit erneut zu beträchtlichem Amt und Würden kam.

Mein Vater sollte von nun an bis zum Zusammenbruch des »Dritten Reichs« mit derlei Begriffen und Formulierungen zu tun haben: Stichworte wie »Zollfahndungsstelle«, »Sicherungsanordnung«, »Reichsfluchtsteuer«, »Anfechtungsklage«, »Fälligkeitszuschlag« und dergleichen mögen einstweilen genügen. Offensichtlich arbeitete er bereits für seinen neuen Arbeitgeber, die Adolph Jarislowsky'sche Erbengemeinschaft, obwohl der offizielle Anstellungsvertrag erst vom 15. März 1939 datiert: »Hierdurch stellen wir Sie als kaufmännischen Angestellten zur Erledigung unserer geschäftlichen Angelegenheiten mit einem Monatsgehalt von RM 600 ein. Sie sind im Rahmen dieser Tätigkeit verpflichtet, ohne besondere Vergütung Vorstands- und Liquidatorenämter in den von uns abhängigen Gesellschaften zu übernehmen.« Als Morgengabe brachte mein Vater seine »arische« Ehefrau ein, die – noch – ungehindert ins Ausland reisen konnte, und »(…) in Fällen der Behinderung des Herrn A. berechtigt sein soll, die gleiche Vollmacht auszuüben. Die Vollmacht gilt insbesondere auch für gerichtliche und aussergerichtliche Vertretung, auch gegenüber Steuer-, Devisen- und anderen Behörden.«

Welcher Art die Behinderung sein konnte, lässt sich heute leicht ausmalen – dass Sabine keinerlei Entgelt für ihren Einsatz erhielt, sie war ja die Ehefrau, nicht so gut. Bei ihrer ersten Reise hatte sie sich ganz offensichtlich zufriedenstellend in den komplizierten Vorgängen der Auflösung von Firmen und Grundbesitz zurechtgefunden, denn Anfang März 1939 fuhr sie noch einmal per Nachtzug nach Kopenhagen – wiederum mit klopfendem Herzen, nicht wegen weiterer Intelligenzproben, sondern wegen der Schmuckstücke, die sie, eingenäht in ihr Reisenäh-Etui, für verschiedene Freunde außer Landes schmuggelte.

Im selben Monat wurde umgezogen. »Hoffentlich kündigt die Gagfah nicht sofort«, hatte mein Vater in seinem ersten Brief nach der Flucht aus Berlin am 13. November 1938 geschrieben, »sodass wir noch Zeit haben, alles zu be-

Die »arische« viereinhalb-Zimmer-Doppelhaushälfte (rechts), von Sabines Schwester Hildegard für uns als ihre Mieter gekauft, April 1939.

sprechen.« Es blieb glücklicherweise für den Kauf des arischen Häuschens durch Sabines ältere Schwester genügend Zeit; wann genau die Gagfah kündigte, ist mir nicht bekannt, meinem älteren Bruder blieb der Umzug jedenfalls unvergesslich, denn er durfte mit dem Kutscher auf dem Bock die kurze Reise von der Straße Am Fischtal bis in die Beerenstraße in Zehlendorf-West mitfahren. Verklärte Erinnerung aus der Zeit des Märchenerzählens? Oder gab es damals wirklich noch Umzugswagen mit Pferdegespann?

Einen Monat später, am 30. April 1939, kam das »Gesetz über Mietverhältnisse mit Juden« heraus; ein weiterer Schritt auf dem Wege der Ausgrenzung, der bald zur Isolierung in »Judenhäusern« führen sollte.

Sechs Wochen zuvor, am 15. März 1939, waren deutsche Truppen in die Rest-Tschechoslowakei einmarschiert, Hitlers Versprechungen, die 1938 vereinbarten Grenzen zu respektieren, waren Schall und Rauch geworden, gleich darauf forderte er die Rückgabe Danzigs von Polen, zehn Tage später gaben Großbritannien und Frankreich eine Garantieerklärung für Polen ab. Die Kriegsgefahr wuchs von Tag zu Tag, denn Hitler kündigte am 28. April auch noch das deutsch-britische Flottenabkommen und den deutsch-polnischen Nichtangriffspakt.

In jenen Tagen erfreute sich meine Familie der Obstblüte in unserem Gärtchen in der Beerenstraße 25, meine Mutter erinnerte sich der glücklichen Tage im Wiesbadener Hanggarten, dessen Verkauf ja einen wesentlichen Anteil am Erwerb der neuen Zufluchtstätte gespielt hatte; bald darauf füllte sich ihr Taschenkalender wieder mit mysteriösen Angaben wie »Liste von Anwälten, Verbindungen aufrecht erhalten«, eine Schreibmaschine mit skandinavischen Typen war zu besorgen, doch nicht an »Grd« sondern lieber an Gottlieb Carsten in Klampenborg, Dürerhavevej, zu adressieren; von einem Safe ist die Rede, dann von einem alten Leitzvorführapparat (»noch kein auswechselbares Objektiv«) ... Im Mai 1939 wimmelt es nur so von Adressen mir unbekannter Personen, die bei anderen mir unbekannten Familien in Hamburg untergekommen sind. Vor der illegalen Auswanderung?

Den Eintragungen im Kinderbuch, von Hildegard, Sabines älterer Schwester, verfasst, die mit beiden Kindern anstelle der Mutter in Hiddensee Ferien macht, verdanke ich eine Erklärung für Sabines dritte Reise (diesmal ganz modern per Flugzeug) nach Kopenhagen: Erich litt an einem schweren langwierigen Ischiasanfall und ließ sich von seiner Frau nicht nur pflegen, sondern auch geschäftlich beim Professor vertreten. Hätte er überhaupt einen Pass für eine kurze Geschäftsreise ins Ausland erhalten? Oder hatte man der leichtgläubigen Schwester Sabines Reise auf diese Weise erklärt? Jedenfalls erscheint von nun an auch Dr. Richard Marcuse, Justitiar der Erbengemeinschaft, regelmäßig in Sabines Taschenkalender, samstags oder sonntags – besuchte er den bettlägerigen »Liquidator und

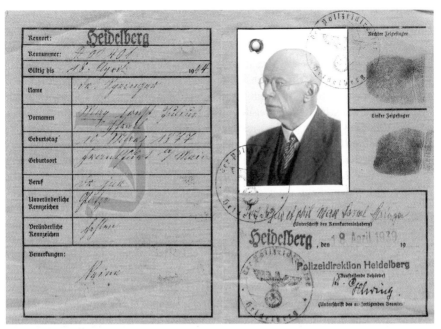

Wie alle »jüdischstämmigen« Deutschen erhielt Max Springer eine neue Kennkarte mit dem Zwangsvornamen Israel und dem großen »J«. Gültig bis 18. April 1944.

Testamentsvollstrecker« lieber außerhalb der Bürozeiten oder gab es konkreten Anlass für private Besprechungen? Noch brauchte er jedenfalls keine Aktenmappe unterm linken Arm zu tragen, um den gelben Stern zu verbergen – doch auch darüber lässt sich später nichts in Sabines Notizen entdecken.

In jenen Wochen als meine Eltern allen Bedrohungen zum Trotz ihr neuerworbenes Gärtchen mit Freude bestellten, erhielt mein Vater einen Abschiedsbrief seines Vetters Max Springer aus Heidelberg, der sich nach langem Zögern zur Auswanderung entschlossen hatte. Die »Reichspogromnacht« war für ihn der letzte Anstoß gewesen, seine dreizehnjährigen Zwillingssöhne vor weiteren Ungewissheiten wie Schulabschluss, Arbeitsjahr und noch schlimmeren Maßnahmen zu schützen. »Ihr könnt gerade mit Rücksicht auf das niedrige Alter Eurer Kinder noch zuwarten«, schrieb er Erich am 19. Juli 1939.

Max Schilderung der letzten Wochen können als Kommentar zu der wenige Tage zuvor, am 4. Juli 1939 veröffentlichten »10. Verordnung zum Reichsbürgergesetz«[4] dienen, die – so das *Jüdische Nachrichtenblatt* – »eine För-

---

4   »Zehnte Verordnung zum Reichsbürgergesetz« vom 4. Juli 1939 (in Auszügen): »Aufgrund des § 3 des Reichsbürgergesetzes vom 15. September 1935 wird folgendes verordnet: Artikel I. Reichsvereinigung der Juden; § 1 (1) Die Juden werden in einer Reichsvereinigung zusammengeschlossen. Artikel II. Jüdisches Schulwesen; (...) § 6. (1) Die Reichsvereinigung der Juden ist verpflichtet, für die Beschulung der Juden zu sorgen. Artikel III. Jüdische Wohlfahrtspflege; (...) § 12. Die Reichsvereinigung hat als Träger der jüdischen freien Wohlfahrtspflege (...) nach Maßgabe ihrer Mittel

derung der jüdischen Auswanderung aus dem Reich anstrebt.« Bereits im Januar 1939 war eine »Reichszentrale für Jüdische Auswanderung« gegründet worden; im März forderte der »Reichsführer SS und Chef der Deutschen Polizei« Heinrich Himmler per Erlass, die illegale Auswanderung von Juden zu verhindern. Nun wurde per »10. Verordnung« anstelle der »Reichsvertretung der Juden in Deutschland« die »Reichsvereinigung der Juden in Deutschland« als Zwangsverband errichtet, dem alle »staatsangehörigen und staatenlosen Juden, die ihren Wohnsitz oder gewöhnlichen Aufenthalt im Reichsgebiet haben« angehören mussten. Nicht jedoch Juden, die in einer »privilegierten Mischehe« lebten wie Max Springer.[5] Die »Reichsvereinigung« stand unter Gestapokontrolle, die jüdischen Gemeinden hatten ihr bisheriges Mitspracherecht im Rat verloren, es gab keine freigewählte Vertretung und Führung mehr, die Ernennungen erfolgten durch die Sicherheitspolizei und den SD. Leo Baeck blieb jedoch der Vorsitzende des Vorstands, Heinrich Stahl sein Stellvertreter.[6]

Erwähnen wir kurz die weiteren Hauptaufgaben der neuen »Reichsvereinigung«, die das Ausmaß der Drosselung jüdischen Lebens im Juli 1939 zeigen: Sie wurde zum Träger des »Jüdischen Schulwesens« und zum Träger der freien jüdischen Wohlfahrtspflege. Dahinter verbarg sich die Verantwortung für die »Beschulung der Juden«, also weiterhin Schulpflicht jüdischer Kinder, doch ausschließlich auf von der »Reichsvereinigung der Juden« unterhaltenen Privatschulen, die »der Auswanderung der Juden förderlich sind«. Im Artikel III »Jüdische Wohlfahrtspflege« wird ausdrücklich festgelegt, daß die Reichsvereinigung »nach Maßgabe ihrer Mittel hilfsbedürftige Juden so ausreichend zu unterstützen (hat), daß die öffentliche Fürsorge nicht einzutreten braucht. Sie hat Vorsorge zu treffen, daß für anstaltspflegebedürftige Juden ausschließlich für sie bestimmte Anstalten zur Verfügung stehen.«

Gleichzeitig wurde eine weitere Gebühr eingeführt, die Max Springer in sei-

---

hilfsbedürftige Juden so ausreichend zu unterstützen, dass die öffentliche Fürsorge nicht einzutreten braucht. Sie hat Vorsorge zu treffen, dass für anstaltspflegebedürftige Juden ausschließlich für sie bestimmte Anstalten zur Verfügung stehen. Artikel IV. Schlußbestimmungen; § 13. Eine Entschädigung für Nachteile, die durch die Durchführung dieser Verordnung entstehen, wird nicht gewährt. «

5 *Max Springer (geb. 1877 Frankfurt am Main – gest. 1953 Paris), verheiratet mit der »Arierin« Elisabeth, geborene Hettner (geb. Berlin 1888 – gest. Heidelberg 1950), ihre Zwillingssöhne Georg und Heinrich (»Georges«: geb. Heidelberg 1926 – gest. Dieulefit 2006, »Henri«: geb. Heidelberg 1926) ursprünglich wie ihre Eltern protestantisch, waren auf Drängen der Mutter 1934 katholisch getauft worden, weil Elisabeth glaubte, dass die katholische Kirche sich stärker für ihre »halbjüdischen Schäflein« einsetzte.*

6 *Leo Baeck (geb. Posen 1873 – gest. London 1956), jüdischer Theologe. Rabbiner in Berlin 1912–1943. Seit 1933 Präsident der »Reichsvertretung der deutschen Juden«. 1943 nach Theresienstadt deportiert. Nach 1945 in London. Heinrich Stahl (1866–1942), Mitglied der »Reichsvertretung der deutschen Juden«, Vorsitzender der Berliner Jüdischen Gemeinden. 1942 nach Theresienstadt deportiert.*

nem Brief vom 9. Juli 1939 erwähnt: »Ich habe auch die den ›Juden‹ auferlegte hohe Abgabe zur Förderung der Auswanderung zahlen müssen.«

Im Nachlass meines Vaters fand ich hierzu eine Seite *des Jüdischen Nachrichtenblattes* vom 25. Juli 1939 mit den »Bekanntmachungen der Reichsvereinigung der Juden in Deutschland«:

»Beitragsordnung für die Erhebung eines außerordentlichen Beitrages. Von allen auswandernden Juden aus Deutschland (Altreich und Sudetengau), die Mitglieder der Reichsvereinigung der Juden in Deutschland im Sinne der 10. Verordnung zum Reichsbürgergesetz vom 4. Juli 1939 (…) sind, wird einheitlich ein außerordentlicher Beitrag als Auswandererabgabe erhoben, der dazu dienen soll, die Mittel für die Erfüllung der Aufgaben der Reichsvereinigung der Juden in Deutschland (Auswanderungsförderung, Fürsorge und Schule) aufzubringen. Die Erhebung des Beitrags folgt nach Maßgabe folgender Vorschriften:

§ 1 Die Auswandererabgabe wird erhoben von allen Mitgliedern im Falle der Auswanderung, sofern ihr Vermögen den Betrag von RM 5 000,- übersteigt.

§ 2 Die Auswandererabgabe beträgt [es folgt eine Staffelaufstellung]

§ 3 Als Bemessungsgrundlage gilt bei Personen, die zur Judenvermögensabgabe herangezogen wurden, derjenige Vermögensbetrag, der der Judenvermögensabgabe zugrunde liegt. (…)

Nicht abzugsfähig sind: I. Reichsfluchtsteuer II. Judenvermögensabgabe III. Schenkungen IV. Aufwendungen zur Vorbereitung der Auswanderung mit Ausnahme der Reisekosten V. Aufwendungen für den Lebensunterhalt, die das bei den finanziellen und sozialen Verhältnissen des Auswanderers übliche Maß übersteigen.«[7]

Die Einschnürung wurde von Monat zu Monat spürbarer, die Ausplünderung immer offener. Max schrieb seinem Vetter Erich im selben Brief: »Es waren nervenanspannende Wochen, die hinter uns liegen (…) und die Zukunft verspricht leider auch nicht, daß man je sich erholen wird. Immer war es schlimmer, als uns Bekannte erzählt hatten, die vor Monaten, vor Wochen den Weg in die Fremde angetreten hatten. Immer neue Forderungen und Verluste (...). Und dann das Ringen wegen der Ausfuhr des Mobiliars usw. Der Karlsruher Museumsdirektor war als Sachverständiger hier, dann noch der Gerichtsvollzieher mit einem eigenen Sachverständigen. Es ist wohl nur der Tatsache, daß Elisabeth arisch, bzw. die Kinder ›Reichsbürger‹ und unserem Devisenberater zu danken,

---

7   Unter den »Erläuterungen« zu der »Neufassung der Beitrags-Ordnung« heißt es im Hinblick auf die gleichzeitig erfolgte »Neufassung der Durchführungsanweisungen«, dass folgende Punkte hervorzuheben sind: »a) Es ist sowohl die Vermehrung wie die Verminderung des Vermögens seit dem 12. November 1938 zu berücksichtigen (...) und b) Zu den abzugsfähigen Reisekosten gehören alle Kosten für die Beförderung des Auswanderers und seines Umzugsguts. Dagegen sind Abgaben an die Deutsche Golddiskontbank zur Exportförderung oder sonstige durch Geld- oder Warentransfer entstehende Vermögensminderungen nicht abzugsfähig.«

daß uns überhaupt erlaubt worden ist den größten Teil des ›Kulturguts‹, wie der neue Ausdruck lautet, mitzunehmen. Die Devisenstelle hielt sich dafür aber auf eine andere Art schadlos, indem sie eine Golddiscontabgabe in einer Höhe uns auferlegte, die der Bankbeamte, dem wir die entsprechenden Aufträge gaben, zunächst überhaupt nicht glauben wollte.«

Es mag dem wohlwollenden Auge des Karlsruher Museumsdirektors zu verdanken sein, dass zahlreiche Bilder aus der Sammlung der Mutter, Emma Dohme, die in ihrem Salon alle Maler der Berliner Sezession und viele andere das Berlin der Kaiserzeit prägende Persönlichkeiten empfangen hatte, sowie mancherlei andere unter dem Begriff »Kulturgut« rangierende Gegenstände das Land verlassen durften. Nur das Tafelsilber stand unter Ausfuhrverbot. Wundersamer Weise überlebten die Gemälde, aber auch Regenschirme, Kochlöffel und Marionettenpuppen, Socken und getragene Unterwäsche und viele andere auf den Umzugslisten *metikulös* aufgeführte Gebrauchsgegenstände, sowie die große, vielseitig angelegte Bibliothek mit all dem Bildungsfundus eines Geschichtsprofessors »Dr. phil. et jur.« die Wirren von Krieg und Verfolgung. Eines Tages trafen, mitten im Krieg, die Liftvans (heute: Container) in Südfrankreich, Zufluchtsland der Familie Springer, ein. Ein Teil der Gemälde wurde zur Begleichung der Transportkosten verkauft, der Großteil vor wenigen Jahren von einem Berliner Auktionshaus versteigert, einige wenige sind heute im Märkischen Museum, dem Berliner Stadtmuseum, zu sehen. Sie sind in das Land ihres Ursprungs zurückgekehrt, doch ihre Besitzer sind nicht heimgekehrt.

»Ich habe mein Vermögen völlig hingeben müssen«, schrieb Max in seinem Abschiedsbrief: »und Elisabeth opfert jetzt das ihre, damit wir herauskommen.« Und zum Abschluss: »Hoffentlich fühlt Ihr Euch in Eurer neuen Wohnung wohl und ist das Leben auch sonst für Dich erträglich (…) Hier, in der Mittelstadt, fühlt man sich sicher viel gedrückter als in Berlin, wo man in der Menge verschwindet.« Ob Erich und Sabine sich mit ihren Kindern in Berlin tatsächlich in Sicherheit wähnten oder, da nun einmal beschlossen war, ein Überleben in Deutschland zu wagen, sich einfach dem menschlichen Trieb hingaben, dem Leben in seinem alltäglichen Gang zu folgen: Wer weiß heute diese Frage zu beantworten?

Im August 1939 verbrachte Sabine einige Tage bei ihrer jüngsten Schwester Anneliese in Gießen, nachdem Erich von seinem Ischiasanfall kuriert war. So kam es doch noch zu einem Briefwechsel kurz vor Kriegsausbruch. Am 21. August berichtete Erich aus Berlin, nach der Schilderung (in Knittelversen) eines Ausflugs mit den Kindern zum Schloss Sanssouci in Potsdam: »Die allgemeine Lage [ist] kritisch. Niemand weiß etwas positives. Truppenzüge gingen gestern durch die Stadt. Sah selber einen über Südring am Innsbrucker Platz auf derselben Strecke, wo wir einst vom Westen nach dem Osten fuhren (1. 9.1914).«

Sabine antwortete zwei Tage später: »Die Politik lässt uns natürlich nicht zur richtigen Ruhe kommen. Ich muß ehrlich sagen, der Pakt mit Moskau[8] ist doch ein Riesenerfolg. Das Ausland wird sich schwer ärgern. Man kann sich nun beinahe ausrechnen, wie die Sache mit Danzig u. Polen weitergehen wird. Wir haben ja das tschechische Beispiel. Es fragt sich nur, ob die Polen Widerstand leisten oder nicht.« Und im selben Brief: »Über die übrigen Ereignisse der Gegenwart unterhalten wir uns natürlich auch dauernd (...). Sie sind beide wesentlich gelassener als wir (...). Dazu kommt, daß sie als Wissenschaftler in ihrer eigentlichen Arbeit von den Zeiterscheinungen viel weniger berührt werden als wir im Wirtschaftsleben. Es ist unabhängiger, unbestechlicher und ›ewiger‹ als das, was jetzt als ewig gepriesen wird. Und die Beschäftigung damit gibt dem Menschen eine andere Lebenseinstellung. Es ist wohltuend, mit ihnen zusammen zu sein.«

»Oh Ihr glücklichen Inselbewohner«, schrieb Erich am 24. August, »wo lebt Ihr eigentlich?

Meine liebe Frau, wir stehen unmittelbar vor Ausbruch des Krieges. Es würde ein Wunder geschehen, wenn das Unglück noch verhindert werden könnte. Wie es vor sich gehen soll und mit welchen Chancen: Niemand weiß es. Tatsache ist es, daß fast alle europäischen Länder Teilmobilmachungen durchführen. Krückebergs Mitteilung brachte das Richtige. Die Engländer u. Franzosen haben Befehl erhalten, Berlin zu verlassen. Das Konsulat arbeitet bereits nicht mehr, was Krückeberg mir schon bei Tisch erzählte. Da natürlich dieser Zustand noch einige Tage dauern kann, so bleibe vorläufig, halte Dich aber reisebereit.«

Im nächsten Absatz folgen Worte, die dem Leser mit heutigem Kenntnisstand denkbar unglaubwürdig erscheinen, aber dennoch vielleicht auch Respekt abfordern mögen: »Ich war bei Justus [Koch], habe meine Eingabe zurückgeholt, um für den Fall des Krieges ein Gesuch an Göring zu richten zwecks Einstellung in die Armee. Erschrick nicht. Aber ich kann nicht von dem einmal beschrittenen Wege abweichen. Ich will in Ehren leben und sterben und Dir und den Kindern die Schmach nehmen, die auf mir ruht. Justus wird durch Freunde das Gesuch an die richtige Stelle leiten, aber nicht eher, als bis Krieg ist. Sollte ein Wunder wie im vorigen Jahr Europa retten, so sei es. Ich fürchte es ist zu spät.«

Natürlich wurde mein Vater nicht eingezogen. Er diente seinem Vaterland in der Heimat, indem er Verfolgten half, sein Leben immer wieder selbstlos für andere einsetzte. Er überlebte die Gewaltherrschaft in Ehren.

---

8 »Deutsch-sowjetischer Nichtangriffspakt«, am 23. August 1939 von den Außenministern des »Großdeutschen Reiches« und der Sowjetunion, Joachim von Ribbentrop und W. Molotow in Anwesenheit Stalins unterzeichnet; von Hitler als flankierende Maßnahme für seinen geplanten Angriff auf Polen konzipiert. In einem »Geheimen Zusatzprotokoll« einigten sich Stalin und Hitler auf die Teilung Polens, Stalin erhielt von Hitler einen erheblichen Teil Ostpolens, die Nordbukowina, Bessarabien und das Baltikum.

In jenen späten Augusttagen mag Erich auch seinen Lebenslauf verfasst haben, der sichtlich das »vaterländische« Engagement der Familie unterstreicht. »Meine beiden Eltern entstammen jüdischen Familien, die seit Jahrhunderten in Deutschland ansässig sind. Mein Großvater Julius Alenfeld nahm eine besonders geachtete Stellung in der Stadt Magdeburg ein. Er wurde im Jahre 1849 zum Second-Lieutenant befördert und ist am 22. Mai 1852 als Mitglied in die Korporation der Kaufmannschaft der Stadt Magdeburg aufgenommen worden. Beide Grosseltern haben sich im Kriege 1870/71 durch ihre Fürsorge für die Verwundeten im Dienste des Roten Kreuzes ausgezeichnet, ebenso wie meine Eltern sich im Kriege 1914/18 im Dienst des Roten Kreuzes eifrig betätigten (vgl. hierzu die beigefügten Anlagen). Ich selber bin am 19. Juni 1899 evangelisch getauft und in Magdeburg in einem rein arischen Familien- und Freundschaftskreis gross geworden.«

Wie sollte das sein? Aufgewachsen in einem »rein arischen« Familien- und Freundeskreis bei »rein jüdischen« Eltern, Großeltern und so fort? Die Freundschaften im Magdeburger Dom-Gymnasium, im Sterngarten ... mag sein. Suchten Erich und seine Geschwister bewusst den Anschluss an »rein arische« Jugendliche? Oder ergab es sich einfach so? Schwer vorstellbar, dass diese assimilatorischen Bestrebungen einer gutbürgerlichen Familie im Magdeburg der Jahrhundertwende den vermutlich nationalsozialistischen Adressaten dieses Lebenslaufes im Jahre 1939 in irgendeiner Weise positiv zu beeinflussen vermocht hätten.

Die »Büchse der Pandora«: Hatte Erich selbst daran geglaubt? Meinte er allen Ernstes, durch solche Aussagen und Abschriften von Zeugnissen seiner Regimentskommandeure sowie »beiliegender Fotokopie der Militärdienstbescheinigung« und »dem im Ehrenbuch der Feldartillerie, Seite 625 aufgenomenen Bericht der letzten Abwehrschlacht des Feldart. Reg. 280 am 4. 11.1918. Ich wurde in dieser Schlacht an der Spitze meiner Batterie im M. G.-Feuergefecht verwundet«, der Ächtung zu entgehen?

Die Aufstellungen über »die Tätigkeit der Familie im Kriege« von den Urgroßeltern über die Großeltern bis zum Vater und dessen Schwester Carla, ihre Kriegsdekorationen von 1871 bis 1918 wie ihre Militärdienstverhältnisse, anfangend im fernen Jahr 1849, haben sich der Tochter für immer eingeprägt. Von Mutters Seite, der »arischen« Seite, hörte sie nie dergleichen; deren Familie brauchte sich nicht zu bewähren.

Am Donnerstag, dem 31. August 1939 brach der Krieg aus – in Sabines Taschenkalender. In Geschichtsbüchern wird üblicherweise der 1. September 1939 genannt. Noch am selben Tag wurde eine Ausgangsbeschränkung für Juden eingeführt: Im Winter ab 20 Uhr, im Sommer ab 21 Uhr. Die Kriegserklärungen Großbritanniens und Frankreichs folgten am 3. September. Am 7. September kamen alle männlichen polnischen Juden (in Deutschland) in »Schutzhaft«. Ab 12. September war Juden der Lebensmitteleinkauf nur noch in speziell ausgewiesenen Geschäften erlaubt. Am 20. September wurde ihnen der Besitz von Rundfunkempfängern untersagt.

In Sabines Taschenkalender findet sich viele Mal die Knesebeckstraße erwähnt, die zum Grundbesitz der Erbengemeinschaft gehörte; vermutlich wohnte dort noch ein Mitglied der weitverzweigten Familie Jarislowsky und versuchte in letzter Minute auszuwandern. Auch andere »jüdisch versippte« Freunde finden sich häufig vermerkt. Später, im Oktober, wird immer wieder der Name Ruth Linders genannt, einer Tochter Alfred Breslauers, mit der meine Mutter befreundet war. »Packen«, »packen« und wiederum »packen«; schließlich: »einladen«. Eine Familie, die es geschafft hat, den Nazis doch noch zu entkommen. Nach Peru!

Der achtjährige Schüler Justus schrieb in einer Klassenarbeit: »Was ich vom Krieg weiß. Wir mußten den Krieg führen, weil wir Danzig und den Korridor haben wollten, weil er früher deutsch war. Schon in den ersten Tagen hörte ich, daß unsere Truppen sehr weit in Polen waren. In Bromberg ereignete sich eine schreckliche Schlacht, die Polen kämpften unehrlich, sie ermordeten alle Deutschen, aber trotzdem haben unsere Truppen gesiegt. Jetzt kämpfen unsere Truppen um Warschau, aber wir hoffen alle, daß der Krieg bald ein Ende hat.«

Erichs Patensohn Rolf Liebermann berichtete als junger Soldat »gemischter Abstammung« am 1. Oktober nach Berlin: »Der Krieg im Osten hat sein Ende gefunden, und so kann ich Euch etwas aus meinen Erlebnissen berichten. Wir lagen etwa eine Woche in Bereitstellung auf deutschem Boden, als die Nachricht am 31. August abends 9 Uhr einlief: Abfahrt 22.30. Also es ist soweit. Schnell noch die Klamotten gepackt. Dann fuhren wir los bis etwa 12 km an die Polengrenze. Dort stellten wir die Fahrzeuge ab und marschierten zu Fuß weiter. Etwa 1 km vor der Grenze bezogen wir dann mitten in der Nacht unsere Bereitstellung auf einem Acker.

Der Angriff war auf 4.45 angesetzt. Langsam wurde es hell. Dichter Nebel lagerte über den Wiesen, als auf die Minute genau die deutschen Kanonen an zu donnern fingen. Eine Viertelstunde Trommelfeuer, dann Stille. Wir brachen auf und überschritten die Grenze. Etwa 300 m später wurden wir auch schon mit M. G. Feuer empfangen. Das war der Anfang. Wir nahmen dann noch am selben Tage mit dem Regiment die Stadt Konitz am Korridor. Am nächsten Tag gings weiter bis zur Tucheler Heide, die wir am 3. Tage durchkämmten und dabei zahlreiche Gefangene, vornehmlich Kavallerie, machten. Am 4. Tage erreichten wir die Weichsel. Der Korridor war gesäubert. In den nächsten beiden Tagen fuhren wir dann durch Ostpreußen bis nach Lyck.

Von dort gings dann wieder nach Polen und zwar nach Lomscha. Das war unser schwarzer Tag für die Kompanie. 40 Tote, darunter der Kompaniechef, der Oberfeldwebel, ein Feldwebel, 2 Unteroffiziere. Die Polen stürmten mit 9-facher Übermacht gegen uns. Das war furchtbar. Aber Reservetruppen warfen sie dann doch. Dann gings weiter bis nach Brest-Litowsk. Nach der Einnahme der Zitadelle erlebten wir das einzigartige Schauspiel des Einzugs der Russen. Die Zivilisten hatten in den Knopflöchern rote Blumen und am Arm Hakenkreuzbinden befestigt. Am Hut trugen sie den Stern mit Hammer und Sichel. Ich habe gelacht wie noch nie. Wir hoffen nun bald nach Hause zu kommen.«

Merke: Ab 4 Uhr 45 wird zurückgeschossen!
Motto: Der »Führer« hat von alldem nichts gewusst.

Am 12. Oktober 1939 erfolgten die ersten Deportationen aus Österreich und dem »Protektorat Böhmen und Mähren« ins »Generalgouvernement«, nachdem in Polen am 6. Oktober der letzte Widerstand zusammengebrochen war und das Land, wieder einmal, zwischen den Siegermächten Deutschland und Sowjetunion aufgeteilt worden war. Das sogenannte »Restpolen« zwischen den ins »Großdeutsche Reich« eingegliederten »Ostgebieten«[9] und den von der Sowjetunion vereinnahmten Gebieten wurde als »Generalgouvernement für die besetzten polnischen Gebiete« bezeichnet. Hans Frank[10] herrschte als dessen berüchtigter »Generalgouverneur« in der alten Krakauer Königsfeste Wawel. Von dort erfolgte zunächst als vorbereitender Schritt der »Lebensraumpolitik« die »Ausrottung der polnischen Intelligenzija«, danach erst wandte man sich den Juden zu. Vorläufig begnügte man sich damit, sie in den inzwischen eingerichteten Ghettos der großen Städte des »Generalgouvernements« zusammenzupferchen.

Mein achtjähriger Bruder schrieb in einem Schulaufsatz »Vom Winterhilfswerk« am 27. Oktober: »Am 15. 10. sammelte das deutsche Volk zum erstenmal in diesem Jahre für das Winterhilfswerk. Es wurden 1 Million RM gesammelt. In diesem Jahre muß besonders viel gesammelt werden, weil auch noch den Kriegsopfern geholfen werden muß. SS, SA und die Mitglieder der Arbeitsfront sammeln die Spenden ein.«

Dass es nicht nur Mitläufer im Lande der nationalen Diktatur gab, bewies Georg Elser,[11] der als Einzelgänger am 8. November 1939 Adolf Hitler mit Hilfe einer Zeit-

9   »Reichsgau Danzig-Westpreußen« und »Reichsgau Wartheland« mit den Zentren Posen und Lodz (ab 1940 »Litzmannstadt«) und Ostoberschlesien, annektiert vom »Großdeutschen Reich«. Von der Sowjetunion besetzt: Weißrussische und ukrainische Gebiete. »Generalgouvernement«: Im Anschluss an den »Polenfeldzug« gemäß »Führerbefehl« vom 12. Oktober 1939 für die nicht in das Reich eingegliederten besetzten zentralpolnischen Gebiete geschaffen. Es bestand zunächst aus vier Distrikten: Krakau, Radom, Warschau und Lublin. Nach dem Angriff auf die Sowjetunion wurde das Gebiet um Lemberg am 1. August 1941 als fünfter Distrikt »Galizien« dem »Generalgouvernement« hinzugefügt.

10 Hans Frank (geb. Karlsruhe 1900 – gest. Nürnberg 1946 / hingerichtet), Jurist und Politiker. Oktober 1923 Eintritt in die NSDAP, Teilnahme am »Hitler-Putsch«. 1933/34 bayrischer Justizminister. 1934 Reichsminister ohne Geschäftsbereich. 1939 »Generalgouverneur« im besetzen Polen; war einer der Hauptverantwortlichen für die Gewalttaten von SS und Polizei im »Generalgouvernement«.

11 Johann Georg Elser (geb. Hermaringen 1903 – gest. KZ Dachau 1945), Widerstandskämpfer. Gelernter Schreiner. Nach dem gescheiterten Attentat auf Hitler am 8. 11. 1939 »Sonderhäftling« / KZ Dachau, im April 1945 ermordet.

zünderbombe im Münchner Bürgerbräukeller umzubringen versuchte. Das Attentat schlug fehl. Dies kommentierte Hildegard gegenüber der jüngeren Schwester Anneliese am 12. November aus Berlin, wo sie mittlerweile eine Wohnung mit Sabines Geigenlehrerin Hertha Arndt[12] teilte: »Politisiert wird natürlich auch, aber davon gebe ich nichts schriftlich; die Versionen über die Urheber des ›Attentats‹ sind sehr verschiedene; man ist geneigt, nichts zu glauben, was in den Zeitungen steht, es ist uns schon zuviel nicht Zutreffendes von der ›Propaganda‹ geboten worden! – Sollte der Krieg im Westen doch einmal losgehen, so ist unser Sieg mehr als zweifelhaft, denn England erhält kolossale Lieferungen von Amerika. – Aber was hilfts? Mitgefangen, mitgehangen; schliesslich hat sich das dt. Volk auch 1918 hochgerappelt und wir wollen nur hoffen, dass wir nicht wieder eine ganze Generation Männer opfern müssen! Wer das verantworten will, kann sich nicht wundern, wenn er später auf grausamste Weise darüber zur Rechenschaft gezogen wird. - Wir sind jedenfalls als Frauen der Meinung, dass man helfen muss, wo man kann, durch tätiges Zugreifen und Frohsinn.«

Wenig später schrieb Sabine am 13. November 1939 an Anneliese und ihren Mann: »Ich möchte Euch hiermit mitteilen, daß ich meiner Bank den Auftrag gegeben habe, auf Annelieses Konto Nennwert 100,- der Deutschen Anleihe Auslosungsscheine + 1/5 Ablösungsschuld (Rückz.wert 500,-) zu überweisen. Ich bitte Dich, liebe Nana, das Papier für Gisela[13] [einjährige Tochter] aufzuheben. Hoffentlich wird es nicht so bald ausgelost; falls ja, müssen wir etwas anderes dafür anschaffen.« Am 14. November kam die Erklärung: »Mein gestriger Brief wird Dich einigermassen erstaunt haben. Die Dinge liegen so: es ist damit zu rechnen, dass in der nächsten Zeit für alle Juden, auch für Mischehen, Sicherungsanordnungen ergehen (...) d. h. dann, dass man von seinen Einnahmen nur einen ganz bestimmten Teil verbrauchen kann. Der wird natürlich niedriger festgesetzt, als man bisher verbrauchte. Um nun doch noch eine gewisse Bewegungsmöglichkeit zu haben, habe ich Dir für das Schnutele dies Papier pro Forma geschenkt.«

In einem handgeschriebenen Nachsatz Erichs steht unter anderem: »Aber Du weißt auch nicht, welche Gefahren uns drohen. Die Umsiedlungsaktion [der »Volksdeutschen«[14]] ist in vollem Gange, aber auch für Juden. Für diese bedeutet die Verpflanzung nach Lublin völlige Vernichtung. Zur Zeit ist Oesterreich u. Tschechei an der Reihe. Wir kennen grauenhafte Einzelheiten. Ob uns die Kinder retten werden,

---

12 Hertha Arndt (geb. Königsberg in Preußen 1883 – gest. Berlin 1947). Nachfahrin von Ernst Moritz Arndt, ursprünglich Geigenlehrerin meiner Mutter Sabine in Wiesbaden, später mit ihr eng befreundet. Hertha Arndt zog 1928 nach Berlin, wohnte ab 1933 in der Künstlerkolonie am Breitenbachplatz, Laubenheimer Straße 19. Sabines ältere Schwester Hildegard Geppert wohnte ab 1939 mit ihr zusammen, nachdem sie mit ihrem Wiesbadener Erbe für uns das »arische« 4½ Zimmer-Häuschen gekauft hatte.

13 Gisela Völker (geb. Gießen 17. 5.1938).

14 Damalige Bezeichnung für Personen deutscher Muttersprache und des deutschen Kulturkreises, die nicht deutsche, österreichische oder Schweizer Staatsbürger waren. Die »Volksdeutschen« lebten vor allem in Sprachinseln oder Streusiedlungen Ost- und Südosteuropas.

ist nicht so sicher, wie man bisher hoffen durfte, da in gewissen Kreisen gegen die den Mischehen gebotenen Vorteile Sturm gelaufen wird. Die Sicherungsanordnung ist lästig, was aber hier droht ist das Ende, ist grausamstes Schicksal. Man darf, man muß hoffen, daß wir gerettet werden, aber wie ein Alp liegt das alles auf mir und vielen anderen, mit denen ich beruflich fast täglich zusammen komme. Daß die Münchner Dinge auch gewisse Befürchtungen wach riefen, ist verständlich, zumal an vielen Orten Verhaftungen vorgekommen sind. Das alles ist schwer zu ertragen, wenn man ein Leben hinter sich hat, wie ich gelebt habe, Vor 25 Jahren am 8. XI. 14: EK II u. bald befördert und jetzt Ausschluß aus der Armee. Genug davon!«

Auerbachs Deutscher Kinderkalender 1940, der zwar wieder ein rotes Mäntelchen trug, doch bis ins Herz hinein braun gefärbt war, fasste für seine kleinen Leser die politisch-militärische Lage zusammen: »Deutsche Jugend! Der Führer schuf Großdeutschland für Dich! Danke es ihm! Im Jahre 1938, das zum wichtigsten Jahre deutscher Geschichte gehört, hat sich die Sehnsucht der besten Deutschen seit Jahrhunderten erfüllt: Großdeutschland wurde geschaffen! – Die beiden an das Altreich grenzenden Gaue: Österreich – die alte deutsche Ostmark – und der Sudetengau sind zur alten Heimat, sind zum Mutterlande Deutschland zurückgekehrt. So wurde das Jahr 1938 zum Geburtsjahr des ›Großdeutschen Volksreiches‹! (...) Und diese geschichtliche Großtat vollbrachte ein Mann: Unser Führer Adolf Hitler! Unvorstellbare Freude herrscht in jedes deutschen Menschen Brust! (...) Die ganze Welt schaut bewundernd auf diesen Mann, (...) und viele neiden ihn dem deutschen Volke. Nun steht Deutschland, Großdeutschland, herrlich, stolz und mächtiger denn je, von den Alpen bis zum Meere!«

(Es folgt eine ausführliche Beschreibung des »Sudetengaus« und dem dortigen »fleißigen, arbeitsfreudigem, tüchtigen deutschen Volk von 3,6 Millionen Menschen«, seiner Industrie, Landwirtschaft und vielem mehr sowie der Aufruf zur unverbrüchlichen Treue und Hingabe an den »Führer«).

Nachwort des Autors Max Karl Böttcher: »Inzwischen ist Deutschland noch größer und schöner geworden. Im März 1939 nahm der Führer das Protektorat über Böhmen und Mähren. (...) Den Polen gegenüber hatte er eine unendliche Langmut bewiesen. Doch seine großherzigen Vorschläge (...) wurden brüsk zurückgewiesen. Von England bestärkt, entfesselte Polen eine blutige Verfolgung aller Volksdeutschen und erklärte die allgemeine Mobilmachung. Die unerhörten Übergriffe zwangen unseren Führer, am 1. September 1939 die Wehrmacht zum Schutze der Deutschen einzusetzen, die einem furchtbaren Terror ausgesetzt waren. Danzig ist heimgekehrt, der Korridor wieder unser! In einem Siegeszug ohnegleichen treiben die deutschen Streiter die Trümmer der polnischen Armee vor sich her. Wir aber folgen in unverbrüchlicher Treue unserem Führer, dem Schöpfer und Schirmherrn Großdeutschlands! Übermenschliches hat er geleistet, der einfache, bescheidene Soldat des Weltkrieges! Adolf Hitler schuf Großdeutschland für Dich! Dank es ihm, du deutsche Jugend! Dank es ihm durch unverbrüchliche Treue und Hingabe an sein großes Werk!«

Das erste Kriegsweihnachten verlief wohl noch in relativer Ungestörtheit. – für die »arischen« Deutschen, die »Reichsbürger«. Der »Feldzug« gegen Polen war in kürzester Zeit abgeschlossen, die Alliierten hatten ihre Bombenangriffe auf deutsche Städte noch nicht begonnen, man wiegte sich in Sicherheit und hoffte auf ein schnelles Ende des Krieges. Das war die Zeit der *drôle de guerre* (»der Krieg, der auf der Stelle trat«):[15] Für Frankreich, aber auch in Deutschland eine eiskalte Zeit. Der Winter ließ sich schon um Weihnachten hart an, vielen gingen die Kohlen aus, Wasserrohre platzten, man saß im Kalten. Ach, wäre es doch dabei geblieben! Doch in Berlin liefen sich die Kriegsvorbereitungen für weitere Eroberungszüge heiß, gleich nach Jahresbeginn erließ Hitler seinen »Führerbefehl« über Geheimhaltung: Niemand durfte Dinge weitergeben, die geheim waren; niemand brauchte mehr wissen, als unbedingt nötig. Damit sollte auch militärischen Führungskreisen der Kenntnisstand eingeengt, der Überblick beschränkt werden. Und wer hat hinterher von alledem nichts gewusst?

Der erste Kriegswinter 1939/40 war berüchtigt hart. Gottlob gab es noch Kohlen.

---

15 drôle de guerre: wörtlich »seltsamer Krieg«; damals in Frankreich geprägte Formulierung – die Grande Nation *und das* »Großdeutsche Reich« *befanden sich seit 3. September 1939 im Kriegszustand, es herrschte jedoch bis auf kleinere Scharmützel vorerst Waffenruhe.*

1940

*Das gibt es nicht, dass eine Arierin von Juden
Anordnungen entgegenzunehmen hat.*

Am 26. Januar 1940 wäre Käthchen Geppert 70 Jahre alt geworden. Hildegard, die älteste Tochter, schrieb an Anneliese, die Jüngste: »Ich bin ja so dankbar, dass ich ihre letzte Zeit mit ihr verleben konnte, denn gerade durch das Leid kam ihr Wesentliches so schön und klar zum Ausdruck und ich kann nur sagen: Wenn wir solche Prüfung einmal so tapfer hinnehmen wie unsere Mutter, so können wir ganz zufrieden mit uns sein. (...) Bine und ich sind immer wieder dankbar dafür, dass sie den neuen Krieg und auch die vorhergehenden polit. Erschütterungen nicht mehr mitzumachen brauchte, sie hätte sich so hilflos gefühlt, vor allem in Bezug auf Alenfelds, denn ihren Kindern zu helfen, war doch ihr ein und alles!«

Am 14. Februar wurde mein Bruder in quasi letzter Minute am Blinddarm operiert, nach seiner Heimkehr berichtete Sabine nach Gießen: »Wir sind nun also wieder im Besitze unseres blinddarmlosen Ältesten. (...) Die Tage im Krankenhaus vergingen recht schnell. Er ist aber froh, wieder zu Hause zu sein, da sein Zimmergenosse jede Gelegenheit wahrnahm, auf die Juden zu schimpfen. Ein sonst sehr gebildeter, belesener Mann, aber mit dem Tollpunkt der heutigen Zeit stark gesegnet: Juden- u. Engländerhaß. Traurig, daß so ein kleiner Bengel wie Justus das dann alles mit sich allein abmachen muß. Er benimmt sich aber in all diesen Fragen und Schwierigkeiten tadellos.«

Am 12./13. Februar 1940 erschien ein neues Menetekel an der Wand: Die Stettiner Juden wurden allesamt ins »Generalgouvernement« deportiert. Natürlich sickerten Nachrichten über die schrecklichen Zustände durch, und da mein Vater im Herbst zuvor über die »Umsiedlungsaktion« österreichischer und tschechischer Juden nach Lublin informiert worden war, lässt sich vermuten, dass er auch diesmal unterrichtet wurde. Eine kleine Geschichte in *Auerbachs Deutschem Kinderkalender* 1940 bereitete die Kinder auf weitere Verfolgungen vor, die Indoktrinierung der Erwachsenen mag als Vorbild gedient haben, waren doch Ratten schon seit einiger Zeit zum Sinnbild der jüdischen Rasse geworden. Später im Jahr wurde allen Angehörigen der deutschen Polizei zur Pflicht gemacht, den Propagandafilm »Jud Süß« von Veit Harlan zu sehen.[1]

»Die Ratte und der Igel – Eine zeitgemäße Fabel. Ein Igel, der infolge einer Krankheit alle seine Stacheln verloren hatte, traf eines Abends seine Nachbarin, eine junge Ratte. Doch während sich die Ratte sonst sofort auf die Hinterbeine stellte und artig salutierte, wenn sie des Igels ansichtig wurde, beschnupperte sie ihn heute ganz dreist. Den Igel verdroß das. ›Warum verweigerst du mir heute die schuldige Achtung?‹ fragte er verletzt. Die Ratte lachte auf. ›Wieso schulde ich dir Achtung?‹ spottete sie. ›Wenn ich dich früher grüßte, so geschah dies lediglich aus Respekt vor deinen gewaltigen Stacheln. Nun ich aber sehe, was für ein ungefährlicher und unbedeutender Kerl du bist, fällt es mir nicht ein, dich hinfort auch nur eines Blickes zu würdigen, es wäre denn, daß ich Lust verspürte, dich aufzufressen.‹ Das gab dem Igel zu denken. Er beklagte seine Krankheit, die ihn seiner Waffen beraubt hatte; denn er erfuhr nur zu deutlich, daß der Wehrlose auf die Gnade seiner Feinde angewiesen ist.«

Im selben Februar 1940, am 21. des Monats, vermeldete der Gefreite Rolf Liebermann, »Mischling 1. Grades«, freudig nach Berlin: »Mittlerweile ist auch ein Gesuch von mir durchgegangen und ich bin befördert worden. Wie das nun allerdings weiter wird, ob ich Offz. Anwärter werden kann, weiß ich nicht. Aber die Zeit wird das ja klarstellen.« Im übrigen bedankte er sich »für den schönen Alkohol, der dankend angenommen wird. Vornehmlich bei dieser starken Kälte wirkt er ganz besonders wohltuend und wärmend.«

Dann erkrankte Hildegard, die immer hilfsbereite »T. H.«, in Gießen, wo sie gerade angekommen war, um der jüngeren Schwester Anneliese zu helfen, an Meningitis. Zusätzlich zu der großen Sorge um sie kamen die Komplikationen der Kriegszeit. »Wie ist es mit den Lebensmittelkarten?« fragte Sabine in Gießen an: »(...) man muß doch alle im Krankenhaus abgeben. (...) Für Eier-, Zucker- u. Nährmittelkarten gibt es doch keine Reisemarken.«

Am Todestag der Mutter Käthchen Geppert, dem 6. März, war das Schlimmste überstanden, Hildegard hatte das Bewusstsein wiedererlangt. Ihre Lebensmittelmarken gingen nach Gießen und konnten von da an durch die Klinik direkt bezogen werden. Hildegard freilich erholte sich nie vollständig von der schlimmen Krankheit, denn Antibiotika waren für zivile Patienten nicht verfügbar gewesen, sie sollte bis zu ihrem Lebensende an Absencen und später epileptischen Anfällen leiden.

Mit dem Frühjahr 1940 setzten die Kriegshandlungen mit neuem Schwung ein, es ging nun Schlag auf Schlag. Am 9. April 1940 wurden »aus operativen Gründen« das neutrale Dänemark und das ebenfalls neutrale Norwegen von der deut-

---

[1] »Jud Süß«, Deutschland 1940. Buch: Veit Harlan und Wolfgang Eberhard Möller; Regie: Veit Harlan; Hauptdarsteller: Ferdinand Marian, Werner Krauss, Heinrich George, Kristina Söderbaum.

schen Wehrmacht überfallen. Nicht aus rasseideologischen Gründen, schließlich lebten dort ja Germanen, einst die verehrten Wikinger, sondern aus Gründen der militärischen Strategie und der Versorgung der deutschen Rüstungswirtschaft mit Rohstoffen (Eisenerz und Kupfer), 40 Prozent des deutschen Erzimportes lief über den nordnorwegischen Hafen Narvik. Außerdem fürchtete man die Anwesenheit alliierter Streitkräfte in Skandinavien und damit eine Front im Norden des »Großdeutschen Reiches«. Also Überfall der neutralen Länder! Doch die Norweger wehrten sich, unterstützt von den Westalliierten. Zwei Monate lang wurde schwer gekämpft, vor allem die deutsche Kriegsmarine erlitt hohe Verluste. Erst am 8. Juni zogen sich die englischen und französischen Alliierten aus den Kämpfen um Narvik zurück, die deutsche Westoffensive hatte begonnen, sie wurden dringend in Frankreich benötigt. Die norwegische Armee kapitulierte am 10. Juni 1940.

Im Kalender des *Volksbundes für das Deutschtum im Ausland*, der irgendwie in den Besitz der siebenjährigen Schülerin Irene geraten war, steht bereits auf dem Februar-Blatt unter dem herrisch-heroischen Blick einer weizenblonden deutschen Jugendführerin in Südamerika, die mit fester Faust und sehnigem Arm eine schwarze Runenfahne trägt: »Deutsche bringen Kultur und Aufstieg – Englands Eroberer Versklavung und Vernichtung.« Da hatten die Norweger noch einmal Glück gehabt. Dennoch ging die norwegische Regierung nach London ins Exil.

Am 10. Mai nahm die *drôle de guerre* im Westen ein allerdings nicht unerwartetes Ende. Unter Verletzung der Neutralität der Niederlande, Belgiens und Luxemburgs begann die befürchtete deutsche Westoffensive. Hitler setzte auf einen schnellen Sieg über Frankreich, auf die Ausschaltung Großbritanniens als aktivem Gegner, der eher wohlwollend seinem nächsten Vorhaben, der Bündelung aller Kräfte in die Ostoffensive, dem Überfall auf die Sowjetunion zusehen würde.

Erichs Vetter Max Springer und dessen Familie waren schon kurz nach ihrer Ankunft in Paris in die ersten Kriegswirren hineingezogen worden, die ab September 1939 vor allem aus Panikmache und Angst vor der fünften Kolonne bestanden. Mittlerweile weiter nach Südfrankreich gezogen, wurde Max kurze Zeit später in das Internierungslager »Les Milles« – einer stillgelegten Ziegelei bei Aix-en-Provence – eingeliefert. Frau und Kinder suchten Hilfe in Paris, erreichten mit Hilfe hochgestellter Persönlichkeiten Max' Befreiung, und fanden schließlich im Laufe des Winters eine neue Bleibe in einem Gebirgsort bei Montélimar, Dieulefit, von dem damals niemand ahnte, dass er dauerhaft zur neuen Heimat werden sollte. Im Mai 1940 wurde Max ein zweites Mal, wie viele andere Flüchtlinge, als feindlicher Ausländer in »Les Milles« interniert. Von seinem Überleben und dem seiner Frau wie ihrer Zwillingssöhne, die 1944 in der Resistancé kämpfen werden, erfuhr mein Vater erst nach dem Krieg.

Die *drôle de guerre* verwandelte sich in einen Blitzkrieg: Am 14. Mai kapitulierten die Niederlande, die Regierung ging ins Exil nach London; am 28. Mai

September 1941: Elisabeth Springers lebenswichtige französische Kennkarte, ausgestellt zwei Jahre nach Ankunft der Familie in Frankreich.

kapitulierte Belgien, Brüssel wurde kampflos besetzt; das englische Expeditionskorps in Nordfrankreich und Belgien löste sich aus der alliierten Front und zog sich nach Dünkirchen zurück, wo am 27. Mai die Einschiffung von über 338 000 britischer und französischer Soldaten begann. Trotz deutscher Luftangriffe wurde die Evakuierung bis zum 4. Juni erfolgreich abgeschlossen.

Nun begann am 5. Juni die »Schlacht um Frankreich«. Der Siegeszug der deutschen Panzer setzte ein, die »Maginot-Linie«,[2] Fetisch der französischen Generalstäbler, wurde umgangen: Alles brach zusammen. Die französische Regierung floh am 10. Juni nach Bordeaux, Ministerpräsident Reynaud trat am 16. Juni zurück, die Stunde des alten Marschall Pétain[3] schlug, *la Patrie* zu retten. Er ersuchte um Waffenstillstand.

Am 14. Juni war Paris bereits besetzt worden (der einsame Besuch des deutschen Diktators im Morgendämmer bleibt ein aus Wochenschauen bekanntes

---

2   *»Maginot-Linie«: Ein ausgedehntes System französischer Bunkeranlagen, das sich von Belgien bis zur Schweizer Grenze erstreckte. Es sollte jegliche deutsche Offensive stoppen.*

3   *Henri Philippe Pétain (1856–1951), französischer Marschall (Nov. 1918) und Politiker. 1916 Oberbefehlshaber, Verteidiger Verduns. Im Mai 1940 stellvertretender Ministerpräsident. Am 10. Juli 1940 von der französischen Nationalversammlung in Vichy zum Präsidenten (Chef de l'État Français) der Vichy-Regierung gewählt. Doppelstrategie aus Widerstand und Kollaboration. Gegen Kriegsende von Hitler nach Sigmaringen befohlen, um die »legale« französische Regierung auf deutschem Boden festzuhalten. Stellte sich am 24. April 1945 den französischen Behörden, wurde am 15. August 1945 zum Tode verurteilt, jedoch aus Altersgründen zu Festungshaft begnadigt.*

unauslöschliches Bild). Im Exil in London wendet sich General de Gaulle[4] am 18. Juni an die französische Nation, den Kampf nicht aufzugeben – und wird damals nur von wenigen gehört. Am 22. Juni unterzeichnet Frankreich den Waffenstillstand in Compiègne in jenem Eisenbahnwaggon, der schon einmal eine demütigende Unterzeichnung erlebt hatte: Damals, am 9. November 1918, hatten die Deutschen ihre Niederlage eingestehen müssen. Nun akzeptiert Pétain die Besetzung Frankreichs nördlich der Linie Tours–Schweizer Grenze bei Genf, sowie der französischen Atlantikküste bis zur spanischen Grenze.

Doch auch im Süden, im unbesetzten Teil Frankreichs, in dem sich Vichy, der Regierungssitz Pétains befindet, ist man nicht sicher. »Auslieferung auf Verlangen«, jener schimpfliche Paragraph 19 des Waffenstillstandsabkommens, sollte vielen nach Südfrankreich geflohenen ausländischen wie bereits naturalisierten Flüchtlingen das Leben kosten. Die deutsche Waffenstillstandskommission besuchte alle Internierungslager und ließ vor allem die politischen Flüchtlinge aus der Menge der Vertriebenen verhaften. Die Juden kamen später dran, falls sie sich nicht selbst freiwillig zur Repatriierung meldeten, um jenseits der Grenze sofort in »Umerziehungslager«, sprich Konzentrationslager, eingeliefert zu werden.

In Deutschland herrschte für die noch verbliebenen Juden trügerische Ruhe vor dem nächsten Sturm. Noch war es möglich, wenn auch unter wiederum erschwerten Bedingungen, auszuwandern. Die Lebensbedingungen wurden für »nichtarische« Deutsche in der alten Heimat immer entwürdigender. So hatten sie beispielsweise kein Recht mehr auf private Krankenversicherung, keinen Anspruch auf Lohnzuschläge für Feiertagsarbeit, der Einkauf von Lebensmitteln wurde in Berlin auf eine einzige Stunde zwischen 16 und 17 Uhr beschränkt, die Fernsprechanschlüsse wurden gekündigt (später wurde Juden auch das Telefonieren an öffentlichen Fernsprechern untersagt).

Am 25. Juni verfasste mein Vater eine Aktennotiz über seinen Besuch bei dem Leiter des Arbeitsamtes Berlin-Mitte, Nebenstelle Fontanepromenade 15, Herrn Eschhaus: »Auf telephonischen Anruf des Amtmanns Seiler suchte ich heute morgen Herrn Eschhaus auf. Er empfing mich in seinem Arbeitsraum in Gegenwart seiner Stenotypistin. Nach einigem Schweigen wies ich darauf hin, dass ich aufgefordert worden sei, mich bei ihm zu melden. Er erbat mein Arbeitsbuch und gab seiner Verwunderung Ausdruck, dass ich Arbeit hätte. Er

---

4 Charles de Gaulle (1890–1970), französischer General und Politiker. 6. Juni 1940 Unterstaatssekretär für nationale Verteidigung. Im Juli 1940 von der Vichy-Regierung in Abwesenheit zum Tode verurteilt. 1942 Präsident des französischen Komitees der nationalen Befreiung. Juni 1943 Chef der französischen Exilregierung. 1945/46 Ministerpräsident und provisorisches Staatsoberhaupt. 1947 Rückzug aus der Politik. 1958 Rückkehr in die Politik (Algerienkrise). 21. Dezember 1958 erster Präsident der V. Republik mit neuer Verfassung. 28. April 1969 Rücktritt nach negativem Referendum über seine Politik.

hätte angenommen, dass ich ohne Arbeit sei. Er wollte nun wissen, welcher Art meine Tätigkeit sei, wie lange diese Tätigkeit dauern würde. Unter Überreichung der von Dr. Marcuse [dem jüdischen Justitiar, nun »Konsulent« der Erbengemeinschaft Jarislowsky] ausgestellten Bescheinigung erklärte ich dann, dass ich Angestellter und Testamentsvollstrecker der Adolph Jarislowsky'schen Erbengemeinschaft sei, die das Bankhaus Jarislowsky liquidiere, und dass diese Liquidierung bei der Grösse der noch vorhandenen Masse und der Kompliciertheit der Dinge bis ins Jahr 1941 dauern würde. Hier meinte er, dies sei ausgeschlossen und liess dabei das Wort: Evakuierung der Juden fallen. Ich ging zunächst hierauf nicht ein. Inzwischen wurde die Stenotypistin hinausgesandt, um meine Karthotekkarte zu holen.

Ich wurde dann gefragt, ob und wie viele Angestellte ausser mir beschäftigt würden. Ich sagte, dass 4 Angestellte ausser mir beschäftigt seien und ausserdem ein älterer Herr als 2. Testamentsvollstrecker. Er wollte dann wissen, ob alles Nichtarier wären. Ich erklärte, dass die 3 Herren Juden wären und zwar ausser uns beiden Testamentsvollstreckern ein langjähriger Beamter der Fa. Jarislowsky, der als Kassierer und Buchhalter tätig sei. Es werden weiterhin 2 Damen beschäftigt, die viele Jahre bei Jarislowsky angestellt wären: Die eine Dame sei Vorstandsmitglied der Aktiengesellschaft für Konsortialbeteiligung, die den Nachlass treuhänderisch mitverwalte, die andere Dame sei Stenotypistin und Buchhalterin. Herr Eschhaus wurde ziemlich aufgebracht und erklärte, dass dies ganz unzulässig sei. Das gäbe es nicht, dass eine Arierin von Juden Anordnungen entgegenzunehmen habe. Er liess sich unsere Adresse und Telephonnummer geben und bemerkte, dass er den Fall durch einen Aussenbeamten prüfen lassen würde.

Ich kam hierauf auf die Evakuierung der Juden zu sprechen und fragte, was es hiermit für eine Bewandtnis habe. Er wies auf die Vorgänge Ostfriesland und Stettin hin. Auf meinen Einwurf, dass nach meiner Kenntnis Juden, die in Mischehe leben und Kinder haben, nicht evakuiert worden seien, sagte er, dies sei ein Irrtum. Die Leute hätten bei ihm in Berlin um Arbeit nachgesucht.

Schliesslich fragte ich noch, wieso mein Arbeitsbuch von der Dienststelle Fontanepromenade angefordert worden sei. Er erwiderte, dass diese Stelle seit 1½ Jahren den Arbeitseinsatz von Juden überwache. Der Stempel in meinem Buche vom Juni 39 sei gleichfalls von dieser Stelle angebracht worden. Indem er sich kurz für meine Informationen bedankte, brach er die Unterredung, die etwa 10–15 Minuten dauerte, ab.«

Dieses peinigende Verhör sollte nicht das einzige bleiben. Immer wieder war mein Vater von solchem Arbeitseinsatz, also Zwangsarbeit bedroht. Seinem Leumundszeugnis vom 20. April 1946 für seinen besten Freund Dr. Justus Koch konnte ich entnehmen, warum er immer wieder verschont worden war: »Als ich im Jahre 1941 zum Arbeitseinsatz der Juden herangezogen werden sollte, setzte sich Dr. Koch mit dem Reichsarbeitsminister Seldte in Verbindung und erreichte in mündlicher Verhandlung, dass ich bis Kriegsende freigestellt wurde.«[5]

In jenem Sommer 1940 gab es sechs Wochen Schulferien, jedoch keine Sommerreise nach Hiddensee. Die Kinder wurden zu Verwandten geschickt, Sabine war noch einmal auf Kurzbesuch in Kopenhagen und Erich hielt sich über Wasser, sein Arbeitsbuch wies einen ordnungsgemäßen Stempel auf. Nicht alle kamen so glimpflich davon. Viele mussten Fronarbeit leisten, die »nichtarischen« Deutschen wurden nicht viel besser als Sklaven behandelt, doch am Ende ihrer Fron stand keine Freilassung in Aussicht.

Im Oktober gab es endlich wieder Gelegenheit für das von Erich so geschätzte Postkartenschreiben: Er verbrachte mit Sabine zwölf Ferientage bei seinen alten Freunden Robert und Anni Liebermann in Volksdorf bei Hamburg, Gefreiter Rolf, ihr Sohn, hatte keinen Urlaub bekommen: Sollte sich im Osten etwas zusammenbrauen? Der tägliche Postkartenwechsel zwischen Eltern und Kindern erwähnt allerdings auch regelmäßig »Bollernächte«, die Besuche der Tommys wurden zur allnächtlichen Routine in Hamburg wie Berlin, »(…) es hat zeitweise ordentlich gekracht, meist aber nach Hamburg zu.«

Ob Robert und Anni Liebermann damals schon ahnten, dass es bald (und nicht zum ersten Mal seit Beginn der »braunen Herrschaft«) in ihrer ländlichen Idylle krachen würde? Im Jahr darauf wurden sie aus Volksdorf vertrieben, mussten ihr vom Vater geerbtes Landhaus mit dem großen Obst- und Gemüsegarten aufgeben, die Übertragung auf Sohn Rolf wurde abgelehnt, ein Zwangsverkauf fand statt. Sie zogen nach Hummelsbüttel in die Hamburger Straße 44. Ihr Umzug und Einleben am neuen Ort wurden in Rolfs Feldpostbriefen an meine Eltern mehrfach erwähnt.

In eben jenen Tagen wurde in Warschau das Ghetto errichtet, wo Hunderttausende auf engstem Raum leben mussten; Ende Oktober wurden die Juden des Saarlandes, aus Baden und der Pfalz über Nacht aus ihren Häusern gerissen und nach Südfrankreich zum berüchtigten Lager Gurs in den Pyrenäen deportiert. Das Lager war ursprünglich von spanischen Republikanern, vor Franco fliehenden Soldaten, errichtet worden. Es diente ihnen und weiteren politischen Flüchtlingen, dann nach Ausbruch des Krieges auch deutschen Flüchtlingen, vor allem Frauen, deren Männer in andere Lager verteilt wurden, als Internierungslager. Für die aus einem vergleichsweise normalen Alltagsleben gerissenen Neuankömmlinge waren die Zustände in Gurs katastrophal: Der undurchlässige Lössboden machte die Lagerstraßen zu Schlammbahnen – es war ja Regenzeit in den Pyrenäen, in der ersten Zeit starben vor allem alte Menschen »weg wie die

---

5   *Franz Seldte war Schüler im Magdeburger Dom-Gymnasium gewesen, das auch mein Vater und sein Freund Justus Koch besucht hatten. Seldte war von diesem bereits in den Dreißigerjahren mehrere Male um Hilfe gebeten worden.*

Fliegen«. Gauleiter Bürckel[6] konnte triumphieren: Der Südwesten Deutschlands war als erste Reichsregion »judenrein«.

Dem neuen Kapitel im *Kinderbuch*, von Hildegard zum 38. Geburtstag ihrer Schwester Sabine unter dem dreifachen Titel »Polenfeldzug – Sieg in Frankreich – Krieg gegen England« verfasst, ist zu entnehmen: »Seit Herbst 1940 haben auch wir in Berlin häufig nächtlichen Fliegeralarm; in der Beerenstr. 25 begibt man sich, sobald die Flak schießt, in den großen Keller, einen behelfsmässigen Luftschutzraum, jeder hat dort sein Lager und soll versuchen weiterzuschlafen; nur Vater hat das Vorrecht, seines Ischias wegen auf dem Sofa im Wohnzimmer zu liegen und hin und wieder draußen nach dem Verlauf des Angriffes zu sehen, der durchschnittlich 2–3 Stunden dauert. Mit Keksen und elektrischem Heizofen hält Mutti die Bande bei Laune und Wärme oder gibt in ihrem Schlafsack Vorstellungen als flossenwallender Walfisch. (…) Am nächsten Morgen ist dann die Parole: Splitter suchen! Was für die Kinder in Friedenszeiten Schmetterlinge, Steine und Muscheln waren, das ist für die heutige Kindergeneration das Sprengstück von Fliegerbomben + Flakgranaten, je zackiger, je schwerer umso wertvoller. Ein schwungvoller Handel + Tausch wird damit getrieben.« Wusste sie tatsächlich nichts von Erichs Feindsenderhören?

Übrigens war am 7. Oktober 1940 bekanntgegeben worden, dass bei Benutzung der Luftschutzräume durch Juden auf ihre Abtrennung von den übrigen Bewohnern geachtet werden soll. Aber das war eigentlich nichts Neues: Die Luftschutzübungen in der alten Wohnung Am Fischtal, von denen mein Vater ausgeschlossen wurde, da er eine Gefahr für »arische« Frauen darstellte, waren unter anderem ausschlaggebend für den Entschluss gewesen, das Überleben in Berlin im »eigenen«, sprich Hildegards Haus, zu versuchen.

Zum Abschluss des Jahres, das so viele kriegerische Ereignisse, Siege, Eroberungen gebracht, doch für »nichtarische« Deutsche eine Atempause bedeutet hatte, sei ein weiteres Kalenderblatt des *Volksbundes für das Deutschtum im Ausland* zitiert:

»Kärnten! Dezember 1940. An der Spitze der deutschen Stämme stehend mit Blutopfern im Weltkrieg, im Freiheitskampf der Ostmark, in Norwegen und erst recht vor 20 Jahren im einsamen Abwehrkampf und Abstimmungssieg! Heute dankt das gesamte geeinte Großdeutschland diesem stolzen Grenzland im sonnigen deutschen Süd!« Trutzig-kantige Gesichter, ein junges Bauernpaar, sie strohblond unterm weißen Kopftuch, ein Kindchen auf dem Arm, er mit Flinte und Pflugschar, im Hintergrund die ewig beschneiten Berge der ewigen Heimat. »Blut und Boden.«

---

6   *Josef Bürckel (1895–1944), hoher NS-Funktionär. 1921 NSDAP, 1935 »Reichskommissar für die Rückgliederung des Saarlandes«, 1938 »Reichskommissar für die Vereinigung Österreichs mit dem Deutschen Reich«. »Gauleiter und Reichsstatthalter in Wien«. 2. August 1940 Chef der Zivilverwaltung im besetzten Lothringen und »Gauleiter der Westmark« (Saarpfalz und Saargebiet). Selbstmord 1944 unter ungeklärten Umständen.*

Dieses Jahr hatte so viele »Triumphe« gebracht! Sabines Taschenkalender für 1940 gibt einen präzisen Überblick über das bis Kriegsausbruch Erreichte. »Volk und Raum« Deutschlands seit der »Machtübernahme«: »Großdeutschland« hatte am 1. September 1939 eine Fläche von 660 400 Quadratkilometer und eine Bevölkerung von 88,3 Millionen. Seitdem waren zahlreiche Gebiete mit dem einen oder anderen Status hinzugekommen: Polen, einverleibte Gebiete und »Generalgouvernement«, Dänemark und Norwegen, Belgien, Luxemburg, die Niederlande erobert, Frankreich zweigeteilt in besetzte und freie Zone, mit einer »Vichy-Regierung«, die der Kollaboration sehr geneigt war. Die Invasion Großbritanniens war allerdings bis Jahresende nicht gelungen. Die *Battle of Britain* hatte bewiesen, dass die Verteidigungsfähigkeit des Königreichs ungebrochen war. Dagegen wirkte der am 27. September 1940 geschlossene »Dreimächtepakt« zwischen Deutschland, Italien und Japan »viel versprechend«, der dem »Großdeutschen Reich« die Vorherrschaft in Kontinentaleuropa zugestand, während Japan die Vorherrschaft im »großasiatischen Raum« und Italien im Mittelmeerraum zugesprochen bekamen. Hitlers Eroberungszüge schienen dennoch von globalen *Aspirationen* gesteuert!

Irrtum: Der »Führer« wollte nur zurückholen, was »Deutschland feige geraubt worden war«. Sabines Taschenkalender nennt »Unsere Kolonien zu Beginn des Weltkrieges« (1914–1918) von Deutsch-Ostafrika bis Kiautschou »mit einer Gesamtfläche von 2 952 600 Quadratkilometer, einer Bevölkerung von 13 590 000 plus 28 850 Europäern, davon 24 010 Deutsche.«

Auerbachs Kinderkalender 1940 informierte seine junge Leserschaft: »Durch das ›Friedens‹-Diktat von Versailles wurden dem Deutschen Reiche die nachstehenden Gebiete in Afrika, in der Südsee und im Fernen Osten widerrechtlich geraubt:

Deutsch-Südwestafrika – mehr als 1½ mal so groß wie Deutschland
Deutsch-Ostafrika – fast doppelt so groß wie Deutschland
Kamerun – fast 1½ mal so groß wie Deutschland
Togo – etwa so groß wie Ostmark und Sudetenland zusammen
Deutscher Südseebesitz – einschließlich Meeresfläche so groß wie Europa
Kiautschou (Tsingtau) – halb so groß wie das Gebiet der Reichshauptstadt.«

Max Karl Böttcher, der die Jugend bereits über »unseres Führers Großdeutschland« informiert hat, fragt nun: »Was muß die deutsche Jugend von den Kolonien wissen? Das gesamte deutsche Volk, 80 Millionen Menschen, ist ein Volk ohne Raum, ohne genügend Raum, sich und seine mächtigen Kräfte voll und ganz zu entfalten. 36 Millionen Franzosen haben mehr Raum als 80 Millionen Deutsche. Auf einen Russen kommt 20 mal mehr Grund und Boden als auf einen Deutschen. Das ist ein unhaltbarer Zustand, der geändert werden muß und geändert werden kann! Jeder rechtlich denkende Mensch wird das zugeben müssen, sei er nun Franzose, Engländer – oder Angehöriger irgendeiner anderen Nation! (...)

In Wahrheit ist es so gewesen: Deutschland hat seinen früheren Kolonialbesitz vorbildlich verwaltet und mit deutschem Fleiß und deutscher Tüchtigkeit ausgebaut. Der Wohlstand, die Bildung und alle Lebensbedingungen der Eingeborenen wurden gefördert wie kaum in einer anderen Kolonie der Welt. Man vergesse auch nicht, wie deutsche Ärzte in unseren Kolonien Vorbildliches auf dem Gebiet der Heilkunde leisteten und dadurch sogar bahnbrechend für den Kolonialbesitz unserer Gegner wirkten! Fragt nur die Eingeborenen in Kamerun und in Deutsch-Ost- und Deutsch-Südwestafrika, in Togo und den anderen Überseebesitzungen Deutschlands! Heute noch, nach mehr als 20 Jahren, hängen sie an uns Deutschen und sehnen sich nach deutscher Verwaltung zurück.«

So plante »unser Führer Adolf Hitler« Ende 1940 nicht einen »widerrechtlichen« Raubzug wie einst »Deutschlands Feinde«, sondern die »Erweiterung des Lebensraums und die Heimholung der feige dem Großdeutschen Reiche entrissenen Gebiete«.

Als erste kam die Sowjetunion ins Visier. Am 18. Dezember 1940 erließ Hitler die »Weisung Nr. 21 (Fall Barbarossa)«. Die volle Stoßkraft der »großdeutschen Wehrmacht« sollte von nun an dem gesamten Osten gelten, nicht nur Osteuropa. Die europäischen Sowjetrepubliken waren ein Nichts, in wenigen Monaten hinwegzublasen, dahinter lag die Welt: Der Kaukasus, die Ölreserven von Baku und so fort, das nächste Land hieß Afghanistan, schnell noch über den Khyber-Pass und dann der indische Subkontinent! Den Engländern würde man es noch zeigen, auch wenn sich ihre Inselfestung in der Nordsee bisher nicht hatte ergeben wollen.

1941

Es heißt für uns jetzt nur, durchhalten!
Vielleicht schaffen wir es doch.

Das Jahr 1941 sollte an der Front im Osten wie in der Heimat ein kriegerisches, ein zerstörerisches und für alle Juden, gleichgültig in welchem Land, ein grausames Jahr werden. Die Aufmarschanweisungen für den »Plan Barbarossa« schloss das »Oberkommando der Wehrmacht« bereits am 31. Januar 1941 ab. Die Kriegsvorbereitungen liefen auf vollen Touren, ebenso die Pläne zur Vernichtung der osteuropäischen Juden, in denen Hitler seine ärgsten Feinde sah, politisch wie rassisch. So kündigte er bereits Ende März in einer Rede vor hohen Wehrmachtsoffizieren einen »rassenideologischen Vernichtungskrieg« an, in dem die *Genfer Konventionen* keine Beachtung finden würden. Einige Wochen später verdeutlichte er in seinem Erlass über die Kriegsgerichtsbarkeit im Gebiet »Barbarossa«, was er darunter verstand: Straffreiheit auch bei brutalstem Vorgehen gegen die Zivilbevölkerung!

Doch kehren wir zu meiner Familie zurück, deren Alltagsleben ich, in Abwesenheit von Briefen, aus dem Taschenkalender meiner Mutter zusammenzustückeln suche. Auch im dritten Kriegsjahr spielte Sabine Trio oder Quartett, der traditionelle Mittwoch hatte sich allerdings nicht halten lassen, nun musizierten sie mal am Dienstag, mal am Donnerstag, wie es gerade kam ... Auch oder erst recht im dritten Kriegsjahr kam die Weißnäherin Frau Bauch und fertigte aus zwei alten zerschlissenen Laken ein fast neues, die Hausschneiderin Frau Becker kam ebenfalls weiterhin in unser verfemtes Haus, als Kommunistin war es ihr selbstverständlich, zu uns, den bürgerlichen Verfolgten, zu halten. Aus drei mach eins, und aus den schönsten Stoffabfällen die hübschesten maßgeschneiderten Puppenkleider, die regelmäßig zum Geburtstag der Puppenmutter Reni eintrafen.

Einen Tag vor dem zehnten Geburtstag meines Bruders starb Oma Elsa am 21. Februar 1941. »Hat die es gut!« sagte damals – laut *Kinderbuch* – der Zehnjährige, obwohl er schwerlich ahnen konnte, welchem grausamen Schicksal sie damit entging: Ein halbes Jahr später erfolgten die ersten Deportationen aus Berlin, und nichts hätte die alte Dame retten können. Ihren Nachfahren jedoch wären die Umstände ihres Todes zur lebenslangen Quelle von Trauer und Scham (des Überlebens) geworden. – Ob die gerade Achtjährige von ihrem Anderssein wusste? Von dem ihrer Großmutter wie ihrem eigenen?

Man erzog sie – soweit möglich – nach den gleichen Grundsätzen wie ihre kleinen Schulfreundinnen, doch auf doppeltem Boden: Ehrlichkeit, Höflichkeit, Bescheidenheit gegenüber den Mitmenschen ... und im gleichen Atemzug um das »andere Blut in den eigenen Adern« wissend, das doch gar nicht anders aussieht, wenn man sich beim Toben ein Knie aufschlägt. Zweierlei Verhalten üben, sich verstellen, lügen lernen. Ohne Lügen kein Überleben. Leben auf doppeltem Boden: Ein Jahr später wird ihr Bruder, nunmehr elfjährig, in einer Nachschrift »Sturmwind« schreiben:

»Und doch ist bei all diesem Toben auch ein Segen. Die Luft wird gereinigt und klarer. Was faul und schlecht war, wird niedergeworfen, so daß es niemanden mehr betrügen kann. Was aber nach solchem Unwetter noch stehengeblieben ist, das hat damit gezeigt, daß es fest und kernig im Innern ist und daß auch in der Zukunft noch Verlaß darauf ist.«

Geschrieben im Juni 1942, zu einem Zeitpunkt, da schon viele, allzu viele verschleppt und umgebracht worden waren. Was bedeutet »Nachschrift«? Dies sind nicht die Worte eines Elfjährigen und schon gar nicht seine Gedanken ...

Verfolgt werden von Gleichaltrigen, die vom »Blockwart« aufgehetzt wurden; eifriges Mitmachen beim Sammeln von »Heilhitler, habensielumpenstaniolaltpapier...« und dabei den Arm zum »Hitlergruß« heben, gegenüber Nachbarn, denen sie sonst, wenn sie nicht »im Dienst« ist, knicksend »guten Tag« sagt. Ein bewusstes Chamäleon-Verhalten? Oder unbewusste Übernahme preußischer Vorstellungen von Pflichtausübung, wie sie im Elternhaus allen Widrigkeiten zum Trotz den Kindern beigebracht wurden? Sicher ist, dass der Siebenjährigen der Widerspruch bewusst war. Dass sie ungläubig die Begeisterung ihres erwachsenen Großvetters Peter Lüders erlebte, der von der schnellen Eroberung Frankreichs und den tollen Taten seiner Panzerkameraden erzählte. Sie wusste, dass solche Bravourtaten von ihrer Familie, von ihresgleichen anders zu beurteilen waren.

Ebenso sicher wusste sie, dass es Verrat war, den Arm zum »Hitlergruß« zu heben. Dennoch tat sie es – in der Schule, unter Geglucks mit Gleichaltrigen, beim Absingen der beiden Hymnen,[1] die viel zu lange dauerten ... und: Wenn sie »im Dienst« war. Ob ihr dabei je der Gedanke kam, dass sie damit den bösen Götzen unterstützte, der unbegreifliche Verbote erließ und Freunde der Familie zum Auswandern zwang? Und einige Monate später andere, die nicht ausgewandert waren, veranlasste, mit der Aktentasche unterm linken Arm ihre Familie zu besuchen, denn nun war die »Polizeiverordnung über die Kennzeichnung von Juden« herausgekommen.

---

[1] »Deutschlandlied« und »Horst-Wessel-Lied«, seit 1934 gemeinsam offizielle Staatshymnen.

Herbst 1941: Das Brandmal über dem Herzen. Paragraph 1: »Juden (...), die das 6. Lebensjahr vollendet haben, ist es verboten, sich in der Öffentlichkeit ohne einen Judenstern zu zeigen. – Der Judenstern besteht aus einem handtellergroßen, schwarz ausgezogenen Sechsstern aus gelbem Stoff, mit der schwarzen Aufschrift ›Jude‹. Er ist sichtbar auf der linken Brustseite des Kleidungsstückes fest aufgenäht zu tragen.«

Im Frühjahr 1941 hieß es jedoch erst einmal warten. Warten auf den Ausbruch des Russlandkrieges, oder warten und hoffen auf eine Vermeidung des Zweifrontenkrieges; hoffen auf eine Ausreisegenehmigung in letzter Minute, denn bald würde die Falle zuschnappen und jegliche Auswanderung verboten werden; oder warten voller Ungeduld aufs Losschlagen! Hierzu ein Gedichtchen des »Kalenderkindes und Soldaten Hans W.« vom 17. April 1941, das einer dem »Kalendermann« des *Auerbach-Kinder-Kalenders* zugesandten Vers-Sammlung entnommen ist: »Auf Wacht // Ich schreite stumm, dumpf hallt mein Schritt / und nur ein Sternlein wandert mit / Ich spüre tief, wie alles rauscht / wie meine Seele jenem Sternlein lauscht / Die Nacht ist weit gespannt von Raum zu Raum / Mein Sternlein leuchtet – wie ein Traum / Ich tauschte nicht mein tiefes Einsamsein / mit jenes Sternleins Silberschein.«

Der Soldat Hans W. wartet »im besetzten Gebiet«, wie er schreibt, »auf den großen Einsatz, der ja nun immer näher rückt. Gottlob, denn wer ersehnt den Endsieg nicht herbei?« Er sollte mit dem Überfall auf die Sowjetunion noch bis zum 22. Juni 1941 warten müssen.

Mein Bruder dagegen brauchte nicht länger zu warten: Der Zehnjährige wurde »Pimpf«, sein Dienstbuch weist die in ordentlicher Sütterlinschrift eingetragenen Dienstbestätigungen vom 11. Juni 1941 bis zum 21. Februar 1942 auf; es hat den Krieg überlebt, ebenso das Büchlein »Blut und Ehre - Lieder der Hitlerjugend« sowie ein handgeschriebenes Quartheftchen (heute: DIN A5 Format) »Liederbuch von Pimpf J. A., Fähnlein 24, Jungenschaft 6«. Wir werden später darauf zurückkommen.

Den schweren Bronchitis-Anfällen – ein Erbteil des Vaters – verdankte die Tochter eine vierwöchige Salinenkur in Bad Sooden-Allendorf, dazu die Mutter ganz allein für sich; so gibt es gerade aus dieser Krisenzeit einen regelmäßigen Briefwechsel zwischen Erich und Sabine. Allerdings sind Erichs Briefe nicht vollständig erhalten: vermutlich wurden sie wegen ihres brisanten Inhalts von Sabine vernichtet; Mutter und Tochter lebten in einer Pension über der Post des Kurorts, so dass das morgendliche Briefestempeln zu ihrem Weckruf wurde und sie mitzählen konnten, wie viele Karten und Briefe täglich in Sooden weggingen.

Inhalieren, baden, am Gradierwerk täglich seine Runden drehen ... und mit Schwager Karlernst und Schwägerin Carla Pohl, die ebenfalls kurten, verstohlen Witze riskieren wie »Goebbels hat eine neue Zeitung herausgegeben, die Jeder halten soll: Die Klappe ...« Natürlich wurde auch gedichtet und die Knittelverse auf offener Karte nach Berlin geschickt!

»Nachdem ich Reni brachte heim / traf ich 3 Pohls u. Herrn Bodenheim / die hatten sich zuvor zu viert / an köstlichem Rehbraten delektiert / Wir trinken jetzt Joachims Tröpfchen / das steigt uns langsam in die Köpfchen / Den ersten Schluck, wie stets wir tranken / In unveränderten Gedanken: Heil Hitler!«

Dann unterschrieb die fröhliche Runde: Karlernst, Carla, Bodenheim, Sabine, Tante Lies (»Frau Oberst Pohl«, Karlernsts Mutter). Dem Mitunterzeichner Bodenheim, »ein Herr in Erichs Lage«, wie Sabine gelegentlich berichtete, ein »nichtarischer« längst enteigneter Fabrikbesitzer aus Bad Sooden, sollte nicht mehr viel Zeit zum Feiern unter Gleichgesinnten bleiben. Im Herbst darauf wurde er deportiert.

Doch zuvor setzte der seit langem erwartete Überraschungsangriff auf die Sowjetunion am 22. Juni 1941 morgens um 3.15 Uhr auf breiter Front von der Ostsee bis zu den Karpaten ein. »Man kann ja nicht gerade sagen«, schrieb Sabine am gleichen Tag meinem Vater, »daß die heutige Sache überraschend kam, aber daß sie nun doch da ist, ist offen gesagt scheußlich. Wahrhaft erschütternd ist, wie aus allen Wolken gefallen die Menschen hier sind, dabei rollen hier seit Wochen die Transporte durch – aber das Volk glaubt nur, was das Radio sagt und ist für Selbstbeobachtung blind gemacht. Am schlimmsten ist für mich persönlich, daß es überall gleich heißt: Daran sind die Juden schuld. Das arme Renchen, das beim Frühstück die Proklamationen mitanhören mußte, zuckte bei den entsprechenden Stellen richtig ein bißchen zusammen, nahm sich aber sehr zusammen und fing erst an zu weinen, als wir allein waren. Oh, diese gräßliche Lügerei! (...) Aber von dem Kummer abgesehen: Ist das nun doch die Beresina??«[2]

»Unsere Gedanken gehen in gleicher Richtung«, schrieb Erich am 24. Juni zurück. »Es ist unfassbar, wie dumm die Menschen sind. Hier berührt einen das mehr theoretisch. Man hat genügend Umgang mit Gleichgesinnten. In der Provinz sieht das anscheinend immer noch traurig aus. Mein armes Renchen. Das Kind muss sich mit Problemen plagen, mit denen wir Alten schon nicht fertig werden. Diese Lügenlast quält mich am meisten. (...) Meinetwegen brauchst Du Dir keine Sorgen zu machen. Ich sehe im Augenblick keine Gefahr, weder für mich persönlich noch für uns alle infolge der neuen Kriegslage. Um die Zukunft mache ich mir Gedanken, das ist aber selbstverständlich und keine Belastung von Bedeutung. Über meine Nerven schrieb ich bereits. Das haben wir ja kommen sehen [mein Vater litt ein Leben lang an Nervenschmerzen]. Seit Monaten liessen meine Kräfte nach. Das wird überwunden werden. Die augenblickliche Ruhe zu Hause und die

---

2   Auf seinem Russlandfeldzug im Jahre 1812 war Napoleon mit der »Grande Armée« bis Moskau vorgerückt, musste aber nach dem katastrophalen Brand der Stadt im Oktober 1812 den Rückzug seiner Truppen anordnen. Beim Übergang über den Fluss Beresina im November 1812 kam es zur Massenpanik, der größte Teil der »Grande Armée« ging zugrunde.

auf Reisen tun schon gut. Wir wollen nur hoffen, dass die Kriegslage und die Politik keinen Strich durch die Rechnung machen. Hier rechnen die Leute alle mit einem schnellen Sieg über die Russen. Es ist müßig Fristen zu nennen. Dauert es lange Zeit, treten ernste Verluste ein, so fördert dies mein Verlangen, mit meinem Freunde [Dr. Justus Koch] zu reden. Nicht aus Gesinnungslumperei, sondern aus dem Verlangen heraus, für die Zukunft von uns vieren zu sorgen. Justus ist lange nicht hier gewesen, er wird für eine Nacht erwartet. Er soll aus Gedingen-Gotenhafen telegraphiert haben.«

Mein Vater Erich hatte sich geirrt. Der Krieg im Osten hatte für seinesgleichen keine Atempause gebracht: Anfang Juli 1941 war die Drohung der Zwangsscheidung wieder einmal akut geworden. Ein Brief Erichs, der Gerüchte zu Tatsachen erklärte, also zur echten Bedrohung, hatte meine Mutter Sabine am 4. Juli zurückschreiben lassen:

»Geliebter Erich! Dein heutiger Brief ist mir wirklich etwas in die Glieder gefahren. Ich mache ja eigentlich jeden Brief mit dem Gedanken auf: hoffentlich bringt er nichts Schlechtes.

Nun ist die geplante Änderung der Mischlingsfrage ja eine Sache, von der mir Maria [Bondy, die frühere Haustochter, »Mischling 1. Grades«] schon vor Wochen erzählte. Ich habe Dir gegenüber nichts geäußert, weil ich Dich nicht beunruhigen wollte und habe es bei Seite geschoben, wie alles was nicht akut und nur Gerücht ist. Es gibt Dinge im Leben, die man nicht ändern, nur ertragen kann. Und es kommt einzig und allein darauf an, wie man sie erträgt. Ich habe bisher immer auf unsern guten Stern gebaut und aus den Glückserfahrungen zu lernen und Mut zu schöpfen versucht. Und so wollen wir es auch diesmal wieder halten! Ich will mich nicht vorzeitig geschlagen erklären. Gewiss, das Damoklesschwert ist mal wieder fühlbarer als sonst und man braucht seine ganze Kraft, um diesen ewigen Nervenreiz auszuhalten. Aber wir wollen es zusammen tragen und uns gegenseitig helfen.

Nach der ersten Erschütterung ist eine rechte Wut über mich gekommen! Wo nehmen sich die Menschen das Recht her, anderen Menschen aus solch konstruierten Gründen das Leben so zu erschweren! Gibt es wirklich keine Gerechtigkeit? Doch Schluß damit, es ist noch nicht aller Tage Abend. Aber um der Kinder willen tuts mir in der Seele weh. Aber Erich! Es ist auch noch nicht soweit und man darf die Hoffnung nicht sinken lassen.«

Erichs Brief hatte sie nicht aufbewahrt – offensichtlich schien er ihr zu gefährlich, wo hätte sie ihn verbergen können? Das Gespenst der Zwangsscheidung und der damit zwangsläufig verbundenen Deportation Erichs sollte sie in den nächsten Jahren noch oft verfolgen. Im Mittelalter bezeichnete man solche vom Gesetz aufgegebenen Menschen als »vogelfrei«: lateinisch *ex lex*, außerhalb des Gesetzes stehend und aus dem allgemeinen Frieden ausgeschlossen.

Doch diesmal ging es um eine Neuordnung der »Mischlingsfrage« und nicht um Zwangsscheidungen. Dennoch wurde mein Bruder zur Aufnahmeprüfung fürs Gymnasium zugelassen, die er glänzend bestand. Ob man ihn auch zum Unterricht zulassen würde, sollte sich erst im September entscheiden, und was bis dahin geschah ... Erst einmal wurde im August »Juden im wehrfähigen Alter« (18–45 Jahre) die Auswanderung nicht mehr gestattet. Später im Jahr, am 23. Oktober 1941, erfolgte ein generelles Emigrationsverbot.

Die Falle war zu.

In jenen Sommerwochen, in denen Sabine wie alle deutschen Hausfrauen Obst und Gemüse für den Winter einweckte, Erich weiterhin mit »dem Doktor« (Rechtsanwalt, nein, »Konsulent« Marcuse), die Erbengemeinschaft abwickelte und auf genügend Arbeit für die nächsten Monate hoffte, was angesichts deutscher bürokratischer Gepflogenheiten eher vielversprechend schien, tobte im Osten ein unbarmherziger Krieg. Hitler hatte am 8. Juli seinen Entschluss verkündet, Moskau und Leningrad dem Erdboden gleichzumachen, der sogenannte »Kommissarbefehl«[3] forderte zur Liquidierung gefangener sowjetischer Polit-Kommissare auf, und hinter den Heeresgruppen an der Front erledigten die »Einsatzgruppen« von Sicherheitspolizei und SS-Sicherheitsdienst ihre »Sonderaufgaben«, die systematische Tötung aller Juden. Bis Jahresende 1941 sollte eine halbe Million hinter der Front auf diese Weise zu Tode kommen.

In den ersten Monaten gab es schnelle Siege und Hunderttausende sowjetischer Kriegsgefangener, von denen ein Großteil in deutschen Gefangenenlagern verhungerte. Der Gefreite Rolf Liebermann schrieb am 9. August:

»Lieber Onkel Erich, Ich bin jetzt tief in Feindesland und seit dem 3. VII. wieder, allerdings auf abenteuerlichen Wegen, bei der Kompanie gelandet. So hat sich doch vorläufig mein erstgestecktes Ziel verwirklicht. Das zweite läuft sich erst langsam ein, ich hoffe aber auf Erfolg. Wir haben bereits sehr heiße Tage hinter uns. Weitere werden noch folgen bis zum endgültigen Sieg. Es ist hier tagsüber sehr heiß, nachts sehr kalt. Aber man gewöhnt sich daran wie ein Opossum. Unangenehm sind die vielen Mücken, die einen vornehmlich des Nachts verfolgen. (...) Bleib weiter so aufrecht, lieber Onkel. Ein Händedruck Dein Rolf.«

Kurz darauf kam ein Päckchen meiner Eltern an Rolf zurück: »z. Zt. nicht zustellbar«. Für Post nach dem Osten waren nur Briefe zugelassen. Noch hatte seine Stunde nicht geschlagen, noch durfte er um den »Endsieg« kämpfen. Für wen? Wozu? Warum stellten sich die jungen Soldaten nicht diese Frage? Insbesondere einer wie er, dessen Vater verfolgt wurde, und der selber jederzeit durch Gesetzesänderung zum Juden erklärt werden konnte; die Mischlingsfrage blieb ja weiterhin in der Schwebe.

---

3 Von Hitler am 30. März 1941 in einer Besprechung mit Generälen verkündet und von der »Rechtsabteilung im Oberkommando des Heeres« als Erlass ausgearbeitet: Im kommenden »Ostfeldzug« sollten Polit-Kommissare »jeder Art und Stellung« getötet werden. Noch auf dem Gefechtsfeld seien »Kommissare« von den übrigen Kriegsgefangenen abzusondern und zu »erledigen«.

Ende August fuhr Erich – zum letzten Mal während des Hitler-Regimes – für drei Wochen auf Urlaub »ins Tirol«. Das lässt sich heute leicht schreiben, doch wo sollte damals einer wie mein Vater unterkommen? Wer hatte noch den Mut, einen Juden aufzunehmen? Eine couragierte Hamburgerin, Toni Wex-Hosäus, seit langem mit Erich befreundet, erbitterte Gegnerin des Regimes – wie er nach dem Krieg in einem Leumundszeugnis aussagte – lud ihn nach Seefeld in ihr Haus ein. So konnte er noch einmal Kräfte aufbauen – und uns Nachkommen einen weiteren Briefwechsel mit einigen recht explosiven Themen hinterlassen. Allerdings vernichtete Sabine einige seiner Briefe, deren Inhalt ihr zu brisant erschien. »Ich würde die Briefe aufheben«, meinte Erich, »es braucht ja nicht zu Hause zu sein. Du kannst Hertha [Arndt, Sabines Geigenfreundin] daraus vorlesen.«

In Berlin gab es zu diesem Zeitpunkt sternklare Nächte. Das bedeutete Fliegeralarm: 30 Tote und 70 Verwundete in einer Nacht! Eine Sensation, von der niemand ahnte, wie bald sie regelmäßig um ein Vielfaches übertroffen werden sollte. »Die frühen Besuche sind die Russen und das Spannende ist: kommen die Engländer auch noch, bleibt man besser auf«, schrieb Sabine am 5. September 1941. »Gestern habe ich bis ½ 1 Uhr gewartet, ehe ich die Kinder nach oben brachte, denn ein zweites Mal wecken und anziehen ist zu scheußlich. Dafür habe ich dann auch heute morgen verschlafen und sprang erst mit dem rollenden Milchwagen aus dem Bett. (…) Ich melde übrigens gehorsamst, dass alle Weckgläser, 73 an Zahl, gefüllt sind. Gestern machte ich auch noch Tomatenmark von 20 lt [Pfund], das sind dann aber nur 7 Gläser. Aber ehrlich gesagt: Vor Irmas Rückkehr wird jetzt nichts mehr eingemacht, die viele Abwascherei, die zwangsläufig damit verbunden ist, hängt mir zum Halse raus!

Justus hat am Sonntag von 12–6 Uhr Dienst auf dem Reichssportfeld [am Olympiastadion], das Braunhemd hängt schon auf der Leine und eine neue Turnhose ist auch besorgt.«

Dann berichtete Sabine vom abendlichen Vorlesen. Im letzten Brief vom 3. September hatte sie erwähnt: »Gestern fiel Troja in Schutt u. Asche. Heute beginnt die Odyssee. Das Vorlesen ist ein so hübscher Tagesschluß.«

Nun, am 5. September, schrieb sie meinem Vater: »Unser abendliches Vorlesen macht viel Spaß. Köstlich, wie die Kinder auf die Sagen reagieren. Justus war empört, dass Calipso den Odysseus zum Abschied streichelt, ›das ist doch ein Held und kein kleiner Junge, den man streicheln kann‹ – er weiß eben nicht, dass auch Helden manchmal gern gestreichelt werden! Ich wünschte, ich könnte meinen Helden auch mal wieder streicheln, aber erst soll er sich recht gut erholen.«

»Leider werden wir uns alle an die Fliegeralarme gewöhnen müssen«, antwortete Erich. »Ein Ende ist doch trotz aller Siege nicht abzusehen, auch wenn die Russen bald keine Tanks und Geschütze mehr haben müssten, sofern unsere Nachrichten richtig sind.«

Am 7. September berichtete Sabine von blühendem Phlox, Mombretien, Rosen, Wicken und Winden im Garten, dazu von allerlei Geschäftlichem aus der Erbengemeinschaft wie etwa der Zurücknahme der Beschwerde (»Judenvermögens-Abgabe«) und vom jungen »Pimpf« Justus: »Heute hat er Dienst von 11–6 auf dem Reichssportfeld. Er mußte gestern verschiedene Gänge tun für sein Fähnlein und war 3mal beim Fähnleinführer. Der Stolz!! (...) Gestern habe ich ihm das Fahrtenmesser überreicht. War er stolz, der kleine Kerl.«

Am gleichen Tag, dem 7. September schilderte Erich einen Gottesdienst im Seekirchlein in Seefeld: »Der Pfarrer aus Westpreußen, GarnisonPrediger in Potsdam an der HeiligGeistKirche. Er sprach über das Wort, die Kraft, die Notwendigkeit des Wortes. Es wurde ihm schwer, aber er schaffte es zu sagen, dass die Bibel das Wort Gottes sei! Er verglich die Notwendigkeit, das Wort zu hören mit jenem bekannten Bilde, auf dem Hitler zu den um ihn versammelten Männern und Frauen spricht. Überschrift: Im Anfang war das Wort. Hitler mußte auch erst reden, ehe er handeln konnte. Ja, Christus und Hitler. Das ging so immer neben einander her und dann noch Blut und Boden und die Berge und Gottes Allmacht. Zum Schluß der Krieg gegen Russland als Krieg des Christenkreuzes gegen den vom jüdischen Geist gezeugten Bolschewismus. 40–50 Menschen saßen und standen um den Pfarrer und hörten sich dies an. Am Montag nachm. wollte er im Bergland darüber sprechen, wie er sich eine nationale christliche Kirche vorstellte. Ich zog es vor, mich davonzuschleichen und einer weiteren Veranstaltung fernzubleiben. Dieser Kirche = D. C. [Deutsche Christen][4] gehört Herr Göring an. Sie erfreut sich also der höchsten Protektion.«

In diesem acht Seiten langen Brief vom 7. September, in dem ausführlich über Wanderungen zu Bauden, Panorama-Gebirgsblicke, waghalsige Kletterpartien und Verpflegung mit und ohne Marken berichtet wurde, beschrieb Erich ebenfalls Gespräche in einer Wandergruppe, der er sich gemeinsam mit einer deutschstämmigen, in Polen aufgewachsenen jungen Adligen, Bekannte seiner Gastgeberin, angeschlossen hatte: »Sascha v. B. wurde nach Polen gefragt. Sie erzählte vom Kriege, von den heutigen Zuständen. War es schlimm, haben die Polen gehaust, die Deutschen bedrückt? Bei uns in Mittelpolen überhaupt nicht, war die Antwort. Einige mußten ins Gefängnis, aber sonst passierte nichts. (...) Aber es stand doch in der Zeitung, in Posen, in Bromberg seien die Deutschen misshandelt, gemordet usw. Ja, dort, aber nicht in Mittelpolen, das meiste ist Propaganda. Und wie ist es mit der Ernährung? Kartenwirtschaft wie in Deutschland. Die Deutschen

---

4 *Eine kirchenpolitische Bewegung im deutschen Protestantismus, die den Nationalsozialisten nahestand: entsprechend dem Bekenntnis zum »positiven Christentum« in Artikel 24 des Parteiprogramms der NSDAP. Löste 1933 den Kirchenkampf in der Evangelischen Kirche aus. Das höchste Organ wurde nach der neuen Kirchenverfassung der »Reichsbischof«, der am 29. September 1933 von der »Nationalsynode« gewählt wurde: Ludwig Müller (1883–1945), blieb formal bis 1945 im Amt.*

können unter der Hand alles kaufen. Wie, braucht man denn das? Man bekommt doch alles auf Karte. Fassungslos sieht Sascha die Leutchen an. Und wie ist es mit den Polen? Die hungern seit 2 Jahren! Das kann doch nicht sein. Jawohl, die bekommen weniger Karten. Ist das wahr? Ja, natürlich! Ja, wenn es anders nun gekommen wäre, dann würden wir jetzt hungern! Gibt es dort noch Juden? Ja, die sind im Ghetto und verhungern. Sie werden nicht beliefert. Zufriedene Gesichter, Schluß! Gelegentlich einer anderen Unterhaltung erklärte Sascha v. B.: Wenn es anders kommt, dann werden in Polen alle Deutschen gehängt! Sie mag nicht gern über die Zustände reden, weil sie sie bedrücken. Ich frage nie, passe nur auf, was sie von sich aus berichtet.«

Am 8. September schrieb Sabine nach Seefeld: »Eigentlich wollte ich nur eine kurze Karte schreiben, um Dir zu melden, daß bei Justus alles in Ordnung ist. [Mein Bruder wurde, obwohl »Mischling ersten Grades«, zum Gymnasium zugelassen.] Also ein Stein weniger. Dafür ein böser neuer, der uns aber nicht betrifft: ab 15. 9. müssen alle Juden ein Abzeichen tragen, Davidstern mit Inschrift Jude. Privilegierte Mischehen sind ausgenommen. Also wohl auch Carla. Buka [Buchhalter der Erbengemeinschaft] rief heute an und teilte es mir in sehr netter Weise mit, indem er gleich sagte, daß es Dich nicht beträfe und dann erst mit dieser neuen Hiobsbotschaft kam. Wie grausam doch die Menschen sind! Ich bat Buka, mir das Gesetzblatt[5] zu besorgen (…).

Trotz alledem, lieber Erich, schlage ich vor, daß Du noch ein paar Tage bleibst. Wir brauchen für den Winter viel Kräfte (…). Die Alarme dürfen Dich nicht bekümmern, wir stehen in Gottes Hand. Es ist nicht in unsere Macht gegeben, solch ein Verhängnis abzuwenden. Aber wem sage ich das! Du warst 4 Jahre lang im Krieg und hast auch nicht täglich für Dein Leben zittern können. Wir werden in diesem rühmlichen 20. Jahrhundert eben alle zu – passiven – Helden.«

Zwei Tage später, am 10. September, schrieb sie ihm: »Marcuse läßt sagen, Du solltest Dich weiter erholen, es ginge auch ohne Dich. (…) Die neue Polizeiverord-

---

[5] *Eine Abschrift in der Handschrift meiner Mutter fand ich im Nachlass meiner Tante Carla Pohl, die ihr Sabine offensichtlich nach Magdeburg geschickt hatte. »Polizeiverordnung über die Kennzeichnung von Juden vom 1. September 1941: § 1 Juden (§ 5 der 1. Verordnung zum Reichsbürgergesetz vom 14. XI. 1935) die das 6. Lebensjahr vollendet haben, ist es verboten, sich in der Öffentlichkeit ohne einen Judenstern zu zeigen. Der Judenstern besteht aus einem handtellergroßen, schwarz ausgezogenem Sechsstern aus gelbem Stoff, mit der schwarzen Aufschrift ›Jude‹. Er ist sichtbar auf der linken Brustseite des Kleidungsstückes fest aufgenäht zu tragen. § 2 Juden ist es verboten a) den Bereich ihrer Wohngemeinde zu verlassen, ohne eine schriftliche Erlaubnis der Ortspolizeibehörde bei sich zu führen; b) Orden, Ehrenzeichen u. sonstige Abzeichen zu tragen. § 3 Die §§ 1 u. 2 finden keine Anwendung a) auf den in einer Mischehe lebenden jüdischen Ehegatten, sofern Abkömmlinge aus der Ehe vorhanden sind u. diese nicht als Juden gelten, und zwar auch dann, wenn die Ehe nicht mehr besteht oder der einzige Sohn im gegenwärtigen Kriege gefallen ist; b) auf die jüdische Ehefrau bei kinderloser Mischehe während der Dauer der Ehe. § 4, 5, 6: Strafen (etc.). Tritt ab 15. September 1941 in Kraft«, (s.o.).*

nung wegen des Judensterns schickte mir Buka in Abschrift. § 3 besagt, daß Fälle wie Du u. Carla davon ausgenommen sind. Auch die Kriegsdekorationen darfst Du tragen, die andern nicht. Arme Martha [Schlesinger-Trier, Schwester von Erichs Mutter Elsa], was soll aus ihr werden? Für uns persönlich ist wichtig, daß auch weiter der Begriff der privilegierten Mischehe bestehen bleibt. Eigentlich müßtest Du in Zukunft stets eine Bescheinigung bei Deiner Kennkarte haben [die Erich als Juden auswies], daß du privilegiert bist. Oh diese Zeit!! Im Grunde genommen sind diese Verschärfungen nur Symptome für anderes. (...) Es heißt für uns jetzt nur, durchhalten! Vielleicht schaffen wir es doch. (...) Habe eben mit Pohls telephoniert. Carla atmete hörbar auf, sie hatte es heute morgen im Laden gehört. Nun ist sie beruhigt und sie fahren am Sonnabend nach Sooden.

Du brauchst wegen dieser Sache nicht früher nach Hause zu kommen. Im Gegenteil: beruhige Dich erst mal wieder, denn auch Dir wird's einen Schock versetzt haben.

Ich küsse Dich in Liebe! Deine Sabine«

Einen Tag später, am 11. September, schickte Sabine einen dritten Brief: »Geliebter Erich, ich habe gestern abend noch mit Dr. Marcuse telefoniert, weil ich mir Gedanken machte, wie Du Dich im Notfall als in privilegierter Mischehe lebend ausweisen kannst. Er rät allen Menschen in Deiner Lage, anliegende Papiere bei sich zu haben. Um also ganz gesichert zu sein, schicke ich sie Dir, dann kann Dir nichts passieren. Im übrigen rät er Dir dringend, Dich noch so lange wie möglich zu erholen. (...) Ich bin auch deshalb dafür, weil ich weiß, wie Dich das wieder aufgeregt hat und weil ich möchte, daß Du diesen Schrecken erstmal überwindest. (...) Wundere Dich nicht über den Absender, ich wollte nicht, daß unser Name dort erscheint.« [Welcher Art diese Papiere waren, konnte ich leider nicht ermitteln.]

Ein gütiges Schicksal oder ein schlechter Seefelder Postdienst bescherten meinem Vater ein paar nachrichtenlose Tage, schließlich erhielt er am 14. September alle drei Briefe Sabines auf einmal, einige Ferientage waren damit gewonnen, freilich in Unruhe verbrachte. Doch lassen wir Erich am 14. September 1941 selber sprechen: »Ich war schon in Unruhe, in erster Linie wegen Justus [Aufnahme ins Gymnasium]. Von den anderen Dingen ahnte ich nichts. Frau Hosaeus hatte es am Radio gehört, aber nichts erwähnt. (...) Wie dankbar müssen wir Gott sein, daß uns dieser Kummer erspart bleibt. Unsere gute Mutter hat zur richtigen Zeit diese verlogene Welt verlassen. Was machen die Menschen aus dieser schönen Natur? Das Christentum war nicht stark genug, um alle die bösen Triebe im Menschen zu besiegen oder nur in Bann zu halten. Dabei ist die Mehrzahl der Menschen nicht schlecht. Sie sind nur schimmerlos, vertrauensvoll, ohne Kritik und von Natur aus, ohne böse Absicht, eigennützig. Das haben die Männer erkannt, die sich zusammengefunden haben, um das 3. Reich aufzumachen und uns alle in endlosem Kampf zu verstricken. Kampf: Das war von Anfang an die Parole. Im inneren, im äußeren. Und dann glauben die Gutgläubigen noch immer an den uns aufgezwungenen Krieg. (...) Dir

Frühjahr 1935: Martha Schlesinger-Trier (rechts) begleitet als Gesellschafterin die »Excellenzen« von Seeckt nach China.

sage ich herzlichen Dank, daß Du alles so tapfer trägst, auch die Fliegerangriffe (...). Die Wiederholung des Princips der privileg. Mischehe bei dem neuen, an sich verheerungsvollen Gesetz ist von größter Bedeutung für uns. Das wird zweifellos die Schritte der Gestapo beeinflussen, zumal der Innenminister das Gesetz gezeichnet hat. Unsere armen Freunde: Salingers, aber auch der Doktor und Buka, Scheyer[6] ... Und Martha? Wird die Gnädige sie belassen können?«

---

6   *Paul Salinger (geb. Berlin 1865 – gest. Theresienstadt 26. November 1942) und Frau Else Salinger geb. Breslauer (geb. Berlin 1870 – gest. Theresienstadt 20. Februar 1943). Paul Salinger war Baumeister und Partner seines Schwagers Alfred Breslauer, dem Jugend- und Lebensfreund meines Großvaters Walter Geppert. Meine Eltern waren dem alten Ehepaar Salinger herzlich zugetan und besuchten sie regelmäßig in Potsdam. »Der Doktor«: Dr. Richard Marcuse – Justitiar der Adolph Jarislowsky'schen Erbengemeinschaft; Heinrich Buka, Kassierer und Buchhalter der Erbengemeinschaft; Salo Scheyer, Testamentsvollstrecker der Erbengemeinschaft zusammen mit meinem Vater.*

Tante Martha Schlesinger-Trier war die letzte noch lebende Schwester von Oma Elsa, Erichs Mutter, die seit vielen Jahren bei Frau von Seeckt als Gesellschafterin lebte. Ein paar Fotos sind von ihr erhalten, eine dicke ältere Dame in langem hellem Kleid, zwei Herren in Zivil mit Stock und Hut, neben einer zweiten noch dickeren älteren Dame vor exotischem Hintergrund: China. Das war als »ihre Excellenz«, die noch dickere Dame, ihren Ehegatten, General Hans von Seeckt, ehemaliger Chef der republikanischen Reichswehr, der schließlich 1926 wegen seiner verbissenen Gegnerschaft gegen die Weimarer Republik und ihren Parlamentarismus gestürzt worden war, nach China begleitete. Zweck der Reise: Aufbau eines vereinigten modernen Heeres für den damaligen Sieger Chiang Kai-shek.[7]

Von Martha gibt es einige Briefe aus China. Der letzte vom 25. März 1935, geschrieben auf Briefpapier des englischen Schiffes *T.S.S. Carthage*, »15 000 Tons P. & O. Turbine Steamer« [Dampfschiff mit Turbinenantrieb], adressiert an ihren Bruder Paul in London: »Ach wie schwer wird es mir, das Land zu verlassen, wo man so herrliche Zeiten verlebte. Nun bleibt die schöne Erinnerung, die einem nie genommen werden kann. Morgen kommen wir nach Singapore. Bis dort auf einem englischen Schiff (...). Der Abschied aus Shanghai war fabelhaft. 50 Personen zum Abschied an Bord, Blumen in Mengen, die nachher das ganze Schiff schmückten. Ein chinesischer Herr, hoher Beamter, begleitete Excellenz bis Hongkong, also so lange er in China war. Drei Schiffe mit Feuerwerk geleiteten uns bis aus dem Hafen von Shanghai, dies bedeutet Glück.«

Eine fabulöse Reise, das Kind (Irene) bekam später eine chinesische Maske, winzige Seidenschühchen für verstümmelte edle Damenfüßchen und allerlei Papierwerk aus träumerischer Ferne geschenkt, dazu eine kleine Reisetruhe mit dicken Beschlägen und Schlössern und den Initialen M.S.T. Das war vermutlich nach Marthas Selbstmord am 11. Oktober 1942, als »Excellenz v. Seeckt« das Marthachen nicht mehr halten konnte und die Verschleppung drohte. Denn an einen normalen Tod der betagten Martha konnte damals keiner glauben. Später, nach dem Kriege, wurde daraus ein natürlicher Tod. Wollte Erich ihrem Bruder, seinem Onkel Paul Schlesinger-Trier in London die harte Wahrheit versöhnlicher darstellen? Jedenfalls wurde sie auf dem alten Berliner Friedhof der Matthäi-Gemeinde beigesetzt, die Taufe war anerkannt, der Selbstmord kein Grund zur Ächtung ins Abseits.

Doch noch gab es Hoffnung, so schnell gab keiner auf, das lag wohl im Blut – oder ist es menschliches Allgemeingut, nie mit dem Schlimmsten rechnen zu wollen (oder zu können), sich an das kleinste Strohhälmchen dankbar zu klammern? Man war getauft, der »Judenstern« konnte doch eigentlich nur für die Ungetauften

---

7   Chiang Kai-shek (1887–1975), chinesischer Politiker und Marschall. 1911 Reformbewegung Sun Yat-sens. 1925 Führer der Kuomintang-Regierung in Kanton. 1927 Bruch mit Kommunisten und UdSSR. 1928 Präsident der chinesischen Republik. 1948 Kapitulation der Kuomintang-Armee, 1949 Flucht nach Taiwan, dort 1950 Staatspräsident.

gelten, nicht wahr? Vor allem nicht für Juden in »privilegierter Mischehe« – für die hatten die »Nürnberger Gesetze« Extranischen geschaffen, in denen man zu überleben hoffte. Ich habe erst viel später begriffen, dass die »Nürnberger Gesetze« für die meisten Betroffenen nicht »Schutz« sondern Ächtung bedeuteten, den ersten Schritt zur Vernichtung.

Zu Erichs Heimkehr schrieb Sabine ein neues Kapitel im *Kinderbuch*: »Hildegards Wunsch, daß dies Kapitel im Frieden geschrieben würde, hat sich nicht bewahrheitet. Im Gegenteil: es ist mehr Krieg denn zuvor. Am 22. Juni hat der Kampf gegen Rußland begonnen und nun ist wohl gar nicht abzusehen, wann es zu Ende ist. Es läßt sich nicht leugnen, daß es im Ganzen viel schlechter ist als im vorigen Jahr und die für uns bedauerlichste Auswirkung dieser Tatsache sind die verschärften Maßnahmen gegen die Juden. Welch ein Glück, daß die gute Oma das nicht miterleben muß. Sie schloß am 21. Februar 1941 für immer die Augen und schlief sanft und ruhig ein. Unser Sohnematz sagte, als wir ihm das am Vorabend seines Geburtstages mitteilen mußten: ›Hat die es gut.‹ Das ist ein Zeichen für den Einfluß der ganzen beunruhigenden Zeit: selbst die Kinder wissen um den relativen Lebenswert. Sie wissen schon mit 10 Jahren, welchen Schwierigkeiten sie entgegen gehen und wünschen sich ›wenn schon eine Bombe, dann eine, die uns alle kaputt macht.‹ Das sind die Segnungen des 20. Jahrhunderts mit der Erfindung des totalen Krieges. Aber im täglichen Leben leben sie ihr Kinderleben Gottlob vergnügt, frech und munter.«

Zu diesem munteren Teil im Leben meines zehnjährigen Bruders gehörten »Fähnleindienst«, »Jungzugdienst«, »Jungenschaftsdienst des Pimpfen« Justus Alenfeld. Sein »Dienstbuch« bezeugt den großen Eifer, die Begeisterung ... Warum meine Eltern ihn nicht von vornherein von diesem »Dienst« fernhielten, wie es andere Eltern versuchten? Meinten sie, ihn am besten durch ein Chamäleonverhalten schützen zu können? Wussten sie mit Bestimmtheit, dass ihr Sohn gegen Indoktrinierung gefeit war? Oder glaubten sie, an eigene Jugenderfahrungen anknüpfend, dass das Leben in der »Pimpfengemeinschaft« eher positiv zu sehen war, da dem Gemeinsinn zugetan? Wie nah lagen doch die Vorstellungen der Jugendbewegten – deren Gemeinschaften Ende des 19. Jahrhunderts im Zeichen des Aufbruchs in ein neues Jahrhundert und des Bruchs mit überalterten Traditionen entstanden waren – denen der neuen Formationen! Hatten sie nicht gemeinsame Wurzeln in der deutschen Romantik? Gewiss, die Jugendverbände waren 1933 aufgelöst worden, doch viele ihrer Angehörigen schlossen sich in gutgläubigem Idealismus der »Hitlerjugend« an: Gab es nicht eine (scheinbare) Deckung alter und neuer Ideale? Freundschaft und Gemeinschaft suchten die Jugendbewegten – Gemeinschaft und »Aufopferung bis zum Tode« war die Parole der Nationalsozialisten.

In den »Liedern der Hitlerjugend«, dem Bändchen *Blut und Ehre,* herausgegeben von »Reichsjugendführer« Baldur von Schirach, Copyright 1933, steht die handschriftliche Widmung *in facsimile* »Die Fahne ist mehr als der Tod«. Die

Fahne wird zum Schicksal. Sie bringt dem tapferen Streiter den Tod und zugleich Bestätigung seines Heldentums, es kommt zur mystischen Vereinigung der Fahne mit dem Helden. Natürlich streitet ein jeder Held für Gerechtigkeit auf Erden: denn »Wir treten zum Beten vor Gott, den Gerechten, er waltet und haltet ein strenges Gericht, er läßt von den Schlechten die Guten nicht knechten, sein Name sei gelobt, er vergißt unser nicht.« So ist es nur folgerichtig, dass »Im Streite zur Seite ist Gott uns gestanden, er wollte, es sollte das Recht siegreich sein; da ward, kaum begonnen, die Schlacht schon gewonnen, du, Gott, warst ja mit uns, der Sieg, er war dein!« Der Tod für den gottgewollten Sieg der Guten wird so zur Krönung des Lebens, weiß der Gute doch das Recht auf seiner Seite, sein Opfer wird *ante factum* voll honoriert, sehnsüchtig besingt er den Augenblick seiner Opferung, seines Todes ...

So nimmt es nicht Wunder, dass in vielen Liedern von *Blut und Ehre* der Tod besungen, ja beschworen wird. War denn die Todessehnsucht nicht immer schon Ausdruck der romantischen Suche junger Menschen nach dem Sinn des Lebens? – Im übrigen stammen verblüffend viele Lieder dieses übel beleumdeten Liederbüchleins aus der Jugendbewegung oder sind ganz einfach Volkslieder wie etwa »Hoch auf dem gelben Wagen«. Dennoch bleibt der Titel *Blut und Ehre* mit seinen programmatischen Kernworten abschreckend. Das Blut der »arischen« Abstammung: Das Entréebillet nicht zum Christentum, sondern zur vollgerechtfertigten Vernichtung aller Menschen, die anderen, »minderwertigen« Rassen angehören? Und die Ehre: »Die Ehre ist der Jungvolkjungen Höchstes!« »Schwertwörter«, in ordentlicher Sütterlinschrift vom zehnjährigen »Pimpf« J. A. aufgeschrieben: »Jungvolkjungen sind hart, schweigsam und treu! Jungvolkjungen sind Kameraden.« Darunter das »Deutschland, Deutschland über alles ...«, natürlich alle drei Strophen. Wie hat man ihnen den Begriff »Ehre« verständlich gemacht?

Im *Reichstierschutz-Kalender* 1942 wird den jungen Lesern erklärt, dass »(...) Tiere Geschöpfe sind, die Not und Schmerz empfinden wie der Mensch. Sie können jedoch ihren Jammer nicht durch Wort oder Schrift der Welt vor Augen führen. Deshalb muß jeder gute Mensch die Tiere zu verstehen suchen und sich ihrer annehmen, wenn sie in Bedrängnis oder Gefahr sind. Am gesunden Tier kann sich der Mensch erfreuen, einem leidenden zu helfen, wirkt beglückend. Wenn wir Freunde der Natur sein wollen, müssen wir Achtung vor ihren Geschöpfen haben – ob Tier oder Blume oder Strauch oder Baum – und sie schonen und schützen.«

Wie viele junge Soldaten hatten im gleichen Jahr im Osten als stumme Zuschauer, wenn nicht gar als Mittäter der Ermordung Tausender und Abertausender unschuldiger Menschen beigewohnt – was ging in ihnen vor? Waren alle bisherigen Regeln und Gesetze außer Kraft gesetzt, lebten sie im Ausnahmezustand, hatten sie Angst, waren sie abgestumpft? Oder wirkte die jahrelange Indoktrinierung, und sie glaubten Untermenschen vor sich zu haben, die diese Behandlung verdienten, denen man keine Achtung schuldete?

Jene Spaltung des Gewissens ist nicht über Nacht entstanden, sie wurzelt in jahrtausende alter Tradition, eine kleine Verschiebung, eine kleine Perversion reicht aus, um aus den Begriffen »Gut und Böse«, »Belohnung und Strafe« Rechtfertigung für menschliches Handeln abzuleiten, das unsere Vorstellung von Sittlichkeit in unserem Weltgebäude auszulöschen droht. Der Herrgott, die Fügung, das Schicksal werden im Vokabular der Nazi-Volkstribunen häufig verwendet, in den Liedern – ob aus dem *Zupfgeigenhansl* oder neu für *Blut und Ehre* geschrieben – wird Gott häufig angerufen: Gott, Herrgott, Herr Jesus und Marie, nur fest auf Gott gebaut ... »Der Gott, der Eisen wachsen ließ / der wollte keine Knechte / drum gab er Säbel, Schwert und Spieß / dem Mann in seine Rechte / drum gab er ihm den kühnen Mut / den Zorn der freien Rede / daß er bestände bis aufs Blut / bis in den Tod die Fehde« (Ernst Moritz Arndt, »Freiheitskriege« 1813).[8]

Da ist alles drin, was junge Menschen begeistert, »kühner Mut, der Zorn der freien Rede«: Auch den heutigen verständlich. Dann freilich folgen Lieder, die kaum unserer westlichen Jugend ins Herz treffen, und nicht zur Identifikation geeignet sind. Oder sind die Träger von Bomberstiefeln auf diesem Nährboden gewachsen, sind dies die Lieder, die sie heute noch/wieder verehren? Dumpfe Sehnsucht? »Nach Ostland geht unser Ritt / hoch wehet das Banner im Winde / die Rosse sie traben geschwinde / auf, Brüder, die Kräfte gespannt / wir reiten in neues Land.« Das Ziel hat sich verschoben, das »neue« Land ist zum »alten« Land geworden. So, wie es einst unter dem »Führer« war, doch die Beweggründe sind geblieben: »Hinweg mit Sorge und Gram / Hinaus aus Enge und Schwüle / Der Wind umwehet uns kühle / in den Adern hämmert das Blut / wir traben mit frohem Mut / Laut brauset droben der Sturm / wir reiten trotz Jammer und Klage / wir reiten bei Nacht und bei Tage / ein Haufe zusammengeschart / nach Ostland geht unsere Fahrt.«

Im *Liederbuch für die Volksschulen der Reichshauptstadt*, genehmigt durch Erlass des »Reichserziehungsministers« vom 28. August 1940, geht es reeller zu. Auch da gibt es natürlich Soldatenlieder, alte wie Clemens von Brentanos: »Es leben die Soldaten so recht von Gottes Gnaden« aus den Freiheitskriegen 1813, aber auch neue, etwa das »Frankreich-Lied«: »Kamerad, wir marschieren im Westen / mit den Bombengeschwadern vereint / und fallen auch viele der Besten / wir schlagen zu Boden den Feind!« Passend dazu die »Frankreich-Fanfare« des »Großdeutschen Rundfunks« nach Motiven des Liedes »Es braust ein Ruf wie Donnerhall«. Entsprechend gibt es die »England-Fanfare«, das »Engeland-Lied«

---

8   *Ernst Moritz Arndt (1769–1860), deutscher Dichter; Professor der Geschichte, »Lieder für Teutsche«, 1818 »Geist der Zeit« (4 Bde. seit 1806); 1820 als Professor der Geschichte in Bonn wegen liberaler Gesinnung amtsenthoben; seit 1845 »Schriften für und an seine lieben Deutschen; 1848 Mitglied der Deutschen Nationalversammlung in der Paulskirche, Frankfurt am Main; 1858 »meine Wanderungen und Wandlungen mit dem Reichsfreiherrn vom Stein« (dafür Gefängnisstrafe).*

vom Heidedichter Hermann Löns:[9] »Heute wollen wir ein Liedlein singen / trinken wollen wir den kühlen Wein / und die Gläser sollen dazu klingen / denn es muß geschieden sein. Refrain: Gib mir deine Hand, deine weiße Hand, leb wohl, mein Schatz, leb wohl, mein Schatz, leb wohl, lebe wohl, denn wir fahren, denn wir fahren, denn wir fahren gegen Engeland, Engeland. Ahoi!« Passend dazu eine

Dienstbuch des zehnjährigen »Pimpfen« Justus Alenfeld. Jeder Eintrag ordentlich abgezeichnet von seinem »Jungschaftsführer« Maschke.

Hitlerrede zum »Heldengedenktag« am 10. März 1940: »Als Führer der Nation, als Kanzler des Reiches und als Oberster Befehlshaber der deutschen Wehrmacht lebe ich daher nur noch einer einzigen Aufgabe: Tag und Nacht an den Sieg zu denken und für ihn zu ringen, zu arbeiten und zu kämpfen, und, wenn notwendig, auch mein eigenes Leben nicht zu schonen in der Erkenntnis, daß dieses Mal die deutsche Zukunft für Jahrhunderte entschieden wird.«

Merkten die Kinder, dass hier einer sprach, der unendlich weit entfernt vom preußischen Ideal des »Ersten Dieners seines Staates« stand, der ihnen aber im Geschichts- und Heimatkundeunterricht weiterhin als Vorbild vorgehalten wurde? In Hitlers Rede vom 10. März 1940 werden »deutsche Ehre und deutscher

---

9 *Hermann Löns (geb. 1866 – gefallen bei Reims 1914), Schriftsteller. »Engeland-Lied« 1914 verfasst, von Herm Niels 1939 vertont.*

Sieg« beschworen. »Als einstiger Soldat des großen Krieges aber habe ich an die Vorsehung nur eine einzige demutsvolle Bitte zu richten: Möge sie uns alle der Gnade teilhaftig werden lassen, das letzte Kapitel des großen Völkerringens für unser deutsches Volk in Ehren abzuschließen. (…) Unser Bekenntnis an diesem Tag sei daher der feierliche Schwur: Der von den kapitalistischen Machthabern Frankreichs und Englands dem Großdeutschen Reich aufgezwungene Krieg muß zum glorreichsten Sieg der deutschen Geschichte werden!«

Krieg es nicht vermessen anzunehmen, man könne die eigenen Kinder vor dem Sog dieser schwulstigen Reden und Gedanken schützen? Freilich, sie lebten auf doppeltem Boden. Ihre Schulaufsätze schrieben sie im Geiste der Schule, des Geistes, der jetzt dort freiwillig oder erzwungen herrschte. Doch aus ihren Briefen wird ersichtlich, dass sie zu Hause aufgeklärt wurden. Ob sie sich bisweilen über die Texte lustig machten, zusammen mit ihren Klassenkameraden, oder war alles »heilig« was »den Führer« betraf? So gab es »zu Führers Geburtstag« am 20. April in ihrem Liederbuch ein Ständchen, getextet von Baldur von Schirach, vertont von einem Gerhard Pallmann: »Ihr seid viel tausend hinter mir / und ihr seid ich und ich bin ihr. / Ich habe keinen Gedanken gelebt / der nicht in euren Herzen gebebt. / Und form ich Worte, so weiß ich keins / das nicht mit eurem Wollen eins. / Denn ich bin ihr und ihr seid ich / und wir alle glauben, Deutschland, an Dich.« In mystischer Vereinigung: »Der Führer« und seine Kinder. Die über deutsches Werden singen durften: »Wir gehen als Pflüger durch unsre Zeit / wir machen den Acker zur Frucht bereit / und säen in heilige Erden / Es wachsen die Saaten, die Ernte ist weit / doch über unsre Vergänglichkeit / wandert das deutsche Werden.«

Ob der zehnjährige »Pimpf« Justus diese und andere Lieder in seiner »Jungenschaft« gesungen hat, lässt sich nicht mehr feststellen. Sicher ist, dass Geländespiele, die in militärische Übungen unversehens übergingen, »Jungschaftsdienst«, »Fähnleinsammeln«, »Jungzugdienst«, »Patrouillenlauf«, »Fähnleinsport«, »Fähnleindienst«, Elternabendprobe, Sammeln, Elternabend, Schießen, Geländespiel, »Jungzugdienst«, »Jungenschaftsdienst«, »Fähnleinturnen« … mit größter Gewissenhaftigkeit im Dienstbuch ab 11. Juni 1941 mit Datum, Uhrzeit, Dauer und laufender Nummer eingetragen und vom »Jungenschaftsführer« gegengezeichnet wurden. Ein Kinderspiel? Ein Kinder*drill*, der vor unseren Augen unwillkürlich die Gesichter der weinenden Kindersoldaten von 1945 aufscheinen lässt.

Doch erst einmal ist September 1941, die Verordnung zum Tragen des »Judensterns« ist gerade herausgekommen. Vorerst ist die Familie nicht betroffen, und Sabine überreicht ihrem zehnjährigen Sohn das Fahrtenmesser. Nun gehört er ganz dazu. Doch nicht für lange. Einstweilen legt er wie alle kleinen »Pimpfe« in seiner »Jungenschaft 6«, die zum »Fähnlein 24« gehört, ein handgeschriebenes Liederbuch an, dem ein Grußwort Adolf Hitlers vorausgestellt ist (unter selbstgemalter gelber Trompete mit schwarzer Fahne und weißem Runenzeichen): »Treue, Opferwilligkeit, Verschwiegenheit sind Tugenden die ein großes Volk nötig braucht.« Aus

Auerbachs Kinderkalender ist zu ersehen, dass eine »Jungenschaft« aus zehn Jungen besteht (zehn bis vierzehnjährig), ein »Jungzug« aus vier »Jungschaften«, ein »Fähnlein« aus vier »Jungzügen«, die dann in »Stämmen«, »Banne« und »Gebiete« weiter gestaffelt sind, über allem thronte die »Reichsjugendführung« mit 40 »Gebieten« (Jungen) und 40 »Obergauen« (Mädel). Für die 17- bis 21-jährigen Mädel gab es noch gesondert das »BDM-Werk« (»Bund Deutscher Mädel in der Hitlerjugend«) »Glaube und Schönheit«.

Wie es im Herbst 1941 an der Ostfront weiterging, erfahren wir aus dem Kriegstagebuch der achtjährigen Schülerin Irene, die die Meldungen vermutlich wie alle anderen Kinder von der Wandtafel abschreiben musste und in einem gesonderten Heft sammelte: »Aus dem Zeitgeschen [sic]
18. 9. 41: Der Kessel um Leningrad-Petersburg wird immer enger. Unsere Soldaten haben den Dnjepr überschritten.
20. 9. 41: Auf der Zitadelle von Kiew weht die Hakenkreuzfahne.
4. 10. 41: Die Schlacht bei Kiew ist Zuende. Wir haben sehr viel Kriegsmaterial erbeutet und sehr viele Gefangene gemacht. Der Führer hat gestern um fünf Uhr zum deutschen Volk vom Winterhilfswerk gesprochen.

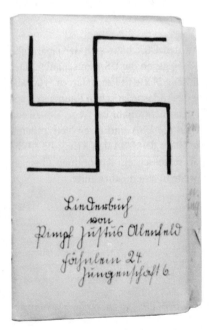 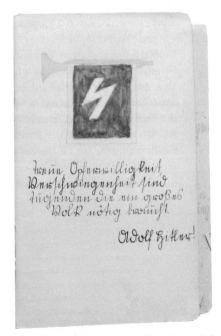

Das vom »Pimpf« Justus handschriftlich zusammengestellte Liederbuch seines »Fähnleins«. Echt Sütterlin!

16. 10. 41: Die große Doppelschlacht bei Wjasma und am Asovschen Meer ist beendet. Wir haben über eine halbe Million Gefangene gemacht: dazu sehr viel Kriegsmaterial. Seit Kriegsbeginn mit Rußland haben wir über 3 Millionen Gefangene.

18. 10. 41: Odessa ist durch rumänische Soldaten genommen. Odessa ist eine große Hafenstadt am schwarzen Meer.

24. 11. 41: Im Süden der russischen Front erobern unsere Soldaten die Halbinsel Krim. Im Norden ist um Leningrad der ring fest geschlossen.«

Ohne Datum ist die nächste Eintragung unter zwei ungelenk gezeichneten Kreuzen und einem Foto des »Helden«: »Das deutsche Volk hat tiefe Trauer. Vor einigen Tagen stürzte der berühmte Flieger aus dem Weltkrieg Generaloberst Udet ab.« Das zweite Kreuz gilt offensichtlich dem zweiten »Fliegerhelden«, Oberst Werner Mölders, ebenfalls mit Zeitungsfoto: »Am 22. November verunglückte auf einem Dienstflug Oberst Werner Mölders. Er war unser bester Jagtflieger. 115 Siege hatte er erkämpft. Er trug als einziger Soldat das Ritterkreuz mit Schwertern und Eichenlaub und Brillianten.«[10]

»16. 12. 41: In der vorigen Woche hat Japan an Amerika den Krieg erklärt. Weil der Tenno mit unserm Führer und dem Duce verbündet ist haben wir und Italien auch Krieg mit Amerika. Die Japaner haben in einer Woche 5 Schlachtschiffe versenkt, davon 2 Flugzeugträger.«

Pearl Harbor.

Nach monatelangen Verhandlungen mit den USA hatte sich der japanische Kronrat am 1. 12. 41 nun doch für einen Krieg gegen die USA entschieden. Der erste Akt war der Überfall auf die amerikanische Flotte in Pearl Harbor (Hawaii) am 7. Dezember. Nun stand der Eroberung des südostasiatischen Raums und somit der Schaffung eines japanischen Großreichs nichts mehr im Wege. Der zweite Akt konnte beginnen: Der Pazifikkrieg gegen die USA und ihren Verbündeten Großbritannien. Am 11. Dezember erklärte Hitler den USA den Krieg, die »Achsenmächte« Deutschland, Italien und Japan schlossen ein Abkommen über gemeinsame Kriegführung. Weltkrieg! Der zweite in einem Jahrhundert.

---

10 *Ernst Udet (1896–1941), Generaloberst (19. Juli 1940). Erfolgreichster überlebender Flieger des Ersten Weltkriegs. Träger des Pour le mérite-Ordens. In den Zwanzigerjahren Schau- und Kunstflieger. 1939 »Generalluftzeugmeister«. Von Göring und Hitler für das Scheitern der »Luftschlacht um England« verantwortlich gemacht, nahm sich Udet das Leben (und wurde mit einem Staatsbegräbnis gefeiert). Vorbild für Carl Zuckmayers Figur »General Harras« in »Des Teufels General«. Werner Mölders (1913–1941), Jagdflieger. 1938/39 erfolgreichster Flieger der »Legion Condor«, die im Spanischen Bürgerkrieg auf Seiten General Francos gegen die demokratisch gewählte Volksfrontregierung eingesetzt wurde. Im Zweiten Weltkrieg hoch dekoriert. Tod bei Flugzeugabsturz. Gegenstand nationalsozialistischen Heldenkultes.*

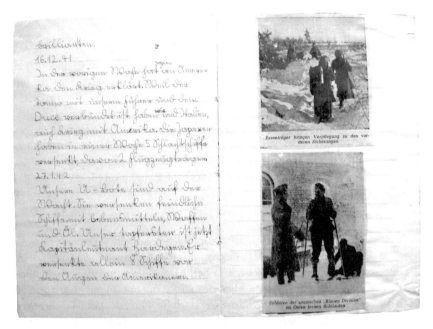

Dezember 1941: Kriegstagebuch der Volksschülerin Irene. »In den weißen Weiten Russlands lernen die Soldaten Skifahren, auch die spanische ›Blaue Legion‹«.

Gegen Ende des Jahres 1941 sah es an der russischen Front nicht mehr so eindeutig nach Sieg aus. Eine große sowjetische Gegenoffensive war gestartet worden, vor allem machte jedoch »Väterchen Frost«, die angeblich »unerwartet scharfe« Winterkälte den deutschen Soldaten zu schaffen: sie waren ganz einfach unzureichend ausgerüstet gen Osten geschickt worden! Hatte man nicht mit einem schnellen Sieg über die Sowjets gerechnet? In fünf Monaten sollte alles erledigt sein!

In einem Schulaufsatz schrieb die achtjährige Irene Ende November: »Flaschen! Flaschen! Der Führer hat uns Kindern befohlen, Flaschen zu sammeln. Mutter ärgert sich über die Flaschen, die überall im Wege stehen. Deshalb gibt sie sie gerne ab. An der Front sind sie sehr nötig. Millionen deutscher Soldaten liegen draußen im Osten in Eis und Schnee. Sie brauchen einen wärmenden Schluck, das sie nicht erfrieren. Die Fässer der Weinbauern sind voll Wein. In den Schnapsbrennereien sind die Bottiche voll Schnaps. Nur die Flaschen fehlen. Darum heraus mit den Flaschen!«

Seit die »Polizeiverordnung über die Kennzeichnung der Juden« am 1. September 1941 herausgekommen war, hatten sich die Lebensbedingungen der »nichtarischen« Deutschen noch einmal erheblich verschärft: Sie durften ihren Wohnort nur noch mit polizeilicher Erlaubnis verlassen, öffentliche Verkehrsmittel nur mit erheblichen Einschränkungen benutzen, der Gebrauch von Schecks wurde ihnen verboten, die freie Verfügung über Konten war schon lange blockiert, am 12. Dezember wurde die Benutzung öffentlicher Fernsprecher untersagt, private Fernsprechanschlüsse waren bereits im Juli 1940 gekündigt worden. Wer meinte, beim Nachbarn telefonieren zu können, brachte diesen in Gefahr: Denn in einem Runderlass des »Reichssicherheitshauptamtes« vom 24. Oktober 1941 wurde angeordnet, dass »deutschblütige« Personen, »die freundschaftliche Beziehungen zu Juden« zeigen, in »Schutzhaft« zu nehmen seien, die Juden in ein Konzentrationslager einzuliefern! Im übrigen war seit dem 23. Oktober 1941 jegliche Emigration für die Dauer des Krieges verboten.

Die Falle war zu.

Die systematische Deportation von Juden begann im »Altreich« (»Großdeutschland« ohne das »Reichsprotektorat Böhmen und Mähren«) am 14. Oktober 1941. So auch in Berlin. Wer nicht in volkswirtschaftlich wichtigen Betrieben Sklavenarbeit leistete, musste von nun an mit »Abschiebung in die besetzten Ostgebiete« rechnen. Wer noch für »Großdeutschland« arbeiten durfte, tat dies seit langem schon unter erbärmlichsten Bedingungen: Jüdische Lebensmittelkarten kannten keine Sonderzuteilungen, waren auf Mindestversorgung beschränkt, überflüssiger Luxus wie Seife und Rasierseife waren gestrichen, ein Jahr später, im September 1942, wurde die Belieferung der »nichtarischen« Deutschen mit Fleisch, Fleischprodukten, Eiern, Milch und anderen bewirtschafteten Lebensmitteln gänzlich eingestellt.

Besonders schwerwiegend waren die Bestimmungen der »11. Verordnung zum Reichsbürgergesetz«:[11] Jüdisches Vermögen wurde bei der Deportation der Eigentümer, die dabei ihre deutsche Staatsangehörigkeit verloren, vom Staat eingezogen – das war der letzte konsequente Schritt der Ausplünderung: Die Deportierten durften für ihre Deportation selber aufkommen! Im übrigen wurden ihnen nach der »11. Verordnung« auch die Renten aberkannt. Wovon sollten sie leben? Die Frage ist falsch gestellt: Sie sollten ja nicht leben. Ende Dezember begannen die Massenvernichtungsaktionen im Vernichtungslager Chełmno/Kulmhof,[12]

11 »11. Verordnung zum Reichsbürgergesetz vom 25. November 1941« (in Auszügen): § 1. Ein Jude, der seinen gewöhnlichen Aufenthalt im Ausland hat, kann nicht deutscher Staatsangehöriger sein. Der gewöhnliche Aufenthalt im Ausland ist dann gegeben, wenn sich ein Jude im Ausland unter Umständen aufhält, die erkennen lassen, dass er dort nicht nur vorübergehend verweilt. § 2. Ein Jude verliert die deutsche Staatsangehörigkeit a) wenn er beim Inkrafttreten dieser Verordnung seinen gewöhnlichen Aufenthalt im Ausland hat, mit dem Inkrafttreten der Verordnung, b) wenn er seinen gewöhnlichen Aufenthalt später im Ausland nimmt, mit der Verlegung des gewöhnlichen Aufenthalts ins Ausland. § 3. (1) Das Vermögen des Juden, der die deutsche Staatsangehörigkeit auf Grund dieser Verordnung verliert, verfällt mit dem Verlust der Staatsangehörigkeit dem Reich. (...) (2) Das verfallene Vermögen soll zur Förderung aller mit der Lösung der Judenfrage im Zusammenhang stehenden Zwecke dienen. (...)

12 Vernichtungslager Chełmno/Kulmhof im »Warthegau« (»Reichsgau Wartheland«), im November

während am 3. September 1941 in Auschwitz die ersten Versuchsvergasungen durchgeführt worden waren. *Die Szene war gesetzt,* die »Endlösung« ließ nicht lange auf sich warten.

Am 8. November 1941 wurde mein Vater 50 Jahre alt. Sicherlich hat er viele Briefe zu diesem besonderen Geburtstag erhalten. Zwei davon hat er aufgehoben, obwohl der eine keineswegs einen Glückwunsch enthielt: Die »Jüdische Kultusvereinigung zu Berlin e. V.« informierte ihn per Vordruck, Berlin, Datum des Poststempels: »Auf behördliche Anordnung teilen wir Ihnen mit, dass Ihre Wohnung zur Räumung bestimmt ist. – Wir bitten Sie daher, am 7. 11. 1941 um 9 Uhr in unserem Dienstgebäude Oranienburgerstr. 31, III zu erscheinen. Zur Vorbereitung einer neu vorzunehmenden Vermögensfeststellung wollen Sie ausserdem die Ihr Vermögen betreffenden Unterlagen wie z. B. Bankauszüge, Steuerbescheide mitbringen.

Sollten Sie Grundvermögen besitzen, so bitten wir, den Einheitswert-Bescheid und die Grundbuchbezeichnung mitzubringen. Personen, die sich im Arbeitseinsatz befinden, müssen sich zu dem genannten Zweck beurlauben lassen. Wir machen darauf aufmerksam, dass Sie zur Vermeidung schärferer Massnahmen erscheinen müssen.

Jüdische Kultusvereinigung zu Berlin e. V.«

Müssen: Hieß Nichterscheinen beschleunigte Deportation? War dies der blaue Briefumschlag, den Erich nach einem heiteren Spaziergang durch den Grunewald, es muss also ein Sonntag gewesen sein, vor den Augen der Kinder aus dem Briefkasten nahm – gab es sonntags Zustellung? – einen Blick darauf warf und erbleichte. Die Kinder wurden fortgeschickt, die Eltern suchten nach Hilfe. Und fanden sie: Die Familie blieb im Häuschen, das ja »arisches« Eigentum war. Unvergessen ist der Schreck, der wie ein Blitz aus heiterem Himmel unversehens das Sonntagsritual zerstörte.

Unvergessen ist auch das Unverständnis, mit dem das Kind, als es kein Kind mehr war, nach dem Krieg dieses und andere Dokumente, die ihm der Vater zeigte, in Augenschein nahm: Wieso lautete die Unterschrift jenes lebensbedrohen-

1941 eingerichtet, bestand das Lager aus einem Herrenhaus sowie dem 5 Kilometer entfernten so genannten »Waldlager«. Unter dem Vorwand von Arbeitseinsatz und vorheriger Reinigung (Baden) mussten die Juden im Herrenhaus Kleidung und Wertgegenstände hinterlassen, dann in die »Gaswagen« steigen, deren Abgase während der Fahrt zum »Waldlager« ins Wageninnere geleitet wurden. Im »Waldlager« wurden die Leichen nach Wertsachen untersucht und vergraben, später verbrannt. »Reichsgau«: Bezeichnung für reichsunmittelbare Verwaltungsbezirke in Gebieten, die seit 1938 an das »Großdeutsche Reich« angeschlossen wurden. In Polen die »Reichsgaue Danzig-Westpreußen« und »Wartheland«; in der Tschechoslowakei der »Reichsgau Sudetenland«. Der »Reichsgau Wartheland« war sowohl nach Fläche als auch nach Bevölkerungszahl (4,2 Millionen, davon 85% Polen, 7% Deutsche, 8% Juden) der zweitgrößte Reichsgau.

den Behördenschreibens »Jüdische Kultusvereinigung«?[13] Hatte sie auf der Seite der Nazis gestanden?

Dieser Bedrohung waren sie also entkommen. Doch die immer wiederkehrende Angst vor Beschlagnahmung der Wohnung, die zumindest in den ersten Kriegsjahren anderen Familien unbekannt blieb, war damit nicht vertrieben – Beschlagnahmung der Wohnung: Danach kam die Einquartierung in ein »Judenhaus«, dann waren sie unwiederbringlich erfasst, ein Entkommen noch schwieriger.

Unter dem 7. November 1941 erhielt Erich, noch einmal davon gekommen, von seinem ehemaligen Regimentskommandeur Richard Waechter wärmste Glückwünsche zu seinem 50. Geburtstag:

»Berlin-Wilmersdorf, den 7. November 1941

Mein lieber Herr Alenfeldt,

Ein Blick in ein altes Mitglieder-Verzeichnis unseres Regiments-Vereins hat mich davon in Kenntnis gesetzt, dass Sie morgen das erste halbe Jahrhundert Ihres Lebens vollenden. Haben Sie auch in den letzten Jahren unverdient viel Widerwärtigkeiten erleben müssen, so werden Sie doch im Ganzen auf eine Zeit zurückblicken, auf die Sie mit Recht stolz sein können. Arbeit und Pflichttreue waren die Leitsterne, die Sie durchs Leben geleitet haben, und Sie waren von Erfolg begleitet. Dazu Sie heute zu beglückwünschen ist mir ein Bedürfnis.

Mögen die kommenden Jahre den schlechten Eindruck, den die letzten gemacht haben, wieder verwischen und die Aussicht auf neues Schaffen und neuen Erfolg bieten. – Hiermit verbinde ich in meiner Eigenschaft als alter Regimentskommandeur meinen besten Dank für alles, was Sie als Angehöriger des alten Regiments für dieses und damit für das Vaterland in dienstlicher und kameradschaftlicher Beziehung getan haben. In diesem Sinne von Herzen Glückauf für die nächste und weitere Zukunft! Meine Frau schließt sich meinen Wünschen von Herzen an. Ihrer verehrten Gattin meine beste Empfehlung.

Mit kameradschaftlichem Gruß, Ihr getreuer Richard Waechter.«

Als der wackere Kommandeur im Frühjahr 1944 starb, wagte nur ein einziger seiner ehemaligen Regimentskameraden, meinem Vater in alter Verbundenheit am Grabe die Hand zu drücken.

---

13 *Wie bereits beschrieben, hatte die 1933 gegründete »Reichsvertretung der deutschen Juden« als ihrer Gesamtvertretung im Laufe der Dreißigerjahre mehrmals ihren Namen wechseln müssen. Im Juni 1939 erhielt sie die Bezeichnung »Reichsvereinigung der Juden in Deutschland«. Alle noch bestehenden jüdischen Organisationen und Gemeinden wurden zwangsweise in die »Reichsvereinigung« eingegliedert. Sie unterstand der Aufsicht des Reichsministers des Innern und war gezwungen, dessen Anweisungen Folge zu leisten. Hierzu gehörten seit dem Auswanderungsverbot vom Oktober 1941 auch die Vorbereitungen zur Deportation.*

Warum seid Ihr nicht ausgewandert?

Die alte Frage. Wie oft nach dem Kriege gestellt. Warum nicht ausgewandert, warum, nachdem alles überstanden war, nicht nachträglich aufgerechnet, Feigheit und mangelnde Zivilcourage den alten Kameraden vorgeworfen? Stattdessen wieder, wie in der guten alten Zeit, der Nachkriegszeit des Ersten Weltkriegs, an den Regimentstagen teilgenommen, einmal im Jahr »Erlebnisse vor dem Feind« ausgetauscht, dem Feind an der Front. Den Feind in der Heimat zu bekämpfen, hatte es fast allen an Mut gefehlt ... Warum diesen Versagern wieder die Hand gedrückt? Warum in ihre Reihen zurückgekehrt? Kurz vor seinem Tod hat Erich der ewig bohrenden Tochter, deren »Warum?« ihm wie Anklage und Vorwurf schien, eine Antwort gegeben: Alles habe er ertragen, um in seiner angestammten Heimat bleiben zu können. Zur Heimat gehörten auch diese Kleinmütigen, denen es an Courage gefehlt habe, die Heimat umfasse alles: Gutes und Schlechtes, menschliche Enttäuschungen wie überraschende Hilfsbezeugungen. Es sei an ihm, großzügig zu sein, verzeihen zu können, menschliche Schwächen mit Verständnis zu begleiten, solange sie nicht in Verrat und Mord ausgeartet wären.

Zeugnis dieser Einstellung waren die eidesstattlichen Erklärungen, die »Persilscheine«, die er nach dem Krieg ausstellte. Viele Menschen hatten ihm während der Verfolgung in dieser oder jener Weise geholfen, manche ganz eindeutig zu seinem Überleben beigetragen – bei anderen verhielt er sich recht großzügig.

Im Oktober 1941 hatte die achtjährige Tochter Irene einen Schulaufsatz über die Fremde geschrieben: »Nicht jeder Mensch kann immer in seiner Heimat bleiben. Oft treibt ihn die Wanderlust in die Fremde oder der Beruf oder Unglück. In der Fremde fühlt er sich unglücklich, einsam und verlassen. Sie haben dort andere Sitten und Gebräuche. Wenn er dann einsam in seiner Stube sitzt, bekommt er Heimweh und freut sich auf den Tag, wo er wieder in seiner Heimat ist.« Was sie nicht ahnte: Viele würden nie zurückkehren. Auch in der Fremde waren sie nicht sicher vor Hitlers Schergen.
Aus *Auerbachs Deutschem Kinderkalender* 1942:
»Mahnung // Halt auf gute deutsche Sitte / unbeirrt und unentwegt / Deutschland ist das Reich der Mitte / drin das Herz Europas schlägt!
Otto Promber«

Wie weit die »Reichsvereinigung der Juden in Deutschland« zu einem hilflosen Ausführungsorgan der Machthaber geworden war, zeigt ein Rundschreiben vom 1. Dezember 1941: »An die jüdischen Kultusvereinigungen, Bezirksstellen der Reichsvereinigung der Juden in Deutschland zur Weitergabe an den in Betracht kommenden Personenkreis«, das ich im Nachlass meines Vaters fand:

»Betrifft: ›Verfügungsbeschränkungen über das bewegliche Vermögen für Juden.‹ Im Zusammenhang mit der Tatsache, daß in der letzten Zeit ohne allgemeine Veranlassung in beträchtlichem Umfang ein Besitzwechsel von Vermögenswerten, insbesondere auch von bewirtschafteten Gegenständen, die bisher Juden gehörten, festgestellt worden ist, wurde seitens der Aufsichtsbehörde zur Vermeidung von Störungen einer geordneten Marktregelung folgende Anordnung getroffen, die wir nachstehend bekannt zu geben haben:
I. Verfügungsverbot
1. Juden ist es grundsätzlich verboten, über ihr bewegliches Vermögen zu verfügen
2. Eine Verfügung über Vermögenswerte ist von einer behördlichen Erlaubnis abhängig, die nur in besonders begründeten Fällen erteilt wird. (...)
II. Umfang des Verfügungsverbots (...)
4. Verboten sind grundsätzlich sämtliche Verfügungen (vor allem Veräußerung, Verpfändung, Verschenkung, Verwahrung bei Dritten) über die im Eigentum oder im Besitz von Juden befindlichen beweglichen Vermögenswerte, wie z. B. über Möbel, sonstige Einrichtungsgegenstände und Hausgerät. (...)
6. Die von dem Verfügungsverbot betroffenen Gegenstände dürfen nicht in ihrem Wert vermindert und nicht aus der Wohnung verbracht werden; ihre Benutzung im Rahmen einer ordnungsmäßigen Haushaltsführung ist gestattet.«[14]

Fakten.

Fest steht, dass am 14. Oktober 1941 die Deportationen aus dem »Altreich« begonnen hatten. Da hätte es keine »allgemeine Veranlassung für den Besitzwechsel von Vermögenswerten, von bewirtschafteten Gegenständen« gegeben? Wie großzügig übrigens, dass »die Mitnahme von zugelassenen Ausrüstungsgegenständen

---

14 *III. Ausnahmen (...) 7. d) Verfügungen (...) zur Bezahlung von Steuern, Gebühren und anderen Abgaben an öffentliche Kassen, (...) von Rechnungen zugelassener jüdischer Konsulenten, Kranken- und Zahnbehandler (...) e) Die Mitnahme von zugelassenen Ausrüstungsgegenständen bei Evakuierungstransporten f) Spenden von Spinnstoffwaren und Schuhwerk an die Kleiderkammern der Reichsvereinigung (...) 8. Die mit Rundschreiben vom 13. 11. 41 bekanntgegebene Erfassung von Schreibmaschinen, Fahrrädern, Fotoapparaten und Ferngläsern im Eigentum von Juden wird durch die Bestimmungen dieses Rundschreibens nicht berührt. IV. Verfügungserlaubnis 9. Die Erlaubnis zur Verfügung über bewegliche Vermögenswerte wird in besonders begründeten Fällen durch die zuständige Staatspolizei(leit)stelle erteilt (...). V. Personenkreis 11. Der Verfügungsbeschränkung unterliegen (staatsangehörige u. staatenlose) Juden im Sinne des § 5 der Ersten Verordnung zum Reichsbürgergesetz vom 14. 11. 1935. 12. Die Verfügungsbeschränkung erstreckt sich nicht a) auf den in einer Mischehe lebenden jüdischen Ehegatten, sofern Abkömmlinge aus der Ehe vorhanden sind und diese nicht als Juden gelten (...) VI. Rückwirkende Meldung über bereits getroffene Verfügungen (...) 14. Die jüdischen Kultusvereinigungen (...) haben die bei ihnen eingegangenen Meldungen über seit dem 15. 10. 41 getroffene Verfügungen nachzuprüfen (...) und dann Listen in fünffacher Ausführung herzustellen, und zwar nach Wohnorten der Anmeldenden, innerhalb der Orte alphabetisch nach Namen, mit einem Prüfungsvermerk und Unterschrift der Bezirksstelle (der Reichsvereinigung) unter Beifügung der eingegangenen Meldungen. (...) X. Strafbestimmungen 19. Zuwiderhandlungen gegen diese Regelung werden mit schärfsten staatspolizeilichen Maßnahmen geahndet.«*

bei Evakuierungstransporten« unter die Ausnahmeregelung fiel. Am Zielort angekommen, musste das Gepäck ja sowieso auf der Rampe zurückgelassen werden, dem deutschen Staat entging seine Beute nicht.

Fakt und Frage: Gehören Kochtöpfe unter bewegliche Habe? Zusatzfrage: Was ist eine ordnungsmäßige Haushaltsführung, die die Voraussetzung für die Benutzung von Hausgerät innerhalb der jüdischen Wohnung schafft? Deutscher Fleiß und deutsche Sauberkeit? Aber sie hatten ja den Anspruch auf deutsche Seife verloren! Einkaufen durften sie zwischen 16 und 17 Uhr in wenigen, eigens bestimmten Geschäften und auf Lebensmittelkarten, die ihnen das meiste Essbare vorenthielten. Wie sollte da ein Kochtopf in einem solchem Haushalt ordnungsmäßig behandelt werden?

Fakt ist, dass mein Vater und somit meine Familie von dieser Verfügungsbeschränkung nicht betroffen waren, § 12 a) besagte dies ausdrücklich; Fakt ist, dass sich bis heute unter manchem Familienerbstück kleine Adressenaufkleber mit dem Namen meiner Mutter finden: Sollte so der »Ariernachweis« der Möbel erbracht werden, die sämtlich aus der Familie meines Vaters stammen, also jüdischer Herkunft sind?

1942

Erst wenn ich wieder auf der Straße war, die Gitter hinter mir runterrasselten, erlaubte ich meinen Knien zu zittern.

Zum Jahresbeginn 1942 noch einmal ein Aufsatz der achtjährigen Schülerin Irene: »Die Woll- und Pelzsammlung. In den Weihnachtsfeiertagen forderte der Führer das deutsche Volk auf, Skier und Skistiefel, Woll- und Pelzsachen für die Soldaten in Rußland zu sammeln. Jede deutsche Mutter kramt in ihren Schränken und Truhen herum. Sie fand gefütterte Handschuhe, wollene Fäustlinge, Pullower und eine Pelzmütze. Die Bitte des Führers ist erfüllt. Dann werden die Sachen zur nächsten Sammelstelle gebracht. Das Volk sammelte mit großer Liebe und Fleiß. Wir sind stolz darauf, daß wir auch etwas gegeben haben. Nun wird kein deutscher Soldat in Rußland frieren.«

Auch die »nichtarischen« Deutschen kramten in ihren Schränken und Truhen, allerdings auf Befehl. Im Rahmen der Sammelaktion für die Ostfront hatten Juden bis zum 16. Januar 1942 ihre Pelz- und Wollsachen sowie Skier, Ski- und Bergschuhe abzugeben.

Lassen wir unseren Zeitzeugen an der Ostfront, Rolf Liebermann, noch einmal zu Worte kommen:

»Russland, d. 16. I. 42

Lieber Onkel Erich,

Herzlichen Dank für Deinen lieben Brief, der mich heute erreichte. Ich finde es rührend, wie ihr mich mit den Wollsachen verwöhnt. Hoffentlich kommen sie an. Was mich betrifft, so wurde ich am Heiligabend zum Unteroffizier befördert. Es ist hoffentlich bald soweit, dass ich den Offz. auch durchsetze und dann nach Döberitz [im Regierungsbezirk Potsdam, seit 1895 Truppenübungsplatz] komme. Als R. O. A. [Reserveoffiziersanwärter] müsste ich ein Jahr Uffz [Unteroffizier] sein. Mich freut es besonders, dass es Euch gesundheitlich gut geht. Denke ich doch oft an Euch und Eure Kinder, weil wir verwandtes Schicksal haben und es heutzutage wenige Leute gibt, die man Freund nennen darf. Ich habe mir augenblicklich Frostschäden am Fuß zugezogen und bin eine Zeitlang außer Gefecht gesetzt.

Ich wünsche nun von ganzem Herzen, dass das neue Jahr uns den Frieden und Euch, Dir und Tante Sabine sowie den Kleinen nur Gutes und Erfolg bringen möge. Wenn ihr dann ganz zuweilen auch an uns denkt, werde ich mich sehr freuen. (…). Mit herzlichem Gruß an Alle,
Dein Rolf.«

Der 20. Januar 1942: Ein Datum, das meiner Generation tief eingebrannt ist. Die Wannsee-Konferenz. Jetzt wird ausgesprochen – allerdings noch immer in verschleiernden Wortgebilden –, was seit Beginn des Russlandfeldzugs hinter der Front betrieben wird: Die Ausrottung der Juden vom Baby bis zum Greis. Reinhard Heydrich, Chef des »Reichssicherheitshauptamtes«, hat die Vertreter der obersten Reichsbehörden in die Villa am Wannsee geladen, ganz in der Nähe der Sommerresidenz Max Liebermanns, dessen Witwe noch immer in Berlin lebt.[1] Die »Endlösung der Judenfrage«? Das bedeutet für das ganze deutschbeherrschte Europa die »Aussiedlung« der Juden in den Osten, das heißt ihre Deportation und »Ausrottung« in den eigens dafür geschaffenen Vernichtungslagern Chełmno, Bełżec, Sobibor, Treblinka, Majdanek und Auschwitz-Birkenau.

Das war das Todesurteil für mehrere Millionen Unschuldige, deren einzige Schuld in ihrer der Nazi-Ideologie nicht zusagenden rassischen Abstammung bestand, gleichgültig, welcher Religion oder Weltanschauung sie angehören mochten. Ach, wären sie doch Frösche, Kröten, Eidechsen, Salamander, Käfer oder Schmetterlinge gewesen: Der schon zitierte *Reichs-Tierschutz-Kalender* 1942 erklärt den Kindern, dass »sie alle ein Eigenleben haben und ein Recht darauf. Jede rohe Tat an diesen Tierchen ist eine Rohheit gegen die Schöpfung und entehrt den Täter.«

Das Fazit: »Gegen Tierquäler und Naturverwüster gibt es Strafgesetze! Wer ein Vogelnest zerstört, vernichtet das Glück einer kleinen Familie. Wer in einen Ameisenhaufen tritt, zerstört die Arbeit unzähliger fleißiger Tiere.«

Und wer eine jüdische Familie vernichtet?

Am Geburtstag des »Kindes« – das bald keins mehr war: Neun Jahre alt! – starb Erichs Tante Marie, Onkel Philipp Lüders Frau, Schwester von Erichs Mutter Elsa Alenfeld, geborene Schlesinger-Trier. War es Selbstmord oder ein natürlicher Tod? Bis heute weiß keiner die Antwort darauf. Von den drei Schwestern blieb nur noch Martha Schlesinger-Trier, wie lange würde »ihre Excellenz« (Frau von Seeckt) sie noch bei sich halten können? Am 14. Februar 1942 wurden die jüdischen Auswanderungs-Beratungsstellen endgültig geschlossen. Sie waren überflüssig geworden.

Ob das Verbot von Haustieren in jüdischen Haushalten, am 15. Februar, auch ein direktes Ergebnis der Wannsee-Konferenz war? Wollte man den armen, ausgegrenzten Menschen, die ohne Hoffnung im unsichtbaren Kerker saßen, den letzten

---

1 Bereits im Juni 1940 war Martha Liebermann gezwungen worden, die Villa am Wannsee an die Deutsche Reichspost zu verkaufen – Kaufpreis waren lumpige 160 000 Reichsmark, von denen sie nie einen Pfennig sah, da das Geld auf einem »Sicherungskonto« blockiert war.

Trost nehmen? Kein Hund und keine Katze, kein Kanarienvogel und kein Laubfrosch sollte ihnen die Wartezeit auf den Tod überbrücken helfen. Das Halten von Brieftauben war ihnen bereits seit 29. November 1938 verboten. Oder waren diese Menschen unverbesserliche Stehaufmännchen und lebten immer noch in Hoffnung – auf ein Wunder?

Währenddessen verwickelte die sowjetische Winteroffensive seit langen Wochen alle Kräfte der Heeresgruppen Nord und Mitte in nichtendenwollende Kämpfe. Es ließ sich nicht mehr leugnen, die Deutschen waren geschwächt, vom Feind und von der Kälte, selbst Rückzugsbewegungen, vom »Führer« zuvor unter Bannfluch gestellt, wurden schließlich genehmigt.

Zwei Feldpostbriefe des jungen Unteroffiziers Rolf geben die Stimmung an der Ostfront wider:

»Russland, den 24. Februar [1942]
Lieber Onkel Erich, sowie Tante Sabine
Ein kurzes Lebenszeichen nur von mir. Für den Augenblick sind wir in wochenlangem Einsatz. Abwehrkämpfe. Es war sehr kalt teilweise, aber das Schlimmste ist wohl geschafft. Mittlerweile ist auch allerhand von der Wollsammlung eingetroffen. So hat jeder in der Kompanie einen Pullover sowie 2 Paar Strümpfe sowie Pulswärmer und Schal bekommen.« Aufdruck am unteren Rand der Feldpostkarte: »Was die Front opfert, das kann überhaupt durch nichts vergolten werden. Aber auch das, was die Heimat opfert, muß vor der Geschichte dereinst bestehen können. (Der Führer am 3. Oktober 1941).«

Und am 10. März 1942:
»Liebe Tante Sabine, gestern traf endlich Dein Brief vom 12. 1. ein, für den ich nachträglich herzlich danke. Eure Wollsachen sind gut angekommen und erfüllen ihren Zweck vollkommen. – Die Temperaturen werden langsam geringer. Aber 20–25° [minus] sind Durchschnitt. Macht sich denn jetzt der Justus besser? Sonst werde ich ihm mal schreiben. Zuhause ist alles wohlauf. Hoffentlich bei euch auch. Dir und Onkel Erich sowie den Kindern herzliche Grüße. Dein Rolf.«

Im März 1942 kam ein »Erlass über die Kennzeichnung jüdischer Wohnungen« heraus. Eine ferne Erinnerung an biblische Vorzeit – damals, beim Auszug aus Ägypten? Falsch, damals sollte das Blut des Pessachlammes am Hauspfosten die jüdische Erstgeburt schützen, sollte die zehnte Plage den Juden helfen, aus dem Land der Fron in die Läuterung der Wüste auszuziehen. Diesmal versprach die Kennzeichnung weder Freiheit noch rettenden Auszug aus der Heimat: Sie verhieß den Tod.

Auch für Todgeweihte lassen sich noch kleine Spitzfindigkeiten erdenken, die man den im Rufe der Phantasielosigkeit stehenden Federfuchsern eigentlich nicht zugetraut hätte: Nun durften Juden keine Zeitungen mehr beziehen (wohl aber noch am Kiosk kaufen?), von nichtjüdischen Friseuren nicht bedient werden, überhaupt keine öffentlichen Verkehrsmittel mehr benutzen, keine deutschen Volkstrachten mehr kaufen (das muss sie ganz besonders schwer getroffen haben!), ab Juni 1942 hatten sie alle entbehrlichen Kleidungsstücke abzuliefern (eine Ermessensfrage, die so schwer zu beantworten ist wie die Frage nach der Wahrheit), schließlich erhielten sie keine Raucherkarte mehr. Das war sicherlich viel schwerwiegender als viele andere Verbote, nicht nur für unbekehrbare Raucher, denn Zigaretten waren auch Tauschobjekte, vor allem Lebensmittel konnte man damit einhandeln.

Schließlich wurde die »Reichsvereinigung« angewiesen, mit Wirkung vom 30. Juni 1942 sämtliche jüdischen Schulen zu schließen. Nun konnte sich niemand mehr Illusionen machen. Am 2. Juni hatten die Deportationen deutscher Juden ins Ghetto Theresienstadt begonnen, die »Heimstätte der Privilegierten«, deren erzwungener Heimeinkauf ihnen das letzte Geld raubte. Und im Warschauer Ghetto begann die »Umsiedlung« der zusammengepferchten und ausgehungerten Zwangsbewohner in die während der letzten Monate errichteten Vernichtungslager Treblinka und Bełżec.

Im Laufe der Kriegsjahre wird das Bild dichter, mehr Briefe wurden von meinem Vater aufbewahrt – die Willkürlichkeit der Auswahl bleibt bestehen. Sehe ich durch seine Augen die Welt, in der er lebte? Da mir doch alle anderen schriftlichen Zeugnisse, die ihn tagtäglich begleiteten: Zeitungen, Plakate, Aufrufe, Anschläge, Briefe, die er nicht aufbewahrte, unbekannt bleiben; desgleichen weiss ich nicht, was ihm mündlich von vielen Seiten zugetragen wurde und mitunter in Andeutungen in seinen Briefen wiederkehrt. Dies gilt auch für die Nachrichten, die er nachts, vor allem während der Bombenangriffe auf Berlin – und die nahmen bereits ab 1941 erwähnenswerten Umfang an – vom Schweizer Sender Beromünster und von der BBC bezog, und unter Bekannten wie auch in Amtsstuben weiterverbreitete. Leichtsinn oder Wagemut? Erich, der Nachrichtenträger: Als Meldereiter im Ersten Weltkrieg riskierte er weniger – nur sein eigenes Leben und das fürs Vaterland.

Vielleicht verdankt er seinem Verhalten, das Nachgeborene eher unter Leichtsinn einstufen mögen, jedoch die nötige Hilfe zur rechten Zeit. Er war ein aufrechter Mann, er vertraute seinem Gegenüber, erhielt er deshalb Vertrauen zurück? Er hatte Zivilcourage. Er war nicht furchtlos, doch hatte er gelernt, die Furcht zu überwinden. Das lebte er nun seinen Kindern vor. Zweimal war er bei der Gestapo am Alexanderplatz vorgeladen, zweimal hatte man ihn gehen lassen. »Erst wenn ich wieder auf der Straße war, die Gitter hinter mir runterrasselten, erlaubte ich meinen Knien zu zittern.« Ist dies die Tapferkeit, die man im Kriege lernt – oder stammt solche Beherrschung in extremer Situation aus einer anderen Quelle, die tiefer in die Vergangenheit führt?

Dass anschließend, bei geringfügigem Anlass, die Nerven nicht mitspielten und sich ein Donnerwetter über verblüfften Kindern entlud, wen wundert es. Vor neugierigen Kinderohren wurden solche existenzbedrohenden Amtsgänge ja nicht erörtert. Auch später, nachdem alles vorüber und überstanden war, sprach er wenig über jene Zeit. Schon gar nicht mit der Tochter, die gegen sein Leben anlebte, wie er meinte. Kurz vor seinem 85. Geburtstag erzählte er ihr von seinen Vorladungen bei der Gestapo. Bald darauf starb er. War er doch ein Held gewesen, wie sie ihn sich als Kind wünschte – obwohl er Hitler nicht umgebracht hatte?

Wie weit hatte er sich von dem Mann entfernt, der in den Dreißigerjahren frühzeitig mit den Altersbeschwerden des Klimakteriums argumentierte, keine Widerrede dulden mochte und Ruhe für sich einforderte, wenn er täglich gedemütigt und überarbeitet aus seinem schimpflichen Bankleben heimkehrte. Seine Kräfte wuchsen mit der Gefahr von Jahr zu Jahr, selbst dann noch, als er schließlich zum Skelett abgemagert war.

Getreu Hitlers Aufruf vom Oktober 1941, dass auch die Opfer der Heimat dereinst vor der Geschichte bestehen müssen, finden wir in *Auerbachs Deutschem Kinderkalender* 1942 unter den Briefen der »Kalenderkinder« viele Beispiele für »aufopfernden Einsatz an der Heimatfront«. Da schreibt Ursel R. aus L.: »Seit dem 21. 4. verrichte ich wieder meine Arbeit im Kindergarten. Es ist schön, zu wissen, daß wir mit unserer Arbeit vielen Müttern, die dienstverpflichtet sind, die Sorgen um ihre Kinder abnehmen, so daß sie ruhig (…) an ihre Arbeit gehen können, die so wichtig für den Kampf an der inneren Front ist. Wunderbar, daß wir mithelfen dürfen, die deutschen Kinder zu rechtschaffenen, aufrichtigen, ehrlichen Menschen zu erziehen. Mein Beruf gefällt mir sehr.« Das musste wiederum dem »Führer« sehr gefallen, hatte er nicht bereits am 1. Mai 1937 gesagt: »Diese Jugend (…) wird stärker sein als die Jugend der Vergangenheit, denn sie hat schon von Kind auf nichts anderes gelernt als gehorchen, treu sein, anständig, offen, tapfer, mutig, entschlossen, aber auch jung sein.«

Lieselotte H. aus L. ließ den »Kalendermann« wissen: »Über zehn Monate bin ich schon im Arbeitsdienst und habe mich entschlossen, ganz dabeizubleiben. Denn ich weiß jetzt, daß ich nur im Arbeitsdienst den Beruf finde, in dem ich dem Vaterland am meisten nützen kann und selbst die größte Befriedigung finde. Es ist schön, mit jungen Menschen zusammenzuarbeiten, ihnen den Nationalsozialismus nahezubringen und sie zur Gemeinschaft zu erziehen. England steht jetzt ganz allein, denn Griechenland ist niedergerungen. In Afrika kämpfen sich unsere Truppen tapfer vorwärts. Überall erringen unsere Soldaten große Siege. Wir spüren hier nichts vom Krieg. Das haben wir nur den Soldaten zu verdanken, die für unsere Sicherheit ihr Leben lassen.«

Das war im Jahr zuvor gewesen. Ob die Deutschen sich daheim noch so sicher fühlen konnten, bleibe dahingestellt. 1942 gab es bereits häufige schwere Bombenangriffe auf deutsche Industriezentren wie das Ruhrgebiet, auch auf einzelne Städte wie Lübeck, das den traurigen »Ehrenplatz« hält, als erste deutsche Stadt am 28. März 1942, in der Nacht zu Palmsonntag, ein Flächenbombardement der Engländer unter »Bomber-Harris«[2] erlitten zu haben; wenig später war Köln an der Reihe, das am 30./31. Mai 1942 dem ersten »1 000-Bomber-Angriff« der Royal Air Force ausgesetzt war, auch hier gab es Hunderte von Toten, Tausende von Verletzten.

In Afrika dagegen nutzte Rommel die Gunst der Stunde: Die Briten hatten einen Gutteil ihrer Mittelmeerflotte in den Indischen Ozean verlegen müssen, um den nach Südostasien vordringenden Japanern Paroli bieten zu können; jetzt erfolgte Ende Januar 1942 eine deutsch-italienische Gegenoffensive in Nordafrika, die schließlich Ende Juni bis El Alamein 100 km westlich von Alexandria führen sollte und den jüdischen Siedlungen, dem Yischuw, in Palästina gefährlich nahe kam, so dass viele aus Europa geflüchtete jüngere Leute sich für die Jüdische Brigade der britischen Mandatsmacht rekrutieren ließen.

Sowie in Russland die Frühjahrsschlammperiode nach dem großen Tauwetter überstanden war, konnten die Deutschen auch hier wieder an Angriff denken. Es galt zunächst zurückzuerobern, was sie im harten Winter nicht hatten halten können, und dann auf neuen Eroberungszügen bis in den Kaukasus, bis hin zur türkischen und iranischen Grenze zum schwarzen Gold, dem Erdöl, vorzustoßen. Auf dem Weg dahin lag an der Wolga ein Industriezentrum namens Stalingrad.

Zurück zu meiner Familie und ihrem Freundeskreis. Am 16. Mai 1942 hatte Robert Liebermann an meine Eltern geschrieben: »Schweres Leid ist über uns gekommen. Unser Junge, unser Ein und Alles, ist gefallen. – Gestern bekamen wir von dem Kompanie Chef die Mitteilung. Er hat am 25. 4. einen Spähtrupp geführt und erlitt dabei den tödlichen Kopfschuss; gelitten hat er nicht mehr. – Unsere einzige Hoffnung, der Inhalt unseres Lebens ist damit zerstört. Seid ewig dankbar, daß Euer Junge noch nicht soweit ist.«

Jetzt war Robert auf dem Weg zur Vogelfreiheit: *ex lex.* Von nun an war er der willkürlichen Interpretation rettender oder verdammender Paragraphen ausgesetzt. In der Provinz herrschten andere Zustände als in Berlin: Wie würde es ihm in Hamburg ergehen, nun, da der einzige Sohn gefallen war, der ihn geschützt hatte? Würde er weiterhin als »in privilegierter Mischehe lebend« behandelt wer-

---

2 Sir Arthur Harris (1892–1984), britischer Luftmarschall, seit 23. Februar 1942 Chef des Bomber Command der RAF (Royal Air Force). Mit seinen flächendeckenden Luftangriffen auf deutsche Städte, die einer gezielten Bombardierung der Zivilbevölkerung gleichkamen, schuf er sich schon während des Krieges auch in Großbritannien einen eher umstrittenen Ruf, mit seinem »Städte-Zerstörungsprogramm« meinte er, das Kriegsende schneller herbeibomben zu können.

den, »aus der Kinder hervorgegangen sind, die nicht als Juden im Sinne des § 5 der 1. VO zum Reichsbürgergesetz vom 14. 11.1935 gelten«? Hatte nicht Paragraph 3 der Polizeiverordnung über die Kennzeichnung von Juden vom 1. September 1941 festgestellt: »Die §§ 1 u. 2 finden keine Anwendung a) auf den in einer Mischehe lebenden jüdischen Ehegatten, sofern Abkömmlinge aus der Ehe vorhanden sind und diese nicht als Juden gelten, und zwar auch dann noch, wenn die Ehe nicht mehr besteht oder der einzige Sohn im gegenwärtigen Krieg gefallen ist«?

Der »gute Doktor«, Rechtsanwalt, nein: »Konsulent« Richard Marcuse, hatte meinen Eltern im September 1941 eine Ausarbeitung über die »privilegierte Mischehe« gefertigt, anderthalb Schreibmaschinenseiten lang, als er selbst schon zum Sterntragen verurteilt und Erich davon befreit war. »Rechtliche Grundlage«, hatte er einleitend geschrieben, »bildet der Erlass des Ministerpräsidenten Hermann Göring vom Dezember 1938. Hier heißt es: ›Der Führer hat auf meinen Vortrag folgende Entscheidungen in der Judenfrage getroffen‹.« Akribisch zitierte er dann die verschiedenen Kombinationen; meine Familie fiel unter Fall I b) »privilegierte Mischehen«:

»Mit Kindern (Mischlingen ersten Grades): b) Ist der Vater Jude, die Mutter Deutsche, so sind derartige Familien ebenfalls vorläufig nicht in jüdischen Vierteln unterzubringen, da die Kinder als Mischlinge 1. Grades im Arbeitsdienst und in der Wehrmacht dienen und nicht der jüdischen Agitation ausgesetzt werden sollen. (...)«

»Deutschblütig« und Juden, »fremdstämmig« und Deutsche: Welche Kränkung für Menschen, deren Familien seit Jahrhunderten in Deutschland lebten!

Aus der nachfolgenden Aufzählung von »Privilegien«, die Dr. Marcuse zusammengestellt hatte, sollen nur zwei erwähnt werden: »1) Juden, die in privilegierter Mischehe leben, brauchen nicht Mitglied der Reichsvereinigung der Juden zu werden; 2) Juden, die in privilegierter Mischehe leben, brauchen nicht ihre Wohnungen anzumelden d. h. können auch in arischen Häusern wohnen bleiben.«

Beides war für meine Familie bedeutsam – doch wie weit waren willkürliche Abweichungen von obigen Regelungen möglich? Da gab es auch einen Paragraphen II: »Mischehen ohne Kinder: Ist der Ehemann Jude, die Frau Deutsche, so ist bei diesen kinderlosen Ehen so zu verfahren, als ob es sich um reine Juden handelt.« Aus späteren Briefen Robert Liebermanns geht hervor, dass er in Hamburg zur Zwangsarbeit herangezogen wurde, sein »Privileg« war, dass er zu Hause schlafen durfte – solange sich die Befürworter der Zwangsscheidung nicht durchgesetzt hatten.

Im Sommer 1942 gab es sechs Wochen Schulferien, aber keine Reise an die See. Der Krieg hatte die Heimat erreicht, man verteilte die Kinder so gut es ging unter den wenigen Verwandten, um ihnen doch eine kleine Ferienreise zu ermöglichen. So durfte »das Kind« Irene vierzehn Tage bei den Eltern des italienischen Hausmädchens Irma in der Nähe von Nauen auf dem Lande verbringen.

Ende August wurde verordnet, dass »deutschblütige« Hausangestellte bei Juden nicht mehr beschäftigt werden noch wohnen durften. Gottseidank hatten Irmas Eltern, heute würden wir sie als Gastarbeiter bezeichnen, nie einen deutschen Pass für sie beantragt, sie konnte bleiben. Aber die arme alte Martha Liebermann, die im 85. Lebensjahr stand und leidend war, traf es schwer: Ihre langjährige Haushilfe Marie Hagen durfte nicht mehr bei ihr wohnen. Davon später mehr.

Als die Schule am 25. August wieder anfing, gab es für die neunjährige Schülerin Irene mächtig viele Siege von der Tafel abzuschreiben, dieser Sommer war für die Deutschen in allen Himmelsrichtungen noch einmal recht erfolgreich gewesen:

»20. 7. 42: Landende engl. Truppen w. bei Dieppe an der Kanalküste geschlagen und viele Gefangene gemacht [nach diesem gescheiterten britischen Landungsversuch gab Hitler Befehl zum Ausbau des Atlantikwalls].

6. 8. 42: Eine Sondermeldung gab bekannt, dass deutsche und rumänische Truppen die Hafenstadt und Festung Noworossijsk (große Hafenstadt) am Schwarzen Meer eroberten.

7. 8. 42: Heute wurde durch Sondermeldung bekannt gegeben, deutsche U-Boote versenkten an der amerik., an der afrikan. Küste und im Atlantik 77 feindliche Schiffe!

4. 9. 42: Der Führer verlieh dem Oberleutnant Marseille, Staffelkapitän in einem Jagdgeschwader, nach seinem 125. Luftsieg als 4. Soldaten der dtsch. Wehrmacht die höchste dtsch. Tapferkeitsauszeichnung, das Eichenlaub mit Schwertern und Brillanten zum Ritterkreuz des Eisernen Kreuzes.

13. 9. 42: Dtsche Unterseeboote versenkten im St. Lorenzstrom [in Kanada] 18 feindliche Schiffe.

14. 9. 42: Ein gr. englischer Geleitzug w. im Atlantik angegriffen. Es waren 19 Schiffe versenkt und 6 beschädigt. Nur wenige Schiffe entkamen.«

Was nicht an der Tafel gestanden hatte: Am 19. August 1942 gab der Oberbefehlshaber der 6. deutschen Armee, General Paulus, den Befehl zum Angriff auf Stalingrad »in Befolgung« von Hitlers »Weisung Nr. 45«. Am 21. August hissten deutsche Truppen die Hakenkreuzfahne auf dem Elbrus, ob auf dem 5 642 Meter hohen westlichen oder auf dem 5 621 Meter hohen östlichen Gipfel ist mir nicht bekannt, jedenfalls auf dem höchsten Berg des Kaukasus, der pikanterweise zweigipflig ist! Trotz dieser für Wochenschauen und Sondermeldungen so geeigneten sportlichen Bravour entließ Hitler den Oberbefehlshaber der Heeresgruppe A, Feldmarschall List, denn das eigentliche Ziel, die wichtigsten Erdölzentren westlich von Grosnij und weiter bei Baku, wurden nicht erreicht.

Im Aufsatz der neunjährigen Volksschülerin »Ich höre Rundfunk« spiegeln sich die Ereignisse so wider: »Wir haben einen sehr schönen Rundfunkapparat. Er steht im Wohnzimmer. Jeden Sonntagmorgen höre ich das Schatzkästlein. Manchmal hören wir auch nachmittags das Wunschkonzert. Öfter gibt es auch Tanzmusik. Dann tanze ich dazu. (...) Jeden Tag hören wir die Nachrichten. Man kann sie öfter am Tage hören. Oft gibt der Rundfunk Sondermeldungen bekannt, wenn wir besonders große Erfolge hatten. Das erfreut uns dann sehr. Besonders jetzt haben wir sehr große Erfolge am Kaukasus gehabt.«

Bevor der Herbst 1942 zu einem traurigen Höhepunkt ansetzte (nun entkamen auch »Konsulenten« und andere Sternträger mit nachweisbarer Tätigkeit nicht mehr den Deportationen) sei ein tröstliches Zwischenspiel erlaubt. Sabine erhielt zur Belohnung für ihr anstrengendes Hausfrauendasein – im Juli/August hatte sie wiederum Dutzende und Aberdutzende von Weckgläsern mit Obst und Gemüse gefüllt, das es zuvor im Umland zu erobern galt – zwei Wochen Erholungsurlaub in Vitte auf Hiddensee: Doch allein. Mein Vater durfte mit seiner jüdischen Kennkarte in keinem Hotel, in keiner noch so kleinen Familienpension übernachten, es war nicht nur für ihn hochgefährlich, auch seine Wirtsleute hätten dafür empfindlich bestraft werden können.

Vom ersten Tage an kreisten Sabines Gedanken nur um ein Thema: Wie kriege ich meinen Mann hierher! So lesen sich ihre Briefe, abgesehen von detaillierten Wetter- und Essensberichten, wie ein kleiner Spionageroman. Ihren ersten Brief begann Sabine mit einem kleinen Gedicht, Knittelversen, die bei Alenfelds zu allen möglichen Gelegenheiten verfasst wurden:

»Vitte, Pension Mühlenhof, 14. 9. 42
Ich hab mein Herz in Zehlendorf vergessen!
An alles andere hab' ich wohl gedacht.
Wenn ich mit Dir könnt wandern, ruhen, essen
Wie hätte mein vergessenes Herz gelacht!

Ja, Herrchen, das ist zunächst die Quintessenz meines Alleinreisens. (...) Die Fahrt war sehr angenehm, keine Kontrollen (...). Die Pension ist noch vollbesetzt, ca. 25 Menschen bei Tisch, aber am Strand sind kaum Menschen. Wie ich Dich hierher bringen kann, ist mir noch nicht klar. Ich muß mir erstmal die Gäste etwas näher ansehen. Man grüßt zwar nur Guten Morgen, aber ein Herr ist Offizier (was ja nichts sagen will), der andere hat das Amtswalterabzeichen. (...) Sonntagabendessen friedensmäßig: Räucheraal, Mettwurst, Käse, Butter und Brot sogar nach Wunsch. Ich aß 4 dick belegte Scheiben, Pfefferminztee dazu. Nach dem Abendessen Anmeldung bei Herrn Baier [der Pensionsbesitzer]. Er behielt die Kennkarte zur Einsicht, die Kleiderkarte zur Eintragung da [bei Reisen musste die Kleiderkarte vorgelegt werden und bekam entsprechenden Vermerk des Wirtes], Rückgabe heute früh. An sich das alles so unwichtig, aber ich laure dauernd, wo ich die Lücke finde, um Dich hier einzuschmuggeln. Im Mühlenhof ginge es nur, wenn man die Karten aufdeckt und das kann ich nicht am ersten Tag. Es wäre ja so viel schöner mit Dir zusammen. Es ist einem alles so vertraut, mir ist, als sei ich gestern hier gewesen. Der Blick auf die See hat etwas außerordentlich beruhigendes.«

Einen Tag später, am 15. September, schien sich eine Bresche anzudeuten: »Die Briefmarken erregten das Interesse des Herrn Baier.« Weitere zwei Tage später, am 17. September, ließ sie verlauten: »Ich muß ehrlich gestehen, daß ich das Thema nicht anrühren mag, da, wie schon geschrieben, Herr B. außerordentlich korrekt und kleinlich ist. An sich natürlich ein harmloser Mensch, aber ich kann mir denken, daß er sauer reagieren würde. Herrchen, nimm es mir nicht übel, es ist wohl feige – aber Du hast nun auch geschrieben, daß es fraglich sei, ob Du überhaupt weg kannst u. da mag ich nicht erst Staub aufwirbeln.«

Liest man die Briefe der Kinder, die sie vermutlich am Tage nach Sabines Abreise der Mutter schrieben, so könnte man meinen, dass die Welt in Ordnung war und alles daheim in Berlin seinen gewohnten Gang ging.

»Liebe Mutti«, schrieb die Tochter, »Ich habe solche Sehnsucht nach Dir. Ich muß andauernd Weinen. In der Klavierstunde musste ich auch Weinen. Ich habe mir vorgenommen, wenn ich das Karl May Buch, was ich mir heute geholt habe, ausgelesen habe, abzugeben und mir kein neues zu holen. Vielleicht wird es dann wieder besser. Denn so kann es nicht mehr weiter gehen. Geht es Dir gut? Hast Du schönes Wetter? Bei uns gießt es augenblicklich Strippen (…).« Und malte der Mutter ziemlich ungelenk ein Segelboot, das *Bine* hieß und auf himmelblauem Wasser stand.

Der Sohn wurde wohl leichter mit Sabines Abwesenheit fertig: »Liebe Mutti! Hast Du gutes Wetter? Bist Du gut angekommen? Wie wohnst Du? Uns geht es gut, bis auf Reni, denn die hat oft Heimweh. In der Schule geht alles seine guten Wege. Am Sonnabend schreiben wir eine Lateinarbeit. (…) Mein Fähnleinführer hatte mir das ›Ave Maria‹ zum Üben gegeben. Das Stück geht so weit in die höchsten Höhen, das mir Frl. Werner [die Cellolehrerin] den Daumenaufsatz beigebracht hat. Nachdem wir Dich am Sonntag zur Bahn gebracht hatten, marschierten wir sehr schön mit Vati in der Stadt umher. Das Museum für Naturkun-

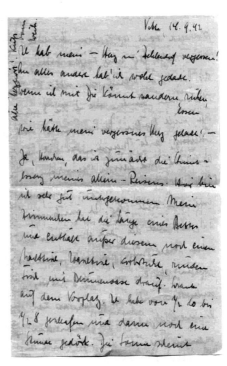

Die Hausfrau Sabine hat Urlaub in Vitte auf Hiddensee, September 1942.

187

de, was wir uns besahen, hat mich sehr begeistert. Ich möchte ja nicht einem Tier von 20 m Länge und 12 m Höhe begegnet sein.«

Im zweiten Brief der Tochter am 17. September war die Welt allerdings nicht mehr so in Ordnung: »Liebe Mutti! Ich muß nicht mehr immerzu Weinen. Aber Du fehlst einem doch an allen Ecken und Enden. Ich weiß jetzt nicht mehr genau, um wie viel Uhr ich Morgen Klimper habe. Darum muß ich warscheinlich anrufen. Vorgestern war es in der Schule sehr eklig. Wir machten gerade eine Sprachlehrearbeit und Frau Seefeld guckte sich irgendwelche Listen an. Plötzlich fragte sie: ›Ist hier jemand Mischling?‹ Hannelore, die links hinter mir sitzt, sagt: ›Nein‹. Ich habe mich natürlich nicht gemeldet. Das Dumme ist, wäre ich nach der Stunde zu ihr gegangen hätte es doch jemand gehörrt. Und wenn der irgendwas aufgeschnappt hätte, erzählt er es der ganzen Klasse, und die macht dann eine Riesengroße Geschichte drauß. Darum hab ich es noch nicht gesagt. Tante Hildegard [Sabines ältere Schwester] will in ein paar Tagen zu Frau Seefeld [Klassenlehrerin] gehen. Du brauchst Dich nicht darüber aufregen. Die Sache wird schon wieder in Ordnung kommen. Reni.«

Von der anderen Gefahr, die um vieles größer war, erfuhr Sabine erst nach ihrer Heimkehr. Während ihrer Abwesenheit war mein Elternhaus um Haaresbreite einer Katastrophe entgangen. Hierzu fertigte mein Vater Erich am 15. September eine Aktennotiz an: »Vor etwa 14 Tagen rief bei Fräulein Dr. Geppert, Berlin-Wilmersdorf, Laubenheimerstrasse 19, eine Dame an und fragte, ob sie die Eigentümerin des Hauses Zehlendorf, Beerenstr. 25 sei und ferner, ob der Jude Alenfeld dort noch wohne. Die Freundin des Fräulein Dr. Geppert, Fräulein Arndt, erklärte, dass Fräulein Geppert nicht anwesend sei und sie selber nicht bescheid wisse. Es wurde dann noch mehrfach angerufen. Vor einigen Tagen erreichte dann dieselbe Dame Frl. Dr. Geppert am Telefon. Sie fragte, ob Fräulein Dr. Geppert arisch sei, was diese bejahte. Darauf fragte sie, wer in dem Hause Beerenstr. 25 wohne; darauf erklärte sie, meine Schwester. Ob diese auch arisch sei, dies wurde bejaht. Die Dame erklärte im Auftrag der staatlichen Baukommission anzurufen.

Dies vorausgeschickt ereignete sich heute folgendes: Es erschien gegen mittag im Hause Beerenstr. 25 ein SS-Mann, nicht chargiert [ohne Dienstgrad]. Er fragte Fräulein Irma zunächst: Sind Sie die Hausangestellte, was bejaht wurde. Dann fragte er, wem das Haus gehöre: Fräulein Dr. Geppert. Dann fragte er, wer von den Mietern jüdisch sei: Der Ehemann. Dann erklärte er, es handelt sich also um eine privilegierte Mischehe, was bejaht wurde. Er erkundigte sich dann nach den Kindern, wieviel Kinder und wie alt sie wären. Ferner fragte er, wieviel Zimmer das Haus habe und wie lange sie darin wohnten. Antwort: ca. 3 Jahre. Ferner fragte er, was sie dort wäre. Sie sagte, seit ca. 5 Jahren Hausangestellte. Er fragte weiter, als er hörte, dass sie Ausländerin sei, ob sie im Auslande geboren sei, worauf sie erklärte, dass sie italienische Staatsangehörige sei und auch einen italienischen Pass habe. Darauf erklärte er, das genüge vorläufig.

Herr Dr. Marcuse telefoniert hierauf mit Herrn Dr. Mirauer von der Wohnungsberatungsstelle [der Jüdischen Kultusvereinigung], der ihm grundsätzlich mitteilt, dass auch Räumungen bei privilegierten Mischehen vorkommen. Er habe erst soeben einen Fall in Tempelhof gehabt. Ferner erklärte er mir grundsätzlich, es sei ein erheblicher Unterschied, ob die Sache vom Reichssicherheitshauptamt oder vom Herrn Generalbauinspektor[3] käme. Wenn die Sache vom Reichssicherheitshauptamt käme, wäre sie so gut wie aussichtslos, komme die Sache vom Generalbauinspektor, so müsse Frau A. vorstellig werden. Die zwangsweise Räumung ginge über die [Jüdische] Gemeinde, die die Nachricht an Herrn A. weitergebe. Da es sich um einen räumungspflichtigen Vorgang handele, d. h. also um einen Vorgang, bei dem der Mieter zur Räumung verpflichtet sei, so müsse auch die Jüdische Kultusvereinigung für neuen Wohnraum sorgen, selbst wenn es sich, wie hier, um eine privilegierte Mischehe handele. – Dr. Mirauer riet, in der Angelegenheit vorerst nichts zu unternehmen, sondern die Sache zunächst an sich herankommen zu lassen. Berlin, den 15. September 1942«

Ob Sabine später beim »Generalbauinspektor« vorstellig wurde, ist mir nicht bekannt. Einstweilen ahnte sie nichts von dieser neuen Bedrohung und schrieb am 19. September an Erich: »Seit es nicht mehr von meiner Feigheit abhängt, ob Du herkommen kannst oder nicht, kann ich die Ferien erst richtig geniessen. Das hat mich die ganze Zeit furchtbar bedrückt. Jetzt ist mir wohler, denn ich habe alles für Dich versucht, was ich konnte. Man würde Dich hier mit offenen Armen aufnehmen. Frau B. sagte wörtlich, es sei ihr eine besondere Freude, Dir zu ein paar Tagen Ruhe und Erholung verhelfen zu können! (…) Mir geht die Sache mit Martha [Schlesinger-Trier, Erichs Tante] sehr durch den Kopf. Wie soll man ihr nur helfen! Warum muß sie denn nun mit einem Mal fort? Kann Buka [zweiter Testamentsvollstrecker der Erbengemeinschaft] denn sich nicht zum Arbeitseinsatz melden u. nebenamtlich Testamentsvollstrecker sein? Das letztere ist doch eigentlich nur Formsache. Nun, hoffentlich findet Ihr eine gute Lösung. (…) Denke doch bitte an ein paar Marken für Herrn B. Irgendwelche Duplikate von Deutschen Sondermar-

---

3   »*Generalbauinspektor für die Reichshauptstadt*« *(GBI), 1937 geschaffene Behörde, geleitet von Albert Speer (geb. Mannheim 1905 – gest. London 1981), Architekt und Politiker, setzte Hitlers Vorstellungen einer megalomanischen architektonischen Machtkulisse für Aufmärsche und Massenveranstaltungen planerisch um und unterstand diesem direkt. Das Berliner »Neugestaltungsprogramm« war als Vorbild für die Umbaukonzepte von Hamburg, München und allen »Gauhauptstädten« angelegt. 1942 »Reichsminister für Bewaffnung und Munition«, der die deutsche Wirtschaft und ihre Sklaven, die Zwangsarbeiter, zu Höchstleistungen antrieb. Er ließ Hitlers »Nero-Befehl« vom 19. März 1945 (Zerstörung aller Versorgungseinrichtungen im Reich, die dem Feind dienen konnten), in Erkenntnis des verlorenen Krieges nicht ausführen. Im Nürnberger Hauptkriegsverbrecher-Prozess wusste er sich als »reuiger Sünder« darzustellen, wurde daher 1946 nicht zum Tode verurteilt, sondern zu 20 Jahren Haft.*

ken wirst Du doch haben. (...) Sage den Kindern, falls Du fährst, daß Du mich nur abholst. Es soll doch möglichst wenig davon verlauten, daß Du hier sein kannst.«

In Sabines Taschenkalender steht unter Montag, dem 21. September: »Erichs Absage!« Unter dem 24. September schrieb sie nach Berlin: »Ich habe heute stellvertretende Haustochter gespielt, habe mit den Jungens Schularbeiten gemacht u. eben noch etwas in der Küche geholfen. Du siehst daraus, daß sich bei mir der Tatendrang bemerkbar macht. – Nachdem ich verschmerzt habe, daß Du nun doch nicht kommen kannst, habe ich beschlossen, Ruhe u. Luft noch recht zu genießen.« Ratio der Verzweiflung?

Erich ist dann doch nach Hiddensee gekommen! In Sabines Taschenkalender steht unter dem 26. September: »Erichs Ankunft« und unter dem 28. September: »Abfahrt aus Hiddensee«. Als ich diese Eintragungen entdeckte, habe ich – Jahrzehnte später – gejubelt und kam mir zugleich wie ein unerwünschter Zaungast vor. Auf ihre nächsten gemeinsamen Ferien mussten sie rund zehn Jahre warten, doch die Betonung liegt auf »gemeinsam«.

Die Rückkehr nach Berlin war identisch mit Rückkehr in die grausame Welt der Verfolgungen, aus der kein Entkommen war. Unter dem 1. und 2. Oktober steht, wie so oft in den letzten Jahren: Potsdam. Und am 3. Oktober, dick mit Tinte umrandet: »Salingers abgeholt«. Ein unauslöschliches Bild, das ich von meiner Mutter empfangen habe: Die liebenswürdigen alten Freunde, in deren Hause meine Eltern schon als Verlobte heitere, beschwingte Stunden verbracht hatten, zu denen sie trotz großen Altersunterschiedes so gerne gegangen waren – im Hause ihres Schwagers und Bruders Alfred Breslauer hatten sich meine Eltern einst kennen gelernt – die saßen nun auf ihren Koffern, jeder auf einer seidenen Bettdecke, und warteten auf den Abtransport ins Altenheim Theresienstadt.[4] Sie kamen nicht zurück.

Ein schwarzes Kreuz ist unter Sonntag, 11. Oktober, von Sabine gezeichnet, dazu »Martha«. »Ihre Excellenz« hatte sie nicht mehr halten können, die Gesetze waren stärker. Danach folgen noch viele Tage mit der Eintragung »Frau v. S.« Gab es noch soviel zu regeln und aufzulösen nach Marthas Tod? Wann »der gute Doktor« Richard Marcuse abgeholt wurde und wann seine ihm noch zuguterletzt angetraute Sekretärin und Lebensgefährtin, ob Buka, Kassierer und Buchhalter der Erbengemeinschaft, im gleichen Monat deportiert wurde: das hat Sabine in

---

4 Ab November 1941 war die 1780 gegründete österreichische Festungsstadt in Nordböhmen Internierungslager für Juden aus Böhmen und Mähren. Ab Juli 1942 wurde Theresienstadt »Altersghetto« für deutsche und österreichische über 65jährige und über 55-jährige alte gebrechliche Juden mit Ehegatten, ebenfalls dekorierte Weltkriegsteilnehmer mit ihren Frauen und zahlreiche Prominente, Künstler und Gelehrte. Es wurden unter Zwang so genannte »Heimeinkaufsverträge« mit den Deportierten geschlossen, in denen sie (vor der Deportation) ihr Vermögen für »Betreuung und Pflege in Theresienstadt« abtreten mussten. Insgesamt wurden 141 000 Juden nach Theresienstadt deportiert, unter den dortigen unerträglichen Lebensbedingungen starben 33 500 Menschen; von 88 000 Juden, die von Theresienstadt weiter in Vernichtungslager (vor allem Auschwitz) deportiert wurden, überlebten 3 500. Insgesamt kamen 118 000 Menschen ums Leben.

ihrem Taschenkalender nicht vermerkt. Sie alle wurden im Frühherbst 1942 aus ihrer Welt gerissen, aus dem bisschen Welt, das man ihnen noch gelassen hatte. Dr. Marcuse musste am 3. Oktober 1942 seine Vermögenserklärung machen und wurde am selben Tag mit dem dritten großen Alterstransport nach Theresienstadt abtransportiert.

Niederschrift der neunjährigen Volksschülerin Irene, Herbst 1942:

»Die sonderbare Mauer. Einem Dorfe wurde einstmals im Winter der Feind angesagt. Darüber waren die Leute des Dorfes sehr erschrocken. Am Anfang des Dorfes war ein kleines Haus. Da lebte eine Großmutter mit ihrem Enkel. Als sie hörte, daß die Feinde kommen wollten, nahm sie ihr Gesangbuch zur Hand und sang daraus ein Lied. In diesem Lied kamen die Worte vor: ›Eine Mauer um uns bau, daß dem Feinde davor grau.‹ Als das der Enkel hörte, sagte er: ›Es wäre schön, wenn es so etwas gäbe.‹ Da fing es draußen ganz sachte an zu schneien. Plötzlich hörten sie draußen einen großen Lärm, und die Großmutter sagte, daß jetzt die Feinde kommen würden. Doch es war sonderbar, überall waren die Feinde, nur nicht bei der Großmutter und ihrem Enkel. Da ging die Alte beruhigt ins Bett. Am anderen Morgen wollte der Enkel auf die Straße gehen, doch als er die Haustür aufmachte, sah er nicht die Straße. Als er noch einmal richtig hinsah, sah er, daß das ganze Haus von einem Schneewall umgeben war.«

Dass sich Taschenkalender so spannend wie ein Kriminalroman lesen lassen, beweisen Sabines Kalender von 1940 bis 1944 – Erichs Taschenkalender blieben leider nicht erhalten und für das Jahr 1945 ist auch Sabines Kalender nicht auffindbar –, in denen die Eintragungen von Tag zu Tag Auskunft geben über die veränderten Lebensumstände, die veränderte Zusammensetzung des Freundeskreises. Namen, die vor den Verfolgungen nie erwähnt werden, sind nun häufig zu finden: Wer unter gleichem Schicksal stand, suchte seinesgleichen. Das Häuflein der Ausgeschlossenen rückte zusammen.

Dabei finden sich Namen, die wie in einem Sturzbach die Kalenderseiten überschwemmen und genauso plötzlich wieder verschwinden. Ausgewandert? Umgekommen? Vom Mælstrom verschlungen? Oder nach dem Krieg zurückgekehrt ins »normale Leben«, in den alten Bekanntenkreis? Spreu schied sich vom Weizen unter den Freunden. Im Grunde waren es viele, die zu meinen Eltern hielten; viele, die zwar der Partei beigetreten waren – siehe die »Persilscheine«, also Unbedenklichkeitserklärungen meines Vaters aus den Jahren 1945/46 – und dennoch den Verkehr mit ihnen nicht abbrachen. Von einigen lässt sich im Gegenteil sagen, dass sie aktiv beistanden und halfen, wo es ihnen möglich war, allen voran der Magdeburger Jugendfreund Justus Koch.

Vielleicht ist es dem »Reichsminister für Volksaufklärung und Propaganda« Dr. Joseph Goebbels zu verdanken, dass Taschenkalender auch geschichtliche Schnellkurse boten, in denen kaum ein Jahr zurückliegende Ereignisse, bisweilen umgepolt, ins Gedächtnis zurückgerufen werden.

Zu Jahresbeginn, im »Eismond« (Januar) gibt es den Eintopf-Sonntag, am 12. Januar (1893) die Geburtstage von Hermann Göring und Alfred Rosenberg, den Geburtstag Friedrich des Großen am 24. Januar (1712) und, natürlich, am 30. Januar (1933) den Gründungstag des »Dritten Reiches«: Adolf Hitler wird Reichskanzler! Im Monat »Hornung« (Februar) wird der Ermordung Wilhelm Gustloffs am 4. (1936) und Horst Wessels am 23. Februar (1930)[5] und der Ersten Hitler-Versammlung 1920 in München gedacht. Der »Lenzmond« (März) beginnt mit der »Heimkehr der Saar zum Reich« (1935), der die Wiederbesetzung der Rheinzone durch Deutschland am 7. März (1936) folgt. Dann kommt der »Heldengedenktag«, der auch ein Eintopf-Sonntag ist; am 13. März (1938) das »Gesetz über die Wiedervereinigung Österreichs mit dem Deutschen Reich«. Am 16. März die Wiedereinführung der allgemeinen Wehrpflicht (1935) und am 21. März die Reichstagseröffnung in Potsdam (1933), der »Tag von Potsdam«. Und am Ende des Lenzmondes steht (1936) das deutsche Volk mit 99 Prozent hinter Adolf Hitler. Wichtigster Tag im »Ostermond« (April) ist der 20.: »Führers Geburtstag«! Doch bevor der »Wonnemond« (Mai) und an seinem ersten Tag der Nationale Feiertag des deutschen Volkes erreicht sind, wird noch an die Besetzung Dänemarks und Norwegens am 9. April (1940) erinnert (»zur Wahrung der Neutralität«) und an die Kapitulation der jugoslawischen Armee am 18. April (1941). Am 10. des »Wonnemondes« (Mai) erfolgte 1940 der

---

5   *Hermann Göring (geb. Rosenheim 1893 – gest. Nürnberg 1946), einer der erfolgreichsten Jagdflieger im Ersten Weltkrieg. Teilnahme am »Hitlerputsch« 1923. Reichstagspräsident und preußischer Ministerpräsident 1932, mit der »Machtergreifung« am 30. Januar 1933 preußischer Innenminister, April 1933 preußischer Ministerpräsident, Mai 1933 Reichsminister für Luftfahrt; 1934 »Reichsforst-und Reichsjägermeister«; Ende 1934 heimliche Bestellung zum Nachfolger Hitlers als Reichskanzler. 1936 »Beauftragter für den Vierjahresplan«; 1938 zweiter Feldmarschall des »Dritten Reiches«; 1940 »Reichsmarschall«. Zu Beginn des »Rußlandfeldzugs« im Juni 1941 eine Art Superminister mit allen Kompetenzen zur wirtschaftlichen Ausbeutung der besetzten Gebiete, vernachlässigte aber die Luftwaffe, die bereits die Schlacht um England 1940 verloren hatte und unfähig war, die alliierten Luftangriffe auf deutsche Städte abzuwehren. Wenige Tage vor Kriegsende ließ Hitler ihn wegen geheimer Verhandlungen mit den Alliierten verhaften und stieß ihn aus der Partei aus. Im ersten Nürnberger Prozess zum Tode verurteilt, nahm er wenige Stunden vor der Hinrichtung durch den Strang am 16. Oktober 1946 Gift. Alfred Rosenberg (1893–1946), deutscher Politiker, 1921 Chefredakteur des Völkischen Beobachters (Untertitel »Kampfblatt der nationalsozialistischen Bewegung Großdeutschlands«). Verfasser des »Mythus des 20. Jahrhunderts«, sein 1930 erschienenes Werk über die nationalsozialistische Weltanschauung. 1934 »Beauftragter des Führers für die Überwachung der gesamten geistigen und weltanschaulichen Schulung und Erziehung der NSDAP«, 1941 »Reichsminister für die besetzten Ostgebiete«. Hingerichtet in Nürnberg am 16. Oktober 1946. Wilhelm Gustloff (1895–1936), 1921 Mitglied des »Deutsch-Völkischen Schutz-und Trutzbundes«. 1929 NSDAP, 1932 »Landesgruppenleiter der Auslandsorganisation der NSDAP« in der Schweiz. 1936 ermordet. Horst Wessel (1907–1930), 1926 NSDAP und SA-Führer des SA-Sturms 5 in Berlin-Friedrichshain. Wegen persönlicher Streitigkeiten erschossen, wurde sein Tod von Goebbels umfunktioniert und Horst Wessel zum politischen Märtyrer gemacht. Das von ihm getextete und vertonte »Horst-Wessel-Lied« wurde noch 1930 zur Parteihymne, und 1934 zur zweiten Nationalhymne erklärt.*

deutsche Angriff über die Westgrenze, am 18. wurden Eupen, Malmedy und Moresnet (1940) »heim ins Reich« geholt, am 23. des »Wonnemondes« war (1618) der Prager Fenstersturz (Beginn des Dreißigjährigen Krieges) und am 26. (im Jahre 1923) wurde Albert Leo Schlageter[6] von den Franzosen erschossen. Im »Brachet« (Juni) war am 10. (1940) der Siegreiche Abschluss des Kampfes um Narvik, am 14. (1940) der Einmarsch deutscher Truppen in Paris, am 15. fiel die Festung Verdun und am 22. Juni (1940) wurde der deutsch-französische Waffenstillstandsvertrag unterzeichnet. Am »28. Brachet 1919« war das »Diktat von Versailles« unterzeichnet worden, das »Schanddiktat«! Für »Heuet« (Juli) fiel selbst Goebbels' Zuarbeitern nicht viel Bemerkenswertes ein, bis auf das »Erbgesundheitsgesetz« vom 14. Heuet (1933) und am 29. Juli (1921) Adolf Hitler »Führer der NSDAP«. Ansonsten überwogen christliche Feiertage.

Der »Erntemond« (August) fängt allerdings mit einem Fanfarenstoß an: Den XI. Olympischen Spielen in Berlin 1936, denen am 2. August (1934) der Tod des Reichspräsidenten von Hindenburgs folgt und Albert Leo Schlageters Geburtstag (1894). Auf Mariä Himmelfahrt am 15. August folgt am 23. (1939) der »Deutschrussische Konsultativ- und Nichtangriffspakt« und am 24. August (1936) die Festsetzung der aktiven Dienstpflicht auf zwei Jahre. Am 28. wurde Goethe (1749) geboren und am 1. »Herbstmond« (September) war der Sieg bei Sedan (1870); 1939 erfolgte endlich der deutsche »Gegenangriff« auf Polen. Am 8. ist weiterhin Mariä Geburt zugleich Beginn des »Nürnberger Reichsparteitags der Ehre« (1936). Der 15. September (1935) bescherte dem deutschen Volk die »Hakenkreuzfahne« als Reichsflagge und die »Nürnberger Gesetze zum Schutze des deutschen Blutes und der deutschen Ehre« sowie das »Reichsbürgergesetz«. Am 27. (1939) ergab sich Warschau bedingungslos und am 30. September (1681) wurde Straßburg von Ludwig XIV. »geraubt«.

Im »Weinmond« (Oktober) wurden am 1. (1938) die sudetendeutschen Gebiete »befreit«, am 2. Reichspräsident von Hindenburg (1847) geboren und am 7. Oktober (1907) Horst Wessel. Am 12. Oktober (1939) hatte Chamberlain das deutsche Friedensangebot zurückgewiesen (nachdem England und Frankreich – entsprechend ihrem Beistandsabkommen mit Polen – am 3. September (1939) dem Deutschen Reich den Krieg erklärt hatten). Am 14. (1933) hatte Deutschland den Völkerbund verlassen und am 29. Oktober (1897) wurde Joseph Goebbels geboren, bevor Luther zwei Tage später (allerdings schon 1517) die 95 Thesen an die Schlosskirche zu Wittenberg schlug. Im »Nebelmond« (November) war am 7. (1938) der Mordanschlag auf Ernst vom Rath verzeichnet, am 8. November (1923) proklamierte Hitler die »nationale Diktatur«, dem sich am 9. November (1923) der »Marsch« auf die Feldherrnhalle in München anschloss, so ist der 9. November von nun an »Gedenktag für die Gefallenen der Bewegung«. Die »Reichskristallnacht« am 9. November

---

6   *Albert Leo Schlageter (1894-1923), wegen Spionage von der französischen Besatzungsmacht des Ruhrgebiets zum Tode verurteilt und standrechtlich erschossen.*

(1938) fand allerdings nirgendwo Erwähnung. Im »Julmond« (Dezember) steht unter dem 1. Dezember (1936): Die gesamte deutsche Jugend in der »Hitlerjugend«! Ansonsten gibt es im »Julmond« nur ein paar berühmte Tote: Beethoven, Ludendorff und Dietrich Eckart.[7] Das Weihnachtsfest hieß weiterhin Weihnachtsfest, und zuvor gab es noch einen Eintopfsonntag – in treuer Befolgung der im November 1933 vom »Reichspropagandaminister« erlassenen Richtlinien.[8] Gründerväter, Heilige und Märtyrer.

Auf den letzten Seiten von Sabines Taschenkalendern finden sich im Laufe der Jahre immer mehr Abkürzungen, Kürzel, Geheimnamen, Hinweise auf Geld, Pelze, Koffer und Wäsche: Für verfolgte Freunde bei verschiedensten zuverlässigen Freunden untergebracht, eigene Sachen (Kleidung der verstorbenen Mütter Käthchen Geppert und Else Alenfeld wie eigene Sommer/Wintersachen), die aufs Land ausgelagert werden, ebenfalls Angaben über Fotokopien von Geburt-, Tauf- und Trauschein, verteilt in verschiedenen Safes: Die Bombardierungen, die wachsende Zerstörung der Städte erforderten solche Vorsichtsmaßnahmen. Später im Krieg halfen die ausgelagerten Kleidungsstücke der verstorbenen Verwandten die völlig ausgebombten Freunde des Hauses erst einmal mit dem Nötigsten zu versehen. Erichs besonderes Anliegen war, seine Bibliothek zu retten und so schleppte er immer wieder Koffer und Rucksäcke voll Bücher ins Berliner

---

7   *Erich Ludendorff (1865–1937), General, 1914 Generalstabschef der 8. Armee unter Hindenburg. Gefeierter »Sieger« der Schlacht von Tannenberg im August 1914. Nach 1918 Propagandist der »Dolchstoßlegende«, Beteiligung am »Hitlerputsch« 1923. Geriet zunehmend unter den Einfluss seiner zweiten Frau Mathilde, die einer völkisch-religiösen Sekte, dem »Bund deutscher Gotterkenntnis«, führend angehörte. »Dolchstoßlegende«: Unter anderem von Hindenburg und Ludendorff verbreitete Legende, 1918 sei die Revolution in der Heimat der unbesiegten Frontarmee in den Rücken gefallen. Dietrich Eckart (1868–1923), Journalist, erfolgloser Schriftsteller, Förderer Hitlers. 1921 erster »Hauptschriftleiter« des Völkischen Beobachters.*

8   *Am 13. September 1933 verpflichtete die Reichsregierung alle deutschen Familien und Restaurants, jeweils am ersten Sonntag der Monate Oktober bis März nur ein Eintopfgericht zu verzehren, das pro Kopf bis zu 0,50 RM kosten sollte. Der Differenzbetrag zum gewohnten Sonntagsgericht sollte dem »Winterhilfswerk« zugute kommen. In einem Kochbuch meiner Tante Carla Pohl fand ich einen Zeitungsausschnitt mit Kochrezepten; dazu wurden auf der Rückseite der Vossischen Zeitung die Richtlinien des »Reichspropagandaministeriums« genannt – mit deutscher Gründlichkeit: »Danach gelten nur solche Gerichte als Eintopfgericht, die wirklich nur »in einem Topf« zubereitet werden. Also Erbsen, Linsen, Bohnen mit Speck oder einer anderen Einlage. Es ist nicht gestattet, Fleisch nur als Beilage zu geben, sondern es muß im Topf mit dem Gemüse zusammen zubereitet werden. Die Zutaten sollen nicht mehr als 0,40 Mark betragen. Es ist auch nicht gestattet, etwa zur Variierung des einheitlichen Gerichtes Vorspeisen, also belegte Brötchen oder Ähnliches zu verabreichen; auch Nachtisch außer frischem Obst soll in der Zeit von 11 bis 5 Uhr, in der die Eintopfgerichte verabfolgt werden, nicht zur Abgabe gelangen. (…) »Winterhilfswerk«: Im Sommer 1933 gegründet. Hitler hoffte mit einer solchen Nothilfeaktion schnell sichtbare Erfolge im Kampf gegen die Arbeitslosigkeit und das verbreitete soziale Elend vorweisen zu können. Die Einnahmen setzten sich aus Spenden von Firmen und Organisationen, aus Erlösen von Haus- (Eintopfsonntage) und Straßensammlungen, sowie aus Lohn- und Gehaltsabzügen zusammen.*

Umland, auf dem Rückweg hieß die Fracht dann, wenn möglich, Gemüse und Obst.

Es gibt Jahre, da wurde viel gepackt und viel Abschied genommen – das war 1938/39, als so manche Freunde in letzter Minute ihre Heimat verließen und Sabines Kalender tagelang vom Wort »Packen bei ...« beherrscht wird. Dann gibt es das Jahr 1942: Da heißt es Abschied nehmen von denen, die nicht ausgewandert waren, weil sie sich für zu alt hielten, der Heimat zäh verwachsen, und weil keiner das Unvorstellbare hatte glauben können. Sie wurden deportiert – oder brachten sich um. So finden sich häufig letzte Besuche bei Freunden, die den Befehl zum Abtransport nach Theresienstadt erhalten haben und – Beisetzungen in Sabines Kalender.

Und immer wieder dänische Namen: Abgekürzt oder voll ausgeschrieben. Das war die »Dänen-Mafia«, wie wir heute sagen würden. Eine liebenswürdige Mafia, die Butter ins Land brachte. Aber auch Nachrichten und Würste, Verbindung zu solchen, die ausgewandert waren, bis sie in der berühmten »Nacht- und Nebelaktion« Anfang Oktober 1943 über den Sund nach Schweden gerettet wurden.

Die letzten Seiten in Sabines Taschenkalender 1942 enthalten Namen und Geldbeträge, bei denen sich ohne viel Phantasie ausmalen lässt, warum Frau Z. 800,- und dann noch mal 500,- hinterlegt hat und warum dies bei Sabines Freundin Trud Schwegler; oder das Frl. Popplauer 600,- bei Sabines Schwester Hildegard Geppert. Dann findet sich der Name des guten Doktor: Dr. M., Richard Marcuse, der Rechtsanwalt, mit dem Erich jahrelang in der jüdischen Erbengemeinschaft Jarislowsky, seinem Arbeitgeber und Schutz vor Zwangsarbeit, zusammengearbeitet hatte. Seine Hinterlassenschaft: Das Dokument über die »privilegierte Mischehe«, die Erinnerung an seinen Besuch bei uns zu Hause mit der schwarzen Aktenmappe über der linken Brust, um vor unseren Nachbarn den gelben Stern zu verbergen und uns zu schützen; dann die Erinnerung an die Weihnachtssterne ...

Meinem Vater hinterließ er, als er im Frühherbst 1942 abgeholt wurde, zu guten Händen die Betreuung der alten Martha Liebermann. 300 Mark für Päckchen nach Theresienstadt wurden bei Sabines älterer Schwester Hildegard deponiert und über Ausgaben präzise abgerechnet. Zu Weihnachten packte meine Mutter ihm ein schönes Päckchen: Als das Kind selbstgebackene Weihnachtssterne hinein tun wollte, winkte Sabine ab: Keine Sterne! Darunter haben sie schon genug gelitten.

Frau Z. hinterließ die besten Teile ihrer Garderobe: Pelzmantel, Kleider, Wäsche: Sie glaubte an ihre Rückkehr. Alles wurde unter Freunden und Bekannten zur Aufbewahrung verteilt, so auch bei früheren Nachbarn, mit denen man über der Ablehnung des Regimes Freunde geworden war. Ein *Seal elektrik* (Pelzmantel) landete bei Hildegards Kürschner, der Pelzmantel des Großvaters bei dem Kürschner von Freunden, die zwar der Partei beigetreten waren, aber dennoch zuverlässig zur Familie hielten.

Der Makler Ernst L. verfügte über mehr Geld, das wurde bei dem Antiquitätenhändler Matthies untergebracht, mit dem Erich in den Dreißigerjahren vielerlei Geschäfte getätigt hatte, um die Miete seiner völlig verarmten Mutter aufzubringen, in den Vierzigerjahren unter anderem, um für Martha Liebermann Bargeld und Lebensmittel zu beschaffen; an diesen Aktionen war auch der Antiquitätenhändler Fein beteiligt, dem später eine Luftmine die Lunge zerriss. Damals, im Herbst 1942, hatte die Gestapo (dank der Verfügungsbeschränkungen vom Dezember 1941?) bereits alle Wertgegenstände in der Graf-Spee-Straße 23 (heute: Hiroshima Straße/Tiergarten) in Martha Liebermanns Wohnung beschlagnahmt, Erich hatte bei ihr »genaue Verzeichnisse über alles von Wert angelegt«, doch sie verbrannten in seinem Büro in der Jägerstraße 69 nahe dem Gendarmenmarkt, das nach mehreren halbwegs überstandenen Angriffen schließlich gänzlich ausbrannte. Juden hatten jeden Anspruch auf ihr Eigentum verloren und jegliche Entnahme konnte Verhaftung und KZ nach sich ziehen. Das galt für Arier. Um wieviel schärfer ließ sich die Strafe für Juden wie meinen Vater in »privilegierter Mischehe« auslegen?

Das »Frl. Popplauer« hinterließ auch einen Koffer, der wurde bei Bekannten untergebracht, die erst in den Kriegsjahren in Briefe und Taschenkalender Einzug halten – und später genauso plötzlich nicht mehr Erwähnung finden. Das »Frl. Popplauer« hinterließ auch eine Adresse in der Schweiz: »Leo Levy in Diepenhoven«. Was mag aus ihnen geworden sein? Was aus dem Rechtsanwalt und Syndikus Marcuse geworden ist, lässt sich leicht in Sabines Taschenkalender 1943 erkennen: da sind noch 270 Mark zu verwalten, am 15. März gehen fünf Mark für Porto ab, am 7. Juni für ein weiteres Paket 25 Mark. Dann kommt keine weitere Eintragung. Woher wussten sie, dass er nicht mehr lebte? Oder wurde das Senden von Paketen verboten?

Doch in Berlin gab es noch immer Juden – und noch immer waren sie nicht völlig ausgeraubt, hatten noch immer ein wenig Geld, Garderobe, Wäsche, einen Koffer. Das findet sich alles getreu aufgezeichnet in Sabines Kalender. Namen tauchen auf: Buka, Freundlich, Baadt ... Und wiederum, wo Ehevertrag, Geburtsurkunden, Taufscheine in Original und Kopie in welchem Stahlkammerfach bei welcher Bank deponiert waren. Die Bombenangriffe nahmen zu, auslagern war die Parole, das galt für alle, die in einer Großstadt lebten. So wurden Koffer, Pakete mit Wintersachen, Sommersachen, Bettwäsche, auch Garderobe der verstorbenen Lieben, von Hunderttausenden von Familien, arisch oder nicht, kreuz und quer durch Deutschland geschleppt.

Niederschrift der neunjährigen Volksschülerin Irene, Dezember 1942: »Vom Adventskranz. Der Adventskranz ist nicht eine Erfindung der neueren Zeit. Unsere Vorfahren, die Germanen, hatten ihn auch schon gekannt. Bei ihnen sollte die Rundung des Kranzes das Ewige Leben darstellen. Das Band, das um den Kranz herumgewunden war, bedeutete bei den Germanen die Mitgardschlange, die Lokis Verbündeter war. Die vier Kerzen, die sie auf den Kranz steckten, sollten die

Sonnenwenden und Tag- und Nachtgleichen vom Jahre darstellen. Auch feierten die Germanen ein Fest wie wir. Sie feierten es aber schon am 21. Dezember und nannten es Julklapp. Sie kannten auch schon den Weihnachtsbaum. An ihn hingen sie Äpfel und Nüsse. Das sollte die Fruchtbarkeit des Landes bedeuten. Auch buken sie kleine Tiere aus Teig. Die Tierchen sollten auch Fruchtbarkeit bedeuten. Sie wurden auch an den Weihnachtsbaum gehängt. Statt diesen Sachen hängen wir jetzt bunte Kugeln an den Weihnachtsbaum.«

Der Winter 1942/43 stand unter dem Zeichen der Wende. Die erste Bresche wurde im Südwesten geschlagen. Bereits am 7./8. November 1942 landeten amerikanische und britische Truppen in Oran, Algier und Casablanca, dem französischen Nordafrika. Eine einfache Feststellung. Doch dahinter verbargen sich nicht nur militärische Operationen; die politische Seite ließ sich bei weitem schwerer bewältigen: Vichy herrschte in Algerien wie in Marokko! Die Funktionäre in Algier wie in Casablanca oder Rabat waren Pétain ergeben, sahen in de Gaulle einen »Vaterlandsverräter« (dessen politische Führungsrolle auch Washington noch nicht anzuerkennen bereit war); auch die arabische Bevölkerung sympathisierte mit dem Vichy-Regime, dessen antijüdische Gesetzgebung in den algerisch-französischen Departements Gültigkeit hatte. Was tun? Man importierte einen starken Mann, General Giraud,[9] berühmt für seine Flucht aus deutscher Kriegsgefangenschaft (von der Feste Königstein in der Sächsischen Schweiz). Er sollte alle Franzosen Nordafrikas um sich scharen und ins alliierte Lager bringen, um Kämpfe mit der französischen Armee von vornherein auszuschalten; sahen sich die Alliierten doch als Befreier, nicht als Gegner.

Doch es kam anders. Die *pieds-noirs* (französische Siedler in den drei algerisch-französischen Departements) zeigten dem General die kalte Schulter, Marschall Pétains Protest gegen die Landung alliierter Truppen auf französischem Hoheitsgebiet wurde bejahend aufgenommen, und wäre der Oberbefehlshaber der französischen Streitkräfte und persönliche Stellvertreter Pétains nicht zufälligerweise aus familiären Gründen in Algier anwesend gewesen, wer weiß, wie lange die Kämpfe mit der französischen Armee noch gewährt hätten. Doch glücklicherweise sprach

---

9   *Henri Honoré Giraud, französischer General (1879–1949), französischer General. Altgedienter Militär, der bereits 1940 mit de Gaulle wegen unterschiedlicher Auffassungen über den Einsatz moderner Panzerdivisionen im Streit lag. De Gaulle behielt Recht, Frankreich war in Windeseile von den deutschen Panzern unter General Guderian überrollt worden und unterlegen. Girauds Flucht machte ihn in Frankreich und Deutschland zu einem Mythos. Hitler wollte den ins unbesetzte Frankreich Entflohenen töten lassen, die Alliierten entführten ihn jedoch nach Nordafrika. Durch sein ungelenkes Wesen geriet er auch mit den Alliierten immer wieder in Auseinandersetzungen, verlor seinen Posten als Oberster Befehlshaber der französischen Armee in Nordafrika, gewann ihn zurück ... schließlich konnte sich de Gaulle, der ebenfalls bei den Alliierten nicht beliebt war, gegen ihn durchsetzen. Giraud war, nach eigener Aussage, nur am Kampf – nicht an Politik interessiert. Er überlebte den Zweiten Weltkrieg und fiel schließlich einem Verkehrsunfall zu Opfer.*

sich Admiral Darlan[10] in einem Doppelspiel für einen allgemeinen Waffenstillstand in Nordwestafrika aus. Und wurde von Eisenhower, dem Oberbefehlshaber der Alliierten, dankend als De-facto-Oberhaupt des französischen Staates in Nordafrika anerkannt. Auch Französisch-Westafrika unterstellte sich Darlan, so dass die Vichy-Regierung ihren gesamten afrikanischen Kolonialbesitz verlor. Ein Abkommen wurde geschlossen, nach welchem die Franzosen sich verpflichteten, den Alliierten die Nutzungsrechte von Häfen, Eisenbahnen usw. einzuräumen, während diese sich jeglicher Einmischung in französische Verwaltungsangelegenheiten zu enthalten versprachen. So hatten die Alliierten den Rücken frei für ihren Sturm auf das »Protektorat Tunesien«, wo die Deutschen nach ihrer Niederlage bei El Alamein an der ägyptischen Grenze Anfang September 1942 nun im Begriff standen, eine neue Panzerarmee aufzubauen.

Die Reaktion der deutschen Besatzer Frankreichs auf diese Vorgänge in Nordafrika kam prompt: Am 11. November besetzten deutsche Truppen die bisherige sogenannte »Freie Zone«. Sie überschritten die Demarkationslinie im Morgengrauen, Lyon, Zentrum des Widerstands, wie Marseille und viele andere Städte waren nun offiziell in deutscher Hand. Die französische Flotte versenkte sich selbst vor Toulon. Der Sieg der Alliierten wurde nunmehr für die Mehrheit der Franzosen zur einzigen Rettung, daher gewann jetzt die innerfranzösische *Résistance* an Bedeutung; wer bis dahin gezögert hatte, schloss sich ihr nun an.

Admiral Darlan jedoch, auf den die Amerikaner seit ihrer Landung in Nordafrika gesetzt hatten, wurde von einem Anhänger de Gaulles vor Jahresende ermordet: Da waren es nur noch zwei. Doch einstweilen blieb General Giraud der Favorit der Amerikaner, obwohl er offiziell für Vichy eintrat – de Gaulle dagegen, bekannt für seinen Starrsinn (oder sein Ausharrungsvermögen, je nach Sicht des Betrachters) und sein »Freies Frankreich« gaben nicht auf.

10   François Darlan (1881–1942 ermordet), französischer Admiral. 1939–1940 Oberbefehlshaber der französischen Flotte, stellte sich 1940 Marschall Pétain zur Verfügung. 1941 Vizepräsident des Ministerrates, designierter Nachfolger Pétains, gleichzeitig Marine-, Innen- und Außenminister. 1942 nach Rücktritt von seinen Ministerämtern Ernennung zum Oberbefehlshaber der französischen Land-, See- und Luftstreitkräfte. Nach der Landung der Alliierten in Nordafrika im November 1942 ging Darlan zu ihnen über und lieferte Französisch-Nordafrika aus. Obwohl von Pétain offiziell verurteilt und aller Ämter enthoben, hatte dieser ihm insgeheim freie Hand bei den Waffenstillstandsverhandlungen mit den Alliierten gelassen, um über ihn das Vichy-Regime aus seiner Kollaboration mit den Deutschen zu lösen.

1943

*Als wir uns vor 16 Jahren kennenlernten,
ahnten wir Gott sei Dank nicht, was uns bevorstand.
Halten wir weiter mit aller Kraft und aller Liebe zusammen.*

Am 24. Januar 1943 fordern Roosevelt und Churchill auf der Konferenz von Casablanca die »bedingungslose Kapitulation« der drei Achsenmächte Deutschland, Italien, Japan. Also kein Verhandlungsfrieden, keine Waffenstillstandsverhandlungen, auch nicht mit einer deutschen Nachfolgeregierung.

Das weithin sichtbarste Fanal der Wende wurde Stalingrad. Die 6. Armee unter Generaloberst Paulus war seit November 1942 eingekesselt, die zum Entsatz entsandten Truppen kamen nicht durch, Hitler verbot jeglichen Ausbruchsversuch aus dem Kessel wie die Kapitulation. Sechs sowjetische Armeen griffen die eingekesselten deutschen Truppen konzentrisch an, hunderttausende Soldaten fielen in wenigen Monaten auf beiden Seiten, die sowjetische Zivilbevölkerung nicht eingerechnet.

Am 31. Januar 1943 kapitulierte der in letzter Minute von Hitler zum Feldmarschall ernannte Oberbefehlshaber Paulus.[1] Von den anfänglichen 250 000 deutschen Soldaten im Kessel – 34 000 Verletzte wurden ausgeflogen – waren nach Stalins Angaben 146 000 gefallen, 130 000 gerieten in sowjetische Gefangenschaft. Nur 6 000 sollten bis 1955 ins geteilte Deutschland heimkehren.

Für alle von Hitler-Deutschland besetzten Länder Europas wurde Stalingrad zum Signal der Hoffnung: Die Deutschen sind nicht unbesiegbar!

Niederschrift einer Neunjährigen: »Die letzte Landung in Stalingrad. Der Oberfeldwebel W. war 8mal in Stalingrad. 8mal brachte er den deutschen Soldaten in Stalingrad Munition und Verpflegung. 8mal brachte er auch verwundete Soldaten aus Stalingrad. Vor ein paar Tagen landete er das letzte Mal in Stalingrad. Dann wurde es unmöglich. Wieder fliegt der Oberfeldwebel nach Stalingrad. Das Flugzeug ist mit Munition und Verpflegung vollgepfropft. Die 4 Mann Besatzung

---

1   Friedrich Paulus (1890–1957), Generalfeldmarschall (30. 1. 1943). Einen Tag später in sowjetischer Kriegsgefangenschaft, statt des von Hitler erwartetem Selbstmords Zusammenarbeit mit dem kommunistischen »Nationalkomitee Freies Deutschland«. Zeuge der Sowjets bei den Nürnberger Prozessen. 1953 aus Kriegsgefangenschaft entlassen. Lebte anschliessend in der DDR.

gingen kaum noch hinein. (...) Der Beobachter meldet: ›Feindliche Jäger in Sicht‹. Die Feinde werden mit Maschienengewehrfeuer warm empfangen. Sie ziehen sich zurück. ›Mit denen sind wir fertig, aber wie landen wir in Stalingrad?‹ sagt der Oberfeldwebel. Na, auf gut glück. Durch Leuchtkugeln der Stalingradkämpfer findet er den Weg. Jetzt will er landen, aber wo? denn überall sind Bombentrichter. Hier kann man nicht mehr landen. Aber es gild ja Verwundete abzuhohlen. Für die wagt man alles. Endlich ist er gelandet. Er wird von der feindlichen Flag beschossen. Rasch werden die Sachen aus dem Flugzeug gebracht, die Verwundeten ins Flugzeug geladen. Dann fliegt er wieder weg. (...) Feldwebel W. war der letzte der in Stalingrad landete.«

Das Jahr 1943 brachte die große Zäsur: Nun konnte man sich keinerlei Illusion mehr machen. »Adolf Hitler rottet aus«, schrieb Erich am 21. März 1943 an seine Schwägerin Nana (Anneliese Völker) in Gießen. Zu diesem Zeitpunkt war das Schlimmste überstanden, die »Fabrik-Aktion«,[2] die Deportation der Berliner jüdischen Zwangsarbeiter nach Auschwitz, abgeschlossen, »Berlin ist judenrein«, wie Goebbels triumphierend erklärte. Aber so war es nicht, es gab noch immer Nischen, ja, zum ersten Mal sogar Widerstand gegen die Deportationen. Seltsamerweise wird die Tag und Nacht anhaltende Protestaktion der »nichtjüdischen« Frauen in der Rosenstraße von Erich nicht erwähnt.

»Seit 3 Wochen stehen wir in schwerem Kampf«, schrieb er an Nana. »Wir wussten nicht, was uns bevorstand. Heute weiß ich, daß recht schlimmes beabsichtigt war. Die MischeheJuden und selbst die Mischlinge sollten in Konzentrationslager geschickt werden, um dort auf kaltem Wege beseitigt zu werden. Das Geschrei der arischen Männer, denen man die Frauen wegnahm, hat die Gemäßigten auf den Plan gerufen. Unter dem Einfluss dieser Kreise, wozu auch das Militär, die Katholische Kirche und andere Leute gehören, ist es nicht zur Ausführung dieser Pläne gekommen. Alle MischeheJuden – mit oder ohne Kinder – sind entlassen, ganz abgesehen von den Mischlingen, die sofort freigelassen wurden. Jetzt wartet alles auf die Festsetzung des neuen(?) Kurses. Man versprach viel, ob man es halten wird?

2   Letzte große Razzia zur Deportation aller noch im Deutschen Reich verbliebenen »nichtprivilegierten« Juden. Die Aktion hatte zwei Ziele: Deportation aller noch im Reich lebenden »ungeschützten« Juden und Erfassung aller in »Mischehe« lebenden jüdischen Zwangsarbeiter und ihre Entfernung aus den Industriebetrieben. In Berlin wurden ab 27. Februar 1943 etwa 11 000 Juden verhaftet; zwischen dem 27. Februar und dem 6. März wurden rund 8 650 Personen deportiert. »Geltungsjuden« und in »Mischehe« lebende Juden wurden in einem Verwaltungsgebäude der Jüdischen Kultusvereinigung in der Rosenstraße 2–4 und in einem Gebäude der Großen Hamburger Straße interniert. Gegen die Gefangensetzung und ihre befürchtete Deportation protestierten ihre nichtjüdischen Angehörigen eine Woche lang unter den Augen der SS. Die Inhaftierten wurden schließlich freigelassen. »Geltungsjuden«: Als Halbjuden eingestufte Personen, die der jüdischen Religionsgemeinschaft angehörten und als Volljuden behandelt wurden.

Zweierlei interessiert am meisten: Der Fortfall des Sternes für die übrig gebliebenen Juden und die Regelung des Arbeitseinsatzes. Gerade an der letzten Frage bin ich interessiert, da meine Arbeit vermutlich dem Ende zugeht. Es sollte für Juden die diskriminierende Arbeit als ungelernter Arbeit fortfallen und die bes. Zentralstelle fortfallen. Die Tatsachen scheinen leider diese Zusage nicht glaubhaft zu machen, da man wieder 350 Juden zu Gleisarbeiten herangeholt hat. Alle Welt hofft, daß bis zum 1. 4. eine Klärung erfolgt. Vermutlich wird der Preis für das Inruhelassen der Mischehen ein Nachgeben in der Arbeitsfrage sein.«

Nach drei Wochen voller Leid und Aufregungen, Abschiednehmen von befreundeten Menschen, die deportiert oder im letzten Augenblick ihrem Leben ein Ende gesetzt hatten, war eine Pause eingetreten, in der sich Gemäßigte und Radikale in gleichstarken Formationen gegenüberstanden – noch war der Ausgang ungewiss, doch »niemand wagt, sich in der Judenfrage zu exponieren, solange Adolf Hitler den Kampf gegen die Juden als Hauptkampfziel hinzustellen beliebt«, schrieb Erich nach Gießen.

Am 8. März hatte Sabine ihrer Schwester Anneliese zum Geburtstag gratuliert. »Die letzten 8 Tage waren für mich so aufreibend, daß ich noch mit leeren Händen vor Dir

Erichs verspäteter Geburtstagsbrief an seine hochgeschätzte Schwägerin Anneliese.

stehe. (...) Nana, mir ist seit Sonnabend, seit wir wissen, daß keine Verhaftungen mehr sind und Fälle wie Erich entlassen wurden [die »Fabrik-Aktion« hatte am 27. Februar begonnen], ein Stein – nein, ein Gebirge vom Herzen. Aber die Tage zählen wie so viele in meinem Leben doppelt und dreifach. Erich ist von bewundernswerter Ruhe und Sicherheit, immer wieder bereit, in erster Linie andern zu helfen. Wenn er sich nicht für andere einsetzen kann, fehlt ihm was. Aber so fehlt er mir häufig. Es ist jetzt 9 Uhr [abends] und er ist noch nicht zuhause, da er einer finnischen Dame bei der Auswanderung hilft. Es ist nicht immer einfach mit anzusehen, wie er sich für andere aufreibt und dabei selbst immer weniger wird. (...) Und trotzdem, bei allem Kummer u. Sorgen und Ängsten, es ist doch ein reiches Leben! Das Schlimme ist nur, daß man so garnicht aufbauen kann, immer nur abwarten muß, was mit einem geschieht. Nun aber noch was Sachliches zu unserer augenblicklichen Lage: sicher ist, dass alle Mischehen z. Zt. nicht betroffen sind, auch die kinderlosen, wo der Mann Jude ist, einen Stern tragen muß und bezeichnete Lebensmittelkarten hat. Die Frage ist nun: werden diese Männer auch den übrigen gleichgerechnet? Daß alle Sternjuden raus müssen, ist sicher. Wenn man diese jetzt also nicht rauswirft, wäre die logische Folgerung, daß man ihnen auch den Stern nimmt. Aber mit Logik hat ja diese ganze Sache nichts zu tun.«

Die »Mischehen« blieben auch weiterhin bedroht. Hatte nicht bereits ein Jahr zuvor am 6. März 1942 die Sterilisierung aller »Mischlinge« die zweite Wannsee-Konferenz über die »Endlösung« beschäftigt und wurde nicht eben dieses Thema und gleichzeitig die Zwangstrennung aller »Mischehen« auf der dritten Wannsee-Konferenz am 27. Oktober 1942 wieder aufgegriffen? Die »Mischehe-Juden« und ihre Kinder waren und blieben bis zum Zusammenbruch des »Dritten Reiches« ein Faustpfand zwischen den sich befehdenden Mächtigen von Partei und Regierung, und die Schreckensnachrichten nahmen kein Ende. Einstweilen durfte man aufatmen, so beendete Sabine ihren Brief an die jüngere Schwester. »Immerhin hört man von Verbesserungen für die noch hier gelassenen Juden, und es gibt auch Gerüchte, wonach die Mischlingsfrage neu geregelt werden soll. (…) Aber Nana, das wäre zu schön, um wahr zu sein! Und da ich mich im Bösen nur an das gehalten habe, was ganz sicher ist, was Tatsache ist, so will ichs auch im Guten tun. Das Leben ist im Grunde genommen ein Warten auf das, was das Schicksal mit Dir vorhat – ich warte also weiter und lasse die Hoffnung nie sinken.«

Am 19. März schickte Sabine der Schwester ihr nachträgliches Geburtstagsgeschenk: »Es ist ja wirklich schade, daß Ihr nicht hier wart, allerdings hätte ich wohl kaum die innere Ruhe gehabt, mich Dir und Gisela [Annelieses fünfjährige Tochter] mit der nötigen Freude widmen zu können. Die ausgestandenen Schrecken und die noch immer bleibende Beunruhigung über unsere Lage macht es einem sehr schwer, sich an der Harmlosigkeit eines Kindes freuen zu können. Dazu kommt, daß alle Nachrichten, die Erich bringt, traurigen Inhalts sind und wir ständig von soviel Not und Elend hören. Ich richte mich an den guten Erfahrungen meines Lebens auf und hoffe noch immer, daß alles erträglich bleiben wird. (…) Nana, ich kann nicht mehr davon schreiben – den ganzen Tag gehen einem diese Gedanken durch den Kopf, und jeder, der zu uns kommt oder anruft, will durch Erich, der gut orientiert ist, Näheres wissen. Ich rette mich abends für ½ Stündchen zu Goethe, dessen italienische Reise ich lese.«

Erich hatte in seinem Brief vom 21. März an die Schwägerin sein wochenlanges Schweigen erklärt: »Die Sorge um die eigene Familie, die Kinder, die Ungewissheit, dazu geschäftliche Existenz Fragen, der Schmerz um den Tod befreundeter Menschen, das Zusehen beim Leiden unschuldiger Menschen: alles das rieb die Nerven auf und ließ mich verstummen. 3 Wochen ging das in einer Tour. Es war viel, reichlich viel Kummer.«

Der Schmerz um den Tod befreundeter Menschen. Im Kalender meiner Mutter steht unter dem 23. März: »Beisetzung Liebermann«. Es war mein Vater, der Martha Liebermanns Beisetzung auf dem Jüdischen Friedhof in Weissensee ausrichten ließ. Er hatte die Witwe des Malers Max Liebermann seit dem Frühherbst 1942 gemeinsam mit dem Grafen Bernstorff betreut, den er vermutlich aus den Dreißigerjahren im Bankhaus A. E. Wassermann kannte (noch vor dem Ersten Weltkrieg hatte Erich dort seine Banklehre gemacht, zu eben dieser Zeit verkehrte er auch im Hause Liebermann, denn seine Tante, die Geheimrätin Emma Dohme war mit Max und Martha

Das Formular für die Beisetzung Martha Liebermanns auf dem Jüdischen Friedhof Weißensee. Mein Vater war der so genannte Besteller am 20. März 1943.

Liebermann befreundet). Als mein Vater 1936 von seinem Arbeitgeber, der Commerzbank, nicht mehr gehalten werden konnte, wurde er gegen »arische« Mitarbeiter im Bankhaus A. E. Wassermann ausgetauscht.

Albrecht Graf Bernstorff dagegen war 1933 als Botschaftsrat den Auswärtigen Dienst im Protest ausgeschieden – vielleicht spielte dabei auch seine Homosexualität eine Rolle. Man versetzte ihn in den einstweiligen Ruhestand. Im Jahr darauf trat er in das jüdische Bankhaus ein, um als entschiedener Gegner der nazistischen Rassentheorie sozusagen im Herzen dieser attackierten Welt den bedrängten Menschen beistehen zu können. Nach der »Arisierung« 1938 wurde er einer der drei persönlich haftenden Gesellschafter der Bank, die von da an unter »v. Heinz, Tecklenburg & Co.« firmierte.

Der »gute Doktor« Marcuse war Martha Liebermanns juristischer und finanzieller Berater gewesen, gemeinsam mit seinem Kollegen Rechtsanwalt Kann, ebenfalls Rechtsbeistand der Erbengemeinschaft Jarislowsky, dessen Tod mein Vater erwähnt. Kann hatte angesichts der drohenden Deportation Selbstmord begangen.

»Über ein halbes Jahr habe ich für sie sorgen dürfen und viele anregende Stunden mit ihr plaudernd verbringen dürfen. Auch wenn es ihr noch sehr schlecht gesundheitlich ging – und um Weihnachten 1942/43 war sie recht elend [nach einem Schlaganfall] – hatte ich Zutritt zu ihr«, schrieb Erich am 16. Mai 1946 nach New York bei der ersten sich bietenden Gelegenheit, mit Käthe Riezler,[3] der einzigen Tochter Max und Martha Liebermanns, Kontakt aufzunehmen. »Bis Anfang März 1943 konnte ich mich um sie bemühen. Dann kamen die Tage der Verfolgung, da an die 10 000 Juden gefangen genommen und evakuiert wurden.«

Die 85-jährige alte Dame muss von der »Fabrik-Aktion« gehört haben, sie schickte am 4. März meinem Vater einen Rohrpostbrief: »Verehrter, lieber Herr Alenfeld, Ich bin ganz durcheinander! Die Bank hat nicht mal die kleine Summe gezahlt, ohne einen freundlichen Besuch wäre ich ohne Geld. Dazu macht man mir von allen Seiten Angst wegen Abtransport! Ich erwarte Sie sehnlich, Herr Dr. Landsberger sollte ja kommen! Bitte, bitte Antwort.«

Als der Rohrpostbrief in meinem Elternhaus eintraf, lag die alte Dame bereits im Sterben. Mein Vater hat unten rechts auf ihrem Brief vermerkt: »Abgeholt 5. III. 43 morgens! Gift genommen!« »Frau Liebermann tat, was sie immer vorgehabt hatte«, schrieb Erich in jenem ersten Nachkriegsbrief an die Tochter Käthe Riezler. »Sie nahm, wie viele andere Opfer der Nazis, Medizin zu sich und im Dämmerzustand wurde sie ins jüdische Krankenhaus gebracht, wo sie nach 5 Tagen, am 10. März, sanft entschlief, ohne das Bewusstsein wieder zu erlangen.« War die zweistündige Vorwarnung durch einen Polizeibeamten eine letzte Vergünstigung gewesen, die sie dem großen Ruf ihres Mannes verdankte, so dass sie noch rechtzeitig Veronal einnehmen konnte? Doch die Tabletten wirkten nicht sofort, und so wurde sie sterbend auf offenem »Tempowagen«, in ihren seidenen Kissen ruhend, quer durch Berlin in die Iranische Straße zum Jüdischen Krankenhaus gefahren. Kann man von einem gütigen Schicksal sprechen, dass sie nicht gerettet wurde? Andere muss-

---

3   *Käthe Riezler, geborene Liebermann (1885–1952), verheiratet mit dem Philosophen und Diplomaten Kurt Riezler (1882–1955), der im Ersten Weltkrieg an der Festlegung der deutschen Kriegsziele mitgewirkt hatte und 1917/18 für den Kontakt zur bolschewistischen Regierung in Rußland zuständig war. Riezler, seit 1927 an der Universität Frankfurt/Main, wurde 1933 entlassen, emigrierte 1938 mit Frau und Tochter nach New York, wo er Professor an der renommierten New School for Social Research wurde. Die Tochter von Kurt und Käthe, Maria (1917–1997), war mit Professor Howard B. White (1912–1974) verheiratet, der ebenfalls an der New School lehrte.*

Letzter handschriftlicher Brief der Witwe Max Liebermanns.

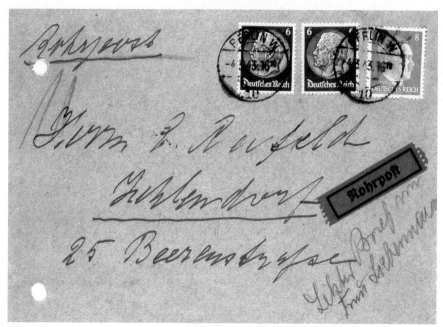

Hilferuf der 85-jährigen Martha Liebermann, per Rohrpost an meinen Vater gesandt.

ten, in Erfüllung des hippokratischen Eides, gerettet werden – ihr Schicksal hieß Deportation und Tod oder ein nächster Selbstmordversuch und Tod.

»Wir haben dafür gesorgt, daß sie ein würdiges Begräbnis erhielt«, schreibt mein Vater in jenem ersten Nachkriegsbrief vom 16. Mai 1946. »Die Beerdigung fand in Weissensee statt, weil damals die Organisation Todt[4] den Friedhof in der Schönhauser Allee innehatte und das Betreten verboten war.« So nahmen Erich und Sabine am 23. März im Kreise weniger Getreuer, die dem letzten Rabbiner der Jüdischen Kultusgemeinde, Martin Riesenburger, folgten, an der Beisetzungsfeier teil: Johanna Solf, als Vertreterin der Freunde, die selber gerade eine Verwarnung durch die Gestapo bekommen hatte,[5] die beiden Haushälterinnen Martha Lieber-

---

4 »Organisation Todt« (OT), 1938 für den Bau militärischer Anlagen gegründete Organisation. Sie war nach dem »Generalinspektor für das Straßenwesen und Generalbevollmächtigten für die Regelung der Bauwirtschaft« Fritz Todt (1891–1942) benannt. Bereits 1938 übernahm Todt die Bauleitung des Westwalls; nach Kriegsbeginn wurde die OT für Bauvorhaben in den besetzten Gebieten eingesetzt und Hunderttausende von ausländischen Zivilarbeitern, Zwangsarbeitern, Kriegsgefangenen und KZ-Häftlingen unter oft unmenschlichen Arbeitsbedingungen herangezogen – Nach Todts Tod 1942 wurde Albert Speer sein Nachfolger als »Reichsminister für Bewaffnung und Munition« und übernahm auch die Leitung der »Organisation Todt«.

5 Johanna Solf (1887–1954), Witwe des 1936 verstorbenen ehemaligen deutschen Botschafters in Japan Wilhelm Heinrich Solf (1862–1936), der sich als Hitler-Gegner mit anderen Opponenten des Hitler-Regimes im sogenannten Solf-Kreis traf. Seine Witwe führte diese Begegnungen fort, bekannt als »Frau Solfs Teegesellschaft«; die meisten Mitglieder des Solf-Kreises wurden im Januar 1944 nach Denunziation verhaftet, einige hingerichtet. Frau Solf überlebte.

manns, Marie Hagen und Alwine Walter (Marie Hagen wird von meinem Vater wiederholt in Briefen erwähnt, nie jedoch Alwine Walter),ebenso der ehemalige Amtsgerichtsrat Arthur Brass, der auf dem Friedhof Arbeit gefunden hatte, und wie gesagt meine Eltern.

Zwei Tage später verfasste mein Vater am 25. März 1943 – bei voller Namens- und Adressennennung – einen Bericht für Käthe Riezler, der mit Hilfe Johanna Solfs in Diplomatenpost außer Landes geschmuggelt wurde und auch seine Empfängerin in New York erreichte, deren Namen unleserlich gemacht worden war.

»Sehr verehrte ...

Meine Frau und ich haben uns bemüht, die Hauptteile der Gedächtnisrede des Herrn Riesenburger zur Niederschrift zu bringen. Die Anlage gibt natürlich nur einen spärlichen Widerhall des Gehörten, auch fehlt die Wirkung der Kerzen, der Blumen, die der ganzen Atmosphäre das Feierliche, Würdige verliehen. Und als wir heraustraten, da schien die Sonne und bestrahlte das Abschiednehmen. Dann folgten die uralten Sprüche des Rituals, zum Schluss das Totengebet, Kaddisch, ein Klang aus vergangenen Jahrtausenden.

Beigesetzt wurde die Verblichene in der Ehrenreihe des Weissenseer Friedhofes, weil der Schönhauser Friedhof nicht zu Bestattungen mehr benutzt werden darf. Die Organisation Todt hat die Heime und das Gärtnerhaus für Übernachtungszwecke seiner Fahrer mit Beschlag gelegt. Vom Ausgang des Krieges hängt es ab, ob der Friedhof geräumt werden muss. Dann wird sich auch entscheiden, ob es möglich sein wird, die Ehegatten zusammenzulegen. Ich werde in der nächsten Woche, mit Erlaubnis der Gemeinde, das Erbbegräbnis besichtigen, um zu prüfen, in welcher Weise die Grabstätte von Frau Liebermann mit einer Grabplatte ausgestattet werden soll. Die Wünsche, die sie in einem Testament, das sie voriges Jahr entworfen hat, festgelegt hat, sollen berücksichtigt werden.«

Bis heute leider nicht auffindbar ist die Anlage zu dem Brief an Käthe Riezler, die von meinen Eltern am 23. März memorierte Gedächtnisrede des letzten in Berlin tätigen Rabbiners Martin Riesenburger. Als ich in den späten achtziger Jahren versuchte, von meiner Mutter Einzelheiten zu erfahren, war ihr Gedächtnis durch mehrere Schlaganfälle leider so geschwächt, dass sie mir wenig zu berichten wusste und die Beisetzung Martha Liebermanns mit der von Erichs Tante Martha Schlesinger-Trier verwechselte, die ja zeitlich nicht weit auseinander lagen. Erhalten geblieben ist dagegen ein früherer Brief Martha Liebermanns, geschrieben am Vortag zum zwölften Geburtstag meines Bruders Justus am 22. Februar 1943:

»Sehr verehrter, lieber Herr Ahlenfeld [sic]! Da sind ein paar Bücher unterwegs zum Geburtstag Ihres Sohnes. Falls sie zu schwer sind, kommen sie in Etappen. Sie sollen ein Andenken sein an diese böse Zeit, aber auch ein Zeichen meiner steten Dankbarkeit für Ihre große Güte und Hilfsbereitschaft. Mit allen guten Wünschen von Herzen, Martha Liebermann« Diese vierzigbändige Gesamtausgabe von Goethes Werken blieb im Besitz der Familie meines leider bereits 1996 verstor-

Februar 1943: Martha Liebermanns Brief, in dem sie die Goethe-Gesamtausgabe als Geburtstagsgeschenk für meinen Bruder Justus ankündigt.

benen Bruders und wurde auf meine Bitte im Jahr 2005 der *Max-Liebermann-Gesellschaft Berlin e. V.* als Schenkung vermacht. Einige Bände und der dazugehörige Brief Martha Liebermanns vom 21. Februar 1943 sind heute in der Dauerausstellung der Liebermann-Villa am Wannsee zu sehen.

Am 7. Mai 1943 erschien in der Züricher *Weltwoche* ein Nachruf auf Martha Liebermann, verfasst von Walter Feilchenfeldt,[6] der die Galerie Cassirer erst in Berlin, dann in Amsterdam, und als er schließlich die Genehmigung erhalten hatte, in Zürich weiter führte. Walter Feilchenfeldt hatte sich vergeblich um die Ausreise Martha Liebermanns in die Schweiz in den Jahren 1941/1942 bemüht, als diese

Martha Liebermann, die mein Vater in ihrem letzten Lebensjahr betreute. Er kannte sie aus dem Berliner Salon seiner Tante Emma Dohme.

endlich die große Gefahr erkannt und zum Verlassen ihrer Heimat bereit war. Doch es war zu spät. Die Forderungen des Reichswirtschaftsministerium wurden immer höher geschraubt, sie war zur hilflosen Geisel geworden, während ihre Tochter Käthe Riezler, mit der Feilchenfeldt sehr befreundet war, mit Mann und Tochter Maria in New York ohnmächtig zuschauen musste, wie sich das Netz immer enger um die Mutter zusammenzog.

»DIE WELTWOCHE 11. Jahrgang/Nr. 495 – 7. Mai 1943
Frau Max Liebermann
Aus Berlin kommt die Nachricht, dass die Witwe des Malers Max Liebermann 84-jährig freiwillig ihrem Leben ein Ende machte. Über 50 Jahre hatte Max Liebermann das Kunstleben Berlins entscheidend beeinflusst, jahrzehntelang war das Haus am Pariser Platz ein geistiger Sammelpunkt aller Kunstfreunde, Max Liebermann und seine stille Gattin seine Verwalter. Dann kam die Zeit, wo der Freundeskreis sich zu lichten begann. Wilhelm von Bode und Tschudi, die grossen Muse-

---

6   *Walter Feilchenfeldt (geb. Berlin 1894 – gest. Zürich 1953).*

umsleiter, Lovis Corinth, Leistikow, August Gaul, Paul Cassirer, die Begründer der Sezession – alle sie, die Berlin zu einer europäischen Kunststadt gemacht hatten – starben, aber die Vitalität des bald 80jährigen Künstlers blieb ungebrochen. (...) Dann kam der Umbruch. Liebermann zog sich in die Einsamkeit zurück. Man versuchte vergebens, ihm die neue Zeit zu erklären. Er konnte und wollte sie nicht verstehen. (...) Bald danach verliess er diese Welt, die nicht mehr die seine war.

Er hinterliess eine Witwe, die treue Begleiterin seines Lebens, deren bewundernswerte Haltung in den Jahren schwerster Prüfung allgemein Achtung fand. Sie wollte ihre Vaterstadt Berlin nicht verlassen und lebte dort zurückgezogen, bis ihre Stellung unhaltbar wurde. Seit Dezember 1941 bewilligten ihr die Schweizer Behörden die Einreise in die Schweiz. Aber man liess sie nicht ziehen und verlangte ein hohes Lösegeld. Anfang März erschienen bei der 84-Jährigen [ein Irrtum: sie war bereits 85 Jahre alt] Frau die Häscher, um sie zu deportieren. Die halbe Stunde, die man ihr für die Vorbereitung zum Abtransport liess, benutzte sie zu dem heroischen Entschluss, ihr Leben freiwillig zu beenden und so sich selbst nutzloses Leid und ihren Freunden ohnmächtiges Zusehenmüssen zu ersparen.«

Der in Martha Liebermanns Brief erwähnte Dr. Landsberger, einer der letzten jüdischen Rechtsanwälte Berlins, nunmehr »Konsulent« betitelt und »zugelassen nur zur rechtlichen Beratung und Vertretung von Juden – Kennkarte ›J‹ a. 450 173«, der wie die meisten – »arischen« – Berliner mehrfach ausgebombt wurde, wandte sich am 30. Juni 1944 an meinen Vater: »Betr. Nachlass Liebermann: Sehr geehrter Herr Alenfeld! Sie wollten so liebenswürdig sein und bei der Deutschen Bank zum Zwecke der Rekonstruktion meiner Akten die von Frau Martha Liebermann dort zurückgelassenen Werte erfragen. – Ich bringe meine Bitte in Erinnerung.« Die Antwort ist auf dem Brief in Erichs Handschrift vermerkt: »Vermögen 14. 9. 43 eingezogen. 05205 San – 31/32643.« Gemäß der »13. Verordnung zum Reichsbürgergesetz« vom 1. Juli 1943 fiel nach dem Tode eines Juden sein Vermögen an das Reich.

Nach dem Kriege sollte sich der jetzt wieder als »Rechtsanwalt und Notar« firmierende Dr. Kurt Landsberger am 6. Mai 1946, diesmal ohne Angabe seiner Kennkarten-Nummer, wiederum an Erich wenden, der viel mit ihm zusammenarbeitete:

»Betrifft: Pflegschaft Liebermann.

Ich muss mich jetzt um die Angelegenheit Liebermann mit Rücksicht auf die Entschädigungsfrage bekümmern. – Wissen Sie vielleicht wie man Frau Riezler erreichen kann?« Landsberger war damals zum amtlichen Nachlasspfleger bestellt worden.

Im Jahre 1943 gab es noch ordentliche Taschenkalender mit einem alphabetischen Adressenteil. Unter A-D fand ich unseren ausgewanderten Kinderarzt wieder, der damals 1938 in der »Kristallnacht« am 9. November verhaftet und »nach Oranienburg«[7] geschafft worden war: Dr. Fritz Demuth. Auch er lebte wie mein Vater in einer »privilegierten Mischehe«, doch war er damals nicht rechtzeitig wie mein Vater untergetaucht. Als er nach einigen Wochen wieder nach Hause kam, saß er verschreckt und stumm in einer Zimmerecke, wollte kein Wort sagen, denn dazu hatten ihn seine Schergen verpflichtet. Ein verängstigtes, gebrochenes Wesen, das sie einzig unter der Bedingung freigelassen hatten, Deutschland mit seiner Familie sofort zu verlassen. Sie sind nach »De Meern by Utrecht« ausgewandert. Dr. Fritz Demuth hat nicht überlebt. Erst durch das Projekt »Stolpersteine«, vom Evangelischen Kirchenkreis Teltow-Zehlendorf im Jahre 2005 lanciert, erfuhr die Verfasserin von seiner vergeblichen Flucht.

Die Verlegung des »Stolpersteins« für Dr. Demuth durch den Künstler und Initiator Gunter Demnig im Dezember 2005 in der Onkel-Tom-Straße 91 in Zehlendorf und eine Abbildung seines »Stolpersteins«: »Hier praktizierte Dr. Fritz Demuth / JG. 1892 / Flucht – Holland / deportiert Auschwitz / für tot erklärt«, brachte mir diese traurige Wahrheit ans Licht.

In Sabines Kalender standen auch Adressen von Freunden, die zum Militärdienst einberufen wurden, von Freunden, die ausgebombt wurden, Adressen auf dem Lande, weit weg von bombengefährdeten Großstädten, oft nach Osten verschoben – aufs Dorf, nicht in die Lager – und so keine zwei Jahre später Flucht und Schrecken der Trecks ausgesetzt. Unter »A bis Z« lassen sich viele Schicksale erraten, auch absurde Geschichten, wie die von Sabines Wiesbadener Geigenlehrerin und Freundin Hertha Arndt, die auf ihre alten Tage (sie war bereits über Sechzig) nach Osten zur Truppenbetreuung dienstverpflichtet wurde: »Erreichbar durch Dtsche Dienstpost, Ostland. Wilna über Eydtkau, KDF Dienststelle. Hotel Italia«. Ihre Briefe aus »Ostland« sind verloren gegangen – oder nicht aufgehoben worden –, nur ein Zeitungsausschnitt blieb erhalten.

Bei jenem vergilbten Artikel handelt es sich um ein Interview der *Minsker Zeitung* (ohne Datum) mit Hans Stüwe, dem Leiter des Operntrupps, »der zur Zeit im Raume von Minsk vor den Einheiten der Wehrmacht und der Luftwaffe und in Lazaretten neben einem hochwertigen Konzertteil die komische Oper ›Die Magd als Herrin‹ von Pergolesi darbietet. (…) Dem deutschen Publikum vor allem als Film- und Theaterschauspieler bekannt, hatte er bald nach Kriegsbeginn vom Reichsamt ›Kraft durch Freude‹ die Aufforderung erhalten, seine Arbeit in den Dienst der Truppenbetreuung zu stellen. (…) Es war für uns wertvoll zu erfahren, welches Echo Hans Stüwe mit seinem Operntrupp auf seinen bisherigen Frontfahrten gefunden hat, denn gerade die Oper (…) zählt doch zu den anspruchsvollen Darbie-

---

7 »*Nach Oranienburg« wie die Berliner statt »KZ Sachsenhausen« sagten, obwohl das unter SA-Führung betriebene KZ Oranienburg bereits 1934 aufgelöst worden war, das KZ Sachsenhausen dagegen erst 1936/37 als von der SS geführtes Modell-Lager mit SS-eigenen Betrieben aufgebaut wurde.*

tungen, die im allgemeinen nicht auf eine gleich große Aufnahmebereitschaft rechnen dürfen (...). Hans Stüwe sagt, er habe viele Beweise dafür, daß mit der längeren Dauer des Krieges bei den Soldaten ein ausgesprochenes Bedürfnis und eine offene Bereitschaft für eine hohe und echte Kunst gewachsen sei. Man spüre geradezu, wie sehr der Soldat darauf wartet, innerlich mit wertvoller Kunst ausgefüllt zu werden.« Doppelter Boden. *Minsker Zeitung.* »Zwischen Minsk und Pinsk«: Im ehemaligen zaristischen Ansiedlungsrayon für Juden war das Publikum, dem Kultur und Bildung so viel bedeutet hatte, Atheisten ebenso wie Strenggläubigen, die unbeirrt ihre 613 Gebote und Verbote befolgt hatten, längst ausgelöscht. Eine unausweichbare Frage, die sich uns heute aufdrängt: Wie viele der Zuhörer in Uniform hatten die Vernichtungsaktionen miterlebt oder waren gar daran beteiligt gewesen? Und was hatte Sabines Freundin Hertha Arndt von all dem mitbekommen? Gehörte sie zu denen, die nach ihrer Heimkehr den Eltern »vom Blut, das im Osten aus den Gräbern quillt ...« erzählte, Worte die heimlich lauschende Kinderohren aufgeschnappt hatten? Die Erwachsenen wollten es nicht glauben. Und das Kind? Vielleicht meinte es, ein weiteres grausames Grimmsches Märchen gehört zu haben. Hans Stüwe ist übrigens uns heutigen Fernsehzuschauern vor allem als der große Künstler, zwischen Leidenschaft und Verzweiflung stürmisch komponierende und liebende Tschaikowsky bekannt: aus dem UFA-Film »Es war eine rauschende Ballnacht«![8] Berühmter ist allerdings bis heute dessen weiblicher Star: Zarah Leander.

»Deutschland, Heldenland! / Deutschland, viel Herzen schlagen für dich, / Und treue Liebe schwillt dir zum Strom! / Deutschland, Dir wölbt sich der Himmel zum Dom, / Und tausend Gebete bitten für Dich. / Deutschland, so hart wie der Berge Gestein / und mild wie der Wiesen sonniger Hauch; / Deutschland, o Deutschland, dir lobsinget auch / Der fremdfernen Kreuze verlorener Schein. / Deutschland, dir fielen die tapferen Recken, / Dir strömt der Tränen tröstliches Blut; / Deutschland, auf ewig wirst du erwecken / Frauen voll Sonne und Männer voll Mut! / Adolf Hauert«
        Auerbachs Deutscher Kinderkalender 1942

»An die Geheime Staatspolizei Berlin-Zehlendorf,
Staatspolizeileitstelle Berlin C 2:

Berlin den 15. Mai 1943
Ich gestatte mir ergebenst, meinen Antrag auf Zurücknahme der Kündigung meines Telephonanschlusses wie folgt zu begründen:
Ich bin Verwalter des Hauses Berlin-Zehlendorf, Beerenstr. 25, das meiner Schwester, Fräulein Dr. Hildegard Geppert, gehört. Mein Ehemann, Diplom Volks-

---

[8] »*Es war eine rauschende Ballnacht*«, *Deutschland 1939. Buch: Géza von Cziffra, Regie: Carl Froelich, Hauptdarsteller: Zarah Leander, Hans Stüwe, Fritz Rasp, Aribert Wäscher, Marika Rökk, Paul Dahlke, Leo Slezak.*

wirt Erich Israel Alenfeld, ist Testamentsvollstrecker der Adolph Jarislowsky'schen Erbengemeinschaft und mit behördlicher Genehmigung Abwickler des umfangreichen Nachlasses nach Adolph Jarislowsky (früher Bankhaus Jarislowsky & Co). In seiner Eigenschaft als Abwickler hat er viel mit Behörden, »Konsulenten« und Notaren zu tun, insbesondere mit dem Oberfinanzpräsidenten Berlin-Brandenburg / Vermögensverwertungsstelle [= Ausplünderer Nr. Eins] der die Abwicklung beaufsichtigt, ferner mit der Geheimen Staatspolizei Staatspolizeileitstelle Berlin Abt. IV. C.3., mit den Finanzämtern sowie mit dem Hausverwalter der Erbengemeinschaft, Herrn Johannes Rohrlack, Berlin. Es ist erforderlich, dass er zu jeder Zeit erreichbar ist. Im übrigen bemerke ich, dass mein von Kindheit an evangelischer Ehemann Frontkämpfer, Reserve Offizier a. D. und Inhaber des E.K. II und I sowie des schwarzen Verwundetenabzeichens ist. Zeugnisse seiner Regimentskommandeure werden beigefügt.
Berlin-Zehlendorf
Beerenstr. 25 den 15. Mai 1943 Sabine Alenfeld geb. Geppert«

Doch auch diese eindrucksvolle Auflistung hat meinen Eltern nicht wieder zu ihrem Telefon verholfen.

Dass es im Berlin des Jahres 1943 nicht nur Telefone, sondern bereits Fernsehen gab (und zwar seit den Olympischen Spielen 1936), klingt verblüffend, ist aber einem nicht gerade mit technischen Einzelheiten gespickten Kurzaufsatz der Volksschülerin Irene zu entnehmen: »Viele Fremde kommen nach Berlin. Jeden Tag treffen neue Sonderzüge ein. Es gibt in der Reichshauptstadt viel zu sehen. Gern besuchen die Fremden auch eine Vernsehstube. Das haben viele noch nicht erlebt, daß man beim Sprechen die Angerufene Person zugleich sehen kann. Einige besuchen auch Teater und Konzerte. Niemand aber versäumt, die herrliche Umgebung kennen zu lernen.«
Ein weiterer Schulaufsatz aus jenen Maientagen 1943, dessen Inhalt mit »Lob! sehr fleißig!« und einer Eins belohnt wurde, die Schrift allerdings mit Vier abgestraft, war dem NS-Heroen Albert Leo Schlageter gewidmet. »Am 26. Mai 1943 ist es 20 Jahre her«, schrieb die zehnjährige Junghistorikerin, »daß Albert Leo Schlageter auf der Golzheimer Heide bei Düsseldorf erschossen wurde. Er starb für sein Vaterland. Als 1918 der Schandvertrag von Versailles unterschrieben wurde, marschierten die Franzosen in das Rhein- und Ruhrgebiet ein. Sie misshandelten die armen Deutschen. Da sagten die Deutschen zueinander: ›Wir wollen keinem Franzosen auch den geringsten Dienst tun.‹ Wenn ein Franzose in einem Laden sich etwas kaufen wollte, so rollte der Kaufmann die Rolladen herunter und machte den ganzen Tag nicht wieder auf. Dann musste der Franzose draussen stehn und konnte sich nichts kaufen. Stieg ein Franzose in eine Strassenbahn ein, so stiegen alle Deutschen aus. Darüber waren die Franzosen sehr böse und gingen mit der Reitpeitsche auf den

213

Strassen umher. Ging man dem Franzosen nicht schnell aus dem Wege, so bekam man einfach eins übergezogen. Das mussten die Deutschen sich gefallen lassen.

Im Ruhrgebiet gewinnt man viel Kohle. Diese führten die Franzosen in grossen Güterwagen nach Frankreich. Da sagten ein paar Deutsche Männer: ›Das geht so nicht mehr weiter, wir müssen die Franzosen mal ordentlich schädigen.‹ Bei diesen Männern war auch Schlageter. Eines abends machte sich Schlageter mit einigen Kameraden auf den Weg zur Bahnstrecke zwischen Duisburg und Düsseldorf. Dort gruben sie ein Loch und legten Pulver und eine brennende Zündschnur hinein. Dann rannten sie schnell fort, denn sie wollten nicht mit in die Luft gehen. Nach einer Weile hörten sie einen Knall, das Pulver war explodiert. Schlageter sagte schmunzelnd: ›So, nun können die geehrten Herrn Franzosen mal nicht Kohle nach Frankreich fahren.‹ Leider war unter Schlageters Kameraden ein Verräter, der sagte der Polizei, dass Schlageter der Anführer gewesen war. Da wurde er vor das französische Gericht gestellt. Dieses verurteilte ihn zum Tode. Seine Freunde versuchten ihn zu befreien. Doch auch sie wurden verhaftet. Am 26. Mai 1923 wurde Albert Leo Schlageter auf der Golzheimer Heide erschossen. Dort, wo er erschossen wurde, steht ein grosses Kreuz. Freunde forderten seine Leiche. Sie begruben ihn in seiner Heimat.«

Deutschland, Heldenland – doch unbeirrbar siegreich war es nicht mehr. In Russlands unvorstellbaren Weiten erwies sich, wie sehr der oberste Feldherr Fehleinschätzungen erlegen war (und wie sehr seine »tapferen« Generale vor ihm kuschten). Die erste Zäsur hieß Stalingrad, weitere sollten folgen, Hunderttausende, nein Millionen Menschen, Militär wie Zivilbevölkerung, mussten noch ihr Leben lassen. »Wollt ihr den totalen Krieg?« hatte »Reichspropagandaminister« Joseph Goebbels am 18. Februar 1943 im Berliner Sportpalast mit überschlagender Stimme gefragt, die Anwesenden hatten »Ja« gebrüllt und »Sieg Heil!«. Wie viele Claqueure nimmt so ein Saal wohl auf? Ein ganzes Volk unterwarf sich von da an dem teuflischen Wort und seinen Folgen.

Hätte es anders reagieren können? Nicht unterwerfen wollten sich die letzten Juden des Warschauer Ghettos, nachdem schon mehr als 300 000 ins Vernichtungslager Treblinka abtransportiert worden waren: In Ehren untergehen, nicht wehrlos abschlachten lassen! Aufstand! Einen Monat brauchte die SS für ihren erbarmungslosen Kampf gegen die Aufständischen, 56 000 wurden getötet, ehe die letzten am 19. Mai 1943 mit erhobenen Händen – wir alle kennen die Bilder – aus dem gänzlich zerstörten Ghetto abgeführt wurden. Kurz darauf befahl Himmler die Liquidierung der polnischen, dann der sowjetischen Ghettos.

Die langjährige Freundin Toni Wex-Hosäus – aus einer bekannten Hamburger Rechtsanwaltsfamilie –, in deren Seefelder Häuschen Erich vor zwei Jahren noch Erholung gefunden hatte, schrieb ihm Anfang Mai: »Wie gerne würde ich sagen, kommen Sie her und erholen Sie sich wie damals im Herbst – aber ich fürchte, dass es augenblicklich wirklich keine Reisemöglichkeiten für Sie gibt! Wir müssen auf den Herbst hoffen – ich bin ja trotz allem in Bezug auf ein baldiges Ende optimistisch – es muss und wird zu irgend einem Schluss kommen, die Finnen und Italiener werden den Anfang machen! Und wenn die Lawine erst einmal rollt, wird sie auch die Unentschlossensten mitreissen! In Tunesien sind die Kämpfe wohl härter als man gedacht hat, aber das Ende ist doch schon sichtbar! (...) Ängstliche Gemüter sprechen von der Grenze am Brenner und dass wir hier Kriegsgebiet werden und Bekanntschaft mit den Engländern und Amerikanern machen werden! Ich glaube vorläufig nicht so recht daran, ich glaube es gibt bequemere Einfallstore für die zweite Front!«

Im vierten Schul- und Kriegsjahr konnte die Volksschülerin Irene nur anfangs noch tolle U-Boot-Siege von der Tafel abschreiben: Im Februar 1943 versenkten deutsche U-Boote vom Atlantik bis zum Indischen Ozean 380 000 BRT (Bruttoregistertonnen), im März 590 234 BRT. Dann ging es abwärts. Den Engländern war es gelungen, den deutschen Funkcode zu knacken. Hohe Verluste zwangen Großadmiral Dönitz[9] die sogenannte »Schlacht im Atlantik« abzubrechen (später sollte ihm eine noch bedeutendere, wiederum negative Rolle zufallen: Er wurde letztes Staatsoberhaupt des »Dritten Reiches« nach dem Selbstmord Hitlers am 30. April 1945. Wenige Tage später blieb ihm nur noch übrig, die Kapitulation der Wehrmacht in Reims am 7. Mai und in Karlshorst am 8. Mai 1945 zu akzeptieren). Freilich bedeutete diese Niederlage 1943 keineswegs das Ende des U-Boot-Krieges. Doch die Siegesserie mit Rekordzahlen an versenkten Bruttoregistertonnen war gebrochen – und die alliierten Verluste wurden bei weitem von der gigantischen Zahl amerikanischer und britischer Schiffsneubauten übertroffen.

Das im Schulheft zwischen Grammatikübungen, bei denen es »Tatform« und »Leideform« zu unterscheiden galt, in Schönschrift eingetragene »Gebet« zeigt einmal mehr, wie sehr schon Viertklässler ideologisch abgerichtet wurden. Allerdings scheint das Gebet von nun an mehr in der »Leideform« (Passiv) erhört worden zu sein:

»Gott, segne die Arbeit und unser Beginnen / Gott, segne den Führer und diese Zeit! / Steh uns zur Seite, Land zu gewinnen / Deutschland zu dienen mit all unsren Sinnen! / Mach uns zu jeder Stunde bereit!«

Auch über das »Afrika-Korps« gab es nicht mehr viel Positives zu vermelden. Rommel, der Held deutscher Wochenschauen und deutscher Schulklassen, wurde

---

9   *Karl Dönitz (1891–1980), Großadmiral (31. 1. 1943), Oberbefehlshaber der Kriegsmarine als Nachfolger Raeders. Hitler treu ergeben und von diesem testamentarisch zum Nachfolger als Reichspräsident ernannt. In Nürnberg zu zehn Jahren Haft wegen »Verbrechen gegen den Frieden« verurteilt. Erich Raeder (1876–1960). Seit 1. 1. 1935 Oberbefehlshaber der Kriegsmarine, Befürworter der Hitlerschen Aufrüstung. 1. 4. 1939 Großadmiral. Bruch mit Hitler über dessen Bevorzugung der U-Boot-Waffe. 30. 1. 1943 durch Dönitz abgelöst. 1. 10. 1946 lebenslängliche Haft im Nürnberger Hauptkriegsverbrecherprozess. 26. 9. 1955 Entlassung aus gesundheitlichen Gründen.*

bereits im März 1943 von Hitler abberufen, zu oft hatte er seine Zweifel am »Endsieg« in Afrika geäußert; ohne den »Wüstenfuchs« sollten sich die Kämpfe um den »Brückenkopf Tunesien« noch bis Mitte Mai hinziehen. Dann war für 130 000 deutsche und 120 000 italienische Soldaten der Krieg beendet und eine längere Gefangenschaft in britischen und amerikanischen Lagern begann, die freilich nichts gemeinsam hatte mit dem Schicksal sowjetischer Kriegsgefangener in deutschen Händen. Den »Freien Franzosen« dagegen schlug eine Glücksstunde: General Leclercs tapfere Wüstentruppen und andere Einheiten, die auf Seiten der Alliierten gekämpft hatten, wurden in Tunis überschwänglich gefeiert. Dass General Giraud eine andere Richtung vertrat, als er am 12. Mai 1943 als »ziviler und militärischer Oberkommandierender in Nordafrika« an den Siegesfeierlichkeiten teilnahm, war der tunesischen Bevölkerung nicht recht klar. Die Auseinandersetzungen zwischen Gaullisten und Girardisten sollten weitergehen.

Gestorben wird zuletzt.

»Jetzt wartet alles auf die Festsetzung des neuen (?) Kurses«, hatte Erich am 21. März 1943 an seine Schwägerin Nana (Anneliese Völker) geschrieben. »Man versprach viel, ob man es halten wird?«

Bereits Anfang Juni 1943 stellte sich jedoch heraus, daß Erichs Freunde schlecht informiert gewesen waren. Die Verhandlungen über Zwangsehescheidungen liefen seit Wochen weiter. Die Gerüchteküche brodelte: Es sollten nur Ehen ohne Kinder betroffen sein; alle Ehen sollten geschieden, somit die jüdischen Partner vogelfrei werden; die »Mischlinge« sollten nicht berührt, sondern dem »arischen« Teil zugeschlagen werden. Ausnahmen sollte es geben für die Ehen, die vor dem 1. November 1918 geschlossen, und für militärische Verdienste. (Hatte Erichs Schwester Carla nicht ihren Hauptmann Karlernst [Pohl] im Mai 1918 geheiratet? Waren sie noch einmal davongekommen?)

»In meiner Gegenwart wurde mit einem Geheimrat vom Auswärtigen Amt telephoniert. Dieser berichtete, dass der erste Weg bereits beschritten sei. Die Vorlage ist von Bormann, Parteikanzlei, zu Lammers, Reichskanzlei, hinübergewandert. Dort ruht sie vorläufig. Die Ressorts bemühen sich, den Entwurf auf Eis zu legen. (…) Der Geheimrat steht auf dem Standpunkt, dass Hitler noch nicht zugestimmt habe und dass die Chance 50 zu 50 stehe. Die Herren von v. Heinz, Tecklenburg [»arisiertes« *Bankhaus A. E. Wassermann*] bemühen sich, morgen weiteres zu hören. Keinesfalls ist es erforderlich, zur Zeit sich mit Todesgedanken zu befassen«, schrieb Erich seiner Schwester Carla und ihrem Mann Karlernst am 2. Juni, »eher muss man dem Gedanken nähertreten, sich unsichtbar zu machen. Unter Umständen heisst es, diese Pläne zu durchdenken. Auf alle Fälle sieh zu, dass Du einen

Postausweis[10] bekommst. Man kann nicht wissen, wozu das gut ist.« Und dann empfahl sich Erich seiner Schwester: »Nun lebt wohl, keine Verzweiflung, bevor es not tut. Und dann wird auch noch überlegt, was man machen kann. Gestorben wird zuletzt.«

Im selben Brief hatte Erich erwähnt: »Von Freunden hörte ich, dass Churchill bereits in Gibraltar war und die amerikanischen, englischen und französischen Generäle um sich versammelt hat. Er ist jetzt abgeflogen, Ziel unbekannt. Im übrigen hat sich die französische Flotte mit der engl. Flotte vereinigt. Sonst geht das Rätselraten weiter, wo die Offensive beginnen wird.«

Die Antwort lautete: In Sizilien.

Es war Italien, das, lange vor Finnland, ins Trudeln kam: Mussolinis Herrschaft wurde am 10. Juli 1943 durch die Landung amerikanischer und britischer Streitkräfte unter dem Oberbefehl General Eisenhowers im Südosten Siziliens erschüttert – oder kam nur zu Tage, was lange im Verborgenen gegärt hatte? Mussolini bot am 25. Juli König Viktor Emanuel seinen Rücktritt an. Der ließ ihn verhaften und ernannte Marschall Badoglio zum neuen Ministerpräsidenten. Dieser versprach zwar, den Krieg an Hitlers Seite fortzusetzen – doch der »Führer« witterte den Abfall seines »Achsenverbündeten«. Und nicht zu Unrecht: Badoglio unterzeichnete Anfang September einen Waffenstillstand mit den Alliierten! Anlass genug für die Deutschen, das Land zu besetzen und ihren bisherigen Kriegspartner zu entwaffnen. Aus Freundesland wurde Feindesland. Im deutschen Machtbereich kam es zur Bildung einer italienisch-faschistischen Gegenregierung. Bis allerdings die »zweite Front« der Alliierten am Brennerpass stand, sollte noch viel Zeit, allzu viel Zeit vergehen, und sollten noch Millionen Menschen ihr Leben verlieren – in den Konzentrationslagern, in den Kämpfen an den zahlreichen Fronten wie auch bei den Bombenangriffen auf industrielle und zivile Ziele. Nur die Krematorien von Auschwitz wurden verschont. Warum?

Ob der Wille zum Überleben voraussetzt, ausreichende Kräfte zum Ertragen des großen Spannungsbogens zwischen alltäglichem Leben und plötzlichen Einbrüchen unmittelbarer Bedrohung, aufbringen zu können? Wer keinerlei Spannung mehr empfindet, hätte keine Chance zum Überleben? In Erichs Leben hatten die Spannungen, von unserer heutigen Warte aus gesehen, den Zerreißpunkt längst erreicht. Wie konnte man ertragen, tagtäglich übelste Nachrichten, Geschichten von Verfolgung, Verschleppung, Folter und Tod zu hören, am Abgrund zu stehen, und dennoch sein Alltagsleben weiterführen?

In ein- und demselben Brief schreibt Erich am 5. Juli 1943 vom Blaubeerpflücken im Kiefernforst, Wandern um den Wandlitzsee, und gleich darauf von der Verschleppung der »Mischehejuden« in Frankfurt am Main:

»Ich hatte heute Besuch von Marie Hagen [Martha Liebermanns Wirtschafte-

---

10 Der Postausweis konnte dem Untergetauchten als neutrales Identifizierungspapier dienen, da nicht mit dem für die Kennkarte obligatorischen Aufdruck »J« (Jude) versehen.

217

rin], ferner von dem Bekannten von Schlöttkes [Cousinen 2. Grades von Sabine], dem Anwalt aus Frankfurt a. M. Es sind also tatsächlich in Frankfurt Mischehejuden fortgeschleppt, in der Stadt aber nicht alle, dagegen auf dem Lande mehr oder weniger alle. Einige sollen in den letzten Tagen zurückgekehrt sein. Die andern sollen nach Auschwitz gebracht sein. Im Gesetzesblatt ist eine neue 13. V. O.[11] zum Reichsbürgergesetz erschienen. Juden können nicht mehr vererben. § 2 sagt: Nach dem Tode eines Juden verfällt sein Vermögen dem Reich«, schreibt Erich an Sabine, die ein letztes Mal die Ferien mit den Kindern auf Hiddensee verbringt. »Das Reich kann jedoch den nichtjüdischen Erbberechtigten und Unterhaltsberechtigten einen Ausgleich gewähren. Im § 1 heißt es: ›Strafbare Handlungen von Juden werden durch die Polizei geahndet.‹ Also kein Gesetz und kein Richter für Juden in Strafsachen. Also die Legalisierung eines bereits bestehenden Zustandes. Man muss nun die Ausführungs- und Ergänzungsbestimmungen abwarten.«

Zwei- und dreifache Portionen verschlang Erich in seinem Lieblingslokal *Bollenmüller*[12] – und magerte dabei zum Skelett ab. Nachschub für die Nerven. »Der gestrige Heeresbericht war interessant«, schrieb er in seinem nächsten Brief am 7. Juli. »Ob da jetzt ein Russenangriff erfolgt? Oder sollte es nur eine Umschreibung dafür sein, dass ein deutscher Angriff gescheitert ist? Freund Z. hat heute Mittag bereits gehört, dass Deutsche einige Dörfer genommen haben, laut russ. Bericht über 1 000 Panzer, 350 Flugzeuge verloren und etwa 10 000 Tote gehabt haben. Soeben geht Heeresbericht ein. Wer lügt mehr? (…) Das Fernsprechverrechnungsamt wollte von uns 16,- RM für Abholen des Apparates. Ich bat um Rechnung, darauf gab man mir nur die Nummer des Apparates an. Ich werde morgen telefonieren. Das ist doch der Gipfelpunkt der Frechheit! Da ich rechtlos bin werde ich nichts ausrichten können, auch wenn Du der Inhaber bist.

Ich telefonierte heute von Jaekels aus [dem alten Konsistorialrat und Frau in der zweiten Doppelhaushälfte, unsere Nachbarn]. Frau Jaekel erzählte mir, dass in diesen Tagen die evang. Kirche in Lichterfelde geschändet worden sei: Die Altarstufen seien mit Kot besudelt worden, ein Christusbild durchstochen, in der Sakristei hat man die Vorderbeine eines Schrankes abgesägt. Als die Küsterfrau an den Schrank fasste, fiel er ihr auf den Kopf, sie liegt noch verletzt danieder! Soll man sich noch über irgend etwas wundern?

11 »Dreizehnte Verordnung zum Reichsbürgergesetz« vom 1. Juli 1943 (in Auszügen):
§ 1 (1) Strafbare Handlungen von Juden werden durch die Polizei geahndet. (…) § 2 (1) Nach dem Tode eines Juden verfällt sein Vermögen dem Reich. (2) Das Reich kann jedoch den nichtjüdischen Erbberechtigten und Unterhaltsberechtigten, die ihren gewöhnlichen Aufenthalt im Inland haben, einen Ausgleich gewähren. (…) § 3 Der Reichsminister des Innern erlässt im Einvernehmen mit den beteiligten Obersten Reichsbehörden die zur Durchführung und Ergänzung dieser Verordnung erforderlichen Rechts-und Verwaltungsvorschriften. Hierbei bestimmt er, inwieweit diese Verordnung für Juden ausländischer Staatsangehörigkeit gilt. (…).«

12 »Bollenmüller«, damals ein Restaurant in Berlin-Mitte, Mittelstr. 37, nahe Dorotheenstädtische Kirche, parallel zur Dorotheenstraße (Gebäude zerstört, heute Deutscher Bundestag / Neubau).

Das einzige, was einen wundern kann, dass es noch immer Millionen Dumme gibt und selbst dies ist nicht erstaunlich, weil 1. der Mensch von Natur aus dumm ist und 2. die Propaganda die Dummen noch dümmer gemacht hat. Dazu noch der 3. Umstand, dass so viele ihren Nutzen haben und deshalb mitmachen, zum Teil gegen ihre bessere Erkenntnis. Von innen heraus kann keine Besserung erfolgen. Ceterum censeo: [die letzten Worte sind tiefschwarz durchgestrichen, vermutlich von meiner Mutter].«

Noch ohne das Ausmaß der neuen Gefahr zu erkennen, äußerte sich Sabine am 7. Juli mit der Vermutung: »Die neue V. O. zum Reichsbürgergesetz ist böse. Hängt die Aburteilung ohne Gericht damit zusammen, daß es keine Konsulenten mehr gibt? Hast Du was von Hamburger gehört?« Goebbels hatte Berlin am 19. Juni 1943 für »judenfrei« erklärt – die »Reichsvereinigung der Juden« war mit Wirkung zum 10. Juni 1943 aufgelöst worden und am selben Tag hatte die Gestapo die letzten Angestellten der Jüdischen Gemeinde in ihren Büros in der Oranienburger Straße informiert, dass die »Jüdische Kultusvereinigung zu Berlin« aufgehört habe zu existieren, nachdem sie bereits am 29. Januar 1943 ihre Selbständigkeit durch Zwangsfusion mit der »Reichsvereinigung« verloren hatte, und verhaftete sogleich alle diejenigen, die nicht durch »Mischehestatus« geschützt waren. Bis zum 16. Juni durften sie noch in Berlin bleiben: Im Sammellager Große Hamburger Straße; dann erfolgte die Deportation nach Theresienstadt. Doch das bedeutete keineswegs, dass es in Berlin danach kein jüdisches Leben mehr gab.

Im nächsten Brief vom 12. Juli berichtete mein Vater: »Am Sonnabend ist nun die erwartete Landung auf Sizilien erfolgt. Man erzählte mir, dass Roosevelt eine Note an den Papst gerichtet habe, indem er ihm davon Kenntnis gibt, dass die englisch-amerikanischen Truppen nunmehr in Italien gelandet seien, sie haben strengsten Befehl die heilige Stadt zu schonen, dasselbe gilt für die päpstlichen Güter in Italien. Nun muss man abwarten, was die nächsten Wochen bringen.«

Sabines Mahnung: »Tu mir einen Gefallen, und äußere Dich nicht nochmal schriftlich in so eindeutiger Form; ich kann solch einen Brief doch nicht hier aufheben und ich vernichte Deine Briefe so ungern! Wir beide wissen doch wie wir denken«, befolgte Erich dabei keineswegs. Er schrieb: »Die vorgesehenen Ergänzungsbestimmungen sind noch nicht erschienen. Die Ahndung von Straftaten mit dem Fehlen von Konsulenten in Verbindung zu bringen, dürfte abwegig sein. Erstens gibt es noch einige hier und anderswo. Zweitens hat man doch schon seit Jahren die Praxis geübt. (…) Nein, es handelt sich nur um Sanktionierung eines bestehenden Zustandes. Warum gerade jetzt die Legalisierung erfolgte, ist mir und meinen Freunden unbekannt. Hamburger[13] ist vor etwa 10 Tagen fortgekommen, mit ihm der frühere Kollege

---

13   Dr. Georg Hamburger (geb. Berlin 1891 – gest. Theresienstadt 1944), Rechtsanwalt und Notar. Evangelischen Glaubens, bis 1932 Vorstandsmitglied der Rechtsanwaltskammer Berlin. Arbeitete eng mit meinem Vater in Angelegenheiten der Adolph Jarislowsky'schen Erbengemeinschaft

von A. E. W. [*Bankhaus A. E. Wassermann*], den ich kürzlich im [Jüdischen] Krankenhaus getroffen hatte. Morgen erfahre ich Neues über diese Dinge, da ich Herrn Wolfski[14] im Krankenhaus, seinem Amtssitz, wegen der Abwicklung Bernheim [Erbengemeinschaft Jarislowsky] spreche.« Und konnte sich nicht verkneifen, in einem PS vorzuschlagen: »Könnte man nicht Briefe mit ›gefährlichem‹ Inhalt im verschließbaren Koffer aufbewahren? Auch die Handtasche ist wohl verschließbar. Warum solche unverständlichen Bedenken?«

Das Jüdische Krankenhaus in der Iranischen Straße war zusammen mit dem jüdischen Friedhof in Weissensee die letzte Bastion jüdischen Lebens in Berlin – und, man muss wohl sagen, in Deutschland. Allerdings war der Krankenhauskomplex von der Gestapo besetzt und durchsetzt: Im Krankenhaus selber gab es eine Polizeistation, die letzten Deportationsopfer wurden dort wie in einem Gefängnis untergebracht, die zum Abtransport bestimmten aufgegriffenen Illegalen in einem Sammellager. Im Verwaltungstrakt des Hauses hatte die auf Anordnung der Gestapo sogleich wiedergegründete »Neue Reichsvereinigung der Juden in Deutschland« ihre Büros, und schließlich und endlich entsprach das Jüdische Krankenhaus auch seiner eigentlichen Berufung: Der Pflege und Heilung von Kranken, soweit diese noch nicht deportiert waren, und übte diese bis zum Tage der Befreiung aus.

Dies also war der Amtssitz von Herrn Wolffsky, bei dem mein Vater offensichtlich aus beruflichem Anlass, Abwicklung beschlagnahmter Vermögen, aber auch zum Informationsaustausch verkehrte.

»Hoffentlich dauert es nicht zu lange, denn einmal muss mein Ritt über den Bodensee beendet werden«, schrieb Erich am 15. Juli 1943 an Sabine. »Was sagst Du zu Sizilien? Katania vermutlich bereits gefallen. Geht es so weiter, so werden die Engländer bald Messina einnehmen und damit den Rückweg zum süditalienischen Festland sperren. Die Verluste waren zu erwarten. Die Erfolge wiegen das auf. Alle Welt spricht von dem kommenden Zusammenbruch Italiens. Wenn es einträfe, welcher Triumph für den Säufer und Idioten Churchill. Welche Möglichkeit aber für die weitere Kriegsführung! Im Osten ist auch nach anfänglichen Erfolgen ein gewisser Rückschlag erfolgt. Auch die Nachbarin [Frau Schaub] gab zu,

zusammen. Als »Konsulent« war er noch am 22. Mai 1943 für dieselbe tätig (Schreiben an den Oberfinanzpräsidenten Berlin-Brandenburg, »Vermögensverwaltung«). Seine Vermögenserklärung datiert vom 21. Juni 1943, Sammellager Große Hamburger Straße 26. Deportation mit dem 93. Alterstransport vom 30. Juni 1943 nach Theresienstadt. Vgl. Simone Ladwig-Winter »Anwalt ohne Recht – Schicksal jüdischer Rechtsanwälte in Berlin nach 1933«, Berlin 1998.

14 Adolph Wolffsky lebte wie mein Vater in einer »privilegierten Mischehe«, deshalb wurde er nicht mit seinen Kollegen am Amtssitz der Jüdischen Kultusvereinigung am 10. Juni 1943 von der Gestapo verhaftet. Er arbeitete weiterhin für die »Neue Reichsvereinigung der Juden in Deutschland«, die nunmehr im Jüdischen Krankenhaus untergebracht war. Er überlebte und wanderte nach dem Krieg mit seiner Frau nach Australien aus.

dass natürlich wir eine Offensive begonnen haben, um dem Gegner zuvorzukommen. Das Zeitungsgewäsch ist eitle Propaganda. Genau so gut wie die Gerüchte, wir hätten die Engländer nach Sizilien hereingelassen, um sie besser heraussetzen zu können.«

Mit Verblüffung liest man Erichs abschätzige Bemerkung. War Churchill nicht der Retter aus der Not? Oder zitierte Erich ironisch Adolf Hitler, der den britischen Premier einst so bezeichnet hatte? Wusste Erich durch die Auslandssender um die Meinungsverschiedenheiten zwischen Engländern und Amerikanern über eine zweite Front? Stalin hatte an der Konferenz von Casablanca Mitte Januar 1943 nicht teilgenommen, um die Zeit tobte der Kampf um Stalingrad, erst am 2. Februar kapitulierten die letzten Reste der 6. Armee unter Generalfeldmarschall Paulus: Die Deutschen waren nicht mehr unbesiegbar! So wurde die von Stalin gestellte Forderung einer zweiten Front zur Entlastung umso dringlicher. Die Amerikaner waren für baldige Landung in Frankreich, Churchill war für einen Überraschungsangriff auf die Achillesferse Europas: Italien, um von dort aus später auf dem Balkan Verbindung mit der Roten Armee herzustellen und Hitlers »Drittes Reich« vom Süden her gemeinsam anzugreifen. Und der (spätere) vierte Alliierte: Frankreich? Das »Freie Frankreich«, *La France Libre*, vertreten durch General de Gaulle, und der von den Amerikanern favorisierte General Giraud, waren durchaus mit sich selbst beschäftigt, der Kampf um die Führungsspitze tobte noch. Zumindest wurde jedoch die Eingliederung der französischen Einheiten, die in Afrika gegen das Hitler-Regime kämpften beziehungsweise Vichy erst einmal den Kolonialbesitz in Französisch-Afrika entrissen hatten, in die alliierten Streitkräfte von Churchill und Roosevelt beschlossen. Churchill also hatte sich vorerst durchgesetzt – doch wie lange würde es noch dauern, ehe das Grauen ein Ende fände, das Grauen der Verfolgungen wie der Bombardierungen?

Von nun an trafen Postkarten bei Erich und Sabine ein, da wurde froh das gute Wetter, das sich im Süden so ausdauernd hielt, erwähnt; da lächelte man sich verstohlen bei diesem und jenem Bekannten zu – und wusste doch um den hohen Preis, der vor dem Aufatmen zu zahlen war. Und litt unter der Zerstörung der Heimat wie jeder andere auch, der allein von Kampf und Bomben bedroht war. Wenn Erich bei Kriegsbeginn noch unter seinem Ausschluss von Armee und »Vaterlandsverteidigung« – wie auch er diesen Krieg aus alter Gewohnheit bezeichnete – gelitten hatte, so waren ihm doch längst stärkste Zweifel gekommen, dank der nächtlichen Sendungen wie dank alldem, was ihm von Freunden, Nachbarn, Kolportagen in Amtsstuben, kurz der Gerüchteküche, über die Art dieses Krieges und die Vernichtungsaktionen vor allem im Osten zugetragen wurde.

Im selben Brief vom 15. Juli berichtete er nach Hiddensee: »Unangenehmes habe ich nicht zu berichten. Allerdings war Lindemann wieder einmal bei mir, ziemlich erregt. Er wollte vom Innenminist. die Information haben, dass die

13. V. O. bezgl. der Ahndung strafbarer Handlungen nicht nur formale Bedeutung habe, sondern an Stelle des vorläufig gescheiterten Gesetzesentwurfes für Ehescheidung getreten sei, um auf kaltem Wege zum gleichen Ziel zu gelangen. Siehe Gau Hessen [Verschleppung der »Mischehejuden«]. Möglich ist das. Er wollte auch wissen, dass es zur Zeit nur ruhig sei, weil die Beamten auf Urlaub seien. Es soll auch der berüchtigte Wiener Brunner[15] wieder hierher kommen. Wolfski wusste davon nichts. Ich werde nun abwarten, was meine Bekannten in Erfahrung bringen. Ich werde nächste Woche mit dem Grafen [Bernstorff] auf alle Fälle eine Unterredung führen, um für den Fall der Fälle gewisse Verabredungen getroffen zu haben, ebenso werde ich mich mit Sehmer in Verbindung setzen. Sicher ist sicher. Ich bezweifle nicht, dass es in der Partei radikale Strömungen gibt, die mit Freude den Verlauf des Krieges benutzen, um die Frage zur Gänze zur Lösung zu bringen. Es gibt aber auch andere Richtungen.

Lindemann steht aufgrund früherer Parteizugehörigkeit – er war Socialdemokrat – auf der schwarzen Liste. Er ist in Falkensee auch viel exponierter als wir in Berlin. Er will seine Frau schon jetzt verschwinden lassen. Im übrigen hat der Schwiegervater sich vor wenigen Tagen das Leben genommen.«

Im selben Brief schilderte Erich seinen Besuch bei einer in »Mischehe« lebenden Jüdin: »Die Bekannte von Frau Liebermann traf sich Dienstag mit mir bei einer Baronin Scharfenberg. Er früher Gardekürassier, Figur wie Philipp [Lüders], sie versehen mit schönen dunklen Augen, lag hingegossen im grünen Schleiflackbette. Man trank dort Tee, der Baron assistierte. Sie wollte gern informiert sein, war aber schon so gut im Bilde. Ihr Mann hatte kürzlich einen Bekannten von Bormann[16] gesprochen, der unsere Lage durchaus nicht ungünstig beurteilte. Er wird ihn dieser Tage wieder sehen und danach fragen, was er von den Lindemannschen Behauptungen hält. Sie hat mich um weiteren Besuch und Fühlungnahme gebeten, was ich gerne acceptierte. Denn in schöne

15 Alois Brunner (geb. 1912, lebt vermutlich bis heute in Damaskus), SS-Hauptsturmführer, Eichmanns Stellvertreter, war wieder verfügbar: Seine Mission in Thessaloniki hatte er »vorbildlich« ausgeführt. 46 091 Juden wurden zwischen dem 15. März und dem 18. August 1943 nach Auschwitz deportiert, die meisten sofort nach ihrer Ankunft umgebracht. Von 2. 7. 1943 bis 17. 8. 1944 Kommandant des Durchgangslagers Drancy bei Paris.

16 Martin Bormann (1900–1945), Kontakt zu Geheimbünden in der Weimarer Republik. 1927 Eintritt in NSDAP und SA. 1933 Stabsleiter von Rudolf Heß, praktisch Chef des Parteibüros. 1941 nach dessen Flug nach Schottland Nachfolger als »Leiter der Parteikanzlei, 1943 »Sekretär des Führers«. Diesem bedingungslos ergeben, fanatischer Vollstrecker des NS-Rassenprogramms. 1946 in Nürnberg in Abwesenheit zum Tode verurteilt. Seine Leiche wurde am 7./8. 12. 1972 zweifelsfrei identifiziert: Er ist am 2. 5. 1945 in Berlin gestorben. Rudolf Heß (1894–1987), Politiker. Beeinflusst von der rechtsradikalen »Thule-Gesellschaft«. 1920 NSDAP, Teilnahme am »Hitler-Putsch« 1923, seit 1927 Privatsekretär, ab 1933 Stellvertreter Hitlers als »Parteiführer im Ministerrang«. 10. 5. 1941 Flug nach England, über Schottland Absprung mit dem Fallschirm, von Hitler für geisteskrank erklärt, von den britischen Behörden interniert. In Nürnberg zu lebenslanger Haft verurteilt. Nach 41-jähriger Haft Selbstmord 1987.

Augen zu sehen, ist stets eine Freude. (…) Übrigens muss die Baronin Kartoffel schälen, was eine alte NierenErkrankung wieder angefacht hat. Frau Messel[17] wusste auch von einer Reihe von Damen, die solches und ähnliches machen müssen.«

In diesem Sommer 1943 hatte Sabine vergeblich versucht, auch für Erich einige Erholungstage auf Hiddensee zu arrangieren. So erhielt sie weiterhin seine Briefe aus Berlin, die genügend Anlass zur Beunruhigung im bukolischen Hiddensee gaben. Zitieren wir aus seinem Brief vom 18. Juli: »Ich hatte letzthin Aufregung. Am Freitag rief Scheurmann [befreundeter Bankier, Besitzer des Berliner *Bankhauses Scheurmann*] an und bat mich zu sich. Er wollte von dem ihm befreundeten Speditör Sch., der die ganzen JudenAbholungen durchgeführt hatte, wissen, dass in der kommenden Woche eine Aktion geplant sei und bat mich, näheres bei meinen Freunden zu erfahren. Ich eilte zu Steiniger[18] und dann zu Wolfski im Krankenhaus. Nirgends war etwas bekannt. Von Evakuierungsplänen war W. ebenso wenig zu Ohren gekommen wie von sonstigen Plänen der Aufsichtsbehörde. Wohl war ihm bekannt, dass seit Tagen von dem Kataster Listen der Mischehen ausgearbeitet werden und dass Gerüchte über Umsiedlung von Juden innerhalb Berlins aufgetaucht sind, die zum Teil bereits in der Stadt kolportiert würden. Wolfski hielt letzteres nicht für ausgeschlossen, zumal im Rheinland Juden aus Mischehen obdachlos wären, die dort nicht unterzubringen seien. Ob sich nun die erwarteten Massnahmen gegen diese Juden oder auch gegen Berliner Juden richten sollten, wusste er nicht. Auf alle Falle glaubte er nicht an Evakuierung, da die massgebenden Kreise erklärt hätten, dass diese Aktion abgeschlossen sei.

Am Sonnabendnachmittag erklärte mir dann Scheurmann, dass diese Version richtig sei. Es handle sich, wie er inzwischen von Sch. gehört habe, um eine Umsiedlung der Mischehen ohne Kinder (mit Stern). Sie sollen nach den Stadtbezirken Mitte und Prenzlauerberg umgesiedelt werden, d.h. nach den Wohnvierteln nördlich der Linie Oranienburger Tor, Hackescher Markt, Alexanderplatz und östlich davon, ob in Wohnung oder in Baracken, das ist nicht bekannt. Das betrifft etwa 4 000 Menschen (etwa 2 000 Ehen), darunter die bekannten Konsulenten. Dass dieses nicht auf einmal durchzuführen ist, ist klar, sofern nicht Massenquartiere geschaffen werden und die Wohnungen mit Inhalt fortgenommen werden. Wir werden bald wissen, wie es sich abspielt. Wir sind nun wieder gerettet. Du kannst Dir vorstellen, welcher Schock es vorübergehend war.«

»Eine Mauer um uns bau, daß dem Feinde davor grau.« So hatte das Kind in einer Niederschrift im Herbst 1942 geschrieben. Im Grunde gab es diese Mau-

---

17 *Elsa Messel geb. Altmann (1871–1945), Witwe des berühmten Architekten Alfred Messel (1853– 1909); mein Vater Erich hatte sie vermutlich während seiner Banklehre zwischen 1910 und 1912 in Berlin im Salon seiner Tante, der Geheimrätin Emma Dohme kennen gelernt.*

18 *Dr. jur. Peter A. Steiniger, Schriftsteller, Hortensienstraße 63, Lichterfelde (am Botanischen Garten), vgl. Amtliches Fernsprechbuch Berlin 1941.*

er schon seit langem. Ob sie schützte, ist die Frage; dass sie trennte zwischen denen, die wussten um all die schrecklichen Begebenheiten und den anderen, die nicht betroffen waren, die nicht wussten oder nicht wissen wollten, ist Tatsache.

Bevor er meiner Mutter die überstandene Gefahr beschrieb, hatte Erich in seinem Brief vom 18. Juli eine Predigt unseres Pfarrers Dilschneider von der Pauluskirche in Berlin-Zehlendorf geschildert: »Ich habe heute Ruhetag gemacht, aus seelischen und körperlichen Bedürfnissen heraus. Kurz vor 9 Uhr stand ich auf, kurz von ½ 10 Uhr frühstückte ich. Im Anschluss daran ging ich zur Kirche, hörte eine mutige Predigt von Pfarrer Dilschneider und nahm dann das Abendmahl. Dilschneider sprach über den Römerbrief Kapitel 13: Gebt dem Kaiser, was des Kaisers ist und Gott, was Gottes ist. Er benutzte ein Lutherwort, das dieser 1522 gebrauchte als der Kurfürst von Brandenburg, der Herzog von Sachsen und der Herzog von Bayern das Neue Testament in Deutscher Sprache in ihren Ländern verboten, wobei wir hörten, dass die Deutsche Bibelgesellschaft in diesen Tagen geschlossen wurde. Dieses Wort liess an Deutlichkeit nichts zu wünschen übrig und wünsch ich jedem Deutschen den Mut, den ein einfacher Prediger als selbstverständlich betrachtet. Mit etwa dreissig Männern und Frauen (…) nahm ich dann an der Feier des Abendmahls teil. Bewegten Herzens stand ich da und, wie ich bemerkte, auch mein Nachbar, ein älterer Gefreiter der Luftwaffe. Was ihn bewegte, konnte ich nur erraten. Ich selber war von Dank erfüllt, dass wieder eine Gefahr an mir vorübergegangen ist und dieses Gott gegenüber zum Ausdruck zu bringen, war mir Bedürfnis.«

Dass Erich nicht widerstandslos seinem Schicksal ausgeliefert sein würde, zeigte ihm an jenem Schocktag ein abendliches Gespräch im Tiergarten mit seinem alten Freund Sehmer, mittlerweile Chef der Siemens Reiniger Werke, zugleich »Leiter des Rings der elektromedizinischen Werke Großdeutschlands« und als solcher Verhandlungspartner mit den höchsten Dienststellen im »Reich«: »Höchster Gegenkontrahent der Chefarzt des Führers, Dr. B. [Dr. Brandt][19] auf dem Berghof! Er war dort mehrfach. (…) Er sieht den Zusammenbruch in spätestens einem Jahre, womöglich früher. Die Wirtschaft kann die engl. Angriffe nicht aushalten. Er hält die

---

19   Dr. Karl Brandt (geb. Mülhausen 1904 – gest. Landsberg 1948 / hingerichtet), Mediziner. 1932 NSDAP, seit 1934 einer der Begleitärzte Hitlers. Zusammen mit Philipp Bouhler (1899–1945), Leiter der »Kanzlei des Führers«, von Hitler am 1. September 1939 mit der Durchführung der »Vernichtung lebensunwerten Lebens« [Euthanasie] beauftragt. 1942 »Generalkommissar für das Sanitäts- und Gesundheitswesen«. Neben Koordinierung der wissenschaftlichen Forschung verantwortlich für Menschenversuche in den KZs. 1943 Koordinator der Produktion und Distribution von Sanitätsmaterial, damit Schaltstelle zwischen Wirtschaft, »Wehrmacht« und zivilem Bedarf. April 1944 General der Waffen-SS. Oktober 1944 in Ungnade gefallen, als Hitlers Begleitarzt entlassen. April 1945 Verhaftung wegen Defätismus, Todesurteil. Sein Freund Albrecht Speer versuchte nach eigenen Angaben, die Hinrichtung zu verhindern. Freilassung nach Hitlers Tod. Im Nürnberger Ärzteprozess wegen Gesamtverantwortung für die Menschenversuche in KZs im April 1947 zum Tode verurteilt, am 2. Juni 1948 hingerichtet.

Zerstörungen im Ruhrgebiet für zu gross. Die Ernährungslage macht ihm weniger Sorge. Die militärische Lage sieht er auch skeptisch auf die Dauer an.«[20]

Und dann schildert Erich das Angebot des »ebenso klugen wie anständigen Kameraden«: »Er will mir unbedingt helfen, hat bereits von sich aus seinen Schweizer Filial Leiter angewiesen für den Fall der Not mich in jeder Weise zu unterstützen. Ausserdem will er, falls Evakuierung [damals gebräuchlich anstelle von Deportation] in Frage kommt, ein Gesuch durch Dr. Brandt dem Führer vorlegen. Um die Verbindung mit ihm herzustellen, musst Du dann eingreifen mit den Dir bekannten Unterlagen. Sowie Du zurück bist, sollen wir ihn besuchen.«

In jenen Ferienbriefen, die sich keineswegs nur mit grausamen Schicksalsschlägen befassten, erwähnte mein Vater immer wieder eine Lektüre, die

Unser Pfarrer Otto A. Dilschneider, der meiner Familie viele Jahre auch praktisch beistand.

ihn gleichzeitig fesselte wie in depressive Stimmungstiefs stürzte: Sein Schwager Karlernst (Pohl), der ehemalige Berufsoffizier, hatte ihm das Buch *Avantgarde* von Franz von Schmidt zu lesen gegeben. Es handelt sich um die Lebensbeschreibung des Großvaters, eines bekannten Reitergenerals des 1870er Krieges. »Wieder einer der markanten Männer, durch und durch Soldat, aber von hoher Bildung und ganz und gar Persönlichkeit, wie die Generäle von 1813. Ich bin recht beeindruckt von diesem Buche, auch wenn der Enkel dem Zeitgeist Huldigungen darbringt. – Das Verhältnis des Vaters zu seinen Söhnen, die wiederum alle Militärs und alle Persönlichkeiten wurden, hat mich richtig ergriffen. Fontanes alte Herren, insbesondere die Männer aus ›Vor dem Sturme‹ traten vors Auge. Generationen der Pflichterfüllung, der Tradition, der Vaterlandsliebe, aber niemals ödes Soldatentum, nicht knechtisches Unterwerfen. Edelleute von Charakter und Geist.«

---

20 In seinem Leumundszeugnis vom 1. Dezember 1945 sollte mein Vater später aussagen: »Dr. Theodor Sehmer ist mir seit 1915, da wir im Weltkrieg im selben Regiment als Offiziere mehrere Jahre, zum Teil beim selben Stabe wirkten, wohl bekannt. Wir sind uns in der Nachkriegszeit oft in Berlin begegnet. (...) Ich weiss, dass Herr Dr. S. aus geschäftlichen Gründen genötigt war, der NSDAP beizutreten. Er ist aber niemals aktiver Parteigenosse gewesen. Im Gegenteil (...). Er wurde wegen seiner Haltung von der Zelle der Siemens-Reiniger-Werke AG seit längerem beargwöhnt und musste sich häufig wegen der von ihm getroffenen Massnahmen rechtfertigen.«

Wenn es eine Antwort auf die Frage geben kann *Warum seid Ihr nicht ausgewandert?*, dann ist sie wohl in dieser Art von Lektüre zu finden. Wie sollte ein Mensch solcher Denkungsart ernstlich die Auswanderung in Erwägung ziehen? Mein Vater verfolgte aufmerksam die Entwicklung in West wie Ost – und versuchte in der Heimat zu überleben.

Noch einmal zurückkommend auf den Reitergeneral von Schmidt, erzählte Erich in seinem langen Sonntagsbrief vom 18. Juli: »Am Donnerstag Nachmittag traf ich Schulze[21] (...), der recht erholt aussah und viel frischer war als beim letzten Treffen. Erstaunlich wie belesen und urteilsfähig er ist. Dazu ein aufrichtiger Kamerad, der mich nie verlassen wird. Dass er Schmidt kannte, war klar: Er wusste sofort: Ulanenregiment No. 4 Carl von Schmidt! Im übrigen liest er seit Monaten über den Krieg von 1870 und die leitenden Männer, da es ihm wie uns geht. Er mag von den heutigen Männern nichts lesen. Im übrigen war er vor einigen Wochen in dem jetzt geschlossenen letzten Kriegerheim des Kyffhäuserbundes mit dem Führer des Bundes General Reinhard zusammen und hat ihn gefragt, warum er nichts gegen die Schliessung des Bundes usw. getan habe. Darauf erklärte dieser, dass er im Hauptquartier gewesen, aber nicht empfangen worden sei. Ein junger Offizier habe ihn abgewiesen und ihm auch gesagt, es habe gar keinen Zweck schriftlich sich an den Führer zu wenden. Er würde das Gesuch gar nicht bekommen! Ein seltsamer Zufall will, dass die Trauerfeierlichkeiten [für General von Schmidt] im Magdeburger Dom stattfanden, weil Schmidt damals Kommandeur der in Magdeburg garnisonierenden 7. I. D. [Infanterie Division] war. Er ist auch auf dem Magdeburger Militärfriedhof beigesetzt worden.«

Dann kam mein Vater nach diesem Exkurs in die Vergangenheit auf den jetzigen Krieg zurück: »Wie mir erzählt wurde, gehen die Gewinne auf Sizilien über das hinaus, was gestern gemeldet wurde. Ein Drittel der Insel soll in den Händen der Engländer sein. Sie sollen gestern in Katania eingedrungen sein und die Kriegsschiffe bereits die Straße nach Messina unter Feuer halten. Im Osten ist die Schlacht auf der ganzen Südfront entbrannt, von Orel bis zum Schwarzen Meer. Nun fehlen nur noch die Luftangriffe auf Berlin, dann ist wirklich die Hölle auf Erden. Dass diese Angriffe kommen werden, nimmt auch Sehmer an.«

In diese Zeit fiel der 16. Verlobungstag. Sabine schrieb dazu am 22. Juli 1943: »Als wir uns vor 16 Jahren kennenlernten, ahnten wir Gott sei Dank nicht, was uns bevorstand – und trotzdem, Erich: ich möchte gar keinen anderen Mann haben. Ein Teil der Lebensschwierigkeiten liegt in einem selbst bedingt und der andere Teil kommt in irgendeiner Form immer ... Und so müssen wir uns

---

21   Ernst Schulze, älterer ehemaliger Kavallerist, Kriegskamerad meines Vaters aus dem Ersten Weltkrieg, der im Gegensatz zu vielen anderen nie die Verbindung zu ihm aufgab. In Berlin anscheinend ausgebombt, lebte er im Ostseebad Graal-Müritz, schickte ihm von dort regelmäßig Grüße »in Erinnerung an schönere Zeiten, wo wir noch hoch zu Roß nebeneinander trabten«.

immer wieder sagen, daß es uns noch immer gut gegangen ist und daß dieses Gutgehen eben durch gewisse Aufregungen und Schrecken bezahlt werden muss. Ich wünsche Dir ja sehr, daß Du auch mal von zu Hause wegkommst, daß Du wenigstens für Stunden Krieg und Revolution vergisst, dann würdest Du vielleicht verstehen, daß es mein Bestreben ist, Krieg und Revolution nicht intensiver in unser häusliches Leben eindringen zu lassen, als es unbedingt notwendig ist. (...) Ich finde, daß die Unruhe des äußeren Lebens nicht in jeder Hinsicht im Privatleben widergespiegelt werden muß. Im Gegenteil man muß sich bemühen, die Brandungen des äußeren unruhevollen Lebens an dem Kern des Familienlebens sich brechen zu lassen.«

Solcherlei vernunftgeprägte Worte ließen sich gut im Dünensand formulieren, bevor die Freude an Wind und Wellen wieder überhand nahm. Doch die Tatsache blieb unverrückt bestehen: Sie lebten auf schwankendem Boden, der jederzeit Überraschungen bereit hielt.

»Das wichtigste ist, dass die Amerikaner durch das Zentrum auf Sizilien durchgebrochen sind und sich ihnen nun der Weg zum Nordufer der Insel eröffnet. (...) Also Perspektiven, die für die Anglo-Amerikaner nicht gerade ungünstig sind. Im Osten sind die Russen im Angriff und an einzelnen Stellen im Vorrücken, sie scheinen sich bedenklich Orel zu nähern. Es ist bezeichnend für den Wandel, dass zum 1. Mal die Russen im Sommer nicht blutig besiegt werden, sondern zum mindesten die Partie remis steht. Ob damit auf einen Schluss des Krieges in diesem Jahr gerechnet werden kann, ist natürlich nicht gesagt, « erfuhr Sabine in Erichs letztem Brief nach Hiddensee vom 22./23. Juli 1943. Und außerdem ein versöhnlich stimmendes Detail über jenen Reitergeneral aus dem 1870er Krieg: »General von Schmidt hätte in einer Hinsicht Deinen Beifall gefunden. Er machte stets sein Bett allein und hat zeitlebens verboten, dass ein Pot de Chambre [Nachttopf] in seinem Schlafzimmer sich befand. Im übrigen wäre er wohl wenig nach Deiner Art trotz seiner heimlichen Liebe für gute Musik.«

Während Erich auf Seite zwei seines acht Seiten langen Briefes am 22. Juli gemeldet hatte: »Es scheint, dass die Umsiedlungsaktion noch nicht begonnen hat. Es sind nur einige wenige Fälle aus den letzten Tagen bekannt geworden, die alle durch das Hauptplanungsamt gegangen sind. Ich fahre heute wieder einmal hinaus, um mich bei W. zu informieren«, berichtete er nun auf der letzten Seite am 23. Juli: »Von W. hörte ich gestern, dass bisher überhaupt noch nichts von der bewussten Dienststelle unternommen worden ist. (...) Viel Aufregung war also umsonst. Man ist aber aufs schlimmste gefasst und deshalb leicht geneigt alles zu glauben. Im übrigen zeigte er mir das Gemeindeblatt von Wien – dort gibt es noch eine [Jüdische] Gemeinde. Da liest man, dass alle Juden, auch die Getauften, auf dem jüdischen Friedhof begraben werden müssen. Für Getaufte ist es zulässig, dass ein Geistlicher die Leichen christlich einsegnet. Es ist bekannt, dass hier die Reglung anders ist.«

Am 26. Juli war der Aufbruch von Hiddensee. »Mussolini!« steht zusätzlich zu »Abreise« in Sabines Taschenkalender. Der »Duce« war am Vortag zurückgetreten, der Stein kam ins Rollen. Der Rest ist bekannt.

In jenem Sommer 1943 kam die nächste große Zäsur. Und sie betraf die gesamte deutsche Bevölkerung: Die auf der Konferenz von Casablanca im Januar 1943 beschlossene Luftgroßoffensive gegen deutsche Städte hatte zu erheblicher Ausweitung der bisherigen Bombenangriffe auf west- und norddeutsche Städte, aber auch auf Berlin geführt. Was jene »Aufregungen und Schrecken« anbelangt, von denen Sabine in ihrem Brief aus dem Hiddenseer Dünensand gesprochen hatte, so ereilte mehr und mehr Deutsche ein zerstörerisches Schicksal; manche werden verstanden haben, dass es eine Verbindung zwischen beiderlei Schrecken gab.

Zwischen dem 24. Juli und dem 3. August 1943 wurde Hamburg, vor allem die Innenstadt, durch Bomben und anschließende Feuerstürme zerstört. Robert Liebermann, der Hamburger Freund, der seit dem Tod des Sohnes an der Ostfront im April 1942 Fronarbeit in der Heimat machen musste, schickte eine Postkarte mit Poststempel vom 2. August aus Hamburg-Hummelsbüttel: »Meine Lieben! Eine Woche des Grauens liegt hinter uns. Gottlob sind wir und unser Haus[22] unversehrt. Wir haben sogar Wasser & Elektrizität wieder und unser Telefon ist auch intakt geblieben. 1 von 10 000. Neun Totalbeschädigte haben wir aufgenommen, mit denen wir zusammen hausen. Die schlimmsten Nächte haben wir in einem kleinen Schützengraben im Garten verbracht. Lebensmittel wie Vollmilch, Fleisch etc. haben wir reichlich. Für die wenigen Hiergebliebenen wird alles getan. Euch geht es ja noch gut. Laßt mal hören. Herzlichst Robert.«

Hunderttausende von Überlebenden wurden zum Teil in Viehwagen (nun erinnerte man sich in der Not dieses Transportmittels auch für »Arier«) »im Nachthemd, mit Mantel drüber und Schlappen (...)« auf andere Städte wie etwa Magdeburg verteilt. Von nun an tritt die Chronistin Carla immer häufiger in Erscheinung (das heißt ihr Bruder Erich erachtete ihre Briefe jetzt für aufhebenswert.) Auf eine Anfrage aus Berlin, ob sie die zehnjährige Nichte Irene für ein paar Tage nach Magdeburg einladen könne, antwortete Carla am 30. Juli: »(…) nicht gerade im Augenblick, wo wir stündlich auf das Unglück warten müssen. So weit wären wir bereit u. müssen alles andere der Gnade des Herrn überlassen. Die Sonne lacht ordentlich ins Fenster hinein u. kann man dabei garnicht sich vorstellen, was für Leid und Elend zur selben Zeit herrscht. In Hamburg soll es zwei Tage überhaupt

---

22 Seit den Zwanzigerjahren wohnte die Familie im Hause des Vaters, Bankier Friedrich Salomon Liebermann (1849–1936), einem Vetter des Malers Max Liebermann, in einer um 1912 erbauten Villa in Volksdorf bei Hamburg, Im Alten Dorfe 61. Bereits in den Dreißigerjahren waren sie dort verfolgt worden, Ende 1941 zogen Liebermanns aus, sie sahen sich gezwungen, Grundstück und Haus an die Stadt zu übereignen. Sie fanden eine neue Bleibe in Hamburg-Hummelsbüttel.

nicht am Tage hell geworden sein, die Sonne hat man nur als roten Feuerball durch die Rauchschwaden sehen können.« Und weiter unten: »Von Hannover trafen hier am selben Nachmittag (...) viele Kinder ein, die so wie sie auf der Straße spielten aufgegriffen worden waren u. nun zunächst gerettet waren, aber nicht mal einen Kamm mithatten u. vor lauter Angst kaum angeben konnten, woher sie waren und wie sie hießen.«

Angst und Schrecken muss auch mein Elternhaus in diesen Tagen erfüllt haben: Im Nachlass meines Vaters fand ich ein bräunliches, recht zerfleddertes Papier schlechter Qualität im DIN A 5-Format:

»Geheime Staatspolizei
Berlin, den 5. VIII. 43
Staatspolizeileitstelle Berlin
IV D 1
B e s c h e i n i g u n g
Alenfeld, Erich I. 8. 11. 91
Wohnhaft Zehlendorf, Beerenstr. 25
Hat hier die Erfassungs-Nummer 12239
erhalten. Gegen die Aushändigung der Lebensmittel-
Karten bestehen keine Bedenken.
Im Auftrage:
[unleserliche Unterschrift]
Sammellager
Große Hamburger Str. 26«

Für meinen Vater war dies ein positiver Bescheid. Doch welchen Schrecken muss die vorher eingetroffene Aufforderung zur Meldung bei der Gestapo in der Großen Hamburger Straße 26 ausgelöst haben! Wer unter den Betroffenen kannte nicht diese furchterregende Adresse?

Am 6. August verkündete Joseph Goebbels die »Evakuierung der Berliner Bevölkerung«. Diesmal handelte es sich eindeutig nicht um euphemistisch umschriebene Deportation. Aus Hamburg schrieb der Jugendfreund Robert Liebermann mit Poststempel vom 14. August: »Der Angriff auf Hamburg war wohl eine der größten Katastrophen der Geschichte, wenn man bedenkt, daß in 4 x 2 Stunden eine Millionenstadt bis auf 4 Vorstädte mit allen ihren Vorräten in Trümmer gelegt wurde. In der Stadt stehen nur noch einige massive Hochhäuser, z. T. ausgebrannt, vielleicht 100, sonst leere Fassaden und ein endloses Trümmermeer. Viel schlimmer ist das Schicksal der Menschen, von denen man 250 [tausend] als tot annimmt, die gleiche Zahl werden noch hier wohnen, während 800 [tausend] mit nacktem Leben geflüchtet oder verschickt sind, leider zu spät.«

Kein Wort der Genugtuung über Gottes Strafe, die spät, aber dennoch ... Sie waren ja ebenso betroffen, hatten während der Bombenangriffe im selbstausgehobenen Schützengraben von 50 Zentimeter Breite bei 2 Meter Länge im Garten gelegen.

Ein Jahr zuvor hatte in Berlin der elfjährige Schüler Justus in einer Nachschrift einen Waldbrand beschrieben: »Hohl brüllend blasen glühende Luftströme durch das Gehölz. Die Flammen erzeugen sich selbst den Strom, auf dem sie fahren. Die Menschen arbeiteten und arbeiteten. Manche trugen sie halbverbrannt von dannen. Tagelang währte das Greuel.«

»Auch für uns waren es schreckliche Nächte«, schrieb Robert weiter. »Das mörderische Brummen von 1 000 Flugzeugen, das Detonieren der Sprengbomben, alle Augenblicke neue Feuerscheine und dazu das unausgesetzte Feuern der Flak aus allen Schlünden (die nächste schwere steht 400 m neben uns). (...) Am zweiten Tag kam im allgemeinen Flüchtlingsstrom ein ehemaliger Bekannter mit seiner Mutter und 7 Frauen, alle total zerbombt und wurde von uns für 12 Tage aufgenommen, bei 3 ½ Zimmern immerhin eine Leistung. Anni ging auf in der Sorge um die armen Menschen und bekleidete sie auch, soweit unsere Vorräte reichten. Leider sind ja die abgebrannten Geschäfte nicht mehr in der Lage dazu. An Essgeschirr z. B. bekommen die Leute nur 1 Napf und 1 Löffel, Messer und Gabel sind schon Luxus. (...) Die Gerüchte über eine schwere Vergeltung, die hier von amtlicher Seite ausgestreut sind, haben sich wie vieles nicht bewahrheitet und kämen für uns Hamburger auch zu spät, denn die Stadt ist für 50 Jahre erledigt. Nun aber zu unseren persönlichen Angelegenheiten.«

Seitdem der einzige Sohn im Mai 1942 gefallen war, war aus der »privilegierten Mischehe« eine ohne Privilegien geworden; Robert brauchte zwar nicht den Stern zu tragen – es galt also auch in Hamburg Paragraf 3 der »Polizeiverordnung über die Kennzeichnung von Juden« vom 1. September 1941 – doch blieb genügend Ermessensspielraum, um ihm, dem Juden Robert, »an den Kragen zu gehen«.

»Ich schrieb Dir noch nicht, dass ich seit dem 18. Mai als Lagerarbeiter bei einer Schuh-Engros-Fa. eingesetzt bin mit 20 unsrer Branche, jeden Morgen um 6 aus dem Haus, Kasten und Kisten schleppen bis 5 Uhr Nchm., eine in meinem Alter von 60 Jahren schon reichlich anstrengende Tätigkeit, Unser Lager von nahezu ½ Million Paar Schuhen brannte in der ersten Nacht restlos nieder. Obgleich die Fa. keine Erlaubnis mehr bekommt, im westlichen Gebiet ein Lager zu errichten, sind ein Teil von uns noch im Freihafen tätig, wo 1 Kahn voll Schuhe eingetroffen ist. Das geht nächste Woche zu Ende. Was dann kommt, weiss niemand. Zu Aufräumungsarbeiten kommen wir vorläufig noch nicht, solange es der Staat mit Militär und S. H. D. [Sicherheits- und Hilfsdienst] macht. – Um Deine sorgenlose Betätigung und die Möglichkeit, Frau und Kinder reisen zu lassen, kann man Dich vom Standpunkt des Hamburgers beneiden, denn weder wird man in Zukunft hier eine erträgliche Tätigkeit finden, noch irgend ein Hiesiger an so etwas wie Reisen denken, es sei denn zur Evakuierung in den Osten. Von den Flüchtlingen sind schon -zig Tausend nach Litzmannstadt [die in das Deutsche Reich eingegliederte polnische Stadt Łódź] und Warthegau abgeschoben worden, sodass sie wohl mit uns nicht anders verfahren, allein aus dem Grund, um den Wohnraum für Beamte frei zu bekommen.

Uns geht es soweit gut, wir sind auch schlanker geworden, wenn auch die Verpflegung der letzten Wochen wieder einiges gut gemacht hat, Vollmilch gab es literweise, Brot teils kostenlos, Butter, Obst, Süssigkeiten und Bohnenkaffee in genügenden Mengen, wir haben friedensmässig gegessen. Ferner hatten wir in unserem Stadtteil immer Wasser und elektr. Strom, was nur wenige 1 000 von sich noch heute sagen können. Ferner ging unser Telefon die ganze Zeit, sodass wir auch verschiedentlich von auswärts angerufen werden konnten, waren also von allen Kalamitäten verschont.«

Im selben Brief bemerkt Robert Liebermann: »Es ist vielleicht kein Zufall, dass die Engländer mit der Vernichtung gewartet haben, bis der letzte J. [Jude] die Stadt verlassen hatte. Das war Mitte Juni. Ich habe die ganze Verladung als Hilfskraft, vom Arb.-Amt kommandiert, mitgemacht. Der Abtransport der 90-Jährigen und Siechen, die ich selbst mit heruntertragen musste, hat mich wenig berührt, da sie in ihren Betten in Th. [Theresienstadt] wesentlich ruhiger liegen, als bei den Alarmnächten in H. Erschlagen war ich aber, als ein guter Bekannter, Priv. [»privilegierte Mischehe«] erschien, der 3 Wochen wegen Radio konz. war, dem man die Wahl gestellt hatte, Scheidung und Th. oder Dauerlager Schlesien. Die Frau hatte für ihn das erstere gewählt und so erschien er mit Stern. Das sind wohl solche Fälle, auf die Du anspielst.«

Wie schwer ist es, vorbelastet mit unserem heutigen Wissen, die damaligen Reaktionen zu verstehen! Wo war der Kurzschluss? Da riskierten sie ihr Leben beim heimlichen Hören der ausländischen Sender, »Radio konz.« (KZ-Haft wegen »Feindsender-Hören«), ja was erzählte man denn über den Äther? Märchen? Lügengeschichten? Im Juni 1943 sollte denen da draußen, die die Nachrichten einspeisten, nicht bekannt gewesen sein, was man vom »Dauerlager Schlesien« zu halten hatte? Und welche Zustände in Theresienstadt herrschten? Dass die Alten und Siechen dort keineswegs auf sanfte Altenheimbetten zählen konnten. Ein Altenheim, in das die privilegierten, von den Nazis gehätschelten Juden ihr Vermögen einzahlen durften, ohne sich dagegen wehren zu können: Eine privilegierte Form der totalen Ausplünderung! Und dass sie ohnehin alle miteinander, falls sie nicht vorher dahingestorben waren, mit dem »Dauerlager Schlesien«, sprich Auschwitz, zu rechnen hatten. Dort war der Aufenthalt allerdings von geringer Dauer, die meisten verschwanden gleich durch den Schornstein. Das alles sollte weder von BBC noch von Radio Beromünster gemeldet worden sein?

In unserem Zeitalter der globalen Kommunikation ist es schwer vorstellbar, wie abgeschottet sie damals noch lebten, in diesem modernen, für seine Massenvernichtungswaffen berüchtigten Krieg – und gestorben sind. Sollten die Sender tatsächlich nur von Armeebewegungen, Verschiebungen der Fronten, kurz, allerlei Militärischem berichtet haben, das Hoffnungen aufbaute, Hoffnungen zerstörte – und ein wenig an Militärberichterstattung des 19. Jahrhunderts denken lässt? Das Schlimmste hätten sie ausgelassen? Oder hielten sie es für nicht so schlimm?

Sollte die Nazi-Propaganda über »des Führers Stadt für die Juden« auch bei der BBC auf gläubige Ohren gestoßen sein? Und hatten die beiden aus Auschwitz entflohenen Häftlinge nicht vergeblich versucht, Gehör zu finden? Keiner hatte ihnen Glauben schenken wollen, weder die jüdische Gemeinde in Budapest, noch die Kontaktpersonen in der Schweiz, ganz zu schweigen von den Politikern in Washington, die hatten andere Prioritäten ... Oder waren sie nicht interessiert, die Wahrheit zu erfahren? – Radio konz.!

»Als Kuriosität muss ich Dir mitteilen«, berichtete Robert schließlich in seinem Brief vom 14. August, »dass die letzten Wochen alle Kollegen [jüdische Zwangsarbeiter wie Robert] ohne Orden [»Judenstern«] erschienen sind. Es sollen zuviel gelbe Abzeichen verbrannt sein, und das wurde stillschweigend geduldet. Es soll aber heute schon durch Anschlag widerrufen sein. – Die Erbschafts-Angelegenheit [vermutlich seines Vaters Friedrich Salomon Liebermann, verstorben 1936] war so weit, dass sie mich Anfang Juni um Bekanntgabe meines Sperrkontos baten, damit sie einen grösseren Betrag überweisen könnten. Da kam die Schliessung der Büros und ich habe nichts mehr gehört. Kannst Du irgend etwas erfahren, wer solche Sachen jetzt weiterführt? Es sind ja auch einige Arier Erben, und so kann doch die Sache nicht unter den Tisch fallen.

Natürlich waren wir die letzte Zeit so mit uns beschäftigt, dass wir über die äussere Lage nichts erfahren haben, gab es doch auch keine Zeitung. Wir wollen ja offiziell nur noch Defensivkrieg führen, sodass es bei den geringen Fortschritten der Gegner noch recht lange dauern kann. Hier sind natürlich viele anderer Auffassung, da sie nach dem Untergang von H. das Ende ersehnen.

Man rechnet hier stark mit einem Angriff auf Berlin. Das soll Euch nicht schrecken, denn Ihr seid in Eurem Villenvorort so gut wie sicher. Wir sehen hier, dass hauptsächlich dichtbesiedelte Arbeiter-Viertel vorgenommen werden, die aber gründlich, dass auch kein Haus mehr ganz bleibt.«

Im Sommer 1943 wurden die Berliner Schulen geschlossen, die Evakuierung von Müttern und Kindern und ganzen Schulen begann. »Wer schickt denn sein Kind in die Beskiden?«[23] fragte die zehnjährige Volksschülerin Irene empört aus Gießen. Sie hatte es gut getroffen, sie, die vom Übergang zur Höheren Schule ausgeschlossen war, brauchte vor ihren Klassenfreundinnen nicht länger nach neuen Ausreden zu suchen. Sabines Schwester Nana (Anneliese Völker)

---

23 Polnischer, tschechischer und slowakischer Gebirgszug im östlichen Mitteleuropa; der äußere Teil der Westkarpaten erstreckt sich von der Mährischen Pforte etwa 600 Kilometer in östliche Richtung.

nahm das Kind in Gießen auf, wo es einem anderen Milieu, anderen Interessen begegnete – und weiter lügen musste. Gut für die Nachgeborenen, denn von nun an gibt es regen Briefwechsel zwischen Erich und Sabine, die oft bei der Schwester in Gießen zum »Entgelt« half, aber auch zwischen den zehn- und zwölfjährigen Geschwistern, deren bis dato unvermeidliche Streitereien nun in detaillierte Beschreibungen ihrer getrennt erlebten Erfahrungen umschlugen.

Am 14. August hatte Irene drei Briefe geschrieben, an den Vater, die Mutter und zum ersten Mal seit ihrer Ankunft am 6. August einen an den Bruder: »Lieber Justus, nun will ich Dir endlich einen Brief schreiben. Geht es Dir gut? Mir ja. Heute Mittag als ich nicht einschlafen konnte, habe ich angefangen zu dichten: Friedrich der II. / ist's der mir gefällt / Er ist meine Freud' / Er ist mein großer Held // Es hatte mich gar sehr entzückt / wie schnell bei Leuthen er vorgerückt / Bei Gotha war es wunderbar / als Seydlitz kam mit seiner Schar // daran ich gar nicht denken mag. / Bei Roßbach riefen die Preußen ›Hurra! / Die Franzosen sind weg und wir sind da.‹ // So leitete Friedrich noch viele Schlachten, / Ob's Sieg oder Niederlage war,/ die Preußen, sie wachten ...

Nachdem ich gedichtet habe, bin ich bald aufgestanden. Dann haben wir Kaffee getrunken und wunderbaren Käsekuchen gegessen und sind dann noch spazieren gegangen. Wir sind zum Fliegerhorst gegangen. Dort habe ich viele Brombeeren gefunden. Die schwarzen habe ich in meine Kapuze gepflückt, die unreifen habe ich aufgegessen. Das heißt `ne ganze Masse, aber natürlich nicht alle. Gisela [die fünfjährige Cousine] hatte anscheinend zuviel unreife gegessen, denn sie mußte sich heute Nacht übergeben. Nun für heute Schluß. Küsschen von Deiner Trine.«

Mein Bruder wurde nicht in die Beskiden geschickt. Er kam auch nirgends sonst unter. Gießen, Innsbruck ... vielerlei Versuche, doch überall waren längst Scharen von Evakuierten, Ausgebombten einquartiert, die Zuzugsgenehmigungen wurden mit eiserner Hand verwaltet. So blieb er in Berlin und durfte (bis zum 14. Lebensjahr / 1945) in Potsdam aufs Gymnasium gehen.

»Gießen, den 20. 8.43

Liebe Mutti!
Jetzt ist es schon viel schöner in der Schule. Wir hatten doch Rechenaufgaben auf und da habe ich alle 20 richtig und habe eine 1 bekommen. Mit mir haben es noch viele andere bekommen. Es ist eine gute Klasse. Die Mädchen sind auch alle nett zu mir. Heute hatten wir Alarm. Ich war noch in der Schule. Wir mussten runter in den Luftschutzkeller. Es dauerte mindestens eine halbe Stunde. Leider habe ich heute eine braun-weiße Haarschleife verloren.
Nun sei vielmals gegrüßt und geküsst von Deiner Reni.«

»Lieber Justus!
Nun bin ich schon 2 Wochen in Gießen. Wie ist denn das wenn man die Krätze hat? Kratzt Du Dich da immer? Ich suche hier jeden Tag Brombeern. Auch habe

ich Kornähren gesammelt. Sie dann ausgepuhlt und durch die Kaffeemühle gemahlen. Da entstanden kleine Flocken daraus, die hat Tante Anneliese gekocht wie Brei. Es ist bei uns immer noch sehr heiß. Nun weiß ich nichts mehr.
Herzlich grüßt Dich Deine Trine.«

Was nicht auf der Tafel einer fünften Volksschulklasse in Gießen stand: Vom 14. bis 24. August 1943 gab es längere Beratungen zwischen Roosevelt und Churchill in Quebec, die zu einem Umpolen der Angriffstaktik in Europa führte: Statt weiterhin auf eine Intensivierung des Krieges im Mittelmeerraum zu setzen, wird – angesichts des Regierungswechsels in Italien – die neue Zielvorgabe die Invasion Frankreichs: Im Mai 1944, vom Norden, von Großbritannien aus. Dieser Beschluss wurde Stalin am 26. August mitgeteilt.

In eben jenen Tagen erhielt Erich am 23. August einen Brief aus Seefeld von seiner alten Freundin und Gastgeberin Toni Wex-Hosäus. Hatte sie im Mai den Brenner bereits als Kriegsgebiet gesehen, so befürchtete sie jetzt: »Möglich ist ja, daß Hitler ganz Norditalien zum Kriegsschauplatz machen möchte; es sind, gleich nach Mussolinis Abdankung, Tag u. Nacht Truppentransporte über die Zirler Straße hinunter! Und ganz Südtirol bis Verona soll von deutschen Truppen besetzt sein! (…) Was wird nun in Italien werden? Saß wirklich die deutsche Besetzung dem Friedensschluß nur im Wege? Immerhin hat sich gezeigt, wie schnell die Dinge sich ändern können und so setze ich meine Hoffnung auch auf eine schnelle Wendung bei uns. Es kann keinen fünften Kriegswinter geben. Das Volk will nicht mehr, die Bombenangriffe haben verheerend gewirkt! Das Leutschtal ist voll von Flüchtlingen aus dem Rheinland, hier soll nächstens die Einquartierung der Arbeiter und Soldaten auch aufhören und es sollen Flüchtlinge dafür herkommen! Mich wird man dann vielleicht auch beschlagnahmen, so klein das Haus auch ist. Ich habe etwas Angst davor nach allem was man so hört vom Zustand und Benehmen der Ausgebombten! Von Hamburg aus sollen sie ja direkt hordenweise in Mecklenburg bei den Bauern eingefallen sein und es soll zu Plünderungen etc. gekommen sein! Kein Wunder, die Leute haben ja nichts mehr zu verlieren.

Ich hörte neulich von Hamburgern, die nach Garmisch gekommen waren und wieder weiter nach Schlesien mussten! Das Flüchtlingselend ist ja, besonders mit der Hamburger Katastrophe besonders furchtbar. Bis jetzt habe ich von m. Vetter, der sich um die dortigen Häuser kümmert, noch keine Silbe gehört! Nur eine Postkarte erhalten v. d. Verwalter, dass ausgerechnet das beste und größte der Häuser völlig zerstört sein soll, also wohl zerbombt! Da die Häuser ganz im Zentrum, Nähe Jungfernstieg, liegen, hatte ich schon mit der Zerstörung sämtlicher Häuser gerechnet. Was dies nun finanziell bedeutet, kann ich noch nicht übersehen, ob man für die ausfallenden Mieten Ersatz bekommen oder was sonst geschehen wird.«

Mit den wachsenden Bombardierungen und daraus resultierenden Evakuierungen wurde Erichs Briefwechsel immer umfangreicher. So finden sich minutiöse Schilderungen der Zerstörung Berlins, die im Herbst 1943 bereits erhebliches Ausmaß erreicht hatte – doch das Ziel der Alliierten, die Zermürbung der Zivilbevölkerung, schlug ins Gegenteil um: Die Bombardierungen ermutigten die Menschen durchzuhalten, stachelten ihren Wiederaufbauwillen an. Was Erich in langen Fußmärschen zur Stadtmitte als total zerstört schilderte, war in kurzer Zeit soweit geflickt, dass es benutzbar war, bis bei den nächsten Bombenangriffen Altes, noch einmal, wie Neues zerstört wurden. Immer mehr Freunde wurden ausgebombt und flüchteten aufs Land.

Neue Briefpartner! Erichs Onkel Philipp (Lüders) war unter den ersten, die bereits im August 1943 alles verloren. Ihm sollten noch viele aus dem Bekanntenkreis meiner Eltern folgen, denen oft nur ein einziger Koffer blieb und auch dies war nicht garantiert: Schlaue flinke »Volksgenossen« rissen den Älteren den letzten Besitz noch im Luftschutzkeller aus der Hand: »Treue, Opferwilligkeit, Verschwiegenheit sind Tugenden, die ein grosses Volk nötig braucht«, Hitlers Beschwörungsformel, in Schönschrift-Sütterlin vom »Pimpf« Justus dem »Dienstbuch« vorgesetzt. Darüber Trompete und Fahne mit »Runenzeichen«.

Doch die waren im Sommer 1943 längst überholt. Der Bruder spielte zwar weiterhin Cello, aber das *Ave Maria* übte er nicht mehr für seinen »Fähnleinführer«. Seine Führernatur war ihm

Ein Cello für meinen Bruder, und die Puppe Erika für die kleine Schwester (Sommer 1942).

zum Verhängnis geworden – wenn man denn als Verhängnis bezeichnen mag, dass er nicht mehr unterm Hakenkreuz »Jungenschafts-, Jungzug- und Fähnleindienst«, Sammeln, Singen, Schießen und Geländespiele machen durfte. Er war durch sein Wesen, seine Intelligenz, seinen »germanischen Schädel« (obwohl er braune Augen und eher mittelblondes Haar hatte) aufgefallen: so wollten sie ihn in eine »Napola«[24] schicken. Das war das Ende einer Karriere, ein Knick in der

---

24 NAPOLA: »Nationalpolitische« Erziehungsanstalten«, aus den ehemaligen Kadettenanstalten Potsdam, Köslin und Plön hervorgegangen, bereits 1933 vom späteren »Reichserziehungsminister«

gradlinigen Entwicklung zum Anführer. Die Gemeinschaft gleichgeschalteter Gleichaltriger wurde ihm, dem »Mischling« ersten Grades, verschlossen. Denn nun wollten ihn auch die »Pimpfe« nicht mehr haben. Vielleicht gründete er darum seine eigene Partei, deren Führungsstruktur, wenn auch nicht Gründungsdatum, auf einem getippten Blatt erhalten geblieben ist:

»Parteiführer: Alenfeld; Vertreter: Diener [Sohn des Bachmusikers Diener, dem sie alle die lebenslange Liebe zu Bachs grosser Welt verdankten]; Generaloberst Viereck; Oberst Lenz«[25] – undsoweiter und sofort. »Dieser Mannschaftszettel ist für den Parteiführer der J. A. Partei Jumbo A.!« Nach Aussage seines Kindheitsfreundes Reimar soll er die Führung zur großen Enttäuschung seiner Gefolgschaft bald abgegeben haben. Die Freundschaft zwischen den beiden Jungen sollte noch einige Jahre währen, mit voller Zustimmung des Eugenikers Fritz Lenz, der sich nach dem Krieg aus seinem Zufluchtsort Göttingen ein Leumundszeugnis von meinem Vater erbat – und auch erhielt.

An der »Wunderwaffe« haben die Jungen jedenfalls weitergearbeitet: »Ein Tank, der auf der Erde und in wenigen Minuten in der Luft kämpfen kann. Die Truppe des Tanks kann man ›Motorisierte Fallschirmjäger‹ nennen.« Die Zeichnung des Tanks in Ruhestellung, mit eingeklapptem Flügel, minutiös ausgeführt und in bester Sütterlinschrift bis ins einzelne erklärt, hat das Kriegsende überlebt. Ebenso die Flotte der Bleischiffe, über die ordentlich Buch geführt wurde: Schlachtschiffe für Deutschland, England, Amerika, Frankreich; Flugzeugträger, Schwere Kreuzer und Panzerschiffe, Leichte Kreuzer, Zerstörer und Torpedoboote, U-Boote, kleine Kriegsfahrzeuge. Die Elf- und Zwölfjährigen spielten Krieg, zwei Jahre später hätte daraus Ernst werden können: Da setzte der »Führer« sein letztes Aufgebot ein und zeichnete Minderjährige mit Orden aus, ehe er sich selbst der Verantwortung entzog.

Bernhard Rust Hitler zum Geburtstag am 20. April als staatliche Eliteschulen übergeben. In den parteiinternen Rivalitäten hatte Rust die SS als Partner gewählt. Die rassische Überprüfung der Bewerber erfolgte durch Abgesandte des »Rasse- und Siedlungs-Hauptamtes« der SS. Ausschlaggebend für die Aufnahme als »Jungmann« war der »geistig-körperlich-charakterliche Gesamtzustand« der Aspiranten. Politische Zuverlässigkeit des Elternhauses war Voraussetzung. Das Ziel war die Erziehung zu einer zuverlässigen, allein der NS-Ideologie verpflichteten und dem »Führer« bedingungslos gehorchenden Führungselite. Bernhard Rust (geb. Hannover 1883 – gest. Berne / Oldenburg 1945), Politiker. 1925 NSDAP, 1925–1940 »Gauleiter« von Hannover. 1933 »Reichsminister für Wissenschaft, Erziehung und Volksbildung«, Versuch der NS-Ausrichtung des deutschen Schulsystems, Konflikte mit konkurrierenden Instanzen wie »Ordensburgen« (Ley), »Hitlerjugend« (Schirach), »Junkerschulen« (Himmler). Selbstmord bei Erhalt der Nachricht von der deutschen Kapitulation am 8. 5. 1945.

25 *Reimar Lenz (geb. 1931), Sohn des Humangenetikers Fritz Lenz (1887–1976, 1923 auf den ersten Lehrstuhl für »Rassenhygiene« in München berufen, 1933 Lehrstuhl für Eugenik in Berlin und »Abteilungsleiter für Rassenhygiene und Erblichkeitsforschung« am Kaiser-Wilhelm-Institut für Anthropologie. Mitarbeit an NS-Bevölkerungspolitik, 1946–1955 Professor für menschliche Erblehre in Göttingen).*

Kein Spiel war die Mobilisierung bis dahin für »wehrunwürdig« erachteter Reserven wie KZ-Häftlinge, Kriegsgefangene, »Mischlinge Ersten Grades« oder gar in »privilegierter Mischehe« lebender Menschen wie meinen Vater. So fand ich in seinem Nachlass eine am 14. September 1943 ausgestellte »Anmeldebescheinigung zur Anlegung eines Wehrstammblattes«, ausgestellt auf den Namen »Erich Israel Alenfeld« von unserem Zehlendorfer Polizei-Revier 161.

Aus der evakuierten Volksschülerin Irene war mittlerweile eine eifrige Briefeschreiberin geworden. So teilte sie der Mutter am 15. September mit: »Ich bin nun fast vier Wochen in der Schule. (…) In Heimatkunde erklärt uns Herr Fink die Namen der Städte, Flüsse und Wälder. Straßburg heißt die Burg an der Straße. Wasgenwald heißt der Wald im Westen. Er steht auf der anderen Seite des Rheines. Gegenüber vom Schwarzwald. Rate einmal woher der Name Neckar kommt. Ich lege Dir ein Zettelchen bei, darauf steht die Antwort.«

»Neckar kommt von necken«, steht auf dem Zettelchen. »Der Neckar kommt auch von Gebirgen. Er dreht sich oft. Dort gibt es Strudel. Damit neckt er die Menschen. Auch sollen in den Strudeln Wassergeister sein die die Menschen necken.«

Dem Vater dankte sie im gleichen Brief für Pralinen und Briefpapier. »Die Pralinen hast Du Dir sicher vom Munde abgespart. Ich habe aber auch eine Überraschung für Dich. Wir haben heute ein Dicktat wiederbekommen. Ich und noch eine andere haben aus der ganzen Klasse 0 Fehler. Wir sind ungefähr 50 Kinder. Die Pulte reichen nicht mehr aus, es müssen immer ein paar fehlen, sonst reicht es nicht. Gestern mußte sich schon eine an den Schreibtisch von Herrn Fink setzen. Jetzt haben wir noch ein paar Bänke bekommen.«

Den Eltern gab sie regelmäßig Bericht über ihre Erlebnisse in einer fünften Volksschulklasse, wo Jungen und Mädchen gemeinsam die Schulbank drückten. Das war ihr neu. So hatte sie auch zehn Tage zuvor, am 5. September der Mutter erzählt: »Nun will ich Dir noch einiges aus der Schule schreiben. Es sind noch mehrere Kinder aus Luftgefährdeten Gebieten da. 2 Cousinen aus Bochum. Die andere ist glaube ich aus Offenbach und meine Freundin Hannelore aus Duisburg. Dann noch ein paar Jungen. Der Lehrer hat einen kleinen Stock. Den hat er die ganze Stunde in der Hand. Oft hat er die Jungen damit gehauen. Die Mädchen haben mehr Ohrfeigen gekriegt. Bei einem Jungen ist es schrecklich komisch, wenn er mit dem Stock auf den Rücken gehauen wird. Der hat nämlich immer eine schmutzige Jacke an. Wenn er dann gehauen wird kommt der Staub aus der Jacke.«

Unser hauseigenes »U-Boot« tritt im Herbst 1943 zum ersten Mal in Erscheinung, zumindest in Sabines Taschenkalender. Im Jahr darauf wird er im Briefwechsel der Eltern allgegenwärtig. Er wurde »Nowgorod« genannt, als hätte dies den »Blockwart« oder die Gestapo davon abhalten können, in ihm den untergetauchten Dr. Erich Neustadt zu erkennen. »Nowgorod« (russisch: Neue

Stadt), der »Salatiker«: Salate aller Art, italienisch, russisch, rumänisch brachte er mit ... gab es ohne Marken – woher er das Geld für diese und andere Lebensmittel hatte? Das hing wohl mit der »Dänen-Mafia« zusammen, hatte er nicht eine Schwester dort? Sein Geld wuchs in geheimen Kanälen aus Dänemark nach ...

Erich kannte ihn aus seiner Bankzeit und war ihm zufällig irgendwo begegnet. Der Untergetauchte war ausgebombt worden. Das Haus der Freunde (Steiniger in der Hortensienstraße 63) am Botanischen Garten, bei denen er untergeschlüpft war, hatte einen Volltreffer bekommen, seine Lage war noch gefährdeter geworden, da konnte auch die liebenswerte »Dänen-Mafia« nicht viel helfen. So landete er in meinem Elternhaus. Wer annimmt, man habe ihn stets mit großer Nachsicht behandelt – war er nicht ein armer Verfolgter, brachte man sich selbst nicht in Lebensgefahr, war die eigene Lage nicht prekär genug und forderte somit bei soviel Opferwillen tadellose ethische Grundsätze – der irrt. »Nowgorod« war, auch als Verfolgter und Opfer des Rassenwahns, ein Mensch mit allzu menschlicher Veranlagung: Er war neugierig, er brauchte Unterhaltung, er stellte viele Fragen. Kein Wunder, er war ja zwangsläufig zum Alleinsein über lange Stunden verurteilt.

Dass er an Auslandsnachrichten interessiert war, wen sollte es wundern ... Da saßen dann oft genug zwei Eriche vor dem Rundfunkapparat, mein Vater Erich und »Nowgorod«, Dr. Erich Neustadt – natürlich möglichst während der Bombenangriffe, damit die alten Nachbarn nichts hörten. Abtrocknen musste er auch, übernachtet hat er immer wieder mal in meinem Elternhaus, mal länger, mal kürzer, das hing wohl vom Zustand der Ruine ab, in deren Keller er hauste, und von der Witterung. Manchmal tauchte er über längere Zeit nicht auf. Doch kam er treulich wieder, meist gab es Mitbringsel: Salate, wie gesagt, und ähnliches.

Er überlebte. Einmal nur knapp: Wie viele Juden schwärmte er für Richard Wagners Musik; die Tage zu überstehen war oft schwieriger als die Nächte, er sah ausgesprochen jüdisch aus, auf den Straßen waren ständig Kontrollen: Also wohin? Wo die langen Stunden zubringen? Nun, er lauschte den Proben in der Staatsoper, »Walküre«, »Götterdämmerung« – was immer dran war ...

Einmal hatte er sich hinter dicken Samtvorhängen in der »Führerloge« niedergelassen; hier fühlte er sich sicher, der »Führer« hatte Besseres zu tun, der saß in seiner »Wolfsschanze« oder einem anderen weit entfernten Hauptquartier und plante noch immer die Unterwerfung der Welt. Da teilten sich die schweren Portieren unter dem Heldengeschmetter, das nicht nur er verehrte: Ein dicker, mit vielen Orden behängter Mann trat, umdrängt von beflissenem Gefolge, in die Loge.

Wie »Nowgorod« es schaffte, sich sozusagen unter Görings Augen in den Samtportieren aufzulösen, als überirdischer Geist, von Wagnerschen Klängen getragen, aus der Oper zu entschwinden, wusste er später selbst nicht zu erklären. Das gehörte zu den Geschichten, die er nach dem Krieg, gerettet und mit jedem Monat an Gewicht und Umfang zunehmend, als wolle er noch einmal über den

Lametta-Reichsmarschall triumphieren, in seiner Villa in Schlachtensee mit alten Bekannten aus der Schreckenszeit teilte und ... belachte.

Der Herbst 1943 brachte viel Unruhe – im Großen wie im Kleinen –, doch von einem nahenden Ende des Krieges konnte keine Rede sein. »Es kann keinen 5. Kriegswinter geben«, hatte Erichs Freundin Toni Wex-Hosäus aus Seefeld im August geschrieben, »das Volk will nicht mehr, die Bombenangriffe haben verheerend gewirkt!« Das taten sie auch weiterhin, wer nach Hamburg keine weitere Steigerung für möglich gehalten hatte, wurde eines Besseren belehrt.

Aus Hamburg schrieb Robert Liebermann am 14. September über das Leben zwischen Trümmern, während nun Berlin (wie viele andere Städte) immer stärkeren Angriffen ausgesetzt war: »Hier denkt man nicht mehr an [den] Angriff, 1 Million sind wieder beisammen, das Leben in der Stadt zwischen den Trümmern ist wieder groß, es wird mehr Auto gefahren als vorher und nur die Schlangen an den Confektions- & Wäschegeschäften lassen auf die Zahl der Geschädigten schliessen. Es ist erstaunlich, wie schnell das Geschäftsleben in den Hauptkonsumbranchen sich auf den Ruinen wieder entwickelt hat. Wenn auch das Haus ausgebrannt und die oberen Stockwerke eingestürzt waren, im Parterre ist sicher wieder ein Laden hinter Holzständen mit primitiver Einrichtung errichtet, und das tolle, man gewöhnt sich an das neue Stadtbild so, daß man der Trümmer nicht mehr achtet. An ein Fortschaffen der riesigen Steinmassen denkt man natürlich noch nicht, sondern arbeitet nur an dem Offenhalten der Straßen. Später wird man wohl die veralteten Fleete zuschütten, vielleicht auch die Binnenalster, in denen jetzt schon ein Teil der Häuser hinein gestürzt ist.

Uns geht es soweit gut. Anni hat allerdings ab und zu ihre Herzattacken und wird jetzt einen Spezialisten konsultieren. Ich bin seit 14 Tagen entlassen, weil die Fa. nur noch 1 kleines Lager in der Umgegend unterhält und viel zu viel Personal hat. Beim Arbeitsamt hat man mir gesagt, man wird mich benachrichtigen, wenn ich wieder nötig bin. Ich geniesse also jetzt meine Ferien, in dem ich in unserm schönen Garten arbeite, Anni helfe und besonders mich der Trocknung meiner ausgedehnten Tabackzucht widme.

Gestern sind von uns plötzlich 30 J. [Juden] nach Berlin geholt zu Aufräumungsarbeiten, wie ich höre, ein angenehmes Kommando. Sonst sind keinerlei Veränderungen hier eingetreten. Nach Antritt des neuen Ministers ist hier gleich der Gen.-Staatsanwalt in Arrest genommen, weil er in der Katastrophenzeit einen Teil der Gefängnisse wegen der unerträglichen Zustände dort, auf 14 Tage entlassen hat.«

Am Ende seines Briefes geht Robert auf die jüngsten Ereignisse in Italien ein: »Der Achsenbruch in Italien ist jedenfalls anders verlaufen, als unsere Feinde erhofft hatten. Daß aber der Husarenstreich um Mussolini, den ich übrigens meinen Bekannten mit Einzelheiten vorausgesagt hatte, geglückt ist, läßt über die Bedächtigkeit und Dummheit der Gegenseite keinen Zweifel. Jetzt wird mindestens ½ Jahr vergehen, bis sie am Brenner stehen. Mit dem Frieden wird es noch recht lange Weile haben.«

Es war »ein echter Husarenstreich« (aus der Luft) gewesen: Deutsche Fallschirmjäger hatten am 12. September 1943 Mussolini aus dem über zweitausend Meter hoch gelegenen Berghotel *Campo Imperatore* des Gran-Sasso-Massivs (zwischen Rom und Pescara) befreit – ein besseres Libretto für eine Verdi-Oper ist schwer vorstellbar, und auch die weiteren Akte waren opernreif, mit tragischem Ende, doch leider nicht nur für den Hauptdarsteller. Viele unschuldige Menschen, die bis dahin überlebt hatten, wurden in den Strudel hineingerissen. Denn nachdem Badoglios Waffenstillstand am 8. September mit den Alliierten bekannt geworden war, marschierten die Deutschen auch in den italienisch besetzten Teil Südfrankreichs ein. Es kam zu vielen Verhaftungen, vor allem in Nizza. Die jüdischen Opfer wurden ausgesiebt und via Drancy, dem französischen Sammellager bei Paris, nach Auschwitz deportiert.

Mussolini dagegen durfte noch einmal eine Regierung führen – allerdings unter deutscher Aufsicht – und über ein geschrumpftes Territorium mit seiner faschistischen Regierung gebieten, die in dem Örtchen Salò am Gardasee ihren Sitz hatte.

Ob derlei Ereignisse an der Tafel einer Gießener fünften Volksschulklasse standen, ist zweifelhaft. Der Lehrer Fink, ein alter Mann, mindestens 55 oder noch älter, hatte genug zu tun, um 50 Schüler in Schach zu halten und jedem zu einem Sitzplatz zu verhelfen. Die Volksschülerin Irene, die sich mittlerweile in ihrer neuen Umgebung mit neuen Pflichten einigermaßen eingelebt hatte (das Betreuen ihres zweijährigen Vetters betrieb sie mit ganzer Hingabe, war es nicht viel schöner als mit Puppen zu spielen?) beschrieb das ungewohnte Leben in einer gemischten fünften Klasse bisweilen recht spottlustig:

»Heute haben wir einen Aufsatz geschrieben. Er heisst ›von der Kannebäckerei‹. Es handelt von den Töpfern im Westerwald. Es ist sehr schön, daß wir so etwas auch lernen. Wenn nur die blöden Jungen nicht wären. Wir kommen überhaupt nicht vorwärts. Jetzt kauen wir schon fast einen Monat am Rheinischen Schiefergebirge rum. Einmal hat ein Junge die Mosel mit der Lahn verwechselt. Von nun an muss Gießen an der Mosel liegen. So etwas kommt nun oft bei uns vor. Wenn ein Bub gar nichts weiss oder träumt, geht Herr Fink hin, nimmt ihn an den Ohren, zieht ihm die Hosen straff, und haut mit dem Stock tüchtig drauf. Dann will der Junge weglaufen, kann aber nicht, versuchts immer wieder und hopst so immer um Herrn Fink rum. Das sieht sehr komisch aus. Alle Mädchen kichern dann. So geht nun die Schulstunde rum.«

Wen wundert's, dass sie sich manchmal langweilte. Dann wünschte sie sich vom Vater in Berlin Geschichtsfragen; er schickte ihr daraufhin einen schreib-

maschinengeschriebenen Fragebogen, den sie mit ihren Antworten nach Berlin zurückschickte. Heute würden wir von einem Geschichts-Quiz sprechen, das allerdings stark von einem Geschichtsverständnis geprägt war, Schlachten und dynastische Daten standen im Vordergrund, wie es wohl eher zu Beginn des 20. Jahrhunderts üblich und am Schüler Erich mit Erfolg exerziert worden war.
»Wen hat der große Kurfürst bei Fehrbellin besiegt?
Die Schweden.
Wie heissen die Eltern Friedrich des Großen?
Friedrich Wilhelm I. und ? (Elisabeth Dorothee – Erich half nach)
Wieviel Kriege hat Friedr. d. Gr. gegen die Österreicher geführt?
3 Kriege.
Um welches Land ging es in diesen Kriegen?
Um Schlesien.
Welches waren die berühmtesten Siege Fr. d. Gr.?
Leuthen, Roßbach und Hohen Friedberg.
Welche Kriege hat der König Wilhelm I. geführt u. gegen wen?
1864, 1866 und 1870/71 gegen die Franzosen.
Wie hieß der Kaiser der Franzosen gegen den er gekämpft hat?
Napoleon III.
In welcher Schlacht wurde er besiegt u. gefangen genommen?
Ist das Jahr bekannt?
Bei Sedan 1870.
Wo haben Blücher u. die Engländer den Kaiser der Franzosen endgültig besiegt und gefangen genommen? Wie hiess dieser Kaiser und wann war die Schlacht?
Bei Belle Alliance im Jahre 1815. Der Kaiser hieß Napoleon I.
Wie hieß die Mutter des Königs Wilhelm I.?
Königin Luise.
Wo stammt sie her und wo hat sie ihre Jugend verbracht?
Aus Darmstadt. Später war sie auch im Reich.
Wie hieß der König, den sie geheiratet hat?
Friedrich Wilhelm III.
Wer hat bei Dennewitz und Großbeeren die Franzosen besiegt?
In welchem Jahre war es?
Die Preußische Bürgerwehr im Jahre 1813.«

Ob ihr Onkel und Tante dabei geholfen haben, oder war dies Erichs erzieherisches Werk in ihren ersten zehn Lebensjahren? Dressiert wie ein preußisches Äffchen. Was hatte er ihr wohl über die preußische Bürgerwehr erzählt? Und was verstand sie unter dem Reich, in dem Königin Luise später lebte?

Dem Bruder, der ihr praktisch wöchentlich eine schreibmaschinengeschriebene Epistel schickte, schilderte sie natürlich ihre Schulerlebnisse und alles, was ihr so über den Weg lief. »Denk mal, ich kann hier für Dich vielleicht eine Skimütze bekommen! Übrigens hatten wir gestern in der Schule Luftschützübung. Weisst Du, was die ganze Schule machen mußte? Ungefähr 10mal um einen sehr großen Platz rumlaufen. Die Jungen durften manchmal Dauerlauf machen. Ich habe beinahe noch dabei mein Taschenmesser verloren. Diese Unglücksstunde viel ausgerechnet in die Handarbeit Stunde. Denk mal, ich will mit meinen Freundinnen Lose in der Klasse verkaufen. Für das Geld wollen wir einen Ausflug machen. (…) Wenn ich Eure Berichte lese, wo es über all gebrannt hat, bin ich doch ganz froh, daß ich nicht dabei war. Wo ist denn die schwere Bombe in Richtung Krumme Lanke runter gekommen? In der Ecke ist doch schon allerlei passiert. Eben heult Helmut [zweijähriger Vetter] am laufenden Band. Er hat heute zwei mal von mir Kloppe gekriegt. Sechs Hosen hat er heute Nachmittag nass gemacht. Allerlei, was? (…) Nun sei vielmals gegrüßt, beschmatzt und geohrfeigt von Deiner Reni.

Viele Grüße auch noch an : Mutti, Vati, Irma, Herr Neustadt und Tante Hertha [Arndt]!«

Aus Hamburg kamen am 22. Oktober besorgniserregende Nachrichten von Robert Liebermann: »Seit 1. Okt. hält die Wohnungsfrage uns M. E. [Mischehen] in Atem und hat viel Sorge verursacht. Es müssen bis 1. Nov. 400 Wohnungen geräumt sein. Fast alle müssen aus besseren Miethäusern heraus und nur die Hausbesitzer trifft es nicht. Wir sind also von einem Umzug verschont. Dafür werden aber alle M. E. Häuser bis an den Rand vollgestopft, immer 1 Ehepaar in einem Zimmer. (…) Wir haben nur 1 gr. Wohnzimmer im Parterre, welches dann für uns Schlaf- und Wohnraum ist, während unser Schlafzimmer im Dachboden für Einquartierung freigemacht werden muss. Da es nicht heizbar & ohne Wasser ist, hat die Sache Schwierigkeiten. Ausserdem wohnt ja in Rolfs kleinem Zimmer eine Ausgebombte, deren Mann im Felde ist. Diese junge Frau gehört ganz zur Familie und steht sich mit Anni glänzend, nimmt ihr, wenn sie aus dem Büro kommt, auch kleine Arbeiten ab. Das Wohnproblem trifft, da wieder 1 Million zurückgekehrt sind, z. T. weil sie anderswo bes. in Bayern, sehr schlecht behandelt sind, natürlich auch die Anderen und wir kennen Leute an der Elbchaussee, die in ihrer 7-Zimmerwohnung 5 Parteien aufnehmen mussten.«

Zwischen »den Anderen« und »M. E.s« gab es allerdings einen – eventuell tödlichen – Unterschied: Wurden »Mischehen« erst einmal in einem »Judenhaus« einquartiert, weil sie ihre eigene Wohnung hatten räumen müssen, so waren sie dem Zugriff der Gestapo jederzeit ausgeliefert. »Deine Briefe aus dem September habe ich sämtlich bekommen und danke Dir noch für die Hinweise der neuen Adresse der R. d. J. [»Reichsvereinigung der Juden in Deutschland«]. Inzwischen habe ich mich auch mit Dr. Sachs in Verbindung gesetzt, dem neuen Bearbeiter meiner Angelegenheit, aber seit 4 Wochen nichts gehört, da angeblich die Bestätigung durch das Gericht fehlt! Berlin arbeitet eben furchtbar langsam.

Uns geht es soweit gut. Anni ist seit 4 Wochen bei einem Herzspezialisten in Behandlung, der ihr einige Medikamente zur Regulierung ihrer Drüsen und zur Beruhigung des Körpers verschrieben hat, die sie auch regelmäßig nimmt, sodaß eine Besserung ihrer Herzmuskel-Erscheinungen eingetreten ist. Ich selbst bin noch ohne Arbeit und sehr froh darüber, da im Haus und mit unsern Viechern allerhand Arbeit ist. Wir haben 16 Kaninchen, die verpflegt sein wollen, und deren Ställe man natürlich selbst zimmern muss.

Lass mal wieder von Dir hören, auch ob bei Euch schon Wohnungsfragen akut sind. Im übrigen herzliche Grüße an Sabine, Dein Robert.«

Währenddessen wurde in der großen Welt bereits über die Nachkriegszeit in Europa beraten. Während der letzten zehn Oktobertage trafen sich die Außenminister Amerikas, Großbritanniens und der Sowjetunion, Hull, Eden und Molotow in Moskau. Jawohl in Moskau, denn Hitlers Truppen waren auf dem Rückzug, der von Hitler befohlene »Ostwall«[26] wurde schon brüchig. Es gab allen Anlass für die Alliierten, um über vertiefte Zusammenarbeit zu sprechen, die Geschicke Nachkriegs-Deutschlands und des wieder zu schaffenden Österreichs in den Grenzen von 1937 zu diskutieren, wie wir heute sagen würden.

Eine »Europäische Beratende Kommission« mit Sitz in London wurde gegründet, um für die zu erwartenden Nachkriegsprobleme Europas und vor allem Deutschlands Vorschläge auszuarbeiten. Die Rede war ebenfalls von einer Viermächtevereinbarung mit China über die Zusammenarbeit der Alliierten nach dem Kriege, natürlich mit dem China Chiang Kai-sheks. Hieß der vierte Alliierte nicht Frankreich? Das kämpfte noch um sein Mitspracherecht als *La France Libre*. De Gaulle hatte sich zwar in Algier gegenüber Giraud durchgesetzt und am 30. Juli ein regierungsähnliches Komitee gegründet, doch es sollte noch einige Zeit vergehen, bis Frankreich mit den »Großen« am Verhandlungstisch sitzen durfte.

Die nächste Gelegenheit hieß Teheran, doch es wurde eine Konferenz der »Großen Drei«, Roosevelt, Stalin und Churchill, die sich Ende November 1943 dort über die Neuordnung der Welt einigten, während in fünf Großangriffen Berlin zerbombt wurde. Aber es war eben nicht nur die Stadt, in der Hitler seinen Regierungssitz hatte, sondern auch die Stadt, in der prozentual die größte Anzahl von Hitlergegnern wie von jüdischen Deutschen dieser und jener Kategorie lebte.

In Teheran wurden noch einmal die Pläne zur Invasion Frankreichs im Mai 1944 bekräftigt, und damit die Eröffnung einer neuen Front zur Entlastung der sowjetischen Truppen an der Ostfront Stalin zugesagt. Die Westverschiebung Polens wurde beschlossen und zugleich die neue sowjetisch-polnische Grenze entlang der

---

26 »Ostwall«: *System befestigter Bunkeranlagen, deren Errichtung von Hitler im August 1943 als Verteidigungslinie an Dnjepr und Desna befohlen worden war. Die ersten sowjetischen Durchbrüche gelangen aber bereits im September 1943.*

so genannten Curzon-Linie festgelegt, die schon einmal, 1919, vom gleichnamigen britischen Außenminister zur Beilegung des sowjetisch-polnischen Krieges als polnische Ostgrenze vorgeschlagen worden war. Das nördliche Ostpreußen mit Königsberg wurde dabei zum Tauschobjekt, die Oder zur neuen polnischen Westgrenze bestimmt, und die Zerstückelung des besiegten Deutschlands in zwei oder fünf oder mehr autonome Gebilde beschlossen.

Zurück zu meiner Familie: Mein großer Bruder Justus schickte ab 11. November täglich einen Brief nach Gießen, man könnte sagen, dies waren die letzten unbeschwerten Mitteilungen eines Zwölfjährigen, ehe die Welt um ihn herum unter großem Getöse zusammenkrachte.

»Liebe Mutti, liebe Trine«, schrieb er am 12. November. »Habt ihr meinen Brief von gestern erhalten? Mir geht es eigentlich ganz gut. Aber es ist eben doch nicht das richtige, so ohne Mutti. Wir haben ein Sauwetter, es regnet und stürmt. Zwar nicht stark, aber mistig ist es trotzdem. Die erwartete Lateinarbeit fiel aus. Ich habe mich halb tot und doof geschleppt an dem Altmaterial. Überhaupt, das Altmaterial! Da kann ich allerlei von erzählen. Erstmal fand es Irma fürchterlich, eine Viertelstunde früher aufstehen zu müssen. Ich weckte sie um 6.15 Uhr. Um ½ 7 Uhr war Irma noch nicht da. (…) Na, kurz und gut, mit etwas Verspätung zog ich dann los, und kam dann, nachdem ich mich fast in Tränen aufgelöst hatte, weil keiner der verfluchten Erwachsenen, denen doch so viel um Höflichkeit getan ist, mir half, am Bahnhof an. In Potsdam fand ich dann noch einen Haufen Gleichgesinnter, (sprich Klassenkameraden), die mir halfen, das Zeug in die Straßenbahn und wieder raus zu kriegen. Damit war die Geschichte erledigt.«

Am 13. November berichtete er nach Gießen: »Das Sauwetter bei uns hält an. Heute hat es zum 1. Mal gehagelt. Vati ist trotzdem nach Michendorf gefahren. Er will die beiden Sommeranzüge gegen die Winteranzüge vertauschen. – Heute war nun der vielbesprochene Sammeltag. Ich hatte gestern von Reimar [seinem Kindheitsfreund Reimar Lenz] noch mal Altpapier geholt. Es waren 8,5 Kilo. Ich hatte also im Ganzen 20,5 Kilo gebracht. Ich finde das eine ganze Menge, weil ich doch alles mit der Bahn hatte anfahren müssen. Ich hoffe, Klassenbester zu werden. Das würde mir bei Geyer [Klassenlehrer am Potsdamer Gymnasium] allerlei Gutes einbringen, da er viel auf solchen Blödsinn hält. Zum Mindesten tut er so.«

Am 14. November schrieb er:

»Liebe Mutti, liebe Trine,
Habt ihr meinen Brief von gestern erhalten? Schreibt doch auch mal. Uns geht es gut, im Essen und überhaupt so. In dieser Woche haben wir, lese und staune, 3 mal Fleisch gegessen!! Ich weiß gar nicht, wie Irma das gemacht hat. Wir sind, wie du dir wohl denken kannst, mit Irma sehr zufrieden. Gestern sah sie ganz allerliebst aus. Sie kam nämlich aus der Badewanne, hatte eine weiße Bluse an und

rote Backen vom Baden. So stelle ich mir eine wirklich hübsche junge Dame vor. Du brauchst deswegen nicht zu lachen, aber es ist wirklich so. Nun Schluß mit diesem Thema. (...) Mutti, findest du das nicht unverschämt? Dem German [Schulfreund German Vogliano] haben sie sein ganzes Geld beschlagnahmt, das auf der Sparkasse ist, 300 M. nur weil er Italiener ist. Ich denke, die sind unsere Bundesgenossen?«

Am 15. November folgte eine ausführliche Beschreibung der großen Tauschaktion von Bleischiffen: »Nun möchte ich Dir noch etwas über den gestrigen Nachmittag bei German erzählen. Kurz nach 3 Uhr war ich bei ihm. Ich hatte eine ganze Anzahl von Schiffen zum Tauschen mit herüber genommen. Dann ging es los mit dem Getausche. Mir lag

Gießen, April 1943: Reni zu Besuch bei ihrer Tante Anneliese Völker mit Helmut und Gisela.

sehr daran, einen amerikanischen schweren Kreuzer loszuwerden. Es gelang auch zu beiderseitiger Befriedigung. Dann tauschte ich noch einen englischen Flakkreuzer gegen einen französischen Torpedokreuzer ein. Ein Torpedokreuzer in der deutschen Kriegsmarine wäre ungefähr ein großer Zerstörer mit etwas besserer Bewaffnung, und ein Flakkreuzer dasselbe, nur dass hier die bessere Bewaffnung besonders aus Flak besteht. Mein englisches Schlachtschiff ›Nelson‹ loszuwerden, gelang nicht. Da ich dafür auch ein Schlachtschiff haben wollte, und German nichts Richtiges für meine Zwecke und Vorstellungen hatte, war auf dem Gebiet nichts zu machen. Nachher bekam ich von Frau Vogliano Kuchen! Und Kaffee mit Zucker! angeboten. Ich machte natürlich meine Höflichkeitsverneinungen, aß dann aber die beiden Stückchen Kuchen mit großem Behagen.«

Einen Tag, bevor die bereits erwähnte Serie von Großangriffen auf Berlin begann, berichtete Erich seiner Frau nach Gießen, wo sie einmal mehr die fehlende Haushaltshilfe für einige Zeit zu ersetzen suchte: »Ich war gestern wieder einmal in der Iranischen Strasse. Mein Bekannter [Wolffsky im Jüdischen Krankenhaus] sagte mir, dass die Angelegenheit in keiner Weise anders zu beurteilen sei als vor 14 Tagen. Es gibt immer wieder Einzelfälle, meist ohne Kinder, wie es schon vor einem halben Jahr bekannt gegeben worden war. Die Tendenz ist bekannt, doch fehle der Apparat um eine Gesamtaktion [vermutlich Unterbringung von »Mischehe-Juden« in »Judenhäusern«] durchzuführen. Man müsse hoffen, dass es so bleibt

... Von meinen Bekannten kennt auch niemand einen akuten Fall, nur Konsulent Werthauer wusste von Leuten, die es getroffen hat, während Herr Landsberger keinen Fall kannte. Also hoffen wir das Beste. Im übrigen hörte ich von ›Vetter‹ Lindemann wie von Kamnitzer, dass arische Männer von jüdischen Frauen zum Heeresdienst einberufen worden sind. Allerdings war nicht bekannt, ob das auch für frühere Offiziere gilt. – Mein Geschäft mit Timmermann war umfangreich und lohnend. Drei Bücher [Butterpäckchen] fielen gratis an. Ausserdem habe ich so manchen glücklich gemacht. Bei einigen bedurfte es der Kreditgewährung.«

Am Tag darauf, dem 18. November, berichtete Erich vom ersten Großangriff: »Heute Nacht war also wieder ein richtiger Angriff. Um es vorweg zu sagen: In unserer Gegend ist nichts passiert. Diesmal galt es dem Nordosten und Osten. Reinickendorf, Pankow, Weissensee, Lichtenberg mit den dort eingemeindeten Dörfern an der Strecke nach Bernau, auch die Umgebung des Schlesischen Bahnhofs hat etwas abbekommen. (…) Die Nacht war dunkel, völlig bedeckt. Scheinwerfer waren nicht zu sehen, auch anscheinend keine Nachtflieger. Die Flak schoss, zum Teil MG Flak, aber nur nach Schallverfahren. Ich kann mir nicht vorstellen, dass dabei etwas herauskam. (…) Ziemlich viel Splitter der Flak kamen herunter. Ob das Singen in der Luft, das man teilweise deutlich hörte, damit zusammenhing, weiss ich nicht. Das seltsamste an der Nacht war, dass man nichts sehen konnte, abgesehen von dem Lichtschein der Abschüsse, sonst spielte sich alles in der Wolkenschicht ab. Woraus man übrigens sieht, dass alle Prophezeiungen anhand des Wetters Unsinn sind. Ich hätte schwören mögen, dass die letzte Nacht für Flieger ganz ungeeignet sein würde. Und dennoch sind sie gekommen und haben anscheinend viel Schaden angerichtet.«

Im selben Brief vom 18. November meinte er: »Die Kriegslage lässt nur einen Schluss zu: Es ist unmöglich im Augenblick ein Urteil über den Ausgang des Krieges und die Dauer desselben zu

1943: Ein Jahr lang war Reni »große Schwester« für Cousin Helmut und Cousine Gisela.

fällen, weder im pessimistischen noch im optimistischen Sinne. Es bleibt wirklich nichts übrig, als abzuwarten und Gott zu vertrauen.«

Und da der Mensch glücklicherweise nicht in die Zukunft schauen kann und die Schrecken der kommenden Nächte nicht zu erahnen waren, ließ sich Erich des längeren über den »Schlieffenplan« aus, die unglückliche Rolle des armen Generaloberst Prittwitz, der den Rückzugsbefehl (im Ostpreußen des Ersten Weltkrieges 1914) gegeben hatte und deshalb Hindenburg den Platz hatte räumen müssen, der dann zusammen mit Ludendorff den Sieg bei Tannenberg errang. »Was dann zum Segen für den Krieg wurde. Ob Reni dies alles fassen kann? (...) Reni schreibt Recktor mit ck. Das geht nicht, Rektor stammt auch von regere, rego, rectum, also einfaches k. Dies am Rande.«

Erichs weitere Briefe vom 23., 24., 29. und 30. November 1943 spiegeln die Steigerung wider, die jeder neue Großangriff brachte, das unvorstellbare Ausmaß der Zerstörung Berlins wie das Entsetzen über die Auswirkungen des von Goebbels triumphierend geforderten »totalen Krieges«. Erich berichtete von schrecklichen allerorts kolportierten Einzelheiten wie vom Schicksal vieler Freunde und Bekannten, die alles verloren hatten. 8 600 Tonnen Bomben sollen in dieser kurzen Zeit über der Reichshauptstadt abgeworfen worden sein, 2 700 Zivilisten ihr Leben verloren haben, 250 000 wurden obdachlos.

Nach diesem ersten Großangriff herrschte erst einmal mehrere Tage und Nächte Ruhe. Am Totensonntag, den 21. November, berichtete der Sohn nach Gießen: »Vati konnte doch noch in Ruhe Kaffee trinken und dann zur Kirche gehen. Ich sollte nicht mit, da am Totensonntag die Predigt für mich wahrscheinlich zu hoch gewesen wäre. Stattdessen zerschlug ich eine Stunde lang eine Kiste, die Vati von Herrn Matthies[27] bekommen hat und dazu noch 3 Äpfel, die mit vielen andern drin gelegen hatten. Die Kiste zerschlug ich, um aus ihren Brettern und 2 dünnen Brettern ein Gestell für den Spritzenwagen zu machen. Vati und ich haben dann in 3 Stunden ein ganz gutes Monstrum fertiggestellt. Ihr werdet staunen. Es fehlt nur noch ein Dachpappenteil, das vor den Eingang des Biestes gehängt werden soll.«

In Erichs Brief vom 21. November war erst einmal von Carla, Erichs Schwester in Magdeburg die Rede: »Hoffentlich hat sie keinen Grund zu schweigen. Sollte etwa Karlernst eine Einberufung erhalten haben oder etwas derartiges schweben? Mir wurde vom ›Vetter‹ Lindemann wie von Kamnitzer gesagt, dass ein arischer Ehemann, der eine jüdische Frau hat, einberufen worden ist. Sie wussten nur nicht, ob es sich um einen gedienten Mann oder sogar einen früheren Offizier handelt. Ich weiss auch nicht, ob man sich heute freuen sollte oder nicht. (…) Justus hat schon berichtet, dass wir heute fleissig waren. Erst war ich in der Pauluskirche, die

---

27 Antiquitätenhändler in der Motzstraße in Schöneberg, der meinem Vater bei den heimlichen Verkäufen aus Martha Liebermanns offiziell längst vom »Dritten Reich« beschlagnahmten Eigentum geholfen hatte.

wieder hergestellt ist. Die alten Fenster sind bis auf Reste vernichtet, einfache gelbe Fenster sind an ihre Stelle getreten. Dilschneider hatte die Freude eine übervolle Kirche zu sehen. Es war Totensonntag. Ich war auch deshalb da. Er sprach sehr angemessen, wiederholt auf die sich senkende Sonne des Abendlandes hinweisend. Seiner Predigt lag eine Stelle aus dem Alten Testament aus dem Propheten Hesekiel zu Grunde. Die leibliche Auferstehung bleibt eine schwere Glaubensprobe. Reni wird es erfreuen, dass der Religionsunterricht für Kinder wieder aufgenommen ist. Jeden Mittwoch um 4 Uhr. Man kann daraus schliessen, dass auch hier immer mehr Kinder zurückkehren.

Der Verschlag ist leider etwas kurz geraten, weil die Bretter nicht länger waren. Ausserdem habe ich einmal auf den linken Daumen gehämmert. Schmerz und Blutverlust hoben sich auf. Beim Zersplittern des restlichen Holzes flog mir ein Stück ans Nasenbein. Schmerz grösser als Blutverlust. Abgesehen von diesen Unglücksfällen kamen wir uns sehr tüchtig vor.«

Unter »Verschiedenes« vermeldete er dann noch seinen Geburtstagsbesuch bei der alten Frau Messel: »Man bedenke, dass wir uns über dreissig Jahre kennen. Das will schon etwas heissen. Erst war die alte Frau Zimmermann da, dann waren wir ganz allein. Sie hat sich über Deine Zeilen sehr gefreut.«

Dann berichtete er von »Vetter Lindemann« (der frühere Sozialdemokrat aus Falkensee mit »nichtarischer« Frau): »Er hat seine Frau wieder zurück kommen lassen, ein Beweis, dass er die Lage wieder ruhiger beurteilt. Dass man sonst sehr vorsichtig sein muss, davon hat mir Herr Matthies wieder ein Beispiel erzählt.«

In der folgenden Nacht sollte der frisch gebastelte Spritzenwagen seine Feuertaufe bestehen. »Liebe Sabine«, schrieb Erich am 23. November nach Gießen. »Der schwerste Angriff auf Berlin liegt hinter uns. Für uns draussen [in Zehlendorf] war es nicht schlimmer als im März. Die Stadt selber hat gelitten in einem unausdenkbaren Maße. Gegen ½ 8 Uhr hörten wir die Autos, kurz darauf die Sirene. Wir assen auf, machten alles fertig. Ich ging dann zu Herrn Motzkus [die Kneipe an der Ecke, die »Drahtfunk« hatte]: Grosse Geschwader unterwegs, z. Zt. bei Braunschweig. Dabei regnete es mit Schnee vermengt. Bald ging es los. Das Gedröhne der Maschinen, das Geknalle der Flak mischte sich mit dem Lärm der Einschläge. Nur einmal hörte man ein Geschoss pfeifen. Die anderen Explosionen waren doch weiter weg. Wir haben auch keinen Fensterschaden gehabt, nur etwas Mörtel kam herunter. Dagegen hörte man fortwährend das Gesinge der Splitter.

Plötzlich merkte man ein Sausen in der Luft. Justus und ich hinaus geeilt und vor uns lag die Bescherung: Brandbomben hell aufleuchtend vor unserem Hause, drüben, in der Fürstenstrasse und weiterhin. Die Spaten ergriffen und Sand darauf geworfen, das war die erste Arbeit. Inzwischen ertönten aus dem Hause von Wenzels Hilferufe. Ich eilte hinüber, rannte die Treppe hinauf, ein Flieger-Major oder dgl. kam auch an. Wir fanden schnell den Brandherd. Mit Sand und Wasser war auch hier bald die Gefahr beseitigt. Justus war inzwischen fortgeeilt und hatte sich selbständig gemacht. Er hat in der Fürstenstr. und bei Rathmanns Wohnung gelöscht. Vor unserem Haus fanden wir uns wieder.

Wie wir in die Gegend sahen, erblickten wir Feuerschein aus dem Eckhause Beerenstr./Werderstr. Der Boden brannte. Wir beide hinüber und die Treppe hinauf. Von allen Seiten kamen Frauen und Männer zur Hilfe. Feuerspritzen wurden benötigt. Justus holte unsere, Frau Schaub gab mir ihre. Auf dem Boden sah es lieblich aus. Ich übernahm eine Spritze, stieg auf eine Leiter unter dem Dachfirst. Unentwegt wurde Wasser nachgereicht, was schwer war, weil in einzelnen Häusern die Leitung nicht mehr ging. Ich gab soviel Wasser wie ich konnte und merkte wie das Feuer im vorderen Teil nachliess. (…) Unter dem Dache war es sehr heiss. Ich nahm mein Tuch heraus, liess es tränken und setzte es unter den Hut. Das war gut und behütete die Haare vorm Brennen.«

In den Worten meines Bruders klang die erste schwere Angriffsnacht wie ein großes Abenteuer: »Ich stolperte im Hausflur über Brandbombenreste, denn die Hausbewohner hatten die Brandbombe teilweise hinunterschmeißen können. Vati stand in ziemlich dichtem Qualm. Er war Strahlrohrführer: Überhaupt war Vati immer einer der ersten beim Löschen und an der Spritze. Ja, so ist er nun mal. (…) Bei Herrn Marquard durfte ich einige Zeit einen müden Hausfeuerwehrmann, Nummer 2, als Pumper vertreten. Dabei fielen mehrere Male mir Dreck und brennendes Zeug aus der Decke auf Mütze und Mantel.«

»Schon aus der grossen Zahl der vorbeifliegenden Feinde konnte man ahnen«, schrieb Erich weiter, »dass etwas Schlimmes vor sich gehen würde. Was sich ereignete, das habe ich heute gesehen. Auf Grund einer falschen Meldung fuhr ich mit der Untergrundbahn in die Stadt. Ab Fehrbelliner Platz musste man laufen. Ich will es kurz machen: Vom Fehrbelliner Platz den ganzen Hohenzollerndamm hinunter, über die Uhlandstr., die Kaiserallee, die Nürnbergerstr., die Tauentzienstr., die Kleiststr. der Nollendorfplatz, (…), die Strassen am Landwehrkanal, die Potsdamerstr., der Potsdamer Bahnhof, das ›Haus Vaterland‹ [Varieté-Theater, Köthener Straße]: Es ist alles ein Trümmerfeld, brennend oder durch Volltreffer zerstört. Alle Seitenstrassen in ähnlichem Zustand. (…)

Die Fahrdämme überschüttet mit Schutt, die Drähte der Strassenbahn am Boden, hie und da ein Löschtrupp, die ganze Luft voll Asche und Brand. Viele laufen mit Gasmaske umher, Brillen auf. Es ist dunkel wie im Sandsturm. Überall brennt in den nicht betroffenen Teilen der Stadt Licht. In der Tauentzienstr. gibt es Häuser, die noch stehen und anscheinend bewohnt sind. Auch das Haus Deiner Tante [Lilly Schluckebier]. Das KaDeWe ist zerstört. In der Kleiststr. ist alles restlos vernichtet, ebenso in der Schillstr. (…) Auf den Gleisen stehen ausgebrannte Elektrische. Am Landwehrkanal standen viele Autos der Löschpolizei zum Wasserpumpen.

Das ganze Kriegsministerium ist ein Raub der Flammen geworden. Auf dem Wilhelmplatz brennt das Verkehrsministerium, die alte Reichskanzlei – das Bismarck Palais zerstört. Ein grosser Block der Deutschen Bank ausgebrannt, gegenüber brennt der Dachstuhl der Thyssenbank, nebenan ist Scheurmann. Es war alles zu. Ich fand niemanden. Teile der Commerzbank brennen, unter den Linden und in der Behrenstr., Haus Jägerstr. 69 [Büros der Jarislowsky'schen Erbengemeinschaft] hatte 8 Brandbomben im Dachstuhl, 4 auf dem Hofe, 1 auf der Strasse. Die alten Weiber [Hauswartsfrauen] haben rühmenswerter Weise alles gelöscht. (...)

Die Vernichtung geht die ganze Leipzigerstr. hinunter bis weit über den Alex hinaus. Der Bahnhof Alexanderplatz, die Warenhäuser [Wertheim und Tietz] sind vernichtet. Auch nach dem Halleschen Tor zu ist vieles zerstört. Überall brennt es. Der böse Westwind facht das Feuer immer wieder an. (...) Wenn sie heute Nacht wiederkommen, dann wird es noch schlimmer. Keine Elektrische fährt, einige Lastwagen mit gerettetem Hab und Gut schlagen sich durch die Strassen. Militär ist eingesetzt, Hitlerjungen ziehen truppweise umher. Was will das alles heissen gegenüber dieser Katastrophe.

Matthies' [der Antiquitätenhändler] Haus steht noch, aber ohne Fenster und Türen. Gegenüber brennt es lichterloh. Der Bachsaal war unversehrt. Wie lange noch, wenn der Wind anhält? Hoffentlich ist Frau Messel verschont geblieben. Grosse Teile des schönen Tiergartenviertels sind vernichtet. Wie ich bei Tisch hörte – Bollenmüller hatte glücklicherweise auf – ist auch Pankow schwer getroffen. Auch der Adolf Hitlerplatz [heute: Theodor-Heuss-Platz] und der Kurfürstendamm sind schwer mitgenommen. Noch einige solche Angriffe und Berlin ist coventriert.[28]

Angesichts einer solchen Lage möchte ich abraten, Reni hierherzubringen, selbst auf die Gefahr hin, dass sie Weihnachten nicht bei uns ist. (...) Aber die allgemeinen Gefahren sind noch viel grösser als die Gefahr während des Angriffs. Die Zerstörung lebenswichtiger Einrichtungen muss auch die Versorgung der Stadt treffen. In einer solchen Zeit muss man hinausgehen, aber nicht herkommen. Es kommen hinzu die speciellen Sorgen in unserem Falle. Wo will man die Hunderttausenden hinbringen, die obdachlos sind? Bitte bedenke dies alles. (...) Du siehst, der Umfang des Angriffs übersteigt alles gewesene. Über die Zahl der Opfer habe ich nichts vernommen. Die grosse Zahl von Sprengbomben einerseits, die kleine Zahl der in den Strassen befindlichen Geschädigten lässt schlimmes ahnen.«

Doch die arme Sabine konnte nichts bedenken, da sie tagelang ohne Post war, auf die Nachrichten angewiesen war, die sie bei einer Nachbarin mithören durfte, denn bei ihrer Schwester gab es kein Rundfunkgerät!

28   Coventry, Industriestadt in Mittelengland, wurde während der Luftschlacht um England 1940/41 von der deutschen Luftwaffe mehrmals wegen der dort ansässigen Rüstungsindustrie bombardiert. Besonders der Angriff in der Nacht zum 15. 11. 1940 machte die Stadt zum Symbol für die Grausamkeit des Luftkrieges gegen Städte.

»Angriff gut ueberstanden + Justis glaenzend bewaert + Brief folgt + nicht abreisen vor Erhalt + herzliche Gruesse = Erich« war alles was sie in Händen hatte.

Am 25. November schrieb sie nach Berlin: »Seit dem Telegram, das Dienstag abend ankam, habe ich nun noch nichts von Dir gehört u. Du kannst Dir denken, wie beunruhigt ich bin (...). Aber Sorgen macht mir nach wie vor die ›glänzende Bewährung‹ von Justus, da sie ja Unheil bei uns oder den Nachbarn voraussetzt. Ich bin recht unglücklich, daß ich jetzt nicht bei Euch sein kann. (...) Erich, Du glaubst gar nicht, wie scheußlich es ist, hier ohne Nachricht zu sitzen! Habt Ihr Gas, Wasser, Licht? (...) Wie muß es den Frauen zu Mute sein, die ständig von schweren Kämpfen im Osten hören und ihren Mann dabei wissen! Ich glaube wirklich, ich wäre keine gute Soldatenfrau – aber vielleicht lernt man auch das.«

In Erichs nächstem Brief vom 24. November heißt es: »Hoffentlich erreichen Dich diese Nachrichten. Der zweite Angriff war noch schlimmer. Was sich hier tut ist beispiellos. Berlin geht der Vernichtung entgegen. Die City ist ein Ruinenfeld. Ganz abgesehen davon, dass das Haus Jägerstraße 69 völlig abgebrannt ist,[29] so brennen fast alle Ministerien, die Deutsche Bank Zentrale ist nunmehr völlig zerstört, auch die restlichen Häuser, Scheurmann ist ausgebrannt, von Heinz, Tecklenburg [ehemals A. E. Wassermann] ausgebrannt. Die Wilhelmstr. ist gesperrt, soweit ich durch den dicken Rauch sehen konnte, ist das Auswärtige Amt eine Ruine, die ganze Behrenstr. von der Wilhelmstr. bis zur Kanonierstr. [heute: Glinkastraße] ausgebrannt, die Friedrichstr. soll vom Halleschen Tore bis zu den Linden vernichtet sein, ebenso die Leipzigerstr. Überall brennt es, fortgesetzt wird gesprengt. Die Linden haben nur einige Häuser, die noch unversehrt sind. Hotel Bristol ausgebrannt, ebenso die engl. und französ. Botschaft. (...) Ganz Moabit ist ein einziger Trümmerhaufen, von der Siegessäule an, da gibt es überhaupt keine unversehrten Häuser. Frau Zirpel ist restlos ausgebombt [»arische« Vermögensverwalterin der Erbengemeinschaft], ebenso Herr Rohrlack [Hausverwalter der Erbengemeinschaft]. Von dem ganzen Konzern bin ich allein da, ohne Akten. Gestern stand das Haus noch. Sie hatten aber kein Wasser mehr. (...) Wir wollen nun versuchen festzustellen, ob der Tresor von Arnolds sich gehalten hat. Ein Geldschrank von uns lag im Schutt, offen, alles verkohlt.

Ich fuhr heute mit der U-Bahn bis Heidelberger Platz, wollte von da mit S-Bahn weiterfahren. Ging nicht. Die Brücke über die Kaiserallee ist getroffen worden. Ein verkohlter Eisenbahnwagen hängt dort hinunter. Im Fussmarsch ging es mit Tausenden nach Bahnhof Wilmersdorf, Tausende kamen entgegen. In Wilmersdorf warteten wir eine halbe Stunde, dann hiess es: Züge fahren nicht weiter. Schluss. Laufen, über Innsbruckerplatz-Hauptstr.-Potsdamerstr.-Potsdamerplatz-Leipzigerstr. Eine gute Stunde durch mehr oder weniger zerstörte Stadtviertel. Es brennt noch allenthalben. Mangels Wassers und mangels Leute kann gar nicht überall

---

29 *Dabei verbrannten auch die Listen, die mein Vater zu Martha Liebermanns Lebzeiten von ihrem gesamten Inventar in der Graf-Spee-Straße 23 [heute: Hiroshimastraße], angelegt hatte.*

gelöscht werden. Der Potsdamer Platz ist jetzt ein einziger Trümmerhaufen: Telschow geborsten, die Ecke Linkstr. in hellen Flammen, Mitropa ausgebrannt, Kolumbushaus dergleichen. Die reizenden Torhäuschen ausgebrannt. Der Bahnhof eine Ruine. Wie ich später hörte, sieht der Stettiner und der Lehrter Bahnhof nicht anders aus. Nur der Anhalter Bahnhof ist verschont geblieben. Eine Bombe durchschlug den Potsdamerplatz bis auf die Gleise der Bahn. Ich sah auch weitere Sprengtrichter: quer über die Strasse, so tief, dass ein Lieferauto hineingefallen war und nur ein wenig heraussah.

In allen Verkehrsstrassen stehen die Strassenbahnen und können nicht abgeholt werden, da das Netz stromlos ist, die Drähte auf den Dämmen liegen, die Maste umgeworfen sind. Viele Wagen sind verbrannt, andere haben keine Scheiben mehr. Die grössten Schrecken sah ich in Moabit. Das ist eine Totenstadt. Nichts mehr ganz. Ganz ähnlich der Lützowplatz und Umgebung, die Nebenstrassen um den Nollendorfplatz. Die neue Winterfeldstr., wo Herr Rohrlack wohnte, ein einziges Trümmerfeld. (…)

Alles dahin. Man kann kaum den Strassendamm überqueren. Kolonnen von Italienern[30] bahnen Gassen durch die Steinmassen. Unvorstellbar, selbst für einen früheren Soldaten. In Richtung Tauentzien brannte es heute noch lichterloh. Die Luft ist kilometerweise von Aschenstaub und Mörtel usw. angefüllt. Die Damen tragen GazeSchleier. Ich habe oft die Brille aufgesetzt. Im übrigen bin ich fast 6 Stunden gelaufen. Von Moabit wieder nach der Siegessäule und dann über Lützowplatz-Nollendorfplatz zu Rohrlack – besser zur Ruine, wo er seit Jahrzehnten lebte und alle unsere Hausakten verbrannt sind.

Unterwegs traf ich ganz durch Zufall Perlwitz [ehemaliger Kollege in der Commerzbank]. Das war für beide eine Freude. Später begegnete ich ebenso zufällig Neustadt, der öfters abends mich besuchte. Er ist ausgebombt, hat zwei Nächte im fenster- und türenlosen Haus in der Küche gesessen. Ich habe ihn für 1–2 Nächte zum Schlafen und Essen – mit Marken – eingeladen. Sein alter Wirt will ihn auch nicht fortlassen. Aber es müssen aus Holz die nötigsten Abhilfen geschaffen werden.

Im Osten soll es genauso aussehen. Über andere Stadtviertel bin ich noch nicht informiert. (…) Bei uns hat der 2. Angriff einigen Schaden angerichtet. (…) Die Dächer sind ringsum beschädigt, bei Lenzens ist das ganze Dach abgerissen. In der Argentinischen Allee brannten mehrere Villen nahe Waldsee völlig aus. Es gab einen ungeheuren Lichtschein. In unserer Strasse sind in vielen Häusern kleine und zum Teil grössere Glasschäden, auch Dachziegel abgefallen. (…) Also sehr wenig.

30 Seit dem Machtwechsel in Italien 1943 und den anschließenden bewaffneten Auseinandersetzungen deutscher und italienischer Truppen wurden italienische Kriegsgefangene im »Großdeutschen Reich« als Räumkommandos eingesetzt. Bei Bombenalarm durften sie keinen Schutzbunker aufsuchen.

Als die Bomben fielen gab es einen Schreck. Wir sind alle Menschen. Irma war mit den meisten Anwohnern im Bunker und gut aufgehoben. Wir werden wohl auch gut tun, den Bunker aufzusuchen. Natürlich ist es Zufall, wo die Sprengbombe trifft. Aber sicherer ist man im Graben als im Hause. Nur kann man hier besser eingreifen, wenn sie Brandbomben werfen. (…)

Noch sieht es hier draussen bis auf Ausnahmen friedlich aus. Ein Massenabwurf auf Zehlendorf und wir stehen vor neuen schwierigen Fragen. Jeden Tag kann es mit der Einquartierung von Zwangsmietern losgehen. Im Augenblick werden die Behörden nicht wissen, was sie zuerst tun sollen. Mir geht es mit den Häusern [der Erbengemeinschaft] genau so. Ich muss mich über alles informieren: Mieten, Hypotheken, Steuern, Bilanz der AG. Vorläufig muss ich erst Verbindung mit Frau Zirpel [der »arischen« Vermögensverwalterin] und Herrn Rohrlack suchen, dann feststellen, welche Häuser noch vorhanden sind. Ich nehme an, dass sie alle zerstört sind, bis auf die Delbrückstr. im Grunewald. (…)

Ich habe versucht ein Bild von der augenblicklichen Lage zu geben: Können wir verantworten in diese dem Untergang geweihte Stadt Reni zu bringen? Sie wäre vor Angst umgekommen, wenn sie die Einschläge gespürt hätte. (…) Hildegard [Sabines ältere Schwester] ist im Büro ausgebombt, hat aber einiges retten können. Nebenan sind sämtliche Gesandtschaften zerstört: Finnland, Schweden, Ungarn, Rumänien. Ob Frau v. Seeckt [nach dem Amtlichen Fernsprechbuch Berlin 1941 wohnte sie in der Lichtensteinallee 2a, Berlin W 35] gerettet ist und Frau Messel?[31] Ich will morgen hinlaufen, um wenigstens Bescheid zu wissen. (…)

Es kann sich niemand ein Bild davon machen, was sich hier in den 2 Tagen ereignet hat. Weltuntergang! Unter Umständen muss Reni das Weihnachtsfest fern vom Elternhaus verbringen. Wir wissen nicht, ob bis dahin das Elternhaus noch existiert. (…) Unser Sohn hält sich sehr brav. Wir halten wirklich zusammen und sind in der ganzen Gegend als Helferpaar bekannt.«

Hier ein Auszug aus dem Brief des jungen Helfers, datiert ebenfalls 24. November: »Als wir aus dem Hause traten, sahen wir in Richtung Zehlendorf-West einen roten Schein. Die Leute sagten, es wäre Schlachtensee. Es war aber viel näher. Gleich werdet ihr erfahren, wo es gebrannt hat. Nach einer kurzen Zeitspanne kam endlich Entwarnung. Wir gingen nun in Richtung Brand. Von allen Seiten strömten die Leute links die Fürstenstraße hinan. Dann bogen wir auch in die Straße wo der Brand war, nämlich in die Roonstraße. Ein Haus vor uns brannte im Dachstuhl. Das war es aber nicht. Nein, weiter in Richtung Tennisplatz brannte ein Haus wie eine Fackel. Ich stürzte hinein, fand aber zu meiner Verwunderung nur einen SS oder Polizeimann vor. Ich fragte ihn: ›Ist denn nichts mehr zu retten?‹ ›Ne, aber zu löschen‹, war die Antwort, ›dann geben Sie mir mal einen Pott zum Wassertragen, sonst geht das ja schlecht.‹ Da fasste er mich am Ärmel

---

31 *In der Graf-Spee-Straße 25 [heute: Hiroshima Straße], ganz in der Nähe von Martha Liebermanns Wohnung in der Nr. 23, die in der gleichen Nacht ausbrannte.*

und zog mich hinaus: ›Das Haus ist doch verloren, Du Dussel!‹ sagte er. Ich sah nun, dass mehrere Männer in den Keller des Hauses gingen und noch Sachen rausholten. Da sah mich Vati an und zog mich zurück auf die Straße, wo ungefähr 100 Leute standen und gafften. Vati aber ging zurück ins Haus, um zu helfen. Ich kratzte einem Fräulein, in dessen Aufsicht mich Vati gestellt hatte, aus und rannte ihm nach. Kurz danach verließen wir beiden die Brandstätte; es war nichts mehr zu machen.«

Im nächsten Brief vom 29. November gab es weitere Beschreibungen der neu hinzugekommenen Zerstörungen, aber endlich auch die Zustimmung des Vaters zur geplanten und wegen Mandelentzündung verschobenen Weihnachtsreise der Tochter nach Berlin. Es steht zu vermuten, dass eine Mischung von Sehnsucht nach dem Weihnachtsfest im Elternhaus und Neugierde wie Eifersucht auf den Bruder, der als Vaters rechte Hand gegen Brandbomben kämpfen durfte, sie darauf bestehen ließ, obwohl ihr die Erwachsenen nichts von den Zuständen in Berlin verbargen. Aber die waren letztlich unvorstellbar und kamen auch Erwachsenen kaum glaubwürdig vor.

»Viele Strassen sind unpassierbar. Erst hat man die Ausfallstrassen freigeschaufelt. Jetzt sind Tausende von Soldaten und Gefangenen dabei, die schlimmsten Schäden zu entfernen. Einzelne Postämter sind zerstört, die meisten Telephonämter haben die Anschlüsse derart gesperrt, dass man angerufen werden kann, aber nicht das Amt erreichen kann. Alles geht über Automaten. (...) Wasser und Licht funktionieren hier draussen. Mit dem Gas ist es so so. Abends geht es meist. Tagsüber ist es sehr schwach. Lebensmittelversorgung ist schwierig, doch sie genügt. In den Lokalen Topfgerichte vorgeschrieben. In der City alles schwierig, da die meisten Lokale zerstört. Konditoreien gibt es kaum. Vor den Bäckerläden stehen sie sehr an. Wegen Gasmangel kann das vegetarische Restaurant nicht aufmachen, obwohl es nicht zerstört ist, wie die Reichs Kredit [Gesellschaft] und die Post, die mitten unter den Ruinen fast unberührt dastehen, ähnlich wie die Neue Reichskanzlei und Wertheim [Voßstraße und Leipziger Straße / Leipziger Platz] mit Ausnahme von Fensterschäden sich gehalten haben. Bei Wertheim ist schon wieder geöffnet. Frierend stehen die Verkäuferinnen im Mantel da und geben sich Mühe, freundlich zu sein.

Nun zu Reni. Es tut mir Leid, das sie erkrankt ist. Wir können nur dankbar sein, dass du grade da bist und sie pflegen kannst. Schont sie ordentlich und reist dann Ende der Woche ab. (...) Ich mache aber darauf aufmerksam, dass ich von mehreren Seiten höre, dass die Partei die Entfernung der Kinder erzwingen will. Es steht im Widerspruch zu Goebbels Rede, aber auch T. hat es berichtet. Wer die Grauen der Stadt gesehen hat, der kann diesem Standpunkt nur beipflichten. Hier herrscht dazu so nervöse Stimmung, dass Kinder besser fernbleiben. Jeder bangt um den nächsten Abend. Dass die Theater wieder spielen – um 3 Uhr Beginn der Vorstellungen – das will nichts heissen.

Vergleiche nicht frühere Angriffe mit den jetzigen Grossangriffen. Hier draussen war es nicht viel anders. Wer mehr behauptet übertreibt. Aber in der Stadt war die Hölle los und die Zerstörungen haben alle Befürchtungen übertroffen. Wozu man die Becken gebaut hat und sonstiges geübt hat, weiss ich nicht. Gegen die entfesselten Gewalten waren die Selbstschutz Kräfte machtlos. (...) Das Weihnachtsfest unter den heutigen Verhältnissen ist durchaus problematisch. Bedenkt, dass Hunderttausende obdachlos sind, dass Hunderttausende das nackte Leben gerettet haben. Wieviele Tausende unter den Trümmern liegen, weiss ich nicht. Es müssen aber viele Tausend sein.

Ich weiss nicht, ob ich schon berichtet habe, dass nunmehr Matthies total geschädigt ist. Du wirst Berlin nicht wieder erkennen. Bachsaal, Philharmonie beschädigt. Der dritte Angriff hat der Lützowstr. den Rest gegeben, vom Magdeburger Platz bis Lützowplatz ist ein Haus unbeschädigt, vom Lützowplatz bis zur Kleiststr. ist Stalingrad. Tausende von Soldaten arbeiten in dieser Gegend. Von der Kleiststr. bis weit hinein in die Martin Lutherstr. ist alles zerstört und von da bis Bayerischen Platz und die Aschaffenburgerstr. hinunter bis zum Pragerplatz ist alles vernichtet. Was die Damen Schlöttke [Cousinen von Sabines Mutter Käthe Geppert] ausgehalten haben, ist beispiellos. Sie waren gerade von der Reise zurückgekehrt. Die Wohnung ist gerettet, vorläufig, aber sie sind mehr Leiche als Mensch. (...) Zur Zeit schläft Dr. Neustadt [unser »U-Boot«] bei uns, da er in Schlachtensee ausgebombt ist. Das Haus wird aber bereits wieder hergestellt, doch fehlen die Türen.«

Den letzten Brief Erichs vom 30. November kann Sabine schwerlich in Gießen erhalten haben, denn in ihrem Taschenkalender ist unter dem 1. Dezember vermerkt: »Abfahrt aus Giessen, Magdeburg.« Das Kind hatte sich durchgesetzt und fuhr mit. »Allmählich kommt so manches in Gang«, berichtete Erich in seiner letzten Epistel. »Einige Autobusse fahren wieder, auch Elektrische in den Vororten verkehren, ferner scheint der Ring wieder in Gang gebracht worden zu sein, man kann wieder bis Oranienburg fahren. Es gibt auch hinter Holzlatten Lokale, die Essen geben. Im grossen und ganzen ist die Innenstadt eine tote Stadt geworden. Ich war bei Sehmer und Witte, beide hatten zu Hause Schäden an Glas usw. Sehmer hat jetzt 12 Leute bei sich wohnen. Teilt meinen Standpunkt, dass wir uns bald nach einem Bombengeschädigten umsehen und ihm ein Zimmer geben. Hier ist so grosse Not, dass die Menschen pro Familie ein Zimmer erhalten. (...)

Scheurmann [befreundeter »arischer« Bankier] muss wieder aus dem neuen Quartier heraus. Geht voraussichtlich in die ReichsKredit Gesellschaft. Da kann ich mich also nicht anschliessen. Heute fand ich Rohrlack [»arischer« Hausverwalter der Erbengemeinschaft] und Frau; restlos abgebrannt sitzen sie bei einem Schwager in dem unversehrten Teile der neuen Winterfeldstr. Wir haben alles besprochen. Ein Glück, dass wir beide wenigstens Fühlung haben. Von Frau Zirpel [»arische« Vermögensverwalterin der Erbengemeinschaft] hörte ich noch nichts.

Ich war auch bei Meulenbergh. Von seiner Bank ist die Hälfte abgebrannt, in der Köthenerstr. Ich will mit seiner Hilfe Unterlagen für die drei Häuser, die von seiner Bank Hypotheken haben, gewinnen. Jetzt muss ich mich nur wegen der Villen Hirsch und Jarislowsky umsehen. Am Knie [heute Ernst-Reuter-Platz] soll es verheerend aussehen.

Ich hörte kürzlich, dass die Engländer bei den letzten Angriffen 7 Millionen kg Bomben abgeworfen haben. Wir draussen merken natürlich am wenigstens davon. Sollte es auch hier ernst werden, so macht mir keinen Vorwurf. Ich habe soviel schreckliches gesehen, dass ich für mein Leben genug habe. Wenn ich dran denke, dass Frau Messel einfach verschollen ist – sie wird leben aber wo?, dass ihre Wohnung ein Opfer der Flammen geworden ist ... Ich würde gern Reni alle diese Schrecken ersparen.«

Auf der Rückseite von Erichs Brief hatte der Sohn eine bemerkenswerte Aktion geschildert: »Wir hatten in der letzten Zeit alarmfreie Nächte. Höchst angenehm! Wir haben das Dach schon wieder vollständig gedeckt. Wir sind: German, Martin, Hein Ahlers und Wolfgang Hübschmann. Alles Zehlendorfer, jetzt in Potsdam [auf dem Gymnasium]. Ich war nämlich auf dem Weg zur Schule auf einen ganz ausgezeichneten Gedanken gekommen. Ich hatte mir überlegt, dass wir Berliner uns gegenseitig bei der Beseitigung der Fliegerschäden helfen müssten. In unserer Klasse sind nämlich wirklich einige Jungen, bei denen etwas passiert ist. Aber nicht kleine Geschichten wie bei uns, sondern schweren Schäden. Bei Ehlert aus Dahlem, Schmidt-Rimpler aus Charlottenburg und bei Ott aus Spandau, hat es, um mit German zu reden, einmal tüchtig »durchgefegt«. Aber Röske, auch ein Charlottenburger, ist höchstwahrscheinlich total bombengeschädigt, durch Brand. Na, kurz und gut, ich hatte meinen Plan mal in der Klasse vorgetragen, und fand starke Zustimmung. Daher kommt es, dass mir so viele Jungen geholfen haben.

Sonst geht der Schulbetrieb ruhig seinen Weg weiter. Herr Geyer, der übrigens bombengeschädigt ist, ist wieder in der Schule und wir können endlich vernünftigen Unterricht bekommen. Heute waren German, Martin und ich bei Herrn Geyer, um ihm Fensterpappe zu bringen. Er bekommt nämlich keine. Er wohnt in Witzleben, wo sehr viel passiert ist. Es war eine tolle Fahrerei. Nur eine sehr traurige Mitteilung muß ich dir machen: Ich habe in Rechnen eine fünf geschrieben! Ich bekomme wahrscheinlich bei Gerhard mal einige Nachhilfestunden; dies ist nötig, weil wir jetzt mit einer anderen Rechnerei anfangen, und da muß doch das alte erstmal sitzen. Wenn Du endlich wiederkommst, können wir dann zusammen arbeiten. Dann wird die Geschichte schon wieder werden.«

Am 2. Dezember trafen Mutter und Tochter in Berlin ein, am 3. fand der letzte der von den Alliierten geplanten großen Luftangriffe auf Berlin statt – doch verspürte man die Schrecknisse nicht ganz so stark in Zehlendorf.

»Nach den Berichten konnte Z. nicht viel abbekommen haben«, schrieb Robert Liebermann am 7. Dezember aus Hamburg, »ich schrieb Dir ja schon, sie suchen so dünn besiedelte Stadtteile wie Euren und unsern nicht – aber das wenige genügt für den, den es trifft, vollauf. In der Stadt soll es teilweise so trostlos aussehen wie bei uns. Was ist das für ein ungeheuerlicher Wahnsinn! Bei uns ist alles wohl. Alarm fast täglich. Mich hat das Arbeitsamt vor 14 Tagen wiedergeholt, zur selben Fa., aber bis Januar Aufräum-Arbeit in einem zerbombten Haus zur Einrichtung eines Büros. Ich kratze den ganzen Tag auf hoher Stellage Decken ab. Kalt, dreckig, aber nicht so schwere Arbeit. Man bekommt wenigstens Zusatzkarten. Sonst ist es mit Gemüse, seit fast alles nach Berlin geht, katastrophal. Zum Glück ist gerade unsere nette Logier-Bombe [die junge bombengeschädigte Frau, die seit Anfang August bei Liebermanns wohnte] vom Besuch auf dem Lande mit reichen Gaben zurückgekommen. Unsere Karnickel haben wir bis auf 4 abschlachten müssen wegen Futtermangels, auch sollten sie jetzt auf Fleischkarten angerechnet werden. Sonst hat uns nichts Neues betroffen. Es freut mich, dass Euer Justus sich bei dem Feuer als Mann bewährt hat. Habt Ihr eine Karbidbombe abbekommen? P. S. Man rechnet hier noch mit einem Angriff zwischen 10. und 15. Dezember.«

Und dann konnte sich »das Kind« an das Basteln der Weihnachtsgeschenke machen, wie Nana, die Vizemutter in Gießen, in ihrem Brief vom 10. Dezember zu Recht vermutete: »Hoffentlich bleibt bei Euch die Oase erhalten! Wie gefällt es nun Reni in ihrem Zuhause? Was machen die Weihnachtshandarbeiten? Kommt sie überhaupt dazu? Hoffentlich hört sie auch anderes, als nur von den Angriffen und ihren Folgen.«

Dann erwähnte sie das Schicksal der schwer getroffenen Stadt Mannheim, nicht nur Berlin hatte in der letzten Zeit so gelitten: »In Mannheim hielten d. Menschen im allgemeinen zur Stange, da ihre Häuser ja sonst ewig Ruinen bleiben. Womit, wovon, von wem u. wann soll wieder all das erstehen, was bis jetzt zerstört wurde? Lauter ungelöste Fragen. Aber Vater [Schwiegervater Völker in Heidelberg] sagte, daß erstaunlich viel Ordnung wieder geschaffen sei u. daß d. Menschen mit einer unerhörten Zähigkeit am Ordnen u. in Gang setzen von Geschäften, Wohnungen usw. seien.«

Aus Alt wird Neu! Die Jugend bastelt.

»Liebe Kinder«, heißt es im Vorwort, »ihr wollt doch alle eure Mutter, euern Vater und eure Geschwister zum Geburtstag, zum Namenstag oder am Weihnachtsabend mit einem schönen Geschenk überraschen. Ihr habt sicher schon darüber nachgedacht, womit ihr eine besondere Freude machen könnt und habt dabei gefunden, daß es in Kriegszeiten nicht immer möglich ist, das zu kaufen, was man gerade möchte. Ihr wißt auch schon warum das so ist. Erst müssen unsere Soldaten an der Front alles das haben, was sie brauchen, um den Sieg zu erringen. Dann erst kann das hergestellt werden, was wir in der Heimat gerne haben möchten. (...) Ihr habt doch alle schon Papier oder sonstiges Altmaterial gesammelt und wißt, wie notwendig es ist, im Kriege Dinge wieder zu verwerten, von denen man meint, daß sie nicht mehr zu gebrauchen seien. Das machen wir auch, wir machen aus Alt Neu und tun damit sogar noch ein sehr nützliches Werk.«

Das Angebot, zwischen A wie »Allerlei aus Holzresten«, B wie »Blusenschoner« und »Buchhülle« bis Z wie »Zettelkasten« war verführerisch vielfältig, die Positionen »Marktstand« (aus Streichholzschachteln), »Pferdchen, Wagen und Stall« (aus Korken, Streichhölzern und Schachtel, die unsere Soldaten anscheinend nicht zum Endsieg benötigten) und »Strohpuppen« zeigen dank der Kreuzchen bis heute an, wofür sie sich entschieden hatte: Spielzeug für die Kinder in Gießen?

Im Dezember meldeten sich auch allmählich die ausgebombten, spurlos verschwundenen Bekannten meiner Eltern; so schrieb Elsa Messel, die betagte Witwe des Baumeisters Alfred Messel, dem Berlin so viele markante Bauten, Kaufhäuser, Verwaltungsgebäude wie Villen[32] zu verdanken hatte, am 8. Dezember 1943 aus dem Hotel »Sedlaczek« in Tost / Oberschlesien [heute: Toszek, Woiwodschaft Schlesien, Bezirk Gliwice (Gleiwitz) / Polen]: »Durch ein dr. Telegramm erfuhr ich aus Gleiwitz wohin ich einen Notruf gesandt, dass hier ein Zimmer frei wäre. Am 11. November sollte ich hierher, dann wurde wegen Milit. Besatzung abgesagt. So hätte ich wenigstens einen Koffer m. Wäsche und Kleidern gerettet. Nach dem schweren Luftangriff in der letzten Nacht vor der Abreise (3. XII.) sprangen alle Fenster zum 3ten Mal in Südende. Man konnte nur ein notdürftiges Behelfslager machen. (...) Von den Freunden, die aus Berlin evakuiert sind und auf Schloss Tost wohnen, wurden wir erwartet. Hier hat man ruhige Nächte. Die Verpflegung ist gut. Aber in meinem Alter ohne Heim! Erinnerungen von 50 Jahren – es ist alles unausdenkbar!«

Auch Dorothee von Seeckt, die Witwe Hans von Seeckts, die Erichs Tante Martha nicht hatte retten können, gab am 18. Dezember ein Lebenszeichen: Sie hatte nach totaler Ausbombung auf Schloss Karow in Mecklenburg eine Bleibe gefunden: »Das war eine unverhoffte Freude + Überraschung – Ihr Brief u. sein kostbarer Inhalt für mich! Da ich nicht ein einziges Bild oder Buch meines geliebten Vorangegangenen retten konnte, u. die gute Photographin Frau Tili Bing, Tochter unserer alten Freunde, mir rührenderweise zwar gleich einige neue Abzüge ihrer Platten schickte, so ist doch keine einzige Moment-Photographie dabei. Und der Leipziger Verlag ist auch ausgebrannt!! Und die Bücher ausverkauft u. wie viel Privatbesitz ist zerstört! Ich habe oft sorgenvoll an Sie u. die Ihrigen gedacht - bin so froh zu hö-

---

32 So auch den Entwurf des Pergamon-Museums, das später sein Freund Ludwig von Hoffmann erbaute.

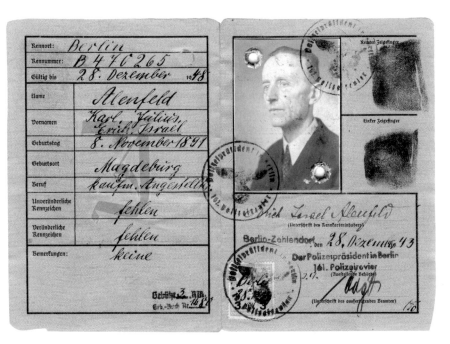

Zehn Jahre NS-Regime haben im Gesicht meines Vaters Erich deutliche Spuren hinterlassen. Geltungsdauer der Kennkarte: bis Dezember 1948!

ren, daß Ihr Heim noch besteht. Gott möchte Sie weiter beschirmen. Ein schweres Schicksal ist uns Allen auferlegt, ich danke nur weiter Gottes Gnade, durch die Er meinen Geliebten Lebensgefährten rechtzeitig zu Sich gerufen hat. War auch der Schmerz, der mich vor fast 7 Jahren traf tiefer, so ist der neue Schicksalsschlag doch sehr fühlbar. –

Ein Trost nur, daß ich doch wohl nicht mehr allzu lange Erdenluft zu atmen brauche. Ich bin 71 u. meine Gesundheit ist schwer geschädigt. (…) Bin hier durch Zufall bei einer herzensguten 75jährigen Dame untergebracht, die im Februar 1906 monatelang mit meiner (1910) verstorbenen Mutter in Aegypten zusammen war. Essen ist sehr knapp, Bett sehr gut. Trotz bitterer Kälte fürchterliche Mückenplage, bin nie in südlichen Landen so zerstochen. Flit und Petroleum wendet man nicht gegen Ungeziefer an, sondern ist stolz auf die Mecklenburgischen Seen. Meine treue alte Zofe ist bei mir. Wie gnädig hat Gott das Marthachen zu Seiner Zeit heimgerufen.«

Zum Jahresende gab es noch einen Gruß aus der Schweiz – mit OKW Kontrollstempel. Dora Breslauer,[33] in deren Dahlemer Haus sich meine Eltern einst kennengelernt hatten, schrieb am 30. Dezember aus St. Gallen, wo-

33   Dora Breslauer geb. Lessing (geb. Berlin 1881 – gest. Zürich 1966), zweite Ehefrau von Alfred Breslauer, der in erster Ehe mit der älteren Schwester Frieda Lessing verheiratet war. Ihr Vater, Julius

hin sie sich mit ihrem Mann Alfred hatte retten können: »Ich will das Ende dieses Jahres nicht herankommen lassen, ohne Ihnen Beiden einen Gruß zu senden. Herzlichen Dank, lieber Erich, für Ihre Karte vom 11. Dez. Was Sie über unsere Akten schrieben u. das Büro, hat uns natürlich sehr interessiert. Wichtiger ist, daß Sie mit Ihren Kindern verschont bleiben. (…) Alles Gute für 1944 wünscht Ihnen...«

Ob mein Vater am Sylvesterabend schon wusste (und welche Hoffnungen knüpfte er daran?), dass General Eisenhower, bis dato Oberbefehlshaber der alliierten Streitkräfte im westlichen Mittelmeer und Italien, am 24. Dezember zum Oberbefehlshaber der geplanten Invasion in Frankreich – beziehungsweise der *Libération*, der Befreiung, wie man verständlicherweise in Frankreich sagt – ernannt wurde? Das wusste wohl niemand in Berlin unterm Weihnachtsbaum – oder wurde auch in der Weihnachtsnacht schwarz gehört?

Lessing, war der Begründer und erste Leiter des Berliner Kunstgewerbe-Museums. Meine Eltern waren mit den Töchtern Breslauer aus erster und zweiter Ehe befreundet.

1944

*Der gute Stern scheint Euch und uns verlassen zu haben
und uns bleibt jetzt nur, im Unglück das kleine Glück zu finden.*

Gleichsam als Antwort auf die Ernennung Eisenhowers wurde Generalfeldmarschall Rommel, dem »Wüstenfuchs«, der seit seiner »Rückversetzung« nach Frankreich die Heeresgruppe B leitete, das Kommando über alle deutschen Streitkräfte im Westen nördlich der Loire und damit im voraussichtlichen Invasionsraum anvertraut. Auf deutscher Seite wurde also mit einer Landung der Alliierten gerechnet – doch sollte noch viel Zeit vergehen, kostbare Zeit, die so unendlich vielen Menschen noch das Leben rauben würde. Unschuldigen, wie man so sagt, um die Zivilbevölkerung zu bezeichnen: Als ob alle, die vom Staat »zu den Fahnen gerufen« wurden, allein aus diesem Zustand heraus schuldig geworden wären; sie hatten ja nicht die Wahl zwischen Kriegsdienst und Zivildienst, »um dem Vaterland zu dienen«, und wer sich verweigerte, musste mit dem Schlimmsten rechnen.

Es wäre unfair, von jedem einzelnen diesen Mut einzufordern; ehrenhaftes Verhalten zu wahren scheint mir dagegen eine faire Forderung. Allerdings folgt darauf unweigerlich die Frage, ob bei einem Angriffskrieg, der *per se* bereits unsittlich ist, überhaupt die Forderung nach ehrenhaftem Verhalten gestellt werden kann. Da dem Anhänger der Gewaltlosigkeit – von Kindheitserfahrung geprägt, tendiert meine Generation zur gewaltfreien Konfliktlösung – jeder Krieg unsittlich erscheint, kann er nicht anders als ehrenhaftes Verhalten zu fordern, mag er auch anderen blauäugig erscheinen, denn die Kriege der letzten Jahre stehen an Grausamkeit in nichts hinter den Untaten früherer Jahrzehnte zurück. Ohne eine solche Hemmschwelle wäre dem Töten keinerlei Einhalt gegeben: Bedenkenlos, grenzenlos, gewissenlos wäre jeder Einzelne frei zu handeln ... War dies an der Ostfront geschehen? In Erfüllung von Hitlers Forderung, keine kriegsrechtlichen Normen im »Kampf gegen den Bolschewismus und die minderwertige jüdische Rasse« anzuerkennen?

Aber was heißt »ehrenhaft«? Das Liederbüchlein der »Hitlerjugend« vertrat sicherlich ein anderes Verständnis von Ehre als unser Pfarrer Dilschneider, Mitglied der *Bekennenden Kirche*. Eins steht fest: Viele, allzu viele Menschen – Zivilisten wie Militär – sollten noch in diesem »totalen Krieg« ihr Leben verlieren. Und wer als »U-Boot« lebte, auf Befreiung hoffte und jeden Tag des Überlebens als kostbares Geschenk ansah, dem wurde die Wartezeit unerträglich lang. Wochen, Monate, in denen das Land, das sie nicht hatten verlassen wollen oder können, allmählich in Schutt und Asche gelegt wurde.

Die Befreiung Europas von der Nazi-Herrschaft ging in recht kleinen Schritten vor sich: Am 22. Januar 1944 landete überraschend ein amerikanisches Korps südlich von Rom, bei Anzio-Nettuno. Doch zogen die Amerikaner keineswegs sofort nach Rom, der Ewigen Stadt. Sie wurden in monatelange und verlustreiche Kämpfe verwickelt. Die deutschen Truppen konnten den Landekopf zwar nicht beseitigen, doch sie verteidigten die Befestigungen der »Gustavlinie« südlich von Rom, die sich vom Mittelmeer bis zur Adria waffenstarrend hinzog. Bis heute sind die erbarmungslosen Kämpfe um Monte Cassino, das berühmte, einer natürlichen Festung gleich erbaute Kloster, das zum Schlachtfeld wurde, im Gedächtnis der Menschen fest verankert.

Erst am 23. Mai traten die Alliierten zum Großangriff an und stellten endlich die Verbindung zwischen beiden alliierten Fronten in Italien her: So wurde der allgemeine deutsche Rückzug von der Adria bis zum Tyrrhenischen Meer erzwungen, und am 4. Juni 1944 zogen die Amerikaner schließlich in das zur »Offenen Stadt« erklärte Rom ein. Der Zustand der Stadt und das Leiden ihrer Bewohner werden unvergesslich von Rossellini in seinem gleichnamigen, wenig später entstandenen Film geschildert, der ihm Weltruhm bringen sollte.[1]

Die Riege der mit Deutschland verbündeten südosteuropäischen Staaten zerfiel allmählich. Im März 1944 verhandelten rumänische Oppositionsparteien insgeheim mit den Alliierten in Kairo, während Staatschef Antonescu[2] gerade zuvor Hitler erneut Bündnistreue geschworen hatte. Die Deutschen gaben die beabsichtigte Besetzung Rumäniens auf, vorerst konnten sie weiter über den wichtigsten Rohstoff des Landes, Erdöl, verfügen. Erst im August 1944 zog sich Rumänien aus dem Bündnis mit Deutschland zurück, da stand die Rote Armee schon längst im Land.

Im April 1944 stellte die Türkei unter alliiertem Druck ihre Chromerz-Lieferungen nach Deutschland ein. Anfang Mai reduzierte auch Spanien seine Wolfram-Lieferungen nach Deutschland. Bereits im Oktober 1943 hatte Franco von seinem alten Verbündeten die Rückkehr der an die deutsche Ostfront entsand-

---

1 »Roma – Città aperta«, Italien 1945. Regie: Roberto Rossellini (1906–1977). Der Film war in der Bundesrepublik Deutschland von 1950–1961 wegen »völkerverhetzender Tendenzen« verboten.

2 Ion Antonescu (1882–1946), rumänischer Politiker. 1933 Generalstabschef. 1937/38 Kriegsminister, 4. 9. 1940 Regierungschef. Beteiligung am Angriff auf die UdSSR. Sturz am 23. 8. 1944, Hinrichtung 1946 nach Verurteilung durch Volkstribunal.

ten »Blauen Division« gefordert, die einige Wochen später tatsächlich vom OKW [»Oberkommando der Wehrmacht«] freigegeben wurde. Im gleichen Monat hatte Portugal, das allerdings weiterhin neutral blieb, den westlichen Alliierten Stützpunkte auf den Azoren eingeräumt. Anfang Juni 1944 begann die neue bulgarische Regierung in Istanbul geheime Waffenstillstandsverhandlungen mit den Westalliierten. Die totalitären Regimes Ost- und Westeuropas, die bisher von der »Waffenbrüderschaft« mit »Großdeutschland« profitiert hatten, versuchten jetzt, sich der – wie sich deutlich abzeichnete – siegreichen Gegenseite anzuschließen. »Die Ratten verliessen das sinkende Schiff!«

Das Schicksal der ungarischen Juden ist tragisch: Bis Frühjahr 1944 war das mit Nazi-Deutschland verbündete Land unter seiner rechtskonservativen Regierung unbesetzt geblieben. Am 18. März 1944 stimmte jedoch Reichsverweser Horthy[3] unter Druck Hitlers bei Verhandlungen in Kleßheim (das Schloß bei Salzburg diente als Regierungsgästehaus) einer Umbildung seiner Regierung und der Besetzung Ungarns durch deutsche Truppen zu. Berlin befürchtete angesichts der militärisch prekären Lage einen Rückzug des Verbündeten aus der Allianz mit dem »Dritten Reich«; im fünften Kriegsjahr benötigte man jedoch dringender als je zuvor die ungarischen Bodenschätze wie Erdöl und Bauxit, desgleichen ungarische Industrieunternehmen als Zulieferer; mindestens ebenso wichtig war ein noch nicht erschlossenes Reservat an Zwangsarbeitern für die immensen, auf Hochtouren laufenden deutschen Rüstungsaktivitäten. Das »Sonderkommando Eichmann«[4] ließ nicht lange auf sich warten. Zwischen Anfang Mai und Anfang Juli 1944 wurden mehr als 400 000 ungarische Juden deportiert, die meisten nach Auschwitz, wo mindestens 250 000 umkamen; mehr als 100 000 wurden als Zwangsarbeiter selektiert und erbarmungslos als Arbeitssklaven im »Großdeutschen Reich« eingesetzt. Ohne aktive Unterstützung durch ungarische Behörden wäre diese letzte große Deportationsaktion zu Zwangsarbeit und Tod nicht durchführbar gewesen. Eine wichtige Rolle als Eichmanns Verbindungsoffizier zu den ungarischen Behörden spielte Dieter Wisliceny,[5] der sich bereits ein Jahr zuvor bei der Deportation der Ju-

---

3   *Miklos Horthy (Nikolaus H. von Nagybanya, 1868–1957), ungarischer Politiker. 1918 Konteradmiral und Oberbefehlshaber der österrisch-ungarischen Flotte. 1919 ungarischer Kriegsminister, Oberbefehlshaber der gegenrevolutionären Nationalarmee. Reichsverweser 1920 bis Oktober 1944, anschließend in Deutschland interniert. Seit 1948 in Portugal.*

4   *Adolf Eichmann (geb. Solingen 1906 – gest. Ramle bei Tel Aviv 1962 / hingerichtet), SS-Obersturmbannführer (1941). 1932 NSDAP und SS, 1939 »Reichssicherheitshauptamt« (RSHA), Amt IV, Referat IV D4 »Auswanderung und Räumung«, dann Referat IV B 4 »Judenangelegenheiten«. Zentraler Organisator der Deportation von über drei Millionen Juden im NS-Machtbereich und der »Endlösung«. 1946 Flucht aus US-Gefangenschaft nach Argentinien, 1960 von Mossad-Agenten nach Israel entführt, dort Prozess (1961), Verurteilung zum Tode, Hinrichtung 1962.*

5   *Dieter Wisliceny (1911–1948), 1940 bis 1944 »Beauftragter für jüdische Angelegenheiten« für die Slowakei, Ungarn und Griechenland. Ursprünglich Journalist, trat 1933 der NSDAP und 1934*

den von Thessaloniki durch Eiseskälte und Grausamkeit hervorgetan hatte. Was die Ausplünderung der Juden betrifft, so machten Ungarn und Deutsche gemeinsame Sache: Und sagenhaften »Gewinn«, denn die Deportierten durften nur einfachstes Handgepäck und keinerlei Wertsachen mit auf den Transport nehmen.

Die Bündnistreue brachte Rumänien im April eine britisch-amerikanische Luftoffensive gegen seine Erdölfelder ein, die Alliierten versuchten das »Dritte Reich« durch Ausschaltung der Treibstoffversorgung lahmzulegen; so wurden auch Ölraffinerien und Hydrierwerke bei Wien, Budapest und in Oberschlesien angegriffen. Am 12. Mai begann die alliierte Luftoffensive zur systematischen Zerstörung der Werke für synthetische Treibstoffherstellung in Deutschland. Der Erfolg war durchschlagend, Rüstungsminister Speer wies Hitler in mehreren Memoranden auf die katastrophalen Folgen hin. Doch der Krieg ging weiter, der »Führer« ließ sich nicht beirren.

Und die Sowjets? Wie stand es an der Ostfront? Auch dort gab es Großoffensiven. Ab 14. Januar 1944 wurden die deutschen Truppen der Heeresgruppe Nord von Leningrad bis an den Peipus-See, rittlings zwischen Russland und Estland, dem nördlichsten der drei baltischen Länder, zurückgedrängt. Nach 900 Tagen Belagerung war Leningrad wieder frei, die unsäglichen Leiden der Bevölkerung aber noch nicht zu Ende. Doch es gab wieder Hoffnung. Die neue Front von Narwa bis zu den Pripjetsümpfen hielt bis zur Frühjahrsschlammperiode, während der jegliche Truppenbewegungen unmöglich waren. Weiter südlich wurden die deutschen Armeen durch eine sowjetische Großoffensive Anfang März bedrängt, sie mussten die gesamte Ukraine aufgeben; Mitte April hatten die Sowjets bereits in Nord-Rumänien Fuß gefasst auf der Linie Dnjestr-Karpaten. Nördlich der Karpaten, in Ostgalizien, kam die Offensive zu einem Halt. Währenddessen wurde vom 9. April bis 12. Mai 1944 erbittert um die Rückeroberung der Halbinsel Krim gekämpft, die deutschen und rumänischen Truppen konnten sich zu einem Gutteil noch über das Schwarze Meer nach Rumänien retten.

Die Rote Armee bestimmte von nun an mehr und mehr den Ausgang der Kämpfe. Auch in den Sommermonaten. Das »Kriegsglück« hatte sich gewendet – zu Ungunsten der Invasoren.

> der SS sowie dem SD bei. 1940 Beförderung zum »SS-Hauptsturmführer«. Auf einen Vorschlag Adolf Eichmanns, den er gut kannte, ging er 1940 als Vertreter des »Reichssicherheitshauptamtes«, Referat IV A4, mit einer deutschen Delegation nach Bratislava, wo er als Spezialist und Berater in jüdischen Angelegenheiten für die slowakische Regierung arbeitete. 1943 gemeinsam mit Alois Brunner in Griechenland, wo er das »Sonderkommando für Judenangelegenheiten in Saloniki« leitete. Bis September 1944 für die Deportation der slowakischen, griechischen (56 000 allein in Thessaloniki) und ungarischen Juden verantwortlich. Am 12. 5. 1945 in Österreich festgenommen, war er während des Nürnberger Prozesse ein wichtiger Zeuge. (Seine Aussage wurde 1961 auch im Prozess gegen Adolf Eichmann in Jerusalem verwendet.) Nach den Nürnberger Prozessen an die Tschechoslowakei ausgeliefert, angeklagt, schuldig gesprochen und am 27. 2. 1948 in Bratislava hingerichtet.

Aus dem Schulheft der zehnjährigen Volksschülerin Irene:
»1. Jungs und Mädels, schließt die Reihen, / laßt den neuen Bund uns weihen, / tragt das Hakenkreuz heran! / I: Deutscher Jugend muß gelingen, / deutsche Freiheit zu erringen. / Adolf Hitler führt uns an : I / 2. Höhret schon die Herzen schlagen, / und ein Morgenrot muß tagen, / weichen müssen Schmach und Nacht. / I: Deutscher Jugend, stark im Glauben / kann die Seele niemand rauben: / Adolf Hitler führt uns an :I«

»In den Weihnachtsferien war ich in Berlin bei meinen Eltern und meinem Bruder. Das war mein schönstes Weihnachtsgeschenk«, schreibt das Kind in einem Schulaufsatz Mitte Januar 1944 in Gießen, und Sabine, die die Tochter am 10. Januar zu ihrer Schwester Anneliese nach Gießen zurückgebracht hatte, berichtet am 14. Januar nach Berlin: »Gestern war ich mit Reni beim BDM. Es ging alles reibungslos wie in Berlin, sie bleibt auch hier bereitgestellt, tut also keinen Dienst. Das ist schon die beste Lösung.« Dabei blieb es, sie brauchte nicht wie ihr Bruder die Demütigung eines Rausschmisses zu erleben, sie wurde nie in den neuen Bund des Hakenkreuzes aufgenommen. Doch das Gefühl, Außenseiterin zu sein, blieb ihr nicht erspart. »Bitte schreibe mal, ob Du noch was von Verhaftungen gehört hast u. von der Wohnungsfrage«, schrieb Sabine weiter, denn diese doppelte Bedrohung begleitete sie stets – auf Reisen wie in Berlin.

»Denk mal«, teilte das Kind dem Vater auf einem zweiten Blatt mit, »bei dem Alarm vor Salzgitter hat eine Scheune lichterloh gebrannt. Sie war ungefähr 50 bis 100 Meter vom Zug entfernt. Es sah schrecklich aus! Nachdem wir ungefähr eine Stunde da gestanden, fuhren wir wieder zurück nach Börßum und erfuhren dort, daß vor unserem Zuge eine Sprengbombe die Gleise getroffen hatte. Zwei Bahnwärter hat es auch das Leben gekostet. (...) Denk mal, in Kassel sind zwei Soldaten eingestiegen und der eine war ein Türkestaner. Daß die bei uns mitkämpfen! Der andere war auch in Stalingrad gewesen. In Italien war er auch. Von dort erzählte er uns viel. Er sagte, man könnte dort kaufen was man haben will. Ob es wohl stimmt?«

Auch Erichs Schwester Carla in Magdeburg erwähnte jenen Tagesangriff, in den Mutter und Tochter auf ihrer Rückreise nach Gießen geraten waren, doch war sie vorsichtiger als der Bruder, nie sprach sie sich so unbekümmert im Klartext aus, wie er es zu tun pflegte: »Zunächst einmal die Mitteilung«, schrieb Carla am 12. Januar 1944, »dass es uns wohl ergeht und hier gar nichts passiert ist, falls Du Bedenken über unser Ergehen nach der Sondermeldung eines feigen Gangstertagesangriffes auf Mitteldeutschland haben solltest. (...) Bisher hörten wir nur bestimmt von Bomben auf Flugzeugwerke in Aschersleben. Man erzählt von Dessau u. Halberstadt, aber wie gesagt, das sind alles nur Gerüchte u. wir hier im Herzen von Mitteldeutschland wissen noch nicht was los war. Der Drahtfunk meldete ›starke Schwärme nähern sich der Stadt‹. Seit Anfang Januar haben wir solchen Drahtfunk für den Gau in Tätigkeit, die Alarme haben seitdem besondere Reize, alles sitzt am Apparat u. erscheint nicht im Keller. (...) Ich habe auf meinem Volksempfänger noch nicht die Sache gefunden, aber sonst tut er mir die gewünschten Dienste [Schwarzhören]. Anbei auch der Brief von Frau v. S. [Seeckt] zurück. Ich habe den Inhalt genauest an Philipp [Lüders] weitergegeben. Diese verwöhnte alte Dame kann einem nur sehr leid tun. Ich begreife nur nicht, dass sie nicht auf einem der Güter untergekommen ist, wo sie sonst als Gast war. Und was für Werte sind dort in der Wohnung umgekommen! Und all die Aufzeichnungen u. Briefsachen von S. Ex. [Hans von Seeckt]

Meine Ida, jetzt Frau Böhme [früheres Hausmädchen, mit der meine Tante Carla eine lebenslange Freundschaft verbinden wird] ist zur Zeit zu Hause in Ostpreußen da ihr 2. Bruder gefallen ist u. der Hof neu eingetragen werden muss. Es könnte sein, dass sie sich bei Euch meldet u. bittet, sie von einem Bahnhof zum anderen zu bringen wegen des Gepäcks. In dem Falle möchte ich Dich bitten ihr zu helfen. Sie reagiert auf den alten Pfiff: Liebchen, wo bist Du?«

Auch von Elsa Messel, die in derselben Nacht wie Frau von Seeckt alles verloren hatte, gibt es Briefe von Mitte Januar 1944. Meine Mutter hatte während ihres Aufenthalts in Gießen bei Erichs früherem Burschen aus dem Ersten Weltkrieg, Heinrich Achenbach, mittlerweile wohlbestallter Schreinermeister in Quotshausen, Kreis Biedenkopf, einen dort untergestellten Koffer mit Kleidern und Mänteln der noch eines natürlichen Todes gestorbenen Oma Elsa Alenfeld abgeholt, den sie ins Hotel »Sedlaczek« nach Oberschlesien geschickt hatte.

»Im Besitz des Einschreibebriefes, der gestern eintraf, will ich heute gleich den Empfang bestätigen«, schrieb Elsa Messel am 14. Januar. »Es ist so schön, dass man diesen Beweis treuer Freundschaft nach über 30 Jahren erhält. – Unter den von mir geliebten und auch verbrannten Büchern befand sich das Büchlein von Ilse Reicke ›Treue und Freundschaft‹, das sie dem Andenken ihres Vaters widmete, des bekannten Bürgermeisters Reicke, der aus Ostpreussen stammte, ein Teil der Familie aus Königsberg, der Heimat Simon Dach's, dessen schönes Gedicht ›Der Mensch hat nichts so eigen – so wohl steht ihm nichts an – als dass er Treu' bezeigen und Freundschaft halten kann‹ jetzt besonders mein Herz bewegt. Haben Sie Dank für alles, was Sie mir senden wollen; es wird mir alles hochwillkommen sein! Ich teile natürlich <u>sofort</u> die Ankunft des Koffers mit. (...)

Sonst teilen Sie mir viel viel Trauriges mit. Sehr bestürzt hat mich die Nachricht über neue Massnahmen, die eventl. auch meine arme Frau Z. treffen könnten. Das wäre furchtbar. Sie hat schon so viel durchgemacht, steht im 79ten Lebensjahr! Vielleicht nutzt ihr der Wohnungswechsel? Sie ist in ein neueingerichtetes Heim von der früheren Pension im Grunewald gezogen, wo sie schon öfters wohnte.[6]

---

6 Vermutlich war Frau Zimmermann jüdischer Abstammung – es gab im Grunewald mehrere Pensionen für »fremdstämmige« alte Menschen.

(…) Oftmals dachte ich wie traurig es war, dass Ihre liebe Mutter und ihre Schwestern so früh dahinschieden und jetzt muss man denken, wieviel ihnen erspart worden ist! – Wie schwer ist doch der Lebenskampf geworden! Ich muss mich gewaltsam aufraffen, um nicht zu unterliegen, eingedenk des Goetheschen Wortes: ›Aber wenn Du das nicht hast, dieses stirb und werde, bist Du nur ein trüber Gast, auf der dunklen Erde.‹

Meine Gedanken sind wohl viel bei meinen lieben Freunden in Berlin u. der Umgegend. Wie mag es in Dahlem aussehen? Ob eventuell das Haus in der Cäcilien-Allee noch steht? (…) Und das schöne Schloss Monbijou, das ich besonders liebte, auch Schloss Bellevue soll zerstört sein. Meine Schwägerin schrieb, dass ihre Verwandten überall fast alles verloren haben, darunter wertvoller Familienbesitz in Lübeck, Hamburg, Berlin, Charlottenburg, Kassel! – Wie gut, dass Sie Ihre liebe Reni wieder nach Giessen geben konnten, wenn auch der Abschied schwer ist.«

Zwei Tage später bestätigte sie den Empfang des Koffers, in den Sabine nicht nur Kleidungsstücke gepackt hatte: »Vor allem meinen herzlichsten Dank für Ihre große Güte und Fürsorge. In der heutigen Zeit mit ihren großen Schwierigkeiten, haben diese Sachen unendlichen Wert. Sehr froh bin ich auch über die Schreibmappe, Aktenmappe und die Soennecken-Hefter. Nun kann ich doch meine Papiere, die sich durch die Correspondenz mit den Behörden sehr angesammelt hatten, in Ordnung halten.«

Dem Aufenthalt meiner Mutter in Gießen ist ein weiterer Brief Erichs an sie zu verdanken, in dem mein Vater von einem sonntäglichen Spaziergang – auf Fontanes Spuren – zum Galgenberg erzählt, der »(…) zu den Höhen gehört, die den Süden der Nuthe Niederung begrenzen, vermutlich Dünen aus der Eiszeit. Die an sich niedrigen Höhen machen sich in der Ebene viel gewaltiger. Sie sind mit Kiefernwälder bekleidet und wirken oft wie eine Thüringer Landschaft, ähnlich den Höhen im Fläming.« Zwei Zeilen später heißt es: »Neues gibt es nicht zu berichten. Die arme Frau Rietscher scheint sich das Leben genommen zu haben. Am Donnerstag bekam der Sohn den Abschiedsbrief, ohne zu wissen, wo sie steckt oder wo es geschah. Am selben Tag wollte man sie holen. Andere sind noch frei! So besuchte mich gestern Frau v. Freehm, die Cousine von Paul Salinger und Jugendfreundin von Alice Speyer [entfernte Cousine meines Vaters Erich]. Sie hatte in ihrer Pension von Frau Zimmermann, die selber betroffen ist, von den Dingen gehört und wollte sich, auf Rat von Lene Breslauer, bei mir orientieren. Ich konnte ihr nur empfehlen, auf einige Zeit zu verschwinden. Wohin, konnte ich natürlich auch nicht sagen. Es ist schrecklich, so herzlos zu erscheinen, aber wie soll man allen helfen. Ich will morgen noch einmal zur Oranienburgerstr. [ehemaliger Amtssitz der im Juni 1943 aufgelösten Jüdischen Gemeinde] gehen und sehen, ob sie mir Neues sagen können. In Wohnungsfragen hörte ich nichts. (…)

Timmermann [von der dänischen »Butter-Mafia«] ist zurück, aber ohne Ware. Hat sein Geld verjuxt und konnte nichts kaufen, will aber noch einiges besorgen, hoffentlich nicht zu teuer. Erzählte interessant aus Kopenhagen, vor allem wegen der Fortschaffung der J.[7] Tante Flora [Witwe des 1933 verstorbenen Bankiers Adolph Jarislowsky] ist in Stockholm. Frau Tarnow hat ihm haarsträubendes über sie berichtet. (...) Sie haben nichts zugelernt wie die franz. Emigranten in der RevolutionsZeit.«

Später im Monat bewies »das Kind«, dass es die Freude an ironischen Bemerkungen von den Eltern geerbt hatte. Es beendete einen Brief an die Mutter mit: »Sei vielmals gegrüßt und Heil Hitler Deine Tochter I. A. So stands im Sprachlehrebuch also muß ich auch so schreiben. Viele Grüße und nochmals Heil Hitler auch an Justus, Vati und Irma.«

Erichs Briefwechsel sollte sich von nun an bis zum Kriegsende zu einem regen Austausch mit gebildeten alten Damen erweitern; da wurden literarische Werke und Persönlichkeiten des 19. Jahrhunderts im sehnsüchtigen Rückblick auf goldene Vorkriegszeiten (vor dem Ersten Weltkrieg) erörtert – während zugleich Gräueltaten und Verfolgungen, weitere Zerstörungen durch Bombenangriffe, ebenso Kriegstote befreundeter Familien die Seiten füllten.

So schrieb ihm Dorothee von Seeckt am 24. Januar 1944: »Daß Sie mir von einem friedlich verlebten Weihnachtsfest erzählen konnten, erfreut mich sehr. Zwischen Weihnachten u. Neujahr war ich recht krank; – aber jetzt wo ich mich körperlich erhole, wird mir die Schwere meiner Situation erst richtig klar. Vor allem sehne ich mich nach den unwiederbringlich verlorenen Schätzen der Bibliothek, der Nachschlagewerke, der zahllosen Erinnerungsstücke, – u. denke mit Dante: Nessun maggior dolore – que ricordarsi – Dei giorni festi nella miseria![8] (...) Mein damaliger Hausarzt Sanitätsrat Drope, der um einige Jahre älter ist als ich tröstet mich damit, daß uns keine allzu lange Leidensfrist mehr beschieden sein wird – die

---

7 Evakuierung der in Dänemark lebenden Juden über den Öresund nach Schweden in der Nacht vom 1. auf den 2. Oktober 1943. In erster Linie dem Schiffahrtssachverständigen des Auswärtigen Amtes, Georg Ferdinand Duckwitz (1904–1973) zu verdanken. Als Mitarbeiter des »Reichsbevollmächtigten« nach der Besetzung Dänemarks durch die Wehrmacht seit April 1940 in Kopenhagen tätig, genoss er eine Vertrauensstellung bei »SS-Obergruppenführer« und Ministerialdirektor im Auswärtigen Amt, Werner Best, seit Herbst 1942 neuer »Reichsbevollmächtigter« für Dänemark. Von diesem über die geplante Deportation informiert, flog Duckwitz mit Bests Einverständnis nach Berlin, um durch das AA die Aktion stoppen zu lassen. Umsonst. Daraufhin warnte Duckwitz sofort seine jüdischen Bekannten in Dänemark und verhandelte mit dem schwedischen Ministerpräsidenten Hansson über die Aufnahme der dänischen Juden in Schweden. Auch ein deutscher Hafenmeister trug zu ihrer Rettung bei: Er war gegen die Deportation der Juden und ließ daher in jener Nacht keine Patrouillen auf See zu. Insgesamt 7 000 Juden wurden versteckt und gerettet, 481 von deutschen Beamten verhaftet und nach Theresienstadt deportiert.

8 »Kein größerer Schmerz ist denkbar, als sich erinnern glücklich heit'rer Tage im Unglück.« Vgl. Büchmann, »Geflügelte Worte«, Berlin 1889.

heutige Jugend tut mir leid, besonders weil ihre klassische Bildung gegen früher bedrückend vernachlässigt wird.«

Aus Oberschlesien schrieb Elsa Messel am 28. Januar: »Am aller-allerschlimmsten ist der Verlust des Heimes mit allem Möglichen, Schönen und all den Erinnerungen! Das Leben steht wie eine dichte Nebelwand vor meinen Augen, aber wie Sie in Ihrem letzten Brief schrieben, ist das Schicksal der meisten Menschen ungewiss. (…) Und dann die vielen Verluste an den Fronten! (…) Es bleibt kaum eine Familie verschont.«

In einem weiteren Brief von Elsa Messel schrieb sie meinem Vater am 8. Februar, nachdem sie von kleineren Änderungen am Mantel meiner verstorbenen Oma Elsa berichtet hatte: »Nun hoffe ich, dass es Ihnen in der Zwischenzeit gut gegangen ist – es haben ja wieder schwere Angriffe auf Berlin stattgefunden – dass vor allem Ihr Heim verschont blieb und dass Sie auch sonst nichts Unangenehmes erlebt haben. Es muss ja sehr erschwerend für Ihre Tätigkeit sein, dass Ihr Büro und sämtliche Akten vernichtet wurden. Kaum auszudenken! – Auch ich habe als Privatperson unendliche Schreibereien – wegen sämtlicher vernichteter Papiere, SteuerNummer, etc. Wenigstens bin ich beschäftigt. Man leiert jeden Tag herunter so gut es geht – und bemüht sich nicht zu viel nachzudenken. Übrigens bat ich Sie in meinem letzten Brief mir einige Adressen, die ich benötige, aus dem Berliner Telephonbuch rauszuschreiben. Sollten Sie meinen Brief nicht erhalten haben, so werde ich es noch einmal aufschreiben.

Für Ihre Bücher danke ich Ihnen sehr. Ich habe von allen das über England, das mich sehr interessiert, angefangen. Es ist aus einem nicht so engen Gesichtspunkt heraus geschrieben – alle Dinge dieser Welt sind von unerhörter Compliziertheit und Verwicklung. Darum gibt es wohl auch die dauernden Kriege – ein ewiges Ringen! – Und nun das schmerzliche Erlebnis dieses Krieges mit seinen Vernichtungen … Ich bekam jetzt von verschiedenen Seiten Bücher geliehen, so wird es eine Weile dauern bis ich die Ihren ausgelesen habe – aber es kommt doch wohl nicht so darauf an?«

Für den 9. Februar 1944 gibt es glücklicherweise Fröhliches zu berichten. Das Kind Irene wurde elf und näherte sich, neugierig-zögerlich, um einen Schritt dem Backfischalter. Der Bruder schrieb aus Berlin: »Liebe Puppe! Wie war Dein Geburtstag? Wir haben oft an Dich gedacht. Hast Du olle Leseratte mein Buch schon aus? Es ist anzunehmen. Kannst Du die Splitter zu guten Preisen bei Eurer Versteigerung verkaufen? Wohin wollt Ihr denn den Ausflug machen? Schreibe mir mal alles recht ausführlich. (…) Wir haben fast jeden Tag Tagesalarm, entweder Luftwarnung oder richtigen Alarm. Müßt Ihr auch bei ›Luftwarnung‹ schon in den Keller [der Schule]? Wir ja. – Nun, liebe Puppe, kommt das schon angekündigte griechische Alphabet. Ich schreibe jetzt erstmal die Schriftzeichen hin. (…) So, das wäre das. Wenn Du jeden Tag etwas schreiben übst, wirst Du es schon rauskriegen. Du mußt Dich nur dran gewöhnen, daß die Buchstaben nicht verbunden werden. (…) Ich werde jetzt jedem Brief oder jeder Karte ein paar griechische Zeilen zufügen. Du tust es auch, und wenn Du genug kannst, schreiben wir nur mit griechischen Buchstaben.«

Dazu ist es leider nie gekommen, denn es gab eine dramatische, wenn auch keineswegs tragische Unterbrechung: Unter den Geschenken war ein leuchtendblauer Pullover, den sie sofort anzog; doch leider stellte sich noch am Geburtstag heraus, daß er schrecklich kratzte und rote Flecken verursachte. Erst am nächsten Tag ergab es sich, dass der Juckreiz nicht durch die aufgeribbelte und wiederverwendete blaue Wolle hervorgerufen wurde: Sie hatte Scharlach! Bei zwei kleinen Kindern im Haushalt und einem Dritten im Kommen musste schnell gehandelt werden: Sabine reiste sofort ein weiteres Mal nach Gießen. Anfangs pflegte sie die Tochter »auf Isolierstation« oben unterm Dach – und so kam es zu einem weiteren Briefwechsel zwischen meinen Eltern.

Am 14. Februar schrieb Erich aus Berlin an meine Mutter in Gießen: »Ich denke mir, Du hast eine gute Reise gehabt und bist wohlbehalten mit Handkoffer und leerer Futtertasche bei Anneliese eingetroffen. (…) Wir hatten gestern einen schönen Tag. Die Wanderung war wunderschön. Ein wahrer Zauberwald, durch den wir schritten. Kein Mensch zu sehen. Nur ein Scheinwerferzug an einsamer Waldwiese. Dazu wunderbar wechselnde Beleuchtung, mal schwarzdunkel, dann wieder aufklärend und ab und zu Sonnenschein… So ein richtiger Wintertag. (…) Spätnachmittags erschien auch noch Nowgorod, der sichtbar enttäuscht war, Dich nicht anzutreffen: a) Allgemein, b) im besonderen wegen des Strümpfestopfens, die er mitgebracht hatte. Trotzdem blieben wir in gewohnter Weise zusammen und genossen nach dem bekannten Ritus den Abend. Der gute Timmermann hatte ihm Speck geschenkt, sodass wir uns gegenseitig Freundlichkeiten erweisen konnten.

Ich stehe unter dem Eindruck der Todesanzeige, die ich heute in der DAZ [Deutsche Allgemeine Zeitung] las. Kunsthändler Fein und Frau haben am 27. 1., als bei uns alles ruhig war, durch Einwirkung von Sprengbombe und Mine, die unmittelbar vor den Luftschutzkeller fielen, den Tod gefunden: In Wendenschloss an der Dahme, gegenüber von Grünau. Die Schwester von ihm, die das Geschäft hütet, hat mir Näheres erzählt. Sie war gleich tot, er hat noch 14 Stunden gelebt, die Retter von innen dirigieren können, bei der Operation ist er dann verschieden. Ein vornehmer Mann, von untadeliger Gesinnung, der der guten Frau Liebermann viele freundliche Dienste erwiesen hat. Ich habe so manches Bild bei ihm verkauft[9] und die schöne Magdeburger Fayence Figur bei ihm erstanden. Oh dieser furchtbare Krieg gegen Frauen und Kinder, gegen Wehrlose aller Arten! (…)

Zu Karlas Brief möchte ich nur sagen, dass die wiedergegebenen Äusserungen der Soldaten sich fast wörtlich mit den Mitteilungen von Schukkel decken. Sie tragen den Fabrikstempel ganz deutlich und wollen nichts sagen.

---

9   *Im Herbst 1942/Winter 1943 hatte mein Vater, wie bereits geschildert, Martha Liebermann durch heimliche Verkäufe aus ihrem beschlagnahmten Besitz zu Geld und Lebensmitteln verholfen. Dabei halfen ihm die beiden Antiquitätenhändler Fein und Matthies.*

Viel wichtiger erscheint mir die Zuspitzung der Lage in Finnland. Wie man mir erzählt, weilen zur Zeit mehrere finnische Minister in Stockholm, andere wissen von Verhandlungen in Oslo. Auf alle Fälle ist mein Bekannter, Leg. Rat Lundström, nach Helsinki zurück versetzt und verlässt bereit diese Woche Berlin. (...) Ich kann mir nicht vorstellen, dass der Vertreter des Ministers, wie der Gesandte genannt wird, ohne Grund nach Hause berufen wird. Vielleicht höre ich morgen weiteres. Die Äusserungen der einen Sekretärin liess durchaus den Schluss zu, dass da wichtige Dinge vorgehen. Arme Finnen!«

Ja, arme Finnen! Die Freiheit vom zaristischen Russland hatte ihnen 1917 die Februar-, dann die Oktoberrevolution gebracht; zugleich frei und von inneren Fehden zerrissen, hatten ihnen ein deutsches Hilfskorps, dann reguläre deutsche Truppen 1918 zur Unabhängigkeit verholfen. Doch trotz Einbindung in skandinavische wie baltische Allianzen und Mitgliedschaft im Völkerbund blieb der große Nachbar an der karelischen Grenze durch Friedensvertrag und Nichtangriffsvertrag nur mühsam gebändigt. Im Mai 1939 hatte das Deutsche Reich den Finnen einen Nichtangriffspakt angeboten, sie lehnten trotz wohlwollender Einstellung gegenüber Deutschland eine solche Bindung ab. Wenige Monate später schloss das »Dritte Reich« seinen skandalösen »Nichtangriffspakt« mit der Sowjetunion.

Kannten die Finnen das geheime Zusatzprotokoll vom August 1939, demzufolge nicht nur Estland und Lettland, sondern auch Finnland der sowjetischen Interessensphäre zugeschlagen wurde? Die Folgen sollten sie schnell spüren: Im Oktober 1939 kam es zu Verhandlungen zwischen der Sowjetunion und Finnland über eine Rückverlegung der Grenze auf der karelischen Landenge und Einräumung von Stützpunkte: Es kam zu keiner Einigung, folgerichtig kündigten die Sowjets ihren seit 1922 bestehenden Nichtangriffspakt mit Finnland und drei Tage später, am 30. November 1939, eröffneten sie ihre Offensive gegen den kleinen Nachbarn. Der schlug sich tapfer, bekam von den skandinavischen Brüdern jedoch nur humanitäre Hilfe, von Schweden auch Material und Kredite bei gleichzeitiger Wahrung seiner Neutralität (!), einzig Frankreich und Großbritannien planten die Entsendung von Streitkräften – doch bevor sie hatten eingreifen können, war der sogenannte »Winterkrieg« beendet.

Im März 1940 wurde zu Moskau Frieden geschlossen, Finnland musste die karelische Landenge mit Viborg und Teile von Ostkarelien abtreten und wurde zu weiteren Konzessionen gezwungen, die wir hier überspringen wollen. So ist es verständlich, dass Finnland die erste sich bietende Gelegenheit einer Revanche beim Schopf ergriff: Als Deutschland die Sowjetunion am 22. Juni 1941 überfiel, beteiligte sich Finnland daher unter dem Oberbefehl von Marschall Mannerheim,[10] der

---

10 *Carl Gustav Freiherr von Mannerheim (1867–1951), finnischer Politiker. Im finnisch-sowjetischen Winterkrieg und im Zweiten Weltkrieg als Generalfeldmarschall Oberbefehl über finnischen Streitkräfte. 1944–1946 Staatspräsident. 1944 erzwungener Waffenstillstand mit der UdSSR.*

seit 1918 wesentlich die Geschicke des um Unabhängigkeit kämpfenden Landes beeinflusst hatte, am deutschen »Ostfeldzug«. Mit Erfolg. Denn die keine zwei Jahre zuvor abgenommenen Gebiete konnten zurückerobert und dem finnischen Hoheitsgebiet wieder eingegliedert werden. Ende November 1941 trat Finnland auch dem »Antikominternpakt«[11] bei – und blieb zunächst als »Waffengefährte«, nicht als Bundesgenosse auf Seiten des »Dritten Reichs« am Krieg beteiligt.

War es die Niederlage von Stalingrad, das große Fanal, dass die Deutschen nicht unbesiegbar sind, welches zu einem Umdenken, ausgelöst durch Marschall Mannerheim, im Laufe des Jahres 1943 in Finnland führte? Nun fragte man sich dort, wie die »Waffenbrüderschaft« zu beenden sei, was allerdings durch die Präsenz deutscher Truppen in Finnland erschwert wurde.

Ging es jetzt im Februar 1944, da Leningrad befreit war und die sowjetischen Truppen näher an die finnische Grenze rückten, um interne Beratungen, wie man angesichts der sowjetischen Kriegserfolge den Abschied vom deutschen Waffenbruder beschleunigen konnte? Oder hatte man bereits von sowjetischen Angriffsplänen Kenntnis (die sowjetische Offensive gegen Finnland sollte allerdings erst am 9. Juni 1944 einsetzen)?

D*ie folgenden Briefe meines Vaters befassten sich ausschließlich mit den traurigen Geschicken der Reichshauptstadt Berlin und ihrer Bewohner. Unvorstellbares geschah, Tag und Nacht, sonntags wie wochentags, die schweren Bombenangriffe rissen nicht ab, die Menschen, die in den Ballungsräumen lebten, in den inneren Stadtvierteln, gingen immer wieder durch die Hölle.

»Im Vordergrund aller Gedanken steht der jüngste Angriff«, schrieb mein Vater am 16. Februar 1944. »Er war sehr schwer, wie schon der Heeresbericht erkennen lässt. Uns hier draussen hat ein gütiges Geschick vor Schaden bewahrt. Schon in den nächsten Bezirken hat es Treffer gegeben. (…) In Dahlem, Im Dol, bei den Instituten der Kaiser Wilhelm Gesellschaft, bei Dr. Steiniger: gegenüber ist auf die Ferngleise eine Bombe gefallen, hat die Häuserreihe von Steiniger stark demoliert, die Häuser sind zur Zeit nicht bewohnbar. (…) Weiter stadtwärts ist viel Schaden (…) in der City: 5 Bomben nahe Szader [Klempner, Schlosser, elektrische Lichtanlagen, Jägerstraße 69] herabgesaust, eine zertrümmerte das bereits ausgebrannte Haus – früher Bleichröder [jüdisches Bankhaus], zuletzt Wirtschaftsministerium, in der kleinen Mauerstr., über Steinberge musste man hinwegklettern,

---

11 »*Antikominternpakt*«: *Am 25. November 1936 nach längeren Verhandlungen von Japan und dem Deutschen Reich unterzeichnetes Abkommen, mit dem Ziel die Kommunistische Internationale (Komintern), zu bekämpfen und damit die Sowjetunion zu isolieren. Gegenseitige Informationen und Konsultationen waren vorgesehen; ein geheimes Zusatzprotokoll sah zudem noch die gegenseitige Neutralität im Falle eines nicht provozierten Angriffs der Sowjetunion vor. Dem Abkommen schlossen sich, ohne Kenntnis des geheimen Zusatzprotokolls, folgende Staaten an: Italien (1937), Mandschukuo, Ungarn, Spanien (alle 1939), Bulgarien, Kroatien, Dänemark, Finnland, Nanking-China [von Japan besetzte chinesische Gebiete], Rumänien und die Slowakei (alle 1941).*

eine Bombe sass in der Behrenstr. zwischen Deutsche Bank Zentrale und Friedrich Wilhelm AG, mehrere Bomben zerschmetterten den grössten Teil des Minist. für die besetzten Ostgebiete – früher Russische Botschaft [Unter den Linden] – daneben wurde der Rest des Hotels Bristol vernichtet. In den Bunkern sollen noch 80 Menschen oder mehr sitzen und auf Befreiung warten. Das Faberhaus in der Friedrichstr. Ecke Französischestr. brannte noch heute Mittag, gegenüber Imperatordiele in der Taubenstr. ein Haus völlig zerschlagen, die Druckwirkung ging bis zu Schmidt hinüber.

Was sonst geschah, weiss ich nur gerüchteweise: Siemensstadt, Spandau, wo angeblich eine Pulverfabrik in die Luft ging, Hohenzollerndamm, Kurfürstendamm, Kaiserallee. Einen Anhalt für das Ausmass der Zerstörungen geben ja immer die Verkehrssperrungen. Die Stadtbahn fuhr heute morgen nicht von Wannsee bis Zoo, auch im Südring waren Strecken mit Pendelverkehr, gesperrt war die Strecke von Jungfernheide nach Siemensstadt, unsere Wannseebahn fuhr zunächst nur bis Lichterfelde West. (...) In den Strassen tat sich etwas. Die Linden glichen einer Etappenstr., von allen Seiten strömten Wagen der Feuerlöschpolizei herbei, eine ganze Kolonne von 20–30 Wagen aller Arten kreuzte die Wilhelmstr. in Richtung Linden, zur selben Zeit eilte von der neuen Wilhelmstr. eine kleinere Abteilung heran, zahllose Wagen von [»Organisation«] Todt, Speer [»NSKK-Transportstandarte Speer«], standen vor der alten russischen Botschaft und Bristol, Kolonnen von Soldaten rückten grade ab, als ich zur Bahn ging. (...)

Zu Fuss nach dem Potsdamer Platz im Strom der Menge. Hunderte, wenn nicht Tausende auf den Bahnsteigen. Kein Zug nach Wannsee, aber Rat nach Anhalter Bahnhof vorzufahren. Nach einer halben Stunde Wartens war das geschehen, als Pökelhering kam ich an. (...) Ich war nun glücklich auf dem Anhalter Bahnhof, wieder eine lange Wartezeit, 5 Züge von der anderen Seite, ein voller Zug vom Potsdamer Bahnhof, den selbst Berliner nicht mehr öffnen konnten, was viel heissen will. Dann kam der ersehnte Leerzug. Mit vielen Püffen usw. landete ich samt zwei Damen, mit denen ich eine Stunde Berliner Angriffsluft verplauderte, im Wagen. Langsam aber sicher kamen wir ans Ziel, mit vielen Spässen und noch mehr Entrüstungsschreien. Wer diese Scenen nicht erlebt hat, der kennt nicht Berlin. Wie einst im Felde, so entdeckt sich jeder seinem Nachbarn, da gibt es keine Klassenschranken oder sonstige Hemmungen. Trauriges und ernstes, wie die schwere Zeit es mit sich bringt, das geht von Mensch zu Mensch. Wem so etwas liegt, das brauche ich nicht zu betonen. (...) Heute Abend kam Nowgorod. Er war natürlich gestern bei Steiniger gewesen und hatte mit ihm im Graben schreckliche Minuten ausgehalten, die ganze Nacht haben sie dann im zerstörten Haus im Keller neben der Heizung gesessen und dann am Radio geschlafen. Jetzt ist er nach Hause um auszuschlafen.«

»Bisher scheint Ihr ja Ruhe gehabt zu haben«, schrieb Sabine unter eben diesem 16. Februar nach Berlin. »Aber nach unserem Angriff auf London dürften wir

Berliner doch mit allerlei zu rechnen haben. Schon aus diesem Grund ist es mir lieb, daß ich jetzt nicht so lange fortbleiben muss.« Ist es nicht unvorstellbar, dass derartige Katastrophen wie schwerste Angriffe auf Berlin damals nicht in der uns gewohnten Weise als sensationelle Nachricht über die Medien verbreitet wurden? Oder lag es nur am spartanischen Lebensstil der Gießener Verwandten, die einen Volksempfänger aus der Wohnung verbannten und die Nachrichtenlosigkeit als kleineres Übel ansahen?

Zuvor hatte meine Mutter erklärt: »Nach reiflicher Überlegung alles Fürs und Wider sind wir nun doch zu dem Entschluß gekommen, Reni in die Kinderklinik zu tun. Wir haben auch Glück, da gerade heute ein Platz frei wird. Es ist schon besser so, denn bei den hiesigen Wohn- und Heizungsverhältnissen sind doch viele Schwierigkeiten, ganz abgesehen davon, daß ich vor Ablauf der 6 Wochen hier unmöglich weg käme. Das wäre aber Ende März und von da an möchte Nana mich doch gerne auf ›Wochenpflege‹ haben. Reni ist geradezu musterhaft vernünftig und da wir von einem kleinen Mädchen aus der Nachbarschaft gehört haben, daß es in der Kinderklinik sehr nett sein soll, so bringt es unsere Tochter bereits fertig sich darauf zu freuen. Da sie keinerlei Schmerzen hat, nur starke Verschleimung und Husten, so wird der Aufenthalt für sie ja mehr wie eine Zeit in einem Kinderheim.«

»Also nun fängt die Warterei auf Nachricht wieder an. Ich kann nur eins sagen: es ist einfacher den Abend in Bln [Berlin] mitzuerleben, als hier zu warten. Aber im Augenblick ist daran ja nichts zu ändern«, schrieb Sabine am 17. Februar 1944 – und einen Tag später: »Noch immer ohne Nachricht von Euch! Aber da wir ja ausgemacht haben, daß im schlimmen Fall telegrafiert wird, nehme ich an, daß alles wie sonst verlaufen ist.« Alles wie sonst: Am Leben, nicht verbrannt, nicht verhaftet, ein Dach über dem Kopf und darunter all die Erinnerungen an eine Welt, die einmal anders war.

»Ich war heute wieder stundenlang in der Stadt und bin gewandert. Tief bewegt kehrte ich nach Hause. Es ist nicht auszumalen«, sagte Erich in seinem vierten Brief nach Gießen vom 17. Februar abends. »Ich nahm den Autobus T zum Fehrbelliner Platz. Was ich bei Onkel Toms Hütte erkennen konnte, ist: Ganze HäuserReihen in der Wilskistr. am Ostrande der Strasse abgebrannt, von Justus erfuhr ich dann, dass dort ein ganzer Block durch Minen beseitigt wurde, daher der grosse Schaden in den Landhäusern an der Strasse am Fischtal, weitere Minen jenseits des Fischtals gefallen, nach der Waldtraudstr. zu, eine Bombe in die bereits zerstörten Häuser in der Argentinischen Allee, dadurch grosser Schaden auf der gegenüberliegenden Seite nahe dem Ausgang des Fischtals. In Dahlem ist noch viel mehr vernichtet, die ganze Luisenstr. ist zerstört, auch Teile der Cecilienallee [heute: Pacelliallee] haben etwas abbekommen. (…) Das gleiche gilt für die Strassen der Kolonie Grunewald, Hagenstr., Hubertus Allee (...) Königs Allee bis Halensee. Was sich von da ab tut, ist unbeschreiblich. Ich komme darauf zurück.

Von Steglitz bis Laubacherstr. scheint nicht viel neues hinzugekommen zu sein. Dann, jenseits des Südwestkorso, besonders nach Unterschreiten der Ringbahn. Die ganze Stenzelstrasse ist ein einziger Trümmerhaufen. Hier fangen auch die Brandstellen an. Überall Rauch und Qualm: Feuerwehren rechts und links, Möbel vor den Häusern stehend. Autos beladen mit Menschen, teils als Verkehrsmittelersatz, teils mit Flüchtlingen, die die restliche Habe aufgeladen haben. Im alten Wilmersdorfer Rathaus suchte ich eine Steuerkasse, die bisher im Joachimstaler Gymnasium war, dort im Januar ausgebombt wurde und nun zum zweiten Male vertrieben worden ist. Jetzt ist sie in der Giselerstr. in einer Schule in einem Raume ohne Fenster usw. Natürlich kein Betrieb. In 8 Tagen sollte ich wieder kommen, wenn sie noch stehen! Gestern das vernichtete Standesamt in Moabit, heute die stillgelegte Steuerkasse. Sollten das die Einzigen sein? Die Umgebung ein Schlachtfeld, Volltreffer, Hunderte von Soldaten beim freischaufeln der Fahrbahn. Die ganze Berlinerstr., abwechselnd brennende Häuser oder total vernichtete. Feuerwehren, Lastautos, Soldaten, weinende Menschen, das zieht unaufhörlich vorbei. (...)

Bei Excellenz Wächter klopfte ich an [Jenaer Straße in Wilmersdorf], Fenster ohne Glas, das Hinterhaus beschädigt durch Volltreffer beim dahinterliegenden Hause, nebenan Dachstuhlbrand des grossen Eckhauses. Der Bayerische Platz ringsum von Ruinen umgeben. Die Speyererstrasse nunmehr ganz Totenstadt, kein Mensch wohnt mehr dort oder in den Seitenstrassen, bei Deinen Tanten ringsum neuer Schaden: Die Ecke Martin-Lutherstr./Hohenstaufenstr. völlig zertrümmert, das Haus der Tanten steht nunmehr fast allein, die Fenster grösstenteils beschädigt, die Jalousien hängen in der Luft – so sieht auch die Tauentzienstr. 2, das Haus von Tante Lilly [Schluckebier, Sabines Tante] aus, vielleicht eine Stufe schlimmer als Martin-Lutherstr. 87 [wo Sabines Tanten Schlöttke, eigentlich Cousinen zweiten Grades, wohnten]. In der Schwäbischenstr. brannten einige Häuser, andere waren ganz zerstört, das Haus in dem unser Verwalter Rohrlack wohnt, erneut beschädigt, der ganze Hof voller Splitter und Schutt, alles was Rohrlack hergestellt hat, wieder hinaus geflogen.

So zog ich durch Trümmer bis zur Kleiststr. und Keithstr. Die Schillstr. ist infolge Sprengungen unpassierbar. Die Elektrischen, die kürzlich wieder fuhren, stehen ohne Strom verlassen auf den Gleisen, die Fenster fast alle zerschlagen, die Drähte sind wieder zerrissen, die Maste zum Teil umgeworfen. Einige ErsatzAutos tauchen auf, auch sie mit den beliebten Pappfenstern. Wenn es so weitergeht, wird der Artikel Glas unbekannt werden. (...) Das Kriegsgebiet Lützowplatz hat sich nicht verändert. Hier ist alles zerstört. Mit dem Autobus fuhr ich zum Potsdamer Platz und von da an mit der Untergrundbahn. (...)

Bei der Deutschen Bank traf ich Frau Zirpel [»arische« Vermögensverwalterin der Erbengemeinschaft], die glückstrahlend mit zwei Taschen voll Porzellan dasass. Wir erledigten das Geschäftliche, entnahmen unser Gehalt und assen im Vegetarischen. (...) Nachher fuhren wir zu Schukkel [Grundstücksberater der Erbengemeinschaft] in die Friedrichstr., wo er gegenüber dem Hause der Technik weit hinten im Gelände nahe der Panke in einem der dreistöckigen Siedlungshäusern sein Büro hat, besser gesagt: hatte. Wir sollten dort unterkommen. Uns beiden sagte dies zu. Wir biegen in den Torweg ein: Alles durch Volltreffer vernichtet, das ganze Haus in Klumpen, alle Umgebung beschädigt, das Maison des Orphelins, jetzt Klinik Gillmeister, ausgebrannt und vernichtet. Dahin der Traum! Nun muss ich mich nach Schukkel umsehen. Seine Adresse in Sachsen habe ich. Seine Privatwohnung in der Klausewitzstr. ist auch gefährdet.

Nach diesem Schrecken fuhren wir zu Lassen [Internationale Spedition und Lagerhäuser, Alt-Moabit 140] nach Alt-Moabit. Das ganze Büro durchlüftet. Keiner konnte arbeiten. In der Lüneburgerstr. an der Stadtbahn Volltreffer, bis zum Oberfinanzpräsidenten Berlin-Brandenburg, meinen lieben Vorgesetzten, ging die Druckwelle – alle Scheiben weggepustet. Das genügt aber nicht. Hier fehlt noch ein Volltreffer.[12] Mit dem 138 Autobus fuhr ich dann durch Moabit, das Hansaviertel, Tiergarten nach dem Zoo. Eine Fahrt durchs moderne Pompejii, man kann auch Stalingrad sagen. Wo man hinsieht Trümmer, Sprengkrater, neue und alte Schäden. Ich bin sicher, dass nunmehr auch das Haus von Vetter Schacht [Sabines Verwandte mütterlicherseits] hinüber ist.

Diese Fahrt ist eine grausame Belehrung über die Vorzüge des totalen Krieges. Am Zoo brannte die Ecke Kantstr./Joachimsthalerstr. Riesige Spritzen ergossen ihr Wasser auf die dampfenden Ruinen. Mit der S-Bahn fuhr ich dann nach Charlottenburg. Die Fernbahngleise sind noch unpassierbar. Russenkolonnen entfernen die Trümmer. Langsam schleicht der Zug dahin, den Blick auf immer neue Ruinen und Brände gewährend. Bahnhof Charlottenburg, besser gesagt, was davon noch übrig ist, könnte weit draussen an der Front sein. Ich half einem hübschen Mädchen einen Koffer tragen. In dieser Notzeit kann ich nicht untätig zusehen. Bei jeder Fahrt habe ich irgend jemandem geholfen. Wir zogen gemeinsam durch qualmige, rauchende Strassen, dort brannte es noch, da lag ein Haus zusammengebrochen, dort standen die Möbelreste auf der Strasse, überall wieder Feuerwehren, Soldaten, Italiener, so kamen wir an den Kurfürstendamm. Von der Wilmersdorferstr. bis Halensee eine einzige dichte Rauchwolke. Das ganze Viertel, einschliesslich der Seitenstrassen vernichtet. Die Prunkstrasse der Wilhelminischen Zeit ist dahin. (...)

Zur Belohnung bekommen die Berliner: 50 gr Bohnenkaffee – nähere Anweisungen ergehen noch. eine halbe Flasche Trinkbranntwein auf N 36 der Berliner Nährm. Karte 59 beim Kleinverteiler, bei denen der Weihnachtstrinkbranntwein angemeldet worden war (...), ferner 10 Zigaretten auf Abschnitt d 71 des Berl. Bezugsausweises. Raucherkarte ist mit vorzulegen. Ausserdem eine Dose Fischkonserve auf e 66 des Berliner Bezugsausweises ferner 125 g Zuckerwaren für Kinder bis

---

12 Oberfinanzpräsidium Berlin-Brandenburg – Behörde, die für die penible Abwicklung sämtlicher Forderungen an jüdische Bürger wie Entrichtung der »Reichsfluchtsteuer«, »Vermögensabgabe«, Sonderabgaben etc. zuständig war.

zu 14 Jahre und für Erwachsene auf Abschnitt F der Berliner grauen Reichsfettkarte. Und nun ist alles wieder gut? Jetzt ist es mittlerweile 11 Uhr durch. Wir schliessen den Brief und wünschen allen, dass ihnen die Schrecken der Feindangriffe erspart bleiben mögen. Der Triumph der Technik führt zum Untergang des Abendlandes. Gäbe es doch nur ein Mittel, die Leiden der Menschen zu verkürzen.«

Auch Erichs fünfter Brief an Sabine kannte nur ein Thema: Die furchterregenden Zerstörungen Berlins. »Deine Ansicht, daß der Angriff auf London einen Gegenangriff zur Folge haben dürfte, haben wir alle geteilt und die Tatsachen haben die Richtigkeit dieser Annahme gerechtfertigt«, schrieb er am 18. Februar 1944. »Ich habe in zwei Briefen ausführlich berichtet und könnte noch vieles andere mitteilen. Zunächst das eine, dass es auch Glückszufälle gibt: Heidelbergers [Gerhard Heidelberger, Jugendfreund meiner Mutter aus Wiesbaden] Haus ist abgebrannt, die Dielen der Etagen sind hinuntergestürzt, in die unteren Wohnung gefallen, nur 2 Wohnungen blieben verschont, was ich übersehen hatte: Heidelbergers und eine Etage tiefer. Seine Garderobe ist schon bei Edith [Gerhard Heidelbergers Ehefrau], den ganzen Hausrat verladet er dieser Tage und schickt ihn mit den Brücken – in Pappkartons – aufs Land per Waggon, den sonst kein Sterblicher bekommt… Er selber wohnt im Amt, schläft auf Feldbett. Ich bot ihm Unterkommen bei uns an, was er dankend ablehnte. (…)

Peter [Lüders – Sohn von Erichs Tante Marie und Philipp Lüders] kommt wieder fort. Sprach seinen Chef: Ihre Abteilung ist zum 3. Male ausgebombt. Jetzt kommen sie nach Gera, in eine Kaserne, die Siemens als Gefolgschaftshaus angekauft hat, werden dort zu 10–12 Personen in Gemeinschaftsstuben hausen. Peter ist bereits mit Akten usw. als Quartiermeister hingeschickt. (…) Mein Bekannter Dr. Landsberger [einer der letzten jüdischen »Konsulenten« in Berlin] hat auch wieder Schreckensminuten ausgestanden. Ein Volltreffer hinters Haus in der Zähringerstr. Große Risse in den Wänden, eine Wand zusammengestürzt, alle Pappen davon, kein Gas, keine Heizung. Es ist ein Jammer.

Als ich nachmittags am Bristol [Unter den Linden] vorbeikam, trugen Sanitäter eine bedeckte Bahre heraus. Der Schupo sah mich mit großen Augen an: ›Eine Frau‹. Die Schuhe sahen heraus. Die wievielte Leiche? fragte ich; die vierzigste, antwortete er und fügte mehr bittend als befehlend hinzu: Gehen Sie weiter! Und überall Speer und Todt Wagen, Lastautos mit Ausgebombten und ihren Möbelresten, Feuerwehr und Militär. Und das auf Berlins einst festlicher Paradestrasse. Ruinen rechts, Ruinen links. Eine stumme Menge in der Mitte. Berlin 1944!

Eine Leistung für sich ist die Wiederherstellung der Bahnen. Heute fuhr ich gegen 12 Uhr mit dem ersten Zug vom Wittenbergplatz über Gleisdreieck nach Potsdamer Platz. Man sah jetzt die Schäden auf den Güterbahnhöfen, Postbahnhöfen und Abstellgleisen. Die Strecke nach Hallesches Tor ist nicht zu befahren. 5 Treffer sollen den Viadukt hinter dem Bahnhof völlig zerstört haben. Einen Teil davon sieht man. Doch genug davon. Es graust einen, wenn man denkt, dass das monatelang so weiter gehen soll.«

Unter dem gleichen Datum meldete sich Schwager Karlernst Pohl aus Magdeburg. Dort drohte eine neue Gefahr für Carla, Erichs kinderlose, in »Mischehe« lebende Schwester: »Wir haben seit heute neue Aufregung, siehe den beiliegenden Ausschnitt der hiesigen parteiamtlichen Zeitung und die abgedruckte amtliche Bekanntmachung des Oberbürgermeisters zu den Fragen. Wir haben vorläufig noch keine Vorstellung davon, wie sich diese neue erhebliche Klippe wird umschiffen lassen.«

Die immer zahlreicheren Tagesangriffe auf die Industriestädte Mitteldeutschlands veranlassten die Behörden, Evakuierungspläne auszuarbeiten und durch ein Ausweissystem den Aufenthalt von Zivilpersonen in den gefährdeten Städten einzuschränken. »Weisse Karte für Berufstätige und alle Einw., die aus sonst. anerkannten Gründen in M. verbleiben müssen, grüner Ausweis für alle übrigen«, kritzelte Carla als Zusatz auf Karlernsts Brief, in dem er sich selbst ein wenig Hoffnung machte mit der Bemerkung: »Ich habe keine Vorstellung davon, wie man die Evakuierung bewältigen will; halte es in kurzer Zeit praktisch garnicht für durchführbar weil ich nicht absehen kann, wohin man die doch noch erheblichen Menschenmengen bringen will. Hoffen wir, daß es eine Möglichkeit der Umschiffung gibt. Vielleicht bringen die näheren Ausführungsbestimmungen über die grünen Karten Aufklärung, dass es zunächst die Altstadt betrifft wie die bisherigen Räumungsaktionen. Also etwa vom Gouvernementsberg im Süden, Breiter Weg Ostseite – Thränsberg – Elbe als 1. Zone.«

Die Gefahr war allerdings groß, dass Carla, durch Evakuierung des direkten Schutzes ihres Ehemannes beraubt, der Verfolgungsmaschinerie ausgeliefert würde. Doch sie hatten Glück: Carla entging der Evakuierung, später stellte sich sogar heraus, dass sie die einzige getaufte Jüdin Magdeburgs war, die keine Zwangsarbeit hatte leisten müssen. Beide überlebten.

Meine Tante Carla hatte auf dem Brief ihres Mannes noch ein Wort an den Bruder hinzugefügt: »Mit viel Interesse haben wir Deine Berichte gelesen. Ja, ist wirklich erstaunlich, wie verhältnismäßig schnell der Verkehr wieder in Gang kommt und wie die Stimmung hochgehalten wird. Aus den Zeitungsartikeln lesen wir dies mit Staunen, finden es nun aber durch Dich bestätigt. Zu Mutters Todestag wollte ich Dir heute Abend einen besonderen Gruß senden, aber ich bin durch unsere Sorgen am Denken behindert. Wenn sie all das noch hätte erleben müssen, was eigentlich erst nach ihrem Tode an Entsetzlichem sich ereignete!«

Der ausgebombte Onkel Philipp Lüders, der regelmäßig Postillen vom Rittergut Vinzelberg, Kreis Gardelegen nach Berlin sandte, wusste am 24. Februar 1944 Neues über Frau von Seeckt zu berichten: »Es wird Dich interessieren, daß Frau v. S. bestohlen worden ist. Man stahl ihr vor ihren Augen u. trotz ihres energischen

Protestes im Bunker der spanischen Botschaft ihren einzigen Koffer. Sind das nicht schöne Zustände? In Karow lebt sie bei ihr ganz fremden Leuten in völliger ländlicher Abgeschiedenheit, hat aber trotzdem unter Alarm zu leiden. Das Klima bekommt ihr dort gar nicht. Seit 4 Wochen ist sie nicht mehr an die Luft gekommen. Die arme Frau ist wirklich zu bedauern. (…) Gestern vor 6 Monaten wurde ich bombengeschädigt und noch ist kein Ende abzusehen.«

Onkel Philipp war ein alter preussischer Beamter. Vielleicht schrieb er deshalb, was sich in Kürze mitteilen ließ, auf Postkarten – oder aus Mangel an Briefpapier? Oder weil Karten schneller befördert wurden? Gewiss jedoch nicht wegen der aufmunternden Aufdrucke, die jede Postkarte zierten, wie zum Beispiel: »Der Führer kennt nur Kampf, Arbeit und Sorge. Wir wollen ihm den Teil abnehmen, den wir ihm abnehmen können.«

Für seine nächste Postille an Erich brauchte er jedenfalls einen ganzen, eng beschriebenen Briefbogen:

»Rittergut Vinzelberg, Kreis Gardelegen
Montag, den 13. III. 44

Mein lieber Erich!

Gestern erhielt ich Deine freundlichen Zeilen vom 8. III. Ich war schon sehr in Sorge um Euch gewesen und hatte meine Schwester Marga sowie Deine Schwägerin Hildegard alarmiert, um über Euch Kunde zu erhalten. Nun bin ich von allen Seiten beruhigt worden und danke Dir vielmals für Deinen lieben Brief. Darin kann ich Dir nur beistimmen, daß das Leben immer unerfreulicher wird. Die Kondensstreifen am Himmel zu beobachten, hatten auch wir hier reichlich Gelegenheit. Das eine Mal standen sie ausgerechnet genau senkrecht über unserem Gutshaus, wobei auch wir ›gewisse Gedanken nicht unterdrücken konnten‹, wie Du von Euch schreibst. Es braucht nur eine Bombe aus dieser riesigen Höhe zu fallen und Rittergut Vinzel samt Dorf war einmal. Doch das Leben geht weiter und die Lebensgefahr, in der man schwebt, ist bald wieder vergessen. Nur das Herz ist solchen Aufregungen immer weniger gewachsen und macht sich immer langdauernder noch bemerkbar.

Aber schreib nur an Peter nichts von all' diesen Erlebnissen hier, damit er nicht auch noch hierüber sich Sorgen macht. Daß er wahrscheinlich nicht mehr in Gera-Tinz sondern in Zwittau in Mähren ist, schrieb ich Dir wohl schon. Nähere Anschrift habe ich nicht, so dass ich ihm nicht schreiben kann. Auch meine Adresse wird sich binnen kurzem ändern wie ich Euch wohl schon mitteilte. Ich ziehe zu meinen Cousinen Jessen nach Husum (›Der grauen Stadt am Meer‹, Storm), die mir eine freundliche Aufnahme gewähren wollen. Zwar ist dort auch Krieg wie hier, auch leben sie nicht auf dem Lande als Selbstversorger, sondern in der Stadt. Aber eine solche Lieblosigkeit wie hier ist auf die Dauer einfach unerträglich! Ich schildere Euch später von Husum aus, was ich hier erlebt habe. Solange ich mit diesen Leuten in V. unter einem Dach sitze, widersteht mir das. Doch Ihr werdet staunen.

Du bietest mir freundlichst Bücher aus Eurer Bibliothek an. Bisher war ich hier reichlich versehen und in Husum muß ich erst einmal sehen, was da ist. Hier habe ich Werke gelesen, die sich alle mehr oder weniger mit unserer Weltkriegsvorgeschichte befassen. So von Grafen Reventlow, Lerchenfeld etc. Augenblicklich lese ich ›Wilhelm der Zweite‹ von Emil Ludwig.[13] Ergebnis dieser Studien: Mit der Entlassung Bismarcks und der dadurch verhinderten Erneuerung des Rückversicherungsvertrages mit Russland fing das Verhängnis an d. h. es setzte die Einkreisung ein, deren letzte und schlimmsten Auswirkungen wir heute zu spüren bekommen. Die Devise der Feinde lautet: ›Ceterum censeo Germaniam delendam esse‹.[14] Wohl dem, der unter den Trümmern seines Hauses erschlagen wurde, sofern er keine Lieben zurückließ. Dieser braucht die Katastrophe nicht mitanzusehen. Und es ist dies eine Redensart solchen Leuten Glück zu sagen, dass sie mit dem Leben davon kommen. Denn sie schmoren in der Hölle unserer Tage!«

In jenen Märztagen 1944, in denen der Winter so wenig wie der Krieg zu einem Ende kommen wollte, trafen viele Grüße in Berlin ein, jeder machte sich um das Schicksal der dort Gebliebenen Gedanken; so auch die frühere Nachbarin aus dem Fischtal, Hanna Fischer, »zur Zeit wohnhaft in Kipsdorf ü/ Dresden« am 11. März 1944: »Von den lieben Freunden Alenfeld habe ich solange nichts gehört, dass ich recht in Sorge bin! – Ich war inzwischen für ein paar Stunden einmal in Berlin, kam ahnungslos in unsere recht demolierte Wohnung und freute mich im übrigen an dem ja zu einem einladenden Bilde zurechtbombardierten Berlin. Aber die 20 qm Behelfswohnungen machen ja alles wieder gut. (…) Hoffentlich haben Sie und Ihr Heim alles leidlich überstanden. – Wir sind noch immer tief eingeschneit und die Landsleute rechnen damit noch bis Ende April. Schön ist es, wunderschön, und Schlitten und Ski sind das einzige Verkehrsmittel, nur Kohlen und Kleidung reichen für diese Naturschönheit nicht aus.«

»Immer wenn der Rundfunk Einflüge auf Richtung Berlin verkündet oder der Nachrichtendienst Angriffe auf Berlin meldet«, schrieb die alte Elsa Messel am 22. März aus Oberschlesien, »zittert mein Herz wie es denen gehen mag, die zurückblieben und deren Wohlergehen einem nahe geht. – Ich will hoffen, dass Sie bis dahin alles glücklich überstanden haben ohne Schaden an Hab und Gut und an der Gesundheit. (…) Wenn ich an Berlin denke, fällt mir der Gesangbuchvers ein:

›Kommt, Kinder, lasst uns gehen, / der Abend kommt herbei; / es ist gefährlich stehen / in dieser Wüstenei. / Kommt stärkt euren Mut / zur Ewigkeit zu wandern / von einer Kraft zur andern; / es ist das Ende gut. (Tersteegen)‹

---

13   Emil Ludwig, ursprünglich Ludwig Cohn (1881–1948). Schriftsteller, Korrespondent des Berliner Tageblattes, politisch sehr engagiert.

14   »Im Übrigen bin ich der Meinung, Deutschland ist zu zerstören.« Abgewandeltes Zitat nach Cato (234–149 v. C.).

Wie schauerlich ist das alles! Ich kann es nicht verwinden. Aber ich will Anderen nicht mit Klagen zur Last fallen. – Ich bin heute wieder auf das Zimmer angewiesen – ein furchtbarer Schneesturm herrschte heute fast ununterbrochen – morgens sollen –7° gewesen sein. Es ist hier alles sehr ›östlich‹ – mir ganz ungewohnt.«

Mir scheint nach diesen Briefen, dass ältere Menschen noch mehr unter dem Verlust von Wohnung, Hab und Gut litten als jüngere. Brauchten sie materielle Wurzeln, um ihre Erinnerungen wachzuhalten, fühlten sie sich von ihrem Leben abgeschnitten, weil nichts Greifbares mehr daran erinnerte? Für Elsa Messel war die fortschreitende Zerstörung Berlins gewiss besonders schmerzlich, da so vieles von ihrem Mann Erbaute – wie das berühmte Kaufhaus Wertheim am Leipziger Platz, das der aufstrebenden kaiserlichen Hauptstadt ihr Gesicht gegeben hatte – nun unwiederbringlich ausgelöscht wurde.

Im Briefwechsel mit meinem Vater kehrten sie alle in die Vergangenheit zurück, erörterten Memoiren, Geschichtswerke, gingen den Wurzeln des Übels nach: »Meine Generation erlebte den Segen von 43 Friedensjahren«, schrieb Elsa Messel, »aber dann kam der Weltkrieg und in meiner Familie musste ich so viel Leid erleben.«

Aus dem »Isolierhaus« der Gießener Universitäts-Kinderklinik kamen ganz andere, fröhliche, Briefe; so unbefangen kann nur ein Kind schreiben, das zwar die bösen Nachrichten aus der Welt der Erwachsenen hört, doch nicht in die Wirklichkeit seines eigenen Lebens aufnimmt. Einem an die Mutter adressierten Brief hatte es am 18. März auf dem Umschlag unter Straße und Hausnummer hinzugefügt: »wenn's noch steht!« Von den schweren, nicht abreißenden Bombenangriffen auf Berlin, Frankfurt und viele andere Städte wurde ja auch in der Kinderklinik gesprochen, und untereinander wussten die Kinder sehr genau zwischen »Bombengeschädigten« und »Glückskindern« mit heilem Elternhaus zu unterscheiden. So schrieb sie ihrem Bruder am 21. März: »Renate tut mir sehr leid. Sie hat jetzt auch nichts mehr davon zu Hause zu sein. Ich stelle es mir nicht gerade schön vor, wenn man sieht wie alles verbrannt. Da ist es doch besser wenn man woanders ist.« Das klingt sehr realistisch und kommt dennoch aus einer Welt, in der die verschiedenen Ebenen ganz spielerisch verlassen und betreten wurden.

Mit dem Vater betrieb sie eifrig das beliebte Geschichtsfragenspiel: »Die Geschichtsfragen konnte ich fast alle beantworten. Nur welchen Fluß Du meinst, ist mir nach noch soviolem Denken nicht klar geworden. Auf der Rückseite dieses Briefes kannst Du mir ja neue Geschichtsfragen aufschreiben.«

Der Mutter berichtete sie ganz anderes: »Vielen Dank für Eure schönen Bonbons. Du brauchst mir wirklich nicht den Vorwurf machen, daß ich faul wär. Ich habe ja soviel zu tun. Am laufenden Band nähe ich Puppenkleider. Heute habe ich wieder ein süßes Kleidchen genäht. Ich kann Dir nicht richtig erklären wie ich das Röckchen genäht habe. Deshalb zeichne ich es Dir auf. Dazu hat sie ein weißes Blüschen. Es steht ihr sehr gut. Nun will ich ihr auch Socken nähen. Hoffentlich

281

glückt mirs.« Dazu berichtete sie: »Wir hatten heute Alarm. Es hat ziemlich lange gedauert. Es hat aber kaum gebrummt. Wir müssen nur bei Alarm in den Keller. Hattet ihr nun am Tag der Luftwaffe einen Angriff? Wenn Alarm ist, helfe ich natürlich mit bei den andern Kindern.«

In einem anderen Brief vom 18. März 1944 wurde eine neue Kreation für die Puppe Erika geschildert: Ein Kleid mit langen Puffärmeln, Halskrause und Gürtel. »Es ist ganz glockig. Das Kleid darf sie Morgen, am Sonntag anziehen. Schön gelt?« Einen Satz zuvor hatte sie vom Fliegeralarm berichtet. »Ich habe im Keller aus Tante Herthas Sagenbuch vorgelesen. Der Alarm hat aber nicht lange gedauert.«

Ihre alte Liebe zu kleineren Kindern, die schon in Berlin zum eigenen Kindergarten geführt hatte, bewirkte nun in der Kinderklinik ein Gemeinschaftsverhalten, das ihr keine Zeit ließ, sich als Außenseiter zu fühlen. Sie lebte inmitten einer von Scharlach und Röteln befallenen Kinderschar und war sogar mit einer Elsbeth befreundet, »(...) die ein ¾ Jahr älter (ist) als ich. Das stört uns aber gar nicht.«

Und schließlich wurde ein Gemeinschaftswerk gestartet: »Schreibt mir doch bitte, bitte recht viele Postkarten die mit Bildchen bemalt sind. Sie sind mir jetzt fast lieber wie die Briefe. Wir wollen nämlich für die kleinen Kinder in der Station ein Bilderbuch basteln. Da braucht man natürlich viele Karten und ich habe die meisten schon verschenkt. Wann kommst Du eigentlich nach Gießen? Ich komme wahrscheinlich mitte der nächsten Woche aus der Klinik. Wenn ich dann nicht noch Fieber habe. Wenn du wieder nach Gießen kommst, so bringe mir doch bitte ein paar Rollen von Tante Marthas Nähseide mit.[15] Übrigens habe ich auch gestern Vatis Karten bekommen und laß ihm vielmals danken. Du kannst ihm bestellen, dass ich mich sehr schäme, so viel Fehler bei den Geschichtsfragen gemacht zu haben. Trotzdem kann er mir ruhig neue Fragen schicken.«

Es dauerte dann doch noch etwas länger. So gibt es eine letzte ungeduldige Postkarte an die Mutter mit Poststempel 23. März 1944:

»Liebe Mutti! Vielen Dank für Deine beiden Karten. Wann kommst Du? Ich habe jetzt kein Fieber mehr. Heute durfte ich etwas aufstehen. Da habe ich mit Elsbeth der Hase und der Swingel gespielt. Übrigens spielten wir jetzt grade in den letzten Tagen meine Puppe wäre schwer krank, sie soll eine Verbrennung haben. Es ist sehr schön. Sie ist jetzt schon fast wieder genesen. Es tut mir jetzt richtig leid, dass ich sobald aus der Klinik komme. Wann kommst Du denn? Wir hatten heute wieder Alarm. Natürlich gerade wie wir gegessen haben. Ich habe schnell noch mein Gemüse gegessen und dann bin ich mit der letzten Pellkartoffel in der Hand in den Keller gegangen.«

---

15   *Ein großer schwarzer Kasten, ein weiteres traumhaft schönes Erbe aus dem Besitz der armen Tante Martha Schlesinger-Trier. Darin ruhten, nach den Regenbogenfarben angeordnet, Nähseidenröllchen, ein jedes mit einer Bauchbinde, die französisch beschriftet war. Ein Zeichen seiner edlen Herkunft: Paris!*

Sabine fuhr erst am 24. März 1944 nach Gießen. Die Scharlachpatientin war aus der Kinderklinik abzuholen und in bewährter Weise unterm kalten Dach des Mietshauses für weitere drei Tage in Quarantäne zu halten. Dann musste sie in der Schule Versäumtes nachholen – und alles wartete gespannt auf die Geburt des dritten Kindes. Sabine war für die Wochenbettpflege ihrer jüngsten Schwester »rekrutiert« worden, die noch immer kein »Pflichtjahrmädchen« bekommen hatte, und blieb einen ganzen Monat.

Dem verdanken wir noch einmal einen ausführlichen Briefwechsel zwischen meinen Eltern, der wiederum wie in den Monaten zuvor von Luftangriffen und Zerstörungen Zeugnis ablegt; der »totale Krieg« drang in jede Familie ein, es wurde keiner verschont und wer zu dieser Zeit noch wagte zu behaupten, er habe »von alledem nichts gewusst« und keinen Zusammenhang zwischen dem eigenen Leid und den Eroberungskriegen der Vorjahre erkannt, der war ein Meister im Wegschauen.

Kaum hatte meine Mutter Mann und Sohn in Berlin verlassen, da gab es schon neue schlimme Angriffe und sie musste wiederum einige Tage ausharren, ehe sie Nachricht aus Berlin erhielt: »Wir haben tatsächlich nichts zu leiden gehabt«, schrieb Erich am 28. März, »abgesehen davon, dass der Kampf sehr stark war. Die Sterne schienen, einzelne starke Scheinwerfer leuchteten, bald färbten auch weite Brände den Horizont, sodass es recht hell war, später setzte Schneefall ein und es bewölkte sich leicht. Viele Einschläge waren zu hören, doch weit weg, sodass keine Erschütterungen zu verspüren waren, auch kein Pfeifen. Das beruhigt die Nerven. Leuchtzeichen aller Arten und Farben waren viel zu sehen. Es war sehr spannend den Kampf zu beobachten. Ein Flugzeug sahen wir südlich von uns, nicht allzu hoch, explodieren. Erst sah man eine grosse rötliche braune Flamme, dann lösten sich zahlreiche Lichtpfeile, die sich nach allen Seiten ergossen, wie grosse Wunderkerzen. Das sollen Stabbrandbomben gewesen sein.«

Wenige Tage später, am 31. März, schilderte meine Mutter ähnliche Erlebnisse aus Gießen: »Heute Nacht hatten wir einen hoch interessanten Anblick. Es war bei ziemlich sternklarem Himmel Alarm von ¾ 12 bis 1 Uhr 15. Zunächst ruhig wie immer. Dann kam aber ein solches Gebrumm, daß wir die Kinder angezogen und mit Sack u. Pack in den Keller zogen. Nun hat man hier draußen einen so umfassenden Überblick, daß es wirklich nicht möglich war, brav im Keller zu bleiben. Es entspann sich hier offensichtlich eine Luftschlacht, bei der ich auch einige Abschüsse beobachten konnte. Ein Flugzeug z. B. ging brennend runter und explodierte beim Aufschlag wie ein Feuerwerkskörper mit Strahlenbündeln nach allen Seiten. Es war auf einem Höhenzug in weiter Ferne, denn von der Detonation hörte man nichts. (…) Daß einem so ein Ding brennend aufs Haus stürzen könnte, ist eine unsympathische Idee. Jedenfalls habe ich beschlossen, für Reni einen Luftschutzkoffer fertig zu machen, damit sie auch ›reisefertig‹ ist.«

Die fortschreitende Zerstörung Berlins war nunmehr zu einem Dauerthema in Erichs Briefen geworden. Doch es gab noch ein anderes: Je länger der Krieg dauerte, umso häufiger wird ausführlich von Essen, Lebensmittelmarken und Sonderzuteilungen gesprochen. So schrieb Sabine, kaum in Gießen angekommen, am 27. März 1944: »Hertha [Arndt – Sabines Geigenlehrerin und Freundin aus Wiesbaden] schickte in dem mir nachgesandten Brief noch einige Marken, das rührende Wesen! Einige Brot, Kartoffel- u. Nährmittelmarken bekommt Ihr, den Rest Brot, Marmelade, Oel, Margarine habe ich hier behalten, da Reni einen Mordsappetit hat und ich froh bin, wenn ich ihr mit gutem Gewissen etwas mehr geben kann. Unsere Tochter ist durchaus wohlgenährt, wiegt 63 Pfd 100 gr und es ist ›alles an ihr dran‹, was sie berechtigt, sich ein künftiges Frauchen zu nennen. Sie steht täglich auf und geht etwas spazieren, hat allerdings Beinschmerzen vom ungewohnten Laufen.«

In jenen Tagen funktionierte die Post recht vorbildlich und so antwortete Erich schon am 29. März: »Vielen Dank für Deinen Brief und die von Tante Hertha gestifteten Lebensmittelmarken. ›Es ist aber Unrecht‹. Wir haben die schönen Zusatzkarten für drei Tage bekommen und haben gute Tage.« Nachdem Sabine die Schilderung der letzten großen Angriffe erhalten hatte, schrieb sie zurück: »Um Eure Sonderzuteilungen könnte ich Euch direkt beneiden, besonders um den Kaffee. Aber das soll nicht heißen, daß Du ihn mir schickst. Den trinke ich lieber mit Dir zusammen! an einem schönen gemütlichen Sonntagsfrühstück.«

Doch im selben Brief vom 29. März schilderte Erich: »Fast wäre es heute zu neuem Angriff gekommen. Es war kurz vor Eins, als ich bei Scheurmann [befreundeter Bankier] erfuhr, dass starke Verbände in Nordwestdeutschland stünden. Ich eilte zur S-Bahn. Natürlich dauerte es eine Ewigkeit, bis ein Wannsee Zug einlief. Ich las in dem sehr interessanten Memoirenwerk der Caroline v. Rochow,[16] als plötzlich der Zug länger hielt und alles aussteigen musste. Die Sirenen ertönten: richtiger Alarm! Es war in Friedenau. Zu vielen Hunderten eilten wir in die Umgebung des Bahnhofs einen Bunker suchend. Wir fanden auch einen Privatkeller. Bald kam es zum Gefecht: mit der Luftschutzleiterin, die wie ein Oberst auftrat, was sich die Weiber des Volks verbaten. Es wäre bald zu Handgreiflichkeiten gekommen, wenn nicht ein junger Offizier vermittelt hätte. Ehe wir uns versahen, war bereits Entwarnung und eiligst ging es wieder zur Bahn. Der Zug stand noch da und heimwärts ging es. Die Flieger waren bereits auf dem Heimweg, von Herrn Waldows Bruder hatte Frau Schaub [Nachbarin] schon gehört, dass Braunschweig im Tiefflug angegriffen worden war. Ich verdanke dem Alarm einen schönen Mittagsschlaf.«

Weiter unten heißt es: »Der Angriff am vergangenen Freitag Abend scheint am stärksten in Steglitz gewesen zu sein. Über 12 000 Obdachlose sollen auf der Stre-

16 *Caroline v. Rochow: Vom Leben am preußischen Hofe 1815–1852. Aufzeichnungen, zusammen mit Marie de la Motte-Fouqué, bearbeitet von Luise v. d. Marwitz. Berlin 1908. Die Autorin (1792–1879), geborene v. d. Marwitz, Schwester von Alexander v. d. Marwitz, heiratete 1818 Gustav von Rochow (1792–1847), preußischer Innenminister und Staatsminister).*

cke geblieben sein. Bis in die letzten Tage brannte es noch an einigen Stellen. (...) In unserem Finanzamt sind wieder viele Fenster beschädigt, auch sah ich erhebliche Risse in den Rabitzwänden. Beim Angriff auf den Wedding ist übrigens das Gebäude der Gemeinde erneut getroffen worden, grade das Haus an der Schulstr., wo die Mutter von L. [Lagatz] sich befindet. Die alten Damen müssen jetzt im Keller liegen! Die Zerstörungen in Frankfurt a. M. müssen grössten Ausmasses sein, Herr Kamnitzer hat von Freunden gehört, dass etwa 50% der Stadt völlig vernichtet ist, etwa 90% der Industrie.«

Auch Erichs Arbeit für die jüdische Erbengemeinschaft Jarislowsky war ein regelmäßig behandeltes Thema. In seinem Brief nach dem verheerenden letzten Angriff, der so vielen Bekannten alles genommen, einigen sogar das Leben, bemerkte er: »Ich bin eifrig dabei, den Bericht für den Oberfinanzpräsidenten fertig zu stellen! Das Konzept ist bereit in Ordnung. Morgen gehe ich zu den Schweizern wegen Hans J. [Jarislowsky]. Bei Merck Fink [Bankhaus] habe ich mir die Erklärung für die Finnen bestellt. Heute bin ich wieder bei Rohrlack wegen Hirsch. So gibt es immer zu tun.«

Am nächsten Tag dem 29. März schilderte er seinen kuriosen Besuch bei der Schweizer Vertretung: »Ich war heute bei den Schweizern. Wie tut das gut, den Deutschen alten Gruss überall zu hören und die nette Behandlung! Allerdings geht es sehr spassig zu. In einem schönen Warteraum sitzt alles umher, Ägypter, Deutsche, elegante Damen, Herren. Ein Herr mittlerer Jahre ruft plötzlich Deinen Namen, setzt sich zu Dir und fragt nach Deinem Begehren. Zunächst auf Englisch, warum weiss der liebe Gott. Dann liest er den Brief, den ich bereits vor einer halben Stunde hineingesandt habe und allmählich wird er warm. Kennt natürlich Hirsch ebenso Marcuse, im Flüsterton erkundigt er sich nach allemöglichen, informiert sich noch einmal und kommt mit dem Bescheid, dass man bereit ist, den Brief weiterzuleiten, d. h. sich zu erkundigen, ob Hans Palästinenser geworden ist oder nicht. Mehr wollte ich nicht. Ich bekomme einen Zwischenbescheid für die Akten und muss dann 4–6 Monate warten.«

Natürlich verstand mein Vater unter einem Palästinenser keinen Araber nach heutigem Sprachgebrauch, sondern einen Europäer, dem von der britischen Mandatsmacht die Aufenthaltsgenehmigung für den Yishuw, die jüdische Heimstätte in Palästina, gewährt worden war. Hans Jarislowsky war also offiziell eingewandert.

Am 3. April 1944 wurde in Gießen das dritte Kind meiner Tante Anneliese geboren: Wolfgang, der bei seiner Geburt 3 300 Gramm wog und es sehr eilig hatte, auf dieser friedlosen Erde zu landen, ganz wie seine Cousine Reni/Irene elf Jahre zuvor. Die hatte ihre große Stunde: Sie spielte Pflichtjahrmädchen und hieß dann Mathilde. »Ihr werdet es nicht glauben, denn zu Hause ist sie ganz anders«, schrieb Sabine, die nun mehr als genug Arbeit und Verantwortung zu tragen hatte am 3. April. »Allerdings muß ich sagen, daß Renchen sich ganz fabelhaft benimmt und mir heute sehr viel Arbeit abgenommen hat. Erst Kinderanziehen, dann Besorgungen machen, dann Kinderzimmer aufräumen, Betten machen. Nach Tisch machte sie den nicht kleinen Abwasch ganz allein!!! und wischte sogar die Küche auf. Und alles sehr ordentlich und mit Überlegung.«

In Erichs Brief vom 2./3. April führen die neuen Sonderzuteilungen, insbesondere der Branntwein, zu einer denkwürdigen Begegnung: »Ich habe inzwischen den ›Branntwein‹ gekauft. Erst bei Rathmann drei Flaschen Cognak und zwar Spanischen. (…) Wir haben noch etwas besonderes: Eine Flasche echten Cognak aus Frankreich für RM 25,-. Hiermit hat es folgende Bewandnis: Am Sonnabend Mittag treffe ich bei Bollenmüller Jungfer Marie Hagen.[17] Sie war das erste Mal da und ausgerechnet an ihren Tisch führt mich mein Weg. Sie redet unentwegt und bringt dabei vor, dass sie draussen 10 Eier gekauft habe. Ich sage ihr, dass wir das auch gut für die Kinder gebrauchen könnten, worauf sie mir zusagt, 8 davon abzugeben. Ich solle sie um 4 Uhr in der Wohnung von Frau Geheimrat Gusserow, wo sie im Augenblick ein Zimmer hat, holen. Frau Gusserow, eine Freundin von Frau Liebermann, hat sich vor wenigen Wochen auch das Leben genommen, Grund ist bekannt. Durch Tod getrennte Ehe.[18]

Ich gehe zur besprochenen Zeit hin, es ist zu früh, ich benutze die Zeit, um den Besitzer des Ladens am Lützowplatz, wo ich öfters Pritamin und Salate gekauft habe, zu besuchen. Er freute sich einen Bekannten wiederzusehen, hat wieder von vorne angefangen, nachdem er schreckliches durchgemacht hat. Im Nebenhause Volltreffer, 26 Tote. Die Übrigbleibenden retten sich durch den Durchbruch ins Nachbarhaus, erscheinen blutüberstromt. Mit Gottes Hilfe entkommen sie dann alle auf den Lützowplatz, von wo sie die ganze Gegend abbrennen sehen. Ich sehe in der Ecke den Alkohol und bekomme sofort eine Flasche reserviert. Geld hatte ich nicht genug bei mir. Die gute Marie hat mir nachher den Betrag geliehen und sich selber auch noch eine Flasche gekauft.«

Später im Brief beschreibt mein Vater einen Besuch bei Herrn von Nordheim, mit dessen Frau[19] meine Mutter seit Jugendtagen bekannt war: »Er war freundlich wie immer, erzählte seine Geschichte. Weihnachten vor 3 Jahren als Kommandeur der Ersatzabteilung hat er eine Rede gehalten, die ein Nazi Angestellter angezeigt hat. Nach 2 Jahren erreichte ihn die Sache im Kaukasus. Vorwurf: Rede ohne Siegheil auf den Führer am Schluss und ausserdem habe er die Weihnachtsgeschichte

---

17   Martha Liebermanns Wirtschafterin, die treulich zu ihr gehalten hatte, auch als die Gesetze selbst Über-Vierzigjährigen »Arierinnen« den Dienst in einem jüdischen Haushalt verboten.

18   Nach den Nürnberger Gesetzen war die jüdische Ehefrau eines »arischen« Ehemannes nur so lange geschützt, wie der Mann am Leben war.

19   Meine Mutter Sabine hatte nach der Schulzeit in Wiesbaden ein Jahr als Haustochter auf dem Gut Trittau/nahe Hamburg bei der Familie des Freiherrn von Stolzenberg verbracht. Sie hatte sich mit den Töchtern, insbesondere Walpurga, genannt Purdi, sehr angefreundet, die Freundschaft hielt ein Leben lang. Dagmar, eine der Töchter, war mit Herrn v. Nordheim verheiratet.

auswendig hergesagt. Reaktionäre Gesinnung. Die Vorgesetzten konnten natürlich nichts finden, aber man hatte Angst vor der Partei. Er wurde in Ehren entlassen als Major d. R. a. D. So geschehen anno 1943. Jetzt ist er am Gericht und wartet auf Pensionierung oder längere Beurlaubung ohne Bezüge. Anhand der Karte wurde die Lage besprochen. Die Frau ist in Trittau.« In einem post scriptum berichtete Erich: »Ich wollte noch mehr schreiben, da klopft es an die Scheibe: Nowgorod. Wir haben ein Kännchen Bier zusammen getrunken. Dann mußte er abtrocknen. Er lässt grüßen.«

Am nächsten Tag, den 3. April 1944, setzte Erich seinen Brief an Sabine fort. »Da mich gestern Abend N. [»Nowgorod« = Erich Neustadt] störte und ich wegen der Zeitverschiebung nicht länger aufbleiben wollte, so füge ich heute noch einige Zeilen hinzu. Zunächst möchte ich erwähnen, dass wir am 1. März [recte: 1. April] 5 Jahre im Häuschen sitzen. Als wir einzogen, hatte ich nicht den Mut anzunehmen, dass es auf lange Dauer sein würde, sondern ich fühlte mich stets als Gast. Nun diese Rolle haben wir jetzt 5 Jahre gegeben, ebenso lange wie meine Anteilnahme am Weltkrieg, also eine ganze schöne Zeitspanne. Ich bin dem Schicksal dankbar, dass es so gekommen ist. Auch Hildegard werde ich dies zum Ausdruck bringen. (…)

V. N. [von Nordheim] erzählte gestern allerlei interessantes. Zum Kriegsgeschehen berichtete er auch von dem Standpunkt der Militärkreise: Invasion bevorstehend. Engländer landen lassen. Dies sei auch nicht zu verhindern. Dann aber vernichtend schlagen und mit Vergeltung nachstossen. Das ist ja auch die Idee, wenn immer von massgebenden Stellen betont wird, der Rückzug im Osten sei nur im Rahmen des Ganzen zu beurteilen. Man hat sicherlich starke Kräfte nach Westen gebracht. Ob das aber der Grund zu den Niederlagen im Osten ist, erscheint mir zweifelhaft. Man hat aber eine Darstellung gefunden, die mit Goethe zu sprechen Dichtung und Wahrheit verbindet und die Massen beruhigt.«

Danach kam wieder einmal die ewige Bedrohung der Zwangsverpflichtung zur Sprache: »Von Sch. [Scheurmann] hörte ich, dass das lange besprochene Projekt, die vom Kriegsdienst verschonten, in diesem Sinne also Kriegsgewinnler, stärker heranzuziehen, Tatsache geworden sei. Die Mischl. I [»Mischlinge 1. Grades«] und die arischen Ehemänner von jüd. Frauen, soweit sie kriegsdienstverpflichtet sind, sind ihrer Verpflichtung enthoben worden und sollen zu [»Organisation«] Todt als Hilfsarbeiter verpflichtet werden. Dies solle für alle ohne Ausnahme gelten. Heute sollen sie in der Deutschlandhalle [Messegelände] antreten. Näheres weiss man nicht. Also vorläufig nicht für die sonstigen M. I. und arischen Ehemänner geltend. Man weiss auch nicht wie es mit den Frauen steht.«

Zwei Tage später, am 5. April 1944, wusste er mehr zu berichten: »Ich schrieb kürzlich von der Versammlung in der Deutschlandhalle. Heute hörte ich, dass die dort sich Einfindenden am selben Tage nach dem Westen verbracht worden sind, ohne Gepäck usw., sie durften nur 15,- RM mitnehmen. Der Transport ging in

Viehwagen weg. Näheres wusste mein Gewährsmann nicht, sein Neffe ist dabei. Kommentar überflüssig.« Im selben Brief berichtet mein Vater: »Ich führe nun ein ruhiges Leben, bin in keiner Weise angestrengt oder aufgeregt und dennoch habe ich elende Nervenschmerzen und bin oft so abgespannt, dass ich recht unzufrieden bin mit mir selber. Ausserdem habe ich Hunger wie ein Wolf. Ich esse dementsprechend, bin aber stets nur auf Stunden satt. Was sollen nur die armen Menschen sagen, die den ganzen Tag körperlich arbeiten müssen. – Sonnabend bekommen wir Liebesgaben von Timmermann, er hofft wenigstens, dass es klappt. Wir auch.« Das waren die gelben »Bücher«, Butterpäckchen, die immer wieder in den Briefen erwähnt werden.

Ein anderes, wahrlich triumphales Thema, war das brillante Osterzeugnis meines 13-jährigen Bruders. »Der Sohn berichtet Dir selber über Zeugnis und Feier desselben. Ich muss gestehen, dass ich ein solches Zeugnis nicht nach Hause gebracht habe«, gestand Erich. »Jetzt folgt der Brief mit dem Zeugnis«, schrieb mein Bruder Justus am 4. April an Mutter und Schwester nach Gießen. »Es ist doch etwas anders geworden, als ich mir vorgestellt habe. Es ist teilweise besser und teilweise schlechter geworden. Denn, daß ich in Turnen nur eine 3 bekommen habe, ärgert mich in sofern, daß der German, der wirklich nicht besser ist als ich, eine 2 bekommen hat. Sonst sind Vati und ich mit dem Zeugnis sehr zufrieden. Die 1 in Griechisch haben wir uns redlich geteilt. Ich bin heute gleich im Anschluß an die Schule in die Stadt gefahren. Wir haben uns vor dem Bahnhof Unter den Linden getroffen und sind dann zu Bollenmüller gegangen. Dort haben wir herrlichen Kabeljau gegessen. Grade als wir uns anziehen wollten, sah ich, wie ein Herr, der uns gegenüber seinen Fisch gegessen hatte, mit Herrn Götze verhandelte, worauf er ihm eine zweite Portion brachte. Ich machte Vati darauf aufmerksam; wir pellten uns also auch wieder aus und taten dergleichen. Danach bekam Vati seinen Stamm und ich meinen zweiten Fisch. (...) Als wir mit unserer doppelten ersten Portion fertig waren, gingen wir rüber zu Heil.[20] Hier bekam jeder zwei Stück Kuchen. Das Eis wäre leider erst zu spät fertig geworden, wir konnten nicht darauf warten.

Nun gingen wir in die Jägerstraße, um in dem Antiquitätenladen eine Kiste abzuholen. Während Vati noch einige Zeit mit dem Mann sprach, strolchte ich im Laden umher und besah mir alles, besonders die Waffen. Ich probiere, in einem Horn zu tuten, es war aber leider vollständig verstopft. Dann nahm ich mehrere Spieße aus ihren Behältern und stach mit ihnen Löcher in die Luft; dann setzte ich mir einen chinesischen Helm auf den Kopf. Dann probiere ich alle möglichen Gewehre aus, kurzum, ich machte lauter Dummheiten. Als das Vati zu bunt wurde, zogen wir zur S-Bahn und fuhren von dort nach Hause.«

---

20 Robert Heil, Brot- und Feinbäckerei, Konditorei und Café, NW 7, Dorotheenstraße 19.

»Bei Schmidt konnte er sich nicht trennen von den Waffen«, hatte Erich geschrieben. »Leider ist die Japanische Rüstung verkauft, sie wurde grade fortgetragen, als wir da waren. Es bleibt nur noch die imitierte Ritterrüstung und die dazu fehlende Villa mit Diele wie in Delbrückstr. 11 [Grunewald-Villa der Familie Jarislowsky]«.

Am Gründonnerstagabend dem 6. April schrieb Sabine aus Gießen: »Der Ostergruß fällt etwas dürftig aus, weil ich mit der Arbeit noch nicht rum bin. Jetzt, um ¾ 11 Uhr steht noch der Kuchen im Ofen u. ich muß noch für Reni ein Kleid weitermachen. Es läßt sich hier wirklich nur schaffen, wenn man die halbe Nacht noch dazu nimmt. Nun aber erst sehr herzlichen Dank für Deinen langen Brief mit den beiden interessanten Einlagen. Daß Scherr so etwas 1862 schreiben konnte, beweist doch nur, daß sich die Menschheit nicht weiterentwickelt, daß trotz aller Verbesserungsversuche die Spezies Mensch im Einzelnen u. in der Gesamtheit sich nicht geändert hat, ob es sich hier nun um den Sklavenhalter oder die Sklaven handelt.«

Da dieser für Sabine abgetippte Auszug aus Johannes Scherrs *Blücher – Seine Zeit und sein Leben*, Leipzig, Hesse und Becker Verlag, Erste Auflage 1862, immer wieder im folgenden Briefwechsel angesprochen wird, soll er hier verkürzt wiedergegeben werden.[21] Aus dem Fünften Buch, Kapitel 1, Seite 5 und 6: »Masslosem Machtbesitz entspricht Menschenverachtung. Muss es doch sog. masshaltende Despoten, wie jener ›erleuchtete‹ auf der Terrasse zu Sanssouci von sich bekannt hat, zuletzt bitterlich anwidern, ›über Sklaven zu herrschen‹. Bar des Gefühls für Selbstbestimmung und Charakterwürde beugt sich die stumpfe Masse unter das von einem Starken ihr aufgelegte Joch, falls er es nur versteht, ihren schlechten Instinkten zu schmeicheln und die menschliche Niederträchtigkeit zum Fusschemel seiner Gewalt zu machen. Die Gewohnheit der Unterwürfigkeit, beim bildungslosen Pöbel aus Unwissenheit, beim gebildeten aus Berechnung entspringend, hat ein gewisses Wohlgefallen an der Knechtschaft zur Folge und die ungeheure Mehrzahl der Menschen wird darum allzeit den möglichen Gefahren der Freiheit die wirklichen Übel der Sklaverei unbedenklich vorziehen. (…)

Wer geübt und gewohnt ist, fest und unbeirrbar in das Leben zu schauen, weiss, dass die Menschen, mit Ausnahmen, welche sich unschwer zählen lassen, entweder von den geistbeschwerenden bleiernen Sorgen um die tägliche Notdurft oder aber von den selbstsüchtigen Leidenschaften oder endlich von den tausend elenden Eitelkeiten und törichten Rücksichten der Konvenienz so erfüllt, befangen, gebunden sind, dass sie von Idealen gar nichts wissen oder wenigstens dafür keine rechte Teilnahme, kein wirkliches Verständnis haben. Dies vorausgesetzt, liegt es auf der Hand, dass das oben Gesagte nicht etwa ein Vorwurf und Tadel sein

---

21 *Johannes Scherr (1817–1886), seit 1843 freier Schriftsteller und Publizist. 1848 wegen großdeutsch-republikanischer Haltung zu 15 Jahren Festungshaft verurteilt, floh 1849 in die Schweiz. Ab 1860 Professor für Geschichte und Literatur am Eidgenössischen Polytechnikum in Zürich.*

soll, sondern einfach nur Erinnerung an eine Tatsache, ohne Beachtung welcher sovieles in der Weltgeschichte unerklärt und unerklärlich bleiben würde.«

Die zweite Einlage war ein Auszug aus Thassilo von Scheffers *Philosophie der Ehe*, die soeben im Münchner Zinnen-Verlag erschienen war.[22] »Die Ehe – ein Kampf« war der in der Zeitung veröffentlichte Abschnitt überschrieben, auch hieraus eine kleine Kostprobe: »Diese verschiedene Struktur des geistigen Ablaufs bei Mann und Frau ist mit das größte ›Problem‹ der heutigen Ehe und greift vielleicht tiefer als das Erotische, das doch immerhin bei einigermaßen normaler Verfassung aufeinander abgestimmt sein kann. Die geistige Andersartigkeit aber kann das nie oder vielmehr im Gegensatz zum Erotischen: je normaler die Geschlechter sind, je weniger. Die Schwierigkeit liegt eben auch darin, daß es mit gegenseitiger Rücksichtnahme, mit verständnisvoller Einfühlung, mit wechselseitiger Tolerierung nicht getan ist. Das sind alles Hinausschiebungen und Besänftigungsmittel, aber keine Lösung des Problems. Dieses läßt sich aber auch nicht umgehen oder ignorieren, denn wie Mann und Frau ›ein Fleisch‹ sein sollen und im besten Fall das Gefühl dieses Zustandes auch erreichen, so liegt auch das bohrende Verlangen vor, e i n Geist zu sein, und das ist unmöglich.«

War dies nicht genau das Dilemma, unter dem Sabine und Erich litten? »Zum Ehe-Artikel ist eigentlich nichts weiter hinzuzufügen«, war Sabines Reaktion, »(…) der Mann hat m. E. 100%ig Recht, was die Schwierigkeiten im Zusammenleben zwar erklärt, aber nicht leichter macht. Es sei denn, der gute Wille ist auf beiden Seiten gleich groß. Übrigens war der Begriff des guten Willens das A u. O von allen ›Ehepredigten‹ Muttis. Sie dürfte damit Recht haben.«

Der Karfreitag 1944 in Berlin mit Kirchgang und Matthäus-Passion aus dem Radio, Wiener Philharmoniker, verlief fast friedensmäßig, denn es zeigten sich nur einzelne Flieger über der Reichshauptstadt – auch die stärkeren Geschwader in Nordwestdeutschland schienen sich nicht Berlin zum Ziel genommen zu haben, nur das Wetter spielte nicht mit, nachts war das Thermometer wieder auf Null gesunken und das Wasser in der Regentonne gefroren. Doch die neue Bedrohung stand unverändert über dieser Idylle: »Die Sache mit [Organisation] Todt wird vielerseits bestätigt«, schrieb Erich am 7. April. »Angeblich sollen Arier mit jüd. Frau dabei sein. Kein gutes Omen, noch weniger die Ernennung von Goebbels zum Stadtpräsidenten. Landsberger wollte von weiteren, schon oft geplanten Maßnahmen wissen. Bisher nur Gerüchte, genährt durch die anderen Vorgänge. Man denkt natürlich nicht an gesetzliche Regelung. Dies um so gefährlicher. Hoffen wir mit Gottes Hilfe auch die kommende schwere Zeit zu überwinden.«

Am Ostersonntag, dem 9. April 1944, kreuzten sich die Briefe der beiden, der Wunsch der Tochter für ein frohes und angriffsfreies Ostern der Berliner ging in Erfüllung; die Kampfgeschwader, die in Nordwestdeutschland gemeldet worden

---

22 *Thassilo von Scheffer (1873–1951), Privatgelehrter und freier Schriftsteller, seit 1909 in Berlin-Charlottenburg.*

waren, drehten ab, der Osterspaziergang um die Berliner Krumme Lanke konnte ein friedliches Ende nehmen, gekrönt von einem Mittagsmahl, das wie in vielen Briefen ausführlich geschildert wurde: Schnitzel mit Blumenkohl, Gurkensalat, Kompott.

Sabine schrieb am Ostersonntagabend nach Berlin:
»Mein lieber Erich,
Am Abend eines schönen – arbeitsreichen – aber friedlichen Ostersonntags noch ein Plauderstündchen mit Dir und sehr herzlichen Dank für den Brief mit den Fleischmarken. Falls aber noch mal eine Sonderzuteilung kommen sollte, behalte die Marken bitte zu Deinem persönlichen Gebrauch. Du brauchst sie mehr als wir. Renchen strahlte bei der Ankündigung des Päckchens mit Apfelsinen u. Konfekt. Wir – d. h. ich – haben 3 verschiedene Sorten Ostereier gemacht, von denen eine Art Marzipankartoffel am besten geworden ist. Die mache ich Euch auch mal. Recepte bringe ich mit. Wir hatten auf diese Weise auch ein paar Süßigkeiten (ohne Zuteilung) zur besonderen Freude der Kinder und Erwachsenen. Die suchten im Zimmer, im Garten und beim Anemonenpflücken im Wald ›Eier‹ und waren sehr nett dabei. Reni malte hartgekochte Eier sehr nett bunt an, bastelte für die Kinder u. für Tante Anneliese etwas u. ist überhaupt sehr lieb und verständig.

Für mich ist die schwierigste Zeit ohne Anneliese u. Renis Hilfe [die mit eitrigem Zeh darniederlag] nun bald rum. Am Mittwoch kommt A. mit Wolfgang nach Hause, am Dienstag kommt das Pflichtjahrmädchen, das trotz ihrer 14 Jahre manche Arbeit wird abnehmen können. Ich habe die viele Arbeit gut geschafft u. freue mich, daß ich noch so leistungsfähig bin. (…)

Eins ist lehrreich: im Zusammenleben mit einem Schwager nimmt man dessen Eigenheiten als gegeben u. unabänderlich hin, während man den eigenen Mann immer wieder umzumodeln versucht. Allerdings kritisiert der Schwager auch nicht an mir u. erzieht mich nicht, was die Sache in vielem einfacher macht. Man könnte sich daran ein Beispiel nehmen und ich habe auch fest vor, dies zu tun. Was hier geht, nämlich ein friedliches Nebeneinander-Arbeiten, müßte doch bei uns auch gehen. Otto hat auch manche Eigenheiten, aber sie stören mich nicht (›nicht ärgern, nur wundern‹) weil er mich ja im Grunde genommen nichts angeht. Bei Dir ist das natürlich anders, denn den Mann, den man liebt, möchte man natürlich so vollkommen wie möglich haben! Anneliese hat auch Reibereien mit Otto (vgl. Artikel: Die Ehe – ein Kampf); ich habe sie nicht, denn ich bin ja nur ›perfekte Minna‹ mit Familienanschluß und brauche mich um Schwächen oder Stärken meines Arbeitgebers nicht aufzuregen. Es ist – für eine kurze Zeit – kein schlechter Zustand, aber bei noch so nettem Verhältnis zum Schwager fehlt eben doch das gewisse Etwas, das Mann u. Frau verbindet u. trennt.«

Was sie wie Stahltrosse aneinander band, sie unzertrennbar machte – doch das lag am Charakter und an nichts anderem – das war die ewige Bedrohung durch immer feiner ausgetüftelte Maßnahmen, um auch die letzten Überlebenden jener verhassten Sündenbockrasse zu vernichten.

»Was Deine Mitteilung wegen der Deutschlandhallenbesucher betrifft, so handelt es sich doch da um eine ganz andere Kategorie von Menschen«, meinte Sabine am 9. April 1944. »Es ist doch wohl zunächst nicht anzunehmen, daß man La. [Lagatz] oder Dich heranzieht.« Und dann beendete sie ihren Brief mit einem Hinweis, der zeigt, warum sie beim Sohn für Rechnen zuständig war: »Liebes Herrchen, Du schreibst, ich solle mir ein Beispiel an Anneliese nehmen u. 10 gerade sein lassen. Das dürfte kein Kunststück sein, denn meines Wissens gehört die 10 zu den geraden Zahlen. Oder wolltest Du damit sagen, daß ich 2 mal 5 gerade sein lassen soll?! Übrigens geht es in mancher Hinsicht auch nicht anders, wenn man sich nicht ganz verrückt machen will.«

Wenden wir nun unsere Aufmerksamkeit einmal mehr der alten Frau Messel zu, die der Bombenkrieg ins Hotel »Sedlaczek« zu Tost / Oberschlesien verschlagen hatte und die von meinem Vater mit Lektüre versorgt wurde. »Heute will ich nur auf den Vorschlag der Büchersendung eingehen«, schrieb sie am 12. April 1944, »die ich natürlich mit grossem Dank annehme. Was Sie von Scherr ›Blücher‹ citieren, ist ungemein interessant. Aber um es vorauszuschicken, ich bin dermassen ›kriegsmüde‹, war im Weltkrieg, wo ich auch so viel Trauriges erleben musste – 3 Söhne von Bekannten (u. and.) fielen damals an der Front – dass ich auch ›Geschichte‹ (denn dabei geht es ja nie ohne Kriege ab) einmal vollkommen ausgeschaltet sehen möchte. Sonst interessiere ich mich für alle Gebiete menschlichen Wissens, lese gerade die schönen Briefe von Ernst Curtius, der vor 100 Jahren – noch im Anfang des archäol. Instituts – Archäologe war. Es ist eine andere Welt in der man lebt mit solchen Menschen. Also es käme Kunstgeschichte – ich nenne nur Burckhardt, Gobineau, Vasari[23] – in Betracht, aber auch alle möglichen weiteren Gebiete, da ich für alle Forschungen Interesse habe.«

Auch Onkel Philipp Lüders, dem Erich ein ähnliches Angebot gemacht hatte, schrieb aus Husum am 17. April. »Recht herzlichen Dank sage ich Dir für Deinen

---

23 *Ernst Curtius (1814–1896), studierte klassische Altertumswissenschaft und Philosophie: Seit 1844 Erzieher des späteren Kaisers Friedrich, 1868 Professor für klassische Archäologie in Berlin, Leiter des Alten Museums, 1872 Leiter des Antiquariums, seit 1852 Anreger von Ausgrabungen in Olympia, die durch ihn und W. Dörpfeld vorgenommen wurden. Jacob Burckhardt (1818–1897), Schweizer Kultur- und Kunsthistoriker sowie Zeitkritiker. Professor der Geschichte und Kunstgeschichte an der Universität Basel, später am Polytechnikum in Zürich. Joseph Arthur Graf von Gobineau (1816–1882), französischer Orientalist und Rassenphilosoph. Essai sur l'inégalité des races humaines – Essay über die Ungleichheit der menschlichen Rassen, 1853–55, 4 Bde. Veröffentlichungen u. a. über die Renaissance: Savanarola, Cesare Borgia 1877. Giorgio Vasari (1511–1574), italienischer Maler, Architekt und Kunstschriftsteller im Dienste der Medici in Florenz und der Päpste in Rom. Sein architektonisches Hauptwerk, die »Uffizien« in Florenz, 1560 begonnen; am bekanntesten durch seine schriftstellerische Tätigkeit (Reihe von Biographien aller großen Renaissancekünstler).*

freundlichen und gehaltvollen Geburtstagsbrief. Ich bin immer wieder erstaunt, mit welcher Wärme Du an meinem Geschick Anteil nimmst, obwohl Ihr doch selber auch Euer Päckchen zu tragen habt. Möchtet Ihr vor dem bewahrt bleiben, was Du in Deinem Brief andeutetest! (…) Mittlerweile spüre ich hier dem Erdenwandel unserer Vorfahren nach, von denen einer im Jahre 1601 das Rathaus erbaut haben soll. Grabdenkmäler erinnern an Lüders ›als Bürger- und Polizeimeister von Husum‹. Kurzum, ich fühle mich hier nicht in der Fremde, zumal es mir meine beiden Cousinen so behaglich wie möglich machen. Auch an Lesestoff mangelt es nicht, so daß ich Deiner freundlichen Beihilfe zurzeit nicht bedarf. Der Abdruck von Scherr gibt zu denken! (…) Grüße Frau u. Tochter recht herzlich von mir. Dir und Justus Schutz und Schirm vor allem Bösen aus der Hand des vielmächtigen Gottes!«

Zwei Tage zuvor hatte sich Peter, Philipps Sohn, aus Gera-Tinz [Siemens & Halske AG, Wernerwerk R-Betrieb Gera] gemeldet. »Über Ostern wollte ich die Ruhe hier im Lager geniessen, da von 280 Leuten nur etwa 30 hier bleiben wollten, während alles andere nach Berlin fuhr. Es ergab sich aber am Sonnabend, dass ich sofort dienstlich nach Pirmasens fuhr. (…) Gerüchteweise hörte ich hier von bestimmten Dienstverpflichtungen zur OT [»Organisation Todt«]. Wenn Ihr darüber oder über ähnliche Aktionen näheres wisst, so schreibt mir doch bitte einmal. Es würde mich interessieren, ob ich auch wieder geholt werde.«

In Berlin gingen die Tagesangriffe weiter, jede Fahrt in die Stadt war ein Wagnis, für einen 13-jährigen vor allem ein Abenteuer, das er genüsslich am 13. April 1944 beschrieb. Es waren Osterferien und so »(…) ging ich mit Vati in die Stadt, um bei Bollenmüller Fisch zu essen. Wir gingen erst zur Finnischen Gesandtschaft, weil Vati den Herrn Legationsrat sprechen wollte. Der war natürlich nicht da, aber Vati besprach noch was mit Herrn Lundschtröm. Die Finnen haben wirklich eine tolle Sprache. Es klingt so, als ob ein Frosch quakt, ohne aufzuhören. Denn man kann nicht hören, wann ein Wort aufhört und wann ein neues anfängt.

Schon hier wurde von Alarm gemunkelt... Dann wollten wir in einem Laden Nägel kaufen. Aber kurz davor fing der Alarm an. Der Ladenbesitzer machte uns vor der Nase die Tür zu. Nun sahen wir uns nach einem Bunker um. Alle Straßen waren voll von Koffer tragenden Leuten. Zuerst versuchten wir es in einem Keller eines großen Gebäudes, doch wir wurden wieder abgewiesen. Der Keller war nur für Militärbehörden. Dann gingen wir zum Potsdamer S-Bahnhof. Hier stellten wir uns auf die Treppe und konnten so die Sonne noch geniessen. Dann wurden wir aber leider von Polenten in den Bahnhof getrieben. Wir gingen gleich in die zweite Etage, die erste wäre doch kein Schutz gewesen.

Nach 1½ Stunden hörte der Alarm auf. Wir fuhren zum Bahnhof Unter den Linden und gingen von da zu Bollenmüller. Herr Götze war noch garnicht da. Als er kam und Vati und mich sah, klopfte er Vati wohlwollend auf die Schulter und sagte: ›Sie machen wohl Propaganda für Bollenmüller?‹!!! Es gab wundervollen Kabeljau. (…) Abends, nach dem Abendbrot, gingen Vati und ich zum Fürsten-Platz. Mit Beil und Fuchsschwanz. Den Rest kannst Du Dir denken. Die Beute waren drei dicke Stämme und zwei Äste. Gestern haben wir sie zerschlagen. Es gab einen ganzen Korb voll.«

Unter dem gleichen Datum schilderte Erich Frühjahrsfreuden eines Gartenbesitzers: »Einen grossen Teil der Zeit haben wir im Garten verbracht und alles hergerichtet. Es sieht sehr fein aus. Die Hauseigentümerin [Hildegard Geppert] war in jeder Weise befriedigt. Dank eines glücklichen Einfalls unseres Sohnes, der sich hier von seinem Vater hat leiten lassen, bekamen wir heute eine Fuhre schwarzer Erde aus Teltow. Justus hatte den Fuhrmann vor einigen Tagen abladen sehen und sich sofort mit ihm unterhalten. Der ist richtig, meinte der spassige Mann. Heute nachmittag fuhren die Pferde an den Zaun heran und die Erde flog in den Vorgarten. Wir bekommen auch noch Mist. Der Mann gab mir noch gute Ratschläge. (…) Sämtliche Nachbarn waren neidisch und haben sich schon vormerken lassen. Sie lassen auch schön grüssen.«

Als nächstes sprach er ohne Übergang von den ständigen Tagesangriffen: »Es sieht ja so aus, dass die Gegner planmässig die Fabriken und Flugplätze der Luftwaffe angreifen, ausserdem Verkehrszentren, aber nicht mehr die Grosstädte allein. Wir haben eine Reihe von Alarmen und öffentlichen Warnungen gehabt, aber es ist nie zum Angriff gekommen.«

Unser »U-Boot Nowgorod« war allpräsent in Erichs Briefen. Mal holte er ihn zusammen mit meinem Bruder vom Kirchgang ab, mal steckte der unvermeidliche Nowgorod die Nase über den Zaun »(…) und plauderte mit uns im Garten. Ich hatte aber wenig Zeit, denn der ganze Mist musste noch untergegraben werden«. Immer häufiger verbrachte er die Abende mit Erich, ließ Sabine herzlich grüßen, die er offensichtlich vermisste (nur wegen des Strümpfestopfens?). Bisweilen ging er meinem Vater auf die Nerven, einmal wagte er sich sogar mit meinem Bruder ins Kino, sie sahen sich gemeinsam » … reitet für Deutschland« an.[24] Doch im selben Brief vom 23. April schrieb mein Vater: »Nowg. ist unglücklich, hat neue Sorgen. Es klappt nicht recht. In allen Zügen sind jetzt Kontrollen auf Wehrpass, auch in der Stadt, angeblich auch in der U-Bahn. Mir selber ist noch nichts zugestossen, aber alle Welt erzählt es.«

So unvernünftig wie mein Bruder, der sich mit seinem gleichaltrigen Freund ein Duell mit nagelbestückten Pfeilen lieferte und eines Tages dabei fast ein Auge verlor, so unvernünftig erscheint mir mein Vater, der dem untergetauchten »Now-

---

24 »… reitet für Deutschland«, Deutschland 1941. Buch: Friedrich Reck-Malleczewen, Regie: Arthur M. Rabenalt, Hauptrolle: Willy Birgel. Beruht auf der Biographie Carl-Friedrich Freiherr von Langens (1891-1935), einem bekannten Vielseitigkeitsreiter, der trotz schwerer Kriegsverletzung aus dem Ersten Weltkrieg 1928 Gold bei den Olympischen Spielen in Amsterdam gewonnen hatte.

gorod« und meinem Bruder, »Mischling ersten Grades«, erlaubte, gemeinsam auszugehen! Was wäre bei einer Kontrolle geschehen? Wäre der 13-jährige nicht gleich mitverhaftet worden? War es die ständige Gefahr, die Erich so unvorsichtig werden ließ? Konnte man nur überleben, indem man der Normalität des Alltags den ersten Platz einräumte?

»Rebus sic stantibus, zu Deutsch: Wenn wir noch leben« [eigentlich: »So, wie die Dinge stehen«], hatte Erich bei der Schilderung des abermaligen Besuchs des Fuhrmanns geschrieben, der den dankbaren Neulingen im Gemüseanbau zum Herbst noch einmal eine Fuhre Pferdemist zugesagt hatte. Und bestellte wie Candide seinen Garten.

Im selben Brief vom 20. April 1944, an »Führers Geburtstag«, gab er dann eine aufmerksam zusammengetragene Beschreibung des festlichen Berlin: »Heute prangte die Stadt im Schmucke der Fahnen. Neu ist es, dass auch Ruinen geschmückt wurden mit Fahnen, Fähnchen und Inschriften. In der Flensburgerstr. steht eine Stange inmitten der Trümmer, sie trägt ein Schild mit der Inschrift: ›Wenn auch die Mauern gebrochen sind, unsere Herzen sind es nicht.‹ Unsere Nachbarin berichtete, dass im Knirschweg mitten in einem Sprengtrichter ein Bild des ›Führers‹ stehe umgeben von Fähnchen und einem Schild mit der Inschrift: ›Der Glaube an den Führer ist der Glaube an den Sieg.‹ Ähnliches war auf jeder Bahnstation zu lesen. In der fast ganz zerstörten Göbenstr. war ein Ringwall von Ziegelsteinen vor einem vernichteten Hause errichtet, drinnen spielten Kinder und der ganze Wall war mit Fähnchen abgesteckt. Auch bei der Commerzbank waren überall in den Steinhaufen vor der Ruine Fähnchen eingesetzt!!!«

Am 21. April hatte meine Mutter geschrieben: »Heute sind es 16 Jahre her, daß wir in Wiesbaden den gemeinsamen Lebensweg begannen. ›Und wenn es köstlich gewesen ist, so ist es Mühe und Arbeit gewesen‹ – nur steht in der Bibel nichts von der Freude, die man doch auch hat. Ich möchte trotz allem keinen anderen Lebenskameraden gehabt haben. Halten wir weiter mit aller Kraft u. aller Liebe zusammen.« Und Erich antwortete zwei Tage später: »Ich bin etwas beschämt. Hatte nicht daran gedacht, dass am 21. 4. unser Hochzeitstag war. Sechzehn inhaltsvolle Jahre. Das kann man wohl sagen. Dass wir manchmal bemüht waren, die Schwere der Zeit durch persönliche Wirren zu unterstreichen, lässt sich nicht leugnen. Nötig war das keinesfalls. Mein körperlicher, wohl mehr mein nervlicher Zustand ist derart, dass Ruhe mein einziges Bedürfnis ist. Momentane Reizzustände und meist vorübergehende Schwächezustände vergehen schnell. Widerspruch im falschen Augenblick macht alles nur schlimmer. Eine endgültige Heilung dürfte nur möglich sein, wenn andere Zeiten kommen und die ersehnte Entspannung der Nerven bringen.«

Dafür gab es einstweilen wenig Hoffnung, denn die jüngsten Maßnahmen der »Organisation Todt« blieben weiterhin bedrohlich. »Ich schicke Dir anbei einige

Briefe, die Dich interessieren werden«, hatte Erich am 20. April 1944 geschrieben. »Du siehst, dass die Todtangelegenheit eine Reichsaktion ist. Nach welchen Gesichtspunkten gesiebt worden ist, ist nachwievor unbekannt. Angeblich soll zur Zeit kein weiterer Bedarf vorliegen. Bei Lassen ist nichts bekannt, dort sind zahlreiche M I [»Mischlinge ersten Grades«], auch als Lehrlinge. In Dresden und in Breslau sollen bestimmt auch Arier-Männer von jüdischen Frauen mitgenommen worden sein. Wie es hier steht, weiss ich nicht. Ich würde auch Pohls davon nichts erzählen. Morgen Abend esse ich mit Sehmer. (…) Übrigens legte S. solchen Wert darauf, dass wir uns erst abends sehen, dass ich das alt-Berliner Wort anwenden möchte: Nachtigall, ich höre Dir tapsen.

Immerhin es ändert nichts an seiner Gesinnung. Er bleibt eben der alte Fuchs, der er immer war. Da morgen um 6 Uhr 15 allgemeines Wecken ist, so werde ich schliessen, sintemalen es 11 Uhr ist. Der in dieser Hinsicht unausstehliche Now. musste wieder erscheinen und mich stören. Wenn man ihm doch klar machen könnte, dass er nicht jeden Abend erwünscht ist. Ich zeige ihm schon so oft die kalte Schulter, er merkt es nicht oder will es nicht merken.«

Erst am allerletzten Apriltag konnte Sabine Gießen verlassen. Die Tochter war wiederhergestellt, der Scharlach überwunden, der eitrige Zeh geheilt, wochenlang hatte sie nur Klappern tragen können, eine weitere Unpässlichkeit behoben (»es ist für das ganze Leben unseres Kindes wichtig, daß da nichts verschleppt wird«), die Schwester Nana mit ihrem Neugeborenen und den beiden anderen kleinen Kindern hatte nun zumindest ein »Pflichtjahrmädchen« – zum Abschied hatten Mutter und Tochter noch gemeinsam Wiesbaden besucht.

In ihrem Brief vom 24. April schilderte sie den Ausflug: »Es war ein wunderschöner Tag! Und denke Dir: ich war sogar im Haus und konnte Reni alles zeigen. (…) Es war nicht mal wehmütig, wie ich erst fürchtete. Das Haus bleibt auch so unser Haus, da es aus unserm Geist gebaut und durch unser Familienleben belebt worden ist.[25] Reni war tief beeindruckt von allem in Wiesbaden. Das Frühstück auf dem Neroberg mit Blick in den Taunus war eine besonders gelungene Sache. Mittagessen mit Tante Vogt [Mutter von Sabines Jugendfreundin Ilse Danckelmann, mit der sie ein Leben lang befreundet war] im Hotel Metropol sehr anständig, nicht zu teuer u. ausgezeichnet gekocht. Unsere Fahrt ans Rheinufer wurde durch Alarm verhindert. Dafür hatten wir ein ruhiges Plauderstündchen bei Tante Vogt. (…)

---

25 *Sabines Elternhaus war nach dem Tod der Mutter 1938 verkauft worden, die ältere Schwester Hildegard hatte mit ihrem Anteil das 4½ Zimmerhäuschen in Zehlendorf gekauft, in dem meine Familie als ihre Mieter wohnten und überlebten. Die von dem Berliner Architekten Alfred Breslauer, Jugendfreund meines Großvaters Walter Geppert, 1912 erbaute Villa im Landhausstil ist leider nicht rechtzeitig unter Denkmalschutz gestellt worden, nach zweijährigem Kampf wurde 1996 der Abbruch der unteren Haushälfte der am Hang gebauten Villa genehmigt, um dort fünfzehn Eigentumswohnungen zu errichten.*

Die Rückfahrt verlief leider sehr anders als geplant, da der uns morgens angegebene Zug nachmittags doch nicht fuhr. Da war der Angriff auf Koblenz dran schuld. So mußten wir 1 Stunde in Frankfurt warten. Anblick des Bahnhofs ähnlich wie unser Potsdamer Bhf. Verkehr ist wieder hergestellt, Dach kaputt, Gebäude teils-teils. Rechts u. links der Strecke nur Trümmer. Wo bleiben nur die Menschen? Wir kamen erst um ½ 11 Uhr [22.30 Uhr] in Giessen an, letzter Omnibus war schon weg, also noch ½ Stunde zu Fuß. 5 Min. vor dem Haus Alarm! Heute wieder 2mal Vorwarnung, 2x Alarm. Reni saß 3 Stunden in der Schule im Keller. Im Zug nach Frankfurt war gestern eine Mutter mit Kind aus Berlin, die vom Rektor ihrer Schule gehört haben wollte, daß die Schulen wieder eröffnet werden. Da die Bomben doch überall fielen, sei es nicht nötig aus Bln zu evakuieren, jedenfalls bestehe kein Zwang mehr. Nun, warten wir es ab wie stets.«

Die Schulfrage beschäftigte meine Eltern immer wieder. Mitte April hatte Sabine angekündigt: »Ich will auf alle Fälle nach Schulanfang noch ein paar Tage hier bleiben, um zu sehen, wie es mit Reni geht. Wir müssen jetzt anfangen, rechnen nachzuholen. Sie grault sich vor der Schule, sie sei so »oll«, langweilig, dreckig! Wenn doch dies Problem erst gelöst wäre!!«

In Erichs letztem Brief vor Sabines Heimkehr, am 27. April bereits nach Magdeburg adressiert, hieß er sie in der Stadt seiner Väter willkommen »(...) und sage herzlichen Dank für Deine Karte vom 25. und den Brief vom Tage vorher, in dem Du über den Besuch in Wiesbaden berichtest. Ich freue mich, dass ihr dies Unternehmen durchführen konntet und dass Reni brav durchgehalten hat.

Wenn wirklich die Schulen hier wieder eröffnet werden sollten, so könnten wir daran denken, sie nach den Ferien hierherzunehmen. Was die Freundinnen aushalten können, wird auch sie ertragen. (...) Nächste Woche ist Sehmer hier, dann werden wir mit ihm über die Rücksprache mit Dr. B. [Dr. Karl Brandt, SS-Mediziner, »Begleitarzt des Führers«] sprechen. Er ist durchaus dafür etwas zu wagen, ob mit Erfolg kann er natürlich nicht zusagen. Die ganzen Wochen waren hier so ruhig, dass alle Welt wieder Mut hat. (...) Dass wir uns stündlich die Luftlagemeldung anhören ist eine verständliche Vorsichtsmassnahme. Es vergeht ja kein Tag, an dem sie nicht einfliegen, nur richtet sich das Programm zur Zeit nicht gegen die Reichshauptstadt. (...)

Ich denke mir, Du bist nachmittags hier, an Potsdam 18.18 (D 273). Sonst wird es für Justus zu spät. Er hat von Montag an neuen Stundenplan, mit mehr Unterricht, muss also viel Ruhe haben. Ich bin wie ein Wachhund hinter ihm her, dass er genügend schläft. Heute Mittag schien er mir so müde, dass ich ihm riet ins Bett zu gehen. Erfolg: um ½5 Uhr musste ich ihn wecken. Er war selber damit zufrieden. Nach dem Holzholen hatte er die nötige Bettschwere. Darauf muss auch geachtet werden. Ein väterlicher Freund achtet auf alles. Es fehlt nur der Hund. Sonst ist alles beieinander, abgesehen von einer Fischzucht.«

Obwohl sie sich ja nach menschlichem Ermessen bald wiedersehen würden, hatte er ihr noch einmal einen Auszug aus seiner Blücher-Lektüre mit folgendem Kommentar geschickt: »Ich schicke Dir einen Ausschnitt aus Scherr, der Dein geneigtes Auge finden wird. Goethe wird dadurch nicht kleiner. Aber die elende Geschichtsklitterei wird verdrängt. Man kann nicht von der heutigen Zeit her die damaligen Verhältnisse beurteilen und Menschen ›heroische‹ Haltung infiltrieren wollen, die einem ganz anderen Ideal leben wollten. Ich denke an einen Aufsatz, Goethe und die Offiziere, der Goethe zum Nationalisten machen wollte. Was die Ordensangelegenheit betrifft, so handelt es sich darum, dass eine der Jungfrauen am Harem des alten Goethe sich die Ordenskiste zeigen liess – ich glaube es war Karoline v. Rochow, geb. v. d. Marwitz, – Sie fragte ihn, welchen Orden er am liebsten hätte. Da sah er sie gross an und wies auf das Band der Ehrenlegion!

Was würden die Schreier von heute dazu sagen oder zur Tatsache, dass Blücher Freimaurer war und bei jeder Gelegenheit im Kreise der Freimaurer zechte und wetterte. Dies nur nebenbei. Geniesse die Stunden mit Pohls und kehre gesund heim.«

Hertha Arndt, Sabines Wiesbadener Geigenlehrerin, später in Berlin eine treue Freundin, um 1930.

Zeit für ein Interludium – ein Zwischenspiel – heiter, traurig, komisch ... wie das Leben so geht. Die Hauptakteurin ist Sabines Wiesbadener Geigenlehrerin und Freundin Hertha Arndt. Wie schon zuvor im Herbst 1943 war sie im Frühjahr 1944 – mittlerweile 61 Jahre alt – als Geigerin zur »KdF-Truppenbetreuung« dienstverpflichtet worden. Wieder war sie unter der Leitung von Hans Stüwe mit dessen kurz nach Kriegsbeginn gegründeten Operntruppe unterwegs. Zwischen Minsk und Pinsk hatten sie im Vorjahr die komische Oper »Die Magd als Herrin« von Pergolesi aufgeführt, vor Einheiten der Wehrmacht, der Luftwaffe und in Lazaretten. Diesmal war es eine von dem Musikwissenschaftler Stüwe ausgegrabene Kurzoper von Friedrich von Flotow, »Die unverhoffte Heirat«, mit der Hertha und ihre Kollegen über den Balkan tingelten.

Der erste Brief vom 24. März 1944 ist aus Belgrad und an meine Mutter gerichtet:

»Hertha Arndt, KdF ›Unverhoffte Heirat‹ – Feldp. Nr. 35531
Mein geliebter Bin!

Nun bin ich also glücklich hier gelandet mit einer Zwischenlandung in Agram [heute: Zagreb], weil die Hrvacka mal wieder gesprengt war, wir sahen am nächsten Tag dann auch rechts und links des Bahndammes die Züge liegen. Das Bandenwesen scheint hier wirklich noch schlimmer wie in Russland zu sein, aber wir stehen alle in Gottes Hand und er hat mich in Russland, in Berlin u. nun auch hier auf der Fahrt begleitet. So hoffe ich auf ihn auch, daß er uns weiter behütet in Berlin, Euch und uns. – Ich bin immer noch sehr für mich, besonders, seit wir 25 Leute sind, eigentlich gefällt mir keiner recht. Die Sängerinnen zu jung, eine Badenserin ein anständiges Mädel, anscheinend zu anständig für ihren Beruf. Sie wird jetzt schon 2 Tage von Stüwe gedrillt. Wir Musiker fangen morgen an. Alle Kollegen sind nett, aber doch einfache Leute. So gehe ich für mich, schaue mir die scheußliche Stadt an, die Auslagen, Schokolade, Bonbons zu tollen Preisen. Morgens übe ich 2 Std., dann lese und schreibe ich viel. (…)

Unterkunft sehr schön, ein hübsches KdF-Heim, gepflegt, sauber, Verpflegung wohlschmeckend, für die Männer zu wenig. 1te Nacht Couch im Badezimmer, Männer Sammelunterkunft, 2te Nacht im Einzelzimmer, 3te Nacht, o Schrecken, ein elegantes Doppelzimmer mit dem hysterischen Frauenzimmer (...), 4te Nacht, hoffentlich nun für dauernd, wieder im Einzelzimmer. Der Kapellmeister ist ein geborener Wiesbadener, hat dort bei Gerhard im Beethoven-Konservatorium begonnen, scheint sehr nett zu sein. Ich bin auf die erste Probe gespannt.«

Im zweiten noch erhaltenen Brief aus Belgrad, mit Datum vom 29. März; beschreibt sie Sabines Schwester Hildegard, die bei ihr in der Laubenheimerstraße 19 zur Untermiete wohnt, zu allererst die Einkaufsmöglichkeiten (die auch in späteren Briefen auf Heller und Pfennig beziehungsweise Drachmen erörtert werden). »Es ist hier alles wahnsinnig teuer, Griechenland, wo wir nachher hinkommen, soll noch teurer sein, sodaß man wohl wenig senden kann. Wollt Ihr getrocknete Pflaumen? Kilo 4.50 M., Pralinen sind zu teuer, 100 gr = 6 M. Vielleicht, wenn Ihr wollt, besorge ich für jede Familie ½ Flasche Schnaps. Zwetschgenschnaps ist am billigsten (…). Butter ist hier billiger, das Kilo 60 M. Schmalz weiß ich noch nicht. (…) Pflaumen und entkernte Nüsse könnte ich ja in kleinen Päckchen schicken.

Dann, da wir ja ohne Marken Briefe senden, werde ich Erich Briefmarken kaufen, soweit meine Devisen reichen; fragen Sie ihn bitte, ob er sie gestempelt haben will. (…) Morgen ist Generalprobe und Freitag Premiere. Alles ist gespannt und nervös. Es macht mir die Arbeit sehr viel Freude. Sie ist ein viel anspruchsvolleres Programm wie das frühere, ich schicke es demnächst mit. Und da ich 1. Geige bin, habe ich ordentlich zu tun. Der Kapellmeister ist ein feiner Kerl u. wir haben uns vom 1. Tag verstanden, vielleicht, weil er aus Wiesbaden ist. Er hat bei Brückner Cello- und bei Mannstaedt Klavier studiert. Der ehemalige 1. Geiger (S., der immer anrief) wurde heute in die 2te Geige versetzt. Er ist jetzt wütend auf mich, soll sich auch irgendwie geäußert haben, daß ich nicht in die 1. Geige gehöre, wenn er in der 2. Geige säße. Aber das ganze Orchester ist für mich, sie haben allerdings mächtig aufgepaßt, ich habe aber meine ganze Intensität eingesetzt u. die saumäßig geschriebenen Noten richtig gefressen. Ha – wenn ich was will. Die Oper von Flotow ist gar nicht leicht u. es sitzen lauter alte Orchesterhasen um mich! Übrigens bin ich noch lange nicht die Älteste. Wir haben sie bis zu 67 Jahren. Die Menschen gefallen mir allmählich besser, die beiden Mädels sind recht nett. Bei Tisch sitze ich mit ihnen, dem Kapellmeister, dem Bassisten u. dem Mimen zusammen.«

Ein von meinem Vater erwähnter Brief vom 20. April 1944 ist leider verloren gegangen: »Hildegard zeigte mir einen anregenden Brief von Hertha aus Saloniki (…)«, der nächste Brief vom 24. April aus Athen ist nur an Sabine und nicht an die Allgemeinheit gerichtet. »Ich weiß wirklich nicht, womit ich es verdient habe, daß mir so viel Schönes in meinem Alter gegeben wird. Diese ganze Tournee ist ein unerhörtes Erlebnis, was nur wenigen Menschen geboten wird. (…) Menschenskind, ich wandle hier wirklich unter Palmen und blühenden Mimosen und gestern waren wir bei herrlichem Sonnenschein auf der Akropolis. Gottseidank nicht mit der Corona wie beabsichtigt war, sondern nur unser kleines Quartett, welches seit der Reise von Saloniki hierher besteht, erweitert zum Sextett. Es bestand natürlich aus dem Kapellmeister, der kleinen Sängerin Irene, dem Bratschisten und mir, erweitert durch den Konzertmeister und Flötisten, die sich als ganz feine u. gebildete Menschen herauskristallisiert haben. Wir trafen einen goldigen alten Führer, halb blind, fabelhaft deutsch sprechend u. so begeistert für die Schönheit der Antike, daß wir alle in eine gehobene, feierliche Stimmung kamen. (…)

Ich wohne diesmal noch besser wie sonst, in einem sehr hübschen Einzelzimmer, nach einer ersten Nacht mit der hysterischen Jungfrau, fließendes Wasser, zu unserer Überraschung, da uns viel schreckliches darüber erzählt wurde, allerdings manchmal nur stundenweise, dann aber reichlich, sonnig, doch gut abzudunkeln, gegen zu große Hitze, ein Riesenbett, weich und elastisch, gepflegte Bettwäsche, sogar ein Handtuch, keine Wanzen. Nur, es liegt nach einer sehr lebhaften Straße, auf der der Verkehr und das hier übliche Gebrüll schon um ½ 6 Uhr beginnt.«

Wenige Zeilen später versteht der Leser, warum dieser Brief nur für Sabine bestimmt war: »Wie Du schon gemerkt haben wirst, hat sich eine sehr nette Freundschaft mit Franz K. herausgebildet, auch kann man sagen schon etwas mehr, ein kleines Spiel mit dem Feuer. Doch ist sie geteilt und ergänzt mit der kleinen Irene. Beide haben sich neulich mal glatt hingesetzt, wie ich ihnen mein Alter versetzte [* 1883]. Er glaubte erst, ich wolle sie anulken. Aber die Tatsache hat die Liebe sozusagen nur verstärkt, sie bewundern mich Beide restlos. Die Kleine hat sich sehr an mich angeschlossen. Das netteste ist aber, daß wir alle in wichtigen Punkten einer Meinung sind, auch über unsern Glauben an Gott. – Beinahe stimmt das Zitat nun doch, wenn man Heirat beiseite läßt u. sagt – nun irgend ein anderes Wort. (…)

Er ist übrigens kein gemütlicher, geruhsamer, rundlicher Mann, wie ich ihn erst nannte, sondern ein feuersprühender Vulkan, und dabei sehr belesen u. durch große Reisen, fast in der ganzen Welt, ungeheuer interessant. (…) Leider werden wir vielleicht nicht nach Belgrad zurückkommen, ich wollte auch dort dann einen Satz [Briefmarken] kaufen. Aber vielleicht noch mal Agram, wenn wir nicht vielleicht in Canada landen, was bei der momentanen Lage nicht unmöglich ist.[26] Nun Dir und Deinen Männern sehr herzliche Grüße in alter Liebe die junge Alte.«

Auch der nächste Brief aus Athen vom 7. Mai 1944 war an meine Mutter gerichtet: »Nun bist Du in Berlin, nehme ich an und da hast Du armer Kerl gleich den schweren Angriff mitgemacht. Wenn ich nur erst Post hätte. (…) Die Post ist hier bei uns eine sehr unregelmäßige Angelegenheit, da Belgrad Sammelstelle ist und die Dienststelle nach dem Banat verlegt sein soll. (…) Wir sind und bleiben wohl noch einige Zeit hier, aber genaues weiß man nicht, jeden Tag schwirren neue Gerüchte. Fest war schon, daß wir nach dem Peleponnes, Korinth, Patras u. Tripolis kommen sollten, aber unser Kapellmeister hat die Reiseleiterin beschwatzt, daß sie es absagt. Patras besonders ist ein tolles Bandengebiet, wo man sich nur mit ganz starkem Geleit fortbewegen kann. Für Civil ohne Waffen ist das eine unangenehme Situation. (…)

Seit 8 Tagen fahren wir zu Einsätzen außerhalb Athen, was bedeutend reizvoller u. dankbarer ist, als im Fronttheater zu spielen, außerdem sind die Fahrten interessant, und, was auch nicht zu verachten ist, wir sind eingeladen u. haben endlich mal Zusatz zu der sehr mangelhaften Ernährung. Gestern hatten wir das größte Erlebnis. Wir fuhren auf eine Insel bei strahlendem Sonnenschein u. bei ziemlichem Seegang auf einem verhältnismäßig kleinen Appelkahn. Die See war unvorstellbar blau u. klar. Ich war auf der Spitze mit dem Kapellmeister, der auch ein alter Seefahrer ist. Es war herrlich, wenn wir so in die Tiefe brausten, und dann wieder ganz hochgehoben wurden. Um uns herum waren sie dicht an der Seekrankheit.

Dort wurden wir mit Begeisterung und Erbsensuppe empfangen. Es ist eine 100köpfige Besatzung mit einem Offizier, sie liegen dort seit 2 Jahren. Uns wurde Alles gezeigt, 3 Riesengeschütze, die fabelhaft eingerichtete Bücherei u. eine reizende Wohnung des Kapitänleutnant. Sie haben sich die einsame Felseninsel ganz fein angelegt. Abends nach reichlichem Mahl fuhren wir dieses Mal eine kürzere Strecke bei glatter See zurück. Athen bekommt man allmählich satt. Dieses Gewühl u. Geschrei auf den Straßen. Es herrscht nur Schacher, kaum jemand arbeitet. Die Inflation schreitet fort, es ist nun noch unerschwinglicher. Aber Du kannst Erich sagen, ich bekomme einen ganzen Satz Briefmarken für Notgeld.«

26 Die Ägäis war 1944 nicht mehr das mare nostrum der Deutschen und auch die Fahrt quer durch den Balkan war nicht nur durch Partisanenangriffe gefährdet, die alliierten Streitkräfte rückten immer näher … Kriegsgefangene und erst recht Zivilgefangene wurden häufig nach Übersee verbracht, in die USA oder eben nach Kanada.

Der nächste Brief ist vom 22. Mai, »zur Zeit Insel Ägina«: »Ich freue mich doch sehr auf Euch Alle, wenngleich es jetzt hier unbeschreiblich schön ist. Ich sitze hier auf einem großen Balkon, Irene St. U. Franz K. liegen zu meinen Füßen auf einer Matratze in der Sonne. Vor mir das blaue Meer, in der Sonne glitzernd im Hintergrund die immer blau wirkenden Berge in ganz merkwürdigen Formationen. Heute Morgen waren wir, immer selbstdritt, auf einer Höhe, eine noch ältere Stätte wie die Akropolis, auf der Prof. Schliemann Ausgrabungen machte, eine einsam abgebrochene Säule zeugt von der alten Pracht. (...)

Am Nachmittag wurden wir in 2 Wagen abgeholt, ich ergatterte einen Platz im offnen Kübelwagen, und bergauf bergab über Serpentinenstraßen über die halbe Insel zu unserm Einsatz, einer Einheit, ganz versteckt in den Bergen gefahren. Die Fahrt war unbeschreiblich schön. An einem Hügel klebten 65 Kapellen, wir sahen Klöster und einen Tempel auf der höchsten Stelle ähnlich der Akropolis, nur viel älter. Uns empfing ein Abendessen gebratene Fische, Kartoffelsalat, Butterbrot mit Schinken. Um ½ 8 im Freilichttheater eine etwas stürmische Aufführung, da ein schwerer Wind aufkam, die Notenblätter flogen in der Gegend herum, gut, daß wir beinahe alles auswendig können.

Heute Morgen wollen wir quer über die Insel, dort soll auf der anderen Seite ein schöner Badestrand sein, gestern war es recht steinig. Ich bade und sonne mich im Badeanzug, bitte geteilt, ich kann mir das jetzt leisten, denn ich bin ziemlich rund herum braun u. knusprig, und in Gottes freier Natur wirkt man ja nicht so nackt. Wir sollten 3 Tage bleiben u. hörten zu unserer Freude, daß wir noch einen 4. sogar freien Tag haben sollen, schließend mit einem Gartenfest. Die Leute hier kommen ja monatelang nicht in die Stadt und sind ausgehungert nach anderen Menschen. Es ist für uns Alle eine Erholung u. Nervenerfrischung hier in der Ruhe der Natur zu leben. Athen bei 35 Grad im Schatten, dem Menschengewühl, dem Straßenlärm u. Geschrei von 5 Uhr Morgens, war zwar interessant, aber auf die Dauer zu anstrengend. (...)

Wir haben ein nettes Quartier, primitiv, aber sauber, Irene u. ich ein gemeinsames Zimmer mit Balkon, am Meer. K. hat ein Zimmer mit großer Terrasse nach der anderen Seite mit noch schönerem Blick. (...) Deine ganz junge Alte.«

Der letzte Brief an das »geliebte Binchen«, geschrieben in Semlin bei Belgrad: »jenseits Save und Grenze!« ist datiert vom 2. Juni 1944: »Seit vorgestern hier in einem netten Kleinstädtchen, schreibe ich nun wohl meinen letzten Brief, stelle mir vor, in 12 Tagen soll ich wieder bei Euch sein. (...) Mit Einkäufen und evtl. Tauschgeschäften in Belgrad war es nichts, weil wie immer Vormittags Alarm war u. Markt nur früh ist. Hier ist es ebenso, wir saßen 3 ½ Stunden heute im Bunker. (...)

Was sagst Du dazu, daß wir gleich wieder weg sollen, jedenfalls Norwegen. Da hätte mein Seemannsherz ja was. Von Warnemünde 3 Stunden nach Dänemark, Eisenbahnfahrt nach Kopenhagen, dann 18 Std. Seefahrt im Geleitzug. Bange machen kann man mir nach meinem Aufenthalt im Bandengebiet nicht mehr. (…) Es ist wirklich traumhaft, was mir das Alter alles bringt.

An dramatischen Liebesaffären fehlt es bei der Tournee natürlich nicht. Es sind wieder die Sängerinnen. Die eine ist eine recht routinierte Dame, vielseitig, aber diskret. Jedenfalls macht sie gute Geschäfte, sie hat schon 3 Paar Schuhe, ich nicht eines. Aber da kann ich nicht konkurrieren. Die kleine Irene ist auch nicht ganz so harmlos wie sie tut. Sie hat richtig den Kapellmeister, der glücklich verheiratet ist, 3 Kinder hat, zu einem etwas lächerlichen Liebhaber a là Burgtheater gemacht. Teils natürlich Berufs wegen.

Nun ist ihr die nächste Tournee sicher, die wegen nicht genügender Musikalität zweifelhaft war. Die Freundschaft zwischen uns besteht weiter, bei mir sucht er geistigen Ausgleich. Nur wirkt ihr beider ungeniertes Verhalten auf mich etwas peinlich. Beide denken nicht an Heirat. Sie ist verlobt. Es ist eine Tournee-Ehe. Die Moral geht leider bei diesen Tourneen flöten. (…) Deine Alte.«

Wie schon gesagt, Herthas Brief aus Saloniki ging verloren, doch eine Rezension des Opern-Gastspiels in Saloniki blieb glücklicherweise erhalten. »Eine waschechte Oper in unserem KdF-Theater sehen und hören zu können, ist ein seltener Genuß. Schon deshalb müssen wir dem unter der Leitung von Hans Stüwe stehenden Operntrupp dankbar sein, daß er uns eine kleine komische Oper von Friedrich von Flotow bescherte. Die Aufführung machte einen sehr geschlossenen Eindruck. Hans Stüwe führte Regie, Franz Koennecke dirigierte ein 14 Mann starkes Kammerorchester. Auf den Brettern herrschte ansteckende Spiellaune. In erster Linie muß Hildegard Bentorp genannt werden, die als heiratslustige Witwe schelmisches Temperament entwickelte und mit klarer Sopranstimme glänzen konnte. (…) In kleineren Rollen fügten sich in den lustigen Singspiel-Ton Irene Stephan, Harraß Milen und Karl Demmer gut ein. Bühnenbild und Kostüme entsprachen geschmackssicher dem Rokoko-Stil der Zeit. Der Einakter fand viel verdienten Beifall.«

Weitere Tournee-Erfahrungen waren Hertha Arndt wohl nicht mehr vergönnt, denn wenige Tage nach ihrem letzten Brief begann die Befreiung Europas vom Norden her mit der Landung der alliierten Truppen in der Normandie: *La Libération!*

Doch noch war es nicht soweit, auch wenn jeder damit rechnete und in allen Briefen dieser Maiwochen das Thema erörtert wurde. So schrieb Carla aus Magdeburg, die ihre Wartezeit beim Zahnarzt mit einem Sonntagsgruß nach Berlin ausfüllte, am 12. Mai: »Für Erichs Brief danken wir besonders. Seine Theorie über Invasion und sofort einsetzender fürchterlicher Rückvergeltung ist auch K's [Karlernst] Ansicht. Aus der augenblicklichen neuen starken Propagandawelle für erhöhte Luftschutzbereitschaft und Schießübungen für alle Männer in den Betrieben kann man schon ahnen, dass nichts Gutes erwartet wird. Man könnte aus mancherlei Maßnahmen annehmen, dass man selbst bis in unsere

Im Sterngarten: Eine private Gartenanlage für betuchte Magdeburger Bürger, um 1900.

Gegend mit Luftlandungen rechnet. Sollte das alles nur Bluff für uns, von uns sein um vom Osten abzulenken? An jedem Schaufenster sind neue Verse amtlich angebracht. ›Bereit sein ist alles‹. Wie gedruckt zu lesen, befinden wir uns im erhöhten Nervenkrieg. Mir war die liebe gute alte Zeit lieber. Um diese Jahreszeit wanderte man tagtäglich in den Sterngarten,²⁷ erfreute sich an den blühenden Obstbäumen, Vaters Tulpenpracht und ließ ihn täglich seine Pfirsiche am Spalier zählen, deren Zahl sich jedoch immer erstaunlicher Weise stark verminderten. Ach, war das schön! (…) Von Philipp hatten wir Rückantwortkarte, er ängstigt sich um uns ... Anbei 2 Eilnachrichtkarten für Deine Sammlung zurück.«

Auch mein Vater hatte eine solche gravitätische Einladung, datiert 8. Mai 1944, zur Rückantwort erhalten: »Um meinen Freunden die Antwort über ihr Befinden zu erleichtern, erlaube ich mir mit ihnen vermittelst Antwortkarte zu verkehren. Hierdurch will ich sie vor der Versuchung längerer Briefe bewahren, zu denen weder Zeit noch häufig Neigung vorhanden ist – und mich selbst in den Zustand der Beruhigung über ihr Wohlergehen versetzen. Würdest Du mir die Freude bereiten und in diesem Sinne von der Antwortkarte Gebrauch machen?«

Elsa Messel schrieb am 23. Mai aus Oberschlesien: »Meine Gedanken sind so viel in Berlin bei meinen lieben Freunden, in steter Besorgnis, wenn der Rundfunk Meldungen von Angriffen auf Berlin bringt. (…) Ich habe ausser ziemlicher Correspondenz hier nichts zu tun. In den vorangegangenen, schönen Maientagen konnte

---

27 Parkähnliche Anlage, in der gutbetuchte Magdeburger Familien ihre Gärten hatten, in der besten Wohngegend gelegen.

man viel im Freien sein, in den Anlagen, wo Bäume und Sträucher in Blütenzier sitzen. Die Natur wirkt beruhigend und erhebend; über all der Schönheit und den Wundern (trotzdem hier alles äusserst karg und dürftig ist, in jeder Beziehung), vergisst man sein schweres Schicksal, aber kommt man wieder zu sich selbst ist es unüberwindlich. Für uns ältere Menschen ist es so aussichtslos! Die Jugend kann und darf wieder hoffen! (...) Wahre Tränen empfand ich kürzlich bei der Nachricht, die die D.A.Z. brachte, dass die Universität zum grössten Teil zerstört ist. Wie viel Erinnerungen waren auch mit ihr verknüpft! Es ist ein furchtbares Trauerspiel.

Mit dem das Schwere, was noch auf so vielen Menschen lastet, von dem Sie mir im letzten Brief schrieben. Möge alles weiter bei Ihnen gutgehen, das ist mein innigster Wunsch. Über den Ablauf und die Dauer des Krieges kann kein Mensch weissagen. Die enormen Fortschritte in der Technik haben alles umgestaltet. Einen Segen haben sie den Menschen bisher kaum gebracht. Aber wer kann das Rad der Zeit zurückschrauben!«

Im Mai war Erichs Regimentskommandeur, General Richard Waechter gestorben. Ein treuer Kamerad, der nie die Verbindung zu meinem Vater aufgegeben hatte, der tröstende und aufmunternde Worte fand, während andere Kameraden aus der großen Bewährungszeit des Ersten Weltkriegs nun betreten wegschauten. Bis auf einen: Joachim Koppe. Auch beim Tode ihres verehrten Kommandeurs zeigte er ein Verhalten, zu dem allen anderen »Ehemaligen« der Mut fehlte. Doch lassen wir meinen Vater Erich die Szene selbst schildern, geschrieben in seinem Leumundszeugnis vom 2. Juli 1947:

»Ich kenne Herrn Oberst Joachim Koppe seit 1914. Ich diente 1913/14 als Einjährig Freiwilliger beim Feldartillerie-Regiment Nr. 19 in Erfurt und zog bei Kriegsbeginn mit dem Regiment ins Feld. Herr Koppe und ich waren monatelang beim gleichen Stabe. Er war Abteilungs-Adjutant, ich selber Unteroffizier-Meldereiter. Wir sind uns damals näher getreten und haben dann nach dem Kriege in Berlin, wo wir beide beruflich lebten, uns regelmässig auf den Zusammenkünften des Offiziersvereins unseres Stammregiments getroffen. (...)

Auf Grund dieser langjährigen Beziehungen darf ich wohl erklären, dass Herr Koppe niemals mit den Nazis sympathisiert hat. Er hat die Nazi-Ideologie, insbesondere die Rassenlehre, abgelehnt und mir aus seiner Einstellung kein Hehl gemacht. Ich möchte noch erwähnen, dass Herr Koppe mir im Frühjahr 1944 bei der Beerdigung unseres Kommandeurs, General Waechter, auf dem Invalidenfriedhof als einziger Kamerad ostentativ die Hand schüttelte und einige Worte mit mir wechselte, während die anderen Herren, die mich zum Teil seit Jahrzehnten kannten, sich völlig reserviert hielten.«

In Gießen hatte es in der Zwischenzeit Kindstaufe gegeben, die elfjährige Berliner Cousine Reni durfte Patin werden, allerdings bis zur eigenen Konfirmation vertreten durch ein altes Tantchen. Wie standen ihre Chancen, das ferne Alter von 14 Jahren je zu erreichen? Dann kam Pfingsten und »Während wir ein recht idyllisches Pfingstfest feierten«, schrieb Anneliese am 29. Mai nach Berlin, »hattet Ihr schon wieder einen Angriff. Hoffentlich seid Ihr auch weiterhin verschont geblieben, u. habt nicht wieder solch scheußliche Stunden gehabt wie am Mittwoch. Reni u. mir ist es recht in d. Glieder gefahren, daß es nun auch Eure allernächste Nachbarschaft erwischt hat.«

Die Beschreibung des Pfingstausflugs entnehmen wir einem Brief der Tochter vom 30. Mai: »Am Sonntag früh kam Helmut zu mir in das Bett. Erst hab ich gelesen dann haben wir getobt. Nach dem Frühstück sind wir zu den Wieseckerwiesen gegangen. Wir haben einen großen Wiesenblumenstrauß gepflückt. An einem Graben pflückte ich grade Vergißmeinnicht. Da sah Tante Anneliese, daß es im Graben auch Kaulquappen gab. Wir waren so mit dem Fangen der Kaulquappen beschäftigt, daß wir nicht mehr auf Helmut achteten. Plötzlich tat es einen großen Platsch und ein großer Frosch saß im Wasser und schrie. Wir wurden halbkrank vor lachen. Tante Anneliese zog den pitschenassen Helmut aus, und Huckepack ging es durch den Wald nach Hause. Am Nachmittag ging ich mit Helmut in den Wald. Ich habe gelesen, er hat gebuddelt. (...) Übrigens, am Sonntag war wieder ein toller Alarm. Es hat stark gebrummt und einmal gab es ein Schlag. Heute sind 32° Celsius. Ich habe den Badeanzug an. Er ist sehr eng. Der Po guckt etwas raus.«

Am 5. Juni schrieb Frau Messel an Sabine: »Seit langem hörte ich nichts von Ihrem Gatten, der mich verwöhnt hatte damit, dass er mir in gegebenen Zeiträumen Nachricht von Ihrer aller Ergehen gab. So bin ich beunruhigt! Die vielen Angriffe auf Berlin, die auch mit Vorliebe die westlichen Vororte zum Ziel nahmen, sind der Anlass dauernder Besorgnis. Es ist aber auch das Andere, die stets drohende Gefahr, von der mir Ihr Gatte schrieb. So wäre ich dankbar, wenn bald ich Nachricht hätte und hoffentlich nur Gutes höre.«

Unter dem 5. Juni gibt es auch einen Brief von »Purdi« von Stolzenberg aus Trittau, mit der Sabine in fernen Haustochterzeiten auf dem Gut der Eltern in Trittau überm Geigen im Schweinestall, weil dort die Akustik am besten war, eine lebenslange Freundschaft schloss.

»Meine liebste Sabine!

Beim Genuß einer köstlichen ›Moro‹ Zigarette gedenke ich dankbar der großzügigen liebevollen Spender! Also Dir und Erich tausend innigen Dank für diese herrliche Gabe, die man heute so hoch zu schätzen weiß. Ich bedaure es noch immer, dass der eine Karton niemals ankam! Wo Du doch auch Zigaretten drin versteckt hattest. Der muß wohl bei einem Angriff flöten gegangen sein. Dir auch vielen Dank für Deinen lieben langen Brief.« Es folgte eine ausführliche Beschreibung der Geschicke der Geschwister Stolzenberg, die alle von Bomben und anderen Kriegseinwirkungen längst betroffen waren. »Ja, was wird blos noch alles werden. Man lebt so von einem Tag in den andern, und ist dankbar für jeden friedlichen Tag, den man gesund durchlebt hat. Neulich ist mal ein verrückter Flieger im Tiefflug über Trittau geflogen und hat am Bahnhof auf abgestellte D-Wagen geknallt. Sonst ist unser liebes, kleines Trittau ja begnadet.«

Am 6. Juni berichtete die Tochter Irene nach Berlin: »Gestern und heute hat es mal ordentlich geregnet. Meine Kresse werde ich bald essen können [die sie im Gemüsegarten der Familie Völker gesät hatte]. Gestern in der Handarbeitsstunde war es sehr schön. Ich bin schon an der Kapnaht beim Babyhemdchen. Für die Schule sollen wir Heilkräuter sammeln. Ich habe schon zwei Taschen voll Eichblätter. In der Schule ist es in Geschichte sehr schön. Wir nehmen jetzt die Völkerwanderung durch. Vati könnte mir mal wieder Geschichtsfragen schicken. Ich lese jetzt gerade ein Buch aus dem Weltkrieg.«

Am 6. Juni 1944 wurde Weltgeschichte geschrieben. Es war so weit. Im Morgengrauen des 6. Juni landeten an der Küste der Normandie zwischen Caen und Cherbourg die alliierten Truppen von einer riesigen Invasionsflotte aus, nachdem bereits in der Nacht Luftlandetruppen abgesetzt worden waren. Eine perfekte Überraschung. Niemand hatte mit der Invasion zu diesem Zeitpunkt gerechnet, da sie im Mai bei gutem Wetter nicht stattgefunden hatte, und jetzt viel ungünstigere meteorologische Bedingungen herrschten. Eine Verkettung unglücklicher Umstände verhinderte auf deutscher Seite die Verarbeitung der am 1. Juni abgefangenen Meldung, derzufolge die erste Zeile des *Chanson d'Automne* von Verlaine[28] als Signal für die bevorstehende Landung der Alliierten dienen würde.

Und als in der Nacht vom 5. auf den 6. Juni 1944 die zweite Zeile des Verlainegedichtes von der Abhörstelle der deutschen 15. Armee abgefangen wurde, reagierte deren Oberbefehlshaber zwar sofort, doch eher gelassen. Die *Résistance* dagegen wusste schon nach der ersten Meldung des BBC: »Es ist heiß in Suez«, die den *Plan Vert* (grüner Plan) – Sabotage an Eisenbahnlinien und Zügen – in Kraft setzte, dass ihre lang ersehnte Stunde geschlagen hatte, und reagierte prompt auf die zweite Durchsage: »Die Würfel sind auf dem Tisch«: der *Plan Rouge* (roter Plan) wurde damit aktiviert, Telephonleitungen und Erdkabel waren zu kappen, das Nachrichtensystem in der Normandie lahmzulegen.

Bereits am ersten Tag der Landung erwies sich die Überlegenheit der Alliierten: Sie beherrschten den Luftraum, die deutschen Truppen konnten nicht, wie von Rommel geplant, die Landeköpfe der Alliierten umgehend zerschlagen; seine phantasievollen Strandhindernisse hatten alliierte Froschmänner entschärft; die über sechs Monate von Rommel betriebene Verstärkung des »Atlantikwalls« erwies sich unter der geballten Angriffswucht als Illusion; am Abend des 6. Juni

---

28 »*Les sanglots longs / des violons / De l'automne / Blessent mon cœur / D'une langueur / Monotone.*«

waren bereits acht alliierte Divisionen an Land. Rommels Konzept der entscheidenden Schlacht am ersten Tag hatte sich nicht verwirklichen lassen; es fehlten die von ihm geforderten schlagkräftigen Panzerdivisionen, die unter Hitlers persönlichem Kommando (im Hinterland!) standen und ohne seine Zustimmung nicht in Marsch gesetzt werden durften. Es fehlte den Deutschen auch an Flugzeugen und damit an Aufklärung, denn das letzte Geschwader war zwei Tage zuvor von der Küste abgezogen worden.

Daher gelang es den Alliierten, eine geschlossene Front aufzubauen, sie ließen sich – unter hohen Verlusten auf beiden Seiten – keineswegs ins Meer zurückwerfen. Und so ging es weiter Tag für Tag. Am 12. Juni betrug die alliierte Streitmacht in Nordfrankreich bereits 326 000 Mann. Ihre Überlegenheit in der Luft und zu Wasser war unbestritten. Da half auch nicht das »Wundermittel« der oft angekündigten »Vergeltungswaffe«: Der V1.

Tausende davon flogen über den Ärmelkanal und verursachten erhebliche Zerstörungen. Den ganzen Sommer über und bis in das Frühjahr 1945 hinein mussten die Londoner leiden, doch hatte dies keinen Einfluss auf das sogenannte »Kriegsglück«: Am 30. Juni eroberten die Alliierten Cherbourg, die völlig zerstörten Hafenanlagen wurden sofort wieder hergerichtet, eine Pipeline zur Insel Wight gebaut: Der Brennstoffnachschub war gesichert!

Auch die französische Zivilbevölkerung hatte schwer zu leiden, die Stadt Caen, ebenso Saint-Lô und andere Orte wurden praktisch völlig zerstört – die Kämpfe waren unvorstellbar hart. Erst flächendeckende Bombenteppiche brachten den Amerikanern am 31. Juli den gewünschten Durchbruch durch den Westteil der deutschen Front bei Avranches. Damit war das Schicksal des deutschen Westheeres besiegelt – und immer mehr Franzosen schlossen sich der *Résistance* beziehungsweise den Streitkräften der *France Libre* unter de Gaulle an.

Doch greifen wir den Ereignissen nicht vor, kehren wir in den Frühsommer 1944 zurück. Am 10. Juni schrieb ein Jugendfreund meiner Mutter, Heinz Mattiessen,[29] aus Posen: »Ich glaube die Erkenntnis der Begriffe ›Gleichgewicht‹, ›Ausgleich‹, ›Mittelweg‹, ›Vergleich‹ usw. gehört zur Reife. Heute scheitert vielleicht unser Gesamtschicksal an dem hysterischen ›Alles oder nichts‹. (…) Zwischen divergenten Naturen, Menschen oder Nationen, kann sich das Leben nur auf Grund jenes so beschimpften Ausgleichs, Mittelwegs entfalten. Weder das Europa von Versailles war lebensfähig, noch wäre es das von ›Potsdam‹ oder ›Nürnberg‹ gewesen. (…) Aber indessen erlebe ich mit wachsendem Grauen, wie Europa dem Abgrund zurast. Auch in mir ist der Bruch geschehen und ich suche unbewusst irgendwie ›aus dem Zuge abzuspringen‹. Irgendwo müssen doch noch Menschen, Kräfte sein, die nicht meinen, dass das ›neue

---

29 Heinz Mattiesen (1908–1976), Philologe, verheiratet mit Irene Mattiesen geb. Walbe (1912–1990).

Glückliche, doppelte Vorkriegszeiten: Carla Alenfeld im Spiegelkabinett Magdeburg, um 1914.

Europa‹ nur auf totaler Verwüstung von einigen Überlebenden wird aufgebaut werden können.«

In Magdeburg hatte es während jener aufregenden Tage in der Normandie ebenfalls mehrere mit Hochspannung erfüllte Tage gegeben, jedoch rein privater Natur und glücklichen Ereignissen gewidmet: Einem runden Geburtstag der Schwiegermutter Pohl, ihrem 75., und dem 50. Geburtstag von Erichs Schwester Carla am 8. Juni, so dass mitten in Krieg und Verfolgungsangst ein Familienfest stattfand, das in allem, vor allem natürlich den kulinarischen Genüssen (der Anflug feindlicher Bomber ließ sich nicht beeinflussen) den besseren Zeiten der Vorkriegsjahre vergleichbar werden sollte. Dass dies im fünften Kriegsjahr gewisser hauswirtschaftlicher Sonderplanungen bedurfte, ist leicht vorstellbar. Doch lassen wir Carla am Sonntag, den 11. Juni berichten:

»Erst heute komme ich dazu Euch von ganzem Herzen für Eure liebevollen Wünsche zu meinem ›50.‹ zu danken. Eure gut gemeinten Worte haben mir wohl getan, das gegenseitige Verstehen und Einfühlen in die Sorgen hilft wirklich die Last leichter zu tragen und bindet um so mehr. Ich danke Euch dafür und will hoffen, dass es so zwischen uns bleiben möge, wenn ich damit auch nicht zum Ausdruck bringen will, dass die äusseren Umstände so bleiben sollen. (...)

Dich, liebe Bine, wird aus wirtschaftlichem Interesse die Verpflegung interessieren. Im voraus hatte ich die Marken [der Verwandtschaft] aus Küstrin und aus Halle erhalten und konnte danach alles einrichten. Also zum Empfang [für die Schwiegermutter] gab es Riesentopf Erbsen und Mohrrüben als Suppe, Kirschgrütze mit Vanillesauce hinterher. Blendend gelungene Marmeladenrolle zum Kaffee, Bechamellkartoffeln mit Salat zum Abend. Das war alles schon Donnerstag Nacht gekocht.«

Und dann folgen für jeden einzelnen Tag des Familienfestes genaueste Beschreibungen der Abfütterung aller Geburtstagsgäste, von denen nur einige Höhepunkte erwähnt werden sollen: »Am Sonntag gab es dann Festessen. Brühe mit Hefepasteten (gefüllt mit harter Wurst von 1940!) Filet mit Erbsen & Karotten, Schokoladenspeise! Nachmittags Kirschtorte & Kastenkuchen. Abends Makkaroni mit Tomaten.«

Erst nach einigen Tagen kam Carla mit ihrem 50. Geburtstag an die Reihe. »Meinen üblichen Kaffee musste ich nun absagen, leider aber nachträglich geben. (...) Zum Abend kam dann noch Ada [Ziegler, Schulfreundin, die in der Verfolgungszeit mit größter Selbstverständlichkeit zu ihr hielt] hinzu und wir waren ein sehr netter Kreis. Nur tat es mir leid, dass Erich nicht doch gekommen war. Essen war gut, Bouillon von Ada gestiftet, Dose Schildkrötensuppe, kleine Dose Langusten aus dem Jahre 39, in Mayonäse, verlängert mit Spagetti, auf Salat angerichtet! Erbsen & Karotten mit gebratenen Frikadellen (Rest Filet & viel Semmel), Reisspeise mit Aprikosen. Von Ada Rotwein & Flasche Sekt! Lotte [Brandenburg, Schulfreundin, die mit ebensolcher Treue zu Carla hielt] brachte auch Rotwein, etwas Rum, Scheuerlappen, Scheuerbürste für meine Gelüste.«

Die letzteren Geschenke bringen uns auf den Boden der Wirklichkeit zurück. Ja, Putzsachen waren offensichtlich im fünften Kriegsjahr zu Kostbarkeiten geworden. Und da die Briefschreiberin sich anscheinend nicht an »Langusten aus dem Jahre '39« vergiftet hatte, konnte sie sich schließlich in ihrer ausführlichen Epistel den wesentlichen Ereignissen der großen Welt zuwenden: »Und über allem Erleben hier zu Hause stehen die Nachrichten der Invasion. Wer hätte das für möglich gehalten! Wie sicher müssen die sich fühlen, um dahinein zu stolpern! Also doch das Stichwort ›Rom‹. Wir waren natürlich diese Tage viel am Radio. Nun geht das Rätselraten weiter, wo die nächste Invasion stattfinden wird. Deutsche Bucht?? Balkan? Jedenfalls kann es nun keine 5 Jahre mehr dauern! Gott gebe, dass Ihr Lieben gesund bleibt und alles, was noch kommen mag, gut überstehen möget.«

Wenige Tage später, am 15. Juni, schrieb Sabine Schwester Nana und Schwager Otto nach Gießen, erster Anlass sein »Dr. habil.«: »Da ich ja gewisse Stadien der Vorarbeiten miterlebt habe und weiss, wieviele Stunden intensivster Tages- und Nachtarbeit Dich dieser Dr. habil. gekostet hat, so kann ich mir denken, wie wohl Dir nun ist, dass das Ziel erreicht ist.« Dann aber kam sie zum Hauptthema – jedenfalls aus ihrer Sicht und der der Tochter: »Zu der Änderung der – allerdings nur rein äusserlichen Verhältnisse – möchten wir insofern beitragen, als wir beabsichtigen, Reni nach den grossen Ferien doch hier zu behalten. Ihr werdet Euch vielleicht über diesen Entschluss wundern, da ja noch keineswegs Schluss mit den Angriffen auf Berlin sein kann. Aber was andere Kinder hier aushalten können, wird Reni nun, nachdem sie sich bei Euch so prächtig entwickelt hat, auch aushalten können.

Bei unserem damaligen Entschluss, sie hier fortzugeben, war ja nicht nur ihre Sicherheit sondern auch die Schulfrage massgebend. Nun hat sich im Laufe der Zeit herausgestellt, dass kein Zwang besteht, ein Kind in eine öffentliche Schule zu schicken; d. h. der Schulzwang als solcher besteht natürlich, aber es gibt genug Kinder, die entweder gar keinen oder Privatunterricht haben. Und kein Hahn kräht danach. Und wir hoffen ja immer noch, dass nach dem Krieg andere Hähne danach krähen werden und dass Reni dann passenden Unterricht nehmen kann. Zunächst habe ich mal mit einer Dame gesprochen, die sie ›fördern‹ will; denn diese Dinge werden alle sehr diskret behandelt und vorsichtshalber nicht bei Namen genannt. (…)

Ob Reni von dieser neuen Lösung restlos entzückt ist, weiss ich nicht; bei ihrer Ängstlichkeit könnte sie schwere Bedenken haben, nach Berlin zurückzukommen, aber ich habe gerade diesen Punkt in dem Briefe an sie ausführlich behandelt. – Ich halte es nicht für zweckmässig, wenn Reni diese ganze Sache an die grosse Glocke hängt, da, wie ich schon anfangs schrieb, solch ein Privatunterricht etwas diskret und verstohlen behandelt wird. Wenn ich zum Ferienanfang komme, um sie abzuholen, werde ich sie in der Schule einfach abmelden, womit für Giessen der Fall erledigt ist. Bitte instruiert Reni in diesem Sinne.«

Die Antwort der Tochter kam prompt und eindeutig: »Vielen, vielen Dank für Muttis langen so schönen Brief. Ich freue mich ja so. Wie ich ihn gelesen habe, hätte ich fast geweint vor Freude. Wie könnt ihr nur fragen, ob ich auch nicht nein sagen würde!«

Die Ziehmutter Nana reagierte ihrer Natur gemäß etwas zurückhaltender am 20. Juni: »Liebes Binchen, wie Du aus Renis prompter Antwort gesehen hast, ist sie überglücklich über Deinen Vorschlag. Allerdings kommen ihr manchmal auch etwas ängstliche Gedanken, wie sie mir heute gestand. Uns selbst kam Euer Vorschlag etwas überraschend, wir haben uns nun so an sie gewöhnt, daß es mir doch etwas wehmütig wird bei dem Gedanken um d. Trennung. Vielleicht ist ja jetzt doch bald der letzte Akt des Dramas ›Krieg‹ gekommen u. kann man in absehbarer Zeit wissen, was wird. Zu einem falschen Optimismus neigen wir nicht, aber allein die Gewißheit, daß etwas passiert u. daß wir auch mal wieder am Zuge sind, löst etwas den Druck der letzten Zeit.«

An Ortsveränderung dachten auch andere aus Berlin vertriebene Freunde. Da schrieb eine langjährige Freundin meiner Eltern, Elisabeth Keiner, Halbjüdin mit Tochter Annemarie, der es gelungen war, an der Universität Gießen angenommen zu werden: »M. Mann schreibt mir, daß er öfter mal bei Ihnen vorspricht u. sich gut m. Ihrem Mann versteht. Kunststück! Ich war diese Tage sehr guter Stimmung, habe jetzt wieder eine kleine Depression nicht was das Endresultat angeht, aber das Tempo! Und ich habe alles herzlich leid, wenn ich nur heim könnte nach Berlin, aber was heißt ›Heim‹ wenn man keines mehr hat. Wenn es noch stünde, hielte ich das Leben in der Fremde überhaupt nicht mehr aus. – Anfang Juli schnüre ich wieder mein Bündel u. ziehe i. d. Schwarzwald zu meiner Schwägerin, die dort als Lehrerin umquartiert ist u. für die Kriegszeit die Lehrerwohnung zur Verfügung bekommen hat. (...) Leider hat sie nun am 23. Mai in Dortmund auch alles verloren (...), so daß wir m. d. Einrichten d. Wohnung die größten Schwierigkeiten haben. (...)

M. Mann schrieb mir, daß Sie eventuell Reni zurückholen wollen, um sie privatim unterrichten zu lassen. Ich muß Ihnen ehrlich sagen, daß ich das sehr richtig finden würde, abgesehen von der Luftgefahr u. d. unruhigen Nächten i. Berlin. Als Reni damals bei uns in Werdorf war, sagte ich noch zu Annemarie, ein Jammer, dass ich soweit weg bin, sonst hätte ich jeden Tag systematisch Englisch mit ihr gearbeitet. Es geht doch nicht, daß das intelligente Kind so seine Zeit verliert. Dazu dauert es zu lange, u. weiß man, wie lange es noch dauern wird! Deshalb disponiere ich auch für Annemarie für längere Sicht. Desto besser, wenn es nicht nötig ist.«

Elsa Messel meldete sich am 23. Juni aus »Rackow i/Pommern über Tempelburg« [heute: Rakowo, bei Czaplinek (Tempelburg), Bezirk Szczecinek (Neustettin) / Polen]: »Verehrter, lieber Herr Alenfeld! Sie werden sich wohl über die veränderte Adresse wundern: aber am Montag verliessen wir Tost, übernachteten in Breslau und kamen nach sehr beschwerlicher Fahrt, m. viel Umsteigen u. Warten verbunden, hier an. In Stettin war eine Stunde vorher ein längerer Angriff auf einen Vorort gewesen. Rauchwolken stiegen noch an vielen Stellen auf. Aus Tost vertrieb uns der seit der Osterwoche häufigere Alarm. Die Nähe des Industriegebiets [Gleiwitz, heute: Gliwice / Polen] war bedenklich u. nicht weniger die überaus kriegsmässige Kost. Das Hotel war auf Passanten eingestellt - man wurde ganz elend. (...)

So kamen wir hierher nach Pommern, wo wir zwei geräumige Zimmer anstatt des einen, schmalen gemeinsamen haben. Die Einrichtung ist allerdings mehr als dürftig. Wir hatten unzählige Kartons, da wir ja noch die Wintergarderobe bei uns hatten, vorangeschickt. Auch Ihre Bücher sandte ich hierher, hatte sie mir für hier aufgehoben, da mir in einem kleinen Dorf keiner welche leihen kann. So werde ich hier die Lektüre geniessen. Ich bin nur sehr elend ... Auch Maria [Zofe und Hausangestellte], die mich begleitete (sie hat eine Freundin hier am Ort) nahm sehr ab. Hier gibt es zwar ländlich-einfache Kost, aber doch Milch, Eier, Schinken – abends eine Milchsuppe u. ein Butterbrot. Damit kommt man schon aus. Sonst ist alles überaus primitiv, wie ich es noch nie kennenlernte. Vielleicht findet sich doch noch irgendein Ausweg, es hängt alles von der Kriegslage ab. (...)

Die Gegend hier ist sehr reizlos, in Tost waren hübsche Anlagen – hier nur Wiesen u. Felder, kl. Bauerngärten u. schlecht gebaute Bauernhäuser. (...) Was macht wohl Ihr Onkel, Geheimrat Lüders? Ist er einigermassen ordentlich untergekommen? Und leidet er auch so wie ich unter dem Verlust des Heimes? Man kommt sich wie ein Vagabund vor?!«

Unter dem gleichen Datum, dem 23. Juni 1944, erhielt meine Mutter eine Postkarte mit Vordruck aus Chemnitz: »Heute erst ist Ihre Ausbesserungssendung bei uns eingegangen, die wir sauber und sachgemäß erledigen werden. Wegen vordringlicher Rüstungsaufgaben können wir nur mit eingeschränktem Personal an diesen Reparaturen arbeiten und müssen Sie bitten, sich etwa 7–8 Wochen mit der Rücksendung zu gedulden. Bei den heutigen Postverhältnissen werden Sie auch nochmals mit einer längeren Laufzeit unseres Päckchens rechnen müssen. Die Reparaturkosten, die vom Preiskommissar festgelegt sind, werden wir – Ihr Einverständnis voraussetzend – per Nachnahme erheben. Heil Hitler [leider lässt sich nicht ersehen, welcher Art von Objekt die Reparatur galt].«

Und auch die Tochter schrieb aus Gießen am gleichen Tag: »Am Dienstag war es sehr schön. Wir sind mit Herrn Fink [Klassenlehrer] Heilkräuter sammeln gegangen. Wir sind in Richtung Gleiberg gegangen. Wir haben Holunderblüten, Eichblätter und Kamille gesammelt. Er, Herr Fink, war wirklich merkwürdig. Er hat uns nicht mal auf den schönen Blick aufmerksam gemacht. Ich freue mich sehr auf morgen. Wir haben nämlich Schulfrei. Herr Fink will verreisen. (…) Wir werden jetzt in der Schule von den chemischen Kampfstampfen [von Erich korrigiert: Kampfstoffen], ihrer Wirkung und ihrer Bekämpfung unterrichtet.«

Einen Tag zuvor, am 22. Juni, war es vier Jahre her, dass das »Großdeutsche Reich« die Sowjetunion überfallen hatte. Unsägliches Leid war über ihre Menschen hereingebrochen – auch wenn mehr als einer zu Anfang auf Befreiung vom sowjetischen Joch gehofft hatte – Millionen und Abermillionen hatten ihr Leben verloren, unendliche Werte waren vernichtet worden – nun, am Jahrestag des Überfalls, erfolgte der Gegenschlag. Eine Großoffensive gegen die deutsche Heeresgruppe Mitte sollte in kürzester Zeit zu einer Katastrophe führen, deren Ausmaß in nichts der von Stalingrad nachstand, ja, sie noch übertraf. Von nun an waren die Katastrophen eine deutsche Angelegenheit.

Am 3. Juli wurde Minsk von sowjetischen Truppen befreit, die eingekesselte 4. deutsche Armee (oder was von ihr übriggeblieben war), musste sich ergeben, in gerade zwei Wochen hatten die Sowjets 28 deutsche Divisionen aufgerieben, etwa 350 000 Soldaten waren gefallen oder in sowjetische Kriegsgefangenschaft geraten. Schlimmer noch als diese Verluste war die gigantische Lücke in der deutschen Front, die dem schnellen Vormarsch der sowjetischen Armeen Richtung Ostpreußen und Weichselbogen bei Warschau freie Bahn verschaffte. Am 13. Juli wurde eine weitere Großoffensive in Galizien gegen die deutsche Heeresgruppe Nordukraine eröffnet, nun galt die Stoßrichtung der oberen Weichselregion, Lemberg wurde befreit, wenige Tage danach die ersten Vernichtungslager, deren Betrieb längst eingestellt war, doch die Henker hatten es nicht geschafft, sämtliche Spuren auszulöschen. Treblinka, Sobibór und Bełżec waren bereits im Herbst 1943 geräumt worden. Man hatte versucht, ihre vorherige Nutzung zu kaschieren: in

Treblinka wurde ein Gut angelegt, in Bełżec das Terrain mit Kiefern bepflanzt. Doch die Wahrheit kam schnell an den Tag. Als am 20. Juli 1944 Lublin von einem sowjetischen Frontalangriff überrannt wurde, machten die Sowjets ihre im nahegelegenen Lager Majdanek entdeckten grauenerregenden Funde sogleich der Weltöffentlichkeit zugängig. Doch in Auschwitz, dem einzigen noch aktiven deutschen Vernichtungslager im »Generalgouvernement«, wurde weiter gemordet.

Wir aber nähern uns nun dem Zeitpunkt in der ersten Julihälfte 1944, da die Tochter nach Berlin heimgeholt wurde und somit der Briefwechsel zwischen meinen Eltern ein Ende nahm, denn von nun an versuchten sie gemeinsam in Berlin zu überleben. Die Schulen in Berlin blieben zwar weiterhin geschlossen, was den Absichten meiner Eltern eher entgegenkam, jedenfalls holte Sabine knapp sechs Wochen, nachdem die alliierten Truppen in Nordfrankreich gelandet waren, ihre Tochter heim in die »Reichshauptstadt«. Eine Entscheidung, die Jahrzehnte später bei vielen meiner Freunde in Israel auf Unverständnis stieß: Sie haben Dich ins Zentrum der Gefahren zurückgeholt? Unmöglich! Einer muss doch überleben.

Meine Eltern dachten anders: Gemeinsam wollten sie mit ihren Kindern überleben – oder untergehen.

»*Wie fröhlich bin ich aufgewacht, / wie gut hab ich geschlafen die Nacht. / Du warst mit Deinem Schutz bei mir, / Vater im Himmel ich dank Dir dafür.* So haben wir als Kinder gebetet«, schrieb Sabine am Morgen des 4. Juli nach Magdeburg, wohin Mann und Sohn auf zwei Tage gereist waren, »als wir noch gar nicht wußten, daß auch eine Nacht Gefahren bergen kann. Wieviel mehr müßte man jetzt so beten! Es ist himmlisches Wetter! Gutenmorgenküßchen!!«

Am Abend zuvor hatte sie sich in ihrem Brief vehement über den ewigen Störenfried »Nowgorod« beschwert, der nicht einen Tag ausließ und den auch kein verschlossenes Gartentor davon abhielt, durch bohrende Fragen seine ständig nachwachsende Neugierde zu befriedigen. Wie schon gesagt, meine Eltern waren keine Heiligen. Sie riskierten ihr Leben – und ärgerten sich zugleich über das allzu menschliche Verhalten ihres Schützlings.

Am 12. Juli machte sich Sabine auf den Weg nach Gießen, um die Tochter heimzuholen. Wie immer schickte sie von unterwegs per Postkarte kleine Zustandsberichte, die anfangs durch hauswirtschaftliche Anordnungen die geringe Entfernung von Berlin verrieten. »An Irma: sie möchte die frisch eingemachten Kirschen kontrollieren; ich hoffe, sie halten. Wenn nicht: verbrauchen.- Der Sternaux liest sich ganz nett, ich lerne doch immer wieder Geschichte zu. Davon habe ich wirklich zu wenig abgekriegt.[30] 1. Station Brandenburg bedeutet

---

[30] In der Bibliothek meines Vaters fand ich verschiedene Büchlein von Ludwig Sternaux (1885–1938), alle in Feldpostausgabe und alle dem alten Potsdam gewidmet. Sternaux war Chefredakteur, Theater- und Filmkritiker bei Tageszeitungen des Ullstein-Verlags. Zuletzt war er

schon Aufrücken auf m. geliebten Eckplatz am Gang. Besser kann man's nicht haben.«

Später am Tag: »Zwischen Kreiensen u. Göttingen: Es geht alles fahrplanmäßig weiter; (...). Bisher nur Kontrolle der Kriminal-Polizei, alles natürlich in Ordnung. – Leider wird sehr viel geredet, sodaß ich kaum lesen kann. Man könnte meinen, jeder zweite Deutsche sei ein PropagandaRedner, sie können ihre Zeitung alle auswendig.«

Der nächste Gruß kam einen Tag später aus Gießen: »Es ist gar nicht, als ob ich 2 Monate nicht hier war, alles ist gleich wieder eingespielt. Das Pflichtjahrmädchen ist z. Zt. krank, so bin ich mal wieder recht am Platz. (...) Reni sieht wohlgenährt aus, sie freut sich sehr auf zuhause. Vergeßt nicht, daß sie erst 11 Jahre alt ist u. nicht an das Berliner Tempo gewöhnt!! Es dauert alles etwas länger bei ihr.«

Am 14. Juli schrieb Erich an Sabine und dies sollte für lange Zeit sein letzter Brief an sie sein; bedauerlicherweise, denn so wurde das bald darauffolgende große Ereignis in keinem Brief, in keinem schriftlichen Kommentar meines Vaters widergespiegelt. Sabine und Tochter verließen Gießen vor dem 20. Juli 1944, wären sie nur wenigen Tage später abgereist, wir hätten nicht auf Erichs Kommentare verzichten müssen! »In Eile einige Zeilen. Wir hatten Großkampftage.« Glücklicherweise war dies kein Hinweis auf einen neuen Großangriff, sondern galt der dänischen »Butter-Mafia« unter Führung von Herrn Timmermann. »Alles in Ordnung. Wir haben, was wir brauchen. Allerdings keine ruhige Minute, bis alles klappte. (...) Ich will schnell nach Michendorf fahren und sehen, ob ich Obst bekomme. Es fehlt draussen an allem, siehe Briefe von Frau Messel.«

Sommergarderobe, Wintergarderobe, Wäsche – und nun, kurz vor dem Beginn des sechsten Kriegsjahres, wurden auch Obstkörbe kreuz und quer durch Deutschland geschleppt. Keine Fahrt gen Westen, ohne der Schwägerin am Magdeburger Hauptbahnhof einen prallen Obstkorb zum Einmachen zu übergeben, selbst nach Gießen hatte Sabine Johannisbeeren mitgenommen, die dort nicht zu beschaffen waren. »Keine Eisenbahnfahrt ohne vorherige Genehmigung!« verkündete die Regierung just in diesen Tagen. Saß Sabine in der Falle?

»War gestern auch bei Sehmer. Dieser ist völlig pessimistisch, sieht die Russen bereits in Deutschland, überlegt sich Umsiedlung nach Bayern. (...) Heute morgen die große Überraschung: der EisenbahnErlass. Ich nehme an, Ihr werdet Sonntag zurück müssen und Magdeburg fahren lassen. Doch kann man das auf ersten Blick nicht übersehen. (...) Hier spricht jetzt alle Welt vom Räumen von Ostpreußen d. h. wohl von Grenzgebieten. Hadamowski[31] hat vorgestern bei d. R. K. [Reichs-

---

als Chefdramaturg bei der UFA (Universum-Film AG) tätig.
31 *Eugen Hadamovsky (1904–1945). Rundfunkpolitiker, 1930 NSDAP, Mitbegründer und 1933 Präsident des Reichsverbandes deutscher Rundfunkteilnehmer und Sendeleiter der Reichsrundfunkgesellschaft. Unter seiner Regie wurde aus dem deutschen Rundfunk ein »braunes Haus des Geistes«. Fiel 1942 bei Goebbels in Ungnade; 1943 freiwillig zur Wehrmacht, 1945 gefallen.*

kredit-Gesellschaft] auf einem BetriebsAppel gesprochen. Frankr. (Westfront) nahm er völlig leicht, Italien (Südfront) betrachtete er als geregelt, dagegen gab er Gefahr im Osten zu und sprach vom Heranziehen von Männern, Frauen und Kindern zum Schanzenbau in Ostpreußen. Sehmer erzählt von einem Angestellten, der bei Schupo steht, daß die Reviere Sonntags Kompagnien ausbilden für Abwehr von Gefangenen u. ausl. Arbeitern. Perspektiven für die Zukunft.«[32]

»Laut hiesiger Auskunft kann ich am Montag noch ohne Genehmigung fahren«, schrieb Sabine am 15. Juli, »allerdings besteht die Gefahr, daß man nicht mitkommt. Nun, wir wollen das Beste hoffen. Macht Euch keine Gedanken, wenn wir Dienstag nachm. nicht kommen. Irgend wann wird es schon klappen. Ich werde von Magdeburg aus anrufen.«

Es hat dann doch geklappt wie geplant: Am 18. Juli trafen Mutter und Tochter, laut Sabines Taschenkalender, in Berlin ein und sollten die deutsche »Reichshauptstadt« so bald nicht mehr verlassen.

Wer konnte ahnen, dass nur zwei Tage später eines der herausragendsten Ereignisse jener zwölf braunen Jahre den 20. Juli 1944 für immer in die Annalen der deutschen Geschichte einbrennen sollte: Der Versuch von Hitlergegnern, den Tyrannen umzubringen. Doch, wie bekannt, scheiterte das Attentat unter der Führung des Obersten Claus Schenk Graf von Stauffenberg, Hitler kam mit dem Schrecken davon, die »Lagebaracke«, in der sich die hohen Generäle um den obersten Befehlshaber im ostpreußischen »Führerhauptquartier Wolfsschanze« bei Rastenburg versammelt hatten, wurde zerstört, es gab Verletzte und Tote. Und einen maßlosen Rachefeldzug des Diktators, dem Tausende zum Opfer fielen. Hunderte wurden hingerichtet. »Es lebe unser heiliges Deutschland«, hatte Stauffenberg bei seiner Erschießung im Hof des Oberkommandos des Heeres, dem Bendlerblock, angeblich gerufen. Doch war sein Vaterland nicht seit langem schon zu einem unheiligen geworden? Vielleicht hatte er, der getreue Stefan-George-Jünger, »Es lebe unser heimliches Deutschland« gerufen, war doch des Meisters Gedicht mit eben diesem Titel schon seit 1938 von Stauffenberg und seinen Freunden als Erkennungszeichen unter Gleichgesinnten verwendet worden. Stefan Georges[33] Verse vom *Widerchrist* hingegen sollten von den Verschwörern später als Probe der Sinndeutung und damit der Mitwisserschaft benutzt werden.

32   Dies scheint mir ein Hinweis auf den Abwehrplan »Walküre«, gedacht für den Fall innerer Unruhen, zur Niederschlagung von Aufständen, unter dessen Deckmantel Stauffenberg und seine Mitverschworenen handeln wollten.

33   Stefan George (1868–1933) Dichter. 1890 erster Gedichtzyklus Hymnen. 1892–1919 Herausgeber Der Blätter für die Kunst, *Bildung des* George-Kreises, *einer Gruppe von Dichtern, Künstlern und Gelehrten. 1933, kurz vor seinem Tod, Emigration in die Schweiz. Claus Schenk Graf von Stauffenberg (15. 11. 1907–20. 7. 1944).*

Wer sogleich standrechtlich erschossen wurde, wie Stauffenberg und drei seiner Mitverschworenen, der hatte noch Glück. Die anderen sollten mehr erleiden, bevor sie nach unsäglichen Demütigungen vor dem »Volksgerichtshof« in der Strafanstalt Plötzensee an Klaviersaiten und Fleischerhaken aufgehängt wurden, um ihnen den Tod so qualvoll als möglich zu machen, an dem sich Hitler per Filmaufnahmen ergötzte. Einige hohe Militärs wurden vor die Wahl eines Prozesses vor dem »Volksgerichtshof« und seinem geifernden Präsidenten Roland Freisler oder Freitod gestellt. Gift nahm Feldmarschall Rommel, und ebenso starben andere hohe Befehlshaber. Menschen, die von ihrem Gewissen – warum nur so spät? – zu diesem Schritt geführt worden waren, »um Deutschlands Ehre zu retten«. Hitler vergalt es ihnen hasserfüllt: er ließ die Männer bestialisch umbringen und ihre Frauen und Kinder in Geiselhaft nehmen. Wer vermag heute die Frage zu beantworten, ob bei gelungenem Attentat die Alliierten von ihrem längst gefassten Beschluss abgewichen wären, auf nichts anderes als die bedingungslose Kapitulation des »Großdeutschen Reiches« einzugehen?

Warum nur so spät? War es ihr Fahneneid, der sie gehindert hatte zu einem früheren Zeitpunkt den Tyrannenmord als Lösung zu erkennen oder, wieder einmal, eine Verkettung unglücklicher Zufälle, die frühere Attentatsversuche jedesmal hatte scheitern lassen? Warum hatte die Reichswehr 1934 nach Hindenburgs Tod widerspruchslos akzeptiert, den Fahneneid auf den »Führer und Reichskanzler« Adolf Hitler zu leisten, der zugleich die Befugnisse des Reichspräsidenten übernommen hatte, während zuvor der Eid des Militärs »Volk und Vaterland« galt. War es die Sehnsucht der konservativen Militärs nach der guten alten Kaiserzeit, die ihnen die Augen vor dem Risiko der Unterwerfung unter einen unkontrollierbaren Diktator verschloss? Alles akzeptieren – nur kein zweites Weimar? Hätten sich die Gegner Hitlers, den Abgrund vor Augen, in den er sie führte, eher zu einem Attentat entschlossen, wenn ihr Fahneneid weiterhin dem Wohle von »Volk und Vaterland« gegolten hätte? Henning von Treskow, einer der führenden Köpfe in Stauffenbergs Kreis, aus einer berühmten preußischen Adels- und Offiziersfamilie stammend, hatte seit langem erkannt und sich nicht gescheut, dies auszusprechen: dass Hitler selbst den Eid tausendfach gebrochen habe, und darum der ihm geschworene Eid keine Gültigkeit mehr besitze.

So aber gingen Krieg und Gewalt weiter, unvorstellbar die Zerstörungen und die Verluste an Menschenleben, die bis zur Kapitulation am 8. Mai 1945 durch Kämpfe, durch Luftangriffe und Bombardierungen, durch Belagerung und durch kaltblütiges Morden Europa noch zehn lange Monate dezimieren sollten.

Zwei Jahre zuvor hatte die Neunjährige in Schönschrift ein Gebet in ihr Deutschheft eingetragen, eingeklemmt zwischen Grammatikübungen: »Der Führer spricht. Wer o. was spricht? d. Führer (Satzgegenstand), was tut der Führer? spricht (Satzaussage).

Gebet // Wenn das Licht mit der Finsternis zusammen kommt, / gibt es kein Packtiern; da gibt es nur kämpfen / auf Leben und Tot, / bis zur Vernichtung des einen oder anderen Teiles.«

Unter diesem Motto hatten sie alle seit Jahren leben müssen, der eine und der andere Teil, nun schien es, als ob die Vernichtung nun auch dem anderen Teil, dem bisher siegreichen, gefährlich nahe kam.

Vater, Mutter und zwei Kinder: Wie schön könnte das Leben sein, wenn ... wenn es keinen Krieg, keine Luftangriffe, Bombenabwürfe tags wie nachts gäbe, wenn Hitler, der sein wundersames Überleben der Vorsehung zuschrieb, unter diesem Schock zum Friedensfürsten mutiert wäre, die Verfolgung seiner Erzfeinde, der Juden, aufgegeben und Bereitschaft gezeigt hätte, mit seinen anderen Feinden – den Westalliierten, versteht sich, mit denen einige seiner höchsten Würdenträger allzu gerne ins Gespräch gekommen wären – über eine Beendigung des schrecklichen Krieges zu verhandeln, unter welcher Bezeichnung auch immer. »Und dann gemeinsam gegen die Russen! Die Engländer und Amerikaner waren ja schön dumm, daß sie nicht gemeinsame Sache mit uns machen wollten«, so hieß es noch lange nach dem Krieg. Doch im Sommer 1944 war von Verhandlungen nicht die Rede, stattdessen vom »Endsieg« und von »Wunderwaffen«.

Im »nationalpolitischen« Notunterricht, an dem die Berliner Kinder, deren Schulen weiterhin geschlossen blieben, dreimal in der Woche »Mo Mi Frei von 8 bis 10.20 Uhr« teilzunehmen hatten, wobei die erste halbe Stunde für die Abgabe von Altstoffen vorgesehen war, lernten die Kinder ganz andere Sprüche: »Verräter werden rücksichtslos vernichtet. Nur ein einiges Deutsches Volk unter Führung Adolf Hitlers erringt den Endsieg.«

Generaloberst Dietl[34] sprach am 14. November 1943 vor der Feldherrnhalle in München: »Ich glaube an den Führer. Je schwieriger die Lage, desto mehr vertraue ich ihm. In der Schicksalsstunde unseres Volkes hat die Heimat die gleiche Parole wie die Front: Härte und Glauben. Die innere Stärke wird unserem Volke den Sieg bringen.«

»Verehrter, lieber Herr Alenfeld«, schrieb Elsa Messel am 31. Juli von ihrer neuen Zufluchtsstätte »Rackow i/Pommern über Tempelburg« an meinen Vater: »Herzlichen Dank für Ihren lieben, ausführlichen Brief vom 15.ten Juli, mit ./. Einlage der Briefumschläge, die mir sehr zu statten kamen, denn hier kann ich keine auftreiben, auch keine Briefbogen.

---

34 Eduard Dietl (1890–1944), Generaloberst. 1909 Eintritt in die bayerische Armee, 1920 Übernahme in die Reichswehr als Hauptmann, 1921 Beteiligung an Aufbau und Ausbildung der SA. 1935 Oberst, Regiments-Kommandeur in Kempten. Am 9. April 1940 Landung mit Teilen seiner Gebirgsjägerdivision im norwegischen Erzhafen Narvik, den er bis zum Abzug der alliierten Truppen hielt. Von Hitler zum »Helden von Narvik« proklamiert. 1942–1944 Oberbefehlshaber der Lappland-Armee. Am 23. Juni 1944 Tod bei Flugzeugabsturz. Verstand sich als politischer Soldat, war überzeugter Anhänger der NS-Rasse- und Lebensraumideologie.

Ich lese Ihre Briefe immer mit besonderem Anteil; ausser dem persönlichen Interesse, das ich an Ihnen und der Ihrigen Ergehen nehme, erfahre ich doch auch viel über die Zeit, mit der wir Alle in jeder Weise verknüpft sind. Ich weiss und kann Ihre Sorgen mitfühlen; es ist eine alles umwälzende Zeit und jeder Einzelne wird mehr oder minder hineingerissen. Ich habe selbst so viel Schweres erleben müssen und empfinde das Schicksal Anderer und besonders mir nahe stehender Menschen innig mit. – Schön ist es dann – wenn auch nur durch einen Brief mit Menschen in Verbindung zu kommen, die einem geistig etwas geben (Schon Goethe weist darauf hin in seiner Novelle in der die Schlange auf die Frage ›Was ist schöner als das Licht?‹ ›Ein Gespräch‹ antwortet). So geben mir Ihre Briefe auch in dieser Hinsicht viel.«

Die Korrespondenz meines Vaters mit den Verwandten in Magdeburg, Gießen oder Husum wie mit den ausgebombten befreundeten alten Damen wurde ja weitergeführt, allerdings sind seine eigenen Briefe aus verständlichen Gründen größtenteils nicht erhalten. Frau Messel, die gerade rechtzeitig vor den Bombardierungen von Gleiwitz abgereist war, musste nun erkennen, dass ein Aufenthalt im pommernschen Rackow über den Sommer hinaus unmöglich war. »Keine Doppelfenster, überall Fugen ... die Räume, die ineinander gehen, sind praktisch unheizbar. Dazu der ›weitläufige‹ Gang über den Hof – da Landwirtschaft dabei ist – für mich in meinem Alter & Leiden unmöglich. Überall türmen sich Schwierigkeiten auf. (...) Mich kostet dies Leben einen täglichen, inneren Kampf – man entbehrt zu viel an das man zeitlebens gewöhnt war.« Frau Messel erbat sich neue Lektüre: »Ich habe jetzt bei meinem beschaulichen Leben – in dem ich mich in die mir freundlichst geliehenen (Bücher), namentlich den Herder vertiefte, nachgedacht wie viel mehr Gewinn ich doch aus dem eigenen, sehr wertvollen Besitz an Büchern hätte ziehen können u. noch mehr studieren. Allerdings haben die vielen, schweren Erlebnisse der letzten Jahre mich auch an manchem gehindert. Nun habe ich einen Wunsch, falls Sie noch derlei zu Hause haben, nämlich Griechische Philosophen, für die ich jetzt wieder grösseres Interesse habe. Von Platos Schriften hatte ich 2 kl. Bände. Es kämen aber auch andere: Aristoteles, Pythagoras, Demokrit u. a. in Betracht. Ich wäre sehr dankbar, wenn Sie mir eine kleine Auswahl schicken könnten.«

Onkel Philipp Lüders meldete sich aus Husum, zufrieden mit dem Aufenthalt bei seinen Cousinen und zufrieden mit dem beruflichem Werdegang des Sohnes, ehemals Panzergrenadier im Frankreichfeldzug, aus rassischen Gründen entlassen, der seine Nische bei Siemens gefunden hatte.

Auch er schrieb am 15. August 1944, doch galt sein Interesse den Äpfeln im Garten des zerstörten Hauses: »Seht nur rechtzeitig zu, dass sie Euch keiner vom Baum holt. Ihr werdet sie sicher zum Einmachen gut gebrauchen können. (...) Wenn genug Äpfel da sind, könnt Ihr vielleicht Tante Carla noch einige abgeben. Die Frage ist überhaupt, ob die Bäume noch stehen. – Seid Ihr bisher durch alle

Angriffe gut hindurchgekommen? Ich hoffe jedenfalls, dass es Euch noch einigermassen gut geht.«

Der 15. August, Mariä Himmelfahrt, und damit im überwiegend katholischen Frankreich an sich schon ein Tag, den jeder kennt, sollte im Jahr 1944 eine ganz besondere Bedeutung erlangen: Die Befreiung der Provence, trickreich inszeniert mit einer alliierten Flotte, die auf den Golf von Genua Kurs genommen hatte, aber im Morgengrauen auf den Golf von Saint Tropez umgeleitet wurde. Die Überraschungslandung zwischen Cannes und Toulon gelang, sieben französische Divisionen unter General de Lattre de Tassigny und drei amerikanische Divisionen, dazu viele tausende Widerstandskämpfer und Mitglieder der *FFI* (*Forces Françaises de l'Intèrieur* = Französische Streitkräfte des Inneren), deren Unterstützung die alliierten Streitmächte im Kampf um die Normandie schätzen gelernt hatten, befreiten die Provence in wenigen Tagen, und stießen dann in einer Zangenbewegung schnell nach Norden und Nordosten vor. Bis heute ist die Provence voller Geschichten aus jenen glorreichen Tagen, werden die Weinfelder im Hinterland von Fréjus gezeigt, zwischen denen die amerikanischen Fallschirmjäger und Segeltransporter mit Nachschub landeten und französische Soldaten, ganz wie bei den harten Kämpfen in der Normandie, die Ehre Frankreichs durch ihren Einsatz zurückeroberten.

Ein schöner Sieg – in den Augen der Franzosen – doch strategisch gesehen vielleicht eher eine Niederlage – in den Augen Churchills – der seine Vorstellungen nicht hatte durchsetzen können, mit geballter Macht so schnell wie möglich von der italienischen Kriegsfront über Laibach /Ljubljana nach Wien vorzustoßen.

Zu diesem Zeitpunkt hatten die Deutschen die Schlacht um die Normandie bereits verloren. 640 000 Mann waren getötet, verletzt oder gefangen genommen worden. Doch die Schlacht um Frankreich hatte gerade erst begonnen, auch wenn das nächste große Ereignis, die Befreiung von Paris, sich in eben jenen Tagen abzeichnete: Noch waren die alliierten Truppen in einiger Entfernung von Paris, im Grunde hatten die Amerikaner die Stadt umgehen und zielstrebig weiter nach Osten vorstoßen wollen. Darüber hatten sie die Pariser außer acht gelassen, vor allem die Bruderkämpfe, die zwischen Vichy-Anhängern, Résistancekämpfern der verschiedenen Richtungen (für de Gaulle oder für die Kommunisten) und den *FFI* auszubrechen drohten. Seit Beginn des *Débarquement*, der Landung der alliierten Streitkräfte in der Normandie am 6. Juni, hatte die Pariser Bevölkerung auf ihre Befreiung gewartet. Die Lebensmittelvorräte von »Groß-Paris« unter deutscher Herrschaft wurden bedrohlich knapp, die Waffen- und Munitionsausrüstung der *Résistance* war genauso knapp – wie also die Deutschen loswerden, wenn die Amerikaner und ihre Verbündeten es vorzogen, vorläufig Paris zu umgehen?

Die ersten Unruhen brachen am 17. August aus, »Radio Paris«, der deutsche Sender (»*Radio Paris ment* [lügt], *Radio Paris est allemand* [ist deutsch]«), verstummte; der schwedische Generalkonsul Raoul Nordling suchte den deutschen Stadtkommandanten von Choltitz auf, es gelang ihm dessen Zustimmung zu erhalten: Schweden durfte die Verantwortung und Betreuung von mehr als 3 000 politischen Gefangenen übernehmen und rettete sie damit vor drohender Deportation in letzter Stunde. Am 18. August erschienen überall Aufrufe der *Résistance* zur Generalmobilmachung, die alle Franzosen und Französinnen aufforderten, mit allen ihnen zur Verfügung stehenden Mitteln gegen die deutsche Besatzung vorzugehen, mit Pflastersteinen wie mit Waffen.

Am 19. August revoltierten die Ordnungshüter: Mehr als 3 000 Polizisten stürmten die Präfektur, der bisherige Vichy-hörige Präfekt von Paris wurde abgesetzt, an seine Stelle trat der von der provisorischen Regierung in Algier bereits vorgesehene ehemalige Präfekt von Korsika. Die Gendarmerie folgte dem Beispiel der Polizei: Der Aufstand der Pariser Bevölkerung konnte beginnen. Sie hatten ein Ziel, das alle einigte: Weg mit den Deutschen!

Für Dietrich von Choltitz,[35] den deutschen Stadtkommandanten, waren die folgenden Tage ein einziger Balance-Akt. Erst am 7. August 1944 von Hitler zum Stadtkommandanten von »Groß-Paris« ernannt, vielleicht auf Grund seines Rufes als kaltblütiger Militär, der im Juni 1942 die Zerstörung Sewastopols gnadenlos angeordnet hatte, war ihm von Hitler der Befehl erteilt worden, beim Nahen der alliierten Streitkräfte alle Brücken von Paris zu sprengen und die Stadt dem Erdboden gleich zu machen. Als erfahrener Militär hatte Choltitz (endlich) erkannt, dass der Krieg im Osten wie im Westen verloren war und dass sein oberster Feldherr Adolf Hitler nur noch hasserfüllte, wahnsinnige Befehle erließ. Vielleicht versuchte der Stadtkommandant auch, sich ein Entréebillet für die Nachkriegszeit zu beschaffen, die Anklage als Kriegsverbrecher zu vermeiden ...

Der schwedische Generalkonsul war noch einmal bei ihm vorstellig geworden und hatte schließlich eine Waffenruhe für die französische Bevölkerung und die deutschen Truppen von ihm erhalten; die deutsche Garnison mit ihren höchstens 30 000 Mann wäre einem Eroberungskampf durch die alliierten Truppen auch gar nicht gewachsen gewesen, selbst gesprengte Brücken hätten den Vormarsch einer modern ausgerüsteten Armee nicht aufhalten können.

Auf der anderen Seite stand de Gaulle, der die Gefahr einer von Kommunisten beherrschten Volkserhebung erkannte, die zum Bürgerkrieg zwischen Gaullisten und Kommunisten führen könnte. Es gelang ihm, kaum war er aus Algier kommend am 21. August in Rennes gelandet, den Oberkommandierenden der alliierten Truppen in Europa, Eisenhower, zu überzeugen. Am Abend des 22. August bekam die zweite Panzerdivision unter General Leclerc endlich den Auftrag, sich

---

35 *Dietrich von Choltitz (1894–1966), deutscher General.*

in Richtung Paris in Bewegung zu setzen, allerdings mit der Warnung, keinerlei Unterstützung von den Alliierten zu erwarten. Es kam noch zu heftigen Kämpfen vor Paris, doch am Abend des 24. August rollten die ersten drei Panzer der Division Leclerc vor dem *Hôtel de Ville*, dem Rathaus von Paris, vor. Am 25. August rückte die Division Leclerc in voller Kampfstärke in die Stadt an der Seine ein. Der Jubel war unvorstellbar. Nach all den Straßenkämpfen, lächerlich primitiven und doch wirksamen Barrikaden, die aus dem Nichts urplötzlich aufschossen, den Attacken durch die kommunistischen *F.T.P. (Franc-Tireurs-Partisans)*, die sie mehr fürchteten als die regulären feindlichen Einheiten, gaben die Deutschen auf und hissten die weiße Flagge.

Die Fehden waren erst einmal beiseite geschoben, de Gaulle wurde stürmisch gefeiert, das »Nationale Befreiungskomitee«, das sich Anfang Juni in Algier zur »Provisorischen Regierung Frankreichs« befördert hatte, wurde nun, nach der Befreiung von Paris, endlich von den Alliierten anerkannt. De Gaulle hatte sich durchgesetzt, seinem alten Gegenspieler Giraud blieb nur noch eine rein militärische Rolle – und Paris hatte überlebt. Der deutsche Stadtkommandant, mit dem für Franzosen unaussprechlichen Namen Dietrich von Choltitz, hatte Hitlers Befehl, Paris dem Erdboden gleichzumachen, nicht befolgt. Anlass zum Jubeln – nicht nur in Frankreich!

Aus Magdeburg kam am 22. August ein recht beunruhigender Brief von Erichs Schwester Carla, die berichtete: »Bei meiner Rückkehr aus Gerwisch [bei Magdeburg], wo ich mir 30 Pfd. kleine Äpfel holen konnte, fand ich Brief von Herbert Israel Levy vor, Vertrauensmann der Reichsvereinigung der Juden in Deutschld. für den Bezirk Magdeburg, adressiert an Carla Sara Pohl. Folgender Inhalt:

›Auf Anordnung der Geheimen Staatspolizei ersuche ich Sie, den untenstehenden Fragebogen sorgfältig auszufüllen u. mit Ihrer Unterschrift versehen umgehend an meine obige Anschrift zurückzusenden.
Stehen Sie im Arbeitseinsatz?
Falls ja, bei welcher Firma? Name des Betriebes
Art des Betriebes
genaue Anschrift des Arbeitgebers
Falls nein, aus welchem Grunde nicht?‹

Ihr könnt Euch meine Aufregung vorstellen. Karlernst kommt heute nicht nach Hause, ist auf Wache [im Betrieb in Rothensee]. Ich werde Morgen früh erstmal zu dem Herrn Levy hinfahren um zu hören um welche Arbeit es sich handelt. Zu ändern ist an der Sache nichts, es heisst nun hoffen, dass die Zeit möglichst bald u. schnell und in unserem Sinne dahingehen möge. Ich muss alle Kräfte aufbieten um Arbeit, welcher Art Dreck es sein möge, zu bewältigen und dazu den Haushalt. Alles nur in der Hoffnung auf baldigste Änderung. Unter anderen Umständen hätte ich mich bestimmt längst zu freiwilliger Arbeit gemeldet, aber jetzt wird es in der Umgebung bitter werden. K. wird es mir noch schwerer machen, das ist das Bedauerliche dabei.

Der Angriff vom 16. war weniger schlimm, genau dieselben Objekte in der Neustadt (…) und sonst wie Tante Elsa es Euch berichtete. Die kleine Nichte von Tante Elsa schläft neben meinem Bette und will vor allem, sobald Alarm ist, Unterhaltung anfangen.[36] (…) Auch ich hatte diese Tage das Gefühl wie Ullrich v. Hutten, dass es eine Lust sei zu leben. Aber mir ist es wieder gründlich versalzen und sonst hatte ich so reichlich Grund zur Freude. Übrigens arbeitet der Rest der ungarischen J. weiterhin draußen, beim ersten Angriff hatten sie viel Verluste u. leider diesmal wieder.[37] (…) Hoffentlich ist bei Euch Lieben weiterhin alles in Ordnung. Lore [Schwägerin in Küstrin] schreibt, dass 30 Kilometer von ihrer Stadt, bei Landsberg, auch bereits geschippt würde, auch von Pommern und bei Neiße hörten wir.«

Wie schon erwähnt, hatten Schanzarbeiten bereits vor einigen Wochen in Ostpreußen begonnen – doch die sowjetische Großoffensive, die am 22. Juni begonnen hatte, kam am 3. August erst einmal zum Stehen, Ostpreußen war einstweilen gerettet. Dagegen begann am 20. August eine sowjetische Großoffensive an der rumänischen Front, die deutschen Truppen wurden eingekesselt und aufgerieben, die Rote Armee drang ins Zentrum Rumäniens vor. Drei Tage später ließ König Michael den prodeutschen Marschall Antonescu verhaften, erklärte die Einstellung des Kampfes gegen die Sowjetunion und, nach einem deutschen Luftangriff auf Bukarest, am 25. August dem »Großdeutschen Reich« den Krieg!

In jenen bewegten Tagen meldeten sich am 23. August auch Anni und Robert Liebermann aus Hamburg, wie Carla mit unangenehmen Nachrichten: »Bei uns sind leider wieder Veränderungen bevorstehend. Einem seit 10 Tagen bestehenden Erlass des SS Führers zufolge müssen Arier die bei Mischehen wohnen, natürlich auch umgekehrt, diese Wohnungen verlassen. (…) Also heisst es für uns sich von unserem jungen Paar Gerber trennen. Das bedeutet einen starken Schmerz, denn Helga ist mir eine Tochter geworden. Es kam am Sonnabend ein Ehepaar hier an, er Arier sie J. Diese müssen aus ihrer Wohnung raus und sollen mit 21jhrg.Sohn bei mir wohnen. Die Leute heissen Schmidt, er gewesener Lehrer. Er war auf der Ge.St.P., [Gestapo] die ihm sagte er solle versuchen bei Hausbesitzern etwas zu finden, denn in absehbarer Zeit seien alle in einer Barackenstadt

---

36 *»Die kleine Nichte« ist Carlas Rundfunkgerät, das sie wegen Einquartierung von Bombengeschädigten nur mit äußerster Vorsicht schwarzhören konnte.*

37 *Vermutlich eine Grupper jener jüdischen Zwangsarbeiter, die zwischen Mai und Juli 1944 aus Ungarn deportiert worden waren und in Rothensee, einem nördlichen Vorort Magdeburgs, in Industriewerken arbeiten mußten. Sie durften bei Luftangriffen keinen Luftschutzbunker aufsuchen. Auch Karlernsts Arbeitsplatz, die Magdeburger Elektrizitätswerke, befand sich in Rothensee.*

untergebracht. Er zeigte ihnen die Pläne etc. Nun ist der Mann natürlich bestrebt hier unterzukommen. Aber zuerst hat Helga sich geweigert, in die Stadt zu ziehen. Sie habe die Katastrophe mitgemacht, ihr Mann sei seit Jahren Soldat. Sie weigere sich nach Hamburg zu ziehen. Der Beamte war sehr freundlich mit ihr und sie muss sich hier draussen etwas suchen. Was natürlich kaum möglich ist. Aber 1–2 Wochen hat sie Zeit. Er hat ihr auch erzählt, dass die M. E. [»Mischehen«] in Baracken kämen etc. Daraufhin setzte sie sich für uns ein und wurde sehr erstaunt gefragt: ›Sie setzen sich ja sehr für diese Leute ein‹ und gerade das ist eben nicht erwünscht. Diese Verbrüderung soll aufhören. (…)

Wie gut dass Ihr Alle wieder zusammen seid! Wir hatten 10 Tage u. Nächte hintereinander Vollalarm, Gott sei Dank ohne grossen Angriff. Nun war 2 Tage und Nacht Ruhe, man konnte durchschlafen. Robert steht jeden Morgen 4.30 auf und kommt 6.15 [18.15 Uhr] wieder, einige Male auch erst gegen 10 Uhr [22 Uhr] etc.! wenn die Züge nicht fahren können. Er arbeitet in Tostedt in der Heide. Mein Rad hat man uns am Bahnhof gestohlen, aber Gott sei Dank habe ich durch die Mutter von Rolfs Kriegskameraden, der auch gefallen ist, wieder eines geschenkt bekommen. Sonst müsste Robert zu Fuss nach Ohlsdorf (35 Minuten), da nur die S-Bahn so früh fährt und wir an der Hochbahn liegen.«

Unter dem gleichen Datum, 23. August 1944, schrieb Philipp Lüders aus Husum: »Heute vor einem Jahre ging in der Nacht zum 24. 8. 43 meine Wohnung in Flammen auf. In V. habe ich gelernt, was es heißt als Fremdling seine Füße unter den Tisch liebloser Mitmenschen zu strecken. Ihr habt mir durch Eure stetige Anteilnahme über viel Schweres in diesem und den vorangehenden Jahren hinweggeholfen. Dafür möchte ich Euch heute nochmals besonders danken. Was ich in V. vermißte, bemühen meine freundlichen Cousinen sich durch herzliche Betreuung hier auszugleichen. Den besten Trost fand ich aber in den Erfolgen meines Jungen. Jetzt hat er eine Ausarbeitung über das Thema ›Zentralisation oder Dezentralisation im Einkauf?‹ gefertigt; 32 Schreibmaschinenseiten! Dasselbe Thema soll er in einem Vortrag vor der Gefolgschaft seines Werkes behandeln. Für einen jungen Mann von 22 Jahren nach 3½ jähriger Ausbildungszeit gewiß beachtlich!«

Die »für Schleswig-Holstein ungewöhnliche Bullenhitze« wurde auch am 27. August von Karlernst aus Magdeburg erwähnt, vor allem aber noch einmal eine handschriftliche Kopie des Schreibens an Carla Sara Pohl beigelegt, in der die Frage nach dem Arbeitseinsatz »Falls nein, aus welchem Grunde nicht?«, mit dem simplen Satz beantwortet war: »Ich führe den Haushalt meines berufstätigen Mannes und unterstütze meine 76jährige hilfsbedürftige Schwiegermutter«.

»Wer weiß was darauf erfolgt; ich fürchte, nichts Gutes«, kommentierte Karlernst. »Carla hat vorläufig guten Mut in der Hoffnung, daß es ein vorübergehender Zustand wird. Gott helfe uns weiterhin durchzukommen, damit wir das siegreiche Ende erleben können. (…) Was sagt Ihr zu Rumänien und Paris-Marseille? Ist die Flut im Westen zu halten und wo?«

Hätte man doch die Kinder gefragt! Die lernten in ihrem politischen Hilfsunterricht die rechten Antworten: »Mut und Todesbereitschaft und unerschütterlicher Glaube an den Sieg bescheren uns die größten Erfolge. Ein solches Volk muß siegen.«

Dazu eine Nachschrift: »›V1‹ ist die erste deutsche Vergeltungswaffe. Sie ist die tatkräftige Antwort auf den Bombenterror der Anglo-Amerikaner. Der Start erfolgt durch eine Preßluftanlage. Mit Hilfe eines Fernlenkverfahrens trifft ›V1‹ das befohlene Ziel. Die gleichbleibend hohe Geschwindigkeit erhält sie von einem Raketenantrieb. ›V1‹ kann von keinem feindlichen Jäger erreicht werden. Mit rasender Geschwindigkeit fliegt die Raketenbombe dem Feindziel entgegen.«

Zeit für ein kleines Interludium, ohne Geige und Intrigen, eine Eintragung im *Kinderbuch*, von Sabine am 2. September 1944 geschrieben: »Da Tante Hildegard durch ihre Tätigkeit im Auslandsamt der Deutschen Dozentenschaft nicht mehr so häufig bei uns sein kann und sicherlich auch kaum Zeit haben wird, hier weiter gewissenhafter Chronist zu sein, muß diesmal ich die Ereignisse des letzten Jahres eintragen.

Mit dem gestrigen Tage hat das 6. Kriegsjahr begonnen, von dem wir alle annehmen, daß es nach Lage der militärischen u. politischen Verhältnisse das letzte sein wird. Was dann kommen wird, kann sich noch keiner recht denken. Da wir seit 1933 das Abwarten und Stillhalten gelernt haben, so werden wir es in bezug auf die Zukunft wohl auch können. Daß diese Zukunft angenehm u. leicht sein wird, ist kaum anzunehmen – daß sie viel Arbeit bringen wird, ist sicher. Nun, arbeiten ist gut, Hauptsache ist, man ist gesund und das sind wir alle trotz stark reduziertem Körperumfangs von uns Eltern.«

Folgt eine Beschreibung der Entwicklung von Sohn und Tochter ... unter dem Stichwort »Schularbeiten« heißt es: »Eigentlich sind Schularbeiten Vatis Ressort, nur Rechnen bzw. Mathematik ist mein Fach. Vati arbeitet mit Justus Latein u. Griechisch, mit Reni Englisch (und mit der ganzen Familie Deutsch!). Justus ist – seit im August 1943 das Zehlendorfer Gymnasium in die West-Beskiden evakuiert wurde – Gastschüler im Viktoria-Gymnasium in Potsdam u. Reni hat, nachdem sie in Giessen ein Jahr die Volksschule besuchte, Privatunterricht, in der Hoffnung, daß sie nach dem Kriege im 4. Reich die höhere Schule besuchen kann. Zu ihrem Leidwesen muß sie aber 3 mal wöchentlich in ihrer alten Volksschule den nationalpolitischen Unterricht besuchen.«

An dieser Stelle gilt es ein Loblied zu singen. Ein Loblied auf eine tapfere Frau, Agnes Fritze mit Namen, die am Karpfenpfuhl 1a in Berlin-Zehlendorf Privatunterricht erteilte. Als man ihr alle Schüler genommen und umgebracht hatte – sie war Lehrerin für behinderte Kinder –, suchte sie sich neue Schüler, die auf andere Weise behindert waren: rassisch. Ihr verdankt die elfjährige »Politnotschülerin« die Begegnung mit einem gleichaltrigen englischen Mädchen, das jeden Tag von neuem aus dem englischen Lesebuch vergnügt ins zerbombte Berlin schaute, das erzählte, wie es bei ihr daheim zuging, auch sie hatte einen Bruder und sogar einen Hund und natürlich musste sie auch zur Schule gehen und, das wichtigste, sie gab die Freude am Lernen zurück! Und das galt für alle Fächer! Dank Agnes Fritzes heimlichem Unterricht konnte die Schülerin Irene nach dem Krieg nahtlos und mühelos in den offiziellen Unterricht der Mädchenoberschule »Annette von Droste-Hülshoff« und in die Gemeinschaft ihrer früheren Volksschulklasse eingegliedert werden. Mit dem Gemeinschaftlichen war es freilich eine schwierige Sache – doch das steht auf einem anderen Blatt.

Der unerschütterliche Glaube an den Sieg ließ »unseren Führer und obersten Befehlshaber« im Sommer 1944 zu drastischen Rekrutierungsmaßnahmen greifen: Auch Kranke, auch Menschen mit Absencen und daraufolgenden epileptischen Anfällen wurden »zum Wohle des Vaterlandes« dienstverpflichtet. So war Hildegard, Sabines ältere Schwester, an das »Auslandsamt der Deutschen Dozentenschaft« nach Danzig delegiert worden, um vor den Russen flüchtende »volksdeutsche« Professoren und ihre Familien aufzufangen und auf ihrem Weg »heim ins Reich« behilflich zu sein.

Ein Brief, geschrieben auf einer Dienstreise von Danzig nach Stettin, gibt Einblick in die Bedrohung, unter dem der deutsche Osten mittlerweile stand:

»Stettin, Oder-Donau-Institut, 30. 8. 44

Diesen ekelhaften Nachtangriff habe ich gottlob ohne Schaden überstanden, das Hotel wankte wiederholt bedenklich, ein benachbarter Splittergraben erhielt einen Volltreffer, so dass Arme und Beine flogen … Die Stadt ist <u>erschütternd</u> kaputt, nichts als Trümmer, unvorstellbar viel Staub bei <u>der</u> Hitze! Gut, dass die Langsamkeit der Pommern Panikstimmung nicht aufkommen lässt. Umso friedlicher wirkte die Insel Usedom mit Viehweiden, Gehöften unter Baumgruppen u. Gewässern durch die ich dienstlich nach Swinemünde fuhr, leider ohne Erfolg. Danzig bleibt nach wie vor für meine Zwecke der ideale Platz und ich hoffe, dass wir ihn so lange als möglich halten können. (…) Soeben erlebte ich im Institut eine Beschlagnahme von Diensträumen f. Ausgebombte mit – so etwas von Polizeiton und Geschrei! Dass die Deutschen doch so wenig Manieren haben, man <u>schämt</u> sich! (…) <u>Sehr</u> interessant ist es, unsere verschiedenen Amtsleiter kennen zu lernen; die wenigsten sind von so schwungvollem Einsatz wie unser Baatz, der allerdings auch die ›Seele vons Butterjeschäft‹ ist. Um wirklich Brauchbares und Sinnvolles zu leisten, muss man <u>praktisch</u> tätig sein, wozu sich Frauen eher eignen, weil sie mit d. <u>Herzen</u> dabei sind + <u>sich</u> nicht schonen, während der Mann oft eitel auf die eigene Wirkung schaut. Psychologische Einblicke bekommt man, die hochinteressant – und entmutigend sind, gerade jetzt in den Orgien von Organisieren + Improvisieren, in die wir befehlsgemäss ausgebrochen sind!«

Aus Magdeburg bedankte sich Karlernst Pohl am 9. September für die guten Wünsche zu seinem Geburtstag am 8. September, die »angesichts der zu erwartendenden Änderungen der nächsten Zeit, die bestimmt fürs erste nichts Gutes bringen dürften«, sehr willkommen waren. »Die sich überstürzenden Ereignisse im Westen nach den Vorgängen auf dem Balkan und die nach meiner Meinung in allernächster Zeit neu aufflammende Offensive im Osten lassen die Lage doch recht schwierig erscheinen. V1, der letzte Positive [sic] im Westen, scheint nicht wirksam zu sein; der Heeresbericht brachte jedenfalls keine Nachrichten mehr über den Beschuß Großlondons und Südostenglands. Jedenfalls hat die Beschiessung nicht die erhoffte Kriegsentscheidende Wirkung, die man hierzulande sich erhofft – oder wenigstens uns hatte glauben machen wollen. (…) Die alten Marschierer von 14/18 sind ja großenteils auch heute schon wieder Soldaten, und was jetzt noch an bis 60jährigen eingezogen werden kann, dürfte kaum den Strapazen eines Wachdienstes in der Heimat gewachsen sein. Ich habe jedenfalls hier schon traurige alte Krieger gesehen. (…)

In Carlas Angelegenheit hat sich bis heute noch nichts getan. Es drückt jedenfalls sehr auf unsere Stimmung, wenn auch C. mutig der Sache entgegensieht. Ich will nur hoffen, daß kein Einsatz nach ausserhalb in Frage kommt. Zu unserer Beruhigung ist Ida [früheres Hausmädchen, nun Freundin des Hauses] aus Ostpreußen zurückgekommen, die uns viel berichten konnte. Sie muß jetzt ihre bisherige Tätigkeit [bei der Post in Magdeburg] mit dem Fahrdienst vertauschen, d. h. also mit dem Postwagen in verschiedenen Richtungen auch nachts fahren (z. B. Hamburg, Leipzig usw.). Trotzdem ist es Carla eine Beruhigung, sie hier zu wissen, damit sie eventuell nach dem Haushalt sehen kann. Vielleicht erweist sich die Einquartierung in dieser Richtung noch als sehr nützlich. Allgemeinbefinden ist durchaus leidlich, Obstkonsum größer als die letzten 4–5 Jahre, und ›das bekommt mich denn so gut‹. Tomatenernte von 24 Pflanzen in 4 Blumenkästen war erstaunlich. (…) Mit den Mitbewohnern [Bombengeschädigten] geht es weiterhin gut und ohne Umstände irgendwelcher Art. Das schlimmste ist immer wieder das stets und ständig zur Unzeit besetzte Clo, ohne Ausweichmöglichkeit wie bei Euch. (…)

Tante Else schläft jetzt hinten, da es ihr vorne zu laut ist. Sie hat viel neues erzählt, ob alles so stimmt? Wir müssen abwarten und hoffen, dass es nicht so schlimm kommt, wie ich befürchte.«

Unter dem gleichen Datum bedankte sich auch Elsa Messel aus Rackow i/Pommern für eine zweite Büchersendung, die vor allem wunschgemäß philosophische Werke enthalten hatte: »Von Platon, Kant hatte ich verschiedenes zu Hause, so kann ich mich wieder mit Plato beschäftigen und auch mit den Vorsokratikern. Schwegler ›Geschichte d. Philos.‹ war mir unbekannt und ist für mich eine wahre Fundgrube. – Aber man kann sich <u>nicht verkapseln</u> wie ich es zu meinem Leidwesen in der Graf Speestr. [heute: Hiroshima Straße] <u>getan habe</u> – zwar wusste ich keinen Ausweg u. niemand half mir, aber es wären für mich doch wohl noch andere Möglichkeiten gewesen wenigstens etwas zu retten. Nun muss ich weitergehen auf dem Dornenpfad! (…)

Das was Sie über den Gang der Weltgeschichte schreiben, kann ich nur unterschreiben. Gute Kenner haben mir bestätigt, dass es nur 2 Perioden in der Weltgeschichte gibt, in denen ein Land ohne Krieg und im Zeichen d. Aufstiegs stand und zwar einmal in der augusteischen Zeit[38] und danach die meiner (so ahnungslos glücklichen) Generation; beide Male eine Epoche von 40 Jahren. Zwar tanzten wir auf dem Volcan, aber so kam uns nichts zum Bewusstsein.«

Eine dritte Postille wurde an jenem fruchtbaren 9. September verfasst: Sabine schrieb ihrer Schwester Nana nach Gießen: »Dein lieber langer Brief an Reni hat uns beide heute mal wieder ganz ›Giessen-sehnsüchtig‹ gemacht. Wenn Reni z. Zt. auch sehr erfüllt ist von ihrer Lernerei, so kommt doch ab u. zu Sehnsucht nach den beiden Buben durch. (…) Erich ist leider abgespannter u. gereizter denn je. An sich kein Wunder, denn die politische Lage dürfte genug zu denken geben. Wenn jeder auch mehr denn je das Ende des Krieges herbei sehnt, so wird das, was dann kommen wird, unerfreulich genug sein.

Die weitverbreitete Angst vor den Russen kann ich in dem Maße nicht teilen, wie es die meisten tun. Schließlich können ja nicht alle abgemurkst oder verschleppt werden! Wenn es uns auch bei allen Maßnahmen, die unsere spezielle Lage betreffen, noch gut gegangen ist, so ist die ewige Angst vor dem, was kommen könnte, doch ständig gewesen – seit 10 Jahren! – und ist natürlich auch jetzt noch nicht behoben. Aber es sieht fast so aus, als ob das Zittern nun mal andere betreffen sollte.

Nach allem, was Du schreibst, ist Eure Lage in Giessen auch nicht mehr so rosig wie im vergangenen Jahr. Ich glaube schon, daß wir Reni im rechten Augenblick heimgeholt haben. (…) Je näher die Front an die deutsche Grenze heranrückt, umso mehr muß man wohl damit rechnen, daß Fliegerhorst und Bahnhof [in Gießen] als bedeutender Knotenpunkt Angriffsziel sein können. Nun, wir wünschen Euch von Herzen, daß Ihr verschont bleibt. (…)

Unter diesen veränderten Verhältnissen und in Anbetracht dessen, daß man mit noch größeren Reise- u. Transportschwierigkeiten rechnen muß, möchte ich doch gerne einen Teil meiner Wäsche hier haben. Ich will versuchen, sie hier in greifbarer Nähe unterzubringen. Es kommt mir natürlich am meisten auf die Bettwäsche an, vor allen Dingen Bezüge u. Überschlaglaken. (…) Hier ist es mit Pa-

---

38 Augustus, eigentlich Gajus Julius Cäsar Octavianus, römischer Kaiser (63 v. Chr.–14 n. Chr.), gab einem Zeitalter seinen Namen, das mit Friede, Wohlstand, Religiosität und dem Florieren von Literatur und den schönen Künsten gleichgesetzt wird. Bei näherer Betrachtung gingen diesem Idealzustand jahrelange Kämpfe gegen seinen Rivalen Antonius voraus, der Oktavians Vormachtstellung als Adoptivsohn Julius Cäsars anfocht, schließlich den Kürzeren zog (Seeschlacht bei Actius 31 v. Chr.) und mit seiner Gattin Kleopatra sich den Tod gab. Nicht wählerisch in den Mitteln erreichte Oktavian sein Ziel: Alleinherrscher des Römischen Reiches. Der Senat verlieh ihm den Titel, »Imperator auf Lebenszeit«. Die Gunst des Heeres und des Volkes erwarb er sich in der Folgezeit durch bestechende Freigebigkeit. Vom Senat erhielt er den Oberbefehl und die prokonsulatorische Gewalt in allen Provinzen und den Ehrennamen »Augustus«.

keten so, daß man sich auf die gelbe Paketkarte einen Stempel geben lassen muß, wann man abschicken darf; jeden Tag wird nur eine bestimmte Anzahl Pakete angenommen. Und was machen wir mit Renis Wintersachen? Es wäre ja gut, sie kämen auch bald her! Sie sind in dem Wollkoffer, in dem auch noch Sachen von Gisela und Helmut sind. (…)

Liebes Bobbem, es tut mir ja leid, dass ich nun schon wieder zur Mehrarbeit beitrage, aber ich kann ja leider nicht hinkommen und sie mir holen. Otto wird sicher besonders entsetzt sein, dass ich schon wieder Wünsche an seine Frau habe, die doch auch ohne das genug zu tun hat. Aber ich halte es leider für nötig. Man weiß ja leider nie, ob man richtig handelt, aber ich fürchte Giessen wird für uns allmählich immer unerreichbarer.«

Drei Tage später meldete sich auch die »Vizetochter« sehnsuchtsvoll in Gießen. »Da ist ja jetzt bei Euch auch schon allerhand losgewesen. Wir haben augenblicklich Alarm. Doch es gilt uns wohl nicht. Die letzten Nächte hatten wir immer Alarm (…) Ich muß aufhören, die Flieger haben das Vorfeld Berlins erreicht und wir müssen Betten und Kleider in den Keller bringen. (…) Übrigens, ich habe jetzt Ferien. In Zehlendorf soll nämlich nach Privatschulen gesucht werden, für diese Zeit machen wir uns unsichtbar. Ich habe jetzt auch Turnstunde und leider dreimal in der Woche 2 ½ Stunden national-politischen Unterricht. Wie geht es Gisela in der Schule? Was machen Helmut und Wölfchen?«

In einem Anhang zu diesem Briefchen vermerkte Sabine: »Die in einem der vorigen Briefe erwähnten 1 000 RM gingen gestern durch Gertrud S. an Ottos P. S. [Postscheckkonto] ab. Das soll ein Notgroschen sein, falls man hier weg muß. Betrachtet es bitte nicht als Panik-Maßnahme! Im Grunde genommen wollen wir natürlich hierbleiben (was man verläßt, ist bestimmt verloren!), aber man weiß ja nicht, wozu man gezwungen wird (M.S.-T.) [Martha Schlesinger-Trier, die vor ihrer Deportation Selbstmord beging] (…) Die nächtlichen Alarme sind so ermüdend; was Belgien u. Holland nicht mehr abkriegen, kriegt nun das Reich! Leider!«

Hier irrte meine Mutter! Belgien und Holland blieben Kriegsgebiet und »bekamen weiterhin viel ab«. Brüssel war zwar am 3. September von den Engländern befreit worden, auch die Hafenstadt Antwerpen konnten sie einnehmen, doch da die Alliierten nicht weiter nach Norden vorstießen, gelang es den Resten des deutschen Westheeres, sich über Walcheren und die Maasmündung zu retten und der Krieg ging weiter, die alliierte Offensive verlor an Schwung, drohte ein Stellungskrieg? So ließ Mitte September der britische Oberbefehlshaber, Montgomery, Luftlandetruppen hinter der deutschen Front bei Arnheim und Nimwegen absetzen, doch es gelang ihnen nicht, die Rheinbrücken zu erobern, sie wurden aufgerieben. Die Alliierten kamen nicht so schnell vorwärts wie erwartet.

Dennoch bereitete sich in eben jenen Wochen eine Nachkriegswelt vor, deren Erben wir heute sind: In Dumbarton Oaks in den USA fanden von August bis Anfang Oktober 1944 Konsultationen zwischen Vertretern der USA, Großbritanniens, der Sowjetunion und Chinas statt, die zu dem Schluss kamen, daß der alte Völkerbund durch eine neue Weltorganisation abgelöst werden müsse; man machte sich sogleich an die Ausarbeitung von Vorschlägen. Von nun an waren diese zukünftigen »Vereinten Nationen« nicht nur eine Fata Morgana für die kriegsmüden, von Bombardierungen und menschenvernichtenden Kämpfen geplagten Erdbewohner, sondern sie dienten auch als eine Art Druckmittel, um Ländern, die nicht schnell genug die Hitlerallianz verließen, zum Umdenken zu bringen. So hatte zwar die Türkei im August 1944 die diplomatischen Beziehungen zu Deutschland abgebrochen, doch den Krieg erklärte sie dem »Großdeutschen Reich« erst sieben Monate später, am 1. März 1945, im allerletzten Moment, um den Anschluss an die »Vereinten Nationen« nicht zu verpassen.

»Die Ratten verlassen das sinkende Schiff ...«

Wie schon erwähnt, hatte sich Rumänien bereits Ende August durch seine Kriegserklärung von Hitler-Deutschland distanziert. Bulgarien hatte seine liebe Not, aus der Isolierung herauszukommen: Eine am 2. September gebildete pro-westliche Regierung erklärte zwar Hitler am 8. September 1944 den Krieg, doch ein kommunistischer Putsch fegte sie einen Tag später beiseite, zehn Tage später war Sofia von den Sowjets erobert. An eben diesem 19. September unterzeichnete Finnland das Waffenstillstandsabkommen mit der Sowjetunion und musste sich verpflichten, militärisch bei der Vertreibung der deutschen Lapplandarmee miteinzugreifen. Die Aufteilung der Einflusssphären im Nachkriegseuropa funktionierte zur besten Zufriedenheit der Sowjetunion, noch bevor sie einen Monat später in Moskau zwischen Stalin und Churchill besiegelt wurde (die Amerikaner waren dabei nur durch ihren Botschafter Harriman als Beobachter vertreten).

Die Hauptleidtragenden waren dabei die Polen. Der am 1. August ausgelöste Aufstand der national-polnischen »Heimatarmee« (»Armia Krajowa«) in Warschau, die auf Unterstützung durch die vorwärtsstürmenden Sowjettruppen gezählt und auch auf westalliierte Hilfe gehofft hatte, war zum Scheitern verurteilt. Stalin hielt die Rote Armee am östlichen Ufer der Weichsel zurück und untersagte seinen westalliierten Bündnispartnern, mit ihren Flugzeugen Nachschub auf den sowjetischen Flugplätzen östlich von Warschau und Weichsel zu landen; nach schwersten Kämpfen und Verlusten musste die ausgeblutete »Heimatarmee« am 2. Oktober kapitulieren; nun war nicht nur das Warschauer Ghetto (1943) zerstört, sondern die ganze Stadt!

Das Tempo der sowjetischen Offensive in Rumänien und Bulgarien führte zu einem Dominoeffekt. Die deutschen Besatzungstruppen in Griechenland räumten bereits am 21. September den Peloponnes, auch die griechischen Inseln wurden von den deutschen Truppen aufgegeben, dann griffen die Briten ein, bombardierten Flugplätze – doch einige Inseln blieben bis Kriegsende in deutscher Hand, während britische Truppen Mitte Oktober kampflos in das zur »Offenen Stadt« erklärte Athen einrückten. Die neue von Hitler bestimmte Verteidigungslinie verlief entlang der Drina in Mittel-Jugoslawien. Sie blieb über Monate für alle deutschen Balkantruppen das Rückzugsziel.

Deutschland war eingekesselt. Die alliierten Streitkräfte näherten sich von Osten wie von Westen den deutschen Landesgrenzen, gleichzeitig war die deutsche Bevölkerung bei Tag wie bei Nacht nicht enden wollenden Bombardierungen ausgesetzt; das Land verfiel in Schutt und Asche.

Im vorliegenden Briefwechsel übernimmt nun Carla Pohl, meines Vaters Schwester in Magdeburg, die Rolle der Chronistin. Nicht weil es nichts über neuerliche Luftangriffe auf Berlin oder noch einmal verschärfte Maßnahmen gegen Mischehen zu berichten gegeben hätte, sondern weil meine Eltern nun gemeinsam in Berlin mit ihren Kindern zu überleben suchten. Es gab also, bis auf wenige Ausnahmen, keinen Anlass für weitere schriftliche Schilderungen der Zerstörungen Berlins, zudem gingen die Briefe meiner Eltern an andere Briefpartner zum größten Teil verloren.

Für Carla gab es umso mehr Anlass: Die Stadt Magdeburg, bisher relativ verschont geblieben, deren zahlreiche Industrien aber schon lange auf der Ziel-Liste der Alliierten gestanden haben mussten, gemeinsam mit all den anderen mitteldeutschen Städten, war nun ab Mitte September der vollen Wucht des Krieges ausgesetzt.

So schrieb Carla am 12. September nach Berlin: »Wer weiss, was die nächsten Tage uns bringen werden, wir sind im Augenblick an der Reihe mit Angriffen. Seit Tagen haben wir jede Nacht gegen 11 Uhr Alarm und am Tage auch gegen 11 Uhr. (…) Am Dienstag war es dann schlimmer. In unserem Keller hörten wir das Rauschen der fallenden Brand- & Sprengbomben, es schien uns unheimlich lange zu dauern u. nachher waren es nur 16 Minuten wo wir über uns das Lärmen hörten und mehr oder weniger ängstlich zusammen krochen. Sobald es einigermaßen ruhig wird, steige ich mit Herrn W. aufs Dach um Umschau zu halten u. vor allem in Richtung Rothensee zu sehen. Da die Stadt stark vernebelt wird, ist es zunächst schwer zu erkennen wo der Rauch aufsteigt. Aber Dienstag war die Sonne bereits hinter schwarzen Wolken u. zwar schien es uns nach allen Himmelsrichtungen so zu sein als ob überall große Brände seien und das stimmte auch. (…) Seit Montag waren die Werke bereits in Rothensee ohne Telephonverbindung, irgendwo waren die Leitungen kaputt u. so keinerlei Verbindung zur Stadt. (…) Der Angriff auf die Stadt am DienstagVormittag begann im Norden mit Anflug auf Roth. U. zwar diesmal auf die Seite von K [Karlernst] u. direkt 9x Anflug hintereinander mit unzähligen Bomben jeden Kalibers. K. war im Befehlsstandbunker zur Zeit. Ihr müsst Euch solche Situation nun noch ohne Telephonverbindung vorstellen! Um zu hören, ob überhaupt bereits Entwarnung sei, mußte erst ein Radler zum Dorf, das mehr oder weniger in Flammen stand. Dass das Werk noch intakt dastand, muss wirklich als Wunder bezeichnet werden, kein Treffer auf die Gebäude, dafür ringsherum alles aufgerissen, die Gleise herumgewirbelt als ob man leicht formbares Material dort liegen gehabt hätte. Natürlich keine Scheibe mehr im Werk und alle Räume voller Dreck. Der Nachbar, die Gaserei, schwer beschädigt, so dass in der DienstagNacht beim Alarm durch Radio alle Anwohner bis zu 2 kilom. aufgefordert wurden, das Gebiet wegen neuer Gefahr zu räumen.«

»Luftterror und Vergeltung. Ein Kampf, hinter dem der ganze Fanatismus einer Nation steht, kann nie anders als mit einem Sieg enden. Alle Schuld rächt sich auf Erden. Deutscher Erfindungsgeist schuf die ›V1‹. Alle, die daran arbeiteten, schwiegen. Wir schweigen auch. Der Feind hört mit, pst! Wir alle wollen uns einander übertreffen in der Liebe und Treue zu unserem Führer und im Glauben an seine geschichtliche Sendung. Es liegt in unserer Hand, dem Krieg in Bälde eine neue Wendung zu geben« [aus dem »nationalpolitischen« Notunterricht in Berlin].

Einstweilen bestand die neue Wendung in Bombenangriffen auf Städte, die bis dahin verschont geblieben waren. So schrieb Sabine am 22. September zum Geburtstag von Schwager Otto an ihre Schwester Nana in Gießen: »Ich bin ehrlich gesagt schon seit Tagen in Unruhe um Euch. Daß Ihr nun auch diese aufreibenden Alarme und Angriffe mit machen müßt. Mit den kleinen Kindern ist das viel schwieriger als bei uns. Daß Gisela keine Schule hat, ist natürlich schade, aber unter diesen Umständen wohl das einzig Richtige. Ob sie nun ein bißchen später oder früher lesen u. schreiben lernt, ist ja belanglos. (…) Hoffentlich kommen sie in Giessen nicht mit Evakuierungszwangsmaßnahmen. Wenns geht, bleibt auf alle Fälle zuhause; wir alle finden, daß das der bessere Weg ist.«

Aus Magdeburg kam eine Beschreibung der fortschreitenden Zerstörung der Heimatstadt und eine Andeutung nervlicher Zustände, denen ein fronterfahrener Hauptmann a. D. an der Heimatfront ausgesetzt war: »Dein Zeitbild vom September 44 hat uns besonders Freude gemacht u. auch K. erheitert«, schrieb Carla am 23. September: »Ich habe im Augenblick das Gefühl, dass ich ihn über eine gewisse Nervenkrise weggebracht habe u. zittere nur, dass ein neuer Anlass neue Depressionen hervorrufen wird. Ja, der Wettlauf mit der Zeit macht mir auch zu schaffen, zumal Tante Else im Augenblick meine Hoffnungen nicht erfüllen lässt. Mein neuer Zimmernachbar [anderer Sender?] hat mir ausführliche Erklärungen über das zu erwartende Neue gegeben und die Antwort darauf dürfte sehr unangenehm werden. – Noch bin ich zu Hause, muss gestehen, dass ich nach jedem Posteingang erleichtert aufatme, aber wenn es sein muss, so werd ich es schaffen, da könnt Ihr Euch drauf verlassen! (…)

Heute Nachm. schleppte mich der Dicke [Karlernst] spazieren zunächst mal die Schäden am Dom u. Umgebung zu sehen. (...) Dom ohne Scheiben, Fensterkreuze zum Teil ausgebrochen, Treffer in der Nähe des kleinen Eingangs an der Augustastr. Dann waren wir über die Sternbrücke, schwere, viele Trichter im Wilhelmsgarten, alte Eisenbahnbrücke, die Gaststätte, Ausstellungshallen am Mittagssee, Schützenhaus u. Umgebung, Schiffe in Elbe u. Zollhafen kaputt. Bei K. sind 130 Löcher! Ein Wunder, dass alles gut verlief. Wir hatten Hochzeit unserer Mitbewohner letzte Woche und ich war Kochfrau! Wenn so etwas Mutter erlebt hätte. Abgesehen von dem was unsere Stille stört, geht das Zusammenleben wirklich gut u. ich habe manche Hilfe und wir freuen uns, dass wir so anständige Leute bekommen haben. K. freut sich über herrliches Obst, das wir als Dank des öfteren bekommen. Heute hatten wir große Freude durch den Besuch Idchens mit einem aufgegangenen Weckglas mit eingemachtem Huhn, das wir drei restlos verzehrten. Auch sie sorgt liebevoll für uns Alten und man ist doch recht beglückt über solche Dankbarkeit. Von ihrem kleinen Mann letzte Nachricht vom 19. August aus Rumänien, Gegend Iassy. Seitdem alles abgeschnitten, was uns von anderen Seiten hier bestätigt wird.«

In jenen Tagen meldete sich der »Führer« am 25. September zu Wort: »Nach fünfjährigem schwersten Kampf steht infolge des Versagens aller unserer europäischen Verbündeten der Feind an einigen Fronten in der Nähe oder an den deutschen Grenzen (...) sein letztes Ziel ist die Ausrottung des deutschen Menschen. (...) Dem (...) Vernichtungswillen unserer jüdisch-internationalen Feinde setzen wir den totalen Einsatz aller deutschen Menschen entgegen. Zur Verstärkung der aktiven Kräfte unserer Wehrmacht und insbesondere zur Führung eines unerbittlichen Kampfes überall dort, wo der Feind den deutschen Boden betreten will, rufe ich daher alle waffenfähigen deutschen Männer zum Kampfeinsatz auf.«

So entstand der »Volkssturm«. Das waren nicht nur die alten Männer, »die alten Marschierer von 1914/18«, die Karlernst [Pohl] Anfang September erwähnt hatte, nein, waffenfähig waren auch die 16-jährigen Jungen, deren Kampfgeist durch militärische Übungen seit Eintritt in die Jugendorganisation der »Pimpfe« gedrillt worden war. Sie hatten eben nicht nur Geländespiele gemacht und als Zehnjährige andächtig am Lagerfeuer Lieder gesungen. Jetzt schickte man sie schlecht ausgebildet und schlecht ausgerüstet in den Krieg. Kanonenfutter. Eine weitere Untat des »Führers«, der »von alldem nichts gewußt«; waren nicht die »Gauleiter« für den Aufbau des »Volkssturms« verantwortlich? War Himmler nicht seit dem Aufstand des 20. Juli »Oberbefehlshaber des Ersatzheeres«, dem der »Volkssturm« militärisch unterstand?[39]

---

39 Tatsächlich hatte Hitler den »Erlaß über die Bildung des Deutschen Volkssturms« vom 25. 9. 1944 zusammen mit Bormann, Keitel und Lammers (Reichskanzleichef) persönlich unterzeichnet.

Am Sonnabend, den 30. September 1944 schrieb Carla aus Magdeburg während eines neuen Angriffs aus dem Luftschutzkeller: »Ach, meine Lieben, wir haben am Donnerstag Schreckliches erlebt. Unsere Stadt ist mehr oder weniger zerstört. Ich weiss gar nicht, wo ich anfangen soll Euch zu berichten. (...) Wir sind wie durch ein Wunder verschont geblieben, unsere Wohnung als einzige im Hause hat alle Fenster behalten. Große Sprengbomben rings herum. Ich will versuchen die nächste Umgebung zu schildern. In unserer ersten Nebenstraße, der Listemannstr. ist die Schule zerstört, der Zirkus ausgebrannt, Häuser mehr oder weniger beschädigt. In der Königstraße viele Häuser völlig zerstört, in den Nebenstraßen zum Nordfriedhof viele Häuser eingestürzt und nun zum Viertel wo Mutter[40] wohnte, da sieht es besonders böse aus, fängt an von der Ecke Königstraße die auf unseren kleinen Park sieht. Die Häuserreihe völlig kaputt, dann die erste Querstraße ehe man in Mutters Hohepfortestr. einbiegt, ein Schutthaufen und die ganze Straße von Mutter rechts und links kaputt, nicht nur ausgepustet, einzelne Häuser dort nur noch Schutt.

Man kann es Euch ja garnicht schildern. Vor Mutters Haus ein großes Loch, auf dem Hof Riesenloch wo von der Parterrewonung ein Zimmer mithineingerissen ist und dadurch das Haus ausgehöhlt wurde u. die Gefahr nun besteht, dass die anderen Wohnungen nachrutschen. Die Wohnungen alle zerstört, keine heile Tür, die großen Türen ausgehängt lagen mitten in der Stube, die Fensterkreuze alle heraus mitsamt den Rahmen u. Eisenteilen. Der Balkon kaputt, dort liegt ein großes Stück Bordstein heraufgeschleudert. Die Schranktüren heraus, die Gläser, Tassen etc. herausgeschleudert, Ziegelsteine über die Teppiche zerstreut u. überall Mörtel und Glas. Mutter war glücklicherweise garnicht zu Hause, sie hätte die Aufregung im Keller bestimmt nicht überstanden.

Ich hatte wieder das Glück, dass K. in der Stadt zu tun hatte u. herkam. Das Gerumpele über uns war furchtbar, man sackte immer mehr in sich zusammen u. ich hatte das Gefühl in der nächsten Sekunde würde alles bei uns zusammen stürzen. Kaum war ein Rumpsen vorbei, kam der nächste Donnerschlag u. am Staub im Keller ahnte man, dass irgendwas in nächster Nähe war. In einer Pause gingen die Männer Ausschau halten, erzählten von Glasbergen auf der Straße und Feuerschein in allen Richtungen, aber die Hauptsache, unser Haus stünde fest.

Ein Blick aus der Haustür heraus war grauenhaft genug. Der helle Himmel völlig verdüstert, Rauchwolken, Brandgestank, Straßen voller Glas, Steinen, Mörtelstaub. Gegenüber unserem Hause ein Teil des Kabelwerkhauses eingestürzt, große Sprengtrichter vor den alten Kasematten, große Löcher in den Kasematten, dann der Blick auf die zerstörten Häuser der Königstraße und bis Mutter hindurch zu sehen. Eilends lief der Dicke [Karlernst] in die Hohepfortestr. und kam recht bestürzt heim und nun die Schwierigkeit sie in der Wilhelmstadt zu erreichen. Wir

---

40   Karlernsts Mutter Elisabeth Pohl, genannt »Lies« oder »Frau Oberst Pohl«, bei der mein Vater Zuflucht während des Novemberpogroms 1938 gesucht hatte.

konnten angerufen werden, aber von uns ging und geht noch kein Gespräch. Bald nach dem Alarm rief Mutter an und wir konnten vorsichtig sie vorbereiten und so kam sie dann zu Fuß den weiten Weg, d. h. Karlernst ging ihr weit entgegen. An Elektrische Bahn wird man vor Wochen nicht denken können, überall stehen die ausgebrannten Bahnen in der Stadt herum, die Schienen zum Teil herausgerissen, die Leitungen alle zerstört, liegen in den Straßen herum. Ihr könnt Euch vorstellen, wie Mutter nach der ersten Besichtigung fertig war.

Ich hatte zunächst zu tun meine Wohnung vom dicken Staub in Ordnung zu bringen u. dann erwarteten wir Erich Lindemann aus Hamburg zum Abendessen und dazu kein Gas, kein Licht, kein Wasser. Wir bekamen noch am Brunnen am Jakobiplatz 2 Eimer Wasser, dann war Schluss, kein Tropfen kam mehr heraus. Schließlich saßen wir am Abendbrottisch, da kam unser Idchen angestürzt: Helft mir, unser Haus ist in Gefahr! Also fort wie wir waren, gerannt durch die sich gaffend aufgebaute Menge in der Jakobstraße. Das große Eckhaus an der Peterstr. (…) stand in hellen Flammen. So was hab ich noch nicht gesehen. Auch das Haus war zum Teil eingestürzt und inzwischen muss irgendwas explodiert sein und nun brannte es lichterloh und die Funken sprühten auf die Nachbarschaft, über die Straße rüber flogen die brennenden großen Stücke. Wir rafften Idas Betten zusammen, rasten damit auf die Straße. Es war doch schon Dunkelheit, nur der helle Schein des Feuers. Aus der Elbe wurde in riesigen Schläuchen das Wasser den Berg hochgepumpt. Ich blieb als Wache bei Idas Hausrat auf der Straße, Radioapparat, alle Lebensmittel aus ihrer Heimat, Koffer u. Körbe um mich herum und dazu immer wieder Funken auf den Sachen. Es war gruselig. Schließlich sackte das Haus mit Getöse zusammen u. gegen 10 Uhr war die Gefahr, das Dach von Idas Haus hatte bereits leicht Feuer gefangen, vorbei u. sie konnte wieder mit Sack und Pack zurück. Dafür musste sie im Lauf der Nacht abermals raus, ein anderes Haus in der Nähe brannte dort ab.«

Auf einem alten Stich aus Erichs Elternhaus ist die Belagerung Magdeburgs durch Tillys Heerscharen vor der Zerstörung am 20. Mai 1631 dargestellt. Überragt ist die berühmte alte Handelsstadt am westlichen Elbufer von unzähligen Kirchtürmen: St. Michael, der Dom zu St. Mauritz, St. Gangolf, St. Sebastian, St. Nicola, Unser lieben Frauen, St. Anna, zum Heiligen Geist, St. Ulrich, St. Johannes, Barfüßer, St. Catharina, St. Peter, St. Jacob usw. Es mag eine fromme Stadt gewesen sein, auf jeden Fall war sie eine blühende Handelsmetropole und Ausgangspunkt für die Heidenbekehrung drüben auf dem Ostufer der Elbe. Nun tauchten die altbekannten Namen in Carlas Brief auf, zeigten das Ausmaß der Zerstörung an, vergleichbar der Vernichtung zu Zeiten des Dreißigjährigen Krieges.

»Wo soll ich weiter berichten? Unsere Jakobikirche hat von der Seite im Dach Loch, wie es im Innern aussieht, weiß ich nicht. Ich war noch gar nicht aus, nur zu Mutter zum ausmisten. (…) In allen angrenzenden Straßen des Pottlappenviertel sind Häuser eingestürzt. Die Katharinenkirche völlig Ruine. Wir waren auf dem

Dach u. sahen auch das Dach anfangen zu brennen, es ist alles ausgebrannt, nur der große Leuchter soll hängen. Die Johanniskirche ist im Innern zerstört, das Kloster unserer lieben Frauen soll zerstört sein. Es wird so viel erzählt. Kaufhäuser auf dem Breiten Weg ausgebrannt, Häuser am Markt, in den Straßen zum Dom hin, dann in der Beaumantstraße die alten Kasernen ausgebrannt, das Altstädtische Krankenhaus schwer beschädigt, das Sudenburger Krankenhaus, Museum, Bombentrichter in den Banken in der Kaiserstr., Güterbahnhof mit Unmengen Wagen, die Züge fahren nur bis zu den Vorstädten und da keine Elektr. fährt, könnt Ihr Euch vorstellen, wie die Leute mit Koffer auf allen Gefährten Platz suchen, dazu fahren überall Möbelreste auf allen erdenkbaren Fuhren. (...)

Mutter schläft nun bei uns im Herrenzimmer u. wir müssen unsere netten alten Leute heraussetzen, was mir sehr leidtut, ich hatte an beiden bereits gute Hilfe und werde durch Mutter sehr viel mehr Arbeit haben und schrecklich viel Zeit vertrödeln müssen. Ihr könnt Euch denken, dass es keine Kleinigkeit für mich bedeutet, nun meine Selbständigkeit los zu werden. (...) Und das muss mir bei allen anderen Sorgen auch noch passieren. 17 Jahre für Elsa [Carlas und Erichs Mutter] den Haushalt besorgt u. nun wieder neue Belastungen. Aber zu allen Sorgen die schmerzlichste: mein Radio ist durch den Luftdruck irgendwie beschädigt und gibt keinen Laut von sich. Ist das nicht eine Tragödie und keine Gespräche mit Tante Else, die mich wirklich stärkten. Ach, was muss man alles aushalten.«

Am 1. Oktober schrieb Sabine ihrer Schwester nach Gießen: »Am Donnerstag hat sich also entschieden, daß Irmgard in die Rüstung muß. Wir warten nun auf Abruf. Sie wird weiter bei uns wohnen bleiben, wenn irgend möglich, denn sonst käme sie mit Ukrainerinnen und Ostarbeiterinnen in ein Lager. Und das möchte ich ihr nach Möglichkeit ersparen. Dummerweise mußte ich bei der Gelegenheit mich auch zur Arbeit melden, aber ich glaube, es gibt garnicht soviel Arbeit, wie sich jetzt Frauen melden mußten. Ich warte die Angelegenheit mit Geduld ab.«

In Sabines Taschenkalender gibt es in den folgenden Wochen ein wahres Stakkato von Arbeitsamtsterminen, unter dem 18. Oktober steht schließlich lapidar »Irma weg!«. Doch so war es nicht. Sie durfte nicht mehr in meinem Elternhaus wohnen, doch sie hielt uns die Treue – bis zum heutigen Tag ist die Verbindung mit der inzwischen 86-jährigen nicht abgerissen! Aus der »Signorina« ist eine rüstige, noch immer tüchtige Holsteinerin geworden.

Glücklicherweise ist es dem Menschen nicht gegeben, in seine Zukunft zu schauen. So ahnte Sabine einstweilen nicht, dass sie einige Wochen später nicht nur wie andere Frauen zur Fabrikarbeit eingezogen würde, sondern zur Strafe für »jüdische Versippung« und Ablehnung der Scheidung von ihrem jüdischen Ehemann Nachtarbeit unter SS-Aufsicht in einer Uniformfabrik [Max Fersenheim, Berlin SW 68, Alte Jakobstraße 130/32] zu leisten haben würde.

Aus Magdeburg dagegen kamen nach Carlas Verzweiflungsschrei ruhigere Töne: »Tante Else hat sich etwas vom Schrecken erholt, zum verstehenden Erzählen ist sie noch nicht zu gebrauchen, doch hoffe ich, dass die Chockwirkungen sich ohne Arzt geben werden. Unsere norddeutsche Welle ist zerstört, so dass wir keine Ansagen mehr bekommen u. so gar nicht wissen, was hinter dem Alarm steckt. Heute Nacht mussten wir kurz raus. Wir holen noch das warme Essen am Göbbelszug [Hilfszug des Propaganda-Ministeriums zur Versorgung der Ausgebombten], gute Suppen, nur das Anstehen sehr lästig. Inzwischen haben wir seit SonnabendAbend wieder Licht und auch bei uns Wasser«, schrieb Carla am Morgen des 2. Oktober: »Bist Du, lieber Erich, wieder ganz gesund? Dann gieb Deinem Weibchen schnell mal einen lieben Kuss, Du spröder Kerl. Sie hat wirklich öfters mal eine freundliche Zärtlichkeit wie wir Frauen es eben mögen, verdient und auch öfters mal Anerkennung für ihr fabelhaftes Verhalten in allen schwierigen Lebenslagen! So, das muss ich doch von mir geben, wo man sein Ende so plötzlich vor sich sehen kann muss ich dies zu Papier bringen, auch wenn Du dabei spöttisch lachen wirst. Mit einem Wiedersehen im November wird es nichts werden, meine Freunde[41] trödeln zu sehr. Lebt wohl, jetzt muss das Tageswerk begonnen werden. Seid alle herzlich umarmt von Eurer Carla.«

Philipp Lüders, der regelmäßig aus seiner neuen Zufluchtsstätte Husum schrieb, hatte anscheinend nach allem Leid in seinem unbehausten Zustand Frieden gefunden, der seinem Alter wohl anstand, doch in den Wirren des Kriegsherbstes 1944 gewiss schwer zu erringen war: »Mittlerweile ist ja besonders wieder Magdeburg das Ziel von Terrorangriffen gewesen und ist man in Sorge um Pohls«, schrieb er am 10. Oktober nach Berlin: »Wenn auch hier in Husum die silbernen unheilschwangeren Vögel überfliegen denkt man schon in Bangen an die Städte, welche Opfer des Angriffs werden mögen. Auch Ihr in Bln habt wohl kaum eine Nacht ungestörten Schlafes? Bombenabwürfe haben wir hier so gut wie gar nicht erlebt! In der Stadt selber überhaupt nicht. Doch das kann natürlich jeden Augenblick anders werden, je schärfer der Kampf bis aufs Messer geht. (…)

Meine Pläne bezüglich Besuches meiner sonstigen Anverwandten in Schleswig, de Boor, und in Hamburg, Jessen, habe ich aufgegeben, weil die Züge häufig im Tiefflug von Moskitos angegriffen werden und man dann schleunigst – oft durch die Fenster – aus der Bahn heraus muß, um auf freiem Feld über Sturzäcker laufend Deckung zu suchen. Das vermag ich natürlich nicht mehr. (…) Um nicht vor der Zeit zu verblöden, treibe ich Sprachstudien! so jetzt Dänisch, was einem im Grenzland ja nur von Nutzen sein kann. Außerdem vertiefe ich mich in Storm, der mir ja in dieser Landschaft auf Schritt u. Tritt begegnet. (…) ›Immensee und andere Sommergeschichten‹ gewinnen so recht erst Gestalt bei Spaziergängen durch die Gassen dieser Stadt oder über den alten ›Kirchhof zum Gasthaus von St. Jürgen‹, auf dem Theodor Storm seine letzte Ruhestätte fand.«

---

41 *Gemeint sind die alliierten Truppen.*

Viele hundert Kilometer weiter östlich war von innerem Frieden und äußerer scheinbarer Ruhe kaum die Rede: Die sowjetische Offensive gegen Ostpreußen wurde zwar nach Anfangserfolgen vorerst abgeschlagen, doch nun stand die Rote Armee bereits auf deutschem Boden und die Entdeckung der Gräueltaten, die sowjetische Soldaten an den deutschen Dorfbewohnern von Nemmersdorf südlich von Gumbinnen verübt hatten, wirkte wie ein Fanal. Die Parteipropaganda war keine Propaganda, die Regierung hatte nicht übertrieben – um keinen Preis durften Deutsche, weder Zivilbevölkerung noch Soldaten, der Roten Armee in die Hände fallen! Ob sich wohl einige der flüchtenden Menschen in ihrer Todesangst fragten, woher dieses schreckliche Rachebedürfnis der sowjetischen Soldaten stammte?

Auf Seiten der Nazis, um nicht zu sagen der deutschen Regierung, bestanden solche Rachegefühle ganz offensichtlich – wie ließe sich sonst erklären, dass die Insassen der Konzentrations- und Arbeitslager im Osten, die vor dem anstürmenden Feind aufgelöst wurden, mit unverminderter Grausamkeit verfolgt, auf Fußmärschen ins Reich oder ins Meer getrieben, erschossen, erschlagen wurden, als gelte es bis zur letztmöglichen Minute furchtbare Rache an Hitlers persönlichen Feinden zu nehmen.

Eines der berüchtigtsten KZs war Stutthof, ganz in der Nähe Danzigs gelegen; wie weit war in der Stadt bekannt, was dort vor sich ging? Meine Tante Hildegard Geppert, dienstverpflichtet an die »Auffangstelle für die Hochschulen des Ostlandes im Auslandsamt der Dozentenschaft« in Danzig-Langfuhr, war sicherlich so mit ihrem Auftrag, der »Heimholung volksdeutscher Dozenten«, beschäftigt, daß sie darüber nichts anderes hörte und sah. Dagegen erlebte sie in Danzig aus nächster Nähe die ersten großen Flüchtlingstransporte. Am 11. Oktober schrieb sie der jüngsten Schwester nach Gießen: »Trotz gehäufter Arbeit und fast ununterbrochenem Einströmen von Flüchtlingen (heute kam die ›Steuben‹ zum 2. Mal, Kriegsmarine mit Flüchtlingen, Soldaten + Gefangenen) denke ich oft an Euch, denn leider gibt der Wehrmachtsbericht ja oft Anlaß dazu! Ich fürchte, dass Euch die Alarme nervlich doch arg zusetzen. (…)

Dadurch dass wir unentwegt zu tun haben, vergessen wir oft über den Tagesgeschäften den Krieg, der doch eigentlich der Anlass zu unserer Tätigkeit ist. Manchmal überkommt es uns voller Grimm uns vorzustellen, dass die völkisch so wertvollen Siebenbürger wahrscheinlich von den Sowjets restlos verschleppt und somit systematisch vernichtet werden, während wir hier aus dem Nordosten Leute hereinlassen und auch hereinholen, die höchstens II. Klasse, wenn nicht noch minderwertiger sind. Man merkt ihnen an, dass sie noch vor 2 Generationen Knechtsvolk und die Balten das Herrenvolk waren. Ihre Selbstsicherheit ist krampfhaft, d. h. teils sind sie frech, teils schüchtern u. kriecherisch, eine unangenehme Mischung. Dass Siebenbürgen nicht evakuiert worden ist, ist eine Sünde wider den hlg. Geist des Volkstums, die man den Nazis nie vergessen darf!! – Während ich dies schreibe, entscheidet sich das Schicksal Aachens und noch so manches. Die

Weltsicherheitskonferenz[42] ist insofern eine Groteske als ihre Bemühungen gewiss so scheitern werden wie die Pläne des Völkerbundes.«

Peinlich, hochpeinlich. In Hildegards »arischem« Häuschen haben wir überlebt: Weil wir ihrem Herzen nahe standen wären wir nicht II. Klasse gewesen? »Völkisch« wertvoll waren weder der Schwager noch Neffe oder Nichte, da ein Gemisch aus verschiedenen Rassen, von denen eine minderwertig. Wie viele Menschen guten Willens, die bereit waren sich für ihre Freunde einzusetzen, waren wie Hildegard dem »völkischen« Wahn verfallen? Wie viele Deutsche erzählten noch Jahrzehnte später von ihrem Engagement für ihre jüdischen Freunde, von Hilfsaktionen dieser oder jener Art. Wenn dennoch so viele Verfolgte umgekommen sind, steht zu vermuten, dass sie den Ansprüchen ihrer Helfer nicht vollauf genüge tun konnten. Oder war es ihr Schicksal, das sie unentrinnbar in den Orkus verdammte?

Das Schicksal Aachens entschied sich übrigens erst zehn Tage später, nach langen schweren Kämpfen wurde die erste deutsche Großstadt am 21. Oktober von den Amerikanern eingenommen – oder befreit, eine Frage der Perspektive. Zu diesem Zeitpunkt lag Nana, Sabines Gießener Schwester, bereits seit acht Tagen mit Diphterie im Krankenhaus, bei drei kleinen Kindern, der Jüngste gerade sechs Monate alt, eine rechte Katastrophe, die aber dank einer tatkräftigen Nachbarin sich gar nicht so verheerend bemerkbar machte. Der Zufall wollte es, dass Nana in eben jenem »Haus Voit« der Universitätskliniken Gießen untergebracht war, in das einige Jahre zuvor die ältere Schwester Hildegard wegen ihrer Meningitis-Erkrankung eingeliefert worden war. Die schrieb ihr nun aus Danzig am 18. Oktober, wenige Tage nachdem die Heeresgruppe Nord Riga geräumt und sich nach Kurland zurückgezogen hatte. Die Landverbindung nach Ostpreußen war durch den sowjetischen Vorstoß zur Memelmündung abgeschnitten, und trotz wiederholter schwerer Kämpfe sollte die sogenannte »Kurland-Armee« bis Kriegsende dort im äußersten Nordosten ausharren – und an anderer Stelle verzweifelt fehlen.

»Wir haben bisher 500 Menschen durchgeschleust. 280 davon sind noch vorhanden, lagern auf Strohsäcken in Aula und Hörsälen der TH. Alle müssen zur Entlausung, das muss kontrolliert, abgebucht werden, sonst bekommen sie nicht den Marschbefehl zur Weiterreise ins Reich. Vielen fehlen noch die deutschen Polizeistempel, die meisten haben keine Lebensmittelmarken am Schiff bekommen, wie das in den ersten Wochen der Brauch war; einer hat einen Bruch, der zweite Zahnweh, die dritte will Bescheinigung, dass sie ihr Kind stillt, die vierte hat ein Dickdarmgeschwür, beide brauchen Zusatzkarten – wie soll man sich die

---

42 Verweis auf den in Dumbarton Oaks am 7. Oktober 1944 gefassten Beschluss der Vertreter von USA, Großbritannien, Sowjetunion und China, den »Völkerbund« durch eine neue internationale Organisation zu ersetzen: Die zukünftigen »Vereinten Nationen«.

zuständigen Ärzte aus den Rippen schneiden, wenn sie alle an der Front sind?! Die lettischen u. estnischen Ärzte, die uns brauchbar und sauber erscheinen, senden wir gleich hier zur Gesundheitsführung und haben mehreren schon Tätigkeit in kleineren Städten von Westpreußen vermittelt. Puh, wir sind froh um jeden, der abreist und Platz macht für Nachdrängende! Kürzlich kam nachts, als ich Nachtwache hatte, ein Botaniker mit Frau, Kleinkind und alter, bäuerlicher Schwiegermutter, nass von Regen mit Sack und Pack – es griff mir ans Herz, ich musste an Otto und seine Familie denken! Möge Gott Euch vor solchem Zustand bewahren.«

Natürlich gab es in dieser Zeit einen intensiven Briefverkehr zwischen den Schwestern, jede machte sich Sorgen um die mit Diphterie geschlagene Nana. Aber Nöte anderer Art gab es auch wieder einmal in meinem Elternhaus in Berlin. So schrieb Sabine am 22. Oktober nach Gießen: »Wir haben mal wieder rechte Sorgen. Gestern war ein Verwandter von Karlernst Pohl da, der uns von den neuesten Plänen berichtete. Da es Millionen von Menschen schlecht geht, warum sollte man gerade uns in Ruhe lassen? Es muß doch immer etwas geschehen und nach der Rede von Himmler, die ja sehr scharf war, ist zu befürchten, daß der nächste Prügelknabe die Mischehen sein werden. Seit 33 leben wir in dieser Angst, sind bisher noch gut davon gekommen, sollte es uns ausgerechnet jetzt noch treffen? Das wäre schon bitter.

Erich sieht in einer Weise elend aus, daß es direkt erschreckend ist. Ich habe jetzt wirklich einen alten gebrochenen Mann. Ob er noch größere Strapazen durchhalten kann und sei es auch nur für Monate, bezweifle ich. Er sieht ja sooo elend aus. Grau u. eingefallen und am Körper wie ein Skelett. Neulich bekam ich direkt einen Schrecken, als ich fühlte, wie wenig, wie beängstigend wenig an ihm dran ist. Lach nicht, aber ich hatte das Gefühl, es sei Leichenschändung! Ich empfinde mich dagegen straff und jugendlich (objektiv betrachtet, dürfte das natürlich auch nicht stimmen).

Irma, die nun seit 17. weg ist, war gestern schon mal besuchsweise bei uns, um Bericht zu erstatten. Eigentlich sollte sie als Reinigerin ins Luftgau-Kommando, worüber wir alle mit ihr höchst entsetzt waren, denn das bedeutete außerdem Barackenleben mit Ostmädels u. Ukrainerinnen zusammen. Nun ist sie aber Küchenhilfe und Serviererin im Offizierskasino eines Luftgau-Kommandos in Wannsee. Das ist für sie wesentlich besser. Natürlich viel mehr Arbeit als hier; aber sie hat doch nachträglich anerkannt wie gut sie es hier hatte. Wenigstens nachträglich!!! Also viel Arbeit und Lauferei; aber sehr anständige Verpflegung. Sie erzählte, wie großzügig, um nicht zu sagen verschwenderisch man dort mit Resten umging. Und ich stehe eine geschlagene Stunde an, um Fisch zu kriegen, sogar Karpfen und der ist dann schlecht und man muß die Hälfte wegwerfen!! Stell Dir vor, neulich ist mir beim Einfüllen von ausgelassenem Fett, das ich mir auch in 1½ Stunden ›erstanden‹ hatte, das Glas geplatzt und ca ¼ Pfd. in den darunter gelegten Abwaschlappen gelaufen. Ich hab direkt geheult! (...)

Denke Dir, ich spiele seit 4 Wochen wieder im Ärzte-Orchester mit! Auf Herthas Anregung hin. Sonnabend von 5–½7. Es macht sehr viel Spaß. Ich spiele jetzt 1. Geige u. muß mich mächtig zusammen nehmen. (…) Es ist wunderbar, wie die Musik gefangen nimmt, weil man sich restlos konzentrieren muß. Man kann wenigstens für Zeitspannen die grausige Gegenwart vergessen. Welcher fürchterlichen Zukunft gehen wir alle entgegen! Aachen hat den Anfang gemacht – es ist nicht auszudenken, wieviele Städte und Menschen noch folgen müssen. ›Wahnsinn, Du siegst – u. ich muß untergehen!‹«[43]

Schneller als erwartet wurde die Diphterie-Patientin aus dem Krankenhaus entlassen, so schrieb ihr Sabine bereits einen Tag später am 23. Oktober wieder: »Ja, Nana, ich kann mir schon denken, daß Dir das Leben zuhause mit den dauernden Pflichten und dem pausenlosen Bereitsein etwas bevorsteht. Natürlich ist das ein Zeichen, daß Dich die Krankheit doch mitgenommen hat. Dies Gefühl, daß man eigentlich immer nur abgeben muß und so selten Empfänger ist, kenne ich gut. Oh ja! Allerdings muß ich ehrlichen Herzens zugeben, daß Erich in den entscheidenden Augenblicken unseres immer wieder von neuem gefährdeten Lebens derjenige ist, der den Mut nicht sinken läßt.

Gestern war ein böser Tag für uns, weil man uns von zwei Seiten mit falsch verstandenen Gerüchten die Hölle heiß machte. Ich war wie zerschlagen. Da war Erich derjenige, der für Ruhe und Ordnung u. vor allen Dingen Zuversicht sorgte. Ich bin ihm sehr dankbar dafür. Es kommt ja immer wieder zu Tage, daß wir in den wichtigen Punkten des Lebens harmonieren und uns gegenseitig ergänzen, wenn auch leider zugegeben werden muß, daß der Kleinkrieg deshalb nicht aufhört. Oft wegen so lächerlicher Dinge! Ich kann es leider nicht lernen, im richtigen Augenblick den Mund zu halten. Erich meinte neulich mal: Wenn du doch endlich mal lernen wolltest, ja zu sagen und stillschweigend nein zu tun.«

Auch in Magdeburg hatte es neue Bedrohungen gegeben. Es war als ob das »Dritte Reich«, sichtlich dem Ende entgegengehend, noch einmal alle bösen, menschenverachtenden Kräfte auf die Vernichtung der ewigen Gegner seiner Weltanschauung konzentrierte.

»Wir sind froh und dankbar«, schrieb Karlernst am 25. Oktober 1944, »daß die O. T. Klippe [»Organisation Todt«] zunächst umschifft ist. Der SeniorChef hatte sich persönlich eingesetzt und war mit mir drei Stunden am vorigen (…) Dienstag umhergelaufen und hatte auf dem Arbeitsamt energisch an 2 Stellen protestiert; der Schluß des Briefes der Firma schob dem Arbeitsamt (…) jede Verantwortung dafür zu, daß irgend etwas in der nächsten Zeit in Nachrichtenfragen des Betriebes nicht klappen würde, falls ich eingezogen würde. Der Volkssturm, zu dem ich mich heute melden wollte, wird vielleicht auch mit ähnlicher Bescheinigung umschifft werden können, sofern ich überhaupt für eine Meldung in Frage komme, was mir nicht sicher ist.

---

43 *Frei abgewandeltes Zitat, original: »Unsinn, du siegst – und ich muß untergehen.« (Friedrich Schiller, »Die Jungfrau von Orleans«).*

Jedenfalls danken wir Euch auch noch auf diesem Wege herzlich für Euer Mitgefühl mit unseren Sorgen, denen gegenüber die Euren wegen der Kinder ja noch größer sind. Gott gebe, daß Ihr und wir weiterhin verschont bleiben, obgleich meine Ansicht weiterhin die bleibt, daß mit Verschärfung der allgemeinen Lage die Maßnahmen sich weiterhin fühlbar verschärfen werden. (…) Morgen früh muß ich auf dem Wirtschaftsamt einen neuen Haushaltspass beantragen und befürchte auch hierbei neue Schwierigkeiten wegen Carla. Alarm jetzt oft täglich 2x. Bisher hat sich die Bombenlast meist westlich von uns entladen und wir sind nur überflogen worden. (…)

Morgen geht es wieder für 30 Stunden ins Werk wegen Luftschutzwache. Man sitzt immer in Unruhe draußen, wenn etwas los ist, da jedes Mal alle Verbindungen unterbrochen waren und man nie weiß was in der Stadt passiert ist. Hoffen wir, dass es bald vorbeigeht, aber für mich will dies noch gar nicht scheinen, vorläufig, und ich sehe für uns hier schwarz, nachdem Kassel, Hannover, Bremen und Hamburg im Nordwesten stark gelitten haben. Wir müssen uns in Geduld fassen und können nur mit Glück für uns alle weiterhoffen, daß wir durchkommen. Die sinnlosen Terrorangriffe können nach meiner Meinung letzten Endes kein Ende bringen und ich befürchte Gas – letzten Endes – worauf die wiederholte Rückfrage nach Masken und Besprechungen beim Luftschutz hinzuweisen scheinen. (…)

Der Stillstand im Westen, wie er uns aufgetischt wird, hängt wohl mehr daran, daß die Westmächte ihre Etappen in Ordnung bringen müssen als daran, daß unsere Abwehr so stark geworden ist. Außer bei Aachen und in Lothringen bzw. Westvogesen ist wohl von feindlichem Angriff z. Zt. nichts zu spüren.«

In einem zweiten beigelegten Brief schrieb Carla: »Ich kann im Augenblick den Brief der Madame S. [von Seeckt] nicht finden, er folgt baldigst mit der Marke. Ich finde es fabelhaft anständig, dass sie Dir so nett schreibt und Martha so liebevoll gedenkt. Die hat sich ihren Lebensabend auch anders gedacht. Was mich anbetrifft, so bin ich dankbar für jeden Tag, den wir hier zu Hause im warmen Zimmer behaglich zusammen verleben können. Wenn K. hier verbleiben könnte, dann erscheint mir alles nicht so unmöglich zu überwinden und was auch für mich kommen sollte, so nehme ich die Gewißheit mit, daß es nicht mehr allzu lange dauern kann. In dem ›allzu lang‹ liegt aber dennoch die volle Gefahr, dass es einen dennoch haschen könnte!! Ändern kann ich das mir zugedachte Los nicht, also muss man es zu meistern versuchen. (…) Ich war Sonntag in der Kirche, es war so wohltuend Gott für alle Gnade danken zu können. Volksmund sagt hier, man muss in die Katharinenkirche zum beten gehen, da kämen die Gebete schneller zum Himmel hinauf, weil kein Dach mehr da ist.«

Es sollte tatsächlich »allzu lang« dauern, mehr als sechs tödliche Monate, ehe dieser alle menschliche Vorstellungskraft übertreffende Krieg sein schreckliches Ende fand. Millionen und Abermillionen sollten noch ihr Leben verlieren. Carla und Karlernst Pohl überlebten in Magdeburg, doch auch ihnen standen noch viele schreckenserfüllte Tage und Nächte unter den Bomben und anderen Bedrohungen bevor.

Ein letztes Mal meldete sich Hildegard am 27. Oktober 1944 aus Danzig bei ihrer Schwester Nana in Gießen: »Ich wäre jetzt sehr gern bei Euch und würde Dir helfen, das kannst Du mir glauben! Denn ich bin mit meiner Schaffenskraft und meinem Humor ganz obenauf. Ich bin manchmal so glücklich bei m. Arbeit, dass ich den Krieg, der doch der Anlass dazu ist, ganz vergesse. (…) Irgendeinen kleinen Urlaub herauszuschinden, wenn hier ab 1. 11. unsre Auffangstelle wegen Beginn des Semesters geschlossen wird, geht auch nicht an, denn wir müssen die beaux restes [schönen Reste] unsres Lagers, ca. 300 Menschen nach Mitteldeutschland wahrscheinlich in die Nähe von Weimar überführen und da werde ich aller Voraussicht nach den Bärenführer und Quartierleiter machen müssen. (…)

Bine jagte mir einen grossen Schreck ein durch die Nachricht, dass das Gerücht, alle Mischehen würden kaserniert und von den Kindern getrennt, sich nun zur Wirklichkeit verdichten würde. Sie schrieb ganz mutlos. Gottlob aber war der sensationslustige Vetter von Erich, der das Gerücht brachte, nicht richtig informiert, und so können Alenfelds wieder etwas aufatmen. Ich hatte ihnen vorgeschlagen, mit meinem Einverständnis das Häuschen an Ausgebombte, Bekannte selbstverständlich, zu vermieten und selber aufs Land zu gehen, wo sie nicht ohne weiteres ›greifbar‹ sind. Nun, diese Flucht (man muss die Sache ohne Scheu bei Namen nennen!) käme wohl erst als allerletzte und bitterste Lösung der Frage in Betracht.«

Am 2. November, einen Tag nach Sabines 42. Geburtstag, fand diese Zeit für einen langen Brief an ihre Schwester Nana in Gießen: »Meine Gedanken sind jetzt so viel bei Dir, daß ich Dir umgehend für den lieben Geburtstagsbrief danken möchte. Die Wünsche meiner vielen schriftlichen Gratulanten gipfelten alle in den gleichen Worten: ›Gesundheit u. ein Dach über dem Kopf und Gottes Schutz für Dich u. die Deinen!‹ Daß das die wichtigsten Lebensgüter sind, haben wir durch die schwere Zeit gelernt und haben auch gelernt, sie zu schätzen. Ich muß sagen: Gesundheit ist wirklich das A u. O des Lebens; es läßt sich alles leichter ertragen, wenn die Maschine Mensch richtig funktioniert.

Und da bin ich gleich wieder bei den Sorgen, die ich Deinetwegen habe. (…) Sag mal ist es denn unbedingt nötig, dass Du Wölfchen noch weiter nährst? (…) Ich meine Du solltest Dir mal überlegen, ob es jetzt nicht der gegebene Zeitpunkt ist, ihn abzusetzen. Wie Du sonst Deine Kräfte schonen kannst, weiß ich nicht recht. Daß Du zunächst nur das Nötigste tust ist schon klar. Aber auch das Nötigste ist, wenn man nicht auf dem Posten ist, oftmals reichlich viel. Ich habe Dich immer bewundert, wie gut Du Dinge liegen lassen kannst – ich kann es jetzt auch! Im übrigen finde ich, dass – um mit Mutti zu reden – die wahre Kunst der Haushaltung darin besteht, zu finden, was man nicht tun muß! Bisher geht es ohne Irmgard sehr gut ohne dass Gemütlichkeit oder Sauberkeit leiden. Die Kinder helfen mit erstaunlicher Selbstverständlichkeit. Erich greift auch oft ein. Die Heizung habe ich allerdings stillschweigend übernommen, da ich mehr Erfahrung habe und es mir ja auch schneller von der Hand geht.

Mein Geburtstag verlief sehr nett, ich brauchte mich auch garnicht abzuhetzen. (…) Wir waren nach und nach 10 Personen beim Kaffee. Fürs 6. Kriegsjahr eine große Runde, die sich an 3 Kuchen erfreute. Erich spendierte sogar eine Flasche Rotwein.

Die Kinder hatten sich mit kleinen Basteleien viel Mühe gegeben: amüsant verpackter Brombeerblättertee, Kürbiskerne und (wenig) Bucheckern. Außerdem hatte Justus mit Streichhölzern eine 42 in einen kleinen Sandkasten gesteckt, die dann um 5 Uhr pünktlich – das ist nämlich meine Geburtsstunde – in Flammen aufging. Eine eindrucksvolle Ovation fürs Älterwerden! Er fiel mir dann liebevoll um den Hals u. meinte: Olle, komm her, nun bist Du nicht mehr jung! Heute ergeht er sich ständig in schonungsvollen Redensarten über sein ›Altes Mütterlein‹, das schon ganz zitterig ist. Reni bemerkte dagegen trocken und nur den Tatsachen zugänglich: Ich finde keinen Unterschied bei Mutti. Gestern war sie auch schon grau. (…)

Wir machen uns auch mit dem Gedanken vertraut, daß man Erich eines Tages holen wird. Die arischen Männer in Mischehen und die Mischlinge I. Grades kommen jetzt zur O. T. [»Organisation Todt«]. Warum sollte man bei Leuten in Erichs Lage halt machen? Es sind zwar nicht mehr viel hier, aber gemessen an dem, wie es den Soldaten draußen geht, geht es ihnen hier noch gut u. das wird auch der Grund sein, sie auch heranzuziehen und natürlich zu den schlechtesten Arbeiten. Wäre Erichs Gesundheitszustand nicht so schlecht, würde ich mich leichter damit abfinden. So bekümmert es mich recht. Aber noch ist es nicht so weit. Du hast recht: man darf sich nicht schon vorher mürbe machen lassen. Ich genieße jedenfalls jeden Tag, den ich ihn noch hier habe.«

An eben diesem 2. November 1944 wurden in Auschwitz die Vergasungen eingestellt. Die Zerstörung der verräterischen Gaskammern und Krematorien sollte sich noch über den ganzen Monat November hinziehen, doch die unmenschliche Behandlung der Häftlinge nahm keineswegs an Härte und Grausamkeit ab. Es war, wie Karlernst befürchtet hatte, mit der Verschärfung der allgemeinen Lage eher eine Verschärfung der Maßnahmen gegen Regimegegner und Feinde jeglicher Art eingetreten.

Unter dem 3. November hat unsere »nationalpolitische« Schülerin nach wohlbekanntem Muster Rechenaufgaben in ihr Heft eingetragen:

»Kohlenklaus Luftrechnung.
Es gibt in Deutschland mindestens 30 Mill. Öfen und Herde, die durch Nebenluft infolge undichter Türen, Kacheln, Rauchrohre am Tage 0,8 kg Kohle zu viel verbrauchen. (24 Mill Kg)
1.- Wie viele Bergmannarbeitsstunden werden im Monat durch Nebenluft der

30 Mill. versaubeutelt, wenn ein Bergmann in acht Stunden 1 600 kg Kohle fördert?
2.- Wieviele Panzer könnten in dieser Zeit gebaut werden, wenn in einem Panzer 12 000 Arbeitsstunden stecken?
Verdirb dem Kohlenklau den Spaß und spar' mit Kohle, Strom und Gas.
Den Gashahn stellt man ein, nur Kohlenklau stellt nie auf klein.
Der Öfen Zustand weist es aus, ob Kohlenklau bei euch zu Haus.
Beim Stromverbrauch für Kraft und Licht, ist meistens Kohlenklau in Sicht.«

Zum 8. November, Erichs 53. Geburtstag, schrieb ihm seine Schwester Carla am Sonntagabend dem 5. November aus Magdeburg: »Gott gebe, dass Du gesund bleibst und was auch uns noch beschieden sein mag, gut überstehen kannst und dass ein gut Teil aller schweren Sorgen sich nicht verwirklichen. Ja, das wünsche ich Dir und uns aus tiefstem Herzen. Wie dankbar legt man sich abends in sein weiches Nest und ist froh, wenn wieder ein Tag gut verlaufen ist! Möchte es weiterhin so gnädig für uns bleiben! (…)

Mich bedrücken nicht allein meine schweren Sorgen, mich bedrückt vor allem Karlernst' Niedergeschlagenheit und seine Mutlosigkeit. Ich versuche ihn zu stützen, denn so macht er sich ja seelisch und körperlich völlig kaputt. Eigentlich bin ich selber erstaunt, woher ich die Kraft noch nehme Mutter u. Karlernst meine Sorgen zu verheimlichen und sie zu überreden, dass ich schon mit allem fertig werden werde. Nun quält ihn natürlich die Meldung. Logischerweise kann das ja nicht gut abgehen, denn es handelt sich ja nicht um Truppen mit Waffen, sondern ›Der Glaube‹ wird als Rüstzeug mitgegeben. (…)

Ich bin emsig dabei mir warmen Pullover zu stricken und warme Unterwäsche, so weit im Besitz, ist gestopft, Rucksack u. Handkoffer stehen bereit. Leider besitze ich keine derben Stiefel. Ida gibt mir derbe Halbschuhe und ein altes Paar von mir geht auch. Liebes Binchen, hab' doch trotz aller Arbeit mal ein paar Minuten für mich Zeit und mach mal einen Zettel zurecht mit allem, was Du an meiner Stelle einpacken würdest. Bitte lach nicht über mich, es wäre mir eine grosse Beruhigung, wenn Du mir diese Hilfe gäbest. Wenn ich nur wüsste, ob K. in der Wohnung verbleiben kann wenn ich fort muss. Wenn doch blos die andere Entwicklung schneller vor sich gehen würde!

Wir freuen uns, dass die Angriffe bei Euch gut verlaufen sind. Auch wir haben wohl täglich Alarm, meist um die Mittagszeit und regelmässig gegen 8 Uhr Abends. Das macht die lieben Mitmenschen nervös; ich habe andere Sorgen, die bestimmt schwerer lasten. Heute ist K. auf Wache in R., kommt erst Montag Nachmittag nach Hause, schade um den Sonntag. Hoffentlich kommt heute Nacht kein Angriff, bisher verlief der Tag ohne Alarm. Ida war zu Tisch bei mir, die erlebte dieser Tage auf ihrer Bahnpoststrecke zwischen Aschersleben – Thale Tiefangriff auf den Zug. Ihre Familie sitzt noch auf dem Hof in Ostpreußen!

Erster Befehl des Fertigmachens für den Treck ist zurückgenommen; sie kommen per Bahn fort, können noch weniger mitnehmen. Ein Jammer überall.«

Auch Tante Lies, Karlernsts Mutter, Frau Oberst Pohl, schrieb am 6. November aus Magdeburg:

»Mein Lieber Erich!

Heute komme ich nun zu Dir mit sehr lieben treuen Wünschen zu Deinem Geburtstag. Könnte man doch nur irgend etwas tun, um die schweren Sorgen die Euch immer bedrücken zu verscheuchen. Aber man ist ja so machtlos und kann nur immer beten, daß unser Herrgott das Schwerste von Euch abwenden möge. Es ist ja schon so manches gnädig vorüber gegangen und wir wollen hoffen, daß Ihr auch dieses Mal verschont bleibt. (...) Jeder Tag der gut vorüber geht ist ja doch wie ein Geschenk. Ich finde es so schön, daß ich jetzt so ganz bei den Kindern bin, wir wissen ja nicht, wie lange wir uns noch haben.«

Am 7. November 1944 meldete sich Hildegard aus dem Zug »Danzig-Dt. Eylau-Posen-Leipzig-Weimar«: »Also von den 600 Durchgeschleusten bringe ich nun den Rest von 70 Mann nach Weimar, wo sie in kl. Nachbarorten und in Privatquartieren in W. selbst unterkommen werden. Ich schlage in W. selbst m. Hauptquartier auf und hoffe, dass ich binnen 4 Wochen alle zum Arbeitseinsatz gebracht haben werde. Die meisten Chemiker, Biologen, Ärzte und Techniker konnten wir in ihrem Spezialfach auf Kriegsdauer unterbringen. Schwieriger als der Arbeitsplatz war die Unterkunft für die vielköpfigen Familien zu finden! Das Reich wird immer voller, enger und kleiner ...«

»Lieber Erich, nun ist es doch wieder die letzte Minute geworden, die mir die Feder in die Hand drückt«, meldete sich am gleichen Tag Karlernst aus Magdeburg, »um Dir einen gutgemeinten Geburtstagswunsch zu senden. Nimm meine besten Wünsche für Dich entgegen, Gesundheit und weiteres gutes Durchkommen bis zu einem recht baldigen guten Ende, das den Druck der letzten Jahre von uns nimmt und für die uns allen bleibenden letzten Jahre noch die Möglichkeit lässt, nach alten Begriffen zu leben und zu schaffen. (...) Für morgen und übermorgen können wir uns wohl an allen Orten auf etwas gefasst machen an den historischen Tagen [9. November, »Reichspogromnacht«]. (...)

Ist Ostpreußen wirklich aufgehalten, oder greift der Russe nicht an? Wie sieht es vor Budapest aus; was macht und wie steht die Front zwischen Belgrad und Triest? Fragen ohne Antworten. Im Westen scheint bis auf die schweren Kämpfe in Westholland z. Zt. auch ein Stillstand zu sein. In Sachen Volkssturm habe ich noch nichts gehört; ich kann mir nicht denken, daß man mich heranziehen wird. Vielleicht sollte die O. T. Einberufung alle unerwünschten Menschen u. a. vorher eliminieren, damit diese garnicht erst mit den anderen zusammen kamen.«

Auch Anneliese hatte meinem Vater zum Geburtstag gratuliert und ihm allerlei abgesparte Lebensmittelmarken zur Stärkung geschickt; ihr Brief ist verloren gegangen, doch Erichs Antwort an die so sehr geschätzte Schwägerin blieb glücklicherweise erhalten:

»Liebe Anneliese«, schrieb Erich am 13. November, »Ich danke Dir herzlichst für Deine warmgehaltenen Glückwünsche sowie für die verschiedenen Lebensmittel, die Du mir zukommen liessest. Ich werde auch alles zu mir nehmen, denn ich weiss leider selber, wie stark ich im letzten Jahre abgefallen bin. Unaufhaltsam ist dieser Schrumpfungsprozess vor sich gegangen, obwohl ich nicht an einer ernstlichen Krankheit leide, es sind allein die Nerven, die streiken und das Futter nicht richtig verwerten. Der Druck der letzten Jahre war hart und die noch zunehmende Unsicherheit bezüglich der Zukunft lastet schwer auf mir. Die Dinge haben in den letzten Wochen eine ganz bestimmte Richtung eingeschlagen.

Vor kürzerer Zeit ist es zwischen Himmler und Speer zu heftigen Kontroversen wegen dieses einen Sektors der Bevölkerung gekommen. Himmler hat gesiegt. Irgendwelche wirtschaftliche Überlegungen sind beiseite geschoben. Auf Grund eines Befehls des Reichsführers SS und des Ersatzheeres sind alle Arier, die jüdisch versippt sind und alle Mischlinge I aus staatspolitischen und polizeisicherungsGründen zur Organisation Todt für Baubatallione eingezogen worden. Reklamationen sind nicht zu berücksichtigen. Personen, die infolge Krankheit nicht geeignet sind für Baubatallione, sind zu körperlicher Arbeit heranzuziehen, in gleicher Weise zu gemeinschaftlicher körperlicher Arbeit die weiblichen Mischlinge I und die jüdisch versippten arischen Frauen. Das Einziehen der Männer ist in vollem Gange.

Es gibt zwei sogenannte Aktionen: Aktion Mitte und Aktion Hase. Zu ersterer sind, soweit man sehen kann, die älteren Jahrgänge gekommen. Sie sollen nach Thüringen gekommen sein, zum Bauen von Fabriken, angeblich unterirdischen Werkstätten in verlassenen Gipsbergwerken [vermutlich »Mittelbau-Dora«]. Die jüngeren Kräfte sind nach Holland zum Schanzen gekommen. (…)

Da man von früheren Aktionen wusste, dass ein grosser Teil der betreffenden Personen in leitenden Stellungen in der Wirtschaft beschäftigt ist, so hat man fast alle Reklamationen abgelehnt. Die wirtschaftlichen Stellen: Gauwirtschaftskammer und Rüstungskommando sind ausgeschaltet. Allein die politischen Stellen: Reichssicherungshauptamt für Juden, die sogenannte Kurfürstenstr.,[44] hat zu befinden. So ist es denn gekommen, dass Bankdirektoren, Chemiker, Ärzte, Rechtsanwälte mit den Baubataillonen davonfuhren, dass ein IngenieurKonstrukteur in einem grossen Werk jetzt als Arbeiter bei einem Essigwerk fungiert, weil er für das

---

44   *In der Kurfürstenstraße 115/116 in Berlin-Schöneberg befand sich das so genannte »Judenreferat IV B4«, eine Dienststelle des »Reichssicherheitshauptamts«, das am 27. September 1939 als Zusammenschluss von »Sicherheitspolizei« (Kriminalpolizei und Gestapo) und dem »SS-Sicherheitsdienst« gegründet worden war. Seit Anfang der Vierzigerjahre organisierte Adolf Eichmann im »Judenreferat« den bürokratischen Teil der »Endlösung«. Das Gebäude, das ursprünglich dem Jüdischen Brüderverein als Vereinshaus diente, wurde 1961 abgerissen, heute befindet sich gegenüber dem dort erbauten Hotel Sylter Hof eine 1998 als Mahnmal gestaltete Bushaltestelle.*

Baubataillon zu krank ist. Tausende sind gemustert, andere sind noch hier; angeblich soll eine Pause eingetreten sein. Nach den Erfahrungen der Vergangenheit traut keiner dieser Pause.

Was nun mich und meine Schicksalsgenossen betrifft, so steht nichts fest. Ein Gerücht sagte, dass auch wir zu Baubataillonen zusammengefasst werden sollten. Andere behaupten das Gegenteil. Die Juden sollten dienstverpflichtet werden und am Wohnort bleiben. Da die meisten bereits dienstverpflichtet sind, so würde dies an dem bestehenden Zustand nichts ändern. Doch kann man dies nie wissen. Die gleiche Ungewissheit herrscht wegen der geplanten Heranziehung der Frauen, die jüdisch versippt sind. (...)

Dass diese Ungewissheit die Nerven belastet, wirst Du Dir vorstellen können. Wenn Du noch hinzunimmst, dass immer wieder Gerüchte aufkommen, dass wir, d. h. die Mischehen kaserniert werden sollen, dann hast Du ein Bild, wie der Krieg für uns im 6. Jahr aussieht. Dazutreten die allgemeinen Nöte, denen alle Zeitgenossen unterworfen sind. Darüber ist nichts weiter zu sagen, denn jeder von uns kennt diese Nöte und jeder hat seinen Anteil daran. Ich freue mich zu hören, dass Eure engere Heimat bisher noch gut davon gekommen ist. Im Rheinland muss es böse aussehen. Mich wundert, dass sie Wetzlar nicht mehr angreifen. Erstens wegen der Fabriken und zweitens wegen der alten Heerstraße durchs Lahntal. Hoffen wir, dass es nicht nachgeholt wird.«

»Eigentlich steht ein Korb voller Stopfwäsche da«, schrieb Sabine ihrer Schwester unter demselben Datum des 13. November 1944 nach Gießen, »aber da ich heute morgen ja schon meine Hausfrauenpflichten in gröbster Weise vernachlässigt habe, kommt es heute abend nun auch nicht mehr drauf an! Heute morgen stand nämlich zu meiner inneren Diskussion: Fensterputzen oder Bach-Konzert üben. Da es sich nur um ½ Stde drehte, zog ich letzteres vor und rührte dann im Rhythmus des Doppelkonzertes mein Mittagessen! Es muß auch mal so rum gehen. Korrekt sein kann jeder! (...)

Erich hat Dir ja ausführlich berichtet, wie die Dinge zur Zeit liegen. Seine Gedanken drehen sich seit Wochen natürlich nur um diese Dinge, was ja ganz erklärlich ist. Unser Leben wird immer mehr ein Wettlauf um ... ja, wie willst Du das nennen. Wettlauf mit dem Tod ist es ohnehin schon – aber für uns ist es noch ein Wettlauf mit der Lebensmöglichkeit. (...) Unser Familienleben ist z. Zt. netter denn je und wir sind froh um jeden Tag, den wir noch in Ruhe verleben können! Daß ich mir im Innern immer wieder Sorgen um Erich mache, kannst Du Dir denken. Der Geist ist willig, aber die Nerven sind schwach und vom Körper ist bald nichts mehr übrig. Er ist wirklich nur noch Haut u. Knochen. (...) Liebe Nana, ich will schließen, Nowgorod ist da und die Männer reden – da kann ich keine rechten Gedanken fassen. Es ist direkt ein Kunststück, dabei überhaupt zu schreiben. Warum hat Hitler seine Proklamation nicht selbst verlesen? Das große Rätsel. Übrigens ist die Stimme von Himmler zeitweise Hitlers so ähnlich, daß man den Eindruck hatte, er spräche selbst.«

»Trotz Verrat und Abfall stehen die Fronten.« Diese Aussage hätte vom »Führer« stammen können, der sein »großdeutsches Volk« noch immer zum »Endsieg« zu führen glaubte und trotz aller Niederlagen und Zerstörungen der Heimat noch immer über genügend Anhänger verfügte, die seinen wahnsinnigen Worten glaubten. »Die neuen Waffen scheinen ja nun zu kommen. Unsere Soldaten leisten ungeheures. Erstaunlich«, schrieb nicht Hitler, sondern Onkel Julius, der Pfarrer in Graz, seinem Patenkind Hildegard Geppert zu ihrem Geburtstag am 23. November: »Wir leben noch. Das bedeutet heute viel, so oder so. Wir haben zu essen. Wir haben zu wohnen. Nur 3 Scheiben sind entzwei, obwohl in unmittelbarer Nähe am 3. XI. Bomben niedergegangen sind. (…)

Übrigens wurde am 1. XI. auch die Burg getroffen. Dann besonders die Bahnhofsanlagen (…) Im Schloßberg sind große Tunnel gebaut worden, und die Menschen strömen herein. Für mehrere Schulen sind sie Zufluchtsort. – Nun bleib heil, gesund, arbeitsfreudig in Deinem neuen Lebensjahr. – Für unser Wohl erbitten wir Kraft, Durchhalten trotz allem, den Feinden zum Tort (schreibt man's so?) Das kommt noch aus dem Lateinischen.«

»Durch den Kurier Peter [Lüders] hören wir von Euch und Eurem soweitigen Wohlbefinden mit großer Freude«, meldeten sich am 19. November 1944 die Magdeburger, deren Sorgen ums Überleben dem Berliner Bruder Erich und der Schwägerin Sabine nur allzu vertraut waren. »Das mitgesandte ReichsgesetzBlatt folgt anbei zurück; die Abänderung des Gesetzes brachte mir nichts Neues, da ich es bereits vor 2 Tagen in unserer hiesigen Presse gelesen hatte. Es ist letzten Endes eine konsequente Weiterentwicklung und eröffnet nach meiner Ansicht innerhalb der Truppe allen Angebereien weitere Türen und Tore. Ich erinnere an die schon länger eingeführten N.S. Führungsoffiziere, von denen ich allerdings nicht weiß, ob diese bis zur Kompagnie herunter zugeteilt sind, oder vorläufig nur bei höheren Verbänden. Ich habe noch nichts Näheres gehört. Sonst scheint mir die Entwicklung zwangsläufig weiterzueilen; wohin es treibt, ist nicht abzusehen und ebenso wenig, wie und wann es sich ändern kann.«

Vielleicht schneller als von Karlernst erwartet sollte es Bewegung geben, erst einmal an der Westfront: »Vorwärts, was das Zeug hält!« hatte General Leclerc, der die 2. Französische Panzerdivision befehligte, seinen Leuten auf den Weg mitgegeben; das Ziel hieß *Strasbourg* und der Brückenkopf bei Kehl, und am 23. November war es tatsächlich geschafft: Französische Panzereinheiten befreiten Straßburg, das im Laufe seiner langen Geschichte bekanntlich mehr als einmal die Nationalität, aber nicht seinen elsässischen Charakter gewechselt hat. Weiter südlich hatte es schon einige Tage zuvor Durchbrüche und Befreiungen gegeben: Die 1. Französische Armee unter General de Lattre de Tassigny, die einst im fernen Afrika die entscheidende Wendung zu den Westalliierten vollzogen hatte, nahm Montbéliard am 17. November ein, am 20. wurde die alte Festung Belfort zurückerobert und gleich am nächsten Tag Mülhausen oder Mulhouse, wie es von nun an wieder heißen sollte.

Doch was im Norden, dem Niederelsass, und ganz im Süden des Elsass so überzeugend gelungen war, sollte im Oberelsass, in der Gegend von Münster in den Vogesen, wie in der Ebene nicht gelingen: Trotz heftigster Kämpfe blieben die deutschen Truppen Herr der Lage, zogen sich in den Brückenkopf von Colmar zurück und wurden erst zwei Monate später von amerikanischen und französischen Einheiten gemeinsam besiegt und auf die rechtsrheinische Seite getrieben.

Was man im »nationalpolitischen« Unterricht am 20. November 1944 in Berlin lernen konnte: »Für uns sind die Gefallenen nicht tot. Das Opfer, das von uns verlangt wird, ist nicht größer als das Opfer, daß zahlreiche Generationen gebracht haben. Alle die Männer, die vor uns den bittersten und schwersten Weg für Deutschland antreten mußten, haben nichts anderes geleistet, als was wir auch zu leisten haben. Adolf Hitler.«

»Denkt ausnahmslos, Mann und Weib, nur daran, daß in diesem Kriege Sein oder Nichtsein unseres Volkes entschieden wird. Und wenn ihr das begreift, dann wird jeder Gedanke von euch und jede Handlung immer nur ein Gebet für unser Deutschland sein. Adolf Hitler, 9. November 1942.«

Am 25. November meldete sich Robert Liebermann aus Hamburg bei Erich, der ihm einige Wochen zuvor ein Memorandum geschickt hatte, von dem sich leider keine Spur in seinem Nachlass findet, das aber offensichtlich die prekäre Lage der »jüdisch Versippten« beiderlei Geschlechts behandelte.

»Einige Wochen sind vergangen, seit Dein letzter Brief mit dem wertvollen Memorandum eintraf, das uns und unsere Bekannten wesentlich beruhigte. Es hat sich bestätigt, daß die Leute [vermutlich »arische« Ehemänner jüdischer Ehefrauen] nur zu einer längeren Pflichtarbeit herangezogen sind, weil sie es bisher in keiner Form getroffen hat. Da hier keine heilen Baracken zur Verfügung stehen, sind die Meisten am 2ten Tag wieder entlassen, sodaß sie weiter zu Hause wohnen können. Viele schippten, andere sind mit Armbinde auf die Wehrmacht vereidigt und bewachen Gefangene, alle Schichten bis zum General und Fabrikdirektor durcheinander.

Für unsereinen [jüdisch mit »arischer« Frau] ist nichts Neues bekannt, wohl weil wir hier (bis auf Consulenten) alle in niedrigstem Arbeitseinsatz stehen. Ich bin nicht Schuhmacher, wie Du euphemistisch erwähnst, sondern Lagerarbeiter in einem Schuh-Engroslager – mit der Tätigkeit als Packer und Transporteur – von Kisten & Kartons, Entladung von Waggons und Kähnen für die Fa. Direkt als Sommerfrische habe ich meine Arbeit in unserem Ausweichlager in der Heide empfunden, wo man sich in der Eisenbahn ausschlafen konnte. Der An-Abmarsch dauerte je 3 Stunden. Da dort genügend N.S. Holländer[45] zur Verfügung stehen,

---

45   »Nationalsozialistische Bewegung der Niederlande« (NSB), von Anton Adriaan Mussert und Cornelis van Geelkerken 1931 in Utrecht nach deutschem Vorbild gegründet. Nach der Besetzung der Niederlande durch die deutsche Wehrmacht, kam es zu intensiver Zusammenarbeit, die Nieder-

hat man uns wieder in der Stadt beschäftigt in miserabler Luft und 10x so gefährdet. (…) Für Deinen heldenmütigen Einsatz in der Testamentssache danke ich Dir nochmals. Vielleicht glückt es bis 1946. Vorher ist der Krieg ja auch nicht zu Ende.

Wieder mal hatten wir in der Woche eine große Aufregung, die meiner lieben Anni sehr zusetzte. Mein neuer Arzt hier erschien bei Anni als Vermittler für eine hochstehende Person (General), der gern unser Haus mit kompl. Einrichtung übernehmen wollte. Er hatte von der Aktion der Wohnungsräumung der M. E. [Mischehen] gehört und wollte sich hier einnisten. Wir setzten alle Argumente, die zu unserer Gunst sprechen, in Bewegung und haben es vorläufig erreicht, daß der Betr. gestern seinen Verzicht übermitteln ließ. Bei den großen Zerstörungen der letzten Wochen in Hbg. wird es mit den Häusern immer knapper, und was uns hierbei sowie in anderer Beziehung noch blüht, ist nicht vorstellbar. Aber vorläufig freuen wir uns jeder Stunde, die wir in unserm hübschen Häuschen genießen können. Mit der neuen Einquartierung sind wir sehr gut gefahren. Unsere liebe Frau Gerber wohnt auch noch unbehelligt bei uns, die damals unbedingt von uns getrennt werden sollte. (…) Wie manchmal denken wir doch jetzt, was Alles unserm Rolf an Rückschlägen und Behandlung seiner Artgenossen erspart geblieben ist.«

Um die gleiche Zeit wurde von Philipp Lüders aus Husum am 27. November 1944 eine Postille auf den Weg geschickt, zuerst an Carla, dann nach Berlin weiterzuleiten, ein liebevoll verfasstes Elaborat, Beweis für des Verfassers inneren Frieden, seinen Humor und seine klassische Gymnasialbildung.

»Liebe Carla, im Brief vom 1. XI. fragst du, womit ich mich den langen Tag beschäftige. Darüber gebe ich Dir gern Auskunft. Alles, was ich hier tue und treibe, steht unter dem Rhythmus der friesischen Landschaft. Das bedeutet vom ›Tempo! Tempo!‹ ungefähr das Gegenteil von Magdeburg oder gar Preußisch-Berlin. Wenn Du mit der Eisenbahn in Husum ankommst, trittst Du aus dem Bahnhof heraus in Marschgelände, auf dem bis in den späten Herbst hinein die Schar der breitgestirnten Rinder des ollen Homer weidet. Der Anblick genügt, um alle etwa in dir noch pulsierende Hast auszutreiben.

Betrittst Du eine der kleinen alten gemütlichen Kneipen am Hafen, dann wäre ein Kommandoruf à la Aschinger wie ›Ober, ein kleines Helles‹ völlig fehl am Platze – ganz abgesehen davon, daß es ein solches unausstehliches Möbel wie einen nach Trinkgeldern schnappsüchtigen Jüngling gar nicht gibt. Meine Hebe[46] heißt Frau Johnson und sie sagt nach einigen bedächtigen einleitenden Worten über das Wetter: ›Na, nun sollen Sie ja wohl eine Tasse Brühe oder einen warmen Söten (Grogk) haben?‹

Nach einiger Zeit öffnet sich wieder die schmale Wirtsstubentür und herein-

---

lande stellten eine halbe Million rechtlich ihren deutschen Kollegen gleichgestellte »Fremdarbeiter« (viele davon freiwillig, vermutlich Anhänger des NSB).

46 *Weiblicher Mundschenk der Götter, Tochter des Zeus und der Hera, Gemahlin des Herakles.*

tritt der Herr Professor, der seinen Stammsitz auf einem Sessel an der Heizung hat und darin einwilligt, daß ich als Akademiker neben ihm auf einer Bank Platz nehme. Er ist ein überzeugter Laudator temporis acti [»Lobredner der Vergangenheit«], alter Burschenschafter und sicherlich ehemals in poto et venere [»bei Wein, Weib und Gesang«] kein Kostverächter. Unsere Unterhaltung vollzieht sich unter dem Motto (aus Faust) ›Ein politisch Lied, ein garstig Lied‹. Kürzlich lenkte er meine Aufmerksamkeit auf ›Mein Freund der Regenpfeifer‹ von Bengt Berg,[47] welches Buch er mir zu genußreicher Lektüre aus seiner Hausbibliothek mitbrachte. Ich flüchte mich angewidert durch unsere Zeitläufte (…) in die Naturbeobachtung, die uns immer wieder neue Rätsel aufgibt und sei es auch nur wie es kommt, daß die Spinnen nicht wie die Fliegen selber an ihrem Gespinst kleben bleiben – um nur einen kleinen Ausschnitt meiner geistigen Beschäftigung Dir bekannt zu geben.

Ansonsten geht es aber in Riesenschritten durch den Makro- und Mikrokosmos à la Goethe, wovon denn Peter in langen philosophischen Betrachtungen Kostproben erhielt, um ihn seiner Vereinsamung zu entreißen und auf ihn aus der Ferne tröstend und erzieherisch einzuwirken. Mit dem Besuch meiner Schifferstammkneipe wird die tägliche körperliche Motion verbunden soweit der Wettergott dies z. Zt. zuläßt. Vgl. Prolog im Himmel: Michael ›Und Stürme brausen um die Wette, vom Meer aufs Land, vom Land aufs Meer, und bilden wütend eine Kette der tiefsten Wirkung rings umher‹ [aus Goethes »Faust«].

Nach dem Morgenfrühstück um 9 Uhr treibe ich Dänisch bis die DAZ um ¾ 10 Uhr kommt nebst evtl. Post. Am Dienstag, Donnerstag und Sbd. ist Schafschur mit 1-1 ½ Stunden Warten bei Peter Jensen in der Nordstr., wo sich der SeniorenClub der Husumer Kleinbürger zusammen findet um sich rasieren zu lassen (Handtücher bitte jeder mitbringen). An den anderen Wochentagen helfe ich mit beim Einholen oder rekognoszire wenigstens was es gibt. Das Fischfräulein Claussen heiße ich Pythia [Priesterin des Orakels von Delphi], weil ihre Auskünfte über eintreffende Fischsendungen ebenso dunkel sind wie bei ihrer Vorgängerin auf dem griechischen Dreistuhl. Die Gemüsefrau heißt Frau Classen und ist spinnert und naseweis, weshalb ich sie unsere Gouvernante taufte. Schon mehrmals hat sie uns zu unserer Überraschung darüber belehrt, daß sie dieses u. jenes nicht hatte, weil Krieg wäre. Ist's die Möglichkeit?«

Die letzte der treuen Briefeschreiber, die sich noch im November meldete, war Elsa Messel, die sich in ihrem gottverlassenen Nest in »Rackow über Tempelberg« in Pommern vor der kalten Jahreszeit fürchtete, ohne im geringsten zu ahnen, welche Schrecknisse dieser Winter Anfang 1945 bringen sollte.

Am 28. November bedankte sie sich erst einmal für Erichs und Sabines Geburtstagsglückwünsche: »Wenn auch in so unendlich schwerer Zeit, von der keiner

---

47   Bengt Berg (1885–1967), schwedischer Vogelforscher und Schriftsteller.

von uns ahnte, dass wir sie in dieser grausamen Härte erleben würden und selbst in beengten und ungewohnten Verhältnissen lebend, kommt es doch an solchem Tage wie Sonnenstrahlen aus finsterem Gewölk brechend auf Einen zu, wenn man so freundliche Beweise der Freundschaft und Liebe erhält. Wie vermisste ich die persönliche Gegenwart der treuen Freunde! Ihr lieber, ausführlicher Brief musste Ersatz sein und ich danke dafür wie für die Sendung des Buches und des sehr willkommenen Briefpapiers. (...)

Ich stimme ganz Ihrer Auffassung über die jetzige Zeitperiode bei; und auch darüber, dass keiner den Ausgang und die Länge des furchtbaren Geschehens abschätzen kann. So schreckliche Berichte hörte ich von den Zerstörungen in den verschiedenen Gegenden – im Rheinland grauenhafte Verhältnisse, Zerstörung der Städte wie Frankfurt, Darmstadt, Wiesbaden (...) von den Städten wie Hamburg, Hannover, Kiel gar nicht zu sprechen. Als ich beim Erscheinen von Spenglers ›Untergang des Abendlandes‹, dessen 1.ten Band ich besass, ihm zustimmte, fand ich viele gegenteilige Auffassungen.[48] Was soll man jetzt sagen? – Was Sie sonst berichten über neue Massnahmen betrübt mich sehr und wird wieder viel Leid in die Familien bringen.[49] Aber auf der anderen Seite ist es ja auch. Ich lese täglich die Traueranzeigen in den Zeitungen u. wie oft der 3te und letzte Sohn gefallen und durch Terrorangriffe ganze Familien oft 4–6 Mitglieder ausgerottet.«

»Zunächst Dank für lieben Brief vom 26. XI., vom Totensonntag«, schrieb Carla am 4. Dezember nach Berlin, »ich habe Pepis [Bruder Walter] Grab in Ordnung gebracht, mit viel Mühe gelang es mir einen kleinen Tannenbaum dort einpflanzen zu können, auch diese Sachen scheinen nur auf Tauschwege zu gehen, wenigstens nach den mit Blumen geschmückten sonstigen Ladenfenstern zu urteilen. Auf dem Südfriedhof sind auch viel Beschädigungen von den Angriffen auf die Kruppwerke. Seit dem 28. September ist kein Angriff gewesen, man wird also wieder bald dran sein. (...)

Die letzten Tage war Hannover von allen Seiten Angriffsziel und ringsherum sind die Bahnanlagen zerstört. Ida fährt 2x die Woche nach Erfurt, konnte Schauergeschichten von Tiefanflügen von unterwegs berichten und von Berichten der Rückgeführten aus dem Westen noch Schlimmeres. Danach führen wir alle hier noch Friedensdasein. (...) Peter [Lüders] schrieb Karte, es ist für ihn weiter alles in Ordnung. Gott gebe, dass es bei Euch auch weiterhin so bleibt! Maria [Bondy,

---

48 Oswald Spengler (1880–1936), Geschichtsphilosoph, Wegbereiter des Nationalsozialismus.

49 *Elsa Messel kam selbst aus einer deutsch-jüdischen Familie: Ihr Vater Max Altmann, ein vermögender Privatbankier, war mosaischer Konfession, während ihre Mutter Helene Protestantin war. Der Vater konvertierte nicht. Zum Zeitpunkt ihrer standesamtlichen Trauung 1892 war Alfred Messel mosaischer Konfession, Elsa protestantisch. Als Alfred Messel 1899 konvertierte, war eine seiner Taufzeuginnen Helene Altmann, seine Schwiegermutter. Alfred und Elsa Messel hatten drei Kinder, alle protestantischen Glaubens. Der älteste Sohn Ludwig fiel im Krieg 1918, die Tochter Ina starb 1919 an Lungenentzündung, das letzte Kind, Irene, wanderte 1939 mit ihrem (volljüdischen) Ehemann Paul Bruck und ihren zwei Kindern nach England aus.*

frühere »halbarische« Haustochter] wird hoffentlich die körperliche Arbeit aushalten. Ich hoffe, dass die weitere Entwicklung all dieser Maßnahmen durch andere Ereignisse gestört werden. (…) Wir können uns denken wie sehr Dich jetzt die Ereignisse im Oberelsass interessieren. Wir waren dort über die Schnelligkeit überrascht. Wo und wann werden die Rheinübergänge kommen? Unser geliebtes Freiburg muss schlimm hergerichtet sein!

Gestern war nun der 1. Advent! Tannengrün war nicht zu haben, dafür lag die Weihnachtsdecke auf dem Kaffeetisch und erinnerte an schönere Zeiten. Habt Ihr für Jumbo und Reni noch Bücher, die wir schenken können? Es bedrückt mich nichts zu haben. In der Stadt ist überhaupt nichts mehr zu kaufen. Die Leute mit Bombenscheinen fahren nach Bernburg und andere Orte zum Einkauf. Ausser Glasketten für teueres Geld und geschmacklosen Holzsachen und Kacheln ist nichts zu kaufen u. das kaufen die ukrainischen Frauen, deren Männer jetzt hier als Soldaten und S. H. D. Leute [»Sicherheits- und Hilfsdienst«] herum laufen. Gestern Morgen war ich in der Ulrichskirche, der einzigen noch völlig intakten Kirche. Die Ruhestunde dort war wohltuend.«

Und dann berichtete Carla dass man »Karlernst irgendeinen Grad im Volkssturm zugeteilt hatte, er ist ihn nach Unterredung losgeworden, muss aber vorläufig Gruppenführer vertreten und somit Wege laufen, die hier in unserem Pottlappenviertel im Dunkeln höchst unangenehm sind. Von der an u. für sich entsetzlichen Bauart dieser Hinterhöfe kann man sich in guten Zeiten kaum Begriff machen, jetzt aber wo hier die Schutthaufen hochgetürmt liegen, am Tage wenigstens das Schild ›Einsturzgefahr‹ zu lesen ist, geht es ja noch, aber nicht im Dunkeln wenn K. nach getaner Tagesarbeit hinter den Kerlen herlaufen muss. Gestern am Sonntag um 7 Uhr Antreten, von 16 waren 4 Mann erschienen! Dazu hat keiner Ausrüstung und die Leute wollen mit ihren eignen Sachen nicht im Dreck draussen liegen. Mach da was dagegen!«

Dezember 1944. Der Weihnachtsmonat. Ob sich die Kinder aufs Weihnachtsfest freuten? Wohl schon. Sie waren ja, allen furchterregenden Geschehnissen zum Trotz, noch immer Kinder. So bastelten sie Adventskalender, probten ihr Krippenspiel im großen Saal des Gemeindehauses, planten Weihnachtsgeschenke »Aus Alt mach Neu«, und ließen sich einfach die Vorfreude nicht austreiben. Die täglichen Bombenalarme, die unruhigen von Flakgeschützgebell erfüllten Nächte, mit grellen »Weihnachtsbäumen« am Himmel, wie man die Positionsleuchtkörper während der Angriffe nannte, die die Gegend hell erleuchteten, auf die dann die Bomben fallen sollten, die Tiefangriffe der Jagdflugzeuge, von denen wahre Schauergeschichten berichtet wurden – all das ging zwar weiter, ein Ende war nicht abzusehen. »Und dennoch können wir mehr als glücklich sein, dass wir wieder einen Monat hinter uns haben ohne uns betreffende Ereignisse, denn jeder Tag muss ja das Ende näher bringen«, hatte Carla geschrieben.

Man könnte sagen, bis zum Nikolaustag hatte der gütige Schutzpatron der Kinder seine Hand schützend über unsere kleine Familie in Berlin wie über Nanas Gießener Familie gehalten, doch am 6. Dezember hatte der heidnische Knecht Ruprecht im »Julmond« das Kommando übernommen und in Vorbereitung aufs »Julfest« wohl eher drohend mit der Rute gefuchtelt als artigen Kindern Nüsse und Leckereien geschenkt:

Sabines Kalender ist zu entnehmen, dass sie sich am 6. Dezember wieder auf dem Arbeitsamt zu melden hatte. Nun wurde die ewige Drohung Wirklichkeit: Nachtarbeit für jüdisch versippte, »arische« Frauen, die sich von ihren jüdischen Ehemännern nicht scheiden lassen wollten. Eigentlich waren sie noch grosszügig auf dem Amt; man ließ sie nach Hause ziehen, sie wurde in kein Lager gesperrt und bekam eine Woche Zeit, um alles vorzubereiten. Erst ab 11. Dezember steht von nun an über viele Wochen an jedem Tag der Woche – ausgenommen sonntags – lakonisch, kommentarlos »18.45–5.30«.

Für die Gießener Familie wurde der Nikolaustag ebenfalls zu einem unvergesslichen Erlebnis, dessen Schockwirkung bis heute zu spüren ist: Meine damals sechsjährige Cousine kann bis zum heutigen Tag nicht über die schrecklichen Stunden sprechen, als die Bomben mit unvorstellbarem Getöse vom Himmel fielen, das Feuer haushoch loderte und das Mehrfamilienhaus im Tannenweg zur Hälfte abbrannte. Drei schwere Angriffe sollte es innerhalb von wenigen Tagen in Gießen geben. Glücklicherweise hatte Hildegard es gerade zu diesem Zeitpunkt geschafft, ihre »volksdeutschen« Schützlinge für einige Tage in Weimar sich selbst zu überlassen, um ausgerechnet in jenen schweren Tagen ihre Schwester in Gießen zu besuchen. Leider gibt es weder von ihr noch von Nana Schriftliches aus jener Zeit, doch sind mehrere Briefe Sabines erhalten, die sich im Gießener Nachlass fanden.

Der erste ist vom 8. Dezember – kurz nach dem doppelten Schock: »Liebste Nana! Dein lieber Brief hat meine Befürchtungen übertroffen, Ihr Armen! So schlimm hatten wir es hier noch nicht. Es ist nun wirklich zu überlegen, ob Ihr nicht doch aufs Land geht. Ob Du mal an Achenbach schreibst?

Bei uns steht natürlich alles unter Muttis ›Arbeit‹ ab Montag. Von allen Seiten wird mir rührende Hilfe angeboten. Die positivste von unserm Pfarrer Dilschneider [unser Gemeindepfarrer, der wie meine Eltern Mitglied der *Bekennenden Kirche* war]. Wahrscheinlich laß ich die Familie ›fernverpflegen‹ durch die evangel. Mittelstandsküche. Dann bin ich die Sorge w. auch die Gedanken los, was Mittags gegessen werden soll. Es ist nur eine Markenfrage, die noch besprochen werden muß. Abends kocht Hertha [Arndt, die Geigenfreundin] 2x wöchentlich und Reni hat schon heute das Mittagessen allein gemacht: Wirsingkohl auf Deine Art u. einen Pudding. (...) Heute noch schnell Wäsche mit ganz zufälliger Hilfe durch eine Ukrainerin. – Stopfen und Flicken wird eine Frau aus der Gemeinde übernehmen. Der rührende Pfarrer hatte an alles gedacht. Du ahnst nicht, wie gut das einem tut! (...)

Hoffentlich habt Ihr den 2. Angriff – laut Heeresbericht – gut überstanden. Halte mich nach Möglichkeit auf dem Laufenden. Mut nicht sinken lassen, durchhalten! Gott mit Euch u. uns allen! Bine.«

Hilfe wurde nicht nur von unserer Gemeinde, sondern auch von den Magdeburgern angeboten, Carla wie ihre Schwiegermutter Tante Lies verfassten rührende Briefe: »Könnte ich Dir doch gleich zu Hilfe kommen, mein liebes Binchen«, schrieb die Schwägerin Carla am 7. Dezember, »Mutter u. ich bieten Dir zum stopfen und flicken unsere Hilfe an. Du müsstest 2 Pf. Päckchen schicken, wir würden schnellstens arbeiten u. es Dir dann heil zurücksenden. Es wäre uns direkt eine seelische Beruhigung, wenn wir auf diese Weise ein wenig Hilfe bringen könnten. (…) Wie gut, dass Renchen solche Hilfe sein wird und dass sie überhaupt in allen Hausarbeiten schon so anstellig ist. Behalte nur die Nerven, mein Liebes. (…)

Hoffentlich helfen die Nachbarinnen beim Einkauf und sonst so gut es geht. Frau Schaub schien sehr nett gestern am Telephon. (…) Es ist ein harter Schlag, der Dich armes unschuldiges Menschenkind jetzt getroffen hat. Möchte es nun aber damit dann auch entgültig genug sein! In dieser Hoffnung musst Du es tragen, mein Liebes! Erich bitte ich, uns über Dein Ergehen zu unterrichten. Übereile Dein Tempo keines Falls in der Arbeit! Brauchst Du bunte Schürze?

Möchte der Herrgott Euch Lieben weiterhin beschirmen und Euch zusammen lassen. Ich bete jeden Abend für Euch Lieben, möchte es erhört werden. (…) Hoffentlich findest Du noch am Sonntag Zeit an der Adventsaufführung der Kinder Teil zu nehmen, auch für Dich eine Entspannung.«

»Meine Gedanken sind so viel bei Euch und Euren Sorgen«, schrieb Karlernsts Mutter. »Wir hatten doch <u>so</u> gehofft, daß es sich zum Guten wenden würde, und nun wird das Schlimme doch Wahrheit. (…) Ich sorge mich nun doch sehr, was mit Karla werden wird. Wenn doch der Kelch an ihr vorüber ginge, man hofft doch bis zum letzten Augenblick. Wir werden viel an Dich denken, Binchen, und Dir Kraft und Mut wünschen besonders für den ersten schweren Gang.«

Ein Woche später, am 15. Dezember, schrieb Sabine ihrer Schwester nach dem 3. Großangriff auf Gießen: »Während ich hier <u>nachts</u> 10 Stden lang Uniformen nähe, sind meine Gedanken ununterbrochen bei Dir. Der gute Stern scheint Euch u. uns verlassen zu haben u. uns bleibt jetzt nur, im Unglück das kleine Glück zu finden. Ich bin heilfroh, daß Ihr gleich eine wenn auch beschränkte Bleibe gefunden habt. Hoffentlich werden Euch Eure Sachen im Tannenweg nicht geklaut. (…)

Ich mache seit Montag jede Nacht Kriegsverlängernden Dienst, muß um ¾ 6 [17.45 Uhr] aus dem Haus, arbeite an elektr. Maschine 10 Stden mit 2 Pausen von zusammen 45 Min., fahre dann in Dickes Wohnung, wo ich von ½ 7 bis ½ 12 schlafe. Dann gehts heim, die Kinder oder Erich haben in der Mittelstandsküche Essen geholt (…), dann noch mal etwas Ruhe, Abendessen machen, alles besprechen u. dann um ¾ 6 wieder los. Raus in die Dunkelheit, wenn ich hier weggehe ist's auch noch dunkel. Einfach ein Hundeleben! Chef ein Menschenschinder,

Werkmeister nett. Der Lichtblick ist eine reizende Leidensgenossin. Ohne sie wäre es nicht auszuhalten. Und dabei muß ich noch froh sein, daß ich nicht Straßen säubern oder auf freiem Feld Behelfsheim bauen muß. Daß ich zu Hause von allen Seiten Hilfe habe, ist ein Segen. Erich u. Kinder sind rührend. Ob mal Schichtwechsel kommt, weiß ich nicht; wir nehmen an, daß bis Weihnachten Nachtdienst bleibt. Ich will versuchen, halbtags beschäftigt zu werden – aber ob's glückt, ist <u>sehr</u> fraglich. Es ist doch eine politische Maßnahme. (...)

Arbeit besteht aus Hosentaschen-Einsetzen. 4 Nächte lang dasselbe, 30 Taschen pro Nacht. Akkord sind 100 Taschen, da kommt unser eins nie hin, will es auch nicht! Aber es ist eine Schinderei.«

Einen Tag später, am 16. Dezember morgens um 5.30 – als Sabine vermutlich soeben die 30. Hosentasche dieser Arbeitsnacht in eine Uniform eingesetzt hatte – brach im Westen zwischen Monschau und Echternach die »Ardennenoffensive« los, ein lang geplanter Schachzug Hitlers, der wiederum unendliches Elend über die Menschen bringen sollte, doch sein Ziel nicht erreichte: Die Westalliierten wurden zwar überrascht und manch Emigrant, der als GI in der amerikanischen Aufklärung oder einer der Propagandastaffeln für Rundfunksendungen im bereits befreiten Luxemburg arbeitete, geriet in akute Lebensgefahr, wie in verschiedenen Lebenserinnerungen nachzulesen ist; doch die Alliierten gaben keineswegs nach, sie schlugen hart zurück, es wurde im Raum Bastogne und im nördlichen Luxemburg verbissen gekämpft, letztendlich war es die alliierte Luftüberlegenheit, die nach wenigen Tagen den Ausschlag gab. Hitlers letzte Großoffensive war gescheitert, das ungeheure Risiko, das er durch Zusammenziehen letzter deutscher Reserven von allen Fronten, auch der Ostfront, eingegangen war, sollte in den östlichen Gebieten Deutschlands furchtbare Folgen haben.

Nicht ahnend welch schlimmes Schicksal das Land Pommern bald ereilen sollte, erging sich Alfred Messels Witwe Elsa auch in ihrem Weihnachtsbrief in Reminiszenzen an die gute alte Zeit, welche Hedwig von Olfers[50] Memoiren in ihr wachgerufen hatten, »die mit ihren 91 Jahren eine gewaltige Spanne Zeit erlebte von den Freiheitskriegen angefangen bis zu dem 3-Kaiser-Jahr« [1888], und ständig wiederkehrenden Selbstvorwürfen: »Ich versuche immer wieder mutig in meinen Tag zu gehen, aber immer wieder kommen quälende Gedanken, denn täglich reibt man sich an dieser Existenz (...) Nachträglich erschien es mir unfassbar, dass es sogar mittags geschah, dass keiner einen Rat gab und dass alles, buchstäblich alles vernichtet ward. Diese Kunstwerke allein! Ein italienisches Madonnenbild aus dem 17. Jahrhundert – andere Ölbilder, echte Handzeichnungen der italienischen Renaissance (unter anderem von Carracci),

---

50 *Hedwig von Olfers geb. von Staegemann (1799–1891); dies.: Ein Lebenslauf. 2 Bände / 648 Seiten. Berlin 1908–1914.*

echte Handzeichnungen von Menzel – die kostbaren Paneele – Intarsien, Schränke, Truhen – sonst bin ich doch nicht so passiv u. hätte doch bei ./. Museumsverwaltungen anfragen können. (...) Meine Zukunft liegt ganz dunkel vor mir! Aber man muss sich trösten, wenn man all die vielen Traueranzeigen in den Zeitungen liest.«

Am ersten Weihnachtsfeiertag meldete sie sich wieder bei Erich, denn gerade zum Heiligen Abend hatte sie seinen Brief erhalten, der über die Geschehnisse der letzten Zeit informierte. »Ehe ich auf den schwerwiegenden Inhalt desselben eingehe, möchte ich Ihnen von Herzen für alles mir erwiesene Gute danken. Ich war sehr gerührt als ich ›Gabriele von Bülow‹[51] erblickte, die seit Jahrzehnten zum Bestand meiner Bücherei gehört hatte wie die Briefe der Humboldts / Wilhelm und Caroline[52] und die soviel Erwähnung in den Briefen der Hedwig von Olfers findet. (...) Und nun zu dem, was Sie in der Zwischenzeit durchzumachen hatten! Ich ahnte davon nichts ... Befürchtungen hatten Sie ja in Ihrem Brief im November geäussert – aber wie gesagt, ich glaubte, es wäre vorläufig keine Gefahr. Um so schmerzlicher bin ich durch Ihre Nachricht berührt. – Wie sehr ich Anteil nehme, brauche ich wohl nicht erst zu versichern. Ich will nur wünschen und hoffen, dass es den Bemühungen Ihrer Freunde gelingen wird, Ihre Gattin in eine erträglichere Tätigkeit zu bringen. Ich würde mich anbieten beim Stopfen der Strümpfe zu helfen, denn ich habe hier nichts zu tun und kann nicht den ganzen Tag lesen – aber wie ist es mit der Hin- und Herschickerei?«

Philipp Lüders Sohn Peter, der noch immer im Siemens'schen Gemeinschaftslager zu Gera lebte, meldete sich unter dem 26. Dezember, nichtahnend, dass auch sein Leben recht bald unter einem neuen Stern stehen würde: »Wenn ich auch im Augenblick zu müde bin, um noch viel zu schreiben, so möchte ich Euch doch für Brief und Buch vielmals danken. Beide erhielt ich gestern. Der Brief enthielt nichts Schönes und es ist schwer, dazu etwas zu sagen. Ich jedenfalls kann es nicht. Möge das kommende Jahr schönere Tage bringen! Ich kann Euch leider in diesem Jahre nichts schenken. Nehmt stattdessen die kleine Beilage als Unterstützung für Tante Sabine. Sie entstammt meinem Pirmasenser Vorrat. Die Marken verfallen allerdings am 7.1.45.«

Eine bräunliche Marke über 25 g Nährmittel fand die Verfasserin viele Jahre später im Umschlag jenes Weihnachtsbriefes. War er zu spät eingetrof-

---

51   *Gabriele von Bülow geb. Humboldt (1802–1887), jüngere Tochter von Wilhelm und Karoline von Humboldt, heiratet 1820 Heinrich Freiherr von Bülow (1792–1846), preußischer Staatsmann, 1841 Gesandter beim Bundestag in Frankfurt, 1842 Minister des Auswärtigen, wenig Einfluss auf allgemeine Politik, schied 1845 aus dem Ministerium, zog sich nach Tegel zurück.*

52   *Karl Wilhelm Freiherr von Humboldt (1767–1835), aufgewachsen im elterlichen Schloss Tegel mit Bruder Alexander. Staatswissenschaftler, -rechtler, vergleichende Sprachforschung, literarisch-kritische Arbeiten, Gründer der Berliner Universität 1809, entscheidender Einfluss auf die Entwicklung des Kunstlebens in Preußen, insbesondere auf die Organisation der Berliner Museen, verheiratet mit Karoline von Dachröden.*

fen und die Marke bereits verfallen? In Sabines Taschenkalender liest sich das Weihnachtsfest 1944 so:
»Dezember
22. Freitag 18.45–5.30 Neust. [unser »U-Boot«]
23. Sonnabend 18.45–20.45
24. Sonntag Hildegard Hertha
25. Montag Trut, Hildegard, Neust.
26. Dienstag Leopoldshöhe [Restaurant Nähe U-Bahnhof Krumme Lanke] – Hertha, Heinz Arthur, Kochmann
27. Mittwoch ½ 7–½ 6«

Wann der Weihnachtsgottesdienst in unserer halbzerstörten Pauluskirche stattfand, ist nicht vermerkt, und auch nicht, ob der Kirchgang durch den ersehnten Weihnachtsschnee stattfand oder ob Alarm bzw. Voralarm die weihnachtliche Stimmung gellend zerriss, wohl aber die Gäste, die zu jedem Familienfest treulich kamen und dass am zweiten Weihnachtsfeiertag auswärts gegessen wurde, um Sabine zu entlasten; die Bombenangriffe und Kelleraufenthalte sind nicht aufgeführt, erst im Neuen Jahr wird mein großer Bruder derlei Statistik in einem Abrisskalender aus hauchzartem Ersatzpapier führen, der auf jeder Seite oben mit kernigen Sprüchen wie »Sammelt Altpapier! Wichtiger Rohstoff!« für sein eigenes Weiterleben im darauf folgenden Jahr Werbung betrieb.

»Nun ist Weihnachten auch schon vorüber«, schrieb Carla am 26. Dezember in einem recht traurigen Brief aus Magdeburg, »bei uns war wenig vom Weihnachtszauber zu spüren, da fehlt dann doch der Jubel der Kinder oder irgend welche liebende Hand. Allein die Beschäftigung für verbesserte Ernährung zu sorgen hat damit wenig zu tun und die große Mühe und Zeitvergeudung dafür ist schnell vergessen wenn die Meute gesättigt ist. – Die fortschreitende Offensive hat auch nicht dazu beigetragen meinen Mut zu stärken und wenn meine Gedanken in den schlaflosen Nächten zu Dir wandern, mein liebes Binchen, dann bin ich tief betrübt ob des schweren Schicksals, das Dir auferlegt ist. Könnte ich es Dir tragen helfen. Ich bewundere Deine Tapferkeit, mein Gutes! Aber Du weisst ja auch wofür Du es tust und zu Hause wirst Du liebevoll empfangen und umhegt von Deinen Dreien. (…) Wir waren um 4 Uhr in der Kirche gewesen… Ausser unserer Ulrichskirche ist nur noch eine Kirche intakt und dadurch war es unglaublich voll in der Kirche, noch dazu Heizerlaubnis für die Feiertage gegeben war. Die brennenden Bäume, die alten Lieder, das alles tat dem Gemüt wohl, dazu eine gute kraftvolle Predigt. Ein Bäumchen hatten wir nicht bekommen können, anstelle dessen hatten wir Zweige in den Kronleuchter gebunden, das wirkte wie ein großer Kranz, Silberkugeln an gelben Bändern hängen daran und darunter leuchtet der Adventsstern. (…)

Denkt nur, dieser Tage kam Brief vom anderen Vetter Lindemann aus Hamburg, der uns folgendes mitteilt: Er sei zur Gestapo beordert u. dort nach Verbleib seines Bruders nebst Familie befragt, die seit Mitte Nov. aus Brieselang verschwunden seien! Er selber weiss gar nichts. Da er mir so dringend geraten hatte nach der Gegend, wo Oskar lebte, zu verreisen, so nehme ich an, dass er es fertig gebracht hat dorthin zu verschwinden. Dies zu Erichs Orientierung, damit er nicht an ihn schreibt oder telephoniert. – Ich traf dieser Tage eine Dame im selben Fall wie Bine, die hier in einem Büro arbeiten muss. Sie wunderte sich, dass ich noch zu Hause wäre, man habe hier die Fälle in die Sackfabrik geschickt.«

Der letzte Brief des Jahres 1944, den mein Vater aufbewahrt hat, kam auch aus Magdeburg:

»Dies alte Jahr geht nun seinem Ende entgegen«, schrieb Carla am 28. Dezember. »Uns hat es schwerste Sorgen gebracht und dennoch müssen wir dankbar sein, dass es bisher noch so gnädig abgegangen ist und wenn auch das geliebte Binchen, dies unschuldige Menschenkind, für uns jetzt so bitter leiden muss, so wäre es ja noch viel schlimmer, wenn die Familie auseinander gerissen wäre oder anderes geschehen wäre. Binchen, mein Liebes, Du darfst nun nicht denken ›die hat gut so was zu schreiben u. sitzt im warmen Zimmer und liegt des Nachts im weichen Bette während ich mich abquälen muss‹. Aber auf die Weise versuche ich mir immer klar zu machen, dass wir es ja noch sehr gut haben und all die Menschen, die jetzt mit 30 Pfd. Gepäck ihre Heimat verlassen müssen es sehr viel schlimmer haben. Ja, ich sehe darin doch bereits die Strafe für alles, was an den unschuldigen Menschen geschehen ist und es ist gewisslich wahr, dass Gottes Mühlen langsam, aber sicher mahlen. (…) Dass Reni u. Jumbo so fein helfen und Erich gewiss ein strenges (nicht immer gerechtes!) Regiment zu Hause führt, das erfreut mich und wird Dir diese harte Zeit sehr erleichtern.«

So war es. Erichs Nerven lagen blank. Die Kinder versuchten ihre Zwistigkeiten möglichst geräuschlos auszutragen. So auch an jenem *memorablen* Vormittag, als sie gemeinsam Grünkohl kochen sollten und der Bruder scherzhaft die hölzerne Salzkelle von unten antippte und die volle Salzladung in den Augen seiner Schwester landete: Er hielt ihr den Mund zu, damit ihre Schreie nicht bis zum Vater drangen, und mit viel Wasser und Tränen überlebte sie Schock wie Schmerz.

»Von uns kann ich weiter nichts Besonderes berichten. Ich besorge nach wie vor den Haushalt, mühe mich mit der Einholerei und Anstellerei herum und ernte wenig Dank damit. Es ist schmerzlich zu empfinden, dass man nur ein bedingt geduldetes Lebensrecht besitzt und dann sich vieles gefallen lassen muss, was unter anderen Verhältnissen unmöglich wäre. K. ist äusserst nervös und überarbeitet und damit muss ich wohl manches entschuldigen. Seitdem er nun noch Lauferei für den Volkssturm machen muss wenn er bereits totmüde aus Rothensee nach Hause kommt und auch Sonntagsfrüh heraus muss, ist überhaupt nicht mehr mit ihm zu sprechen. Wenn wir dann alleine im Zimmer säßen ginge auch manches besser als jetzt, wo Mutter auch noch dabei ist und ein ewiges raschlen und herumgehen im Zimmer ihn auch noch stört, wo er von mir aus nur Rücksichtsnahme auf ihn kannte. Gebe Gott, dass in nicht allzu langer Zeit das Ende aller Qualen kommen möchte und wir in dem nun beginnenden neuen Jahre endlich ein Ende aller unserer Sorgen finden. (...) Was nun auch noch kommen möge, möchte uns nur das Zusammenbleiben und unsere Heime erhalten bleiben! – Anbei sende ich Euch Kalender. Abreißkalender sind nicht zu haben. Die Losungen lege ich Euch bei und hoffe, dass Ihr beim täglichen Lesen Trost und Kraft finden werdet.

Möchte der gnädige Herrgott Euch Lieben weiterhin beschützen und Binchen Kraft geben ihre schwere Arbeit aushalten zu können. Bleibt gesund und weiterhin Gott befohlen.«

Ein trauriger Abschied vom alten Jahr.

Und von Sabines Taschenkalender mit den vielen Auskünften über tägliche Begebenheiten. Denn obwohl von Carla angekündigt, ließ sich für 1945 in Sabines Nachlass kein Kalender für 1945 finden. Erst 1946 gibt es wieder ein jämmerliches Pappheftchen, typisch für die Not der Nachkriegszeit.

Darum zum Abschied noch eine kleine Auswahl aus den Notizen im letzten Drittel des von meinem Bruder gebastelten Kalenders für 1944: Da gibt es Schneiderskizzen mit Maßangaben für Oberweite, Blusenlänge, Taillenweite, Hüftweite, Ärmellänge, Rocklänge der Tochter, Bahnverbindungen von Giessen nach Berlin, wie zum Beispiel: »ab Giessen 0 h 37, an Magdeburg 6 h 40, an Berlin 8 h 57« oder »von Gießen nach Dillenburg«, wo beim Schreinermeister Achenbach Kleidung und Wäsche ausgelagert waren ... Dazu Adressen von ausquartierten Freunden und Verwandten, Ausgabenabrechnungen, die so recht den preußischen Haushaltsdrill ferner Zeiten spüren lassen: Wie etwa »Fahrkarten 9,80, Klo -,40, Autobus -,35, Blumen 2,- Postkarten -,50 und Zuschlag 3,-«.Der größte Posten: »Essen 13,-« kommt mir ganz unpreußisch vor und man darf nur hoffen, dass diese unziemliche Summe nicht für eine einzige Mahlzeit verschwendet wurde!

Die letzte Seite ist ganz ausgefüllt von einer eindrucksvollen Auflistung des »Eingemachten 1944«, wobei es der Phantasie des Lesers überlassen bleibt, sich die vielen Arbeitsstunden, die hinter den nüchternen Zahlen stehen, auszumalen: Bahnfahrten nach Werder, Wanderung zu den Obstplantagen, Lohnpflücken im heißen märkischen Sand, nach 10 Körben gab es wohl einen oder zwei für den Helfer aus der Stadt; oder andere Bahnfahrten ins Umland und

Tauschgeschäfte mit den Rehbrückern oder Michendorfer Bauern – Erich beschrieb oft genug solche Fahrten, die er trotz seiner jüdischen Kennkarte immer wieder unternahm, an Mut fehlte es ihm ja nie und außerdem trieb ihn die Liebe zu seinen Büchern dazu an, die er kofferweise aufs Land schleppte. Mit dem Pflücken war es natürlich nicht getan, vergessen wir nicht die Mühsalen des Einmachens nach damaligen Einweckmethoden: immer wieder mal gingen Gläser auf, wenn die Gummiringe zu morsch waren, verdarb das kostbare Eingemachte.

Hier nun das Ergebnis des Sommers 1944:

5 lt [Pfund] Rhabarber-Orange-M(armelade); 8 lt Joh. Himbeer-Erdb.-M.; 11 lt

Stachelbeer-Himbeer-Erdbeer-M.; 5 lt Joh. Gelee; 7 lt Erdbeer-Rhab. M.;

5 lt Joh. Mark; 5 lt Kirsch-Sta.-Erdb. M.; 9 lt Stachelb.-Joh. M. Mischtopf

Eine unvorstellbare Menge! Die gewiss nicht nur von unserer kleinen Familie verzehrt wurde, einzelstehende Freunde wurden auch damit versorgt.

Die letzte Seite in Sabines Taschenkalender ist nicht die letzte Seite! Ganz versteckt und unerwartet nach vielen Leerseiten, fast wie in einem Versteck und doch ganz offen zu lesen stehen die Telephonnummern der sieben Nothelfer:

Dr. Steiniger [von der Deutschen Effektenbank, der »Nowgorod« die meisten Nächte in seinem zerbombten Haus versteckte, wenn er nicht gerade in meinem Elternhaus aus Witterungsgründen unterschlüpfte]; *11 60 41*

Dr. Landsberger [der »Konsulent«, der als einer der ganz wenigen jüdischen Rechtsanwälte die Nazizeit in Berlin überlebte]; *92 03 50*

Otto Scheurmann [der befreundete Bankier, bestinformiert und oft ein früher Warner vor neuen Aktionen]; *16 81 00*

Die »Reichsvereinigung« [der Juden in Deutschland], *Herr Wolffsky* [Erichs »Auskunftsbüro«]; *46 44 46*

Professor Dr. Witte [der Studienfreund, in leitender Funktion bei der Bewag, der meinem Vater aktiv verbunden war, ihm vielfach beistand und zuletzt am Koppenplatz residierte]; *42 00 11*

Dr. Theodor Sehmer [»der schlaue Fuchs« und treue Kamerad aus dem Ersten Weltkrieg, Direktor den Siemens-Reiniger-Werken und stets bereit, Erich beizustehen]; *41 66 71*

Otto Lagatz [langjähriger Freund, »jüdisch versippt« und stets sehr gut informiert]; *60 15 85,*

dazu noch ein paar Telephonnummern, mysteriös, ohne weitere Namensangaben.

Der Jugendfreund Justus Koch wird nicht aufgeführt. Zu der Zeit hielt er sich nicht mehr in Berlin auf. Wusste meine Mutter, wie und wo sie ihn erreichen konnte, wenn eintrat, was sie alle so lange schon befürchteten: Erichs

Deportation? Doch erst einmal war sie selbst dran und musste jede Nacht bei Wind und Wetter, Eis und Schnee, Voralarm und Alarm nach Stadtmitte zu ihrer Fronarbeit fahren.

1945

*Wir können das uns auferlegte Schicksal nicht wenden,
es muß ausgelitten werden.
Und über allem steht doch
Gottes Willen und Gottes Hand.*

Das Schicksalsjahr. Doch war meine Familie in den Jahren zuvor nicht bereits genügend vom »Schicksal« gebeutelt worden? Und was heißt Schicksal? Ist es vorherbestimmt, unbeeinflußbar, oder lässt es sich durch Gebete, durch Gelübde oder gar Opfergaben, vielleicht aber auch durch Willenskraft oder Handeln beeinflussen? Umbiegen? Eine Frage so alt wie die Menschheit. Am Neujahrstag des Jahres 1945 werden viel Hoffnung und viel Verzweiflung die Menschen auf ihrem Weg ins Ungewisse begleitet haben. Den Kindern hatte man glücklicherweise in ihrem »nationalpolitischen« Unterricht den rechten Spruch für ihre unheimliche Zukunft mitgegeben: »Wenns etwas gibt, gewalt'ger als das Schicksal, / so ist's der Mut, der's unerschüttert trägt.«

Und der war auch nötig – nicht nur in Berlin, sondern viele hundert Kilometer weiter westlich auf Seiten der alliierten Koalition. Denn die deutsche Wehrmacht begann das Neue Jahr mit einer Offensive, die fast zur vorübergehenden Aufgabe Straßburgs geführt hätte, wenn nicht de Gaulles persönliche Intervention beim obersten Befehlshaber Eisenhower dies gerade noch verhindert hätte. An verschiedenen Frontabschnitten kam es zu heftigen Kämpfen, die die alliierten Kräfte noch für Wochen einbanden: Der Brückenkopf von Colmar, eine deutsche Ablenkungsoffensive aus dem Saargebiet nach Süden, weitere deutsche Angriffsserien aus Lothringen und dem Unterelsaß ... erst am 20. Januar begann die 1. Französische Armee mit amerikanischer Unterstützung ihren Angriff auf den Brückenkopf, sie setzten sich nach heftigen Kämpfen durch, schließlich waren am 9. Februar die letzten deutschen Truppen von der linken Rheinseite vertrieben worden, das Elsass befreit.

Am ersten Januar hatten mehrere Freunde an Erich und Sabine geschrieben, vielleicht im Gedenken an alten Brauch aus Friedenszeiten. Elsa Messel, noch immer nichtsahnend in ihrem pommerschen Exil, soll als erste mit ihrem Brief vom ersten Tag des Neuen Jahres zitiert werden: »Nun schreiben wir schon 1945! Möge es uns Gutes bringen! Trotz aller schweren Erlebnisse und Erfahrungen hofft der Mensch immer weiter und so will ich wünschen, dass Sie das Weihnachtsfest trotz allem Schweren in festlicher Stimmung mit den Kindern feiern konnten. Ich war mit so viel Liebe von vielen Seiten bedacht worden, ich schrieb es wohl schon, dass es auch einen freudigen Abglanz gleichsam einem ins Herz gab. Es ist ja das Fest der Freude! Leider ist hier nur eine schuppenartige Dorfkirche – selten Gottesdienst – und ungeheizt, so dass mir der Besuch unmöglich ist. (…)

Hoffentlich konnten Sie eine Änderung erreichen. Schlimm genug, wenn die Hausfrau fehlen muss, da Ihnen Irmgard schon genommen wurde, aber dies ist zu grausam! In den Weihnachtstagen hatte Berlin keinen Alarm, aber jetzt fürchte ich, dass es wohl wieder welchen gab, da Flugzeuge in der Nähe waren. Hier in Rackow waren vorvorige Woche auch feindliche Flugzeuge.«

Ebenfalls unter dem 1. Januar schrieben Robert und Anni Liebermann aus Hamburg, und dies sollte ihr letztes Lebenszeichen im Krieg sein, zumindest in der Briefsammlung meines Vaters, doch weiß ich, dass sie überlebt haben, allerdings nicht unter welchen Umständen, in ihren späteren Briefen war davon nie die Rede.

»Euch beiden wünsche ich zum neuen Jahr Erhaltung der Gesundheit und des Lebens und Gleichmut gegenüber allen uns aufgezwungenen Leiden. Erfreut Euch an dem Glück Eurer Kinder, die durch die Zeit gestählt zu prächtigen Menschen heranwachsen mögen.

Anni hat die Erinnerungstage im Dezember gut überstanden.[1] Weihnachten haben wir sehr behaglich verlebt, unsere kleine Frau Gerber hatten wir 8 Tage aufs Land geschickt zu ihren Verwandten. Dadurch hatten wir alle drei Karten für uns und sie ist dort mit allen Arten Federvieh und Schlagsahnetorten ordentlich herausgefüttert. Einen großen Schweinebraten nebst anderen Genüssen brachte sie gestern noch mit. (…) Ich hatte es die Weihnachtswoche ziemlich schwer; während alle Betriebe hier nur von 10–2 arbeiteten um Licht zu sparen, mussten einige Kollegen und ich jeden Morgen um 5 nach Tostedt in ungeheiztem Zug fahren und dort bei der Saukälte Waggons entladen. Nur Chikane unseres bösartigen Chefs, um die Arbeitskraft bis zum Letzten auszunutzen. Dies Dir, liebe Sabine, zum Trost, damit Du nicht bei Deiner Nachtarbeit verzweifelst, die hoffentlich in geheizten Räumen vor sich geht.

Wir hatten gestern wieder einen üblen Angriff auf die Südstadt, Werften und Harburgs Ölindustrie. Wir haben uns vom Garten die endlosen über uns wegbrausenden, enorm schnellen Verbände angesehen und ihre Zielbomben beobachtet, mitunter auch einige brennende Engl. purzeln sehen, – Die abendlichen Geschwader haben Euch ja den fälligen Segen gebracht, immerhin hatten wir

---

[1] Der 1942 gefallene Sohn Rolf hatte am 15. Dezember Geburtstag, Anni selbst am 29. Dezember.

dadurch zum 4. Mal Alarm. Im Moment fahren sie wieder über uns fort. Das wird ja im neuen Jahr nach den Ankündigungen so weitergehen und nur die Dörfer werden erhalten bleiben. (...) Für Deinen Eifer in der Erbschaftssache vielen Dank.«

»Hoffentlich bringt das neue Jahr uns allen den ersehnten Frieden und damit Ruhe in unsere Seelen«, setzte Anni dem Brief Roberts hinzu.

Am 2. Januar gab es laut Aufzeichnung meines Bruders Alarm von 18.30–19.20 und von 3.45–4.30. Wie hatte Sabine es geschafft, an diesem ersten Arbeitstag im neuen Jahr pünktlich zur Arbeit zu kommen? Sie musste doch um 18.30 an ihrem Arbeitsplatz sein. Die Frauen lebten, wie sie mir viel später erzählte, alle in der Angst vor ihren Gestapo-Bewachern, die mit knallenden Peitschen auf ihre hohen Schaftstiefel schlugen, um von vornherein klarzustellen, wer hier das Sagen hatte. Zuspätkommen wurde bestraft, selbst bei Bombenangriffen, wenn die öffentlichen Verkehrsmittel stillstanden. Als Sabine alt war, erinnerte sie sich freilich nicht mehr an die besonderen Umstände ihrer Nachtarbeit in der Uniformfabrik, damals hätten halt alle Frauen Fabrikarbeit leisten müssen.

Am Abend und in der Nacht des 4. Januar gab es wiederum zweimal Vollalarm. Vor allem aber gab es unter diesem Datum eine auf einer liniierten Postkarte mit deutschen und russischen (!) Anweisungen »Deutlich u. auf der Linie schreiben!« verfasste Botschaft von Philipp Lüders: »Eben erhielt ich von Peter die Nachricht, daß er nicht mehr bei seiner alten Firma ist, sondern sich heute früh 4 Uhr anderwärts zu melden hatte. Anschrift mir zunächst nicht bekannt. Er schrieb sehr gefaßt. Euer Ohm.«

Es war, wie Karlernst vorausgesehen hatte, mit wachsender Bedrohung des »Großdeutschen Reiches« zu einer Verschärfung der Maßnahmen gegen Gegner jeglicher Art gekommen. Ein »Mischling ersten Grades« durfte nicht länger »faul im Büro hocken«, es gab bessere Aufgaben für ihn, wie etwa Autobahnbau in Eis und Schnee.

Wann genau der »nationalpolitische Unterricht« für Berliner Kinder nach Jahresbeginn wieder aufgenommen wurde, ist mir nicht bekannt, wohl aber das Resultat desselben, ein lehrreiches Stückchen Heldenverehrung, das in nichts der Heiligenverehrung früherer Jahrhunderte nachstand:

»Oberst Rudel. Auf Führerbefehl wurde am ersten Januar 1945 dem Oberstleutnant Hans Ulrich Rudel das ›Goldene Eichenlaub mit Schwertern und Brillanten zum Ritterkreuz des Eisernen Kreuzes‹ verliehen. Gleichzeitig wurde er zum Obersten befördert. Mit der Vernichtung von 463 feindlichen Panzern ist Oberst Rudel der erfolgreichste Soldat der deutschen Wehrmacht. H. U. Rudel wurde im Juli 1916 als Sohn eines Pfarrers geboren. Er besuchte das Gymnasium. In seiner Jugend trieb er viel Sport. Als 15-jähriger Junge fuhr er einmal Motorrad, stürzte, und brach sich ein Bein. Schon am nächsten Morgen sah man ihn zu seinem Motorrad humpeln, ein Freund kurbelte es ihm an und er fuhr trotz des gebrochenen Beines zur Schule. Daran können wir sehen, daß er schon damals sehr abgehärtet war. Auch aus dem Krieg werden derartige Geschichten erzählt.

Als Rudel einmal abgeschossen wurde und mit seinem brennenden Flugzeug in einem Moore notlanden mußte, schlug er sich sogleich zu seinem Geschwader durch, stieg gleich von neuem auf und vernichtete die Flakbatterie, welche ihn abgeschossen hatte. Im Jahre 1944 mußte Rudel durch den eiskalten 300 m breiten Dnepr schwimmen mit einer Schulterverwundung und danach noch 65 km mit wunden Füßen laufen. Bei seinem Geschwader angelangt, ließ er sich nur rasch verbinden und flog dann schon wieder gegen den Feind.

Diese Erlebnisse beweisen, daß Rudel ein ganzer Kerl ist. Ein sowetischer Offizier sagte einmal: ›Dieser Mann ist soviel wert, wie eine schlagkräftige Division. Wir haben schon oft versucht, ihn zu vernichten, ganze Jagdgruppen sind eingesetzt worden. Es ist ihnen nie gelungen.‹«

Zu dieser Zeit lief in deutschen Kinos, soweit sie nicht im Bombenhagel untergegangen waren, der Film *Kolberg* mit Kristina Söderbaum, der das Volk ebenso auf Heldentum und Opfergeist drillte;[2] irgendwie hatte die Elfjährige geschafft, sich da reinzuschummeln: Ihr unvergesslich sind die etwas bläßlich-bunten Farben und der vaterländische Heroismus, mit dem die Einwohner Kolbergs kämpften und von heldenhaftem Geschmetter begleitet in ihren Untergang marschierten. Natürlich gab es auch eine mir nicht mehr erinnerliche Liebesgeschichte, wozu sonst die blonde Diva Kristina? Zweifellos hatte sie den Zuschauern aufopfernde Liebe und Verzicht des einzelnen zugunsten der »Volksgemeinschaft« vorzuspielen. Ein »Erbauungsfilm«, der allzu bald von der Wirklichkeit überholt werden sollte.

Auch am 5. und 6. Januar gab es abends und nachts verschiedene Voralarme und Alarme, dann durften die Berliner ein paar Nächte lang in ihren Betten schlafen, es sei denn, sie hatten kriegswichtige Aufgaben wie das Einsetzen von Hosentaschen in Uniformen des Nachts zu erfüllen. In der Nacht vom 9. auf den 10. Januar schrieb Sabine ein Briefchen an Erich, mit Poststempel vom 10. Januar:

»Geliebtes Herrchen!

Weil wir uns doch so wenig sehen, sollst Du doch wenigstens einen Gruß zwischendurch haben. Ich danke Dir, daß Du so tüchtig und umsichtig für uns alle sorgst. Und was Du mir via Mathilde Möhring [Roman von Theodor Fontane] gesagt hast, ist doch recht hübsch. – Jetzt geht's weiter an die Arbeit.

Küßchen Sabine«

---

2   *»Kolberg«, Deutschland 1945. Buch: Veit Harlan, Alfred Braun, Regie: Veit Harlan. Hauptrollen (neben Kristina Söderbaum): Heinrich George, Paul Wegener, Kurt Meisel. Der von Goebbels 1943 in Auftrag gegebene Farbfilm war mit Produktionskosten in Höhe von 8,8 Millionen Reichsmark der teuerste Film, der während der NS-Zeit hergestellt wurde.*

Dem nächsten Brief von Elsa Messel vom 10. Januar konnte ich mit Erleichterung entnehmen, dass sich in jenen Tagen ein Lichtblick für Sabine ergab, allerdings trat die neue Arbeitsverpflichtung tatsächlich erst mit Wirkung vom 23. Januar 1945 in Kraft.

»Verehrter, lieber Herr Alenfeld!

Sehr überrascht war ich, wieder eine liebe Sendung und Brief von Ihnen zu erhalten, aber ehe ich weiteres schreibe, möchte ich meiner Freude darüber Ausdruck geben, dass, Gott sei Dank, Ihre liebe Gattin von der Nachtarbeit befreit ist; das hat mir so auf der Seele gelegen. Wenn auch eine Tagesarbeit noch immer zu viel ist für eine geplagte Hausfrau, so ist's schon ein Fortschritt was nun ist, ja zu hoffen, dass durch die Vermittlung Ihrer Freunde Ihre Gattin bald auch Halbtagesarbeit bekommen wird.

Es ist eine schlimme Zeit und ich bin auch Ihrer Ansicht – das zeigt die jahrelange Erfahrung – dass man über die Dauer des Krieges gar nichts voraus sagen kann. Aber der Mensch gibt sich immer gern der Hoffnung hin und kann ohne sie nicht auskommen.«

Und dann schilderte sie wieder einmal die schwierigen Umstände unter denen sie im pommerschen Exil leben musste: »(...) dies hier ist eine martervolle Existenz für mich, schon längst mussten wir [das frühere Hausmädchen Maria und Elsa Messel] wieder zusammenziehen in einem engen schlecht möblierten Zimmer zusammengepfercht, (sich waschen, anziehen, alle Mahlzeiten im selben Raum), da wir nur einen Ofen heizen können – ohne Doppelfenster, es sind immer Eisblumen an den Fenstern, die schlecht schliessen – dann läuft das Wasser nachher herein. Es ist alles um so bitterer, als man ja von Jugend auf verwöhnt war und sich nun im Alter, noch dazu körperlich leidend, an solch entsagungsvolles Dasein gewöhnen soll. (...) Und nun will ich Ihnen noch herzlich danken für Ihre Sendung. Ich war sehr überrascht und erfreut über die beiden so nützlichen Kalender. Das ist ja wirklich erstaunlich, dass man nur zu ›wünschen‹ braucht und es kommt! So ermutigt mich Ihre grosse Gefälligkeit noch weitere Wünsche zu äussern. Natürlich, wenn sie unerfüllbar sind, muss es unterbleiben. Es fehlt uns an einer Batterie für eine Taschenlampe (...). Dann, falls Sie ein Vergrösserungsglas doppelt hätten – und eines entbehren könnten, wäre ich sehr dankbar. Ich brauche es für das Lesen der Karte in der Zeitung oder für klein gedruckte Zahlen.«

Am 10. Januar hatte Sabine die Zeit gefunden, ihrer Schwester Nana im Dörfchen Annerod bei Gießen zu schreiben, wohin sie nach den schweren Angriffen mit ihren drei kleinen Kindern geflüchtet war: Die Strapazen der letzten Zeit, Diphterie, Bombenangriffe, die Sorge Tag und Nacht um Haushalt und Kinder, die Aufregungen, als das Haus lichterloh in Flammen stand, waren für ihre angeschlagene Gesundheit zu viel gewesen, schließlich versagten ihr die Beine ... Wenn auch der Hauptbrief verloren gegangen ist, in dem vermutlich von diesen Kalamitäten die Rede war, überlebt hat ein kleingefaltetes Blatt, zugeklebt mit dem Vermerk: »ganz privat!«

»Meine liebe Nana – Deinen Brief an Dicke kann ich so verstehen. Dieses ›Nie wieder‹ ist etwas so Grausames u. Unbegreifliches u. es dauert lange, bis die Wunde vernarbt ist. Aber sie vernarbt. Ich weiß es aus Erfahrung. Und sie muß vernarben, weil wir ja lebensfähig bleiben müssen. Die Leere ist schwer u. das Schlimme ist, daß man sie nur allein, ganz allein überwinden kann – es sei denn, daß sie mal ein anderer ausfüllt. Wir bleiben doch immer auf der Suche nach einem Du. Aber so schön es auch ist, mit zwei Herzen zu leben, es ist auch sehr belastend. Ich könnte diese Last jetzt nicht entbehren, so sehr ich auch oft unter ihr leide. Das Leben ist wunderbar reich u. gleichzeitig qualvoll. Aber ich bin dankbar, daß es so ist. Man kann ja auch für Schweres dankbar sein.«

Am 11. Januar 1945 meldete sich Carla aus Magdeburg mit einem Brief, der wie stets vollgespickt mit Nachrichten, Geschichten und Sorgen war, wo sonst hätte sie sie loswerden können. Diesmal galt die erste Sorge Karlernsts jüngerem Bruder Jochen: »Übrigens waren Erichs Socken (Ich freue mich sehr, dass unser Weihnachtspäckchen trotz Verspätung noch pünktlich eintraf...) von Jochen in Polen besorgt, wo er bis Mitte Dezember gut aufgehoben war, inzwischen aber nach dem Westen per Achse mit seiner Transportkolonne abgerollt ist und uns nun rechte Sorge macht. Letzte Post kam vom 21. XII. aus der Gegend zwischen Köln und Koblenz, seitdem keinerlei Nachricht, trotzdem Jochen in der Beziehung mit allen Hunden gehetzt ist und jede Gelegenheit auszunutzen weiss. (…)

Wir erlebten mit gemischten Gefühlen die über uns wegbrausenden Geschwader in dem Bewusstsein, dass sie bei Euch ihre Ladungen abwerfen würden und sind beruhigt, dass bei Euch in der Gegend nichts passiert ist. Unruhe genug hatten die 2–3maligen täglichen Luftwarnungen in der ersten Woche des neuen Jahres hier allgemein verursacht, denn sowie Einflüge im Raum Hannover-Braunschweig angesagt wird, läuft jetzt alles in die Bunker. Hannover hat schrecklich in der allerletzten Zeit gelitten, es soll ein riesiger Trümmerhaufen nur noch sein. Aber die Bahnanlagen sind wichtige Ziele & so wird es weiter beworfen werden & wenn da alles geschafft ist, dann sind wir hier an der Reihe … Es gibt Optimisten, die von fabelhaften bereits fertigen Gegenmitteln wissen und für nächste Zeit den Großeinsatz derselben prophezeien. (…)

Wir hörten durch einen hiesigen Direktor einer Versicherung, der K. deswegen ansprach, folgendes: Bei ihm ist Frl. Legall (Vater war Landgerichtsdirektor hier, erhängte sich 1935) als Mathematikerin angestellt und im Nov. bekam sie als M. [»Mischling«] 1. Grades Einberufung in einer hiesigen Lackfabrik; darauf versuchte er sie frei zu bekommen, da ja solch Posten schwer zu ersetzen ist und erreichte es mit viel Mühe bei dem leitenden Beamten, einem Dr. Sowieso bei der Gestapo auf 2 Monate. In dem Gespräch teilte dieser mit, dass bisher nur ein Herr

& eine Dame überhaupt freigekommen seien, ein gewisser Hauptmann P. Daraufhin hatte sich der Direktor an K. gewandt. Hoffen wir, dass es weiter gut abgehen wird. Die Sache mit dem Volkssturm ist auch noch ungeklärt und K. wartet auf Bescheid, da er ja unmöglich weiter Funktionen dort ausführen kann und auch froh ist, wenn er abends nicht noch dafür Wege laufen muss ausser den sonntäglichen Übungen. Hauptsächlich muss er versuchen aus dem Aufgebot I herauszukommen, da versucht das Werk ihm zu helfen. Hier läuft das Gerücht, dass das Aufgebot I bereits im März auf Truppenübungsplätze kommt um dann als Kanonenfutter eingesetzt zu werden.

Nun noch zu dem an Peter abgegebenen Rucksack. Ich will aus Leinen einen hier für Justus nähen lassen wie ich ihn auch habe, bitte aber um Nachricht, ob inzwischen Du noch einen besorgt hast. Natürlich ist er nicht so stabil wie die früheren, aber besser solch einen als keinen. Solltest Du kleine Riemen aus Leder mit den Verschlussteilen haben (von Schlittschuhen oder sonstwoher) so sende sie bitte dafür her.«

Zur Erklärung: Am 22. Februar sollte mein großer Bruder Justus 14 Jahre alt werden, dann war seine Narrenlernfreiheit am Potsdamer Viktoria-Gymnasium beendet und es stand zu befürchten, dass man ihn einziehen würde ins Arbeitslager oder zum Panzergrabenausheben oder wohin immer ein phantasievoller Bonze kleine Jungen »minderrassiger Abstammung« – zur Hälfte, bitte! – schicken würde. Mit den übrigen 14-jährigen »Hitlerjungen«, die gerade dem »Pimpfenalter« entwachsen waren, gingen die Militärs, die in der Etappe saßen, ja auch nicht besser um. Kanonenfutter.

Am 12. Januar brach gegen die von allen Reserven leergefegte deutsche Ostfront – Hitler hatte sie gegen jede Logik und Verstand im Dezember für seine »Ardennenoffensive« abgezogen – die sowjetische Großoffensive im südlichen Polen los, ausgehend vom Baranow-Brückenkopf an der oberen Weichsel. Am nächsten Tag folgte die nächste Großoffensive vom weiter nördlich gelegenen Brückenkopf Warka nordöstlich von Lublin; am 15. Januar eine weitere noch weiter nördlich von Warschau (bei Pułtusk), aufgefächert in drei Stoßrichtungen: Thorn an der Weichsel und weiter Richtung Danzig; Elbing und damit das Frische Haff war das Ziel des zweiten Angriffkeils, der Dritte galt dem Königsberger Raum, der zugleich von Osten (Eydtkuhnen/Gumbinnen) und Nordosten aus dem Tilsiter Umfeld angegriffen wurde.

In wenigen Tagen waren die sowjetischen Truppenverbände im gesamten Raum zwischen Memel und Karpaten auf rasantem Vormarsch, den sie drei Monate lang hatten vorbereiten können. Schier unvorstellbare Mengen an Menschen und Material wurden gegen deutsche Heeresgruppen eingesetzt, die ausgedünnt, ausgeblutet waren und zudem an akuten Nachschubproblemen litten. Am 18. Januar wurde Warschau (endlich!) befreit, am 19. Januar Krakau und weiter nördlich Łódź, das zugleich von dem Namen »Litzmannstadt« befreit wurde, den die »germanische Herrenrasse« der polnischen Stadt übergestülpt hatte. Am selben Tag wurde auch hoch im Nordosten Tilsit eingenommen, am 22. Januar Allenstein mitten in Ostpreußen, das in unvorstellbarer Geschwindigkeit erobert und von seiner Landverbindung nach Westen abgeschnitten wurde.

Die Bevölkerung war unvorbereitet auf dieses Ausmaß der Katastrophe: Nicht nur die Parteibonzen waren daran schuld, die den Menschen bis zur letzten Stunde die Flucht unter Androhung standrechtlicher Erschießung untersagt hatten, sondern auch die Gutgläubigkeit Vieler, ebenso der menschliche Hang, an Wunder und an höhergestellte Wesen zu glauben, die »Wunderwaffen« in letzter Sekunde hervorzuzaubern vermögen. Nun blieb Hunderttausenden von bedauernswerten Menschen, die in wenigen Stunden alles verloren, nur noch der Fluchtweg nach Norden und nach Nordwesten über das zugefrorene Frische Haff zum Hafen Pillau auf der Frischen Nehrung. Oder für diejenigen, die im südlichen und westlichen Teil Ostpreußens lebten, der Versuch sich in diesem besonders kalten Winter ebenfalls über die zugefrorene Nehrung nach Danzig und damit nach Gotenhafen, das in wenigen Monaten wieder Gdynia heißen würde, durchzuschlagen. Die Bilder vom schrecklichen Elend der Flüchtlingstrecks und vom großen Sterben auf dem Frischen Haff und der Nehrung sind nur allzu bekannt.

Die größte Stoßkraft bewiesen die sowjetischen Truppen unter Marschall Schukow, die sich aus dem großen Weichselbogen heraus wie ein roter Lavastrom über das weite Land ergossen, alles niederwalzend und zehn Tage nach Beginn der Großoffensive bereits Westpreußen, Pommern und die Neumark mit ihrer Hauptstadt Küstrin an der Oder bedrohten.

In allen Fluchtberichten – ob aus Ostpreußen, Schlesien oder dem »Warthegau« – wird stets vom großen Überraschungseffekt gesprochen, der die von den örtlichen Parteivertretern verbreitete Mär vom sicheren geschützten Leben in der Heimat, der man gutwillig trotz Kanonengrollens in der Ferne vertraute, mit einem grausamen Schlag zerstörte und innerhalb von Minuten das bis dahin gelebte Leben zunichte machte.

Niemand hatte mit solchem ungestümen Vordringen der Roten Armee gerechnet, weder in Ostpreußen noch in Schlesien: Acht Tage nach der Befreiung Krakaus am 19. Januar stand die Vorhut der sowjetischen Truppen bereits vor Auschwitz. Sie wurden Augenzeugen des unvorstellbaren Elends, das allen Bemühungen zum Trotz, die Gaskammern und Krematorien in Auschwitz-Birkenau rechtzeitig im November 1944 zu zerstören, sich ihnen in Gestalt von Leichenbergen und einigen hundert nahezu verhungerten menschlichen Wracks darbot. Sie waren zu schwach gewesen, den langen Fußmarsch ins »Reich« gleich ihren selektierten Schicksalsgenossen anzutreten, von denen viele auf dem Wege umkamen. Der rasante Ansturm ließ das oberschlesische Industriegebiet nahezu unversehrt in sowjetische Hände fallen, und erlaubte den Sowjets, ebenfalls aus dem Weichselbogen heraus, bis nach

Küstrin an der Oder vorzustoßen und dort einen Brückenkopf zu bilden. Das war am 30. Januar, nun standen sie nur noch 60 Kilometer von Berlin entfernt!

Von alledem wollte Hitler nichts wissen, er befehligte »Geistertruppen«, bestimmte über Armeen, die es nicht mehr gab, und fand bei all dem kaum Widerstand bei seiner hohen Generalität. Panzergeneral Guderian machte dabei eine bemerkenswerte Ausnahme. Er erkannte nicht nur die gefährliche Frontlücke, die sich von Bromberg im südlichen Westpreußen über Posen im »Warthegau« bis zur Oder erstreckte. Er kuschte nicht, sondern versuchte seinen obersten Feldherrn zu überzeugen, die in Kurland seit langem eingeschlossene Armee, die nur übers Meer versorgt werden konnte, jedoch keinerlei militärischen Zweck am dortigen Standort erfüllte, dringend zur Verstärkung heranzuholen. Hitler tobte und verbat sich jegliche Einmischung! Doch vielleicht brachte ihn diese Intervention auf die groteske Idee, den »Reichsführer SS« Heinrich Himmler, der bereits im Elsass als laienhafter Führer der »Heeresgruppe Oberrhein« seine militärische Unfähigkeit bewiesen hatte, am 23. Januar zum Oberbefehlshaber der neuen »Heeresgruppe Weichsel« zu ernennen. Diese fatale Entscheidung Hitlers sollte unendlich vielen Menschen unendliches Leid bringen: Himmler wollte sich nur auf seine Waffen-SS-Verbände stützen, das ewige Misstrauen zwischen Wehrmacht und SS wich auch nicht angesichts der bevorstehenden Katastrophe, die beiden Panzerarmeen Schukows hatten längst die erschöpften, aufgeriebenen Reste der deutschen 9. Armee beiseitegeschoben, die »Oder-Warthe-Stellung« fiel, und mitten zwischen den jetzt erst fliehenden Menschenmassen näherten sich die sowjetischen Panzer der Oder zwischen Frankfurt und Küstrin, während andere Verbände der Roten Armee nach Nordwesten, in Richtung Stargard und Stettin vorstießen. Pommern war verloren!

Wie weit sich von Berlin oder Magdeburg aus diese Frontdurchbrüche, Zusammenbrüche, die chaotischen Fluchtbewegungen von Zivilbevölkerung wie letzte Gegenangriffe deutscher Truppen selbst bei nächtlichem »Feindsenderhören« verfolgen ließen, vermag ich nicht zu sagen. Fest steht, dass auch hohe Militärs teilweise nur über die Zustände in ihrem eigenen Verantwortungsbereich informiert wurden, während der Rest der Welt und der kriegerischen Auseinandersetzungen *terra incognita* blieben; genauso erging es den Überlebenden der großen Städte wie den in Dörfern Gestrandeten, da die gewohnte Infrastruktur schon längst ein Opfer der Bomben geworden war.

Elsa Messel jedenfalls wusste nichts und hatte auch keinerlei Vorahnungen, als sie meinem Vater am 16. Januar ihren letzten, im Nachlass meines Vaters erhaltenen Brief schickte, dem sie einige Brotmarken für die Familie beilegte und erleichtert war, einmal nichts zu erbitten, sondern im Gegenteil selbst etwas schenken zu können.

»Wir hatten vor einigen Tagen wieder feindliche Flieger über uns und lange anhaltendes Schiessen in der Nähe (was will das aber gegen Berlin besagen?), konnten aber näheres nicht erfahren. Es ist grimmig kalt – morgens Eisblumen an den Fenstern, an deren schönen Gebilden man sich als Naturfreund freut, aber für einen älteren leidenden Menschen weniger erfreulich. Im Nebenzimmer tauen sie gar nicht ab. Wir mussten zusammenziehen, da das Nebenzimmer an sich kaum heizbar und bei dem beschränkten Heizmaterial überhaupt nicht zu heizen ist. Mein Eckchen am Ofen ist unbesucht und ich kann schreiben, bis d. Tisch (ein kl. runder) wieder zu einer Mahlzeit gebraucht wird. Man muss alles ertragen lernen.«

Was mag aus ihr geworden sein, wo erlebte sie die Eroberung durch die sowjetischen Truppen? »Rackow über Tempelburg« lag auf halbem Weg zwischen Schneidemühl (heute Piła / Polen) im südwestlichen Zipfel des ehemaligen Westpreußens und Köslin (heute Koszalin / Polen) in Pommern. Ist sie in einen der langen Flüchtlingsströme geraten, oder wurde Rackow so schnell überrannt, dass zum Flüchten keine Zeit blieb? Gestorben ist sie am 25. August 1945 in Berlin, erfuhr ich von ihrem englischen Enkelsohn, der jedoch keine weiteren Einzelheiten wusste. Ob sie im Messel'schen Erbbegräbnis auf dem Matthäi-Kirchhof in Berlin-Schöneberg beigesetzt wurde oder ihrer nur per Inschrift auf dem Grabstein gedacht wird, ist mir nicht bekannt.

An eben diesem 16. Januar 1945, an dem die Berliner zweimal, am Vormittag von 11.05–12.20 Uhr und am späten Abend von 21.30–22.30 Uhr durch Vollalarm in Keller und Bunker gescheucht worden waren, hatte Peter Lüders aus dem »Reichsautobahnlager« in »Wommen/Werra über Eisenach« endlich ein Lebenszeichen gegeben: »Von meiner neuen Tätigkeit als Bauarbeiter möchte ich Euch heute einen kurzen Gruss senden. Seit 4. d. M. befinde ich mich hier. Noch kann ich nicht viel berichten bzw. es ist besser nicht viel zu berichten. – Ich hoffe, dass es Euch den Umständen entsprechend gut geht und Ihr auch von den letzten Angriffen auf Berlin verschont seid. – Die Arbeit an sich erfordert eine gewisse Umstellung. Wenn sie auch schwer ist, so habe ich mich auf Grund meiner früheren landwirtschaftlichen Tätigkeit doch einigermassen daran gewöhnt. Hoffentlich geht der Winter und damit die Kälte bald vorbei. Irgendwelche geistige Abwechslung haben wir hier nicht. Ich würde gerne wieder etwas Latein treiben. Dazu fehlt mir allerdings ein kleines Lexikon (Liliputformat).«

Sie haben jämmerlich gefroren, er und seinesgleichen, die auf der Autobahn Schnee schippen mussten in Wind und Wetter. Der Aufseher der »Strafkolonne« »verdonnerte« sie abwechselnd zum »Knast« im Heizungskeller, damit sie sich aufwärmen konnten, erzählte mir mein Großvetter wenige Jahre vor seinem Tode.

Da war es schon eine Gnade, dass sein Vetter Erich (oder Onkel, es gibt da eine Generationenverschiebung) in Berlin noch immer verschont blieb, bei seinem schlechten Gesundheitszustand hätte er diese Strapazen nicht überstanden; Sabine dagegen, auch wenn sie erheblich abgemagert war wie alle ihre Zeitgenossen, hatte noch mehr gegenzusetzen und durfte mittlerweile Tagesarbeit machen. Sie schrieb ihm an jenem 16. Januar:

»Geliebtes Herrchen, daß Dich die gestrige lebende Wärmflasche so gefreut hat, daß Du sie sogar heute morgen noch mal lobend dankbar erwähnt hast, ist doch ein Zeichen für die Wandelbarkeit des Geschmackes. Und hat mir Spaß gemacht. Das kannst Du bald wieder haben. Im Augenblick wäre es nicht zu empfehlen, da ich ein Eisklumpen bin.«

Am Dienstag, den 16. Januar vormittags um 11 Uhr und noch mal des abends um 22 Uhr wurde die Stadt Magdeburg so gründlich bombardiert, dass kaum ein Stein auf dem anderen blieb, und es nach menschlichem Ermessen nichts mehr zu zerstören gab. Doch so war es nicht. Lassen wir jedoch unsere Chronistin Carla zwei Tage danach am Donnerstagmittag berichten:

»Meine Lieben! Furchtbare Stunden liegen hinter uns, aber wir leben noch. In aller Eile, die erste Gelegenheit, dass mir jemand versucht Post fortzubringen, will ich schnell ausnutzen. Unser Haus ist weit und breit das einzigste bewohnbare Haus, Wir leben umgeben von Trümmerstätten, alles, alles ist von Spreng- und Brandbomben zerstört und eine ungeheure Zahl an Toten. Wir sind hier im stehengebliebenen Haus wie eine Oase, sehen die Flüchtlingsströme vorbeiziehen, Gefährte scheint es überhaupt kaum zu geben, abgesehen von Parteiautos. Gas, Licht, Telephon, Wasser ist kaputt und ob sie für dies einzel liegende Haus etwas tun werden, erscheint uns im Augenblick fraglich. Vom Kaiser Wilhelmplatz, der völlig ringsum zerstört ist, bis zum Dom steht kein Haus mehr, es sei denn einige Fassaden täuschten. (…) Mutters Haus völlig verschwunden. Alle Bekannten ohne Wohnstätte. (…)

Es war furchtbar und Ihr müsst nicht glauben, dass ich übertreibe. Unser Haus ist ein Wunder. Natürlich sind wir ohne Scheiben und unbeschreibbarer Dreck liegt überall, aber das macht nichts. Ich beschreibe Euch bald alles. Wir leben in permanenter Angst. Erster Terrorangriff Dienstag 11 Uhr früh, da hatten wir im Wohnzimmer 1 Scheibe, die anderen mehrere & bei Mutter nebenan Luftmine mit starker Zerstörung, dann am Abend um 10 Uhr der furchtbare Angriff. Die Zeitung darüber schicke ich Euch später. Wir haben das Haus einzig durch unseren Mut gerettet, haben die ganze Nacht bis Mittwoch um 9 Uhr gelöscht & die Flammen abgehalten und mit Sorgen gewartet, bis die beiden Nachbarhäuser fertig ausgebrannt waren, damit von dort keine Gefahr kam.

Das riesige Gebäude hinter uns brannte in hellen Flammen & die Hitze auf dem Dach war schlimm. Meine Haare sind angesengt, K's Augenbrauen fort und sein Gesicht noch heute schwarz vor Rauch, der eingebrannt ist. Aber wir haben das Haus gehalten. Ich habe die Spritze auf dem Dach bedient, die Mädel haben Wasser geschleppt & Gottlob reichte dies bis zum Morgen, vom Waschhaus bis zum Dach wurde der letzte Tropfen geholt.

Nun gibt es ab und zu Wasser am Brunnen am Jakobiplatz. Da aber so wenig Menschen hier noch leben, das Knattergebirge ist nur noch rauchender Schutt, so ist das Wasser-Anstehen nicht so schlimm & wie im Alten Testament es für die

Frauen Treffpunkt zum schnacken war, so ist dieser Punkt jetzt mein Nachrichtenbüro gewesen, denn sonst hörte man nichts & was ich dort höre ist ein- und derselbe Fluch! Es funktioniert <u>nichts</u>. Wir haben gestern Suppe im Jakobibunker geholt, heute musste man über die Brückenhälfte zum Herrenkrug um dort Suppe zu holen. (…)

Karlernst hat schwer entzündete Augen, sehr schmerzhaft. Ich habe alle im Hause mit Augenwasser & Tropfen behandelt, wir hatten alle mehr oder weniger Rauchvergiftung mit Erbrechen und gestern waren wir völlig kaputt, heute geht es bereits ans vernageln der Fenster. (…) Meine Lieben, lebt wohl und seid Gott befohlen und Dank für alle Liebe. Wer weiss ob wir jemals wieder zusammen sein werden. Ich grüße Euch in Liebe. Eure Carla.«

»Carline war vorbildlich tapfer. Karlernst.«

Einige Tage und einige Bombenangriffe später meldete sich Carla am Sonntag früh fünf Uhr wieder bei den Berlinern – mit Poststempel 21. Januar des »Einsatztrupps Genthin«: »Meine Gedanken beschäftigten sich so mit Euch, dass ich mein Lager verlassen habe und die schlaflose Nacht nun damit beende, dass ich Euch schreibe. Dazu benutze ich meine Petroleumfunzel aus dem Keller, die eigentlich sonst schwer geschont wird. (…) Unser Esszimmer dient uns vorläufig als alleiniger Wohnraum für uns, Mutter, Liesegang [alter Vetter Karlernsts] & Ahrends [Einquartierung]. Wir haben das Glück, dass 2 Quadrate der geteilten Fenster heil geblieben sind & somit dies ermöglicht den Raum am Tage leidlich zu erhellen. Das übrige ist mit Pappen zugenagelt, die jeweils abspringen wenn ringsherum die Häuser einstürzen (…)

Bisher habe ich nur den schlimmsten Schmutz herausgeholt und wir haben uns Nachts auf eine Matratze im Esszimmer gelegt. Man zieht sich sowieso vorläufig nicht aus zur Nacht. Der schreckliche Sturm, das andauernde Krachen von einstürzenden Häusern, Explosionen von irgendwelchen Teilen, das alles schrickt einen auf & da an Stelle Sirenen 3x geschossen wird und man unwillkürlich lauert, was kommen wird, so liegt man die Stunden wach. Es geht uns allen im Hause gleich. Wir leben in einer Totenstadt in einem der wenigen bewohnbaren

»*Der schreckliche Sturm, das andauernde Krachen von einstürzenden Häusern*« (Carla, Januar 1945).

375

Häuser und es mutet wirklich wie ein Wunder, dass wir Möbel, Glas, Porzellan ohne Schaden haben. (…) Ja, im Wohnzimmer stehen noch die Vasen mit getriebenen Kastanien und blühenden Forsythien. Da sieht es noch wüst aus & ich habe einfach noch keine Zeit gefunden energisch dort anzufangen. Überall Glassplitter, Mörtel und dann der rotbraune dicke Ziegeldreck auf allen Sachen. Nun werden die Häuser gesprengt & der Dreck kommt durch die kaputten Scheiben herein. (…) Mit 200 000 Obdachlosen, also 2/3 der Stadt, wird gerechnet und große Zahl an Toten.

Als ich gestern auf Suche nach Essenausgabe ging, ich wollte bis zur alten Elbbrücke deswegen, musste ich in der Jakobstrasse umkehren weil es mir übel wurde, überall die verkohlten Menschen herumliegen zu sehen. Das Essen wird in anderen Städten gekocht & hergebracht & zu ganz verschiedenen Zeiten. Einer von uns ist deswegen immer unterwegs & wir haben reichlich Suppen & sehr gute Brote. Da Ada [Ziegler, Jugendfreundin] völlig ausgebrannt ist, Keller noch gerettet, konnten wir dort Grudekoks holen und somit unsere Grude[3] weiter für längere Zeit aufrecht erhalten. (…) Auch dies ein Glück was nicht alle haben. (…)

Es gibt nun keine Kirchen mehr – es sei denn in den Vorstädten. Übrigens haben die Werke nichts abbekommen. Nun braucht die Stadt nichts mehr zur Altstadtsanierung zu machen, es ist so gründlich geschehen, dass man sich nicht ausdenken kann, wie es mal aussehen wird. (…) Man kommt nicht zur Besinnung vor Arbeit und ab 5 Uhr [nachmittags] ist das Sehen dann aus und mit Streichhölzern & Kerzenstummeln wird das nötigste noch getan, früh gegessen und dann kommt die endlos schlaflose Nacht, wo die schrecklichen Bilder wieder auftauchen. Dabei verlöschen im Augenblick die anderen persönlichen Sorgen. Wir sind völlig ohne Nachrichten, man bekommt beim Essenholen, wenn man Glück hat, eine einseitige Zeitung gratis. Letzte war am Donnerstag mit schlecht klingendem Heeresbericht. Ida [früheres ostpreußisches Hausmädchen, dann treue Freundin des Hauses] war auf dem Lande und brachte Radioberichte aus dem Osten mit. (…)

Wie wird es weitergehen? Wenn nur keiner krank wird! Apotheken in der Stadt sämtlich zerstört, es reichte schon vorher nicht, wie sollen die Vorortapotheken es jetzt schaffen? Und wo sind Ärzte? K's Augen sind besser, wir hatten ja Glück, dass der Arzt vom Arbeitsdienst ihn behandelte. (…)

Ich kann nicht mehr Petroleum verbrennen, wir hoffen, dieser Tage Kerzen zu empfangen. Bleibt gesund & Gott befohlen, Ihr Lieben. Möchte bald ein Ende kommen. Es umarmt Euch & die Kinder Eure Carla.«

3   »Grude: In Sachsen und Thüringen eine Vertiefung auf dem Kochherd, welche man mit heisser Asche füllt, um in dieser angekochte Speisen langsam gar werden zu lassen und warm zu halten. Diese Grudeherde (Spar-, Pfennigherde) werden namentlich mit Schwelkoks (Grudekoks) geheizt, die beim Schwelen der Braunkohle für die Paraffin- und Mineralölfabrikation nach dem Abtreiben des Teers zurückbleiben. Grudekoks sind schwarz, pulverig, leicht entzündlich, brennen aber nur glimmend, nicht mit Flamme, und liefern eine milde, gleichmäßige Hitze.« (Meyers Großes Konversations-Lexikon 1908).

Im »nationalpolitischen« Unterricht der Reichshauptstadt Berlin bemühte man sich auf den Spuren des großen »Führers« und obersten Befehlshabers, den Glauben an den »Endsieg« auch in diesen chaotischen Zeiten den Kindern einzuimpfen. So gibt es gleich mehrere Aufsätze unter der schmetternden Parole:

»Räder müssen rollen für den Sieg! I. Leistungen der Reichsbahn für militärische Zwecke. Räder müssen rollen für den Sieg! Dieser Satz steht an allen Eisenbahnwagen dran. Doch jeder Zivilreisender meint, daß seine Reise bestimmt kriegswichtig ist. Doch die Reichsbahn muß schon soviel für die Front befördern, so daß die Zivilreisenden zurück stehen müssen.

Die Reichsbahn muß an die Front Waffen, Munition, Verpflegung und Kleidung schaffen. Jetzt ist auch noch dazu gekommen, daß die Rheinländer aus ihrer Heimat fort müssen. Sie müssen alle mit der Eisenbahn transportiert werden. Es ist dann immer sehr eng, denn sie schleppen viele Koffer mit. Auch sind oft Truppenverschiebungen, auch diese muß die Reichsbahn befördern. An die Front müssen auch Pferde geschafft werden. In den Ländern die wir erobert hatten, war es immer sehr schwer etwas mit der Eisenbahn zu befördern. Diese hatten nämlich eine andere Spur. Diese mußten sofort durch die Eisenbahner umgebaut werden. Die Terrorflieger bombardieren in Deutschland über all die Gleise. Damit kein Unglück passiert, z. B. ein Zug fährt darüber und sie explosiert, hat man den Bahnschutz eingeführt. Jeder Mann vom Bahnschutz bekommt eine Strecke am Gleis welche er ständig beobachten muß. Dadurch wird viel Unglück verhütet. Wer sich alles mal überlegt hat, wird einsehen, daß seine Reise bestimmt nicht kriegswichtig ist.«

Und noch einmal: »Räder müssen rollen für den Sieg! Die Reichsbahn muß für Nachschub sorgen. Sie schafft Waffen heran: Panzer, Kanonen, Maschinengewehre. Der Soldat braucht auch Ausrüstungsgegenstände. Dazu gehören: Mäntel, Uniformen, Stiefel, Strümpfe, Ohrenklappen und Handschuh, Schals und Kopfschützer, Unterwäsche. Die N.S. Frauenschaft fertigt diese Sachen an. Vor allem will der Soldat aber essen. Es müssen ihm nachgeschickt werden: Mehl und Zucker, Fett und Eier, Gemüse und Trockenkonserven und viele andere Nahrungsmittel.«

Auf welchem fernen Stern lebten die Lehrer, die den Kindern im Winter 1945 mitten in der Katastrophe solche längst von der Wirklichkeit überholten Phrasen vorbeteten?

»Die Feld-Eisenbahner haben ganz besondere Leistungen aufzuweisen. Der Bahnschutz überwacht die Anlagen der Reichsbahn und schützt sie gegen Sabotage und sonstige Eingriffe. Partisanen haben häufig Sprengungen versucht. Für ihre Verdienste ist vielen Eisenbahnern das K.V.K. [Kriegsverdienstkreuz] oder das Ritterkreuz verliehen.«

Und nun wird endlich die Katze aus dem Sack gelassen: »II. Die Leistungen der Reichsbahn für zivile Zwecke. Am Freitag, dem 19. Januar 1945 ist ein Gesetz der Reichsbahn herausgekommen, daß von Montag, dem 2. Januar an keine Schnell- und Eilzüge mehr fahren. Es sind zuviel Leute gereist. Das kommt durch die Evakuierung. Die Mütter besuchen ihre Kinder im KLV-Lager. [»Kinderlandverschickung«] Die Frauen besuchen ihre Männer. Im Sommer oder Winter holen die Evakuierten ihre Kleider die sie zu der Jahreszeit gerade brauchen. Auch die Leute aus den gefährdeten Grenzgebieten werden von der Reichsbahn an sichere Orte transportiert. Für die Verpflegung in den großen Städten muß die Reichsbahn zum Teil auch sorgen. Sie befördert Kohl, Kartoffeln und auch Fleisch. Wenn Schul-Transporte sind, stellt sie Sonderwagen zur Verfügung. Deshalb hat sie den Verker für Zivilreisende fast ganz eingestellt.«

Diesen mit offenbarer Unlust verfaßten primitiven Texten folgt eine ganze Heftseite, siebenmal untereinander, der kernige Satz: »Die Furcht lähmt den Verstand, der Mut belebt ihn. Clausewitz« Wie recht er doch hatte, der alte Stratege, denn der nächste Kurzaufsatz war etwas zeitnäher:

»Die Eisenbahn im Bombenterror. In den Eisenbahnzügen hängen Plakate: Bei Fliegeralarm und Fliegerangriffen geht der Eisenbahnbetrieb weiter. Meist fahren die Züge bis zur nächsten Haltestelle. Dort müssen die Reisenden Schutz suchen in Deckungsgräben oder Bunkern oder öffentlichen Luftschutzkellern. Wenn die Bahnkörper durch Bomben zerstört worden sind, werden sie sofort nach dem Angriff wieder hergestellt. Die Häuser eines Bahnhofs sind oft zertrümmert, die Bahn fährt weiter. Wie wir zur Förderung des Verkehrs beitragen können. Wir reisen nicht und klären auch unsere Verwandten und Bekannten auf. Wir wissen: ›Erst siegen, dann reisen‹ und ›Räder müssen rollen für den Sieg‹. Die Eisenbahn wird für Kriegs- und Flüchtlingstransporte benötigt. In der S-Bahn zeigen wir durch unser Verhalten unser Verständnis für die Verkehrsforderungen. Wir benutzen sie nur in dringenden Fällen. Außerhalb des Berufsverkers. Wir nehmen Rücksicht auf unsere Mitreisenden, indem wir alten Leuten unsern Platz anbieten, uns ruhig verhalten, Kriegsversehrten und Reisenden mit Gepäck helfen. Die Eisenbahner als Nationalsozialisten für den deutschen Sieg. Wir wollen sie durch unser Verhalten bei ihrer schweren Arbeit unterstützen.«

In den folgenden Tagen spielte sich Carlas Briefverkehr mit den Lieben in Berlin nur noch per Postkarte ab, Briefe waren verboten und wurden nicht mehr befördert. Die Eisenbahnbrücke über die Elbe war zerstört und konnte anscheinend nicht so schnell wie im Schulaufsatz vorgesehen von »unseren tapferen Eisenbahnern« repariert werden. Züge ab Biederitz, jenseits der Elbe, sollten die Post nach Berlin befördern; sie brauchte manchmal Wochen, manchmal war sie innerhalb weniger Tage in Berlin. Wie in Friedenszeiten! Die waren jedoch weit weg, und für viele fing der Leidensweg gerade erst an. »Ida ist leider völlig gebrochen«, schrieb Carla in winziger Schrift auf ihrer Postkarte vom 24. Januar, »der Mann vermisst, das Heim zerstört, 2 Brüder gefallen, einer in Gefangenschaft und nun noch die Sorge um den Rest der Familie im Kreise Allenstein! Gott behüte Euch Lieben. Wir sind völlig ohne Nachricht seit dem 16. Bitte wiederholt das Wichtigste.

Ich schrieb Euch ja, dass wir K's Vetter, Obergeneralarzt Liesegang, 72 Jahre alt, bei uns aufgenommen haben, da er gänzlich ausgebombt ist & nun kam sein Sohn, junger Arzt an der Militärakademie aus Berlin auch noch 5 Tage zu uns, um hier zu helfen. Derselbe wird nach Rückkehr bei Euch anrufen und von uns Euch dann berichten. (…) Die sehr gute Verpflegung der N.S.V. [»Nationalsozialistische Volkswohlfahrt«] hat aufgehört & nun heisst es für 7–8 Personen täglich in der Grude Mittags & Abends warmes Essen schaffen. Ein Glücksumstand, dass im Haus unser Laden erhalten blieb, auf weite Entfernung der einzige.«

Am 27. Januar, Kaisers Geburtstag, Mozarts Geburtstag und von nun an Tag der Befreiung von Auschwitz durch sowjetische Einheiten – aber das wusste noch niemand zu diesem Zeitpunkt – schrieb Carla 2 Postkarten, auf der einen schilderte sie ihre Enttäuschung, nach endlosem Anstehen in der nur halb zerstörten Hauptpost, Zustellung gab es nicht, keine Post aus Berlin erhalten zu haben. Auf der zweiten Postkarte stand eine neue Hiobsbotschaft:

»Soeben von der Post heimgekehrt, war bereits Post hier nach Hause gebracht & die erschütternde Nachricht, dass Jochen am 29. XII. in Luxemburg gefallen ist. Auch dieser Kummer noch zu allem! Von Euch Gott Lob Nachrichten hier erhalten vom 15. 1.–22. 1. Wir ahnten nichts von neuen Sorgen [Verhaftungen der jüdischen Partner in »Mischehen«], hoffentlich geht es gut vorbei.«

Zwei Tage später schickte Carla eine weitere engbeschriebene Postkarte: »Was freute ich mich Sonnabend Mittag als ich von Euch Lieben Post vorfand. (…) Leider war dann aber auch die traurige Nachricht eingetroffen und Ihr könnt Euch Mutters Jammer vorstellen. Von Jochen selber war noch Post angekommen & dazu die schreckliche Nachricht über Küstrin. Lore schickte die Zeilen mit, die der Hauptmann geschrieben hatte, Artilleriebeschuss, sofortiger Tod. Ob das nun wahr ist, weiss man nicht, beruhigt schliesslich die Angehörigen. Zu allem Schrecklichen nun noch für Mutter dies schwere Leid, es ist sehr bitter. (…)

Von den neuen uns betreffenden Sorgen wussten wir natürlich nichts, hoffen, dass wir davon verschont bleiben. Man kann ja in keiner Weise voraussehen und ich wüsste auch nicht, welche Vorkehrungen zu treffen wären. Vielleicht könnt Ihr mir Ratschläge geben. Rucksack ist für mich immer für Alarm gepackt. Was anderes käme wohl auch für den Fall nicht in Frage. Die Sorgen reissen eben nicht ab. Sehr erfreut hat uns die Erledigung von Bines Angelegenheit. Das ist ja nun wirklich nach den schweren Wochen eine rechte Erlösung. (…) Wir haben noch keinen Anschluss an jegliche Civilisation, hinzu die starke Kälte & der Ostwind pfeift durch die Pappen.«

Der Ostwind pfiff auch im Osten, jenseits der Oder. Ab Mitte Januar, dem »Eismond« unserer Vorfahren, der Germanen, herrschte ein besonders harter, kalter Winter – Gottes Mühlen mahlten nicht nur langsam, sondern auch unerbittlich. Wer stellt sich da nicht die Frage nach der Unverhältnismäßigkeit – in diesem Fall der Strafe, die nun über so viele Unschuldige gekommen war –, aber dies sind Denkkategorien rein menschlicher Natur und haben wohl nichts mit jener höheren Gewalt zu tun, die unter der Bezeichnung »Gott, der Allmächtige« von den drei großen monotheistischen Weltreligionen uns Menschenkindern nahegebracht wird. Das unvorstellbare Elend, das deutsche Armeen in Hitlers Namen über so viele Länder und Menschen in ihrem Größenwahn gebracht hatten, wurde es nun von einer höheren Macht buchhalterisch abgerechnet und zurückgezahlt? Warum war sie nicht eingeschritten, warum schritt sie jetzt nicht ein – oder galt doch die Regel vom freien Willen und freier Entscheidungskraft, somit letztendlich auch die Regel von »schuldig – unschuldig«? »War Gott in Auschwitz? Wie können Sie nach Auschwitz beten?« fragte ich einmal einen frommen Chassiden vor dem Hause des hochverehrten Lubawitzer Rebben Snell in New York. Der schaute mich so entsetzt wie strafend an, eine solche Frage zieme sich nicht, sein Glaube hielte ihn an, weiter an die Allmacht Gottes zu glauben und auf das Kommen des Messias zu hoffen, wie auf weißen Leintüchern quer über alle Gassen des New Yorker *Shtetl* verkündet wurde.

Am 30. Januar, dem Tag der »Machtergreifung« Hitlers 12 Jahre zuvor, bildeten die Sowjets einen ersten Brückenkopf am Westufer der Oder bei Küstrin. Am selben Tag schrieb Karlernst Pohl – mit Poststempel aus Rothensee – »Hoffe, daß Ihr den gestrigen Abend gut überstanden. Ich habe meiner Schwägerin Lore Pohl, Küstrin, die beiden Tel. Nr. [der Nachbarn in der Beerenstraße] aufgegeben, falls sie plötzlich durch Berlin als Einzelreisende kommen sollte, um evtl. Erichs Hilfe zu erbitten. Jochen ist am 29. XII. in Luxemburg gefallen! Mutter hatte Sonnabend Nachricht über Küstrin, wo die kleine Frau wohl stündlich mit Abtransport rechnen muß.«

»Wie unsagbar schwer mich Jochen's Tod getroffen hat«, schrieb Tante Lies am Tag darauf an Erich, »könnt Ihr Euch wohl denken. Ich kann es noch nicht fassen, daß dieser frische lebensfrohe Junge nicht mehr wiederkommen soll. Und wie wird es meine arme Lore [die Schwiegertochter, Jochens Frau] tragen, wenn ich nur bei ihr sein könnte. Vielleicht muß sie nun auch noch ihr Heim im Stich lassen, dann hat sie nichts mehr. Daß ich sie nie mehr im eigenen Heim aufnehmen kann, ist doch trostlos.« Und dann bat sie um Erichs Hilfe bei der Aufgabe der Todesanzeige in der D.A.Z., das ließe sich von dem zerstörten Magdeburg aus kaum bewerkstelligen.

Mit gleicher Post berichtete Carla: »Ich erfuhr gestern auf der Post, dass wieder Briefe bis 20 gr. zugelassen sind. Ich bin darüber sehr glücklich. Denn wir werden auf lange Zeit unsere Post täglich von der zum Teil innen ausgebrannten Hauptpost abholen müssen & da täglich ein anderer aus dem Haus diesen von mir bisher versehenen Dienst übernehmen soll, so ist der Gedanke, dass die anderen meine Karten lasen, sehr unangenehm. (…)

Inzwischen ist ab 8 Uhr (abends) noch Alarm & dann im Stockdunkeln die Treppen herunter hasten ist für unsere beiden Alten sehr schwierig, Licht darf nicht gemacht werden, weil sämtliche Fenster auf der Treppe raus sind. Oh, diese Kälte überall! Zeitungen leider auch selten zu bekommen, wenn eine im Haus ist wird sie rumgeliehen.«

Not schweißt zusammen! Das alte Sprichwort galt selbst unter diesen katastrophalen Bedingungen, Carla und Karlernst lebten in einer echten Hausgemeinschaft. Auch sie, die Jüdin, war davon nicht ausgeschlossen – es steht zu vermuten, dass die Bewohner dieses Hauses, in dem Pohls seit 1936 wohnten, über die besonderen Umstände des Ehepaares Bescheid wussten. Dennoch war Carla erleichtert, dass sie wieder Briefe schreiben und empfangen durfte, in die keiner seine neugierige Nase stecken konnte. Wie sollte das eigentlich bei dem Gestolper durch Ruinen und trümmerübersäte Straßen möglich sein? Hatten die bösen Erfahrungen der Dreißigerjahre, als eine deutsche Hausgemeinschaft nicht in Not, sondern eher in Jubel und Hitlerverehrung lebte, dieses Misstrauen bei aller Freundlichkeit im Umgang miteinander in Carla wachsen lassen?

Auch in Berlin gab es eine Gemeinschaft, eine nachbarschaftliche. Auch da hatte die Not der Bombenangriffe zusammengeschweißt. Die anfangs gemeinsam verbrachten Stunden im Splittergraben, die Rettungsaktionen mit Spritzenwagen und Spaten und Hacke, um Verschüttete freizuschaufeln und Feuer einzudämmen: Mein Vater wurde vom Luftwaffengeneral wie vom Apotheker akzeptiert, obwohl sie sicher vom »Blockwart« Koch über seine schimpfliche Abstammung unterrichtet waren. Ich vermute, dass meine Eltern einen sechsten Sinn entwickelt hatten, wem sie trauen konnten und wem nicht. Die Angriffe von Kindern auf uns Kinder konnten sie freilich nicht verhindern, die waren vom »Blockwart« gegen uns aufgehetzt.

Auch in unserem »arischen« Häuschen wurden wir zu einer größeren Gemeinschaft: Freunde aus Sabines Jugendzeiten, die es im Laufe des Krieges nach Osten verschlagen hatte, gerieten nun in den großen Strom der Flüchtenden und fanden vorübergehend Quartier bei uns. Als erste kam (die größere) Irene Mattiesen mit zwei kleinen Kindern, sehr zur Wonne der kleineren Irene, die die Gießener Buben lange genug entbehrt hatte. Doch sie blieben nur kurz, die Berliner Bombennächte boten wenig Ruhe auf der Flucht. Und dem Alarmkalender meines Bruders folgend gab es nur wenige Nächte ohne Vollalarm. Der »Terrorangriff«, wie es damals offiziell hieß, der die schlimmsten Schäden in der bereits schwerzerstörten Innenstadt anrichtete, spielte sich allerdings am hellichten Tag ab: Am Samstag, den 3. Februar zwischen 10.50 und 12.20 Uhr und bekam von meinem Bruder einen dicken schwarzen Punkt zusätzlich, vermutlich wegen der Heftigkeit des Bombardements. 2 264 Tonnen Bomben wurden abgeworfen, 22 000 Berliner und auch viele Flüchtlinge verloren dabei ihr Leben.

An eben diesem 3. Februar fand Sabine Zeit für einen längeren Brief an ihre Schwester Nana in Annerod »über Gießen«:

381

»Liebste Nana! Zunächst: heutiger großer Tagesangriff gut überstanden. Es war unheimlich, welche Massen an Flugzeugen – ganz ungestört, mit geringem Flakbeschuß – über uns weg zogen. Wie so eine Schar silberner glänzender Stichlinge im klaren Wasser. Leider nicht so harmlos! Es galt mal wieder der Innenstadt u. dem Verkehrsnetz. Oh Nana, und dabei all die Tausende von Flüchtlingen auf den Bahnhöfen. Irene Mattiesen zog am 1. II. abends auch weiter nach Pasing, sie hatte hier keine Ruhe. Die Abfahrt auf dem Anhalter Bahnhof war grauenhaft!! So sieht der Versuch einer Neuordnung Europas in Wirklichkeit aus (…) und was man aus dem Osten hört, ist unvorstellbar grauenhaft.

Wir haben beschlossen, hier zu bleiben. Wo soll man auch hin? Wir hoffen, daß uns das Häuschen erhalten bleibt. Die Zeiten werden gewiß sehr schwer, aber wir wollen, so Gott will, zusammen bleiben. So bleibt einem garnichts anderes übrig, als auf Gottes Schutz zu vertrauen. Aber dieses: Herr wie Du willst, nicht wie ich will – ist sehr schwer. (…)

Hier wird alles immer mehr eingeschränkt. Licht wird stundenweise abgestellt, man sitzt dann unvorbereitet eine Stunde im Dunkel. Gas nur noch für Haushaltungen mit Zentralheizungen. S-Bahnbenutzung nur noch gegen besonderen Ausweis. Ich nehme an, daß ich wegen m. Dienstverpflichtung Fahrtausweis bekomme. Man spricht auch von Lebensmittelkürzungen, was ja auch nicht ausbleiben kann. Und so geht es langsam aber sicher dem Ende entgegen. Volk ohne Raum – ohne Essen – ohne Wohnung – oh Nana![4] Mir schnürt es das Herz zusammen, welcher Zukunft unsere Kinder entgegen gehen.

Heute ist Tante Lillis Geburtstag [Schwester von Mutter Käthchen]. Ich bin Gott von Herzen dankbar, daß er unser Mulein vor dieser Schreckenszeit zu sich genommen hat. Was müssen die anderen alten Menschen alles leiden. Tante Kreidel [Sabines Patentante, Freundin von Käthchen] flüchtete mit ihren Kindern u. Enkeln aus Memel, nun werden sie weiter geflohen sein. Wir haben durch die Umräumung für Mattiesens ein Zimmer frei, werden wohl bald wieder jemand aufnehmen. Die Neuordnung unserer Wohnung ist ganz nett geworden. Meine neue Arbeit (Damenmäntel zum Export! nähen) u. vor allen Dingen die Zeit, von 7–12 u. Samstag frei, ist ein Paradies gegen die frühere Tätigkeit. Ich bin doch wenigstens zeitweise Hausfrau u. Mutter. Dicke [die ältere Schwester Hildegard] ist in Bayreuth. Adresse unbekannt. Nun leb wohl, meine liebe Nana, Gott schütze Dich, Otto u. die Kinder. Hoffentlich ist uns noch mal ein Wiedersehen beschieden.«

Am 4., 5., 6., 7., 8. und 9. Februar [vgl. Alarmkalender meines Bruders] durften die Berliner ihre Nächte und zum Teil auch ihre Tage stundenweise in Kellern und Bunkern zubringen. Was ließ sich eigentlich in Berlin noch zerstören? Ein paar Häuser in den Vororten … Das »Dritte Reich« kollabierte jedoch trotz aller alliierten Bemühungen im Osten wie im Westen noch immer nicht.

4   »Volk ohne Raum« war Hitlers Parole seit 1920 gewesen, die Begründung für alle Eroberungszüge vor und nach 1939.

Derweil legte man in Jalta die Nachkriegsordnung für Europa fest, für die ja seit bereits zwei Jahren – so lange war das Debakel von Stalingrad schon her – die Weichen gestellt worden waren. Die »Großen Drei« trafen sich zwischen dem 4. und 11. Februar auf der Krim, auch diesmal hatten sie den späten, endlich wahrgenommenen französischen Waffenbruder nicht in ihre erlauchte Runde eingeladen, obwohl doch seine provisorische Regierung am 23. Oktober 1944 von den Alliierten offiziell anerkannt worden war. Als alter Gallier hatte de Gaulle, vielleicht in Erwartung eines abermaligen Ausschlusses vom Tisch der drei Großen, ein wenig vorgearbeitet: Im Dezember 1944 hatte er gemeinsam mit seinem Außenminister Bidault, zuvor Präsident des Nationalrats der *Résistance*, in Moskau einen französisch-sowjetischen Bündnisvertrag ausgehandelt, dies sollte nun Früchte tragen.

In Jalta ging es also um die Neuordnung Nachkriegseuropas, um die Bestätigung der im Herbst zuvor zwischen Churchill und Stalin (die USA waren nur durch ihren Botschafter Harriman als Beobachter vertreten) ausgehandelten Einflusssphären in Südosteuropa und um die Polenfrage.

Die Hauptthemen von Jalta lassen sich folgendermaßen zusammenfassen: Gründung der Vereinten Nationen mit Vetorecht für die Großmächte. Die Behandlung des besiegten Deutschland. Einrichtung von Besatzungszonen. Reparationen und die Frage der Kriegsverbrechen. Die Lösung der Polenfrage, also Festlegung der Ost- wie der Westgrenze Polens. Die »Curzon-Linie« im Osten, bereits 1919 vom damaligen britischen Außenminister zur Beilegung des polnisch-sowjetischen Konflikts vorgeschlagen, bedeutete für Polen riesige Gebietsverluste im Osten, der Ausgleich sollte im Westen erfolgen: Die Oder-Neiße-Linie versprach beachtlichen territorialen Zuwachs. Doch dieser wurde durch eine geographische Verschiebung Polens erkauft, mit deren Folgen wir heute noch leben: Flüchtlingsströme und Umsiedlungsaktionen aus den östlichen Landesteilen Polens, die nach Westen verschoben wurden und die bisherigen Einwohner, die deutsche Bevölkerung, verdrängten. Neue Flüchtlingsströme! Neues Elend! Moskau hatte mehr erreicht, als die geheimen Zusatzprotokolle zum »deutsch-sowjetischen Nichtangriffspakt« beziehungsweise zum »deutsch-sowjetischen Grenz- und Freundschaftsvertrag« 1939 versprochen hatten.

Die Vereinbarungen von Jalta waren nicht über Nacht entstanden. Bereits seit Oktober 1943 gab es die »Beratende Europäische Kommission«, in Moskau von den Außenministern Molotow, Eden und Hull gegründet, um ihren Regierungen Vorschläge zur Lösung der großen zu erwartenden Nachkriegsprobleme zu unterbreiten.

Ein erster Entwurf zur Aufteilung des besiegten Deutschland in Besatzungszonen wurde schon im Januar 1944 vom britischen Vertreter unterbreitet (und in eingeweihten Kreisen Deutschlands schnell bekannt).

Im September 1944 legte die Kommission ein erstes Zonenprotokoll vor, nach dem Deutschland in drei Besatzungszonen und ein gesondertes Gebiet für Groß-

Berlin aufzuteilen war. Im Zweiten Zonenprotokoll vom November 1944 wurden die britische und amerikanische Zone festgelegt: Nordwestdeutschland britisch, Süddeutschland und Hessen amerikanisch, dazu Bremen als Hafen für die Amerikaner. Ein Kontrollabkommen wurde unterzeichnet, in dem die Aufgaben des Alliierten Kontrollrats, gebildet aus den Militärbefehlshabern der Besatzungszonen, aufgeführt wurden.

Und wo war Frankreich? Auf der Konferenz von Jalta wurde Frankreich endlich als vierte Besatzungsmacht anerkannt und erhielt eine eigene, aus britischen und amerikanischen Teilgebieten zusammmengeflickte Zone. Die Beteiligung an den alliierten Entscheidungen über Deutschland schien von nun an gesichert.

Geopfert wurde von den Westalliierten ein anderer Partner: Die polnische Exilregierung in London, die im Kampf um Einflusssphären in Europa ausmanövriert wurde. Hatte die Rote Armee im August 1944 vom östlichen Ufer der Weichsel in Ruhe den Untergang der national-polnischen »Heimatarmee« abgewartet, ohne zu Hilfe zu kommen, so verfuhr sie recht anders im Falle des »Polnischen Komitees der Nationalen Befreiung«, das sich am 25. Juli 1944 konstituiert hatte und nach der Befreiung Lublins dort seinen Sitz nahm, von nun an als »Lublin-Komitee« bezeichnet. Bereits am 26. Juli von Moskau als einzige Vertretung Polens anerkannt, die Gründungsmitglieder waren Kommunisten und prosowjetisch, befürwortete es im Oktober 1944 die vorgeschlagene »Curzon-Linie« und damit erheblichen Gebietszuwachs für die Sowjetunion, während der Ministerpräsident der polnischen Exilregierung, Mikolajczyk, diese strikt ablehnte, ebenso, verständlicherweise, die Bildung einer gemeinsamen Regierung mit dem »Lublin-Komitee«, das mehrheitlich die Minister stellen sollte.

Die Auseinandersetzungen zogen sich über die nächsten Monate. Am 5. Januar 1945 wurde das zur »provisorischen Regierung« Polens umgebildete »Lublin-Komitee« von Moskau im Vorgriff auf Jalta als einzige wahre Vertretung Polens anerkannt und sofort nach der Befreiung Warschaus dort installiert. An der Polenfrage sollte sich in Jalta erweisen, dass die Westalliierten und die Sowjetunion sehr verschiedene Ziele in diesem gemeinsamen Krieg verfolgt hatten und in Zukunft verfolgen würden. Die Einflusssphären! In Polen wie in allen anderen Ländern Osteuropas, die durch die Rote Armee von Hitler-Deutschland befreit worden waren, gedachte Stalin von nun an über Vasallenregierungen das Schicksal dieser Länder zu bestimmen. Im Falle Polens betonte er nachdrücklich, dass jene ferne Londoner Exilregierung in keiner Weise den Vorstellungen der Polen im Lande entspräche.

Natürlich kam es zu einer feierlichen »Erklärung über das befreite Europa«, in der allen Völkern demokratische Rechte, freie Wahlen und dem Willen des Volkes entsprechende Regierungen zugesichert wurden. Doch die polnische Wirklichkeit sah bekanntlich anders aus. Die »demokratischen« Politiker, die im Lande wie im Ausland leben, wurden aufgefordert, sich der provisorischen Regierung anzuschließen. Im Juni 1945 kam es in Polen tatsächlich zu einem vorläufigen, erweiterten »Kabinett der nationalen Einheit«, das von den Westmächten anerkannt wurde.

Roosevelt hatte in diesem Konflikt, der sich vor allem zwischen Churchill und Stalin abspielte, zu vermitteln versucht. Der US-Präsident setzte dem unheimlichen Kaukasier dabei nicht allzu viel Widerstand entgegen. Vermutlich schien ihm anderes wichtiger: Nämlich die Beteiligung der Sowjetunion am Krieg gegen Japan, um auch auf der Pazifikseite des mörderischen Weltkrieges endlich zu einem Ende zu kommen. Stalin hatte ihm im Gegenzug für die Zeit nach Beendigung des Krieges in Europa die Zusage gegeben hatte, sich am Krieg gegen Japan zu beteiligen. Churchill sah die Dinge etwas anders. Er verstand, was ein weiteres Eindringen der Sowjets in Mitteleuropa bedeutete: Dass die geforderte Einflusssphäre nicht nur die Opferung der polnischen Exilregierung zur Folge hatte – alle Länder Mittel- und Osteuropas würden davon betroffen sein.

Pommernland ist abgebrannt.« Im »nationalpolitischen« Unterricht brachte man den Kindern die Reisen nach *Fata Morgana* bei, ins Märchenland der heilen Welt. Gehörte dies auch zur Durchhalte-Politik oder war es ein Abschied nehmen für Lehrer wie für Kinder von jener Welt an Rhein, Elbe, Oder, die am zerbersten war?

»Wie reise ich? Von Konstanz nach Swinemünde: Ich fahre nach Konstanz am Bodensee in den Rhein, rheinabwärts. Ich fahre bis Duisburg, dann fahre ich in den Mittelland-Kanal. Ich komme durch Hannover und fahre bis zur Elbe. Die Elbe fahre ich stromabwärts bis zum Plauer Kanal. Durch diesen fahre ich zur Havel. Die Havel stromaufwärts bis zum Vinowkanal. Durch diesen in die Oder. Die Oder stromabwärts bis in das Stettiner Haff. Dieses durchquere ich und bin dann am Ziel.« Von Ratibor nach Ulm. Von Berlin nach Wien. Von München nach Stettin ... Was hatte der »totale Krieg« davon noch übrig gelassen?

Magdeburg wurde von den Alliierten weiter bombardiert. Bomben auf Ruinen und verängstigte Menschen in Wohnhöhlen, Kellerlöchern, Bunkern. Was gab es noch an kriegswichtigen Zielen?

Carla berichtete am 7. Februar nach Berlin: »Wir haben sehr böse Tage hinter uns. Sonnabend Vormittag (3. 2.) wieder Angriff auf die Brabag.[5] Wieder das große Glück, dass K. noch in der Stadt war und beim Alarm nach Hause kam. Sein Werk wiederum bis auf die Fenster und Kleinigkeiten heilgeblieben, dafür die endlich zum Teil wieder hergestellte Elektr. Bahnverbindung dorthin zerstört. Es waren 25 Verbände, je ca. 100 Maschinen über uns weggeflogen, die letzten 3 Verbände hatten dann uns beehrt. (...) Nach Beratung mit unserem Hauswirt

---

5 »Braunkohle Benzin AG«, *1935 gegründet, um aus Braunkohle Benzin zu erzeugen.*

erschien uns die Unmöglichkeit eines Ausstieges in die nur aus Schutt bestehenden Nachbargrundstücke nun als zwingender Grund, den noch heilen Bunker an der zerstörten Jakobikirche zu benutzen und da könnt Ihr Euch die Schwierigkeiten des blitzschnellen Abmarschs mit Mutter und dem gebrechlichen alten Liesegang vorstellen.

Also nachdem wir Montag 2x am Abend im Keller gewesen waren, mussten wir um 4 Uhr in der Nacht zu dem Bunker, um 9 Uhr früh abermals und dann um 11 Uhr und das war wieder ein schwerer Angriff auf die Stadt und leider nochmals in unsere nächste Ruinenumgebung. (...) Unmittelbar hinter unserem Hause waren 2 Volltreffer in die Ruinen der Versorgungsbetriebe gegangen, auf unserem Hof waren große Eisenteile geschleudert, Steine haben das Dach zerschlagen, sämtliche Pappen heraus, Schutt in dicker Lage überall hineingeschleudert, von dem Rest Fensterscheiben noch Bruch, leider auch in unserem Wohnraum, wo nun nur noch ¼ Scheibe Licht reinlässt. (...)

Mein neuer Milchmann kaputt, da lagen heute morgen noch 2 Pferdegespanne vor der Tür. Vor unserem Haus lagen 2 ausländische Arbeiter tot als wir vom Bunker zurückkamen. (...) Seit gestern gibt es wieder kein Wasser in der Nähe. An Licht und Gas garnicht zu denken, man wird zum Schwein und dazu sind wir 7 Personen, die bekocht werden müssen, sich notdürftig waschen u. das Clo benützen müssen. Das sind Sorgen, die alle persönlichen Sorgen im Augenblick übertönen.«

Vier Tage später schilderte Carla die nächtlichen Ausflüge zum Bunker in mehr Einzelheiten: »Da die Ausstiege nach den Nachbarhäusern nicht mehr frei sind, wandert unsere Hausgemeinschaft in den Jakobibunker und das ist trotz der Beschwernisse des Weges in dunkler Nacht ein Segen für uns alle. Ist erst der Weg geschafft und die böse dunkle Bunkertreppe mit allen Gefahren geschafft, die Menschen drängeln fürchterlich, jeder hat Furcht, nicht mehr rechtzeitig runter zu kommen, weil am 16. 1. die Bomben schon rasselten wie die Menschen noch davor standen & es viele Tote davor gegeben hat, dann fühlt man sich geborgen und mag es auch nur in der Einbildung sein. Vor allem hört man nicht die Menge der Flugzeuge über sich und die Einschläge nur in nächster Nähe, also beruhigen sich die aufgepeitschten Nerven und das war nach allen Erlebnissen die größte Notwendigkeit. Anfang letzter Woche waren wir innerhalb 24 Std. 5x im Bunker. (...)

Dass ich so viel Stunden Arbeitszeit verliere ist mir recht schmerzlich. Unser Tag richtet sich nach Anfang & Untergang der Sonne. Wir dürfen nur ganz geringe Zeit die Petroleumlampe brennen, an Kerzen ist gar nicht mehr zu denken. (...) Am Dienstag, den 6. hatten wir wieder heftigen Angriff, der Bunker fing zu zittern an als in unmittelbarer Nähe ein Volltreffer einschlug in ein bereits vorher zerstörtes Haus, die Beleuchtung ging aus und Ihr könnt Euch so ungefähr den Lärm im Bunker vorstellen. Die Ordnerin im Bunker ist ein fürchterliches Weib aus dem einstmaligen Pottlappenviertel, aber ich bewundere sie täglich, wie sie mit dem Pack fertig wird. Unser Haus hat eine Koje für sich und wir 20 sitzen immer zusammen & einer hilft dem anderen.«

Auf dem zweiten Stenoblockblatt, das ihr als Briefpapier diente, schilderte Carla die langen Fußmärsche Karlernsts zu den Behörden, die ihre Dienststellen weit nach draußen verlegt hatten: »Ich begleitete ihn dieser Tage bis hinter den Kristallpalast, sah mit Neid die Villen im Südgelände noch unversehrt stehen, Gardinen, Blumen an den Fenstern! Ich habe alles über Bord geworfen, wir hausen wahrhaftig kriegsgemäß. 4 Wochen ohne Licht, Wasser, Gas! Das ist schon keine Kleinigkeit. Und dass man kein Radio mehr hört ist in dieser Zeit besonders schmerzlich. (…)

Unser Brunnen ist versandet, die großen Röhren der Leitung abermals getroffen durch den Volltreffer auf die Mavag [Magdeburger Versorgungsbetriebe AG] hinter uns & so mussten wir bis zur reformierten Kirche um Wasser zu holen. Inzwischen ist ein alter Ziehbrunnen in Gang gebracht & wir können auf dem Hof der Mavag uns Wasser holen, dann über die Trümmer & Geröll des Thränsberges heim balancieren. Ich warte bei jedem Raufziehen des Eimers auf die tote Katze, die mit hochkommen wird. Unappetitliche Angelegenheit.«

Der aus garantiert holzigem Papier fabrizierte Stenoblock war im Übrigen ganz wie der Alarmkalender meines Bruders mit aufmunternden Sprüchen, an der unteren Kante, versehen: »So wenig wie möglich Durchschläge machen!« / »Umschlaglose Briefbogen verwenden!« / »Stenographie bedeutet heute mehr denn je Engschrift!« / »Private Verwendung von Büropapier ist unstatthaft!« / »Kurzstil ermöglicht Postkarte statt Brief! Die Postkarte spart Papier!« / »Keinen zweiten Bogen, sondern Rückseite beschreiben!« / »Durchschläge auf die Rückseite der Eingangsbriefe!« / »Geht's nicht übers Telephon?«

Die letzte Aufforderung stand nun allerdings in himmelschreiendem Gegensatz zu den Parolen aus früheren Kriegsjahren, die den Gebrauch des Telephons als siegschädigend bezeichnet hatten. »Pst! Feind hört mit!«

In jenen Tagen, genau gesagt am 8. Februar 1945, geriet nun auch die Westfront in Bewegung, nachdem die Westalliierten noch den ganzen Januar benötigt hatten, um die letzten Kampfgruppen der am 16. Dezember 1944 begonnenen »Ardennen-Offensive« der Deutschen zu stoppen. Nun begannen Briten und Kanadier im Raum südlich von Nimwegen eine Großoffensive, doch kamen sie nicht so schnell voran wie die Rote Armee im Osten, die am 6. Februar einen weiteren Brückenkopf am Westufer der Oder errichtet hatte. An mangelnder Lufthoheit im westlichen Grenzland lag es nicht, denn seit am 1. Januar über 1 000 deutsche Flugzeuge alliierte Flugplätze in den südlichen Niederlanden, in Belgien und in Nordfrankreich in einem Überraschungscoup angegriffen hatten und nach anfänglichen Erfolgen – sie zerstörten 479 alliierte Flugzeuge – Opfer ihrer eigenen vorher nicht informierten Flak wurden, die von insgesamt 227 deutschen Flugzeugverlusten für zwei Drittel verantwortlich war, war die deutsche Luftwaffe zu keinen größeren Aktionen mehr fähig. Nein, die Kämpfe spielten sich am Boden ab, waren sehr hart, der deutsche Widerstand erheblich. Die von den deutschen Truppen geflutete Rur, ein Nebenfluss der Maas, der bei Aachen im Hohen Venn entspringt und bei Roermond in die Maas mündet, hatte die alliierte Großoffensive zusätzlich verzögert.

Dennoch schätzten die Machthaber an der Heimatfront die Lage als so prekär ein, dass sie nun auf die letzten Reserven zurückgriffen: Deutsche Frauen und Mädel wurden am 12. Februar zum Hilfsdienst beim »Volkssturm« aufgerufen, während sie zuvor bereits, wie die »Hitlerjugend«, als Luftwaffenhelferinnen bei der Bedienung der Flugabwehrkanonen – Flak – eingesetzt worden waren.

Laut Angaben des *Alarmkalenders* war am Dienstag, den 13. Februar in Berlin-Zehlendorf: Vollalarm von 20.55–22.25 Uhr, am Mittwoch, den 14. Februar Voralarm von 11.10–11.30 Uhr, Vollalarm von 12.35–13.05 Uhr, dann wieder Voralarm von 13.20–13.50 Uhr und abends nochmals Vollalarm von 20.50–22.05 Uhr und gleich nach Mitternacht ein weiterer Voralarm von 0.15–0.55 Uhr. Bei hellichtem Tag war am 15. Februar noch mal Vollalarm von 10.55–12.40 Uhr.

Man hätte meinen können, dass die britischen, später auch amerikanischen Bombengeschwader über Dresden genügend beschäftigt waren, die bisher unversehrte Stadt in eine Gespensterlandschaft zu zerbomben! Denn dies waren die Tage der furchtbaren Vernichtung jener mit Flüchtlingen aus Schlesien vollgestopften berühmten Barockstadt an der Elbe, die mit dem Inferno der Brandbombennacht vom 13. auf den 14. Februar begannen, gefolgt von schwersten Bombenangriffen über mehrere Tage und Nächte. Ursprünglich war von 200 000 Todesopfern die Rede, später wurde die Zahl nach unten korrigiert. Doch das Bild der völlig ausradierten Innenstadt Dresdens, in der Feuerstürme so viele Menschen einen schrecklichen Tod sterben ließen (die meinten, den durch Luftminen einstürzenden Häusern entkommen zu sein), bleibt unauslöschlich.

Für die ungarischen Juden hatte der 13. Februar 1945 eine andere Bedeutung: An diesem Tag wurde den langen Kämpfen um Budapest ein Ende gesetzt. Die Rote Armee erzwang die Aufgabe Budas, während Pest auf dem linken Donauufer sich bereits am 18. Januar ergeben hatte. Seit dem 9. Dezember 1944 stand die Rote Armee an der Donau nördlich von Budapest. Vierzehn Tage später war die ungarische Hauptstadt eingeschlossen; zu diesem Zeitpunkt lebten noch etwa 120 000 Juden in der Stadt, sie waren die letzten einer bis zum April 1944 mehr als 700 000 Menschen zählenden Bevölkerungsgruppe Ungarns. Für die deutsche Kriegsführung hatte Budapest eine solche strategische Bedeutung, so dass sie die Stadt keineswegs aufgab, sondern im Gegenteil starke Truppenverbände im westlichen Ungarn zusammenzog, die an der Ostfront bitter fehlen sollten, vor allem die vielen Panzer, die nach Ungarn abkommandiert wurden.

Denn es ging ja keineswegs nur um die Stadt Budapest, sondern um die Ölquellen, Raffinerien und andere Rohstoffvorkommen im westlichen Ungarn. Für deren Verteidigung wurde auch die »6. SS-Panzerarmee« unter Sepp Dietrich[6] von der Westfront abgezogen. Währenddessen führten die faschistischen »Pfeilkreuzler« unter ihrem Führer Szálasi,[7] den die Deutschen anstelle des von ihnen gestürzten Reichsverwesers Horthy am 16. Oktober 1944 als Ministerpräsidenten und Staatschef eingesetzt hatten – Horthy hatte mit einem Waffenstillstandsangebot an die Sowjetunion das Spiel verloren – ihr Terrorregime unter dem Schutz der Deutschen bis zur letzten Stunde fort.

Für die Juden in Budapest hatte das nackte Grauen der Verfolgungen erst am 13. Februar 1945 ein Ende, als einzige waren sie nicht im Frühling und Frühsommer 1944 deportiert wurden, als Hunderttausende entweder direkt zur Vernichtung nach Auschwitz transportiert oder als Arbeitssklaven für die deutsche Wirtschaft eingesetzt wurden – bis Horthy in einem Schachspiel ums Überleben seines ständisch-reaktionären Regimes in Ungarn Anfang Juli 1944 die Einstellung der Deportationen gefordert hatte. Als reichte die blindwütige Verfolgung durch die fanatischen »Pfeilkreuzler« nicht aus, kam der unbarmherzigste Verfolger der Juden, Adolf Eichmann, am 17. Oktober 1944 nach Budapest zurück, um »für die endgültige Lösung der Judenfrage« zu sorgen. Er hatte vor allem Arbeitssklaven zu liefern: Über 75 000 Menschen wurden auf den berüchtigten Todesmärschen in endlosen Kolonnen zur österreichischen Grenze geprügelt, da das Eisenbahnsystem bereits weitestgehend lahmgelegt war. So wurde – zumindest teilweise – doch noch realisiert, was einst am 20. Januar 1942 in der »Wannseekonferenz« beschlossen worden war:

»Unter entsprechender Leitung sollen nun im Zuge der Endlösung die Juden in geeigneter Weise im Osten zum Arbeitseinsatz kommen. In großen Arbeitskolonnen, unter Trennung der Geschlechter, werden die arbeitsfähigen Juden straßenbauend in diese Gebiete geführt, wobei zweifellos ein Großteil durch natürliche Verminderung ausfallen wird. – Der allfällig endlich verbleibende Restbestand wird, da es sich bei diesem zweifellos um den widerstandsfähigsten Teil handelt,

---

6   *Joseph («Sepp«) Dietrich (1892–1966), SS-Oberstgruppenführer (1944). 1923 SA, 1928 NSDAP. 1933 Kommandeur der »Leibstandarte SS Adolf Hitler« (bis Juli 1943). Kommandierender General des »1. SS-Panzerkorps« 1943–1944. Oberbefehlshaber der »6. SS-Panzerarmee« Oktober 1944 bis Kriegsende. In Nürnberg zu 25 Jahren Haft für Massaker an US-Kriegsgefangenen während der »Ardennen-Offensive« verurteilt. 1955 begnadigt.*

7   *Ferenc Szálasi (1897–1946 / hingerichtet), ungarischer Politiker. Ehemaliger Generalstabsoffizier, Gründer (1935) und Führer der später so genannten »Pfeilkreuzler-Partei«. Nach dem Sturz Horthys (6. Oktober 1944) von den deutschen Militärbehörden mit der Regierungsbildung beauftragt, Handlanger der deutschen Judenverfolgung. Bei Kriegsende in Österreich verhaftet, an Ungarn ausgeliefert und dort zum Tode verurteilt.*

entsprechend behandelt werden müssen, da dieser, eine natürliche Auslese darstellend, bei Freilassung als Keimzelle eines neuen jüdischen Aufbaues anzusprechen ist [Auszug aus dem Besprechungsprotokoll vom 20. Januar 1942].«

Nun also die Belagerung durch die Rote Armee und kein Ende der unvorstellbaren Schrecken! Eingepfercht in den beiden Ghettos, untergetaucht in allen möglichen Verstecken, auch in Klöstern, versuchten die Juden innerhalb der eingeschlossenen Stadt irgendwie den grausamen Verfolgungen zu entkommen, die mit wachsender militärischer Aussichtslosigkeit für den Fortbestand des faschistischen Regimes an Infamie noch zunahmen. Vor den Augen der Welt spielten sich tagtäglich die Morde durch die »Pfeilkreuzlerbanden« ab: Anfangs herrschten Genickschüsse vor, während der Belagerung führten viehische Körperverletzungen zum Tode, Knochenbrüche, Skalpierungen, Schlagverletzungen ... ganz zu schweigen von dem beliebten Sport, die Opfer am Ufer der eiskalten Donau durch Kopfschuß zu ermorden, so daß die Leichen in den Fluß fielen – was die Pfeilkreuzler »in die Donau schießen« nannten.

Mindestens 9 000 Juden sollen im eingeschlossenen Budapest solcherart ihr Leben verloren haben. Die Bedeutung der als exterritorial erklärten Schutzhäuser, die Schutzpässe, die der so oft gerühmte Raoul Wallenberg von der schwedischen Botschaft, andere diplomatische Vertretungen neutraler Staaten wie die Schweiz mit ihrem außerordentlich aktiven Konsul Carl Lutz, die portugiesische Botschaft, die Nuntiatur unter ihrem sehr engagierten Nuntius Angelo Rotta, ausstellten, kann gar nicht hoch genug eingeschätzt werden, obwohl die Todesschwadronen der »Pfeilkreuzler« es gegen Ende besonders auf diese sogenannten »privilegierten Juden« abgesehen hatten. Doch wer im Besitz eines solchen Schutzpasses war, durfte hoffen, selbst als Deportierter auf dem Todesmarsch von »seiner« diplomatischen Vertretung reklamiert zu werden; tatsächlich wurden auf diese Weise Tausende aus den Marschkolonnen herausgeholt und nach Budapest zurück gebracht.

Der 13. Februar 1945 war also der Tag der Befreiung. Der Krieg war freilich noch nicht beendet, die Deutschen kämpften weiter; mit der aus den Ardennen abgezogenen 6. SS-Panzerarmee versuchte Hitler am 6. März eine allerletzte Offensive, um das ungarische Erdölgebiet zu sichern und die Donaulinie zurückzugewinnen. Doch er scheiterte.

Kehren wir einstweilen zurück nach Deutschland. In den Tagen der Zerstörung Dresdens meldeten sich Tante Lies und Carla am 13. Februar aus Magdeburg, die offensichtlich noch nichts von der neuen Katastrophe gehört hatten – ohne Strom keine Rundfunknachrichten ... »Ich bin froh, daß Lore mit den Kindern in Halle bei ihrer Mutter ist seit dem 29ten«, schrieb Karlernsts Mutter. »Es waren schwere Tage für sie in Küstrin, zu allem Leid nun auch noch ihr geliebtes Heim verlassen zu müssen. Sabine danke ich für die Besorgung der Anzeige, Ihr schreibt dann mal was Ihr ausgelegt habt. Ich hätte natürlich gern 2 von den Anzeigen, möchte Lore eine schicken. Alles Nähere schrieb wohl Carla über unser Leben hier, wenn man es überhaupt noch Leben nennen kann. Ein kurzer Tag und eine endlos lange Nacht, ein ewiges Warten auf Alarm. Die Wanderungen in den Bunker sind für mich nicht erfreulich. Carla hilft mir dabei sehr treu.«

Carla ergänzte am nächsten Tag: »Auch heute blieben wir unversehrt während des Angriffes. Heute Nacht 3x raus, 2x reichte die Zeit nur für unseren Hauskeller. Alles andere berührt einen im Augenblick nicht, man horcht nur mit einem Ohr nach der fahrbaren Sirene um das nicht zu verpassen. (…) Wir leben weiter in dem zum Dauerzustand gewordenen Kriegszustand. Wenn meine beiden Alten blos gesund bleiben, man kann ihnen nicht helfen & nichts ersparen. Die nächtlichen Wege zum Bunker sind schwierig, das schlimmste ist die Treppe hinunter bei der nachdrängenden aufgeregten Menschenmasse. Und dazu alles andere! Bleibt gesund Ihr Lieben, wir denken in herzlicher Liebe viel an Euch.«

Auch am Tag darauf gab es wieder einen schweren Angriff auf Magdeburg, ganz offensichtlich verfügten die Alliierten über solche Massen an Flugzeugen, dass sie sich nicht auf eine Stadt zu konzentrieren brauchten, sie hatten genügend Bomben für alle vorrätig! Und der Luftraum über Deutschland stand ihnen uneingeschränkt offen. Doch warum bombardierten sie so häufig bereits zerstörte Stadtviertel und ließen mehr als einmal die großen Werke unbehelligt?

»Wir leben! und haben auch heute unser Haus wieder betreten können«, schrieb Carla am Nachmittag des 15. Februar ihren Lieben nach Berlin. »Wenn der Bunker zittert u. man durch Ansage dort erfährt, dass Angriff auf die Stadt im Gange ist, dann krampft sich trotz aller nach Aussen hin bewahrter Ruhe innerlich natürlich alles zusammen. Bei Vorentwarnung sagt uns dann noch die Bunkeraufsicht an, dass unsere Straße erneut getroffen und voller Steine läge. Mit Zittern in den Knien gelangt man ans Tageslicht u. konnte dann schon das noch stehen gebliebene Haus sehen und die heraushängenden Pappen dazu. Aber all die Arbeit will man gerne in Kauf nehmen, den Mörteldreck dazu, aber das Heim behalten! Gott helfe uns dazu! (…)

Die Hauptverkehrswege in der Stadt sind mit Raupenschleppern mit grossen Schneeflügen vorne dran von den Steinmassen gereinigt worden, nun ist abermals alles verstopft. In Seitenstraßen, vor allem in die vielen alten Gassen ist überhaupt nicht reinzukommen. Gestern hätte es Idchen fast im Bahnhofsbunker gehascht, dort kam ein Teil der Decke in unmittelbarer Nähe runter. (…) Das Straßenbild kommt nicht zur Ruhe. Noch sind vom 16. 1. die Menschen nicht untergebracht, hausen zum Teil im Keller und schon wieder sind in den letzten Tagen viele Menschen obdachlos geworden. Räder schwer bepackt mit Säcken, Koffern, Kinderwagen hoch getürmt, alte Leute auf Schiebkarren, so rollt es unentwegt bei uns vorbei zur Brücke rüber, die auch an mehreren Stellen durchschlagen ist. (…) Nachdem ich K. morgens abgefertigt u. das Nötigste im Haushalt gesäubert hatte, wurde schon um 10 Uhr im Hause herumgesprochen, dass Menschenansammlung vor dem Bunker sei, das ist dann bereits für uns das Zeichen von Einflügen. Manche Leute haben noch AkkuRadio u. sind dann schlauer als wir. Vor allem hätte man jetzt gerne Radio um das Weltgeschehen zu verfolgen. Wir sind zur Zeit schimmerlos, erhalten aber jetzt regelmässig die hiesige Zeitung. 10.20 war dann Alarm u. wir sofort Abmarschbereit, Dauer mit allen Schrecken bis ½ 1 Uhr. Nur gut, dass inzwischen das Irish Stew in der Grude fertig kochte u. wir danach gleich essen konnten. (…)

Zeit zum stopfen ist schwierig zu finden, denn Essen muss schon immer am Tag vorher vorbereitet sein u. das alles braucht Zeit und ab ½ 6 Uhr ist ja schon Nacht hinter den Pappen. Nach allem was wir hörten, scheint im Augenblick die Gefahr für Berlin gebannt zu sein. Aber wie lange wird es dauern? Dann sind die Russen wieder mit allem Nachschub fertig und der Sturm bricht los. Was auch kommen mag, unsere Gedanken begleiten Euch Lieben und wir wollen voller Zuversicht an ein Wiedersehen glauben. Möchten wir diese letzten bösen Wochen gut überstehen, dann hoffe ich, dass die schwere Zeit für uns vorbei sein möchte.« Und dann erwähnte Carla doch die besondere Bedrohung, unter der sie stand:

»Große Sorgen machen uns die Aussicht, unser Heim zu verlieren. Ich würde versuchen bei Idas Freunden in Gerwisch [bei Magdeburg] unterzukommen, aber man weiß ja nicht, ob es gehen wird, was für Papiere verlangt werden. Wir leben mit harten Herzen und dennoch war uns die andere Zeit lieber. Ich bedaure es sehr, jetzt nicht für Justus Rucksack machen zu können, das bedrückt mich in schlaflosen Nächten, aber es ist einfach nicht möglich im Dunkeln Maschine nähen. Gott gebe, dass für Euch Lieben alles so wie jetzt verbleibt.«

Am Tag darauf (16. Februar) erschien ein Runderlass zur Behandlung von »Entjudungsakten«: Wenn der Abtransport von Akten, deren Gegenstand antijüdische Tätigkeiten sind, nicht möglich ist, seien sie zu vernichten, damit sie dem Feind nicht in die Hände fielen … Sollte den einschlägigen Berliner Behörden etwa ihr Glaube an die »Wunderwaffen« des »Führers« abhanden gekommen sein? V3, V4 und was sonst noch so in Peenemünde einst und jetzt in den Gipsbergen von Nordhausen in dem berüchtigten »Mittelbau-Dora« tief in der Erde unter unmenschlichsten Bedingungen von KZ-Sklaven gebaut wurde?

Ob Nachrichten von der deutschen Gegenoffensive, die am 15. Februar gegen Schukows Armeen in Pommern begann, die Magdeburger erreichten? Die Menschen an der Heimatfront mit dem siegreichen Vorrücken deutscher Panzer gegen die Horden der Roten Armee zu stärken: Eine heroische Aufgabe! Doch schon nach wenigen Tagen war die Hoffnung vorbei, unter hohen Verlusten wurden die deutschen Verbände in ihre Ausgangspositionen von den übermächtigen Sowjets zurückgedrängt. Heinrich Himmler, Oberbefehlshaber der »Heeresgruppe Weichsel«, der wenige Wochen zuvor verkündet hatte, er würde die Russen zum Stehen bringen, hatte sich längst westwärts über die Oder nach Prenzlau abgesetzt, während der pommerschen Bevölkerung die Flucht noch immer strengstens untersagt blieb. So wurde sie wie die Flüchtlingstrecks aus dem Osten wenige Tage später von Schukows Panzerkorps, die die deutschen Linien durchbrachen, wie von einer riesigen Welle auf 40 km Breite erfasst, die alles zwischen Neustettin im Landesinnern und Kolberg an der Ostsee niederwarf. Die Stadt, die kurz zuvor noch in dem »Durchhaltefilm« der Ufa gefeiert worden war, wurde bald darauf wieder vom Feind belagert, als gäbe es doch eine Wiederholung in der Geschichte.

Am Dienstag, den 20. Februar erwähnte Carla zum ersten Mal in einem ihrer Briefe die Stadt Dresden, doch die Art, in der sie das tat, passte so gar nicht zu ihr: »Lieber Heil'ger Florian, verschon' mein Haus, zünd' andre an!« Das alte Stossgebet kam zu neuen Ehren. Vielleicht hatte sie in all dem Grauen, das ihrer Heimatstadt Magdeburg täglich widerfuhr, nicht das Ausmaß der Vernichtung Dresdens erfasst – oder hatte die einblättrige Notzeitung, die in Magdeburg zirkulierte, absichtlich die Katastrophe heruntergespielt? Keine Panikmache in Erwartung des »Endsieges!«

»Meine Lieben! Die letzte Nachricht von Euch ist vom 8. II. und so werdet Ihr meine Sorge um Euch wohl verstehen. Hoffentlich ist alles weiter bei Euch in Ordnung geblieben (…). Von Herzen wünsche ich Euch alles erdenkbar Gute, meine Gedanken sind so viel bei Euch und sehnsüchtig denke ich an ein Wiedersehen! Traumgespinste! Wir sind weiterhin wunderbar behütet worden. Die Stadt hat weiterhin viel abbekommen, die Gegend um uns herum ist immer wieder Bombenziel. 1 ½ Meter vom Hausgiebel kam die nächstliegende Bombe. Ein wahres Wunder, dass unser Haus auch diese Erschütterung aushielt. Der Giebel hat Besorgnisvolle Spalten bekommen.

Unser Leben spielt sich weiterhin ohne Wasser, Licht, Telephon, Gas ab. Stimmung allgemein schwer reizbar. Ab ½ 6 Uhr ist es hinter unseren Pappen dunkel, dann kann man nur herumsitzen, um ½ 7 Uhr gemeinsames Suppenessen & ab 7 Uhr ist man Bunkerbereit. Heute Nacht von 7.15 bis 9 Uhr im Bunker, dann von 2 Uhr bis 5 Uhr! Das war sehr wenig angenehm, aber immerhin besser, dass Dresden den Angriff hatte als wir hier. (…) Im Augenblick scheint für Euch Lieben die Russengefahr gebannt zu sein; so recht im Bilde sind wir nicht. Bitte schreibt öfters Karten, nur ein Lebenszeichen und bitte gebt anderen unsere Adresse, falls Ihr nicht schreiben könnt, wir sorgen uns um Euch. Bleibt Gott befohlen und herzlich umarmt von Eurer Carla. Post innerhalb der Stadt dauert 8 Tage! Wie lange mag es zu Euch dauern!«

Am 23. Februar begann im Westen die Großoffensive der westalliierten Armeen mit voller Wucht. Die Flutung der Rur durch deutsche Truppen hatte sie zwar hinausgezögert, doch nun gab es kein Halten mehr, in kürzester Zeit brachen die deutschen Verteidigungspositionen auf der linken Rheinseite zusammen.

Aus dem Alarmkalender meines Bruders ist zu ersehen, dass die Berliner von nun an keine einzige Nacht mehr ungestört schlafen konnten, falls sie noch ein

Bett besaßen, und auch tagsüber immer wieder Bunker und Keller aufsuchen mussten. Im Gegensatz zu Sabines Taschenkalendern bot dieser Abrisskalender aus echtem Holzpapier jedoch nur wenige dem »Dritten Reich« gewidmete Gedenktage: In der 5. Woche gab es natürlich den »Tag der Machtergreifung« vom 30. Januar, doch erst in der 8. Woche konnte der andächtige Leser einen weiteren Gedenktag entdecken: Da war am 23. Februar 1930 der Heilige Horst (Wessel) seinen Verletzungen erlegen.

Am Sonntag den 25. Februar meldete sich Carla wieder bei ihren Lieben in Berlin, voller Sorge, denn die letzte Nachricht des Bruders war vom 8. Februar und seitdem hatte es weitere, heftige Angriffe auf die Reichshauptstadt gegeben. »Seit gestern haben wir Wasser in der Wohnung, ein wahrer Lichtblick in unserem sonst schwierig bleibendem Leben. Hoffentlich bist Du, liebstes Binchen, inzwischen wieder zu Kräften gekommen. Hier hustet alles in meiner Umgebung, ich bin noch verschont und scheine die zäheste Natur zu haben. (…) Lebt wohl, schreibt bitte öfters als gewöhnlich, es ist die einzige Freude, wenn von Euch Nachricht kommt.«

Im nächsten Brief vom 28. Februar erwähnte Carla zum ersten Mal die Tieffliger, die bereits in Dresden eine höchst unrühmliche Rolle gespielt hatten. »Gestern 5x Alarm, allein 3x raus in der Nacht, dazu K. wieder auf Wache in Rothensee & ich allein mit meinen beiden Alten, die natürlich im Dunkeln rechtes Hindernis für die übrigen Hausbewohner sind und ich muss dann hinterher trodeln. Bei Tieffliegergefahr wie jetzt des öfteren gleich angesagt wurde, ist Schnelligkeit zum Bunker und die Treppe hinunter wichtig. Sonntag Mittag sah ich bereits auf dem Weg die Tieffliger & ehe wir unten waren, hörten wir bereits Bordwaffen. An verschiedenen Stellen wurde unter anderem der übende, auch Palisaden bauende Volkssturm beschossen.«

So schloss der Monat »Hornung« (Februar) unter sehr dramatischen Vorzeichen: Die »Feinde« – zugleich die Befreier von der NS-Diktatur – näherten sich in Riesenschritten auch im Westen dem Reichsgebiet, während sie im Osten bereits große Teile der seit vielen Jahrhunderten deutschen Gebiete erobert, aber auch all die Gebiete befreit hatten, in denen das »Dritte Reich« in seinem »arisch-germanischen Siedlungswahn« die »Untermenschen« im Osten brutalst behandelt hatte. Der Zusammenbruch des »Dritten Reiches« vollzog sich unaufhaltsam, doch quälend langsam, und riss viele Unglückliche in seine Strudel, während der »Führer« und Oberste Befehlshaber wie in einer Orgie von Hass und Rachsucht auch jetzt noch versuchte, die letzten überlebenden Juden, seine Todfeinde, umzubringen, und immer noch genügend Helfershelfer fand, die bereit waren, dabei mitzuwirken. Gab es tatsächlich noch unter der tagtäglich von Bomben und Tod bedrohten Zivilbevölkerung Hitlergläubige, die ihm seine unglaubwürdigen Parolen von den »Wunderwaffen« und dem »Endsieg« unbeirrt abnahmen?

Der »Lenzmond« (März) begann in Berlin so dramatisch wie der Vormonat geendet hatte: Mit Bombenangriffen bei Tag und bei Nacht, wie der Alarmkalender meines Bruders zeigt. Für den gesamten Monat März gibt es nur zwei Tage, an denen die Berliner weder Vor- noch Vollalarm hatten: Den 4. und den 29. März, das war Gründonnerstag, Ostern kam früh im letzten Kriegsjahr, doch der Krieg sollte sich noch zwei lange Monate hinziehen.

»Wir hoffen«: Eine grammatikalische Übung aus dem »Politnotunterricht«.

»*Wir hoffen,* / daß es bald Frieden gibt. / daß wir gewinnen werden. / daß der Krieg bald zu Ende ist. / daß wir von Bomben verschont bleiben. / daß es keine Hungersnot gibt. / daß es nach dem Kriege keine Inflation gibt. / daß es bald bessere Zeiten gibt. / daß wir immer genug zu essen haben. / daß wir nicht flüchten müssen. / daß um Berlin nicht gekämpft wird. / *Wir glauben,* / daß der Krieg bald zu Ende ist. / daß wir siegen werden. / daß es bald Frühling wird.«

Am 11. März hatte Nana Geburtstag. An sich ein schöner Anlass, Schwester und Schwägerin einen Brief nach »Annerod über Gießen« zu schicken, doch wer wusste, ob die Post bis dahin noch funktionieren würde.

Am 2. März schrieb Sabine: »Ein etwas provisorischer Geburtstagsgruß, ich hoffe zu hause noch zu einem richtigen zu kommen. Z. Zt. sitze ich im Geschäft im Keller u. hoffe zu Gott, heil hier raus zu kommen und zuhause alle u. alles heil wieder zu finden. Es ist ein sehr ungemütliches Gefühl in solchen Augenblicken von der Familie getrennt zu sein. – Nun aber zu Dir. Durch Dicke bekam ich Abschrift Deiner Karten vom 13. II. u. freue mich, daß es Dir gesundheitlich besser geht. Hoffentlich bringt Dir das neue Lebensjahr Besseres als das alte u. vor allen Dingen, Mut u. Kraft mit allen Aufgaben fertig zu werden. Wir haben wieder einen Flüchtlingsgast, Dame mit einjährigem Mädelchen, das die größte Freude von Reni u. sogar Justus ist. (...) Morg' mehr'! Kuß Bine.«

Vom gleichen Tag und vermutlich gleicher Stunde fand ich ein Briefchen an Erich:

»Mein geliebtes Herrchen! Da das Licht im Keller brennt, nehme ich die Zeit wahr, um Dir einen Gruß zu senden. Gebe Gott, daß wir uns alle gesund wiedersehen. Ich danke Dir für Deine treue Mitarbeit in dieser schweren Zeit und bitte täglich den lieben Gott, daß er uns zusammen läßt. Wir wollen uns auch immer bemühen in Frieden u. Harmonie zum Wohle unserer Kinder zusammen zu halten. Einen herzlichen Kuß von Deiner Sabine.«

Auch Carla begann unter diesem Datum eine längere Epistel, die erst zwei Tage später beendet werden sollte. Erst einmal schilderte sie einen neuerlichen »Terrorangriff« auf die Stadt: »Heute morgen ging ich zum Wochenendeinkauf mit Karlernst in die Stadt, das bedeutet: erste Läden um den Hasselbachplatz herum [am anderen Ende der Altstadt südwestlich vom Dom]. Mein Fleischer hat jetzt seinen Laden hinter dem Südfriedhof & da K. auch in der Gegend zu tun hatte, konnten wir schön zusammen dort hingehen, wurden dort vom Voralarm überrascht, erreichten mit sehr schnellem Schritt, bereits unterwegs Vollalarm, den alten Kavalier Scharnhorst[8] (wo wir früher die Rotznasen durch den Lattenzaun steckten und dem Exercieren der Encker[9] zusahen auf dem üblichen Weg nach der alten Elbeisenbahnbrücke). Ungeheure Menschenmassen wälzten sich da hinein. K. kannte die mangelhaften Verhältnisse dort & führte mich an einen denkbar geschützten Platz, ich bekam durch Zufall Sitzplatz. Fürchterliche Enge auf dem Gange, keine Beleuchtung, nur winzige Petroleumlampen, keine Luftlageansage, keine Betreuung wie in unserem Bunker. Dementsprechend große Unruhe & Geschrei, als erste Bomben in der Nähe fielen & zu spüren waren, dann wurden Schwerverletzte getragen & bei der Überfüllung kein Platz & auch keine Hilfe. Eisenbahner wurden herausgerufen, Pioniere. Man ahnte, dass etwas geschehen war. Bei der Entwarnung sahen wir dann den großen Trichter an der Aussenwand der Kasematte, der Eingangshof mit Brocken überschüttet & von dort mussten die Verletzten herrühren, denn im Innern hat alles gehalten. Sämtliche Eisenbahnwaggons auf der breiten Gleisanlage daneben in Flammen. Das Ausstellungsgelände wieder in Flammen, Krakau, Friedrichstadt desgleichen. (…)

K. ging noch zu Fuß nach seinem Werk, kam vorhin heim mit der Nachricht, dass sie wieder schweren Schaden gehabt haben. Also wieder Glück gehabt, dass er nicht draussen war. Der fürchterliche Sturm hat heute wieder Hausfassaden heruntergeworfen, man geht tatsächlich mit steter Lebensgefahr durch unsere Trümmerstadt. (…) Wenn Ihr Lieben nur verschont geblieben seid bei den fortgesetzten Angriffen! Sonnabend früh hatten wir abermals Angriff. Diesmal war ich wohlbehütet bei uns im Bunker, dafür in um so größerer Sorge um K., die auch völlig berechtigt war. Als wir aus dem Bunker kamen, zogen tief schwarze dicke Rauchwolken am hellblauen klaren Himmel empor, verdüsterten bald das ganze Stadtbild. Es kam aus K's Richtung und die Fama lief schnell herum. Gott Lob kam

---

8 »Kavalier«: Im Festungsbau ein hochgelegener Wall, dahinter Bastionen, um über deren Brustwehr durch eine höher liegende Feuerlinie bessere Wirkung ins Vorgelände zu haben. Gerhard von Scharnhorst (1755–1813) preußischer General, Chef des Generalstabs der Armee 1810, reorganisierte das Heer von Grund aus, verwandelte das Söldnerherr in ein Volksheer. Betrieb mit Eifer die Erhebung Preußens gegen Napoleon. (Vgl. Meyers Großes Konversations Lexikon 1908). Noch im 19. Jahrhundert war Magdeburg eine Festung mit mächtigem Festungsgürtel. Erst nach langwierigen Verhandlungen mit dem preußischen Militärfiskus konnte die Stadt ab 1862 das einengende Festungsgelände erwerben, die Stadt vergrößern und modernisieren. Über Jahrzehnte wurde weiter verhandelt: Erst 1875 fielen die mittelalterlichen Festungswerke endgültig, 1904 schließlich die Südfront mit der Sternschanze. Viele Kasematten und Kasernen blieben jedoch weiterhin erhalten und wurden aktiv genutzt.

9 In den Wall des »Kavaliers« baute das Militär 1872–1873 eine zweigeschossige kasemattierte Kaserne ein, die als Stärkung des »Sterns« gedacht war. Am 1. 10. 1873 zog das preußische Fußartillerie-Regiment Nr.4 »Encke« (Magdeburg) hier ein. »Fußartillerie« war im Deutschen Reich von 1872 bis 1919 eine Bezeichnung für die mit schweren Geschützen ausgestattete Artillerie. Das Regiment war benannt nach August Encke (1794–1860), preußischer Generalleutnant und Inspekteur der Artillerie.

er, von einem Dienstauto mitgenommen, sehr zeitig heim. Sein Gegenüber ist nun mal wieder für längere Zeit erledigt & sie selber [mit] weiteren schweren Schaden ohne [dass] Menschen verletzt. (…)
Heute am Sonntag ist K. zur Wache draußen, bisher noch kein Alarm. – Die Ernährungsfrage macht mir betreffs Brot große Sorge. Allein heute früh ging ein halbes Brot für K's Verpflegung bis morgen Abend drauf, ausser Glas mit Kartoffelsalat & Glas mit Gemüse & Kart. Zulagen gibt es keine mehr für ihn. Und die Kürzungen werden noch weiter gehen. – Für alle ausgestandenen Qualen gab es bisher 50 gr. Bohnenkaffee, 20 Cig. und einen Zettel für ½ Liter Schnaps der noch nicht lieferbar ist, angeblich soll der Transport hierher durch Tiefflieger zerstört worden sein. Wer das glaubt! Ich umarme Euch Lieben Eure Carla.«

In einer Nachschrift vom Sonntagnachmittag fügte sie hinzu: »Ich entdeckte soeben, dass ich noch eine Seite Platz habe & so kann ich noch ein wenig mit Euch plaudern. Mir fehlt mein Papierladen, wo ich öfters Couverts bekam, nun muss ich sehr sparsam sein, auch Klebestoff bekomme ich nicht mehr. Habt Ihr Nachricht von Peter [Lüders]? Wie mag er es getroffen haben? Mich wundert, dass die Töchter Danckelmann nach Nordhausen gekommen sind, wo es durchaus nicht ungefährlich ist, da Wichtiges von uns dort untergekommen ist [unterirdischer Raketenbau im KZ »Mittelbau-Dora«] und andauernd die Gegend mit dran ist. (…) Wie spielt sich jetzt Dein Leben ab, lieb Binchen? Ich habe so sehr lange nichts von Dir gehört, nehme an, dass Post verloren gegangen ist. Innerhalb der Stadt dauert Post 10 Tage, nach ausserhalb 12–15 Tage.

Draußen schneit es stark und ist schrecklicher Sturm, es zieht gewaltig durch die Pappritzen & das Viertel Oberfenster & der kleine Streifen Rollglas geben nur spärlich Licht in unser Eßzimmer … Auf dem Tisch stehen die ersten Schneeglöckchen, ein Frühlingsgruß! Man wartet von Tag zu Tag auf unerfüllbare Wünsche. Wir bitten Erich weiterhin um Berichte zur Lage. Auch hier ist mit Schanzen begonnen bei Brücken etc. K. ist vom Werk angefordert falls Volkssturm zum Abmarsch aufgerufen wird. Hoffentlich gelingt auch dies. Bleibt weiterhin Gott befohlen. Heute früh hörten wir seit langer Zeit zum ersten Mal Glocken läuten. Wo mögen sie geläutet sein, wo doch alle Kirchen zerstört sind?«

Am Sonntag, den 4. März, hatte auch der alte Philipp Lüders Zeit für eine seiner Flaschenpostkarten gefunden, nicht jede wurde beantwortet, es ging ja viel verloren in jenen letzten Kriegsmonaten. »Auch Peter klagt über mangelhafte Briefpostverbindung mit ihm u. mir. Ich bewundere immer nur, wie ruhig er alles in seiner jetzigen Lage hinnimmt. Er erntet die Früchte seiner harten Selbsterziehung. Trotzdem hoffen wir auf andere Verwendung. Wer weiß, wie sich seine Zukunft noch gestalten mag!«

Und nun zum wichtigsten Brief aus jenen frühen Märztagen: Erichs Brief zu Annelieses Geburtstag, das letzte schriftliche Zeugnis meines Vaters aus den späten Kriegstagen; gewiss schickte er auch weiterhin seiner Schwester nach Magdeburg die erwünschten Lageberichte, doch sie gingen verloren, und bald sollte je nach geographischer Lage innerhalb Deutschlands jeglicher Briefaustausch vom Frontverlauf der alliierten Armeen abhängig sein.

»Liebe Anneliese!« schrieb Erich am 4. März. »Ich empfinde das Bedürfnis, Dir persönlich zu Deinem Geburtstage zu gratulieren. Gewinne Deine volle Gesundheit zurück und bewahre Deine mutige, tatkräftige, besonnene Gesinnung und Dein warm fühlendes Herz. Ich habe mich sehr über Deine Zeilen an meine Kinder anlässlich ihrer Geburtstage gefreut. (...) Dein Appell kommt zur rechten Zeit. Uns allen steht schweres bevor. Wir können nicht fort; wenn wir nicht gezwungen werden, es zu tun, so müssen wir alles überstehen, was eine dunkle Zukunft uns vorbehalten hat: Schlacht um Berlin, Besetzung durch die Russen, Hungersnot und ich persönlich Verhaftung und Abtransport nach Theresienstadt oder sonst wo hin.

Überall werden Sperren errichtet, nun fangen sie an, auch in Zehlendorf Gräben auszuheben, Gefechtsstände einzurichten. Der Volkssturm übt, baut, die H. J. muss helfen. Kein Zweifel: man will Berlin den selben Schrecken aussetzen wie Budapest oder Breslau.[10] Über den Erfolg kann kein Zweifel sein. Die Russen, die von der Wolga bis zur Oder gelangten, werden auch Spree und Havel und die Kanäle überwinden. Zehntausende werden ihr Leben lassen müssen und schrecklich viel neues Elend verursacht. Was spielt das für eine Rolle in den Augen derer, die um ihr Leben kämpfen und sich bemühen das Ende um kürzere Frist hinauszuschieben?

Wenn Goebbels kürzlich von der Göttin der Gerechtigkeit sprach und meinte, wenn Deutschland unterliege, so wäre die Göttin nur eine Hure des Kapitals und der Überzahl, so irrt er vollkommen. Niemals hat die Göttin der Geschichte oder sagen wir Gott ein gerechteres Urteil gefällt als das, das heute gefällt ist. Das Strafgericht für alle Schandtaten, die in den verflossenen Jahren begangen wurden, musste kommen. Herrn Dwingers[11] Frage: Und Gott schweigt? ist beantwortet. Gott hat

---

10   Das seit 15. Februar von den sowjetischen Truppen völlig eingeschlossen und von den Deutschen zur Festung erklärt worden war.

11   Edwin Erich Dwinger (1898–1981). Anfangs NS-konformer Schriftsteller mit regem Interesse an Russland, in den letzten Jahren des »Dritten Reiches« kalt gestellt. 1915 an der Ostfront, schwer verwundet in russische Gefangenschaft. 1920 Anschluss an die gegen die Rotarmisten kämpfende »Weiße Armee«. Zurück nach Deutschland über die Mongolei. Ab 1921 Landwirt und Schriftsteller in Tanneck im Allgäu. Zahlreiche Romane nationalistischer Tendenz. 1935 Auszeichnung mit dem »Dietrich-Eckart-Preis«, Ernennung zum »Reichskultursenator« und »Obersturmführer« einer »SS-Reiterstandarte«. 1941 Kriegsberichterstatter bei einer Panzerdivision an der Ostfront. 1943 unter Hausarrest gestellt wegen Widerspruch gegen die NS-Ostpolitik und wegen seiner Kontakte zu dem sowjetischen General Wlassow, der, seit 1942 in deutscher Gefangenschaft, versuchte,

nicht geschwiegen. Der von den Nazis verspottete Jehova hat eingegriffen. Leider, leider müssen nun wieder Unzählige büssen, die nicht sich schuldig gemacht haben, es sei denn, dass sie geschwiegen haben, anstatt sich dagegen zu wenden. Was spielt aber das einzelne Menschenschicksal in dieser Katastrophe für eine Rolle?

Wir hörten heute von unserem tapferen Pfarrer Dilschneider eine Predigt, die uns wieder sehr befriedigte u. stärkte. Wir müssen für jeden ruhigen Tag dankbar sein. Jeder Tag kann die befürchtete Wende bringen, sei es von den Russen her, oder von der Gestapo. Aus Hamburg schrieb uns unsere Freundin Anni, dass dort bereits vor 14 Tagen alle MischeheJuden abgeholt worden seien.[12] Ähnliches wurde aus Halle und Braunschweig gemeldet. Wir stehen zwischen Skylla und Charibdis[13] und können weiter nichts tun als auf Gott vertrauen. Bisher sind wir durchgekommen, hoffentlich überstehen wir das Ende.

Du warst so freundlich, uns in Giessen eine Notunterkunft anzubieten. Vielen Dank hierfür. Im Augenblick kann Sabine nicht fort, da sie dienstverpflichtet ist. Muss sie mit den Kindern fort, dann ist es fraglich, ob sie bis Giessen kommt; ausserdem fürchte ich, dass es kaum lange dauern wird, bis Giessen und das Lahngebiet Etappe wird. Schon stehen die Amerikaner unweit Bonn, Trier ist besetzt. Es wird nicht lange dauern, dann stehen sie am Rhein und der Westerwald und der Taunus sind Kriegsgebiet. Dann werdet Ihr selber in Bedrängnis geraten und neue Pläne schmieden, zu mindesten Entschlüsse fassen müssen. Für uns alle ist die Zukunft düster und undurchsichtig. Heinz Mattiesen ist schwer verletzt (Bein) in Kolberg gelandet, scheint auf dem Wege der Besserung zu sein. Wir haben freiwillig neue Flüchtlinge aufgenommen: Mutter mit 1-jährigem Kinde, Rheinländerin, die ausgebombt war und jetzt aus Westpreussen flüchten mußte. Mutter nahebei im Krankenhause. Nun lebe wohl. Ich wünsche Dir, Otto und Deinen Kindern alles Gute. Übersteht die schwere Zeit und bleibt gesund.

Herzliche Grüße, Dein Erich (Bitte hebe die Marke auf bzw. sende sie zurück)«

Haben wir deshalb alle Schrecken des Krieges und der Verfolgungen überlebt – soweit dies in menschlicher Hand stand? Nie aufgeben, von schwarzen Höllenschlünden wissen und dennoch sein Alltagsleben weiter leben? Briefmarken sammeln unter Bombenhagel, die Russen wie die Gestapo jederzeit erwarten und den-

---

eine Freiwilligenarmee aus sowjetischen Kriegsgefangenen zum Kampf gegen den Bolschewismus aufzubauen. Nach dem Krieg Gutsbesitzer und weiterhin schriftstellerisch tätig mit nationalistischer und antikommunistischer Tendenz.

12 *Anni Liebermanns Brief ist leider nicht erhalten geblieben. Ob ihr Mann Robert Liebermann abgeholt wurde oder rechtzeitig untertauchen konnte, ist mir nicht bekannt. Wohl aber, dass er überlebte. Beweis sind seine Briefe aus den Fünfzigerjahren an meine Eltern.*

13 *Gefährliche Strömung um zwei Felsen in der Meerenge von Messina/Süditalien. In Homers Odyssee ist Skylla ein schreckliches Meerungeheuer, das gegenüber der furchtbaren Charybdis in einer Höhle hauste und dem vorbeisegelnden Odysseus sechs Gefährten raubte.*

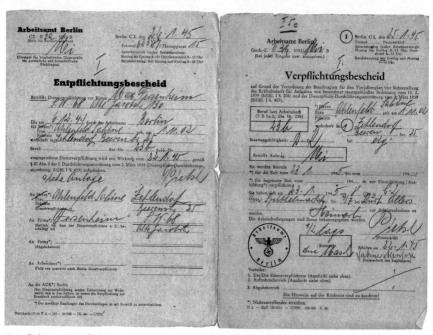

Entpflichtung/Verpflichtung: »Für kriegswichtige Arbeit« mußte meine Mutter Sabine weiterhin täglich in die zerbombte Innenstadt Berlins fahren (Januar 1945).

noch auf eine Zukunft hoffen, die nicht düster, wenn auch undurchsichtig bleibt ... Nanas Ziehkind, die »Politnotschülerin« Irene/Reni hatte auch ein Briefchen beigelegt, aus dem sich kaum erkennen lässt, wie weit ihr die gefährliche Lage bewusst war, in der sie alle und ihre Familie ganz besonders lebten: »Ich gratuliere Dir recht herzlich zu Deinem Geburtstag. Hoffentlich verlebst Du den Nächsten im Frieden. Bist Du jetzt wieder ganz gesund? Daß Mattiesens weg sind, ist doch ganz gut, denn wir haben jetzt jeden Abend einen kleinen Angriff. Wir haben vorgestern neue Flüchtlinge aufgenommen. Es ist eine Mutter mit einem Baby. Das Baby ist 11 Monate alt. Es ist goldig.

Nun sei herzlich gegrüßt von Deiner Reni
Brief folgt.«

Im Nachlass findet sich kein weiterer Brief. Trugen die Alliierten daran Schuld? Doch so schnell schafften sie nicht ihren Vormarsch in deutschen Landen, es lag wohl eher an den täglichen Alarmen, an der Hausarbeit. Die Mutter leistete weiterhin »kriegswichtige Arbeit« im Zentrum der zerbombten Stadt. Das Arbeitsamt Berlin hatte Sabine am 25. Januar 1945 einen neuen Verpflichtungsschein ausgestellt (»auf Grund der Verordnung des Beauftragten für den Vierjahresplan zur Sicherstellung des Kräftebedarfs für Aufgaben von besonderer staatspolitischer Bedeutung«). Die Arbeitsbedingungen bei Herrn Kirschmeier, Damenkonfektion, Berlin C 2, Wallnertheaterstraße 26/7, waren erträglicher, doch die Bombardierungen der Innenstadt blieben so bedrohlich wie zuvor. Die gerade zwölfjährige Irene übte sich als Hausfrau und war weiterhin Schülerin im »nationalpolitischen« Notunterricht.

Am Montag, den 5. März 1945 wurde der Jahrgang 1929 aufgerufen. Sechzehnjährige Jungen, die bisher für Flakdienst und Volkssturm vorgesehen waren, sollten nun ernstlich Dienst an der Waffe an der Front tun. Wer kennt nicht Bilder der weinenden Kindersoldaten, die fassungslos in Kämpfe gerieten, von denen sie während ihrer jahrelangen Wehrübungen bei größter Phantasie nichts hatten ahnen können. Mein Bruder Justus war soeben vierzehn geworden, ihn bedrohte die »Organisation Todt«, doch eine schützende Hand war über ihm wie über unserem Vater. Einstweilen konnte er noch weiter zur Schule nach Potsdam fahren, noch war die Garnisonstadt nicht zerstört, noch brauchte er keinen Rucksack für das Lager zu packen, sollten die zuständigen Dienststellen Wichtigeres zu organisieren haben?

Am Mittwoch, dem 7. März, eroberte die 1. Amerikanische Armee die Stadt Köln am Rhein, eine einzige Trümmerwüste, aus der der angeschlagene Dom mahnend seine Türme gen Himmel reckte. Am selben Tag überschritten amerikanische Truppen die Brücke von Remagen südlich von Bonn. Die deutschen Truppen hatten sie nicht rechtzeitig sprengen können – auf Befehl Hitlers sollten die Rheinbrücken erst im allerletzten Augenblick geopfert werden – der verantwortliche Offizier wurde dennoch standrechtlich erschossen. So konnte von den Amerikanern ein erster Brückenkopf rechtsrheinisch errichtet werden, der schnell ausgebaut wurde. Wie schnell mag sich diese Schreckensnachricht, die für einige Menschen eher Hoffnung auf baldige Erlösung brachte, ausgebreitet haben? Durfte der Rundfunk solche defätistischen Meldungen bringen? Wurden nicht überall in deutschen Landen Panzersperren gebaut, die den Feind garantiert aufhalten, nein: Für immer zurück werfen würden?

Aus Magdeburg schrieb Carla an eben jenem 7. März: »Ihr Lieben, Dank für Euer beiden gemeinsamen Brief vom 21/22. II. der mich gestern sehr erfreute. Ich hatte ja sehr lange nichts von Dir, lieb Binchen, gehört und umso mehr freute ich mich über Deine Zeilen und Dein Wohlbefinden. Dass Deine Arbeit an & für sich nicht schwieriger Art ist, beruhigt mich, aber alles drum und dran ist doch gar zu schlimm. Das frühe aufstehen wird ja jetzt langsam besser wo es heller wird, aber doch erst gegen 6 Uhr und da bist Du doch immer schon im Dunkeln unterwegs und dann hab ich Sorge um die Vormittagsangriffe wenn Du noch unterwegs bist und dann die weite Entfernung bis zu Hause womöglich zu Fuß machen musst. (...) Mutter hat recht starken Husten, fühlt sich sehr elend, liegt auf meinem Bett weil dort zu heizen ist und wartet auf den üblichen Abendalarm. Der kalte Wind draussen und die schlechte Bunkerluft sind ja nicht gerade heilsam. Ich sitze auch in einer Decke eingehüllt, trotz starkem Heizen ist es nicht warm im Zimmer, der

Wind pustet durch die Pappe und da alle Teppiche hochgenommen sind, ist es sehr fußkalt. (...)

Unsere Heimat wird demnächst als Festung erklärt und dann soll niemand mehr rein oder raus können und alle Lebensbedingungen werden wesentlich erschwert werden. Trotz allem will Mutter bei uns bleiben. Hoffentlich kommen dadurch nicht neue Bestimmungen heraus betreffs uns persönlich. – Du fragtest neulich, lieber Erich, nach dem betreffenden Haus [Sitz der Gestapo?] in der Regierungsstr. Es ist genauso getroffen wie die nähere Umgebung, ausgebrannt bis unten runter. Die Tresore liegen auf der Straße so halb offen, anscheinend wohl auch ausgebrannt. Wir haben für den von Dir angegebenen Fall auch dieselben Erwägungen. Wie es in der Praxis möglich sein wird muss sich dann ergeben. Die Kennkarte [mit dem ›J‹] wurde auf dem Polizeipräsidium ausgestellt und das steht noch in voller Pracht.

Als wir gestern Ada [Ziegler, Jugendfreundin] über die Brücken nach dem Werder begleiteten, sahen wir die Anfänge der neuen Schanzarbeiten und die Vorbereitungen für Sprengladungen auf den Brücken. Für diese Fälle liegt ja unser Haus denkbar ungünstig und dürfte dann gewiss den Rest erhalten. Aber soweit darf man heute nicht denken. Wir halten Deine Berechnung, in 10–14 Tagen vom 22. II. an gerechnet, noch reichlich verfrüht um unsere Verbindung zu zerreissen. Hoffentlich konntet Ihr Euch mit Lebensmitteln noch eindecken. Wird denn Binchens Tätigkeit dann nicht bald aufhören? Die Panik ist überall groß. Idchen berichtete, dass man dort, wo ich vergangenes Jahr so schönes Obst herbekam [Gerwisch bei Magdeburg], mitten durch den Garten Sperren baute und dabei alte Obstbäume fällt. Den großen Tanks machen ja diese Straßensperren gar keine Verzögerung. Der Volkssturm dortigen Ortes ist besonders dankbar, dass er kaum eingekleidet wird, die abgelegten Sachen, die zum Volksopfer gespendet wurden. (...)

Sonst kann ich Euch nichts berichten, die schwere Last der Sorgen bedrückt einen jeden Menschen, hinzu kommen die eigenen Sorgen. Wir verschmutzen so langsam und schließlich kommt man noch dazu, die Ukrainerinnen um ihre wesentlich praktischere Kleidung zu beneiden. – Heute ist Vaters Geburtstag. Wohl ihm, dass er diese große Zeit nicht mehr miterleben brauchte! Ich gedachte heute im Bunker der Zeit, wo wir Vaters Geburtstag alle zusammen in der Tauentzienstr. verlebten. Da Großmutter A's [Mathilde Alenfeld] Todestag am 5. III. war, wurde später Vaters Geburtstag weniger gefeiert. Er nahm uns Kinder immer mit raus zum Friedhof, dort blühten schon die ersten Schneeglöckchen & wir suchten die ersten Veilchen auf den alten Gräbern. Rührend war die Liebe mit der Vater an seiner Mutter hing und nach dem Tod immer vermied an dem Hause Fürstenwallstr. vorbei zu gehen. Nun ist dort alles eine Trümmerstätte.«

Ebenfalls am 7. März schrieb Sabine noch einmal an Nana im Dörfchen »Annerod über Gießen«: »Mein Geburtstagsbrief ist sehr spärlich ausgefallen, aber dafür hat Erich um so länger geschrieben! Ich habe wirklich recht wenig Zeit, habe mir jetzt angewöhnt, auf der Heimfahrt im Zug zu schreiben (daher Klaue u. Bleistift), vorausgesetzt, ich bekomme einen Sitzplatz. – Dicke war ein paar Tage dienstlich in Bln, am Sonntag nachm. U. abend bei uns! Ihr zu Ehren war der Sonntagabend alarmfrei. Sonst aber bekommen wir regelmäßig Besuch. Neulich kam allerhand in unserer Gegend runter, wir blieben verschont. – Ich habe seit 8 Tagen wieder einen Flüchtlingsgast: Mutter + Kind, ein süßes Mädelchen, das gestern 1 Jahr alt wurde. Es ist brav u. vergnügt, die Mutter tüchtig u. umsichtig u. mit uns in allen Fragen konform gehend.

Dickes Tätigkeit ist m. E. sinnlos, aber sie kann ja nicht bestimmen, wem sie helfen will. Die Unterbringung von 20 ungarischen Professoren ist ja kriegsentscheidend – ebenso wie mein Mäntel-Nähen!! Oh dieser Wahnsinn! Um 5 Stden zu nähen, bin ich 8 Stunden von zuhause weg u. stehe täglich um 5 Uhr auf, falls ich nicht wie heute verschlafe. Gestern machten wir Besuch bei unserm Pfarrer, es war eine äußerst anregende u. erbauende Unterhaltung, allerdings nicht unter dem Motto Pfarrer, sondern denkender Mensch u. Deutscher! Oh Nana, wieviel ist gesündigt worden u. muß jetzt gesühnt werden u. natürlich von denen, die unschuldig sind – wie das ja leider meist ist. – Gestern war Muttis Todestag, man kann nur dankbar sein, daß sie diese Zeit nicht mehr zu erleben braucht. – Schluß! Endstation, wenigstens für mich.«

Zwei Tage später schickte Sabine ein weiteres Briefchen an ihre Schwester in Annerod, hatten schwarzgehörte Nachrichten sie dazu veranlasst? »Die militärische Lage ist im Augenblick so, daß sowohl Ihr wie wir in etwa gleicher Entfernung von den Fronten seid. Es ist noch gar nicht raus, wer zuerst besetzt wird, resp. wessen Gegend zuerst Kampfgebiet wird. Ich wünsche Euch von Herzen, daß Ihr die Zeiten gut übersteht. Ich fürchte, daß wir für längere Zeit nichts von einander hören können. Wir hoffen hier bleiben zu können. Ihr könnt uns also in Gedanken nur wünschen, liebe Nana, daß unsere Männer nicht von uns getrennt werden. Und nun seid Gott befohlen; auf ihn wollen wir vertrauen. Sehr herzliche Grüße Euch Allen! Küßchen vom Bin.«

Weitere grammatikalische Übungen aus dem Notunterricht für Berliner Kinder: »Das Gewehr, das verrostet ist, taugt nicht mehr. / Das Boot, das dort im Wasser fährt, ist ein U-Boot. / Das Karnichen [sic], das im Stall eingeschlossen ist, hat ein einsames Leben.«

Aus Husum meldete sich noch einmal am 12. März der alte Ohm Philipp Lüders, mit dem die Postverbindung am längsten halten sollte: »Gott sei Dank, daß Ihr noch am Leben seid und Euer Haus noch steht. Möge Euch der Herrgott auch künftighin gnädig beschützen! Alle Deine Ausführungen haben mich lebhaft interessiert, aber auch tief erschüttert. ›Es zittern noch im Zeitenschoße / die bitteren und die heiteren Loose‹.[14] Leider scheinen mir die ersteren den Vorrang wie im Gedichte zu haben. Freut Euch Eurer Kinder. Justus und Irene haben mir so vernünftig geantwortet. Wie sollte ich denn an Euch nicht herzlichst Anteil nehmen? Dass wir zusammen halten, ist doch ganz selbstverständlich; kenne und schätze ich Dich doch von frühester Jugend bei Tante Dohme an! Irgendwelche Wünsche betr. die Dinge auf der Bank habe ich nicht. Wirklichen Schutz gibt es ja nirgends! Peter wird sich auch ohne diese Dinge weiterhelfen, falls sie verschütt gehen sollten. Ich freue mich über die Erleichterungen für Sabine.«

Spielte er auf ihre Tagesarbeit an? Es blieb dennoch schlimm genug unter den andauernden Tagesangriffen fern von der Familie in der Ungewissheit zu arbeiten, ob sie Mann und Kinder lebendig wiederfinden würde.

Sabine sollte noch eine ganze Weile täglich in die Stadt reisen, um Mäntel (für den Export!) zu nähen – bis die Angriffe auch die letzte S-Bahn-Verbindung zerstört hatten und es vom Südwesten Berlins keine Möglichkeit mehr gab, ins zerbombte Zentrum zu gelangen.

»Meine Lieben«, schrieb Carla am Mittwoch, den 14. März, aus Magdeburg, »Gestern und heute traf von Euch zu unserer größten Freude Post ein und wir danken Euch herzlichst dafür. In unserer Einsamkeit und bei allen drückenden Sorgen ist dies wirklich eine ganz große Freude. (...) Jetzt sitze ich wieder bei der Petroleumlampe und warte auf den allabendlichen Abmarsch zum Bunker. Ich warte mit Mutter nicht mehr auf die Sirene, es ist dann im Dunkeln ein zu scheussliches Gedränge am Eingang, wir nehmen um ¾ 8 unser Gepäck und ziehen los, bisher ist dann alltäglich um 8° der Alarm ganz pünktlich nachgekommen (...). Auch hier wird an der Bahn entlang geschanzt, die Brücken erhalten Sperren, von den Sprenglöchern schrieb ich Euch bereits. Auch hier geistert der Begriff ›Festung Magdeburg‹ und erregt allgemein die Gemüter. Dann müssten wohl Frauen und Kinder heraus u. was wird dann aus mir? Immer neue Sorgen, wenngleich mir unsere alten im Augenblick nicht gefahrvoll erscheinen. Dank auch für Deine diesbezüglichen Erkundungen. [Deportation der jüdischen Partner in »Mischehen«]. Unser Haus liegt besonders ungünstig im Brückenzug und bei Artilleriebeschuss auch ein gutes Ziel, wo alles andere bereits Ruinen sind. Was mag ›Umgruppierungen in Ost & West‹ im heutigen Heeresbericht bedeuten? Neue Verstärkungen sicherlich und nichts Gutes für uns.«

Einstweilen füllten Voralarme und Alarme mit ihrem Bombenhagel die Tage und Nächte nicht nur der Magdeburger und der Berliner – ganz Deutschland wurde zusammengebombt. Und dennoch wurde erbittert weiter gekämpft – im Westen wie im Osten. Erst am 18. März eroberten die

---

14   Abgewandelt zitiert – Original: »Es ruhen noch im Zeitenschoße / die schwarzen und die heiteren Loose.« (Friedrich Schiller: »Die Glocke«).

Amerikaner Koblenz, die alte Feste am Zusammenfluss von Mosel und Rhein. Und ebenfalls am 18. März fiel das von den Russen belagerte Kolberg an der pommerschen Küste. Die Rettungsaktionen der deutschen Kriegsmarine gingen unbeirrt weiter, seit 23. Januar leistete sie über drei Monate lang Unvorstellbares: Von den in Kurland gelegenen Häfen Libau und Windau, die weiterhin von der abgeschnittenen »Kurland-Armee« verteidigt wurden, sowie von den Ostseebrückenköpfen Pillau im Samland, Danzig-Gotenhafen-Hela und bis zu diesem Zeitpunkt auch von Kolberg aus transportierte sie über 2 Millionen Flüchtlinge und Soldaten, Verwundete und andere, nach Schleswig-Holstein und Dänemark. Nicht alle erreichten ihr Ziel: 14 000 Menschen kamen bei der Torpedierung durch sowjetische U-Boote ums Leben, die Namen der Schiffe sind uns allzu vertraut: *Wilhelm Gustloff, Steuben* und *Goya*. Was die Legenden nicht immer erwähnen: Auch KZ-Häftlinge wurden auf diesem Wege nach Westen gebracht und hatten keinerlei Hoffnung auf Rettung, denn sie wurden unter noch unmenschlicheren Bedingungen als die Flüchtlinge tief unten im Bauch der Schiffe zusammengepfercht.

Das deutsche Volk taugte nichts. »Germanische Recken«?! Wieso drängten sie sich nicht, den edlen Tod fürs Vaterland zu sterben und ruhmreich in Walhalla einzuziehen? Stattdessen kleinmütige Geister, die ums Überleben bangten, die kapitulierten!! Vergebens hatte »Er« ihnen zwölf goldene Jahre lang ein »arisch-germanisches Weltreich« vor Augen gehalten, hatte sie von Sieg zu Sieg geführt, die Weiten Russlands, den Kaukasus mit ihnen gemeinsam erobert, Indien lag nur ein Sprung weit entfernt, Osteuropa war dem »arischen Herrenmenschen« untertan, die Sklavenvölker reduziert auf die einfachen Massen – die Eliten müssen stets als erste beseitigt werden – im Südosten Europas hatte man *nolens volens* Verbündete gefunden, die kamen später dran, dazu Westeuropa unterworfen, ja – doch keinem der Bündnispartner war zu trauen ... Eins war unverzeihlich: Trotz aller Bemühungen gab es noch immer viel zu viele Vertreter jenes Weltvergifters aller Völker, »das internationale Judentum«!

»Ich habe aber auch keinen Zweifel darüber gelassen, dass, wenn die Völker Europas wieder nur als Aktienpakete dieser internationalen Geld- und Finanzverschwörer angesehen werden, dann auch jenes Volk mit zur Verantwortung gezogen werden wird, das der eigentlich Schuldige an diesem mörderischen Ringen ist: Das Judentum! Ich habe weiter keinen darüber im Unklaren gelassen, dass dieses Mal nicht nur Millionen Kinder von Europäern der arischen Völker verhungern werden, nicht nur Millionen erwachsener Männer den Tod erleiden und nicht nur Hunderttausende an Frauen und Kindern in den Städten verbrannt und zu Tode bombardiert werden dürften, ohne dass der eigentlich Schuldige, wenn auch durch humanere Mittel, seine Schuld zu büssen hat.« [Zitat aus Hitlers »politischem Testament« vom 29. April 1945]

Nun gab es keinen Grund mehr, diesem feigen Volk, dem »Er« drei Jahrzehnte lang »Seine« Zeit, »Seine« Arbeitskraft und »Seine« Gesundheit geopfert, dem »Er« in Liebe und Treue gedient hatte und für das »Er« schwerste Entschlüsse hatte fassen müssen, wie sie bisher noch keinem Sterblichen gestellt worden waren, ein Recht auf Leben einzuräumen. Ein solches Volk brauchte weder Industrien noch Versorgungsanlagen! Sollten sie doch untergehen! So befahl der »Führer des Dritten Reiches« am 19. März 1945, alle für den Feind nutzbaren Anlagen beim Zurückgehen zu zerstören – dem Eingreifen des Lieblingsarchitekten und Rüstungsminister Albert Speer und des Generalfeldmarschalls Albert Kesselring,[15] dem Hitler kurz zuvor anstelle des endgültig verbannten Gerd von Rundstedt den Oberbefehl anvertraut hatte, ist zu verdanken, dass dieser sogenannte »Nero-Befehl« nie zur Anwendung kam und Anfang April durch Ausführungsbestimmungen unwirksam gemacht wurde. Ordnung muss sein! Selbst im Chaos des Zusammenbruchs.

Am 20. März schickte Carla noch einmal einen langen Brief auf die Reise nach Berlin, mit Poststempel vom 23. März, von Erich ist auf dem Kartenbrief vermerkt: »Eingeg. 28. 4., beantw. 29. 4«. Zu diesem Zeitpunkt war der Berliner Vorort Zehlendorf bereits seit vier Tagen von den Russen besetzt! Wer trug die Post aus während in vielen Teilen Berlins noch gekämpft wurde? Ist Erichs Antwortbrief je in Magdeburg angekommen?

»Meine Lieben,

Gestern erfreute uns Erich's Brief vom 12. III. und Bines liebe Zeilen vom 2. 3. Dass die letzten Nachrichten wesentlich schneller ankamen, war recht erfreulich, zu befürchten ist nun aber wieder ganz schlechte Verbindung seit dem schweren Angriff am letzten Sonntag auf Berlin. Gott gebe, dass Ihr verschont geblieben seid. Tante Else meinte, die Innenstadt, die dortigen Bahnhöfe hätten schwer gelitten (…). Gestern soll es nach Zählung unserer Bunkergemeinschaft der 28. Abend hintereinander gewesen sein, dass wir Abendsitzung abhielten & meistens dann Euretwegen. (…) Lieb Binchen, ich habe schon immer mit banger Sorge an Dich gedacht, wenn in der Stadt Zerstörungen sind und Du zu Fuß heim müsstest, das schriebst Du ja auch letzthin. Vielleicht musst Du jetzt doch eine Weile zu Hause bleiben wegen Verkehrsunmöglichkeit und das wäre ja Dir, mein Liebes, sehr dienlich. Wenn Ihr nur heil davon kommt und alles Bevorstehende gut überstehen werdet! Möchte der Herrgott Euch Lieben gnädiglich beschützen!

Von uns muss ich die erfreuliche Mitteilung machen, dass wir seit gestern

---

15 Albert Kesselring (1885–1960). Generalstabschef der Luftwaffe 1936, Generalfeldmarschall 1940, Oberbefehlshaber Süd 1941, Oberbefehlshaber Südwest (Mittelmeerraum) 1943, Oberbefehlshaber West 1945. Amerikanische Kriegsgefangenschaft Mai 1945. Am 6. 5. 1947 Todesurteil, unter anderem wegen des Massakers in den Fosse Ardeatine in Italien. Im Juli 1952 begnadigt und entlassen.

Elektr. Licht haben. Es ist herrlich und dazu Radio! (…) Der Strom kommt über ein freihängendes Kabel über den Hof von der Mavag. Auch Wasser läuft bei uns wieder ständig. Also doch sehr große Besserung, die man dankbar hinnimmt. (…) Vom Frühling sehen wir wenig, aber es ist doch erschütternd zu sehen, wie die Natur sich trotz aller Zerstörungen durchsetzt, selbst die zerschlagenen Bäume fangen an zu grünen. Auf dem Weg zum nächsten Bäcker muss ich über den Nordfriedhof, das ist jetzt meine Privatgärtnerei geworden, da besorge ich mir Schneeglöckchen, Forsythien & Kätzchen unter den Baumtrümmern. Man muss auch in diesen Zeiten versuchen sich kleine Freuden zu machen.

Abgesehen aller genügend schwer lastenden Sorgen macht K. mir viel Kummer u. Sorgen durch sein stets gereiztes, übernervöses Wesen. Er kann sich gar nicht mehr beherrschen u. erschwert unser häusliches Leben durch fortgesetzten Gnaz und Unzufriedenheit. Der Mangel an Cigaretten mag den Zustand noch verschlimmern, jedenfalls ist es sehr schwierig mit ihm jetzt auszukommen u. seine Mutter ist besonders verzweifelt über ihn u. seine unmotivierten Explosionen. Und das alles in einer Zeit, wo stündlich unser Zusammenleben ein Ende haben kann. Was werden soll, falls ich plötzlich weg muss ist mir unklar, ich kann ihn ja dann nicht mehr lenken. Ich habe mein Bestes all die Jahre versucht, habe meine häuslichen Pflichten so gut es ging erfüllt und nur für K. gelebt. Es ist um so trauriger in so schwerer Zeit sich so verlassen fühlen zu müssen und zu wissen, dass im Notfalle von der Seite kein besonderer Rat zu holen ist. Das einzige, was ich zu hören bekomme ist, dass eine baldige Bombe besser für uns wäre als wenn ich geholt oder die Russen kämen. Mit solchen Redensarten ist mir schließlich nicht geholfen.

Ich danke Erich für seine sofortigen Mitteilungen in unserer Angelegenheit. Hier höre ich ja von dem allen nichts und muss auf unliebsame Überraschungen gefasst sein. Wir können das uns auferlegte Schicksal nicht wenden, es muss ausgelitten werden. Und über allem steht doch Gottes Willen und Gottes Hand und da müssen wir uns fügen und hoffen, dass wir gnädiglich geführt werden. Gott stehe uns bei! Sollten wir den bitteren Weg antreten müssen, so wollen wir versuchen miteinander in Verbindung zu geraten. Nach menschlichem Ermessen kann doch die Dauer der Zeit nicht lang bemessen sein bis alles überstanden ist. Ob es nicht danach noch eine Rückkehr geben kann? Aber wie mag hier dann alles aussehen? Ich möchte Euch auch heute nochmals für alle Freundschaft u. geschwisterliche Liebe danken. Es war unendlich wohltuend für mich. Meine Gedanken sind viel bei Euch und ich möchte den Herrgott immer wieder anflehen Euch, meine Liebsten, zu schützen und die Kinder einer besseren Zukunft zuzuführen. Mit Neid erlebe ich bei Euch das gemeinsame Tragen und Helfen dieses Leides (…).

Ich studiere eifrig die Karten. K. meint, die klassische Strategie würde die Mainlinie nach dem Sudetenland wählen, Trennung von Norden zum Süden. Ausserdem die anderen Durchbrüche. Annelieses Gegend [Gießen] scheint sehr gefährdet. Hoffentlich hast Du, liebes Binchen, inzwischen Nachricht von ihr erhalten. Sie wird doch wohl dort verbleiben. Man kann doch nicht annehmen, dass alle Orte geräumt werden müssen.«

Im Westen gibt's Neues: Am 24. März erreichten Montgomerys [Oberkommandierender der britischen Streitkräfte] Truppen den Rhein bei Wesel, riesige Mengen von Flugzeugen mit riesigen Mengen von Fallschirmjägern gaben ihnen Unterstützung, die Briten errichteten auf dem rechtsrheinischen Ufer einen Brückenkopf. Bis Ende März war das gesamte westliche Ufer des Rheins von Arnheim bis an die Schweizer Grenze in alliierter Hand. In einer Zangenbewegung umschlossen die westalliierten Armeen am 1. April rechtsrheinisch das Ruhrgebiet mit seinen Kohlevorkommen und seiner Schwerindustrie, soweit sie die Bombenangriffe überlebt hatten, zugleich das Bergische Land; der stärkste deutsche Gegner, die Heeresgruppe B unter Feldmarschall Model,[16] wurde von Amerikanern und Briten eingeschlossen. Über zwei Wochen lang wurde erbittert gekämpft, am 16. April löste Model seine eingekesselte Heeresgruppe auf, um nicht kapitulieren zu müssen, stellte es seinen Soldaten frei, nach Hause zu gehen – und beging Selbstmord. Hitler, der ihn stets geschätzt hatte, dachte diesmal nicht an einen Racheakt. Wer überlebte, überlebte und – kapitulierte.

Im Südosten gab's auch Neues: Am 24. März begann die Rote Armee auf beiden Ufern der Donau eine Offensive in Ungarn und durchbrach die deutsche Front einen Tag später. Nun ging es weiter in Richtung Österreich und Tschechoslowakei. Ein erster großer Erfolg war die Einnahme Preßburgs und Badens bei Wien am 4. April, so standen sie wie einst die Türken bald vor den Toren Wiens. Doch diesmal gab es keinen »Prinz Eugen, den edlen Ritter«.[17]

Am 27. März nahmen die Amerikaner Frankfurt am Main ein. Am gleichen Tag wurde auch Gießen erobert und noch ein wenig weiter am nächsten Tag ... Nun gab es keine Verbindung mehr zu Nana, die Fronten standen nicht mehr gleich weit entfernt von Berlin und Gießen. Es sollte lange dauern, ehe sie wie-

---

16   *Walter Model (1891–1945), Generalfeldmarschall. 1910 Leutnant, 1919 Übernahme in die Reichswehr als Hauptmann, 1934 Oberst, 1939 Generalmajor, Chef des Generalstabs der 16. Armee. 1944 mit der Führung der Heeresgruppe Nord beauftragt, 1944 Oberbefehlshaber der Heeresgruppe Nordukraine, 1944 Oberbefehlshaber West, ab September der Heeresgruppe B. Models Fähigkeit, Frontabschnitte in schier ausweglos scheinenden Lagen erfolgreich zu verteidigen, ließen Model bei Hitler in der zweiten Hälfte des Krieges zu einem der geschätztesten Truppenführer werden. Selbstmord bei Lintdorf/Kreis Duisburg.*

17   *Franz Eugen Prinz von Savoyen (geb. Paris 1663 – gest. Wien 1736), Feldherr in österreichischen Diensten, da sein eigentlicher Landesherr Ludwig XIV ihn für den geistlichen Stand bestimmt hatte. Berühmt vor allem für seine Kämpfe gegen die Türken, aber auch in zahlreichen anderen Kriegen für den Kaiser von Österreich ins Feld gezogen, hatte er diesem auch als politischer Berater und Statthalter gedient.*

der Kontakt zu einander bekamen und erfuhren, dass alle nächsten Verwandten die Kämpfe überlebt hatten.

Am Dienstag, dem 27. März schickte Carla einen Jubelbrief nach Berlin. Wann er angekommen ist und wann er beantwortet wurde, ist nicht vermerkt.

»Meine Lieben,
Die ungeheure Spannung, mit der wir diese letzten Tage durchleben, wird die gleiche bei Euch sein. Wirklich Unmögliches ist Wirklichkeit geworden. Amerikanische Panzer brausen durch Deutsche Lande. Die Gerüchte schwirren umher, Entfernungen gibt es nicht mehr. Was mögen die nächsten Tage bringen? Die bisher zur Orientierung herausgelegten Karten reichen heute bereits nicht mehr, nun kommt bereits nähere, uns aus der gemeinsamen Zeit in Sooden [Allendorf] bekanntere Gegend an die Reihe. Zur selben Zeit rückt auch bei Euch der Feind näher an die Stadtgrenze heran. Möchtet Ihr Lieben von allen Schrecken u. Sorgen verschont bleiben, das wünsche ich Euch von ganzem Herzen. Ich zittere, dass der Volkssturm mobil macht, dann müsste auch K. trotz Reklamation mit fort. Wir haben heute den ganzen Tag noch keinen Vollalarm gehabt, vielleicht hört diese Plage jetzt auf wo die Panzer im Anrücken sind. Ich hoffe, dass unsere Privatangelegenheit somit baldigst erledigt sein wird und bis dahin auch nichts darin geschieht [Verhaftung der »Mischehe-Juden«]. Meine beiden Alten machen vielerlei Sorgen, sind beide körperlich klapperig geworden, in schlechtem Gesundheitszustand. Mir ist es trotz allem Vorgejammer unmöglich, noch extra Krankenkost zu kochen, dazu reichen die gegebenen Mittel nicht aus.«

Am Gründonnerstag, dem 29. März 1945 eroberten die Sowjettruppen Danzig, der Raum für den Abtransport von Flüchtlingen wurde immer enger. Am Karfreitag war in Berlin Alarm morgens von 3.30–4.15 Uhr, Voralarm von 15.55–16.10 und wiederum Alarm von 21.00–22.05 Uhr. Am Ostersamstag, dem 1. April gab es in Berlin nur vormittags Alarm von 8.55–10.05 Uhr. Am Ostersonntag hat mein Bruder gar nichts in seinen Alarmkalender eingetragen: Ostern, die Glocken läuteten? Gab es denn noch Glocken in unserer halbzerstörten Pauluskirche? Hatte man die nicht längst abliefern müssen? »Glocken gab ich für Kanonen«! Gewiss ging die Familie zum Gottesdienst, gewiss versuchte Sabine diesen Tag so festlich wie möglich für ihre kleine Familie zu bereiten. Und gewiss scharten sich die treuen Freunde und auch unser »U-Boot Nowgorod« um unseren Esstisch. Ich habe keine Erinnerung an jenes letzte Osterfest im Kriege. Am Ostermontag, dem zweiten Tag des »Ostermonds«, den Nichtgermanen als April bezeichnen, heulten die Werwölfe. Eine mysteriöse Organisation, die hinter den feindlichen Linien in bereits besetzten deutschen Landen den Widerstand fortsetzen sollte, wurde beschwörend angekündigt, keine »Wunderwaffe«, aber eben eine weitere Emanation des auch im Untergang siegreichen »Dritten Reiches«, die den alliierten Besatzern Furcht einflößen sollte und sie zu scharfen Gegenmaßnahmen greifen ließ, unter denen die deutsche Bevölkerung zu leiden hatte.

Am Mittwoch, dem 4. April fand Carla die Zeit für einen längeren Brief an Bruder Erich und Familie in Berlin, es sollte ihr letzter in Kriegszeiten sein, zumindest der letzte, den Erich in seiner Sammlung aufbewahrt hat:

»Meine Lieben,

Um ½ 2 Uhr heute Morgen aus dem Bunker herausgekommen, sitzen wir jetzt um 9.15 bereits wieder hier. Ich will versuchen die Zeit auszunutzen, um mit Euch zu plaudern, solange die Situation es hier zulässt. Unsere Zelle ist engst besetzt, man sitzt fest eingepfercht. Über uns sind Betten 2-fach, unsere Sitzplätze eigentlich auch ein Bett, vor uns Holzschemel u. dazwischen stehende Passanten. In unserem ausgestorbenen Viertel erscheinen am Tage die früheren Bewohner zum buddeln und dazu Kolonnen ukrainischer Mädel. Jetzt ist der Volkssturm überall tätig, Eisenteile aus den Trümmern zu ziehen zu Sperrbauten. All diese Menschen haben bei Alarm nur diese Unterkunftsmöglichkeit und da könnt Ihr die Fülle ermessen. (...)

Wir sind glücklich Euch bis dahin gesund zu wissen. Gott gebe, dass es so bleiben möge und Ihr Lieben die nächste Zeit gut überstehen werdet. Soweit wir es überblicken, scheint es doch auch für Euch nun mit der Russengefahr weniger akut zu sein und mit gleicher Besetzung [amerikanisch] wie bei uns zu rechnen sein. Die Geschehnisse sind uns völlig unfassbar. Leider hat unser Radio schwer gelitten und wir haben Mühe unsere Berichte zu hören, leider unmöglich die Luftlagesender zu bekommen u. somit sind wir andauernd auf die Hausbewohner angewiesen u. ihren Alarmen folgend rast man zum Bunker. Die verbotenen Sender hingegen brüllen ihre Lügenmeldungen laut u. deutlich durch den klapprigen Apparat.«

Und dann schilderte Carla einen schweren Angriff, den alle nach den ruhigen Feiertagen befürchtet hatten:

»Montag zu Dienstag kam dann wieder ein Angriff auf die Stadt. (...) Da Karlernst anwesend war, konnte ich mit Gepäck abziehen, da er Mutters Geleit in der Dunkelheit übernahm. Kaum war ich auf der Straße, da fielen die ersten 2 Bomben, Himmel ganz erhellt, Weihnachtsbäume, Leuchtkugeln. Eilends weiter zum Bunker trotz des Krachens! Am Eingang zur Treppe rechte Verstopfung und Menschengeschrei. Wer hier den 16. 1. mitgemacht hatte, der hatte Grund genug zur Angst. Damals waren sofort die Bomben & Brandstäbe hier unmittelbar herumgeflogen u. die heroischen Männer waren vom Treppengeländer einfach auf die anderen Menschen heruntergesprungen und Tote hatten den Eingang versperrt, d. h. alles war darüber weg gestürmt. Fürchterliche Panik. (...)

Die Ostertage haben wir den Umständen und meiner recht großen Mühe entsprechend behaglich verlebt. Ich hatte in tagelanger Arbeit unser Herrenzimmer wieder wohnlich eingerichtet, Teppiche wieder geklopft u. gelegt u. als K. am Ostersonntag aus der Nachtwache heim kam, konnte er an den schön gedeckten

Frühstückstisch. Viel blühende Zweige vom Nordfriedhof schmückten die Stube! es war wirklich mal ein Herz erfreuender Anblick. Leider ist gar keine Scheibe erhalten, also totale Verdunklung u. nur bei Sonnenschein sitzt man bei offenem Fenster u. der Ofen muss stark geheizt bleiben. Aber was tut man nicht um ein paar friedliche Stunden angenehm zu gestalten. (…) Bisher geht die Ernährung noch weiter ganz gut, das Kochen in der Grude im grössten Topf für 6 Personen macht wohl Mühe, funktioniert aber pünktlich u. zur allgemeinen Zufriedenheit. Möchte es so einigermaßen bleiben!

Man muß nun abwarten u. die Hoffnung nicht aufgeben. Wir denken oft an Euch Lieben. Ihr habt wohl immer zur gleichen Zeit Alarm u. somit werden auch Eure Gedanken fürbittend bei uns sein. Möchte die Möglichkeit eines Wiedersehens doch näher rücken! Dass diese Zeit Nerven kostet, ist wohl gewiss. Ich bin immer selber erstaunt, dass ich es aushalte und in Wirklichkeit allen anderen noch von meiner Kraft abgebe. Mir tut es sehr leid, dass Du, lieber Erich, unter Nervenschmerzen so gelitten hast. Hoffentlich ist es nun durch die Zahnbehandlung besser geworden. Voralarm – also Schluss. Seid Gott befohlen u. in herzlichem Gedenken umarme ich Euch alle. Eure Carla.«

Der nächste und letzte Brief aus Magdeburg vom 5. April 1945 bringt uns zu der anfangs gestellten Frage zurück, ob ich das Recht habe, Schilderungen, die ein negatives Licht auf eine der in diesem Briefwechsel mitspielenden Personen werfen, zu veröffentlichen. Ich bin zu dem Schluss gekommen, dass dieser Brief von Karlernsts Mutter als Zeitdokument zu sehen ist, der dem Leser nicht vorenthalten werden darf.

»Meine lieben Kinder,

Herzlich danke ich für Erich's lieben Brief, den ich heute bekam. Durch einen gräßlichen Husten war ich recht elend geworden, habe wohl 10 Tage bei Karla geschlafen und am Tage angezogen auf ihrem Bett gelegen um immer in gleicher Luft zu sein. Sie hatten dann hinten etwas geheizt. Nun geht es aber wieder gut, heute ist es ja auch nicht angebracht krank zu sein. Das Laufen in den Bunker, besonders nachts, ist ja wenig schön aber was hilft es. Daß wir neulich eine böse Nacht hatten, hat wohl Karla schon berichtet. (…) An Euch denken wir immer mit großer Sorge wenn wir hören ›Berlin‹! Gott gebe, daß Ihr weiter gnädig verschont bleibt. Ich sorge mich nun so sehr um meine Kinder in Halle [Schwiegertochter Lore mit den beiden kleinen Töchtern], Sonntag ist ein schwerer Angriff gewesen.

Ich beneide Euch, daß Ihr in die Kirche gehen konntet, wir vermissen es sehr. In der Stadt ist keine Kirche mehr und so weit wagen wir uns nicht fort. Wo soll man unterwegs hin wenn Alarm kommt, es ist doch nichts mehr da. Man muß ja so vieles entbehren, was einem lieb war. Ich komme gar nicht mehr heraus, und meine liebste Freundin, die wenigstens 1x in der Woche kam, ist nun auch fort. (…) Ich vermisse eine Aussprache doch sehr.

Daß Karlernst uns das Leben nicht leicht macht, schrieb Karla Euch schon. Ich bin so tieftraurig darüber, er ist doch nun mein Einziger, und ich höre kein freundliches Wort von ihm. Ich darf nicht von meinem Leid um Jochen, von meinem Kummer über mein verlorenes Heim und auch nicht über meine Sorge um die Kinder in Halle sprechen, und das ist nicht leicht für mich. Daß ich bedrückt bin und innerlich so verzweifelt, dafür hat er kein Verständnis. Er hat doch wirklich Grund, hier zu Hause zufrieden zu sein, Karla sorgt so fabelhaft für alles, ich kann sie nur immer bewundern, wie sie alles schafft. Alle Besorgungen sind so erschwert durch die weiten Wege. Daß Karla hart geworden ist, ist kein Wunder, die ganzen Jahre waren so schwer für Euch. Ihr tragt alles zusammen, wie viel leichter ist es dann.

Oft denke ich, es ist ganz gut, daß ich jetzt hier bin und Karla etwas sein kann. Ich habe immer geglaubt, daß ich meinen Kindern eine gute Mutter gewesen bin, habe wenigstens das Bestreben gehabt es zu sein. Bei Karlernst ist alles verkehrt was ich tue und sage, ich fürchte mich oft, wenn er nach Hause kommt. Erwähne nichts davon in Deinem Brief lieber Erich, es würde die Sache nur verschlimmern. (…) Und das Fehlen der Cigaretten, das trägt wohl auch viel zu der ganzen Stimmung bei. Das ist alles keine Entschuldigung, und ich fand es gut, wenn Ihr wißt was ich denke. Man kann nur als Mutter so mutterseelenallein sein, das Wort lerne ich jetzt verstehen.

Denkt lieb an mich, wie ich auch an Euch immer sehr lieb denke. Seid alle 4 herzlich gegrüßt von Karla und Eurer Tante Lies.«

Als allerletzter Gruß in Erichs Sammlung von aufhebenswerten Dokumenten aus der Kriegszeit findet sich eine Postkarte von Philipp Lüders aus Husum, datiert 6. April 1945:

»Lieber Erich! Die freundlichen Ostergrüße des vierblättrigen Kleeblattes zu Z. [Zehlendorf] haben sich mit einer gleichaltrigen Karte von Sabine offenbar gekreuzt. Möchtet Ihr auch künftighin ebenso günstig berichten können! – Von wann datiert die Karte von Peter an Justus? Er hat am 11. 3. an mich einen Brief gerichtet, der am 16. 3. hier eintraf. Seitdem habe ich nichts mehr von ihm aus Wommen [»über Eisenach«] gehört; es ist aber auch keine Post von mir an ihn wieder an mich zurückgelangt. Jetzt liegt Wommen schon seit Tagen hinter der anglo-amerikanischen Front. Wie mag es ihm ergehen?«

Wann genau im April Sabine ihre Dienstverpflichtung mangels Beförderungsmöglichkeit in die Innenstadt an den Nagel hing, ist mir nicht bekannt, ebenso wenig, wann der »Politnotunterricht« für Berliner Kinder eingestellt wurde. Den letzten Seiten des Schulheftes ist zu entnehmen, dass mit wachsender Frontnähe die Durchhaltelegenden von modernen Helden durch altbewährte Geschichten vom Alten Fritz abgelöst wurden. Der war zeitlos und schon immer beliebt gewesen. Auf der vorletzten Seite des Heftes hatte die »Politschülerin« einige heldische

Aussprüche gekritzelt, die dem Großen Friedrich zugeschrieben waren:
»Die Fürsten müssen sein wie die Lanze des Achill, welche Wunden schlug und sie heilte; wenn sie den Völkern Übles zufügen, müssen sie es auch heilen.

Ich aber vom Orkan bedroht, muß, mutig trotzend dem Verderben, als König denken, leben, sterben.«

Wer hatte gewagt, solche Worte auszuwählen, die blitzschnell auf den Lehrer zurückschlagen konnten? War er davon ausgegangen, dass die Kinder zu jung waren um den Sinn zu erfassen? Oder war er selber blind für die Folgerungen? Dass der »Führer und Oberste Feldherr« blind war, daran konnte niemand in seiner Umgebung zweifeln, er lebte in einer Schattenwelt ... und schenkte dem Volk keinen Gedanken, das ihn so enttäuscht hatte. Mochte es verrecken!

Ich aber vom Orkan bedroht ...

Es ging jetzt ganz schnell:
Am 1. April hatten die Franzosen den Rhein überschritten. Die Amerikaner und Briten kesselten das Ruhrgebiet ein.

Am 4. April eroberten die Franzosen Karlsruhe. Die Sowjets nahmen Preßburg und Baden bei Wien ein.

Am 10. April wurde Hannover erobert. Die Amerikaner stürmten weiter nach Osten. Am gleichen Tag begann die alliierte Großoffensive in Norditalien von Meer zu Meer, sie durchbrachen die »Gotenstellung«, die Verteidigungslinie der deutschen Truppen; ebenfalls am 10. April eroberten die Sowjets das seit vielen Wochen umkämpfte Königsberg in Ostpreußen.

Am 11. April erreichten amerikanische Truppen die Elbe nördlich von Magdeburg und weiter südlich in Thüringen die Stadt Weimar. Sie befreien das Konzentrationslager Buchenwald.

Am 12. April erlag der amerikanische Präsident Roosevelt seinem langen Leiden. Sein Nachfolger: Vizepräsident Harry S. Truman.

Am 13. April fiel Wien nach tagelangen schweren Kämpfen in sowjetische Hand.

Am 14. April wurde Arnheim endlich durch britische Truppen befreit, die sich in Richtung norddeutsche Tiefebene entfalteten.

Am 14. April erlitt Potsdam einen schweren Angriff durch britische Bomber: es gab etwa 5 000 Tote und immense Zerstörungen.

Im Alarmkalender meines Bruders steht für den 14. April: »Schwerer Alarm 22.05–23.55 Potsdam.«

Am 15. April »Schwerer Alarm 22.25–24.55. Ab heute auch Russen! Wird selten als Angriff geführt.«

Am 15. April wurde das Konzentrationslager Bergen-Belsen von alliierten Truppen befreit.

413

Am 16. April erobern die Amerikaner Nürnberg, die Stadt der »Reichsparteitage« und gigantischen Aufmärsche.

Am selben Tag beginnt die sowjetische Großoffensive auf Berlin, die Schlacht um die »Reichshauptstadt« nimmt ihren Lauf.[18]

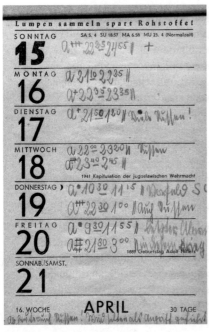

Der Alarmkalender meines Bruders, begonnen im Januar 1945.

Zusätzlich zu seinem Alarmkalender führte mein 14-jähriger Bruder Justus vom 16. April an zuerst ein kurzes, ab 22. April ein ausführliches »Tagebuch vom Endkampf Berlin's«. Lassen wir ihn über jene dramatischen Tage berichten.

»Montag, den 16. 4.1945

Beginn der Offensive der roten Armee. ›Heftige Kämpfe an der ganzen Front.‹ Schwerer Kampf noch außerhalb Magdeburg.

A 21.10–22.25 A+ 22.35–23.35 [A = Alarm]

Dienstag, den 17. 4.1945

Über die Offensive der Roten Armee noch keine genauen Meldungen. Größte Spannung überall. Verstärkung der Luftabwehr. Amerikaner von 3 Seiten in Magdeburg eingedrungen. Brücken unversehrt in ihrer Hand. 8 km in Richtung Berlin vorgegangen. Jetzt geht es los!

A+ 21.50–1.20 Viele Russen! [Flugzeuge]

Mittwoch, den 18. 4.

Nichts besonderes auf beiden Seiten. Wir hatten eine halbe Stunde Strom von 7–22 Uhr. So weit sind wir schon. Die Nachtalarme sind zum Kotzen. Die Russen ziehen die Alarme ungebührlich in die Länge. Sie kleckern immer einzeln hinterher. Heute taten es jedoch die Engländer auch.

A 22.00–23.20 Russen

A+++ 23.40–2.45

Donnerstag, den 19. 4.

Nichts besonderes auf beiden Seiten. Großangriff auf das SO - Vorfeld. Sie schmeißen sturmreif. Unheimlich lange Nachtalarme. Zum K ...

A 10.30–11.15 Vorfeld SO A +++ 22.30–1.00 Auch Russen

18   Die Rote Armee beginnt an der Lausitzer Neiße und an der mittleren Oder den Großangriff auf Berlin.

Freitag, den 20. 4.

Magdeburg gefallen. Russen auf der Linie Buchholz-Müncheberg-Prötzel-Tempelberg. Man hört den ganzen Tag die Ostfront wummern. Unheimlich viel Schlachtfliegertätigkeit auf unserer Seite. Heute Großangriff auf W – Vorfeld. Wir danken unserm Führer: Sein Geburtstag.

A 9.30–11.55
A++++ 21.30–3.00 Letzter Alarm in diesem Krieg
Sonnabend, den 21. 4.
[keine Eintragung]
Sonntag, den 22. 4.

Die Russen in Frohnau, Lichtenberg + Jüterbog. Gestern 10 Schlachtflugzeuge gesehen. Kein Voralarm! Die Flak schießt ab + zu dann aber heftig.

Montag, den 23. 4.

Die Russen an der Havel S Oranienburg, in Weißensee, Pankow, Lichterfelde Süd, Teltow + Beelitz. Berlin mit Einkesselung bedroht. Sehr viel Schießerei. Von den Amerikanern nichts mehr zu hören.

Keine Nachtalarme!!«

»Mein Tagebuch vom Endkampf Berlins

Sonntag, den 22. 4.

Jetzt ist es erst eine Woche lang her, daß die Rote Armee angriff; aber man merkt es. Schon an den Menschen. Alle Leute sind verstört, erregt und zum Teil völlig ratlos. Aber was gibt es auch Gerüchte! Einer macht den andern noch durchgedrehter als der ohnehin schon ist. Und da die Partei immer wieder Falschmeldungen ausstreut, wird es natürlich noch schlimmer. Also: Die Patienten in Krankenhäusern würden rausgeworfen, Krankenhäuser würden Hauptverbandsplätze. Truman hätte sich mit Stalin verkracht, Amerika mit Deutschland gegen Rußland. Hitler sei wieder in Berlin und was es da noch mehr an Blödsinn gibt. Aber der Bruch der Alliierten hat es den meisten besonders angetan. Wir jedoch leben verhältnismäßig friedlich. Wir aßen sehr gut Frühstück (Eier), danach setzten Mutti + Vati Kartoffeln, während Reni + ich in die Kirche gingen. Um 12.00 sprach sich dann herum, die Läden hätten offen, weil die Vorräte verkauft werden sollten. Als wir aber bei mehreren Geschäften fragten, wußten die garnichts davon. Das war also Essig. Nach dem Mittagessen – Tante Herta hatte einen Vogel geschlachtet – wurde nach den Anstrengungen des Tages Mittagsschläfchen gehalten. Ich wurde aber mitten darin von Reni geweckt, weil die Flak schoß. Wahrscheinlich Tiefflieger. Vor dem Abendbrot sahen wir auch 5 Stück, die einen Tiefangriff auf Zehlendorf-Mitte machten.

Montag, den 23. 4.

Heute ging die große Anstellerei nach Lebensmitteln los. Von ½ 8 - ½ 19.00 brachten wir folgendes ins Haus: 4 Kilo Zucker, 2 Kilo Nährmittel, 1 Büchse Konserven, 8 Packungen Muckefuck, 1 Kilo Fleisch + 60 gr Bohnenkaffee. Es fehlt uns nur noch 1 Kilo Fleisch. Doch nun zur Frontlage: Die Russen haben Berlin zu ¾ eingekreist. ›Unsere‹ Russen stehen bei Teltow. Danach ist natürlich der ganze Betrieb. In der Forststraße war über Nacht eine leichte Batterie + 215 cm-Haubitzen mit Bagage untergekrochen. Sie schliefen in den Häusern der Straße. Um ½ 8 zogen sie weiter. Sie kamen aus Jüterbog + wollten nach Potsdam. Sie sahen sehr abgerissen + übermüdet aus. Trotzdem waren sie noch einheitlich uniformiert. Aber die SS, die mit ihren Wagen längs der Potsdamer Chaussee Aufstellung genommen hat, sind nur noch Räuberbanden. Zum Teil in Tarnanzügen, zum Teil in Panzer-Uniform + auch gemischt lümmeln sich die Kerle in den benachbarten Straßen herum. Es ist traurig, sich die fliehenden deutschen Truppen anzusehen. Da zieht eine Haubitzbatterie vorüber, jeder nur erdenkliche freie Platz mit Flüchtlingen besetzt. Dann wieder trotten ein paar völlig zerlumpte Infantristen neben ihren Bagagewagen her oder lassen sich das Gepäck von gefangenen Russen tragen. Es ist unheimlich, wie weit der Benzin-Mangel bei der Truppe fortgeschritten ist. Ein Ketten-Mannschaftswagen zog das dazugehörige schwere Geschütz, einen Panzerwagen + einen kleineren Mannschaftspanzer. Und über dem allen immer und ewig die russischen Schlachtflugzeuge. Nicht eine Viertelstunde ist Ruhe. Und da selbst mittlere und schwere Flak auf die einzelnen Schlachtflieger reagieren, ist immer ein mehr oder minder großes Getöse um uns herum. Die einzigen, die darauf aus unserm Haus reagieren, sind, sobald es stärker wird, Frau Heutgens [unsere Flüchtlingsfrau mit Baby, deren Mutter im Krankenhaus Waldfrieden lag] + Justus. Die Heutgens stürzt rein und Justus raus oder ans Fenster, um etwas zu sehen. Doch beim Anstehn hat es auch seine schlechten Seiten. Wenn es dann nämlich heißt: ›Achtung, Tiefflieger!‹ dann stürzt die ganze Reihe ins Geschäft, und wenn dann die Geschichte zu Ende ist, hat jeder ›schon da gestanden‹. Natürlich. Heute sah ich etwas sehr komisches. Ich fuhr an der Barrikade an der Potsdamer Chaussee-Brücke mit dem Rad vorbei, als zwei Tiefflieger über uns kreisten. Und wie auf Befehl liegt die Brückenwehr, 5 oder 6 Volkssturmleute auf der Nase und geht in ›Fliegerdeckung‹! Davor die zwei Jungen blieben stehn + lachten sich krumm, desgleichen m.W. [meine Wenigkeit]

Dienstag, den 24. 4.

Na, heute war es aber ein saftiger Tag! Um ½ 6 wachte ich von einem wüsten Gebummer auf. Mir wurde gleich klar: der Iwan schießt wieder! Schon der 3. Schuß sauste mit mächtigem Getöse in der Werderstraße runter, 30–40 m von uns entfernt. Wie sich später jedoch herausstellte, hat er nicht viel Schaden angerichtet. Es hatte natürlich zur Folge, daß wir alle in den Keller zogen. Zuerst, ich muß es gestehen, war ich auch etwas ängstlich; aber der Mensch ist ein Gewohnheitstier, und so zog ich dann um 6 Uhr zum Bäcker, um zu sehen, ob er geöffnet habe. Das war natürlich nicht der Fall. Zwischen ½ 7 + 7 hörte der Beschiß, oh, Verzeihung, Beschuß, dann auf, was natürlich nicht bedeutet, daß nun Ruhe war, sondern Tiefflieger beharkten uns ewig. Um ½ 9 stellte ich mich dann beim Bäcker an, der inzwischen geöffnet hatte, und Vati sich beim Fleischer, um das letzte Kilo Fleisch zu erstehen. Ich stand jedoch noch nicht lange, als es plötzlich pfiff und mit wüstem Knall eine Ecke weiter ein Geschoß explodierte, was zur Folge hatte, daß 2 Frauen das Weite suchten. Beim nächsten Einschlag flohen weitere 5 und beim 3. Schuß stand nur noch die Hälfte der Reihe, ungefähr 25 Leute, da. Inzwischen waren die Einschläge immer näher gekommen, und als die 4. Granate auf der anderen Seite der Straße, knapp 15 m von uns, mit Donnergetöse zerplatzte, floh der Rest und ich mit ihm. Der Beschuß dauerte ungefähr 15 Minuten, und es wurden etwa 50 Geschosse in unserer Nähe, das weiteste 200 m geschossen. Das war der erste Teil des Tages.

Nachdem ich später doch noch Brot bekommen hatte, ging ich zu German [deutsch-italienischer Schulfreund], um ihm Dachdecken zu helfen, denn ein Geschoß hatte bei ihm zu Hause den Firstbalken zertrümmert. Wir kamen jedoch nicht weit, denn ein starkes Brummen zeigte uns, daß was in der Luft lag. Und richtig, nicht lange, und wir hatten 20 Bomber entdeckt, die Kurs auf uns hatten. Plötzlich sah ich, wie sich schwarze Punkte von den Maschinen lösten. ›Sie schmeißen!‹ schrie ich, und raste mit German die Bodentreppe zum Keller hinab. Kaum war ich unten, fing der Keller mörderlich an zu schwanken, und das Talglicht flackerte stark. Dann rannten wir wieder rauf, wurden sofort jedoch in den Keller gezwungen, da wir gerade die neuen Bomben fallen sahen. Dieser Bombenregen war aber viel näher gefallen, denn als wir wieder nach oben stürzten, war die ganze Gegend eine einzige Mörtelstaubwolke. Ich rannte natürlich sofort los, um etwa Verschütteten Hilfe leisten zu können, kam jedoch nur zur zweitnächsten Ecke, weil mich ein neuer Regen in Deckung zwang. Dann raste ich weiter an Bombentrichtern und umgestürzten Bienenkörben zu einem Haus, von dem nur noch die Hälfte vorhanden war. Hier half ich den weinenden Frauen aus dem Keller und nahm ihr Gepäck in Empfang. Dann lief ich jedoch die Beerenstraße entlang, um zu sehen, ob was passiert. Es war aber nichts los [am Elternhaus].

Nachmittags ging der Mist von vorne los. Um ½ 5 sahen wir wieder Bomber auf uns zu kommen, und ›Achtung! Bomben!‹ brüllend, raste ich in den Keller. Es knallte und der Keller schwankte fürchterlich. Dann merkte man, wie irgendetwas herunterfiel und ich sagte zu Mutti: ›Was da fällt sind Ziegel. Wir haben was abbekommen!‹ Dann sprang ich mit Vati die Treppe rauf und, na, was ich sah, genügte mir. Scherben, Ziegel, Dreck und Zweige und Steine waren überall auf dem Boden. Als sich die Dreckwolke verzog, sahen wir, daß das Haus von Rohlfs, keine 40 m von uns, stark getroffen war. Die Hälfte vom Haus war zusammengebrochen, die andere

Hälfte stark demoliert. Unser Haus war halb so schlimm kaputt wie ich angenommen hatte. Natürlich waren Scheiben raus und das Dach zum Teil abgedeckt.

Nun liefen wir zu dem getroffenen Haus, um eventuell helfen zu können. In das Haus waren mindestens 2 Bomben und davor noch eine gefallen, die ein großes Wasserrohr aufgerissen hatte. Wir fragten ob jemand verschüttet sei, worauf uns geantwortet wurde, eine alte Frau sei vermißt. Wir kraxelten dann in die Trümmer, um nach Anzeichen von ihr zu suchen. Schon nach kurzer Zeit rief ein Herr: ›Hier muß sie sein!‹ Ich sprang schnell hin und hörte auch jemanden röcheln. Sie war 2–3 Stock hinuntergerutscht und lag nun in ihrem Bett und 1 ½ m Schutt und Balken über ihr. Vier Herren, unter ihnen Vati, machten sich ans Ausgraben, während ich aufpaßte, ob Flieger kämen. Noch einmal mußten wir in Deckung gehen, und nach einer halben Stunde konnten sie eine Hand und den Hinterkopf der Frau sehen. Nach Befühlen der Hand stellten sie fest, daß die Frau inzwischen gestorben war.

Nun gingen wir aber in die Häuser, um dort aufzuräumen. Wir schimpften natürlich sehr: ›5 Minuten vor Toresschluß hat es uns nun doch noch erwischt!‹ Bis 7 Uhr versuchten wir dann noch, unsere Bude wieder einzurichten, Splitter wegfegen, Kakteen ausräumen und so weiter, bis wir endlich um 9 ins Bett gingen, nachdem ich Frau Heutgens Mutter noch etwas ins Krankenhaus gebracht hatte. Natürlich schliefen wir im Keller, da mit Artilleriebeschuß zu rechnen war.

Mittwoch, den 25. 4.

Wir wachten um 5 Uhr auf, und mit dem tröstlichen Ausspruch von Vati, es werde heute ein wüster Tag werden, gingen wir zum Kaffeetrinken. Dann hörten wir ab 7 Uhr Infantrie-Feuer und etwas später Panzergeräusche. Um 8.20 sah Vati dann Infantristen, die an der Blumenthalstraße waren und in unserer Richtung weitergingen. Plötzlich riefen sie: ›Stoj! Stoj!‹ Es waren Russen! Sie schossen auf Vati, trafen aber natürlich nicht. Nach 1 Stunde, die wir natürlicherweise sehr ängstlich im Keller zubrachten, trauten wir uns auf die Straße und sahen schon mehrere Zivilisten auf der Straße stehn. Sie trugen weiße Binden, und aus vielen Fenstern hingen weiße Fahnen, Laken + Handtücher.

Dann kamen ein paar Infantristen an den Zaun und fragten Vati, weil er so schlecht angezogen war: ›Du Kameratt Ruski?‹ Das ist jetzt bei uns zum Schlagwort geworden. Die ersten Hausdurchsuchungen verliefen sehr friedlich. Sie nahmen Vatis Uhr und Taschenlampe und wollten Brot mit Wurst haben, was sie aber so teilten, daß Vati wieder was abbekam. Ein andrer brachte mit seinen Kameraden 2 Flaschen Wermuth. Vati mußte mittrinken. So tranken sie zu dritt 2 Flaschen Wermuth! Nachmittags wurde es aber sehr viel schlimmer. Sie hatten sich zum Teil besoffen und suchten nach Frauen. Fräulein M. [Cousine der Nachbarin Frau Schaub] entwischte, aber Frau Schaub konnte sich nicht retten.

In dieser Beziehung hatten die Zeitungen leider nicht gelogen. Diese Taten hatten zur Folge, daß die halbe Nachbarschaft zu uns kam. Es waren:

Die beiden Schaubs, die beiden Damms, die beiden Bräutigams mit einem Kind, Fräulein Bellers, Frau Heutgens mit einem Kind und die beiden Alenfelds mit zwei Kindern. Die Bude war natürlich sehr voll. Unsere Quartierlinge schliefen im Keller, nur Frau Heutgens mit Kind und die Sch.s mit 2 Hunden oben. Um 11 Uhr klopfte es dann noch einmal und 2 Mongolen standen mit gezogenen Revolvern vor Vati. Aber auch sie zogen ab und dann hatten wir Ruhe.

Donnerstag, den 26. 4.
Der Tag fing erstmal sehr übel an. Alle Männer aus dem Hause Beerenstraße 27, unter ihnen auch ein Junge, ein Jahr jünger als ich, wurden verhaftet und zum Regimentsstab in der Fürstenstraße geschleppt, weil angeblich in ihrem Haus 2 Russen erschossen worden waren, und sie mußten als Geiseln dienen. Es wurde erwartet, daß dazu noch andere Männer geholt würden. Glücklicherweise kamen alle Männer um Mittag zurück, ohne daß ihnen was passiert wäre. Wie sich herausgestellt hatte, hatten sich die beiden Ruskis in ihrer Besoffenheit selbst niedergeknallt. Ich weiß nicht, ob unsere Wehrmacht in diesem Fall in Rußland eine Untersuchung gestattet hätte! Nachmittags ging die Ruski-Schweinerei von vorne los. Leider hatte Frau Schaub das Pech, wieder erwischt zu werden. Sie war völlig aufgelöst. Aber auch dieser Tag sollte vorüber gehen, allerdings erst nachdem das Haus x-mal untersucht worden war. Die Frauen verschwanden dann auf dem Boden + die Leiter wurde abgenommen. Abends rollten ungefähr 20 Panzer an uns vorbei. Die ganze Bude wackelte. Und gegen diese Kolosse wurde der Volkssturm eingesetzt! Endlich konnte ich dann einschlafen und merkte nicht einmal, daß nachts noch einmal russischer Besuch war.

Freitag, den 27. 4. –
Dienstag, den 1. Mai
Alle Tage verliefen verhältnismäßig ruhig, weil der Stab aus der Fürstenstraße abgezogen ist. Am Sonntag waren wir in die Kirche gegangen. Sie ist völlig durchgepustet. Die Predigt war den Verhältnissen angepaßt sehr traurig, ›...und schütze unser armes, zerrissenes Vaterland...!‹ ja, lieber Gott, tue das. D.s, B.s + Fräulein B. sind abgezogen, dafür ist Tante Trud [Schwegler, Freundin von Sabine] gekommen. Ich war in den letzten Tagen oft bei German, um Dach zu decken. Wir haben es sehr anständig gemacht; neue Balken zugesägt, Bretter drauf genagelt und natürlich auch feste mit Ziegeln gewirtschaftet. Bald sind wir fertig.

Mittwoch, den 2. Mai –
Freitag, den 4. Mai
Der 1. Tag verlief wieder sehr ruhig. Natürlich treiben sich noch einzelne Rus-

kis in den Straßen herum, aber es ist doch sehr selten der Fall, daß in unsrer Gegend was passiert. Heute nacht ist nun der arme Roland, der Hund von Jaekel, gestorben, nachdem man ihm Gift gegeben hatte. Herr + Frau Jaekel sind ganz gebrochen, aber sie hatten ihn nicht mehr ernähren können. Herr Jaekel spielte

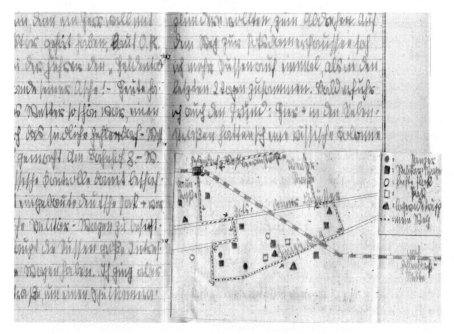

Das Kriegstagebuch meines Bruders: Ein Erkundungsgang, mit Skizze, durch Zehlendorf-West am 4. Mai 1945, nachdem unser Viertel am 25. April eingenommen worden war.

statt des allmorgendlichen Chorals ›Ich hatt' einen Kameraden‹ [Konsistorialrat Jaekel und Frau, unsere Nachbarn in der anderen Doppelhaushälfte].

Am 2. Tag liefen dolle Gerüchte in Zehlendorf um. Hitler, Göring + Goebbels sollen Selbstmord begangen haben, Himmler soll gefangen genommen sein und Dönitz soll Berlin übergeben haben. Das ist das einzige, was ich glaube, denn man hört den ganzen Tag Panzer nach Westen rollen, und die schwere Artillerie schießt nicht mehr und rückt zum Teil schon ab. – Am 3. Tag hieß es, Deutschland habe kapituliert. So habe ich mir den ersten ›Friedens‹-Tag nach 6 ½ Jahren nicht vorgestellt, und mit mir ganz Deutschland. Wir danken unserm Führer! Jawohl, ihr werdet Deutschland nicht wiedererkennen. Ich wünsche meinen Kindern, daß sie nie einen solchen ersten ›Friedens‹-Tag erleben. Die Sache mit dem Selbstmord Hitlers scheint doch wahr zu sein, denn ein Herr will mit einem Detektor gehört haben, laut O. K. W. -Bericht sei der Führer den ›Heldentod‹ gestorben. Schande seiner Asche! –

Heute [4. Mai 1945] habe ich, weil das Wetter so schön war, einen Bummel durch das südliche Zehlendorf-West + durch Düppel gemacht. Am Bahnhof Z.-W. war eine russische Kontrolle damit beschäftigt, eine dort eingebaute deutsche Pak [Panzerabwehrkanone] + verlassene deutsche Militär-Wagen zu besichtigen, wie überhaupt die Russen großes Interesse für deutsche Wagen haben. Ich ging aber in die Kaunstraße, um einen Schulkameraden zu besuchen. Kaum war ich jedoch da, zwangen mich 2 Russen, die in seinem Hause plündern wollten, zum Abdrehen. Auf dem Weg zur Potsdamer Chaussee sah ich mehr Russen auf einmal, als in den letzten 2 Tagen zusammen. Bald erfuhr ich auch den Grund: Hier + in den Nebenstraßen hatte sich eine russische Kolonne einquartiert, und die Soldaten suchten sich natürlich zu bereichern.

Auf der Potsdamer Chaussee war natürlich reger Betrieb; Radfahrer, Autos + Panzer rollten nach Westen. Als ich dann in eine Straße einbog + nach Süden ging, stand da Wagen neben Wagen und überall in den Häusern Russen. Auch eine Feldküche stand da, und als ich »Sup« sagte, nickte einer. Auf dem Felde neben der Straße ungefähr 10 Flak-Geschütze [Flugabwehrkanone]; sie hatten wir immer gehört. Auf der anderen Seite der Straße standen 4 Panzer in den Gärten und auf einer Wiese. Zäune + Bäume natürlich plattgewalzt. Auch Wagen waren da.

Auf dem Königsweg und in den angrenzenden Gärten überall dasselbe Bild: Panzer, Wagen, Infanterie. Hier war gekämpft worden, denn in vielen Häusern waren große Löcher. Hier sah ich die ersten 2 Soldatengräber. Als ich un-

»Die Russenzeit«. Gerettet, aber hungrig. Die Geschwister Justus und Reni im Mai 1945.

ter der Bahn-Unterführung hindurch war, kam ich überhaupt erst ins richtige Lagerleben, In dem Wäldchen waren eine Menge Wagen untergekrochen, und die Soldaten hatten es sich sehr gemütlich gemacht. Sie spielten Ziehharmonikas, sangen + fraßen. Einer schälte Kartoffeln, der Koch stand in Uniform + einer Schürze drüber vor seiner Feldküche + ein andrer ließ sich die Haare schneiden. Wie im Frieden, aber es soll ja heute auch welcher sein.« [Eine Skizze dieses Erkundungsganges ist im »Tagebuch« eingeklebt, einem Schulheft]

Sonnabend den 5. Mai - Mittwoch, den 9. Mai

Am 1. Tag war ich wieder bei Deckert in der Kaunstraße + hatte auch mehr Glück. Wir wurden allerdings mehrfach durch Russen gestört, die nach jungen Mädchen suchten. Einer schenkte uns eine Rolle Drops + ein andrer ein Kochgeschirr voll Butter, gut 2 Pfund! Ich bekam netterweise von Frau D. ein halbes Pfund ab. Ja, Glück muß der Mensch haben. – Am Sonntag brachte ich Tante Trud nach Zehlendorf-Mitte, weil sie dort mit Bekannten von uns, die in ihrer Nähe wohnen, zurück in die Karlsbader Straße gehen will. Anschließend ging ich zu Pfarrer Dilschneider und half ihm, Teile einer geschlachteten Kuh von der Molkerei zu seinem Haus zu bringen. Er war auch so nett und schenkte mir ein ¾ Pfund Niere. Es schmeckte wundervoll. Nachmittags war nichts los.

Am 3. Tag ging Vati mit mir nach Dahlem, um Sachen von Herrn Janovsky zu retten. Schon im Fischtal waren 2 Kolonnen von Russen untergebracht, aber je mehr wir nach Dahlem kamen, desto schlimmer wurde es. Im Wald um den Dahlemer Friedhof lag eine Werkstattkompanie, die Panzer auseinandernahm + zusammensetzte. Hier sahen wir auch mehrere deutsche Verpflegungsbomben mit Artilleriegranaten. Im Dohl waren wieder Kolonnen, die natürlich wieder an ihren Autos popelten. Hier landete, keine 40 m von mir, ein russischer, scheints uralter Doppeldecker auf einem Saatfeld. Man konnte alles ganz deutlich sehn. In der Podallee [Podbielskiallee] angekommen, luden wir dann Sachen auf und traten den Rückzug an, nachdem ich mir den Rucksack voll elektrischen Krames gestopft hatte. Aus dem Luftgaukommando [nach dem Krieg amerikanisches Hauptquartier, heute US-Konsulat] holten wir uns noch einen kleinen Bücherständer, denn alle Leute holten sich, was sie wollten. Dann kamen wir, ziemlich müde, zu Hause an.

Am 4. Tag machten wir den Weg noch mal, bloß mit Infried + mit 2 Wagen, um Tante Lilly [Schwester von Käthe Geppert, Sabines Mutter] von der Podallee abzuholen. Sie soll bei uns wohnen, weil ihr Haus am Wittenbergplatz im Laufe der Kämpfe völlig abgebrannt ist. Welche Enttäuschung, als uns in der Podallee mitgeteilt wird, sie habe plötzlich abgesagt. Der Weg war umsonst! Ziemlich verärgert zogen wir wieder ab, hatten aber die Freude, daß zu Hause die Leute der Nachbarschaft unsern Haufen von Schutt weggeschafft haben. Dies hatte die Kommandantur befohlen.

Am Mittwoch [9. Mai 1945] ging die Schuttschipperei von vorne los. Heute mußte Marquardts Schutthaufen beseitigt werden. 2 ½ Stunden fuhr ich Schutt in der Schubkarre. Das genügte mir dann. Nachmittags hieß es dann, heute sei überhaupt erst Frieden. Na, nun glaubte ich nichts mehr, sollte aber abends erfahren, daß das Gerücht eventuell stimmen könnte; um 8.15 nämlich begann plötzlich die Flak zu schießen, zuerst einzeln, dann in Gruppen und zuletzt immerfort; um ½ 9 setzte leichte Flak und Leuchtspur ein + um 9 gingen im Süden massenhaft Leuchtkugeln hoch. Die leichte Flak schoß dermaßen dicht hintereinander, daß es klang, als ob Erbsen auf ein Blech geworfen würden. Zeitweilig gingen ganze Vorhänge von Leuchtspur in den Himmel. Viele Leute standen auf der Straße+ wir an den Fenstern. Ja, Iwan feiert seinen Sieg, vielleicht auch den – Frieden.«

Postscriptum. *Ich aber, vom Orkan bedroht ...*
Für gewöhnlich sehen wir den 8. Mai als Tag der bedingungslosen Kapitulation des »Großdeutschen Reiches« an. Diese zog sich jedoch in Schüben über eine Reihe von Tagen hin. Die Angst vor den Bolschewisten beherrschte alle, Zivilbevölkerung wie Militär, es galt, soviel Territorium wie möglich den Westalliierten zu übergeben, um zivilen Flüchtlingen wie Truppen eine Evakuierung in den Westen freizuhalten.

Am 29. April 1945 wurde die seit Wochen in der Schweiz verhandelte Kapitulation der deutschen Streitkräfte in Italien unterzeichnet. Sie trat am 2. Mai 14.00 Uhr in Kraft. Am 2. Mai erklärte die Heeresgruppe Südwest die Teilkapitulation; diese wurde vom Oberbefehlshaber West, Generalfeldmarschall Kesselring, gedeckt, der anschließend mit Genehmigung des von Hitler als Nachfolger benannten Großadmiral Dönitz für den Frontabschnitt Südost mit den Westalliierten eine Teilkapitulation aushandelte; in beiden Abschnitten trat sie am 9. Mai um 0 Uhr in Kraft. Am 4. Mai kapitulierten die deutschen Streitkräfte im Nordwest-Abschnitt (Nordwestdeutschland, Dänemark und Niederlande) bedingungslos vor General Montgomery in dessen Hauptquartier in der Lüneburger Heide. Die Teilkapitulation galt ab 5. Mai 8.00 Uhr. Schließlich wurde am 7. Mai im Hauptquartier General Eisenhowers in Reims die bedingungslose Gesamtkapitulation aller Wehrmachtsteile an allen Fronten, also auch der russischen, vom Chef des Wehrmachtsführungsstabes, Generaloberst Jodl, unterzeichnet. Sie trat am 9. Mai Null Uhr in Kraft.

Am 8. Mai 1945 wurde im Hauptquartier der Roten Armee in Berlin-Karlshorst diese Zeremonie unter Vorsitz von Marschall Schukow wiederholt. Nicht nur Amerikaner und Briten wohnten dem Akt bei, auch Frankreich war durch seinen General de Lattre de Tassigny[19] vertreten; auf deutscher Seite unterzeichnete diesmal der Chef des Oberkommandos der Wehrmacht, Generalfeldmarschall Keitel.

Beide Unterzeichner der Gesamtkapitulation, Jodl wie Keitel, wurden in den seit November 1945 tagenden Nürnberger Kriegsverbrecherprozessen 1946 für schuldig befunden, zum Tode verurteilt und am 16. Oktober 1946 hingerichtet.

Die letzte Eintragung im Alarmkalender meines Bruders steht unter Mittwoch, 9. Mai 1945:
»Wahrscheinlich Frieden.«

---

19   *Jean de Lattre de Tassigny (1889–1952). Französischer Marschall (posthum 1952). 1944 Oberbefehlshaber der Französischen 1. Armee in Algerien, mit der er in Südfrankreich landete. Für Frankreich Unterzeichner der deutschen Kapitulation. 1948 Generalinspekteur der französischen Armee. 1950–52 Hochkommissar und Kommandeur der französischen Truppen in Indochina.*

Epilog

Meine Kräfte haben sich verdoppelt. Es ist, als ob die aufgesparte Lebensenergie sich explosionsartig entladen müsste.
Erich Alenfeld, 21. Oktober 1946

Wir hatten Glück: Wir überlebten.

Wir waren weder vertrieben noch ausgebombt – ein Wunder? Mit grosser Überzeugung: JA« schrieb meine Mutter Sabine Jahrzehnte später, als sie das erste Weihnachtsfest nach der Nazizeit in Erinnerung rief. Allerdings hatte sie wohl verdrängt, dass wir von noch ganz anderen Gefahren ständig bedroht gewesen waren. »War 1945 eine Friedensweihnacht? Für uns in vieler Hinsicht: Ja! In erster Linie wegen der Gleichstellung mit allen anderen Deutschen, der ›Fluch‹ galt nicht mehr. Erich ergriff sofort die Gelegenheit zur Mitverantwortung – (das Bild vom Phoenix aus der Asche drängte sich mir damals auf!), er wurde Straßenobmann und setzte seine Kraft für Ausgebombte und Flüchtlinge ein. Für ihn war Mai 1945 ein Nullpunkt, an dem es neu anzufangen galt. Für Justus und Reni war die Schulfrage kein Problem mehr. Mein Problem, die Ernährungsfrage, war unverändert geblieben.«

Ja, wir hungerten wie alle anderen Deutschen. Wir erlebten die Nöte der Nachkriegszeit wie alle anderen Menschen in unserem Umfeld, ob Nachbarn, Freunde, Verwandte, Bekannte oder Fremde. Doch wir waren frei, und mein Vater bemühte sich von erster Stunde an, seinen »Anteil am Aufbau eines demokratischen Deutschlands zu leisten«, sein wiedergeschenktes Leben sinnvoll unter Wahrung seiner nie aufgegebenen ethischen Grundsätze einzusetzen.

Das erste schriftliche Zeugnis der Nachkriegszeit ist ein Lebenslauf meines Vaters vom 26. Juni 1945, in dem er unter anderem seine Entlassung als Depositenkassenvorsteher der Commerzbank schildert: »Ich wurde im Juli 1933 von 2 Angestellten der von mir geleiteten DepositenKasse YZ, Kaiserdamm 95, bei der Zellenleitung der Bank denunziert mit der Beschuldigung, ich hätte im Schalterraum erklärt, Hitler sei ein Mörder. Ich konnte damals den Nachweis bringen, dass diese Behauptung falsch sei, musste jedoch zugeben, dass ich im Winter 1933 bei Streitigkeiten der Angestellten erklärt hatte, es käme nicht darauf an, ob die Kommunisten oder die Nazis mehr Gegner getötet hätten, sondern es wäre allein massgebend, wer diese Morde befohlen hätte. Diese Äusserung wurde als so schwerwiegend betrachtet, zumal sie nach der Machtergreifung gefallen war, dass ich nicht mehr in der Depositenkasse verbleiben durfte, sondern in die Zentrale als Revisor versetzt wurde. Ich habe in den folgenden Jahren viel unter den Angriffen der Nazis der Bank leiden müssen, man ächtete mich, verhängte ein Sprech- und Grussverbot über mich, ich konnte mich jedoch geschäftlich bis Ende 1936 halten.«

So ist es nicht verwunderlich, dass das erste Leumundszeugnis meines Vaters vom 1. Juli 1945 Direktor Willy Schulze von der Commerzbank galt, der ihm »in dieser schweren Zeit weitgehende Unterstützung zu Teil werden liess. (…) Ich bin überzeugt, dass er niemals seine Zugehörigkeit zur Partei missbraucht hat.«

Dem sollten noch viele weitere »Persilscheine« folgen, wie man in jenen Tagen diese Leumundszeugnisse nannte. Die ersten wurden für unmittelbare Nachbarn ausgestellt, es gab ja noch keinen Postverkehr; dem Fuhrwerkunternehmer, bei dem die Kinder Küchenabfälle für Hühner und Kaninchen hatten hinbringen dürfen, obwohl sie Mischlinge und der Vater Jude war; dem Lebensmittelhändler um die Ecke, »der niemals der Partei beigetreten und aus seiner nazifeindlichen Einstellung kein Hehl gemacht hatte.«

Am 7. Juli 1945 ergab sich eine Gelegenheit, einen Brief an Onkel Paul Trier nach London (vermutlich über einen britischen Soldaten) mitzugeben, Deutsche durften ja keinen Briefverkehr mit dem Ausland unterhalten. Der Brief musste auf Englisch verfasst sein; da mein Vater sechs Monate später eine neue Flaschenpost, diesmal auf Deutsch, aussandte, gebe ich hier die erste Fassung gekürzt auf Deutsch wieder:

»Lieber Onkel Paul,

Wir leben, wir entkamen dem Naziterror. Unser Haus steht noch, wenn auch leicht beschädigt. Mutter und ihre beiden Schwestern leben nicht mehr [Oma Elsa, Tante Marie, Tante Martha – Pauls Schwestern], Gott schützte sie vor dem Tragen des Judensterns und der Deportation. Carla und Karlernst haben alle Bombenangriffe überlebt, als die Schlacht um Magdeburg begann, stand ihr Haus noch, seitdem haben wir keine Nachricht. Onkel Philipp [Lüders] wurde im Sommer 1943 ausgebombt, lebt in Husum bei Cousinen, sein Sohn Peter musste Ende 1944 zur Organisation Todt in ein Arbeitslager bei Eisenach; Karlernst und ich durften nicht zur Armee. Mein Freund Justus [Koch] schützte mich mit Hilfe unseres Landsmannes Seldte vor der Zwangsarbeit, ich konnte weiter als Testamentsvollstrecker des Bankhauses Jarislowsky arbeiten. Mein Leben war in ständiger Gefahr, besonders in den letzten Monaten bevor die Russen uns von den Nazis befreiten. Fast alle MischeheJuden wurden verhaftet und nach Theresienstadt geschafft, wo sie verhungerten oder getötet wurden. Von rund 50 000 Berliner Juden überlebten nur etwa 1 200, ohne die Hunderttausende zu bedenken, die in den Lagern in Russland und Polen umkamen. (...)

Die arme Sabine musste Zwangsarbeit in einer Uniformfabrik zehn Stunden pro Nacht durchstehen, der Leiter war ein radikaler Nazi. Nach einigen Wochen konnte Freund Justus helfen und sie brauchte nur halbe Tage zu arbeiten bis die großen Bombenangriffe die Innenstadt zerstörten und alle Arbeit zum Erliegen kam. Das liegt jetzt alles hinter uns dank der Russen. Aber was haben sie gebracht? Neuen Kummer: Sie plündern, rauben, stehlen und entehren alle Frauen. Natürlich gibt es Ausnahmen. Sicherlich! Aber insgesamt sind die Russen die größten Räuber, die die Welt je gesehen hat. Erst haben sie meine Armbanduhr genommen und neulich, als ich vom Land zurückkam, meinen Füllfederhalter. (...) Das schlimmste ist, dass keine Frau vor ihnen sicher ist, weder im Haus noch auf der Straße. Die ersten drei Wochen waren furchtbar. Wir hatten 12 bis 15 Personen in unserem kleinen Haus, ich habe sie alle verteidigt, es passierte nichts. Aber in der Nachbarschaft wurde fast jede Frau entehrt. Damen bester Familie, zwölfjährige Kinder, alte Frauen von 70–80 Jahren. Viele brachten sich um und viele Männer kamen bei der Verteidigung ihrer Familie ums Leben. In den letzten Wochen wurde es besser und jetzt freuen wir uns, dass die Amerikaner da sind. Wenn nicht solche Hungersnot wäre, wären wir mit dem Wechsel sehr zufrieden. Abgesehen von Brot und Kartoffeln haben wir praktisch nichts zu essen, seit Wochen kaum Fett oder Butter, Gemüse oder Obst, obwohl genug auf dem Lande vorhanden ist, aber die Russen haben alle Pferde und Fahrzeuge mitgenommen.«

Dann kam die Bitte um Lebensmittel, besonders für die Kinder, Trockenmilch, Kakao oder Schokolade, Speck oder irgendeine Art von Fett, Reis oder Haferflocken … Es sollte noch eine Weile dauern, bis das erste Lebensmittelpaket eintraf, aus Amerika (von Martha Liebermanns Tochter Käthe Riezler), denn aus England durfte nichts geschickt werden.

Anfang August traf ein lang erhoffter Brief aus Magdeburg in Berlin ein:

»Magdeburg, den 1. August 1945

Meine Lieben,

Von Tag zu Tag steigert sich meine Angst um Euch und alle möglichen Befürchtungen rauben mir auch nachts meinen Schlaf. Da ich Erichs Umsicht und selbstverständlich auch Bines Klugheit in allen Lebenslagen kenne, so ist es mir gänzlich unverständlich, dass Ihr noch keine Nachricht an uns gesandt habt. Man hört von verschiedenen Seiten, dass Briefe aus Berlin hier an die Adressaten angelangt sind, teils den hier durchgekommenen Ausländern mitgegeben oder Trecks oder den Landsern anvertraut. Ab Potsdam geht die Eisenbahn bis Biederitz, von da wandert alles hier her und nimmt Post mit.

Bis vor 14 Tagen waren wir hermetisch abgeschlossen nach der Ostseite, alle Brücken sind kaputt, aber die Amis haben eine »Freundschaftsbrücke« gebaut und die ist wochenlang die Verbindung nach Russland gewesen bis wir selber im Juli von den Russen besetzt worden sind und danach der Brückenverkehr fürs Publikum eröffnet worden ist. Ihr könnt Euch keinen Begriff von der Heimatstadt machen, die lange Wochen Grenzstadt war. Ich beschrieb Euch in 3 anderen Briefen bereits unser Leben hier, will nur kurz wiederholen, falls keine Nachricht Euch erreicht haben sollte.

Zunächst zum April zurück. Beim Feindalarm am 11. April zogen wir in den Bunker, blieben 9 Nächte & Tage dort in Sicherheit unter scheusslichen Umständen. Völlige Überfüllung, entsetzliche Luft da wir Tage lang ohne Licht waren, die Luftanlage ohne Strom nur notdürftig per Hand in Gang gehalten werden konnte. Ich hatte Glück dass ich ein 3stöckiges Lager hoch oben unter der Decke mit einem Mädel teilen konnte, wenigstens ausgestreckt liegen konnte, bei jedem Bums dafür mit dem Kopf an die Decke stiess. Mutter und

K. haben die ganze Zeit gar nicht liegen können und so kamen wir alle mehr oder weniger nach Einzug der Amis mit Bunkerkrankheiten heraus. Keine Wasserleitung die letzten 4 Tage, kein Clo mehr zu benutzen, während des starken Beschusses musste man in den Trümmern der Kirche das Nötigste verrichten. Ich hatte am Tage Mut nach Hause zu laufen & kochte hier Tage lang für unsere ganze Hausgemeinschaft, wurde dann mittags von den Männern abgeholt, die die Esseimer rüber trugen. Einholen musste man in Pausen der Beschießung und unter Kontrolle der dauernden Tiefflieger.

Jetzt erscheint einem die Zeit schon so ferne + alle damals ausgestandenen Ängste sind längst vergessen + von neuen schweren Sorgen abgelöst. Bis jetzt ist es uns so gut gegangen, noch sind wir in unserem Haus und haben unser Heim erhalten können. Abgesehen aller Sorgen der Gegenwart und Zukunft bin ich im Augenblick in sehr großer Sorge um Karlernst. Über seine Nervosität und gereizte Stimmung hatte ich Euch schon geschrieben. Er hat sich nun dermaßen überarbeitet, dass er selber vor 6 Wochen nicht weiter konnte + endlich einen Arzt aufsuchte. Er ist gründlich geröntgt, es ist dabei nichts gefunden worden, aber das Herz ist nicht in Ordnung, Gefäßveränderungen. (…)

Gott sei Dank bleibt das Werk bestehen. Aber wenn K. nun vorläufig arbeitsunfähig bleibt, was wird dann? Die Papiere geben keine Zinsen & wir haben doch nichts zum leben. Wie die Amis am 18. April endlich erschienen, glaubte ich alle Sorgen abschütteln zu können und nun bedrückt mich alles schlimmer denn je. Und dazu keine Verbindung zu Euch, wo ich mir Rat holen könnte. Unsere Verpflegung ist vorläufig hier noch gut, wir haben reichlichst Gemüse & Kartoffeln & ich bedaure, Euch Lieben nichts schicken zu können. (…) Licht & Wasser haben wir, aber kein Gas, koche in der Grude. (…) Mutter ist verhältnismäßig mobil, natürlich auch recht mitgenommen. Dies erscheint mir zunächst als das Wichtigste, was ich Euch berichten müßte. (…)

Nun zittere ich, dass Ihr womöglich gar nicht mehr in Eurem Häuschen seid. Was mag alles geschehen sein? Man hört so viel von Krankheiten, Hungersnot in Berlin & wir sorgen uns sehr um Euch. Möchte der Herrgott Euch beschützen. Wie lebt Ihr Lieben? Wie geht es Euch gesundheitlich? Was macht Renchen & Jumbo? Haben sie wieder Schulunterricht? Bitte versucht mir Nachricht zu geben. Ich umarme Euch Lieben & grüße Euch von Herzen.

Eure Carla.«

»Berlin-Zehlendorf, den 6. August 1945
Erich Alenfeld
                    B e s c h e i n i g u n g
Hiermit erkläre ich das Folgende:
Ich bin jüdischer Abstammung und Abwickler einer jüdischen Vermögensgesellschaft. Herr Bruno Schukkel, Berlin, Klausewitzstr. 4, ist seit 1939 Berater unserer Gesellschaft in allen Grundstücksangelegenheiten gewesen. Er hat uns wertvolle Dienste geleistet und ist stets bemüht gewesen, uns zu beschützen. Im Laufe der Jahre sind wir uns auch persönlich näher getreten. Auf Grund dieser persönlichen Beziehungen kann ich bezeugen, dass Herr und Frau Schukkel nicht nur mir und meiner Familie sondern auch anderen Juden, auch illegal sich in Berlin aufhaltenden Juden, geholfen haben. Sie haben sie mit Lebensmitteln unterstützt und auch sonst sich um sie bemüht. Ich habe in zahlreichen Gesprächen Gelegenheit gehabt, festzustellen, dass die Ehegatten Schukkel keine nazistische Gesinnung hegten, sondern die nazistische Weltanschauung ablehnten. Dafür spricht ja auch, dass Herr Schukkel viele Jahre Mitglied der Loge gewesen ist. Ich möchte auch nicht unerwähnt lassen, dass Frau Schukkel nach dem im Jahre 1941 erfolgten Tode meiner Mutter erfolgreich uns bei dem Verkaufe des Nachlasses derselben half.
            Erich Alenfeld, Vertrauensmann Beerenstr. 1-28 a.«

Irgendwann im August traf in der Beerenstraße in Carlas Handschrift eine Kopie von Peter Lüders' Brief an die Magdeburger Verwandten ein:

»Heidenheim-Brenz, den 7. VIII. 1945
Mergelstetten, Neue Schule
Liebe Tante Carla, lieber Onkel Karlernst,
Nach langer Zeit bietet sich endlich einmal die Gelegenheit, einen Brief an Euch abzusenden, wenngleich ich auch noch nicht weiss, ob Euch dieser Brief überhaupt erreichen wird.
Ich hoffe, dass Ihr auch die letzte Zeit der vergangenen 12 Jahre einigermaßen überstanden habt und nun nach Aufhebung aller uns bedrückenden Gesetze aufatmen könnt. Vor allen Dingen hoffe ich jedoch, dass Onkel Karlernst nicht mehr in ein solches Lager musste wie das, in welchem ich war. Ist Tante Carla von Theresienstadt verschont geblieben oder befand sie sich auch noch bei den letzten Wahnsinnstransporten, die dorthin gegangen sind? Wie ich hörte, sollen aber diejenigen, die mit den letzten Transporten dorthin gebracht worden sind, mit dem Leben davon gekommen sein.
Ich selber bin den Verhältnissen entsprechend noch ganz gut aus dem Lager Wommen herausgekommen. Am ersten Ostertage wurden wir von den Amerikanern überrollt. Am gleichen Tag wählten meine Kameraden und die im Lager

anwesenden Russen mich zum Lagerführer. Dieses Amt bekleidete ich bis zum 16. 4. Das Lager umfasste insgesamt etwa 400 Leute aus 14 Nationen, in der Hauptsache Russen. Am 19. 4. traf ich dann in Arnstadt ein, wo ich sofort von unserem Werksleiter wieder eingestellt wurde. Ich arbeitete dann in Arnstadt als Assistent des Werksleiters und in der kaufm. Leitung des Betriebes. Es war eine sehr interessante Tätigkeit zumal ich einen großen Teil der Berichte für die Militärregierung abzufassen hatte. Die Tätigkeit wurde Ende Juni jäh unterbrochen. Am 24. 6. wurden die leitenden Herren und verschiedene Spezialisten unseres Werkes von den Amerikanern hierher transportiert. Angeblich sollte eine neue Fabrik der Militärregierung aufgemacht werden. (…)

Hier erwartete uns leider keine Fabrik der Militärregierung, dafür kamen wir in eine ehemalige Polizeischule und wurden zunächst für eine Woche hinter Stacheldraht und Posten mit Gewehr interniert. Nach Ausfüllung eines Fragebogens kamen wir dann in eine Schule als Gemeinschaftslager der Firma Siemens. Für dieses Lager mache ich nun den Einkauf. Noch müssen wir uns zweimal wöchentlich melden und dürfen den Ort nicht verlassen. Was nun weiter wird, ist noch ungewiss. Aber es soll wohl jetzt bald irgendwie weitergehen. Entweder braucht uns der Amerikaner oder aber er lässt uns einfach gehen. Sollte dieser Fall eintreten, so werde ich wahrscheinlich nach München gehen, um dort bei Siemens zu arbeiten. (…)

Es ist schon ein merkwürdiges Gefühl, erst von der einen und dann von der anderen Seite sichergestellt zu sein. Andere Leute in meiner Lage können sich jetzt eine Grundlage für später schaffen. Ich muss bald daran gehen, meine Ersparnisse, bzw. den Teil, den ich bar bei mir habe, anzubrechen, wenn wir nicht bald wieder arbeiten dürfen.

Sollte sich die Möglichkeit später einmal ergeben, neben der Arbeit zu studieren, so werde ich dies versuchen, sofern ich nur irgend die Mittel dazu aufbringen kann. Das wäre vielleicht der Fall, wenn ich mein bisheriges Gehalt behalte. Aber das steht alles noch in den Sternen. Zunächst bin ich froh, wenn ich überhaupt irgendwo arbeiten kann. So war ich in den letzten 12 Jahren letzten Endes nur geduldet und jetzt wird es vielleicht nicht viel anders.

Von meinem Vater habe ich bisher noch nichts gehört, obwohl ich ihm verschiedentlich Nachricht habe zukommen lassen. Ich glaube aber, dass dies nur an den allgemein schlechten Verbindungen liegt und hoffe, dass es ihm soweit es die Umstände erlauben noch gut geht.

Sonst weiß ich Euch leider nichts mehr zu berichten. Gesundheitlich geht es mir recht gut. Ich würde mich freuen, wenn ich gelegentlich von Euch einmal Nachricht bekommen könnte. Bis auf weiteres bin ich jederzeit über Siemens und Halske A. G. Gruppenleitung Südwest, München, Hofmannstr. 51 zur Weiterleitung an mich in der Gruppe des Herrn Dr. Lohse (Heidenheim) zu erreichen. (…)

Nun wünsche ich Euch alles Gute und hoffe, dass Euch dieser Brief bei voller Gesundheit erreicht. Euer Peter«

Nachsatz von Carla:
»Ich versuche sofort durch Karlernst über hiesige Siemens Halske Firma Brief an Peter abzuschicken und habe Gelegenheit nächste Woche über die grüne Grenze an Philipp Briefabschrift zu schicken. Freue mich, nun über Peters Verbleib Bescheid zu wissen.«

Wie es meine Tante Carla bewerkstelligt hat, uns im August 1945 in Berlin zu besuchen, weiß ich nicht, ihr Brief vom 25. August bringt jedenfalls den Beweis dafür:

»Mein liebes Binchen,
In meinem ersten Brief nach unserem wirklich zu schönem Zusammensein habe ich Euch Lieben nochmals herzlich für alles Gute gedankt, was Ihr mir seelisch & körperlich angetan hattet ... Die zwei Tage waren so beglückend für mich, Eure Zuneigung und die Liebe der Kinder waren für mich so wohltuend nach der wirklich nicht zärtlichen Behandlung zu Hause. Ja, wer jetzt eine Reise tut, der kann was erzählen & so will ich nochmals davon berichten.

In Wannsee angekommen, fand ich große Menschenmengen eigentlich überall herumstehen, liegen, sitzend, selbst die Knipserhäuschen waren von Menschen voll besetzt, die großen Treppen, der Wartesaal völlig verstopft, dort Menschen auf Erde & Tischen sitzend. Es blieb mir nichts weiter übrig als auf meinen Fernbahnsteig mich zu setzen, da wurde ich mit Danziger Flüchtlingen bekannt, die mich einluden auf ihren Bettsäcken Platz zu nehmen. (...)

Um 2 Uhr kam ein russischer Güterzug durch, kein Mensch rührte sich damit etwa zu fahren. Um 2 Uhr 30 kam ein amerikanischer Güterzug an und nun war ein ebenso lebhafter Betrieb wie beim Personenzug. Auch wir entschlossen uns mitzufahren, Männer hoben uns in einen leeren Kohlenwaggon, hohe Seitenwände ohne Dach. Wir waren 21 Personen in einem Doppelwaggon, also herrlich Platz für alle & alles Gepäck. Kinderwagen mit Kind, Kinderwagen mit Gepäck, irgendwo vom Bahnhof geklaut wurde eine Tür auf den dreckigen Boden gelegt und darauf verlebte ein Paar die Nacht. Ich sass wunderschön auf dem Bettsack, genoss zunächst den herrlichen Mond und die klare Sternennacht & beobachtete die vielen Sternschnuppen, die wie Raketen aufleuchteten. (...)

Bei einem Aufenthalt im Morgengrauen war allgemeines bisch-bisch nötig, wozu die Männer uns herunterholten und sans gêne [ungeniert] wurde dies am Wagen gleich erledigt, selbst unser Danziger Hund wusste sofort Bescheid, nur verstand er das Pfeifen der Lokomotive nicht wie wir, die eilends mit noch nicht herunter gelassenen Röcken uns heraufziehen ließen. Der Hund musste eingefangen werden und im letzten Augenblick wurde er hereingeworfen. Ein Amerikaner hatte mir gesagt, dass wir gegen 7 Uhr in Biederitz [sechs Kilometer vor Magdeburg] sein würden, wenn es gut ginge. Unser Zug brauchte aber wesentlich länger, um ½ 9 Uhr standen wir in Königsborn [zehn Kilometer vor Magdeburg] & da blieben wir stehen, ließen viele andere Züge an uns vorbeifahren, bis mir die Situation zu dumm vorkam & ich mich auf die Socken machte.

Dabei hörte ich von unserem Lokomotivführer, dass der Russe den amerikanischen Zug einfach nicht durchließe, das könnte noch stundenlang so dauern. Mein Abmarsch wurde von anderen nachgemacht, sodass wir eine ganze Kolonne wurden. Beim Flughafen nahm uns ein Lastwagen bis zur Brücke mit & von dort ging es dann schnell zu Fuß heim. (...)

Draußen auf dem Werk ist der Teufel augenblicklich los. Der Betriebsrat ist dem Direktor gleichgestellt, der Betriebsrat bekommt die Post zu öffnen, hat den Prokuristen ins Lager versetzt & von 800 RM Gehalt auf ungefähr 200 heruntergesetzt. Einer der Ingenieure ist als Schlosser weiter zugelassen und so weiter. Gestern war tumultsame Betriebsratssitzung. Wie die Bande sich K. gegenüber benehmen wird ist auch noch nicht endgültig geklärt, aber das Ganze ist sehr unerfreulich und dürfte größte Schwierigkeiten verursachen. In unserer Umgebung sitzen zur Zeit sämtliche Gutsbesitzer & die Familien müssen die Höfe verlassen, es herrscht der Kommunismus. Von Demokratie ist hier überall nichts zu hören.

Es muss Post von Euch nicht hier angekommen sein, denn wir wissen noch nichts über Erichs neue Tätigkeit, ausser den Zeilen, die wir heute erhielten. Also wo und in welcher Art hat man ihn geholt? Bitte um nähere Angaben, das interessiert uns doch brennend. (...) Ich befürchte, dass Erichs Gesundheit dem nicht Stand halten kann, ich würde doch raten, dass Du Dich mit dem Arzt in Verbindung setzt.«

Tatsächlich war mein Vater als Notvorstand der Rheinmetall Borsig AG berufen worden, eingesetzt von der Stadt Berlin zwecks Durchführung des von der Stadt Berlin abgeschlossenen Pachtvertrages. Diese Tätigkeit sollte nicht von langer Dauer sein. Einstweilen jedoch gab sie dem Leben eine positive Wendung, wenn auch der labile Gesundheitszustand meines Vaters dadurch keine Besserung erfuhr, das Herz hatte gelitten und der ewig nagende Hunger verbesserte nichts.

Dennoch ging es den Berlinern ungleich besser als den Magdeburger Verwandten, die das schlechtere Los gezogen hatten: »Bei uns ist es nun amtlich,« schrieb Carla am 19. Oktober, »dass wir ab 1. November in Stufen eingeteilt werden, K. kommt in Nr. 4, ich als ewig arbeitende Hausfrau in die allerschlechteste Kategorie Nr. 6b ohne Fett & ohne Fleisch. Na, auch das wird hoffentlich überwunden werden, es wird & muss schon irgendwie gehen. Nach dieser Zeit kommt ja dann eine bessere & darauf wollen wir hoffen. (...)

»Seht her, wir haben überlebt!« *Der vierzehnjährige Justus, Mutter Sabine, die zwölfjährige Irene/Reni, Vater Erich, zweite Jahreshälfte 1945.*

Ich komme bestimmt auf irgendeine Weise zwischen 1. + 8. Nov. zu Euch Lieben. Ich hoffe, von einem MavagAuto [Magdeburger Verkehrs AG] mitgenommen zu werden & dabei 1 Ctn [Zentner] Kartoffeln, 10 Pf. Zwiebeln, etwas Zucker mitbringen zu können. (…) Dass Eure Ernährung besser geworden ist, freut mich für Euch Lieben. Unsere ist jedenfalls fühlbar schlechter geworden. Wir müssen jetzt alle Anfang Nov. registriert werden mit Fingerabdruck.«

»Berlin-Zehlendorf, den 1. November 1945
Erich Alenfeld
B e s c h e i n i g u n g

Hiermit erkläre ich an Eides statt:
Ich bin jüdischer Abstammung und Verwalter jüdischen Vermögens. In dieser Eigenschaft habe ich dienstlich fortgesetzt bei dem Herrn Oberfinanzpräsidenten Berlin-Brandenburg, Vermögensverwertungsstelle, zu tun gehabt, da diese Stelle die beschlagnahmten jüdischen Vermögen verwaltete und ich nur mit Genehmigung dieser Behörde handeln konnte. Fast ein Jahr lang war der für mich zuständige Sachbearbeiter Herr Regierungsrat Dr. Kurt Lücker, Berlin W 15, Xantenerstrasse 15. Wir sind uns in diesem verflossenen Jahr näher getreten und haben des öfteren sehr eingehend über die politischen Verhältnisse gesprochen. Ich kann daher bezeugen, dass Herr Dr. Lücker aus seiner völlig antinazistischen Gesin-

nung nie ein Hehl gemacht hat. Wir haben vielfach die Nachrichten vom Auslandssender ausgetauscht und insbesondere über die jüdischen Angelegenheiten gesprochen. Ich habe die Überzeugung gewonnen, dass Herr Dr. Lücker ein Mann von untadeliger Gesinnung ist, der mit grösstem Abscheu die Taten der Nazis verurteilte und nur einen Wunsch hatte: Das Ende dieser Tyrannei. Dass Herr Lücker der Partei angehörte, wovon er mir erzählt hatte, spricht nicht gegen diese Gesinnung, sondern ist nur aus der allgemeinen bekannten Situation bei den Behörden zu erklären. Ich kenne keinen Beamten, der geeigneter wäre, wieder im Dienste des Staates übernommen zu werden, als Herrn Dr. Lücker.«

»Berlin-Zehlendorf, den 5. Nov. 1945
Erich Alenfeld
Eidesstattliche Erklärung:
Ich bin jüdischer Abstammung, meine Kinder sind nach den Nürnberger Gesetzen Mischlinge 1. Grades. Dieses vorausgesetzt, erkläre ich das Folgende:
Ich bin mit Frau Agnes Fritze, Bln-Lichterfelde, Am Karpfenpfuhl 1a, seit 1½ Jahren bekannt und habe mit ihr in diesem Zeitraum viele Gespräche geführt. Frau Fritze hat unerschrocken meiner Tochter Irene entgegen den damals geltenden Bestimmungen Privatunterricht erteilt, um sie, der es verboten war die höhere Schule zu besuchen, für diese vorzubereiten. Sie hat mir gegenüber nie ein Hehl aus ihrer Einstellung zum Nationalsozialismus gemacht und sich stets offen als Gegner desselben bekannt. Sie hat meine Tochter über dies hinaus aufs freundschaftlichste aufgenommen und wesentlich dazu beigetragen, dass das Kind die schweren Kränkungen, denen es ausgesetzt war, leicht ertragen hat. Ich bin überzeugt, dass Frau Fritze in jeder Weise geeignet ist, in heutiger Zeit Unterricht zu erteilen.«

»Mein lieber Erich,« schrieb Carla Pohl an ihren Bruder Erich nach Berlin am 6. November, »da mein rechtzeitiges Eintreffen zu Deinem Geburtstage [am 8. November] recht unsicher erscheint, will ich trotz meiner baldigen Ankunft bei Euch zur Feder greifen um Dir meine herzlichsten Wünsche auszusprechen. Nach den so schwer lastenden 12 vergangenen Jahren ist es mir eine besondere Freude Dir jetzt ›Glück‹ wünschen zu können, geht es doch nun, so Gott es will, für Dich einer besseren Zukunft entgegen. Möchte es Deiner Energie gelingen, den leider stark geschwächten körperlichen Zustand wieder aufzubessern und somit Kraft zur Ausfüllung Deiner neuen Tätigkeit zu gewinnen. In Vertretung der Eltern, die leider nun das neue Wieder-Aufsteigen nicht miterleben (Gott Lob das Schlimmste nicht geahnt haben) bin ich richtig stolz auf Dich. Möchte es Dir weiterhin gelingen, lieber Erich, Deine Position zur Zufriedenheit auszuüben. (...)
Leider kann ich diesmal nicht viel mitbringen, denn nun sind wir auf die gleiche schlechte Verpflegung gekommen wie ihr. (...) Ich habe bisher noch kein Glück in

meiner Angelegenheit gehabt, stand gestern 3½ Std. vergeblich am Wirtschaftsamt an und heute früh bereits 6.15 im Dunkeln aus dem Hause gegangen und wiederum an zwei Stellen bis Mittag angestanden. Nun habe ich erst mal für die Familie alle Karten in Ordnung und versuche morgen wieder für mich anzustehen, um über den Vorsteher des Wirtschaftsamtes in eine bessere Klasse eingestuft zu werden. Dies war mir auf der Polizei geraten, man riet mir auch dort ab, mich bei den Opfern des Faschismus zu melden. Bei Herrn Karliner [vermutlich Jüdische Gemeinde] war ich vor einiger Zeit, habe die Daten von Mutter [Elsa Alenfeld] angegeben. Er war völlig Schimmerlos über irgendwelche Hilfe, mir schien, er spielte nur den Dummen. Unangenehmer Patron, tat, als sei er engbefreundet mit Dir! Das ist der Typ, der immer weiter den Antisemitismus herausfordern wird!

Ich habe mir von unserem Pfarrer einen Ausweis schreiben lassen, den ich an Pfarrer Grüber[1] weiter senden werde. Für die Adresse und überhaupt die Mitteilung danke ich Dir vielmals. Pfarrer Fritsche meinte, es wäre hier zu geringe Zahl nichtarischer Christen und auch er riet mir, nach Berlin zu schreiben und von dort Hilfe zu erbitten.«

Auch Schwager Karlernst Pohl gratulierte Erich zu seinem Wiegenfeste: »Das Wichtigste bleibt bei allem wohl doch, dass Du gesund über die Runden gekommen bist und Deiner engeren und weiteren Familie damit erhalten geblieben bist. Dafür wollen wir mit Euch Berlinern dankbar sein und uns mit Euch dieser Tatsache freuen. Möge das kommende Lebensjahr Dir und den Deinen nur Gutes bringen und Dir nach Wiederherstellung der vollen Gesundheit gestatten, Dich in die neue Tätigkeit zu Deiner Zufriedenheit einzuarbeiten. Quod Divi bene vertant [Mögen es die Götter zum Guten wenden]!

Hier nichts Neues von Bedeutung; Gerüchte aller Art schwimmen umher, umso mehr, als unsere Unterrichtung noch immer nicht groß gebessert ist. Außer dem amtl. Nachrichtenblatt für Magdeburg bekommt man auf der Straße das KPD Blatt aus Halle (Volkszeitg.) oder aus Berlin (Dt. Volkszeitung) zu kaufen, dazu gelegentlich die Tägliche Rundschau. Sapienti sat est [Dem Gescheiten soll es genügen]! Das SPD Volksblatt (auch aus Halle) taucht selten im Straßenhandel auf. Die Lib. Dem. haben jetzt endlich auch einen Anschlag mit Parteiprogramm ankleben lassen; Christl. Dem. Union etwas früher. Ich habe nicht den Eindruck, dass viel Zulauf da ist. Mangels Zeitungsorganen hört und sieht man kaum etwas – von den Anstrengungen der beiden vorgenannten Parteien.

---

1   *Heinrich Grüber (geb. Stolberg 1891 – gest. Berlin 1975), Evangelischer Theologe, 1937 Gründung des »Büros Grüber« in Berlin für die »Bekennende Kirche«. Hilfe für rassisch verfolgte evangelische Christen. 1940-1943 Haft in den KZs Sachsenhausen und Dachau. 1945 Propst der Ost-Berliner Marienkirche. Wiederaufnahme der Hilfe für »nichtarische« Christen, die während des NS-Regimes rassisch verfolgt wurden, »Evangelische Hilfsstelle (Büro Pfarrer Grüber)«. 1949-1958 Bevollmächtigter der evangelischen Kirche bei der Regierung der DDR. Anschließend Übersiedlung in die BRD. Kampf gegen Militarismus, Aufrüstung und Neonazis.*

Ein paar amerikan. Zeitungen unterrichteten uns inzwischen, dass es anscheinend auch anders geht, als z. Zt. hier regiert wird. So soll nach einem Bericht General Eisenhauers [sic] an Truman der Zusammenschluß der Parteien zur Blockbildung im amerikan. Sektor verboten sein, da dieser jede einzelne Partei in ihrer demokratischen Freiheit und Meinungsäußerung behindere und deshalb den amerikan. Begriffen zuwiderlaufe. Solche und ähnliche Bemerkungen finden sich in reicher Menge und machen unser Bedauern umso größer, keine Möglichkeit zu haben, die amerikan. oder engl. Blätter hier zu abonnieren. Ist denn der Postversand gestattet? Dann könntest Du doch gelegentlich mal ein paar interessante Artikel an uns senden unter Kreuzband oder in einem Umschlag als Geschäftspapier.«

Vom alten Onkel Philipp Lüders, der Zuflucht bei seinen Cousinen Jessen in Husum gefunden hatte, traf ebenfalls Post ein, datiert Freitag, den 9. XI. 45, auf einer Postkarte, die in Druckbuchstaben vielerlei Forderungen (der Besatzungsmacht) aufführte: »Nur Rückseite benutzen. Nur lateinische Schriftzeichen verwenden. Verwendete Sprache: German.«

»Lieber Erich! Deine Karte vom 26. X. traf hier heute ein. Better late than never! Ihr Inhalt hat mich erfreut. Ich gratuliere zu Deinem Aufstieg herzlichst! Auf uns kann man wirklich das Bibelwort anwenden: ›Die mit Tränen säen, werden mit Freuden ernten!‹ Denn auch Peter genießt jetzt den guten Tropfen, nachdem er so viele schwere Jahre hindurch den schlechten genießen mußte. Er ist jetzt unter folgender Anschrift erreichbar: ›J. P Lüders in Firma Siemens & Halske A. G. Wernerwerk Erlangen 13 a) Erlangen (Bayern) Luitpoldstr. 45–47, Amerikanisches Gebiet.‹

Ich schrieb Dir übrigens am 3. XI. zu Deinem birthday; ferner am 30. X.; am 6. IV; 29. III. und 18. II.45. Vielleicht trifft die Post vom 3. XI. und 30. X. noch bei Euch ein. Die weiter zurück liegende P. ist wahrscheinlich gar nicht mehr in Eure Hände gelangt! Viele Grüße Dir, Sabine u. den beiden Kindern von
Eurem Onkel Philipp«

Im Nachlass meiner Tante Carla Pohl fand ich ein Dokument, von dem ich allerdings nicht weiß, ob es ihr im kommunistischen Magdeburg von Nutzen war:

»Evangelische Hilfsstelle   Berlin SO 36, den 10. November 1945
                                          (Büro Pfarrer Grüber)
                          Mariannenplatz 1–3 (Diakonissenhaus Bethanien)

Bescheinigung!
Es wird hiermit bescheinigt, dass Frau Carla Pohl, geb. 8. 6. 94, wohnhaft: Magdeburg, Gustav-Adolfstr. 37 bei uns registriert ist und von uns betreut wird. Frau Pohl ist Volljüdin und war durch die Rasse-Gesetzgebung unter dem Hitler-

Regime in den vergangenen Jahren ständig seelischen Schädigungen ausgesetzt. Ausserdem wurde sie ernährungsmässig benachteiligt.

In Anbetracht dieser Umstände wird gebeten, sie in allen ihren Angelegenheiten wohlwollend zu fördern und ihr nach Möglichkeit eine Verbesserung bezüglich der Lebensmittelzuteilung zu gewähren.«

»Erich Alenfeld Berlin-Zehlendorf, den 19. XI. 1945

Eidesstattliche Erklärung

Ich bin jüdischer Abstammung. Die Schwester meiner arischen Frau ist mit Herrn Dr. Otto Völker [Professor für Ornithologie an der Universität], Giessen, Tannenweg 27 verheiratet. Es ist mir bekannt, dass Herr Völker Mitglied der NSDAP gewesen ist. Es ist mir aber ebenso bekannt, dass er seiner politischen Einstellung nach keineswegs die Weltanschauung dieser Partei teilte und aus seiner Ablehnung ihrer Theorien, insbesondere der Rasse-Theorie kein Hehl machte. Dies geht auch aus der Tatsache hervor, dass Herr Völker und seine Frau Anneliese meine Tochter Irene, die Mischling 1. Grades im Sinne der Nürnberger Gesetze ist, vom August 1943 an auf ein Jahr zu sich nahmen und aufs freundschaftlichste behandelten, sodass das Kind in Giessen ein glückliches Jahr verbringen konnte. Allein die Notwendigkeit, den Weg zum Staatsexamen und zum Dr. Habil. zu ebnen, nötigte Herrn Völker, der auch ganz und gar antimilitärisch gesonnen war, in die Partei einzutreten.«

»Magdeburg, Bußtag Nachmittag, 21. November 1945

Meine Lieben,

Das eklig graue Novemberwetter legt sich auf die Stimmung und wir hätten allen Grund zufrieden zu sein. Der Begriff und die Bitte ›Unser täglich Brot gieb uns heute‹ ist wohl den Menschen jetzt erst klar geworden, und dabei ist es wohl erst der Anfang der Notzeit, der wir entgegen sehen. Wir haben ein warmes Wohnzimmer und werden darum von vielen beneidet, die noch nicht an heizen denken können. Jeder Tag bringt irgendwelche neuen Haushaltssorgen. Man hat uns für die letzten Tage des Monats die Brotmarken gesperrt, macht über 2 Brote für uns aus, dann haben wir noch nicht die erste Fettration erhalten, also alles Tatsachen, die verärgern. Mehrere Bäckereien mussten wegen Kohlenmangel schließen. In der Stadt wimmelt es von Besatzung, selbst in unserer Trümmergegend ist davon zu merken. (…) Ich muss auch noch von meiner Rückreise berichten, meine Karte wird Euch längst erreicht haben, die Euch unsere Ankunft mitteilte.

Also wir trafen unsere Mitreisende [Ursel] am Ringbahnhof mit von ihr besorgten Fahrkarten & wanderten zum Güterbahnhof in einem Strom von Menschen. Dank der Hilfe zweier Landser fanden wir in einem Güterwagen Platz auf unserem Rucksack zu sitzen und pünktlich um 6 Uhr [18.00 Uhr] ging die Fahrt los. Wir hatten noch bei offenen Türen alle angefangen unser Abendbrot zu verzehren, die Landser waren beglückt unseren Kartoffelsalat zu bekommen, die ersten Kartoffeln seit langer Zeit für sie. In Wannsee fürchterlicher Lärm auf dem Bahnsteig, unsere Türen wurden aufgerissen und herein kamen 20 Russen zu uns 30 Personen. Unser Schrecken war groß. »Germanski aufstehen«, erklang der Befehl und mit schnell gegriffenen Decken standen wir eng zusammen gedrückt und warteten, was noch kommen würde. Mit Blendlaternen wurden wir angeleuchtet, nach einer Weile durften wir wieder Platz nehmen.

In der Dunkelheit ein Kunststück seine Sachen zusammen zu finden. Ich opferte meine Kerze, leider zogen daraufhin die beiden Anführer zu uns und die arme Ursel hatte die Freude, den Kopf des einen Mannes 2 Stunden auf ihrem Schoß zuhaben. Aus Angst, Ida [früheres Hausmädchen, dann Freundin] könnte etwas geschehen, hatte ich sie so auf mich gelegt, daß sie nicht mit dem Kerl in Berührung kam, ich selber saß so unbequem, daß ich völlig steif und krumm war; aber meine beiden Schützlinge habe ich gut bewahrt. Mein freundlicher Landser musste den Dolmetscher spielen und flüsterte mir immer ins Ohr ›es wird schon gut ablaufen‹. 2 Stunden musste ich mich mit den Kerlen unterhalten, eine rechte Aufgabe. Das wenige, was ich verstand, wurde meist vom Grölen der anderen Kerle begleitet. Wir alle waren froh als sie dann hinter Genthin ausstiegen und uns allen nichts geschehen war. (...)

Nach den Erfahrungen der ersten Rückfahrt, des Abgestelltwerdens in Königsborn, verließen wir nach ¾ Stunden Aufenthalt zu Fuß Gerwisch & wanderten zu Fuß nach Biederitz. Die Fülle dort am Omnibus, die sich zu wahren Schlachten entwickelte, war fürchterlich. Ida kam vor mir nach Hause & kündigte meine Heimkehr an, ich landete erst um ½ 2 Uhr [13.30 Uhr] müde und erfroren zu Hause an. Na, Ihr Lieben, Ihr könnt Euch ja denken, wie neugierig man hier auf den Bericht über alle Erlebnisse wartete. (...)

Dass ich inzwischen die Schmucksachen aus dem Tresor erhalten habe, schrieb ich gleich nach dem Empfang noch auf die Karte. Einen ganzen Vormittag verbrachte ich mit Mutter in der Bank, wenigstens mit einem guten Resultat. Nach genauer Prüfung der Registrierkarte wurde man einzeln in den Tresor geführt. An einem Tisch saßen 2 russische Offiziere, in der Mitte eine russische Dolmetscherin & vor ihnen wurde nun der Tresorkasten hingestellt. Bei uns ging die Sache völlig wortlos zu. Der eine öffnete die verschiedenen Schächtelchen, sah auf die Registrierkarte, sah Mutter sehr lange ins Gesicht (ich zitterte innerlich, was wohl kommen würde), knipste die Schachteln wieder zu, schob uns den Tresorkasten hin & somit war die Sache erledigt. Bei Pgs [Parteigenossen] oder auch Frauenschaft[2] wurde Schmuck weggenommen. Die Herren auf der Bank sagten, dass täglich je nach Laune die Sache anders gehandhabt würde. Ja, und sonst habe ich täglich seit meiner Rückkehr mindestens den Vor-

---

2 »NS-Frauenschaft«, 1931 als Zusammenschluss verschiedener Verbände von der NSDAP gegründet. Seit 1935 als offizielle Gliederung in die Partei eingeordnet mit der Aufgabe, Frauenarbeit im Sinne der NS-Ideologie zu führen.

mittag mit Anstehen verbracht und alles andere ist wieder liegen geblieben. Zunächst war ich im antifaschistischen Büro der Opfer des Faschismus. Mir wurde dort erklärt, dass ich nicht ein Opfer des Faschismus sei, nur Sternträger oder KZ-Leute, und sie würden mich nicht unterstützen. Hatte ich eine Wut über diese Auffassung.«

»Erich Alenfeld   Berlin-Zehlendorf, den 1. Dezember 1945

B e s c h e i n i g u n g
Hiermit erkläre ich an Eides statt das Folgende:
Ich bin jüdischer Abstammung. Herr Dr. Theodor Sehmer, z. Zt. Erlangen, Luitpoldstrasse 45, ist mir seit 1915, da wir im Weltkrieg im selben Regiment als Offiziere mehrere Jahre, zum Teil beim selben Stabe, wirkten, wohl bekannt. Wir sind uns in der Nachkriegszeit oft in Berlin begegnet und haben, besonders in den letzten verflossenen Jahren, stets freundschaftlich miteinander verkehrt. Ich weiss, dass Herr Dr. Sehmer, aus geschäftlichen Gründen genötigt war, der N.S.D.A.P. beizutreten. Er ist aber niemals aktiver Parteigenosse gewesen. Im Gegenteil: Es ist mir bekannt, dass er keineswegs die Theorien der Partei, vor allem die Theorie der Rassenbekämpfung, billigte, sondern im Gegenteil die Politik des ›Führers‹ aufs schärfste verurteilte. Er wurde wegen seiner Haltung von der Zelle der Siemens-Reiniger-Werke AG seit längerem beargwöhnt und musste sich häufig wegen der von ihm getroffenen Massnahmen rechtfertigen.
Erich Alenfeld
Diplomvolkswirt, z. Zt. Notvertreter der
Rheinmetall-Borsig Aktiengesellschaft, Berlin«

Am 2. Dezember 1945 meldete sich Exzellenz von Seeckt, »Frau Dodo«, aus Baden Baden, Clinique Quisisana, auch sie auf einer Postkarte, auch diese mit strengen Forderungen der Besatzungsmacht versehen: »ZUR BEACHTUNG! Mitteilungen sind nur auf der Rückseite mit lateinischer Schrift in deutscher oder französischer Sprache zugelassen. Leserlich schreiben!«
»Unsere Grüsse haben sich gekreuzt; ich war sehr erfreut über Ihre Karte vom 2. 11. & hoffe, dass ihr bald ein ausführlicherer Bericht folgt & Auskunft ob die Möglichkeit existiert, an Ihren Onkel Paul zu schreiben. Daß Ihre Gesundheit mitgenommen ist, höre ich mit Bedauern jedoch ohne Erstaunen! – Aber Ihre Kinder + Verwandten befinden sich wohl + sogar Ihr Haus ist erhalten, Gottlob! (…) Da Sie Ihre Gemahlin nicht erwähnen, darf ich hoffen, daß es ein Zeichen von Unbesorgnis bedeutet. – Wie die Sonne aussieht, wissen wir seit fast 4 Wochen nicht in diesem trüben Nebel, der alles viel kälter erscheinen lässt als das Thermometer es ausdrückt; & Kohlen gibt es für uns nicht + für das Holz der Wälder fehlen die Arbeitskräfte.
Viele schöne Grüße D. Seeckt«

Es stand ein harter Winter bevor, von dem noch Jahrzehnte später die Alten sprechen sollten. In meinem Elternhaus wurde im so genannten »kleinen Zimmer« im Erdgeschoss ein Ofen installiert, dort schliefen auch meine Eltern, denn im ungeheizten Elternschlafzimmer residierte die in Berlin ausgebombte und später aus Memel geflohene Patentante meiner Mutter, Hedwig Kreidel [Tante Hete]. »Dieses Zimmer«, schreibt meine Mutter in ihren Erinnerungen an Weihnachten 1945, »war im Winter zum Zentrum des Hauses geworden, weil dort ein kleiner Ofen stand, um den sich die Familie scharte. Für Schularbeiten, für Nachhilfestunden, (...) für Stopf- und Näharbeiten, für Erichs Besprechungen mit Hilfesuchenden – es ging alles, weil es gehen musste. Auf dem Ofen wurde die ›pastorale Suppe‹ warm gehalten: In Gemüsewasser 4 Kartoffeln für 5 Personen reiben, ergibt einen glibberigen Brei. Satt wurde keiner. (...) Kohlen holten wir im Norden Berlins im Rucksack, Hin- und Rückfahrt 4 bis 5 Stunden, vom Schleppen ganz zu schweigen. Kartoffeln ›organisierten‹ die Kinder manchmal auf dem Schulhof. Es war nicht immer ganz einfach den Begriff Diebstahl gegen Mundraub abzugrenzen.«

Die Hauptversorgerin war jedoch Erichs Schwester Carla Pohl in Magdeburg: »Meine Lieben« schrieb sie am Sonnabend, den 1. Dezember 45 nach Berlin, »Das Wichtigste zum mitteilen wäre, dass nun gestern die Kartoffeln von hier abgeholt worden sind. Auf Erichs Karte hin war ich nochmals zu Kuprim gegangen und hörte dort, dass es keine Eilfracht und überhaupt keine andere Möglichkeit zur Zeit gäbe, als dem von ihnen veranstalteten Sammeltransport die Säcke anzuvertrauen. Ich fand es durchaus richtiger Euch jetzt bereits 3 Cntr. [Zentner] zu schicken, man weiß nicht wie lang der Frost im Frühjahr anhalten wird und Ihr und die Kinder sollen ja nicht Mangel an Kartoffeln haben. Ihr müsst die weiße Sorte zuerst verbrauchen, die sind nicht so gut wie die gelben Kartoffeln.

Die Kartoffelangelegenheit hat uns hier jetzt große Aufregungen verursacht. Zunächst hatte jede Person Anspruch auf 3 Cntr. Kartoffeln. Bei uns verzögerte sich die Anfuhr und plötzlich kamen neue Anordnungen heraus und somit bekommen wir nur 2 Centner pro Kopf, sollen aber irgend einen Ausgleich bekommen. (...) Eine wenig angenehme Überraschung war der Abzug von Rm 80,- [Reichsmark] von K's Gehalt. Nun muss es auch so weitergehen, an irgendein Zurücklegen ist nicht zu denken, bei irgend welchen Anschaffungen muss eben vorher ein Verkauf stattfinden. Der Direktor ist von 1 200 auf 375 Rm. heruntergesetzt! Das besorgen alles jetzt die Betriebsräte! Es heißt weiter durchhalten und auf bessere Zeiten hoffen! (...)

Auf dem Theatervorplatz ist jetzt jeden Morgen der amtliche freie Markt. Eine tolle Angelegenheit. Amtlich sollen dort alle landwirtschaftlichen Produkte verkauft werden, die über das bestimmte abzugebende Soll dem Landwirt frei zur Verfügung stehen. In Wirklichkeit ist dort ein fürchterliches Menschengedränge, wo in Gruppen alles Mögliche gekauft & verkauft wird. Amtlich wird auch

Schnaps verkauft, 57 Rm. die Flasche. Die Firma bekommt davon 3,50 Rm. der Rest soll den Russen gehören für die Genehmigung des Verkaufs. Ich habe mir die Sache einen Morgen besehen, bekam durch Zufall 3 Selleriköpfe zu 1 Rm. dort und beobachtete eine Weile den Schnapsverkauf. (…)

Bei der neuen Lebensmitteleingruppierung habe ich durch den freundlichen Leiter unseres Wirtschaftsamtes wieder 6 a, also 150 gr. Fleisch + 70 gr. Fett erhalten. Auf dessen Vorschlag bin ich nochmals zum Ausschuss der Opfer des Faschismus gegangen um mir als Opfer der Nürnberger Gesetze einen Ausweis zu besorgen. Es war mir auch dies zweite Mal nicht gelungen, den Kerl zu irgendeiner Hilfe zu bewegen. Genau wie bei der ersten Unterredung konnte er mir nur von seiner Frau berichten, dass die viel mehr zu leiden gehabt hätte wie ich, weil er ›doch‹ 10 Jahr ›injesessen‹ hätte. Ein widerlicher Kerl. Hast Du einen Ausweis als Opfer der Nürnberger Gesetze erhalten?«

»Nun rückt das Fest näher heran«, schrieb Carla einen sehr traurigen Weihnachtsbrief an ihre Berliner Lieben, »und Ihr werdet von all der Vorfreude, dem eigentlichen Zauber des Weihnachtsfestes bereits beseelt sein und ich versetze mich in Gedanken in Binchens emsige Tätigkeit. Ich will ehrlich gestehen, dass bei uns auch nicht das Geringste von Weihnachtsstimmung zu spüren ist und muss auch zusetzen, dass ich nun auch nichts dazu beisteuern werde. Die Tage werden auch so hingehen, es wird hoffentlich auch für mich mal eine Stunde Zeit abfallen wo ich meinen Gedanken nachgehen kann und alte Erinnerungen mir wie ein Märchen vorkommen werden. (…)

In diesem Jahr habe ich noch nicht einmal ein Adventslicht angezündet. Wozu denn? Da spare ich mir lieber die Kerzen um mir den Keller zu erleuchten. Es tut mir bereits leid, dass ich uns für die Feiertage Fleischmarken gespart habe und der Familie 2 Pfd. Braten vorsetzen kann, verdient haben sie es bestimmt nicht. Dank Idchens Mehlstiftung habe ich etwas Kleingebäck und eine prächtige Stolle gebacken und weil wir Beide es verdienen, so meinen wir wenigstens, haben wir uns eine Stolle für uns privat versteckt, die wir jetzt aber schon heimlich verzehren. (…) Unter welchen noch viel schwierigeren Verhältnissen haben wir das vergangene Weihnachtsfest verlebt! Unsere eigenen schweren Sorgen und dazu die Luftangriffe! Gott sei gelobt, dass dies ein Ende gefunden hat und was uns nun weiter aufgelegt werden soll, das muss auch ausgestanden werden.«

Unser erstes »Friedensweihnachten«, schildert meine Mutter in ihren Erinnerungen: »Die gemeindliche Christvesper fand im Grossen Saal des Gemeindehauses statt, denn die Paulus-Kirche war nach der teilweisen Zerstörung noch nicht wieder benutzbar. Zu Hause lasen wir dann die Weihnachtsgeschichte noch einmal und nun in der Hoffnung auf das kommende Europa in vielen Sprachen: Erich griechisch, Justus lateinisch, Reni englisch, Tante Hete französisch und ich deutsch. Wir hofften 1945 auf ein vereinigtes Europa!«

»Erich Alenfeld   Berlin-Zehlendorf, den 4. Januar 1946

Eidesstattliche Erklärung
Ich bin jüdischer Abstammung. Ich bin mit Herrn Walter von Karger, geb. 10. VIII.89, Berlin-Zehlendorf, Königstrasse 8, näher bekannt. Ich weiss, dass Herr von Karger in den Jahren 1934–1938 Mitglied des N.S.K.K. [NS Kraftfahrkorps] gewesen ist, ohne dass er je Mitglied der N.S.D.A.P. oder einer anderen angeschlossenen Organisation geworden ist. Für seinen Beitritt zum N.S.K.K. waren ganz besondere Gründe massgebend. Herr von Karger war Aufsichtsratsvorsitzender der Kosmos AG, Berlin, deren Hauptaktionär und Vorstandsmitglied Dr. Goldmann war. Um ihn, der Jude war, zu schützen, war Herr von Karger in das N.S.K.K. eingetreten, um die Verbindung mit der Partei zu gewinnen. Herr von K. hat Herrn Goldmann auch nach seiner Emigrierung nach der Schweiz geholfen, u. a. besuchte er ihn dort noch im Jahre 1940 und brachte ihm wertvolle Photographische Apparate zum Verkauf für den Lebensunterhalt. Wegen seiner politischen Einstellung wurde Herr v. K. aus der Rentenbankkreditanstalt, der er 10 Jahre als Vorstandsmitglied angehörte, entfernt.

Während des Krieges wurde Herr v. K. nach Amsterdam zur treuhänderischen Verwaltung des Bankhauses v. Lippmann, Rosenthal & Co. geholt. Sein Mitarbeiter, Herr Otto Witscher, war ein rabiater Nazi, der ihm wegen seiner Haltung gegenüber den Massnahmen gegen die Juden in jeder Weise Schwierigkeiten machte. Er denunzierte ihn bei der Partei und einige Zeit später wurde er dann von dem SD [Sicherheitsdienst] festgenommen und 8 Monate im Konzentrationslager Amersfort festgehalten. Herr von K. hat auch in Amsterdam deutschen emigrierten Juden geholfen, so zum Beispiel Herrn und Frau Schiff aus Berlin sowie Herrn und Frau Joseph-Lechner, gleichfalls aus Berlin.

Er hat seine politischen Ansichten niemals geändert und ist stets ein Gegner des Nazi Systems geblieben.«

»Erich Lambeck   Berlin, jetzt Dietersweiler, Kreis Freudenstadt
Rechtsanwalt u. Notar   den 6. 1. 46

Lieber Herr Alenfeld!
Hoffentlich erreicht Sie dieser Brief bei zeitgemäß ausreichender Gesundheit und Wohlversehrtheit. Meine Frau und ich wünschen Ihnen recht sehr, dass Sie die kritische Zeit gut überstanden haben. Auch wir leben noch, wenn auch unter völlig veränderten Umständen. Seit unserem Totalschaden von Ende November 43 sind wir von Berlin abwesend und seit fast 2 Jahren hier im sonst so schönen, jetzt vereisten Schwarzwald. (…) Ob ich meinen Beruf in Berlin oder dortiger Umgebung wieder aufnehmen kann, hängt ausser von der Wohnungsfrage auch davon ab – an äußeren Gütern haben wir seinerzeit in Berlin nahezu alles verloren – dass ich den

dümmsten Fehler, den ich in den letzten Jahren gemacht habe, wieder in Ordnung bringen kann. Und dazu möchte ich um Ihre freundliche Hilfe bitten, da Sie mich in mehrjährigem Umgange wohl hinreichend auch persönlich kennen gelernt haben. Im ersten Rummel des Jahres 33 habe ich mich, damals leider ohne Prüfung der wirklichen Hintergründe nebst vielen tausenden Anderer eines Tages auf dem Gericht bereit finden lassen, auf eine Sammelliste zur Anmeldung in die Partei meinen Namen mitzusetzen.

Politik habe ich nie getrieben, weder vorher noch nachher. So bin ich einfaches PG Mitglied [Parteigenosse] geworden, von denen man in den folgenden Jahren lediglich die normalen Monatsbeiträge an der Haustür einzog. Ich habe nie nur das geringste Amt bekleidet, bin in keine maßgeblichen Versammlungen gegangen, habe auch nicht einmal diesen Schnörkelorden getragen. Ich weiß nicht, ob Sie selber überhaupt je gemerkt haben, dass auch ich zu dieser Hammelherde gehörte. (…) Auch in der Judenfrage war ich frei in Auffassung und Handeln. Das beweist mein ganzer Umgang.

Für meine weiteren Zukunftspläne hängt mir aber nach augenblicklicher Auffassung unserer Machtführer meine oben geschilderte Dummheit solange an, als sie mir nicht positiv verziehen wird. Darf ich mich für meine Einstellung auf Sie berufen? Ich denke hierbei auch an meine vielfache Tätigkeit in den Angelegenheiten der Jarislowskischen Erben. Es würde mich sehr interessieren, auch über Ihre eigenen persönlichen Pläne näheres zu hören.«

Am 25. Januar unternahm mein Vater einen zweiten Versuch, Verbindung zu seinem Onkel Paul Trier in London aufzunehmen:
»Lieber Onkel Paul!

Meine Bemühungen, Dir Nachrichten von uns allen zu senden, scheinen vergeblich gewesen zu sein, jedenfalls haben wir bisher keine Bestätigung erhalten, dass Du sie empfangen hast. Ich habe nun wiederum die Möglichkeit, Dir Post zuzustellen und gebe Dir deshalb nochmals eine kurze Übersicht über das Befinden der Familie.

Pohls, Lüders und wir selber sind gerettet. Jeder hat seinen Anteil an dem Geschicke des Landes gehabt, aber wir leben, sind wohlbehalten und haben unsere Arbeit. Materielle Verluste haben wir alle gehabt. Ich komme darauf noch zu sprechen. Meine Mutter, Tante Marie und Tante Martha haben das schlimmste nicht erlebt. Sie starben alle drei einen sanften Tod. Mutter verschied am 21. II. 1941 nach einem kurzen Krankenlager. Eine Lungenentzündung raffte sie dahin, nachdem ihr Zuckerleiden sie sehr geschwächt hatte. Marie bekam unerwartet am 9. II. 42 einen Gehirnschlag. Auch sie hatte schwer unter der Zuckerkrankheit zu leiden, war weitgehend erblindet [Juden wurden Insulingaben verweigert].In gleicher Weise starb plötzlich am 11. X. 42 an einem Herzschlag Martha, die schon länger kränkelte und sich vor der befohlenen Trennung von Excellenz v. Seeckt fürchtete, zumal die Sternverordnung für sie Wirklichkeit werden sollte [gleich zu setzen mit Deportation].

Viel Leid ist allen drei Schwestern erspart geblieben, denn das böse Ende kam ja noch. Im Sommer 1943 wurde das Haus, in dem Lüders lebten, völlig vernichtet. Sie verloren alles bis auf einige Bilder, den Schmuck und die Geschenke von James Simon:[3] Diese gingen während der Kampftage verloren, als alle Banken entleert wurden. Gerettet wurden die restlichen Andenken Deiner Mutter, die Frau v. S. mir übergeben hatte und die wir rechtzeitig in Sicherheit gebracht hatten. Onkel Philipp lebt seit anderthalb Jahren in Husum bei zwei Kusinen aus seiner Familie. Es geht ihm unberufen gut. Peter hat schwere Monate bei der OT als Zwangsarbeiter, um nicht zu sagen politischer Häftling, hinter sich. Jetzt lebt er in Erlangen und arbeitet in bevorzugter Stellung bei Siemens, wo er schon mehrere Jahre als kaufmännischer Angestellter war, nachdem er das Militär verlassen musste.

Frau v. Seeckt hat in Berlin alles verloren, das Haus ist restlos abgebrannt. Sie wohnt seit längerem in Baden-Baden, Klinik Quisisana, hat sich mehrfach nach Dir erkundigt. Pohls leben mitten in einer Wüste. Das alte Magdeburg ist restlos zerstört. (…) Vor allem ist Carla das Schicksal der meisten Mischehe Juden in der Provinz erspart geblieben. Sie wurde nicht getrennt und verschleppt, hat seelisch viel gelitten, aber es ist ihr nichts zugestossen.

Auch wir Alenfelds in Berlin sind vor dem Schlimmsten bewahrt geblieben. Immer am Abgrund entlang, mal diese Aufregung, mal jene. Doch ist es immer wieder eingerenkt worden. Das Konzentrationslager blieb mir erspart, ebenso die Zwangsarbeit. Mein Freund Justus hat hier geholfen, nicht minder der aus meiner Heimat stammende Minister Seldte. Auch Sabine haben sie gerettet, als sie im vergangenen Winter zur Zwangsarbeit herangeholt wurde und jede Nacht 10 Stunden in einer Uniformfabrik arbeiten musste. Die Kinder, die schon in jungen Jahren schweres erleben mussten, sind trotz dieser Eindrücke bei guter Gesundheit geistig vortrefflich geraten. (…)

Die Bombenjahre waren nicht immer leicht, auch die Kampftage werden uns unvergesslich sein, aber alles in allem ist auch diese Zeit gut überstanden, zumal Zehlendorf ohne grössere Kampfhandlung übergeben wurde. (…) Wir müssen dankbar sein, diese Schreckenszeit so günstig überlebt zu haben. Auch die Nachkriegszeit mit allen neuen Nöten haben wir bisher in günstiger Weise überlebt, selbst die ersten Wochen der Besetzung mit ihren Schrecken. Es ist nicht immer

---

3   *Die Beziehung zu James Simon, Berlins größtem Philantropen und Kunstmäzen, ist wohl auf das ausgeprägte soziale Engagement Marie Lüders' zurückzuführen, die über lange Jahre im Verein für Ferienkolonien tätig war. James Simons aktive Mitgliedschaft begann bereits 1894 als er für kranke Berliner Schulkinder eine Erholungsstätte in Kolberg, das* Kaiser und Kaiserin Friedrich Berliner Sommerheim, *auf seine Kosten errichten ließ. 1913 übernahm Simon den Vorsitz der Berliner Ferienkolonien, vermutlich um angesichts der schlechten Finanzen dem Verein durch sein Prestige zu verstärktem Spendenaufkommen zu verhelfen.*

leicht gewesen. Die Ernährung war oft kritisch. Seitdem die Amerikaner unseren Sektor besetzten, ist die Versorgung besser, vor allem regelmässiger geworden. (...)

Eine Stadt wie Berlin, die zum grossen Teil zerstört ist, wieder aufzubauen und die Wirtschaft in Gang zu setzen, ist keine Kleinigkeit, insbesondere, wenn 4 Mächte eine Stadt besetzt halten und jede Macht ihre Ansicht hat. Dazu die Banken geschlossen, alle Konten gesperrt und ein ungeheurer Mangel an allem Notwendigen.

Ihr würdet Berlin nicht wieder erkennen. Die City ist ein einziges Trümmerfeld, der Tiergarten verwüstet ... Der ganze Teil von der früheren Siegesallee bis zum Brandenburger Tor abgeholzt. Ein Löwe steht mitten in den Baumstümpfen, an den Seiten Lessings und Goethe und sonst: Argonner Wald! Die Leipziger Strasse, die Friedrichstrasse usw. kein Haus ganz, alles, aber alles vernichtet. (...)

Ich selber verwalte noch das Vermögen der Jarislowskys, soweit es nicht die Gestapo zu Gunsten des Reichs eingezogen hat. Im übrigen wurde ich auf Vorschlag meiner alten Bank zum Notvorstand einer grossen Firma der Industrie ernannt, was aber eine problematische Angelegenheit ist, die aber gut bezahlt wird. In heutiger Zeit besonders wichtig, da alle Konten unerreichbar sind und die Preise am schwarzen Markt eine phantastische Höhe erreicht haben. (...) Wir hoffen, dass Ihr und Friedmanns gut durch die Kriegsjahre gekommen seid und würden uns herzlich freuen, endlich von Euch Nachricht zu bekommen.«

Der Antwortbrief von Paul Trier ist leider nicht erhalten, doch bestand von da an bis zu seinem Tode im Jahre 1963 enge Verbindung zu den Londoner Verwandten.

»Werner Zitelmann Berlin-Wannsee, den 4. Februar 1946

Sehr geehrter Herr Alenfeld!
Im August vor. Js. hatten Sie die Freundlichkeit, mir auf meine Bitte ein Zeugnis auszustellen, dass ich mich weder vor noch vor allem nach 1933 Ihres Wissens u. Ihrer Kenntnis nach politisch betätigt hätte usw. usw.! Auf meinen damaligen Antrag ist – wie Sie schon richtig voraussagten – s. Zt. nichts erfolgt. Nun soll aber nach Aussage meines in diesen Fragen besonders versierten Rechtsbeistandes wirklich in Kürze eine Bereinigung der Frage der Behandlung der ›kleinen Pgs‹ zu erwarten sein. Für diesen Fall, den ich – wie Sie sich denken können – sehnlichst erwarte, möchte ich natürlich gerüstet sein & möglichst alle Unterlagen bereit haben. Ich möchte Sie daher nochmals um Ihre frdl. Unterstützung bitten & wäre Ihnen zu größtem Dank verpflichtet, wenn Sie mir baldmöglichst eine kurze Erklärung ungefähr nach beiliegendem Muster übersenden würden. Etwaige weitere Zusätze, die die Durchschlagskraft gerade Ihres Zeugnisses noch verstärken würden, wie nichtarische Abstammung, Zugehörigkeit zu illegalen Verbänden usw. darf ich Ihrem Ermessen anheim stellen.

›Erklärung (Muster)
Herr Werner Zitelmann geb. 10. 5.1884 zu Berlin, z. Zt. Hafen-Missionar im Dienste der Inneren Mission, ist mir seit 1918 gut bekannt, mit seiner Ehefrau war ich schon in meinen frühesten Jugendjahren befreundet.
Bei häufigen Begegnungen vor & während des letzten Krieges gab Herr Zitelmann mir gegenüber seiner Ablehnung der nazistischen Idee, ihrer Methoden & Vertreter unverhohlen eindeutigen Ausdruck. Seiner Versicherung, dass er – entgegen seiner inneren Überzeugung 1937 unter dem Druck seiner Vorgesetzten – die BEHALA, Berliner Hafen & Lagerhaus-Betriebe, in deren Diensten er von 1923–1945 zuletzt als Hafen-Direktor des Berliner Westhafens stand, ist seit 1933 städt. Betrieb – der NSDAP beigetreten ist, ist meiner Ansicht nach ohne Weiteres Glauben zu schenken. Mir ist nicht bekannt, dass Herr Z. jemals als Pg hervorgetreten ist, auch ist ihm irgendwelche Scharfmacherei oder Benachteiligung politisch Andersdenkender seiner ganzen Veranlagung nach nicht zuzutrauen.‹ Für meine Person versichere ich, weder der NSDAP oder einer ihrer Gliederungen angehört zu haben.«

Zu meinem großen Bedauern hat mein Vater auch diesen »Persilschein« ausgestellt.

»Rechtsanwalt Lambeck   Dietersweiler, Krs. Freudenstadt, den 7. 2. 46

Lieber Herr Alenfeld!
Ihre freundliche Antwort vom 27. Januar ds. Js. traf heute bei mir ein. (…) Ich preise Sie glücklich, dass Sie mit Ihrer Familie heil und ganz über die Schrecknisse hinweg gekommen sind, vor allem aber auch, dass Sie sogleich wieder ein Sie befriedigendes Betätigungsfeld gefunden haben. So mußte es ja auch eigentlich sein, seitdem Sie und Ihre Mitstreiter in dem Herren wieder frei atmen durften. Das war doch eine entsetzliche, grausame Tyrannei, die die letzten Jahre mit sich brachten. Wie viele unschuldige Opfer sind dabei auf der Strecke geblieben und wie zweifelhaft wird für uns Alle noch die nächste Zukunft bleiben. Sie haben mich in meinem Charakter und in meinem Streben stets durchaus richtig erkannt: Meine einzige Devise war ›Helfen‹. Deshalb habe ich mich auch stets und ständig entgegen allen äußeren Einflüssen und Vorschriften aus innerer Überzeugung der schuldlos leidenden Juden angenommen. Das hat jeder der Beteiligten dankbar anerkannt. (…)

Zwang und Not auf Leben und Beruf ließen mich selbstverständlich vorsichtig sein, da ich, weil ohne nennenswertes Vermögen, ausschließlich auf Berufseinnahmen angewiesen war. Ich war auch in der damaligen Zeit und bin es teils heute noch so schwer herzkrank, dass ich einen Kampf zur äußeren Umstellung nicht riskieren konnte. Ich bin zweimal recht bös denunziert worden, weil angeblich staatsfeindlich gesinnt, und habe dadurch in monatelangen, peinlichen Verhören genügend Qualen erlitten.

Jetzt aber habe ich genügend Abstand zu den Dingen gewonnen und will nicht weiter als charakterlos auch nur erscheinen. Sie werden mich schon verstehen. Da mir die Gelegenheit geboten ist, mich zu reinigen, bin ich es mir selbst und meiner Familie schuldig, die Wahrheit offen zu bekennen. (…)

Ich bin jetzt 63 Jahre alt und darf nicht mehr viel experimentieren. Nach allen Richtungen hab ich bereits die Fühler ausgestreckt, vorläufig jedoch noch ohne Resultate. (…) Daher wäre ich auch für Ihre, so freundlich angebotene Hilfe recht von Herzen dankbar. Der nächste Weg hierzu ist wahrscheinlich ein sogen. Leumundszeugnis von einwandfreien Persönlichkeiten meiner bisherigen Freundschaft und Bekanntschaft. Wie mir mitgeteilt wurde, soll ein solches Attest mit öffentlich beglaubigter Unterschrift versehen sein. Darf ich Sie um solche Mühe bitten? Gleiche Atteste dürfte ich sicher heute auch von den Herren Marcuse und Kann[4] erbitten, wenn diese noch lebten. Genau kennen Sie mich ja aus meinen gewissenhaften Bemühungen für die Jarislowsky'schen Erben und zuletzt noch für das schmachvolle Unglück am Nachlass Liebermann.[5]

Grüßen Sie bitte Frau Zirpel [»arische« Testamentsvollstreckerin für Jarislowsky'sche Erbengemeinschaft] recht sehr. Ich wünsche allen früheren Mitstreitern am Recht nur das Beste.«

»Philipp Lüders   Husum/Nordsee, Mittwoch, 13. II. 46 – E 8

Lieber Erich!

Dein frdl. Brief v. 27. 1. traf hier am gestrigen Tage ein. Habe vielen Dank dafür und insbesondere auch, dass Du Peter über die Lage auf dem Arbeitsmarkt sowie über unangebrachten Berufswechsel in heutiger Zeit aufklären willst. Ich teile Deine Ansicht vollkommen! (…)

Auf meine 25 Worte per Rotes Kreuz nach London an Paul u. Richard habe ich keine Antwort erhalten. Sie wollen wohl nicht, weil sie Angst haben in ihrem Renegatentum?! – Die Kennzeichnung der von mir an Dich abgehenden Post mit E 5, E 6, E 7 hat sich bewährt. Ich kann nun kontrollieren an meinen stichwort-

---

4   *Dr. Richard Kann (1874–1942), Rechtsanwalt. Bis 1933 Mitglied des Vorstandes der Berliner Anwaltskammer und der juristischen Landesprüfungskommission. Beging mit seiner Ehefrau Susanne angesichts der bevorstehenden Deportationen Selbstmord am 6. Dezember 1942. Vgl. Simone Ladwig-Winter »Anwalt ohne Recht – Schicksal jüdischer Rechtsanwälte in Berlin nach 1933«. Berlin 1998.*

5   *Marie Hagen und Alwine Walter, die viele Jahre im Hause Liebermann gedient hatten, verließen die alte und kranke Martha Liebermann bis zu ihrem Tode nicht. Offiziell wohnten sie bei Nachbarn, da »Ariern« das Zusammenleben mit Juden verboten war. Nach Marthas Tod konnten sie weder zu ihrer Habe in der bereits von der Gestapo versiegelten Wohnung gelangen, noch zu den Möbelstücken, die die Witwe Marie Hagen vermacht hatte. Mein Vater bat Herrn Lambeck um Hilfe, der sich in seinen Bemühungen sehr exponierte und scharfe schriftliche Vorhaltungen vom »Hauptwirtschaftsamt« erhielt.*

artigen Vermerken in meinem Brieftagebuch, was Du von mir erfahren hast und wann ungefähr, indem ich dauernd die Laufzeit der einzelnen Post zwischen Dir und mir nachprüfe. (...)
Als ehemaliger 6. Kürassier ist es eine Selbstverständlichkeit für mich, dem Beispiel meines Reg.-Kameraden vom Stechlin, [Alterswerk Theodor Fontanes] Dubslav, zu folgen, Digitalis zu schlucken u. mich von der alten Büschen [Haushälterin der Cousinen Jessen] betreuen zu lassen. Sollten ihre Künste auch bei mir versagen, so möge Dich die Losung ›Le roi est mort; vive le roi‹ [Der König ist tot; es lebe der König] zur Nachfolge an Vaterstatt ermuntern, auch trotz der Großjährigkeit meines Sohnes, der selbstverständlich von dieser vertraulichen Mitteilung an Dich nichts wissen darf.«

»Erich Alenfeld   Berlin-Zehlendorf, den 3. März 1946

Eidesstattliche Erklärung
Ich bin jüdischer Abstammung. Dies vorausgesetzt, erkläre ich das Folgende: Ich bin seit März 1939 Testamentsvollstrecker und Geschäftsführer der jüdischen Adolph Jarislowsky'schen Erbengemeinschaft. Ich habe in den verflossenen Jahren eine Reihe von Grundstücken, die der genannten Erbengemeinschaft gehörten, verkauft und in den meisten Fällen die Verträge durch den damaligen Rechtsanwalt und Notar Lambeck, Berlin-Wilmersdorf, Aschaffenburgerstr. 14, jetzt Dietersweiler Kr. Freudenstadt, vorgenommen, weil Herr Lambeck unserem Justitiar, dem damaligen Konsulenten Dr. Richard Marcuse, als judenfreundlich empfohlen worden war. Ich habe späterhin auch in anderen Fällen, zum Teil privater Natur, die inoffizielle Beratung des Herrn Lambeck in Anspruch genommen. So hat Herr Lambeck mir geholfen, den Bediensteten der Witwe des Malers Max Liebermann, die im März 1943 Selbstmord begangen hatte, um sich vor der Gestapo zu retten, zu ihrem Recht zu verhelfen. Wir sind uns in diesen letzten Jahren freundschaftlich näher getreten und haben, wie es in so bewegter Zeit nicht anders sein konnte, vielfach die politischen Dinge berührt, Herr Lambeck hat mir aus seiner Ablehnung des nationalsocialistischen Ideengutes und insbesondere der Judenverfolgung niemals ein Hehl gemacht. Er hat niemals das Parteiabzeichen getragen. Seine Mitgliedschaft in der NSDAP, von der ich erst jetzt hörte, kann nur eine rein passive gewesen sein.«

»Erich Alenfeld   Berlin-Zehlendorf, den 6. März 1946

Lieber Herr Lambeck!
Haben Sie vielen Dank für Ihren Brief vom 7. II.1946. Ich schicke Ihnen aufrichtigst und mit Dankbarkeit für alle Freundlichkeiten, die Sie mir im Laufe einer Reihe von Jahren erwiesen haben, das sogenannte Leumundszeugnis, möge es

zum gewünschten Erfolg beitragen. Im übrigen gebe ich Ihnen einen guten Rat: Bleiben Sie, wo Sie sind, machen Sie, was Sie wollen, aber kommen Sie nicht nach Berlin – soweit das mit den Bestimmungen überhaupt sich machen lässt – hier ist kein Arbeitsfeld für Sie. Die Verhältnisse liegen trostlos.

Gestern sind die Grossbanken von den Russen besetzt worden, die Räume versiegelt, damit ist das kleine Arbeitsgebiet noch mehr eingeschränkt und die Hoffnung auf Wiedereröffnung des Bankgeschäfts und, wenn es auch nur das Neugeschäft betraf, begraben. In der industriellen Wirtschaft fehlt es an allem, die Vorräte sind aufgebraucht, es kommt nichts heran, die Ernährungslage wird immer bedrohlicher – kurz und gut: Man kann nur mit Sorgen in die Zukunft sehen.

Persönlich habe ich auch insofern Pech, dass meine Stellung als Notvorstand bei Rheinmetall-Borsig durch Eingreifen der Franzosen unversehens ein Ende fand. Die Stadt ist gezwungen worden, den durch uns abgeschlossenen Pachtvertrag aufzugeben, die städtischen Direktoren sind abgesetzt und wir Notvertreter an die Luft gesetzt. Für Jarislowskys bin ich tätig, habe sogar viel zu tun, aber ohne die Möglichkeit mein Gehalt zu kassieren, weil die Besatzungsmächte angeordnet haben, dass die Überschüsse der Häuser nur für Ausgaben der Häuser verwandt werden dürfen. An die Bankkonten können wir nicht heran, wir stehen uns also schlechter als während der Nazizeit.

So sieht mein Leben, financiell betrachtet, aus. Dafür bin ich frei und brauche die Gestapo nicht zu befürchten. Das ist aber auch alles, abgesehen davon, dass ich den ganzen Tag beschäftigt bin, Gott und die Welt mich sprechen will und allerlei Geschäfte anderer Art [Schwarzmarkt][6] mich ernähren.«

»Wilhelm Scholz Berlin, den 15. März 1946
Rechtsanwalt und Notar

Sehr verehrter Herr Alenfeld,
Als wir uns neulich in der Argentinischen Allee trafen, konnte ich nicht ahnen, sehr bald in die Lage versetzt zu werden, Sie um etwas zu bitten. Es handelt sich um Nachstehendes:
Die Denazifizierungs-Anordnung der Alliierten Kommandantur findet auf mich in Punkt 88m dann Anwendung, wenn unter den dort genannten ›Oberehrengerichtshöfen‹ der Ehrengerichtshof der Rechtsanwaltskammern verstanden wird, dem ich einige Jahre angehört habe. Ich bin daher genötigt, mich von dem Verdacht zu bereinigen, zu den disqualifizierten und darum zu entlassenden Personen zu gehören. Sie haben mich kennen gelernt im Zusammenhang mit den Angelegenheiten des Nachlasses Jarislowsky und werden aus meinem Verhalten ein

---

6 »Schwarzmarkt«: So verkaufte mein Vater seine über Jahrzehnte aufgebaute Briefmarkensammlung. Mit dem Erlös wurden zum Beispiel bei amerikanischen GI's Zigarettenstangen gekauft, die wiederum auf dem Schwarzmarkt gegen Lebensmittel eingetauscht wurden.

Bild über meine Einstellung zum Judentum und zum Nationalsozialismus gewonnen haben. Vielleicht haben wir in unseren Unterhaltungen auch gelegentlich die Politik des damaligen Regimes selbst erörtert oder gestreift. Ich bitte Sie ergebenst, mir über Ihren Eindruck von meiner Person eine Bescheinigung zu behändigen, die ich zur Vorlegung bei dem Prüfungsausschuss verwenden kann. Ich würde Ihnen dafür sehr dankbar sein und begrüsse Sie in vorzüglicher Hochachtung als Ihr ergebener W. Scholz«

»Erich Alenfeld   Berlin-Zehlendorf, den 19. März 1946

Bescheinigung

Ich bin jüdischer Abstammung. Dies vorausgesetzt erkläre ich das Folgende:

Ich bin seit März 1939 Testamentsvollstrecker und Abwickler der Adolph Jarislowsky'schen Erbengemeinschaft, deren Erben Juden sind und im Auslande leben. Zu der von mir verwalteten Vermögensmasse gehören auch die Aktien der Aktiengesellschaft für Konsortialbeteiligung i. A. [in Abwicklung], deren Aufsichtsratsvorsitzender ich bin. Herr Rechtsanwalt und Notar Scholz hat wiederholt meine Testamentsvollstrecker-Angelegenheiten bei Gericht geordnet. Er hat auch alljährlich die Generalversammlungen der genannten Aktiengesellschaft geleitet bzw. protokolliert. Herr Scholz hat uns stets in zuvorkommendster Weise zur Seite gestanden und ist mir und den anderen Herrn des Aufsichtsrats, die inzwischen sämtlich in Theresienstadt oder in anderen Plätzen des Ostens verstorben sind, ein allezeit bereiter Mentor gewesen. Ich habe seinen Rat im Laufe der Jahre mehrfach in Anspruch genommen, auch in privaten Angelegenheiten, weil er über seine Einstellung zu den Verfolgungen der Juden niemals ein Hehl gemacht hat und mehr oder weniger offen die Handlungen der führenden Nazis verurteilte. Diese Gewissheit liess mich zu ihm Vertrauen gewinnen, so dass ich mehrfach Gelegenheit nahm, ihm meine Sorgen vorzutragen. Ich kann mit voller Überzeugung bekräftigen, dass Herr Scholz niemals ein Anhänger des Nationalsozialismus war, wofür auch spricht, dass er bis zuletzt nicht Parteimitglied geworden ist.«

»Hildegard Geppert   Niebüll, den 3. April 1946

Lieber Erich!

Wie Du wohl schon durch Deine Tante gehört hast, ist Dein guter Onkel Philipp am Samstag, den 30. 3. ganz plötzlich gestorben. Er war gerade aus seinem Sanatorium zurückgekommen, wo er sich in den 4 Wochen so gut erholt hatte, dass er 12 Pf. zugenommen hatte. Er war richtig stolz darauf! Am Samstag bekam er nachts einen Hustenanfall und spürte sofort, dass es ernst wurde, da sich die Lunge mit Blut füllte; er ist dann bereits nach einer Stunde in Tante Friederikes Armen sanft eingeschlafen. Die Beisetzung ist heute Nachmittag. (...) Wir sind alle froh darüber, dass Peter noch vorher hier war; er ist zwar so ganz anders wie sein Vater, sodass sie sich öfters in Widerspruch gerieten, aber Onkel hatte doch die Genugtuung, dass Peter sehr strebsam und begabt ist für seine kaufmännischen Aufgaben, sodass er wohl seinen Weg machen wird. Ob er es schafft, rechtzeitig zur Beisetzung zu kommen, glaube ich kaum. Es ist ja jetzt alles so schwierig und manche Anstrengungen sind völlig sinnlos. (…)

Vom guten Onkel Philipp hab ich zuletzt noch ein sehr liebenswertes Bild bekommen! Nimm herzliche Anteilnahme von Deiner Schwägerin Hildegard Geppert«

»Karlernst Pohl Magdeburg, den 10. April 1946

Lieber Erich!

Deiner gestrigen Karte entnahmen wir leider den Tod von Onkel Philipp. Er hat sich nunmehr davongemacht von dieser Tränenwelt und damit recht getan. Nun war Hildegard die letzte, die ihn noch gesehen hat. (…) Du hast recht, er war der letzte aus der vorherigen Generation. Jetzt stehen wir selber im ersten Glied; wer weiß für wie lange Zeit. Du bist für die Kinder noch lange unabkömmlich und Deine liebe Bine braucht Dich gleichfalls noch.«

Philipp Lüders, Ehemann von Marie-Therese Schlesinger-Trier, Tante meines Vaters, als Potsdamer Gardekürassier (um 1900) und ihr gemeinsamer Sohn Peter-Jürgen Lüders (um 1948).

Carla Pohl schrieb zwei Tage später, nachdem sie beide noch erfüllt von den fröhlichen Eindrücken eines gemeinsamen Familienfestes in Berlin – mein Bruder Justus war am 31. März von unserem Pfarrer Dilschneider eingesegnet worden – die harte Wirklichkeit ihrer zerstörten Heimatstadt besonders schmerzlich empfinden mussten: »Karlernst fand leider bei seiner Rückkehr auch auf seinem Werke den Abbau des halben Betriebes in vollstem Gange vor [Demontage zwecks Abtransportes in die Sowjetunion]! Eine böse Überraschung, verbunden mit viel Sorgen. In unserer Hand liegt es ja wirklich nicht unser Geschick zu meistern, das haben wir doch in den vergangenen Jahren tatsächlich täglich erlebt. (...) Irgendeinen Weg wird es auch für uns geben und vorläufig wird ja auch noch das halbe Werk bestehen. Die enorme Arbeit, die in dem vergangenen Jahr geleistet wurde um den Aufbau der zerstörten Teile wieder in Gang zu bringen, ist zwecklos geworden und natürlich schwer deprimierend für all die Leute, die ihr Bestes geleistet haben. (...)

Seit unserer Rückkehr von den so wunderhübschen Tagen bei Euch Lieben ist hier eine Aufregung der anderen gefolgt. Man kommt von jedem Ausgang mit neuen Berichten aus der Stadt heim & alles dreht sich um die plötzlich so beschleunigte Abbautätigkeit von unendlich vielen Betrieben. Straßenteile werden plötzlich von der Polizei abgesperrt mit den dort befindlichen Straßenbahnen & alle Ausweise müssen gezeigt werden. Männer vom 16. Jahr an werden zum Arbeitsamt gebracht & dort stehen die Lastkraftwagen bereit sie nach Leuna zu fahren. Ich selber sah gestern 16 offene Lastwagen dicht gefüllt mit Männern abfahren, genau so, wie während des Krieges die Gefangenen transportiert wurden. (...) Der Abbau wird Tag & Nacht gemacht & man begreift den Grund dieser plötzlichen Beschleunigung nicht. Wenn diese Tätigkeit beendet ist, wird eine große Arbeitslosigkeit einsetzen, es sei denn, man verladet danach die Menschen auch gen Osten.«

»Erich Alenfeld   Berlin-Zehlendorf, den 20. April 1946

Eidesstattliche Erklärung
Ich bin jüdischer Abstammung. Dies vorausgesetzt erkläre ich das Folgende:
Ich bin seit meiner Kindheit mit Dr. Justus Koch befreundet. Wir sind in Magdeburg im gemeinsamen Freundeskreis gross geworden und haben seit diesen Tagen die enge Freundschaft bewahrt. Diese Tatsache fand ihren Ausdruck darin, dass Dr. Koch nicht nur Trauzeuge bei meiner im Jahre 1927 geschlossenen Ehe war, sondern auch Pate meines Jungen wurde, der auch den Vornamen seines Patenonkels trägt.

Auf Grund dieser über Jahrzehnte sich erstreckenden Freundschaft kann ich bezeugen, dass Dr. Koch zwar 1933 Parteimitglied wurde, um, wie er hoffte, den bürgerlichen Einfluss in der Partei zu verstärken, dass er schon bald, insbesondere nach den Ereignissen des 30. Juni 1934 [»Röhm-Putsch«] einsah, dass diese Hoffnungen trügerisch waren. Er bemühte sich nach Kräften, das von den Nazis begangene Unrecht wieder gutzumachen und unterstützte seine jüdischen Bekannte und Freunde.

Justus Koch, Rechtsanwalt und Notar. Erichs bester Freund, der ihm während des NS-Regimes immer wieder aus großer Not half, nach 1945.

Jahrelang ging ich, auch nach der Machtergreifung, in seinem Büro ein und aus. Als im November 1938 die Verfolgungen und Verhaftungen der Juden einsetzten, hat Dr. Koch sich persönlich laufend im Polizeipräsidium über den Gang der Ereignisse informiert und mir, der ich in Magdeburg bei meiner Schwester Zuflucht gesucht hatte, ständig Nachrichten zukommen lassen. Als ich im Jahre 1941 zum Arbeitseinsatz der Juden herangezogen werden sollte, setzte sich Dr. Koch mit dem Reichsarbeitsminister Seldte in Verbindung und erreichte in mündlicher Verhandlung, dass ich bis Kriegsende freigestellt wurde. Schliesslich hat Dr. Koch im Dezember 1944 auch meiner Frau, die auf Grund der Aktion gegen die in Mischehe lebenden Arier, schwerste Zwangsarbeit leisten musste, den grössten Dienst erwiesen, indem er sich wiederum mit dem Reichsarbeitsminister in Verbindung setzte und wesentliche Erleichterungen für meine Frau durchsetzte. Er besuchte uns in den letzten Monaten des Krieges mehrfach und wir sprachen dann stets in offenster Weise über die politische und militärische Lage.

Ich kann nur wiederholt betonen: Dr. Justus Koch war wohl Mitglied der Partei, in der er nie einen Posten bekleidet hat, aber er lehnte die Haltung der Partei in allen wesentlichen Fragen ab. Voll Abscheu verurteilte er die Schandtaten der Partei gegen die Juden, wie er auch die Kirchenfeindschaft bekämpfte. Er hat alles getan, um von sich aus den ungerechtfertigter weise Verfolgten förderlich zu sein.«

Die nächste Bitte um ein Leumundszeugnis scheint mir derart bizarr, dass ich sie dem Leser nicht vorenthalten möchte:

»Dr. Rolf Pilster Hamburg, den 30. April 1946
Sehr geehrter Herr Alenfeld!
Von Herrn Willy Schulze [Commerzbank Berlin], der mich vor kurzem hier besuchte, erfuhr ich zu meiner Freude, dass Sie die letzte und gefährlichste Phase des Hitlerregimes und die bewegten ersten Monate nach der Besetzung glücklicherweise gut überstanden haben. Offen gestanden war ich sehr in Sorge um Sie gewesen, als der sog. O. T.-Sondereinsatz organisiert wurde, dem sich z. B. nicht einmal der Direktor unserer Filiale Sonneberg zu entziehen vermochte. Wie es mir ergangen ist, wissen Sie wohl auch schon in großen Zügen von Herrn Schulze. (...) In der letzten Zeit ist eine weitere Sorge hinzu gekommen. Unser Testamentsvollstrecker, Herr Wirweitzky, Ihr früherer Kollege, schreibt mir:
›Die Tennisplätze in Dahlem, Podbielskiallee, (das Grundstück haben meine Schwester und ich von unserem Vater geerbt) sind dem früheren Pächter bzw. dessen Freundin entzogen worden. Diese haben nun, wahrscheinlich um ihr Mütchen zu kühlen, bei dem Bezirksamt Steglitz, Amt für Sondervermögen, die Pilstersche Familie als ausgesprochene Nazianhänger dargestellt, um zu erreichen, daß die Verwaltung des Grundbesitzes des Nachlasses einem öffentlichen Treuhänder unterstellt wird. Gegen dieses Vorhaben bin ich vorstellig geworden und hat mich nun das Bezirksamt in Zehlendorf aufgefordert, ›zu beweisen, daß Sie [Dr. Rolf Pilster] nur ein nominelles Mitglied der Partei gewesen sind ...‹
Ich habe daraufhin Herrn Wirweitzky die gleich Photokopie der Bescheinigung von Pfarrer Niemöller geschickt, die ich auch diesem Brief beifüge, ferner eine Erklärung, daß ich kein Amtsträger war und außer der NSV [»NS-Volkswohlfahrt«] keiner Gliederung angehört habe. Außerdem habe ich mir erlaubt, Sie als Referenz dafür aufzugeben, daß ich kein echter Nazi war. (...) Da Sie mich schon lange persönlich kennen und Ihren Wohnsitz in Berlin haben, ist mir Ihr Zeugnis von großem Wert.

›Pfarrer Martin Niemöller D. D.   Büdingen (Hessen), den 31. 3.1946
Telefon: Büdingen 368   Schloss

Bescheinigung

Hiermit bescheinige ich, dass mir durch meine Frau im Auftrage der Gräfin Yorck während der letzten 2½ Jahre meiner Gefangenschaft im KZ Dachau regelmässig insgesamt einige hundert englische Bücher überbracht wurden, die mir die Gattin von Dr. Rolf Pilster z. Zt. Hamburg 11, Commerzbank Akt. Ges. zukommen liess. Dies geschah zu einer Zeit, als es keineswegs ungefährlich war, sich als Freund von mir zu beweisen. Wenn mir Herr Dr. Rolf Pilster auch persönlich nicht bekannt ist, so glaube ich, dass es absolut undenkbar wäre, dass ein Nationalsozialist, der in irgend einer Weise mehr als nur ein nomineller Parteigenosse gewesen wäre, mir durch seine Frau einige hundert Bücher hätte zusenden lassen. Nach den persönlichen Beziehungen und Bekanntschaften von Herrn Dr. Pilster, die sich mit den Kreisen meiner Bekannten und befreundeten Persönlichkeiten decken, muss ich annehmen, dass Herr Dr. Pilster in keiner Weise überzeugter Nationalsozialist gewesen sein kann.‹«

»Dr. Kurt Landsberger   Berlin-Charlottenburg, den 6. Mai 1946
Rechtsanwalt und Notar   Schlüterstrasse 53

Betrifft: Pflegschaft Liebermann

Sehr geehrter Herr Alenfeld!
Ich muss mich jetzt um die Angelegenheit Liebermann mit Rücksicht auf die Entschädigungsfrage bekümmern.
Wissen Sie vielleicht wie man Frau R i e z l e r erreichen kann?
Mit frdl. Gruss Kurt Landsberger, Rechtsanwalt«

»Erich Alenfeld   Berlin-Zehlendorf, den 16. Mai 46
Mrs. F. Jeffrey
9, Myrtle Drive
Great Neck N.Y.

Sehr verehrte gnädige Frau!
Einem glücklichen Zufalle verdanke ich Ihre Adresse und bin glücklich auf diese Weise mit der Familie Riezler in Verbindung zu kommen. Von Jugend an bin ich mit Ihrer Frau Tante, Käthe Riezler, geb. Liebermann, bekannt, da die Schwester meines Vaters, Frau Geheimrat Emma Dohme, mit den Eltern Liebermann eng befreundet war. Nach dem Tode des Rechtsanwalt Kannes [sic] und dem Abtransport des Rechtsanwalts Marcuse habe ich mit dem Grafen Albrecht Bernstorff, der

leider in den letzten Tagen des Nazi-Terrors hingerichtet wurde, gemeinsam Frau Martha Liebermann betreut. Über ein halbes Jahr habe ich für sie sorgen dürfen und viele anregende Stunden mit ihr plaudernd verbringen dürfen. Auch wenn es ihr noch sehr schlecht gesundheitlich ging – und um Weihnachten 1942/43 war sie recht elend – hatte ich Zutritt zu ihr. Bis Anfang März 1943 konnte ich mich um sie bemühen.

Dann kamen die Tage der Verfolgung, da an die 10 000 Juden gefangen genommen und evakuiert wurden. Frau Liebermann tat, was sie immer vorgehabt hatte. Sie nahm, wie viele andere Opfer der Nazis, Medizin zu sich und im Dämmerzustand wurde sie ins Jüdische Krankenhaus gebracht, wo sie nach 5 Tagen, am 10. März, sanft entschlief, ohne das Bewusstsein wieder zu erlangen. Wir haben dafür gesorgt, dass sie ein würdiges Begräbnis erhielt. Frau Solf, die als Vertreter der Freunde an der Feier teilnahm, hat meinen Bericht durch einen Bekannten aus Kreisen der ausländischen Diplomaten Frau Käthe Riezler übersandt. Ob er dort einging, entzieht sich meiner Beurteilung.

Die Beerdigung fand in Weissensee statt, weil damals die Organisation Todt den Friedhof in der Schönhauser Allee innehatte und das Betreten verboten war. Der Grabhügel in Weissensee, nahe der alten Beerdigungshalle, ist gepflegt und sauber gehalten. Das Erbbegräbnis in der Schönhauser Allee ist nur leicht beschädigt – im Gegensatz zu grossen Teilen dieses Friedhofes, die durch Bombeneinwirkung und zum Teil durch mutwilliges Zerstören seitens fanatisierter Nazis schwer gelitten haben. Ich habe angeordnet, dass die Grabstätte auch vom Unkraut gesäubert wird.

Es erhebt sich die Frage, ob die Leiche der Frau Liebermann nicht von Weissensee nach dem Erbbegräbnis gebracht werden sollte. Ich bitte Frau Käthe Riezler um ihre Stellungnahme und Anordnungen. Ich habe der Friedhofsverwaltung erklärt, dass vorläufig nichts geändert werden sollte. Für etwaige Rückfragen habe ich meine Adresse hinterlegt.

Die Wohnung von Frau Liebermann in der Graf-Speestr. [heute: Hiroshimastraße] ist durch Bombenangriffe, bei denen das ganze Tiergartenviertel zerstört wurde, vernichtet worden. Wieweit vorher durch die Gestapo oder andere Dienststellen Sachen aus der Wohnung entfernt wurden, weiss ich nicht. Das Schicksal der schönen Möbel, Bilder, insbesondere der Familienbilder, der Bücher ist mir unbekannt. Einen Teil der Sachen hatten wir heimlich verkauft, um die Mittel für Barreserven zu gewinnen. Davon wurden Lebensmittel angeschafft, ferner mehrere Legate ausgezahlt: 10 000 für Fräulein Ottilie Marckwald und wenn ich mich nicht irre 7 000 für die langjährige Hausangestellte Marie. Das Geld war in bar deponiert in einem kleinen Nebentresor des Bankhauses v. Heinz, Tecklenburg & Co. 6 000 Rm sind an Frl. Marckwald zur Auszahlung gekommen. Die anderen Beträge wurden noch nicht ausgehändigt. Sie sind in den Kampftagen verloren gegangen. Einige Bilder waren schon vorher an den Bruder des Herrn Riezler in Bayern, also wohl Ihren Herrn Vater, ausgeliefert worden.

Ich hatte über alles Verzeichnisse. Infolge des Brandes des Hauses Jägerstr. 69, in dem ich mein Büro hatte, sind alle meine Akten vernichtet worden. Die alte Marie wird, wenn sie noch lebt, meine Angaben ergänzen können. Sie ist aber seit Jahr und Tag nicht mehr bei uns erschienen.

Schwer gelitten hat durch die Nachkriegsentwicklung die oben erwähnte Nichte, Frl. Ottilie Marckwald. Sie musste damals Breslau Hals über Kopf verlassen, konnte nichts mitnehmen und hat alles Hab und Gut verloren. Sie hat sich über Berlin nach Potsdam durchgeschlagen, wo ihre Schwester seit vielen Jahren in Pflege war. Dort lebt sie jetzt: Zeppelinstr. 22 (früher Luisenstr. 22) unter dürftigsten Verhältnissen. Die Schwester musste in ein Heim gebracht werden, weil sie am verhungern war, Frl. Marckwald ist bald ebenso weit. Mittel stehen ihr nicht zur Verfügung.

Ich bitte Frau Käthe Riezler so schnell wie möglich zu helfen. Wenn es nicht möglich ist, nach Potsdam – russische Zone – zu schreiben und zu schicken, so bitte ich es über uns zu tun, die wir im amerikanischen Sektor von Berlin leben. Wir können mit der S-Bahn nach Potsdam fahren. Ich war erst kürzlich dort und habe auch Frl. Marckwald besucht.

Ich danke Ihnen im voraus für Ihre Bemühungen und bitte Frau Käthe Riezler von mir vielmals zu grüssen. Sagen Sie ihr bitte, dass ich von Max Springer nichts gehört habe, seitdem er im August 1939 mit seiner Familie nach Südfrankreich ging, wo seine Cousine Mizzie geb. Springer aus Wien, ein Anwesen hatte. Ich fürchte, dass er nicht mehr am Leben ist.

Ich bin mit den besten Grüssen Ihr sehr ergebener ...

p. scr. Ich möchte noch mitteilen, dass Rechtsanwalt Dr. Kurt Landsberger, Charlottenburg, Schlüterstr. 53, die Vermögensinteressen der Frau Liebermann wahrnimmt. Er wird auch die Schäden anmelden. Ich habe ihm auch Ihre Adresse mitgeteilt. Er ist amtlicher Nachlasspfleger.«

»Erich Alenfeld   Berlin-Zehlendorf, den 19. Mai 1946

Sehr geehrter Herr Pilster!

Haben Sie vielen Dank für Ihren Brief vom 30. 4.46. Ich freue mich, dass Sie sich meiner erinnerten und bin natürlich gerne bereit, Ihnen zu helfen. Sie waren damals immer freundlich zu mir und an Ihrer wahren Gesinnung war kein Zweifel. (...) Herr Wirweitzky hat sich an mich in Ihrer Sache gewandt und ich habe ihm heute die nachstehende Erklärung übersandt:

›Eidesstattliche Erklärung‹

Ich bin jüdischer Abstammung. Dies vorausgesetzt erkläre ich das Folgende:

Ich bin von Beruf Bankbeamter. Ich gehörte von 1920–37 der Commerzbank Aktiengesellschaft an, in den Jahren 1935–1937 war ich Sachbearbeiter in der Kreditabteilung II. In dieser Zeit bin täglich mit Herrn Dr. Rolf Pilster, jetzt Hamburg 13, Tesdorpfstr. 19, der gleichfalls Sachbearbeiter gewesen ist, zusammen gewesen. Auf Grund dieser mehrjährigen Zusammenarbeit kann ich bezeugen, dass Herr Rolf Pilster niemals aktiver Nazi oder ein radikaler Parteigenosse gewesen ist. Er hat stets aufs freundschaftlichste mit mir verkehrt, obwohl die Zelle mich geächtet hatte und es für ein Parteimitglied keineswegs ungefährlich war, mit mir zu reden. Ich habe auch niemals davon gehört, dass Herr Pilster ein Amt in der Partei oder einer ihrer Gliederungen gehabt hat. Ich habe stets den Eindruck gewonnen, dass Herr Pilster die nationalsocialistische Weltanschauung und insbesondere die Gewaltmethoden gegen Juden und andere unterdrückte ganz entschieden ablehnte.‹

Ich nehme an, dass diese Erklärung Ihren Bedürfnissen entspricht und ich habe mich ausserdem bereit erklärt, auch an einer mündlichen Verhandlung teilzunehmen.

Ich freue mich, dass Sie die schweren Zeiten überstanden haben. Damals war es schwierig, heute ist es nicht leichter, wenn auch andere Sorgen uns belasten. Hier sind es in erster Linie berufliche. Durch die Bankenschliessung ist die Möglichkeit genommen an die alte Arbeitsstelle zurückzukehren. Die schöne Stellung als Notvorstand bei Rheinmetall Borsig AG, die mir Herr Dr. Holbeck [Leiter der Rechtsabteilung der Commerzbank AG Berlin] verschafft hatte, ging verloren, als die Stadt durch die Franzosen genötigt wurde, ihren Pachtvertrag zu lösen u. die Städtische GmbH. zur Liquidation gebracht wurde. Jetzt suche ich ein neues Tätigkeitsfeld, doch ist das bei dem gegenwärtigen Zustand der Wirtschaft in der 4-Sektoren-Stadt recht schwierig.

Henri (oben) und Georges (unten) Springer, Studenten in Grenoble 1947.

Zu diesen Sorgen tritt die Sorge um das Heim. Wir wohnen noch in Zehlendorf, haben hier ein eigenes 4½ Zimmerhäuschen, das jetzt gefährdet ist, weil die amerikanische Militärregierung für die verheirateten Offiziere Villen u. Siedlungshäuser sucht. Wir glaubten erst, diese kleinen Häuser würden zu klein sein, dem ist aber nicht so. Auch geniessen wir keinen Sonderschutz, weil wir kein anerkanntes Opfer des Faschismus sind, da ich keinen Judenstern zu tragen brauchte und nicht im KZ war. Dies stellt sich nun als Übel heraus, aber besser so als umgekehrt.«

»Magdeburg, den 12. Juni 46 – Mittwoch Mittag
Lieber Erich,
Heute Morgen steckte ich Brief an Euch ein & soeben trifft folgende Karte ein:
'Dieulefit (Drôme), Rue du Bourg   den 24. Mai 46

Liebe Carla,
Hoffentlich bist Du gut durch all das Grauen hindurchgekommen und erreicht Dich diese Karte. Wie gerne möchte ich wissen, wie es Dir, Carl-Ernst, Deiner Mutter, Erich und seiner Familie ergangen ist. Wir wohnen seit 1940 in einem kleinen Orte in den Bergen östlich der Rhone – die nächste grössere Stadt ist Valence – und sind mancher Gefahr in der Zeit der Besetzung glücklich entgangen. Die Jungen haben sich gut entwickelt und studieren jetzt in Grenoble.
Alles Liebe auch von Elisabeth: Dein treuer Max [Springer]‹
Mich haben diese Zeilen, der Anblick aus der Kindheit von unzähligen Karten all seiner Reisen wohlbekannten Handschrift, all die mit Max & Tante Dohme verknüpften Erinnerungen sehr bewegt. Ich schreibe sofort an ihn. Liebe Grüße: Carla«

»Carla Pohl   Magdeburg, Gustav-Adolfstr. 37, 12. 6. 46 Mittwoch früh

Meine Lieben,
Von ganzen Herzen danke ich Euch für Eure lieben Wünsche und für die herrlichen Gaben mit denen Ihr Guten mir sehr große Freude bereitet habt. (…) Erichs lieber Brief traf auch pünktlich ein, so dass ich am 8. mich Eurer lieben Zeilen so recht erfreuen konnte und denkt nur, von Paul traf am 7. ein Geburtstagsbrief ein. Ich bringe den Brief Euch mit, hoffe in der Woche ab 17. Juni wieder mit dem LKW mitfahren zu können. Paul hat über Prof. Ladenburg [Neffe von Daisy Trier, geb. Ladenburg, Physiker in Princeton, Mitarbeiter Albert Einsteins] nach Princeton und anderweitig in den U.S.A. geschrieben um an Deine Adresse Paket zu senden, da es von England aus nicht möglich ist. (…)
Nun will ich noch Erichs Brief vom 4. Juni beantworten. Ich freue mich für Dich, dass Du diese feste Anstellung bekommen hast, es ist bestimmt eine Auszeichnung, dass man Dich dazu erwählt hat, aber ich kann mir denken, dass es

sehr schwer sein wird, gerechte Urteile abzugeben und eine undankbare Angelegenheit wird es wohl auf alle Fälle sein.[7] (...) Selbstverständlich bin ich Deiner Ansicht, dass man niemanden helfen sollte, der uns in den schlechten Zeiten nicht geachtet hat. Ich hatte mich damals sehr über Thilo geärgert, der mir den weisen Rat gab, doch nach Spanien auszuwandern. Auch darüber, dass Heinz Koch auf öfteren Besuchen hier & Lisa Koch bei ihrem langen Aufenthalt hier uns niemals aufsuchte, hatte ich rechten Zorn. Das war nur Feigheit der Gesinnung, das gleiche gilt für Familie Köhler und da begreife ich nicht Eure Güte für Ruth, das ist ein Kompromiss, von dem Du gerade schreibst, dass Du ihn nicht kennst«.

»Lake Tahoe, Cal. July 10th [1946]
Verehrter und lieber Herr Alenfeld,
Ich bin sehr glücklich ihre Adresse zu haben und Ihnen endlich von Herzen danken zu können für Alles, was Sie für meine Mutter getan haben. Worte sind so schwach – Sie können sich denken, wie furchtbar es war, hier zu sitzen und nicht helfen zu können. Wir haben damals alles versucht und sind leider überall abschlägig beschieden worden. Seit Dezember 41 war nichts mehr zu machen und es war eine Höllenstrafe, ohnmächtig zu sein und nicht helfen zu können. Meine Mutter war sehr mutig und heroisch, aber der Gedanke an das, was sie vorher durchgemacht haben muss, ist unerträglich. Und schliesslich war der einzige Trost den ich hatte die Idee, dass sie nicht vereinsamt war, sondern von einigen Menschen umgeben war, die sich sehr um sie bemüht und gesorgt haben.

Die Schilderung der Beisetzung habe ich erhalten und mich sehr gewundert, dass eine so würdige Feier damals in Berlin möglich war. Was die Überführung auf den anderen Kirchhof betrifft, so würde ich vorschlagen, damit zu warten. Meiner Mutter war all Solches mehr wie gleichgültig – wir haben oft darüber gesprochen und ich glaube, ich rede auch in ihrem Sinne, wenn ich finde, dass jetzt nicht die Zeit dazu ist, lieber warten.

Was Sie über Tilli Marckwald schreiben, tut mir natürlich sehr leid. Diese Cousine steht mir denkbar fern, ich habe sie zuletzt 1906 gesehen, aber ich werde versuchen, ihr zu helfen. Gern würde ich etwas für die alte Marie tun, die eine so treue Seele war und denkbar anständig. Sie müsste jetzt ungefähr 75 Jahre alt sein und ist vielleicht nach Treuenbrietzen zurückgegangen, von wo sie stammte. Sollte sie am Leben sein und sich bei Ihnen melden, bitte sagen Sie ihr, mir zu schreiben, ich habe immer noch dieselbe New Yorker Adresse: 270 Riverside Drive, New York 25, N.Y.

7   *Durch Berufung der Amerikanischen Militärregierung war mein Vater seit dem 1. Juni 1946 hauptamtliches Mitglied der Entnazifizierungs-Kommission Zehlendorf, die als reine Prüfungsinstanz arbeitete. Die Entscheidung jedes einzelnen Falles lag ausschließlich bei der Besatzungsmacht.*

Ob ich in der Lage sein werde, der alten Marie (was ich gern tun würde) und der Cousine Tilli (was mir au fond gleich ist) wirkungsvoll zu helfen, hängt natürlich davon ab, wie meine finanziellen Verhältnisse in Deutschland sich gestalten werden. Ich nehme an, dass Herr L. [Rechtsanwalt Dr. Landsberger] mir darüber berichten wird. Einstweilen habe ich, gleich nach Empfang Ihres Briefes, 2 Pakete an Sie senden lassen, von Victory New York und bitte Sie herzlichst Tilli M. eins davon zu übermitteln und das andere zu behalten. Hoffentlich kommen sie an, es ist immer etwas Glückssache.

Tausend Dank für alle Ihre Güte und alles Herzliche Ihnen und den Ihren, Ihre Käthe Riezler«

»Dr. Kurt Landsberger   Berlin-Charlottenburg, den 17. August 1946
Rechtsanwalt und Notar   Schlüterstrasse 53

Betrifft: Pflegschaft Liebermann
Sehr geehrter Herr Alenfeld!
Könnten Sie mir die Adresse des Fräulein Marie H a g e n angeben, die s. Zt. bei Frau Professor Liebermann in Stellung gewesen war?
Mit bestem Gruss von Haus zu Haus«

»Friedhofs-Verwaltung   Berlin-Weißensee, den 25. 10. 46
der Jüdischen Gemeinde zu Berlin   Lothringenstraße 22
in Weißensee

Herrn Erich Ahlenfeld
Berlin-Zehlendorf
Beerenstrasse 25

Sie erkundigten sich seiner Zeit nach der Grabstätte des verstorbenen Max L i e b e r m a n n, Friedhof Schönhauser Allee. In der Zwischenzeit haben wir die vom Postament heruntergefallene Urne neu verdübeln und verfugen lassen.
Die Kosten betragen RM 50,- Wir gestatten uns anzufragen, ob Sie bereit sind, diesen Betrag an uns zu zahlen.«

»Erich Alenfeld   Berlin-Zehlendorf, den 31. Oktober 1946

An die Friedhofs-Verwaltung der
Jüdischen Gemeinde zu Berlin
Berlin-Weissensee
Betr. Grabstätte Max Liebermann, Friedhof Schönhauser Allee

Ich bestätige dankend Ihren Brief vom 25. 10. und teile Ihnen höflichst mit, dass ich bereits am 21. 6. 46 auf Grund Ihrer Mitteilung vom 2. 6. 46 RM 50,- überwiesen habe. Einlieferungsschein Nr. 825 vom 21. 6. 46 des Postamts Zehlendorf 2 liegt bei meinen Akten.

Ich habe inzwischen Nachricht von Frau Geheimrat Riezler, der Tochter Max Liebermanns, aus New York erhalten. Sie bittet vorläufig von einer Exhumierung der Leiche ihrer Mutter, Frau Martha Liebermann, die im März 1943 in Weissensee beerdigt wurde, Abstand zu nehmen.«

»Jüdische Gemeinde zu Berlin   Weissensee, den 15. 11. 46
Friedhofsverwaltung

Herrn
Erich Ahlenfeld
Berlin-Zehlendorf
Beerenstrasse 25

Wir bestätigen dankend den Eingang Ihres gefälligen Schreibens und haben nach Einsichtnahme in den mitgesandten Postscheckabschnitt davon Kenntnis genommen, dass der Betrag von RM 50,- am 21. 6. für die Instandsetzung des Erbbegräbnisses Liebermann überwiesen worden ist. Den Zahlkartenabschnitt fügen wir wieder bei.
Friedhofsverwaltung Kempe«

»Jüdische Gemeinde zu Berlin Berlin-Weißensee, den 22. Februar 1948
Friedhofsverwaltung
Herrn
Erich Alenfeld
Berlin W. 8
Jägerstr. 69
Betr.: Grabnr. 110 953

Auf unserem Friedhof in Weißensee an einer bevorzugten Stelle ist die Ehefrau des Künstlers Max Liebermann beerdigt. Da im allgemeinen hier in Berlin Eheleute nebeneinander beerdigt werden, ist es ratsam, die hiesige Leiche auszugraben und sie im Erbbegräbnis neben dem verstorbenen Ehemann auf dem Friedhof Schönhauser Allee wieder beizusetzen. Bevor wir jedoch das Weitere veranlassen, bitten wir, uns freundlichst Mitteilung zu machen, ob Sie mit der in Aussicht stehenden Maßnahme einverstanden sind.
Friedhofsverwaltung Kempe«

In der Handschrift meines Vaters ist darunter vermerkt: »Gedenkstein?«

Martha Liebermanns Leiche wurde erst 1954 in das Erbbegräbnis auf Wunsch ihres Schwiegersohns Kurt Riezler und der Enkeltochter Maria überführt. Ihre Tochter Käthe war bereits zwei Jahre zuvor gestorben.

Meine Eltern Erich und Sabine sollten die Gnade eines langen, gesegneten Lebens erfahren, das sie über viele Jahre in hohem Maße engagiert ihren Mitbürgern widmeten: Erich in der Christlich-Demokratischen Union, die er nach dem Ende der Naziherrschaft von erster Stunde an förderte und unterstützte, Sabine in unserer evangelischen Paulus-Gemeinde in Zehlendorf, von der meine Familie in der Zeit unserer Not so unerschrocken Hilfe erhalten hatte.

Man kann in seinem Leben nicht mehr erreichen,
als zum Vorbild zu werden.
Aller andere Erfolg ist zweitrangig
und medioker.
Justus Alenfeld zum 65. Geburtstag unseres Vaters am 8. November 1956

Mein Vater Erich machte nach der NS-Diktatur nicht mehr die berufliche Karriere, die er – der Familientradition gemäß – von sich erwartete. Er war zwar seit Gründung im August 1948 in der Berliner Zentralbank tätig (und hatte deshalb seinen Austritt aus der Entnazifizierungskommission erklärt, in der er wegen »seines Gerechtigkeitssinnes, menschlichen Güte und umfassenden Rechts- und Verwaltungskenntnis« großes Ansehen genoß), jedoch nicht als Bankkaufmann, sondern als Leiter der Grundstücksverwaltung des Reichsbankvermögens in Berlin-West. Auch der Erbengemeinschaft Adolph Jarislowsky sollte er noch über viele Jahre seine Arbeitskraft widmen: Die Abwicklung ging nun in entgegengesetzter Richtung vonstatten: Es wurde »wiedergutgemacht« in zahlreichen zeitraubenden Verfahren. Doch seine Stärke lag im ehrenamtlichen Engagement.

Der im Sommer 1945 gegründeten Berliner CDU trat er noch im Juli 1945 bei, »beseelt von dem Wunsche, am Wiederaufbau meiner Heimat mitzuwirken.« Als Mitbegründer des CDU-Ortsverbandes Zehlendorf war er dessen Schatzmeister, dann über viele Jahre Vorsitzender, gleichzeitig Schatzmeister des Kreisverbandes und Mitglied verschiedener Ausschüsse, vor allem des Wiedergutmachungs- und des wirtschaftspolitischen Ausschusses, Er genoß auf jeder Ebene hohe Wertschätzung als ein »Mensch der in Gewissensfragen kompromißlos, andererseits für Ausgleich und gegenseitiges Verständnis eintrat.« Von 1951 bis 1967 war er Bezirksverordneter in Berlin-Zehlendorf, über 20 Jahre in der Baudeputation und vielen weiteren Gremien tätig, überall geschätzt für seine Hilfsbereitschaft und Menschlichkeit. Das Bundesverdienstkreuz am Bande wurde ihm 1966 »In Anerkennung seiner Verdienste um die Erhaltung der Demokratie«verliehen.

Trotz seiner häufigen Herzanfälle, Nachwirkung der Verfolgungen unter der NS-Diktatur, war es meinem Vater vergönnt, ein hohes Alter zu erreichen. Er starb mit 85 Jahren am 10. Februar 1977. »Er hatte Gegner – aber keine Feinde« rief ihm der Pfarrer ins Grab nach.

Meine Mutter Sabine war in den ersten Nachkriegsjahren gänzlich mit den Aufgaben einer Hausfrau beschäftigt. Außerdem stand sie meinem rastlos tätigen Vater in allen seinen Unternehmungen bei: Ob Wahlplakate kleben, an Versammlungen in Zehlendorf oder Großkundgebungen vor dem zerbombten Reichstagsgebäude teilnehmen, Bittsteller empfangen, Flüchtlingen zu einer neuen Lebensgrundlage verhelfen: Sie war stets an seiner Seite. Die Geige spielte noch immer eine große Rolle in ihrem Leben. Neu dazu kamen Bibelstunden in unserem Hause, von den Paulus-Gemeindepfarrern geleitet.

Als mein Bruder und ich das Elternhaus verlassen hatten, suchte sie sich einen neuen Aufgabenbereich. Wie zum Dank an die Gemeinde, die unserer Familie so beispielhaft in der Not beigestanden hatte, wurde Sabine Kirchenälteste, ein sehr aktives Mitglied des Paulus-Gemeindekirchenrates und seiner Ausschüsse. Gemeinsam mit Pfarrer Dilschneider gründete sie 1952 die *Paulus-Blätter*, folgte ihm Ende 1960, als er sich nur noch seinem theologischen Lehramt an der Kirchlichen Hochschule widmen wollte, als Chefredakteur, und blieb über viele Jahre die verantwortliche Redakteurin der vom Gemeindekirchenrat herausgegebenen Gemeindezeitung.

Dem Beispiel ihres Ehemanns folgend, war auch sie in verschiedensten Ausschüssen des Bezirks Zehlendorf tätig. Als wären diese zahlreichen Aufgaben nicht lebensausfüllend gewesen, wurde sie schließlich Schöffin in einer Jugendgerichtskammer unter dem Vorsitz von Marion Gräfin Yorck von Wartenburg.

Es sollte auch noch erwähnt werden, dass Sabine als erste in unserer Familie 1957 (mit 55 Jahren) den Führerschein machte und von da an meinen Vater, ob in Berlin, Italien oder Frankreich in einem VW-Käfer über Tausende von Kilometern chauffierte. Als er 1977 starb, war sie im 75. Lebensjahr, noch immer rüstig und vielseitig tätig. Erst nach dem 80. Lebensjahr setzten die Beschwernisse des Alters gravierend ein.

Sie war ihrer Tochter in herzlicher Zuneigung verbunden, die sich im Laufe der gemeinsamen Reisen in Südfrankreich zunehmend verdichtete. Als sie im Alter von neunzigeinhalb Jahren am 29. April 1993 von ihren Leiden erlöst wurde, war dies ein sehr schmerzlicher Verlust für mich.

Mein Bruder Justus verließ seine Heimatstadt Berlin im Frühjahr 1949 mit einem eindrucksvollen Abiturzeugnis in der Tasche und studierte gewissenhaft in Erlangen deutsches Recht. 1954 ging er nach London, wohnte bei dem alten Onkel Paul Trier und dessen stets ladyliken Daisy, die mit einem dicken haarenden Kater ihre englisch kühle Wohnung teilten und den Großneffen Justus, der nun Völkerrecht studierte, ziemlich darben ließen. Es herrschte noch immer *austerity*. Paris war 1955 die nächste Station. Hier blieben Gewissenhaftigkeit und fleißiges Studieren germanische Fremdworte. War es der Einfluss der jüngeren Schwester, die bereits seit zwei Jahren am linken Ufer der Seine lebte, arbeitete und studierte?

Nach einem Jahr »ungeordneten« Lebens trat zur Erleichterung unseres Vaters wieder Ordnung ein. Mein Bruder ging pflichtgemäß in die nächsten Runden der juristischen Ausbildung: Referendar in Düsseldorf und Paris, Anwaltsassessor in einer internationalen Anwaltspraxis in Düsseldorf zwischen 1959 und 1962. Dann Abteilungsleiter in der »Deutschen Gesellschaft für wirtschaftliche Zusammenarbeit« in Köln mit den verschiedensten Verantwortungsbereichen.

Auch den Doktortitel erwarb er, und erfüllte damit einen großen Wunsch des Vaters. 1965 heiratete mein Bruder die Katholikin Beate-Maria Vogler. Die drei zwischen 1966 und 1971 geborenen Kinder wurden katholisch erzogen, doch die Ökumene bekam in der Familie einen hohen Stellenwert. Später sollte Justus Presbyter seiner evangelischen Gemeinde in Kronberg/Taunus werden. Über seinen zahlreichen Geschäftsreisen in Afrika und im Mittleren Osten entdeckte mein Bruder die alte Familientradition in sich: 1970 wurde er Bankier bei der *Berliner Handels- und Frankfurter Bank* (BHF) in Frankfurt am Main. Seit 1976 Direktor mit Zuständigkeiten für »Internationale Kapitalmarkt-Geschäfte und Konsortialkredite, für Kunden in Belgien, Frankreich, Italien, Luxemburg und Südafrika«, wechselte er 1989 in den Vorstand der japanischen Sanwa-Bank in Frankfurt am Main.

Trotz dieser Erfolge maß er dem Beruf nur eine bedingte Rolle in seinem Leben zu. Er hatte weit gefächerte Interessen, die 1983 eine wesentliche Ergänzung erfuhren: Mein Bruder wurde Ehrenritter des Johanniter-Ordens, ab 1986 war er Landesbeauftragter der Johanniter-Unfall-Hilfe in Hessen und Leiter der Johanniter-Cronstetten Altershilfe. Er wurde Mitglied des Konvents der Hessischen Genossenschaft des Ordens, 1994 Landesbeauftragter der Johanniter-Hilfsgemeinschaften, und im gleichen Jahr erhielt er die Ernennung zum »Rechtsritter des Johanniter-Ordens«.

Mit 65 Jahren starb mein Bruder Justus 1996 völlig überraschend an einem Gehirnschlag. Als wollte er auch darin der Familientradition folgen: Die Großväter wie die Urgroßväter väterlicher- und mütterlicherseits waren fast ausnahmslos einen frühen Tod gestorben. Die große Ausnahme machte unser Vater Erich, dem nach den Verfolgungen neue Kräfte gewachsen waren, die ihn über alle körperlichen Beschwerden hinweg in ein hohes Alter trugen.

Die Tochter schlug einen anderen Weg ein. Ich brauchte nach dem Abitur zwei Jahre, ehe ich 1953 mein Elternhaus verlassen und nach Paris reisen durfte. Frankreich wurde meine zweite Heimat. Mit Nachhilfeunterricht, Babysitten und Sekretariatsarbeit ergänzte ich das karge Studiengeld, das mir mein Vater geben konnte. Theaterwissenschaften (heimlich) und Sprachen (offiziell) studierte ich an der Sorbonne und an der London School of Economics. 1956 Diplom als internationale Konferenzdolmetscherin an der Sorbonne. Erste schriftstellerische Versuche. Neun Monate als Übersetzerin an der Banque de Paris et des Pays-Bas in Paris. Seitdem freiberuflich tätig in Paris, Brüssel, Berlin.

1958 von Pariser Kollegen, die der jungen »Überfranzösin« den Horizont erweitern wollten, nach Washington D. C. vermittelt; als Angehörige der Deutschen Botschaft im Rahmen des auslaufenden Marshall-Planes mit Berliner Spezialisten-Gruppen die Vereinigten Staaten kreuz und quer bereist, federführende Instanz war die ICA (International Cooperation Administration), das damalige amerikanische Entwicklungshilfeministerium.

Nach anderthalb Jahren verließ ich die USA in westlicher Richtung: Über den Pazifik nach Asien. Von März bis Dezember 1960 bereiste ich den Fernen Osten, Südostasien, den indischen Subkontinent, Afghanistan, den Mittleren und Nahen Osten. Ausführliches Reisetagebuch. Mein Endziel war Israel. Danach Berlin. Heimkehr in ein Land, das mir fremd geworden war.

Dem Wunsch meines Vaters konnte ich mich nicht entziehen: Düsseldorf, Wohnsitz meines Bruders, wurde mein Standort für ein »Versuchsjahr« in Deutschland. 1963 Tod meines Großonkels Paul Trier in London. Mit dem kleinen Erbe suchte ich mir »Wurzeln in Südfrankreich«, das ich 1953 als Au-Pair-Mädchen kennengelernt hatte (damals ausgerechnet Sanary-sur-Mer, heimliche Hauptstadt der deutschen Literatur in den Dreißigerjahren). Mein Interesse an Exilforschung wuchs aus dieser frühen Erfahrung. Seit 1964 lebe ich in Frankreich und in Deutschland, und bin als internationale Konferenzdolmetscherin in Europa, Afrika, Japan und USA tätig. 1969/70 in Haifa an der kommunalen Einwandererschule hebräisch gelernt. Nicht ausgewandert, doch über viele Jahre regelmäßig in Israel.

Durch eine Reportage über Friedensinitiativen in Israel lernte ich in den frühen Achtzigerjahren das Friedensdorf Neve Shalom / Wahat al Salam kennen, in dem israelische Araber und Juden gemeinsam leben, eine Friedensschule betreiben und zahlreiche palästinensisch-jüdische Veranstaltungen organisieren. Seitdem gehöre ich dem deutschen Freundeskreis an und unterstütze dieses Werk.

1996 wurde ich Patenmutter einer afrikanischen Familie in Berlin, die heute fest in meinen Lebenskreis integriert ist.

In den späten Siebzigerjahren intensivierten sich meine schriftstellerischen Unternehmungen, ich schrieb in erster Linie Erzählungen, von denen einige publiziert wurden. Ebenso Artikel für Zeitungen und Zeitschriften; die Sujets ergaben sich oft durch meine Reisen. Schließlich »entdeckte« ich die Exilforschung, für mich praktisch eine Systematisierung eigener Arbeiten und Erfahrungen, die aus meinem spezifischen familiären Hintergrund gewachsen waren. Unter anderem zwei Rundfunk-Features über die Ziegelei *Les Milles*, Internierungslager bei Aix-en-Provence ab September 1939. Viele Interviews mit Überlebenden. Ein weiteres Feature über Jean Moulin, den Einiger der französischen *Résistance*, Opfer von Klaus Barbie. Über diesen Arbeiten wurden meine Vorstellungen aus der französischen Jugendzeit vom tadellosen Verhalten des einen Volkes und dem Mitläufertum des anderen Volkes revidiert.

1990 erfuhr mein Leben eine neue Wendung durch einen Artikel, den ich für die ZEIT geschrieben hatte, über Martha Liebermann, ihre Betreuung durch meinen Vater Erich, ihren Freitod im März 1943. Eine Reihe neuer Freundschaften entstanden, und seitdem ich bin aktives Mitglied der *Liebermann-Gesellschaft*. Schreibe weiterhin Artikel zu diesen und anderen Themenkreisen.

1994 hatte ich bei der Auflösung meines Elternhauses im Nachlass meines Vaters Hunderte von Briefen entdeckt, die ich allmählich nach Verfassern ordnete und über Jahre transkribierte. Sie bilden die Grundlage zu diesem Buch.

1996 konzentrierte ich mich unter dem Eindruck des plötzlichen Todes meines Bruders die Familienforschung, entdeckte bei Interviews meines Großvetters Georges Springer in Südfrankreich den Salon von Robert und Emma Dohme im Berlin der Kaiserzeit, von dem viele Dokumente und Artefakte im Exil überlebt hatten. Die Bearbeitung der ein Jahr später in Dieulefit wiederentdeckten Dohme'schen Autographensammlung sowie die Zusammenstellung des historischen Hintergrundmaterials wurden nun meine Aufgabe; Veröffentlichungen, Ausstellungen im Berliner Ephraim Palais und im Märkischen Museum folgten.

Das über Jahrzehnte von mir gesammelte Material – Nachlässe meiner Verwandten – und unser Familienarchiv, das dem Sammeltrieb mehrerer Generationen zu verdanken ist, haben mir bei der Arbeit an diesem Buch wertvolle Dienste geleistet.

Vielleicht bilden sie die Grundlage zu einem weiteren Buch über die Geschichte meiner Familie in den letzten zweihundert Jahren.

Danksagung

Als allererstes geht mein aufrichtiger Dank an Dr. Alexander Knaak, meinen Lektor, der mit bewundernswerter Akribie und einem schier unerschöpflichen Reichtum an Wissen über das »Dritte Reich« die Autorin mit ihrem Manuskript bis zu seiner Druckreife führte. Genauso herzlich bedanke ich mich bei Roland Brinker, der als mein technischer Mitarbeiter mich monatelang durch alle Tücken eines Sachbuchs wie bedingte Leerzeichen und Fußnotensonderheiten treulich begleitet hat: Zudem war er sozusagen mein erster Leser, mit dem ich viele anregende Gespräche führte.

Meiner Cousine Gisela Völker schulde ich ganz besonderen Dank: Sie bereicherte die an sich schon so umfangreiche Briefsammlung durch einige in größten Krisenmomenten geschriebene Briefe meines Vaters Erich an ihre Mutter Anneliese, die sie in deren Nachlass fand.

All denen, die – verwandt oder befreundet – mir im Laufe der jahrelangen Arbeit an dem Manuskript wichtige Hinweise und Auskünfte gaben, sei an dieser Stelle noch einmal herzlich für ihre Unterstützung gedankt: Beate-Maria Alenfeld, Brigitte Dellmann, Konrad Feilchenfeldt, Robert Habel, Hannelore Jahn, Sabine Koerlin, Hannelore Lüders, Peter Mengel, Michael Philipp, Marion und Helmut Völker und viele andere, die ich hier nicht namentlich aufführen kann. Eine, die unbedingt direkte Erwähnung finden muss, ist Regina Scheer, die mich an ihrer großen Erfahrung im Umgang mit Sachbüchern und Recherchen freundschaftlich teilnehmen ließ. Natürlich möchte ich mich auch für hilfreiche Unterstützung während der Arbeit an diesem Buch beim *Centrum Judaicum* in Person von Hermann Simon bedanken, desgleichen bei Inka Bertz und Margarete Sabeck vom Jüdischen Museum Berlin, ebenso bei der von Wolfgang Benz geführten *Gesellschaft für Exilforschung*, an deren Jahrestagungen ich immer wieder mit großem Gewinn teilgenommen habe, sowie beim Landesarchiv Berlin.

Widmen möchte ich das Buch meinen Eltern: Meinem Vater Erich Alenfeld und meiner Mutter Sabine. Mein Vater führte das von den Vorfahren gegründete und auf wundersame Weise – trotz NS-Zeit und Kriegszerstörungen - erhaltene Familienarchiv mit großer Liebe und ausgeprägtem Geschichtssinn weiter. Er war mein Lehrmeister, wies mich in seinen letzten Lebensjahren in die bisweilen schwer entzifferbaren Dokumente ein, setzte Akzente und weckte bei der Tochter Verständnis für die verschlungenen Wege der Familiengeschichte. Inniger Dank gilt auch meiner Mutter Sabine, die Gleiches tat, indem sie die Tochter in die Geschichte und Dokumente ihrer Vorfahren einführte.

Bildnachweis

Jüdische Gemeinde Berlin, Friedhofsverwaltung Berlin-Weißensee: S. 203.
Jüdisches Museum Berlin: S. 205f.
SV-Bilderdienst: S. 209.
Alle übrigen Abbildungen und Dokumente: Familienarchiv der Autorin.

Über die Autorin

Irène Alenfeld, geboren und aufgewachsen in Berlin. Sprachenstudium in Paris und London. Seit 1956 internationale Konferenzdolmetscherin. 1958 bis 1960 in dieser Funktion an der Deutschen Botschaft in Washington, D.C. Anschließend ein Jahr durch Asien gereist. Ausführliches Reisetagebuch. Seit 1961 freiberuflich tätig in Europa, Afrika, Japan und USA. Viele Male in Israel. Erzählungen, Artikel in Zeitungen und Zeitschriften, Exilforschung, Hörfunkfeatures, oft jüdische beziehungsweise Exilsujets. Lebt in Berlin, Düsseldorf und Südfrankreich.

Register

Die Namen von Erich und Sabine Alenfeld werden, da sehr häufig erwähnt, hier nur mit der ersten Nennung aufgeführt (dort auch jeweils eine Fußnote mit biographischen Angaben).

Achenbach, Heinrich 266, 356, 362
Adumeit 78
Ahlers, Hein 256
Alenfeld, Beate-Maria geb. Vogler 467, 470
Alenfeld, Charles 76
Alenfeld, Elsa geb. Schlesinger-Trier 8ff., 12, 15, 42f., 53, 56, 58, 61f., 77f., 80, 152, 161, 163, 179, 266, 336, 427, 436
Alenfeld, Henriette Emma verh. (1) Springer, verh. (2) Dohme 11f., 29f., 76, 124, 134, 203, 209, 223, 456, 469
Alenfeld, Erich Carl Julius 9 (Fußnote 2)
Alenfeld, Eugen 8f., 11f., 21, 24, 43f., 69, 76ff., 80
Alenfeld, Irene Erika Mathilde genannt Reni 11, 17, 42, 144, 163, 169, 171, 173, 175, 178, 185, 191, 196, 213, 215, 228, 232f., 237, 240, 265, 269, 286, 307, 326, 382, 401, 404, 434f., 438, 467ff.
Alenfeld, Jacob, s. Julius Alenfeld
Alenfeld, Joseph Lazarus 74
Alenfeld, Julius 73ff., 84, 123f., 136
Alenfeld, Justus Walter Eugen 11, 17, 25, 42, 62, 67f., 84ff., 88, 91, 107, 112, 137, 142, 158f., 160f., 164, 167ff., 207f., 230, 233f., 244, 248f., 251, 257, 268, 274, 288, 293f., 298, 326, 344, 370, 393, 396, 401, 404, 413, 415, 417, 421, 426, 434, 442, 452, 465ff.
Alenfeld, Mathilde Emma geb. Beyfus 13, 73, 75f., 107, 124, 403
Alenfeld, Sabine Katharina Hedwig geb. Geppert 14f.
Alenfeld, Walter Robert Paul 9, 43ff., 71f., 78, 354
Altmann, Helene 354
Altmann, Max 354
Anders 72
Antonescu, Ion 262, 324
Arndt, Ernst Moritz 47, 139, 166
Arndt, Hertha 139, 158, 188, 211f., 242, 284, 298f., 304, 356
Auburtin, Victor 48

Augustus s. Gaius Julius Caesar Octavianus
Badoglio, Pietro 217, 240
Baeck, Leo 132
Bardtenschlager 42, 69
Barlach, Ernst 49
Bauch 152
Becker 152
Beethoven, Ludwig van 194, 299
Behrend 83, 110
Bellers 420
Below, Fritz v. 72
Beneš, Eduard 114f.
Bentorp, Hildegard 303
Berg, Bengt 352
Bernstorff, Albrecht Graf v. 11, 115, 203, 222, 456
Best, Werner 268
Beyfus, Mayer Levin 75
Beyfus, Zerline geb. Worms 75
Bing, Tili 258
Bismarck, Otto v. 280
Bleichröder, Bankhaus 273
Blomberg, Werner v. 107f.
Blücher, Gebhard Leberecht v. 241, 289, 292, 298
Bode, Wilhelm v. 104, 209
Bodenheim 155
Böhme, Ida 266
Böttcher, Max Karl 140, 150
Bollenmüller (Restaurant) 218, 250, 286, 288, 293f.
Bonaparte, Jérôme, s. Jérôme I.
Bonaparte, Napoleon s. Napoleon
Bondy, François 59
Bondy, Luc 59
Bondy, Maria 59, 64, 67, 88, 100, 156, 354
Bormann, Martin 216, 222, 334
Bouhler, Philipp 224
Bräutigam 420

Brandenburg, Lotte 310
Brandt, Dr. Karl 224f., 297
Brass, Arthur 207
Brauchitsch, Walther v. 108
Brentano, Clemens v. 166
Breslauer, Alfred 25, 78, 81f., 104f., 120, 137, 162, 190, 260
Breslauer, Dora 25, 260
Breslauer, Lene 267
Bruck, Irene geb. Messel 354
Bruck, Paul 354
Brüning, Heinrich 27
Brunner, Alois 222, 264
Buka, Heinrich 160ff., 189f., 196
Bülow, Gabriele v. geb. v. Humboldt 358
Bülow, Heinrich v. 359
Bürckel, Josef 148
Burckhard, Jacob 292
Buttiron, Irmgard 101f., 105, 107, 120, 185, 188, 242, 244f., 253, 268, 315, 337, 341
Cassirer, Paul 120, 209f.
Cato d. Ä., Marcus Portius 280
Chamberlain, Neville 114, 193
Choltitz, Dietrich v. 321f.
Churchill, Sir Winston 199, 217, 220f., 243, 321, 331, 383, 385
Clärchen 57f., 61
Classen 353
Clausewitz, Carl Philipp Gottlieb v. 378
Cohn, Ludwig s. Emil Ludwig
Corinth, Lovis 210
Curtius, Ernst 292
Curzon, Lord George Nathaniel 244, 383f.
Dach, Simon 266
Dahlke, Paul 212
Daladier, Edouard 114
Damm 420

473

Danckelmann, Bernhard 93f., 121, 398
Danckelmann, Ilse 93, 398
Dante Alighieri 268
Darlan, François 198
De Boor 338
Deckert 423
Demmer, Karl 303
Demnig, Gunter 211
Demuth, Dr. Fritz 118, 211
Diener 236
Dietl, Eduard 319
Dietrich, Joseph (»Sepp«) 389
Dilschneider, Otto A. 47, 224f., 248, 261, 399, 452, 466
Dönitz, Karl 215, 422, 424
Döring 89
Dohme, Dr. Robert 11, 30, 76
Dohme, Henriette Emma geb. Alenfeld verh. Springer 11f., 29f., 76, 124, 134, 203, 209, 223, 456, 469
Dollfuß, Engelbert 49
Drope 268
Droste-Hülshoff, Annette v. 326
Duckwitz, Georg Ferdinand 268
Dwinger, Edwin Erich 399
Ebert, Friedrich 35
Eckart, Dietrich 194, 399
Eden, Sir Anthony 243, 384
Ehlert 256
Eichmann, Adolf 263f., 348, 390
Eisenhower, Dwight D. 198, 217, 260, 322, 364, 424
Elser, Johann Georg 138
Encke, August 397
Eschhaus 146f.
Falke, Gustav 61
Feilchenfeldt, Konrad 470
Feilchenfeldt, Walter 120, 209
Fein 196, 270
Fersenheim, Max 337
Fink 237, 240f., 285, 313

Fischer, Hanna 280
Flotow, Friedrich v. 299, 303
Fontane, Theodor 146f., 225, 267, 367, 449
Franco, Francisco 93, 148, 170, 262
Frank, Hans 138
Freehm 267
Freundlich 196
Friedrich II. 192, 233, 241
Friedrich III. 76f.
Friedrich Wilhelm, Kronprinz 76
Friedrich Wilhelm I. 241
Friedrich Wilhelm III. 241
Fritsch, Werner von 107f.
Fritze, Agnes 326, 435
Froelich, Carl 212
Funk, Walter 127
Gaius Julius Caesar Octavianus gen. Augustus 328
Gaul, August 210
Gaulle, Charles de 145, 197f., 221, 243, 309, 321f., 383
Geelkerken, Cornelis van 351
George, Stefan 317
Geppert, Anna geb. Geppert 79f.
Geppert, Hildegard Julie Lina Anna 19, 22, 34, 62, 68, 82, 84, 88, 100ff., 109, 112, 119ff., 129f., 139, 143, 148f., 188, 195, 212, 253, 279, 287, 294, 297, 299f., 325f., 338ff., 343, 346, 349, 356, 359, 383, 451f.
Geppert, Johannes Justus 79f., 82
Geppert, Katharina Julie geb. Schacht, genannt Käthe 14f., 19, 24f., 57, 78, 101, 103f., 106, 112, 142f., 194, 255, 423
Geppert, Lisbeth 80
Geppert, Theodor 80
Geppert, Walter Johannes 14f., 25, 80ff., 104f., 162, 297
Gerber 324

Geyer 244, 256
Giraud, Henri Honoré 197f., 216, 221, 243, 322
Gobineau, Joseph Arthur Graf v. 292
Goebbels, Joseph 115, 117, 127, 154, 191ff., 200, 214, 219, 229, 247, 254, 290, 316, 367, 399, 422
Göring, Hermann 28, 35, 55, 107f., 112f., 119, 121, 135, 159, 170, 184, 192, 239, 422
Götze 288
Griep 65, 68
Grüber, Heinrich 436f.
Grynszpan, Herschel 117
Guderian, Heinz 197, 372
Guischard, Johann Philipp 44, 77
Gusserow 286
Gustloff, Wilhelm 192, 406
Hadamovsky, Eugen 316
Hagen, Marie 185, 207, 217, 286, 448
Hamburger, Dr. Georg 219
Hampf 28, 69, 83f., 95
Hansson, Per Albin 268
Harris, Sir Arthur 183
Harriman, Averell 331, 383
Hauert, Adolf 212
Heidelberger, Edith 277
Heidelberger, Gerhard 277
Heiden, Konrad 32
Heinz, Joachim v. 115
Heil, Robert 288
Hell, Anna 85
Hell, Jani 85, 87
Hell, Käte geb. Meyer 85ff., 100, 110
Hell, Michael 85f.
Herstatt, Carl 115
Heß, Rudolf 222
Heutgens 417
Heydrich, Reinhard 179
Himmler, Heinrich 99, 107f., 127, 132, 214, 236, 334, 340, 347, 349, 372,
393, 422
Hindenburg, Paul v. 26, 35, 41, 50f., 193f., 247, 317
Hirsch, Professor Dr. Julius 95, 115f., 125, 256, 285
Hitler, Adolf 15f., 24, 26, 31ff., 41ff., 45, 48f., 51, 59, 63, 90f., 93, 107ff., 111, 114f., 117, 121, 125, 130, 135, 138, 140f., 144f., 150ff., 157ff., 164, 167ff., 175, 182, 185, 189, 192ff., 197, 199ff., 206, 215ff., 221f., 224, 234ff., 243f., 250, 261ff., 268, 308, 313, 317ff., 322, 330f., 334, 338, 349, 351, 358, 370, 372, 380ff., 385, 388f., 391, 395, 406f., 409, 416, 422, 424, 426, 437, 455
Hitz, Dora 124
Holst, Dr. Adolf 50f.
Horthy, Miklos 263, 389f.
Hübschmann, Wolfgang 256
Hugenberg, Alfred 34
Hull, Cordell 243, 384
Humboldt, Alexander v. 95, 359
Humboldt, Wilhelm v. 95, 358f.
Jaekel 218, 421
Janovsky 423
Jarislowsky, Adolph 95, 125f., 128, 137, 146f., 162, 204, 212f., 219f., 250, 256, 268, 285, 427, 446, 448ff., 465
Jarislowsky, Flora 268
Jérôme I. 74
Jessen 279, 338, 437, 449
Jodl, Alfred 424
Johnson 352
Kahn, Prof. Robert 35
Kai-shek, Chiang 163, 243
Kamnitzer 246, 248, 285
Kann, Dr. Richard 448
Karger, Walter v. 443
Katzenellenbogen, Albert 69
Keiner, Annemarie 312

475

Keiner, Elisabeth 312
Kesselring, Albert 407, 424
Knöll, Dr. 104
Koch, Dr. Justus 28, 48f., 65, 73, 118ff., 135, 147, 156, 191, 363, 427, 445, 453f.
Koch, Heinz 460
Koch, Lisa 460
Kochmann 69, 359
Koennecke, Franz 303
Körner, Paul 28
Koppe, Joachim 101, 305f.
Krückeberg 106, 120, 135
Kühn, Dr. Erich 118
Ladenburg-Trier, Prof. Heinz 460
Lagatz, Otto 57, 285, 292, 363
Lambeck, Erich 443, 447ff.
Lammers, Heinrich 216, 334
Landsberger, Dr. Kurt 204, 210, 246, 277, 291, 363, 456, 458, 462
Lassen, Spedition 276, 296
Lattre de Tassigny, Jean de 320, 350, 424
Leander, Zarah 212
Leclerc, Charles Victor Emanuel 322, 350
Leistikow, Walter 210
Lenz, Fritz 236
Lenz, Reimar 236, 244
Lessing, Julius 260
Lessing, Frieda verh. Breslauer 260
Levy, Herbert 323
Levy, Leo 196
Liebermann, Annemarie gen. Anni 111, 148, 324, 365, 400
Liebermann, Friedrich Salomon 228, 232
Liebermann, Jacob 111
Liebermann, Joseph 111
Liebermann, Martha 11, 111, 115, 179, 185, 195f., 203ff., 217, 222, 247, 251, 253, 270, 286, 428, 448f., 456ff., 462f., 468, 475
Liebermann, Max 11, 111, 115, 121, 203ff., 209, 228, 448
Liebermann, Robert 111, 148, 183f., 229, 231, 239, 242, 257, 324, 351, 365, 400
Liebermann, Rolf 111, 137, 148, 157, 178, 183
Liesegang 375, 379, 386
Lindemann, Erich 221f., 246, 248, 335, 360
Linder, Ruth 137
Löns, Hermann 166
Lohse 431
Ludendorff, Erich 194, 247
Ludendorff, Mathilde 194
Ludwig XIV. 193
Ludwig, Emil 280
Lücker, Dr. Kurt 434f.
Lüders, Marga 279
Lüders, Marie-Therese geb. Schlesinger-Trier 10f., 56, 179, 277, 445
Lüders, Marie-Elisabeth
Lüders, Peter 153, 277, 350, 354, 359, 366, 373, 398, 404, 413, 427, 430f., 437, 444, 448, 452
Lüders, Dr. Philipp Ernst Johannes 11, 92, 179, 222, 235, 266, 277, 279, 293, 313, 320, 324, 337, 352, 359, 366, 398, 404, 413, 427, 431, 437, 444f., 448, 452
Luise, Königin 241
Lundström 271
Luther, Martin 224, 255, 275
Lutz, Carl 391
Mannerheim, Carl Gustav Freiherr v. 272
Marckwald, Ottilie 457f., 461
Marcuse, Dr. Richard 11, 130, 146, 157, 160ff., 184, 189ff., 195f., 204, 285,

448f., 456
Maria 313
Marquardt 423
Matthies 195, 247f., 250, 255, 270
Mattiesen, Heinz 309, 400f.
Mattiesen, Irene geb. Walbe 309, 382f., 401
Mengel, Carola geb. Schluckebier 57
Messel, Alfred 104f., 223, 354
Messel, Elsa 223, 248, 250, 253, 256, 258, 266, 269, 280f., 305, 312, 316, 319f., 328, 353f., 358, 364, 368, 372f.
Messel, Ina 354
Messel, Ludwig 354
Mikolajczyk, Stanislaw 384
Mirauer 189
Model, Walter 409
Mölders, Werner 170
Molotow, Wjatscheslaw Michailowitsch 135, 243, 384
Montgomery, Bernard Law 330, 408, 424
Motzkus 248
Mozart, Wolfgang Amadeus 46, 379
Müller, Ludwig 47f., 159
Mussert, Anton Adriaan 351
Mussolini, Benito 217, 228, 234, 240
Napoleon I. 74, 155, 241, 396
Napoleon III. 241
Neurath, Konstantin v. 108
Neustadt, Dr. Erich alias »Nowgorod« 238f., 242, 255, 270, 273, 287, 294, 315, 349, 362, 410
Niels, Herm 166
Niemöller, Martin 47, 93, 455
Nordheim, Dagmar v. geb. v. Stolzenberg 286f.
»Nowgorod« s. Erich Neustadt
Olfers, Hedwig v. 358f.
Pallmann, Gerhard 168

Paulus, Friedrich 185, 199, 221
Peel-Kommission 97
Pergolesi, Giovanni Battista 211
Perlwitz, Dr. 68, 95, 252
Pétain, Henri Philippe 145f., 197f.
Pilster, Dr. Rolf 455f., 458
Pohl, Carla Laura Mathilde geb. Alenfeld 9, 18, 29, 45f., 50, 56, 58, 61, 65, 71f., 78f., 89, 93, 119f., 127, 136, 154f., 160f., 194, 216, 228, 247, 265f., 278, 304, 309f., 320, 323ff., 327f., 331ff., 336f., 342f., 345, 352, 355f., 360, 362, 369, 374ff., 379, 381, 386f., 391ff., 396, 398, 402, 405, 407, 409ff., 427, 429f., 432f., 435, 437, 441f., 445, 452, 459
Pohl, Elisabeth geb. Greiner gen. »Tante Lies« 57, 155, 334, 346, 356, 380, 391, 413
Pohl, Ernst Johann Karl 57
Pohl, Jochen 369, 379ff., 413
Pohl, Karlernst 45, 56, 80, 89, 119f., 154f., 216, 225, 248, 278, 304, 323, 325, 327, 332ff., 340, 342f., 345ff., 350, 355, 357, 366, 369, 375, 380f., 387, 391, 412f., 427, 429f., 432, 436, 452f.
Pohl, Lore 323, 379ff., 391, 412
Poplauer 196
Prittwitz 247
Promber, Otto 175
Raeder, Erich 215
Ranke, Leopold v. 30f.
Rath, Ernst vom 117, 193
Rathenau, Walter 21
Reichenau, Walter v. 107f.
Reicke, Ilse 266
Reinhard 226
Reventlow 280
Ribbentrop, Joachim v. 108, 135
Riesenburger, Martin 206f.

Rietscher 267
Riezler, Käthe 204, 207, 209f., 428, 456ff., 461ff.
Riezler, Kurt 204, 463
Ring, Grete 121
Rochow, Caroline v. 284, 298
Rochow, Gustav v. 284
Röhm, Ernst 41, 49, 454
Röske 256
Rohrlack 213, 251ff., 255, 275, 285
Rommel, Erwin 183, 215, 261, 308, 317
Roosevelt, Franklin Delano 199, 219, 221, 234, 243, 385, 414
Rosenberg, Alfred 192
Rosenthal 106
Rossellini, Roberto 262
Rothschild, Amschel Mayer 13, 75
Rothschild, Meyer Amschel 13, 75
Rothschild, Schönge gen. Jeannette 13, 75
Rotta, Angelo 391
Rudel, Hans Ulrich 366f.
Rust, Bernhard 236
Salinger, Paul 162, 190, 267
Salinger, Else geb. Breslauer 162, 190
Salisch 71
Savoyen, Franz Eugen Prinz v. 409
Schacht, Dr. Carl 82
Schacht, Frida geb. Rizzi 101
Schacht, Hjalmar 35
Schacht, Julie geb. Hagemann 82
Schacht, Julius 101, 111
Scharfenberg 222
Scharnhorst, Gerhard v. 89, 396
Schaub 220, 249, 285, 357, 419ff.
Scheffer, Thassilo v. 290
Scherr, Johannes 289, 292f., 298
Scheurmann, Otto 223, 250f., 255, 284, 287, 363
Scheyer, Salo 162

Schirach, Baldur v. 90, 164, 168, 236
Schlageter, Albert Leo 193, 213f.,
Schlesinger-Trier, Laura geb. Trier 22, 57f., 77f.
Schlesinger-Trier, Carl Ludwig 77f.
Schlesinger-Trier, Paul Ludwig (in Großbritannien: Paul Trier) 53f., 78, 163, 267, 427, 440, 444, 446, 448, 460, 466, 468
Schlesinger-Trier, Daisy geb. Ladenburg (in Großbritannien: Daisy Trier) 53f., 460, 466
Schlesinger-Trier, Martha Henriette 10f., 78, 162f., 179, 189, 207, 282, 330, 427, 343
Schlieffen, Alfred v. 247
Schlöttke 217, 275
Schluckebier, Ludwig 104
Schluckebier, Luise geb. Schacht, gen. Lilli 57, 104, 106, 250, 275, 382, 423
Schmidt, Franz v. 225ff.
Scholz, Wilhelm 450f.
Schongauer, Martin 44
Schrank 104f.
Schukkel, Bruno 271, 276, 430
Schukow, Marschall Georgi Konstantinowitsch 371f., 393, 424
Schultze, Willy 65, 68f., 426, 455
Schulze, Ernst 226
Schuricht, Carl Adolph 126
Schuschnigg, Kurt Edler v. 109
Schwegler, Trud 195, 421
Seeckt, Dorothee v. 10f., 162f., 179, 253, 258, 266, 268, 279, 343, 440, 445
Seeckt, Hans v. 11, 162f., 258, 266
Seefeld 188
Sehmer, Dr. Theodor 222, 224ff., 255, 296f., 316, 363, 440
Seiler 146
Seldte, Franz 46, 49, 59, 147, 427, 445, 454

Seyß-Inquart, Arthur 109
Slezak, Leo 212
Snell, Rebbe 380
Söderbaum, Kristina 367
Solf, Johanna 206, 456
Solf, Wilhelm Heinrich 206f.
Sophie Dorothea, Kurfürstin 104
Speer, Albert 122, 189, 206, 224, 264, 273, 277, 347, 407
Spengler, Oswald 354
Speyer, Alice 267
Springer, Elisabeth geb. Hettner 37, 132, 134, 144f.
Springer, Ernst Daniel Henry 11f., 76
Springer, Georg (Georges) 37, 132, 134, 144, 461, 469
Springer, Heinrich (Henry) 37, 132, 134, 144, 461
Springer, Dr. jur. et phil. Max Ernst Julius 12, 37f., 76, 131ff., 144, 458f.
Stahl, Heinrich 132
Stalin, Josef Wissarionowitsch 36, 135, 183, 185, 199f., 214, 221, 234, 243f., 255, 265, 272, 276, 314, 331, 383, 385, 416
Stauffenberg, Claus Schenk v. 317
Stein, Heinrich Friedrich Karl Freiherr vom 166
Steiniger, Dr. jur. Peter A. 223, 238, 272f., 362
Stephan, Irene 303
Sternaux, Ludwig 315
Stolzenberg, Walpurga v. gen. Purdi 67, 287, 307
Storm, Theodor 279, 338
Stresemann, Gustav 35, 63
Stüwe, Hans 175, 261, 266
Szader 273
Szálasi, Ferenc 389
Tarnow 268
Tecklenburg, Georg 83, 115, 204, 216, 251

Tersteegen, Gerhard 281
Theilemann, Georg 89, 111,
Tilly, Johann t'Serclaes Graf v. 18, 335
Timmermann 246, 268, 270, 288, 316
Todt, Fritz 206f., 273, 277, 287, 290, 293, 296, 342, 345, 348, 402, 427, 457
Treskow, Henning v. 318
Tier, Paul s. Paul Schlesinger-Trier
Trier, Daisy s. Daisy Schlesinger-Trier, geb. Ladenburg
Truman, Harry S. 414, 416, 437
Tschaikowski, Peter 212
Tschudi, Hugo v. 209
Udet, Ernst 170
Vasari, Giorgio 272
Vetter, Ewald 118
Viereck, Christian 236
Viktor Emanuel 217,
Völker, Anneliese Viola geb. Geppert 19, 82, 84, 134, 139, 142f., 200ff., 216, 233f., 245, 257, 265, 270, 286, 291f., 306f., 311, 347, 383, 398, 401, 408, 438
Völker, Gisela Käthe 139, 202, 329, 470
Völker, Helmut Julius Walter 242, 245f., 306, 329f., 470
Völker, Prof. Dr. Otto 19, 291, 311, 329f., 333, 340, 383, 401, 438
Völker, Wolfgang Otto 286, 291, 330
Vogliano, German 245, 256, 288, 418, 421
Vortisch, Alfred 108
Waechter, Richard 27, 71, 83, 174, 305f.
Wallenberg, Raoul 390
Walter, Alwine 207, 448
Walter, Bruno 35
Warburg, Max 98
Warning 88

Wassermann, Angelo 83
Wassermann, Bankhaus 83ff., 97, 99, 106f., 115f., 216, 220, 251
Wassermann, Emil 83
Wassermann, Oskar 83, 98
Wassermann, Sigmund 70, 83, 89, 111, 115, 120, 122, 203
Wassermann, Max 83
Wegener, Paul 367
Werthauer 246
Wessel, Horst 153, 192f., 394
Wex-Hosäus, Toni 158, 214, 234, 239
Wilder, Thornton 16
Wilhelm I. 46, 241
Wilhelm II. 46
Wirweitzky 455, 458
Wisliceny, Dieter 263f.
Witte, Prof. Dr. 125, 255, 363
Wolffsky, Adolph 220, 223
Worms, Bankhaus 13, 75
Yorck Gräfin v. Wartenburg, Marion 455, 464
Ziegler, Ada 310, 376, 403
Zimmermann 248, 267
Zirpel 251, 253, 256, 276, 448
Zitelmann, Werner 446f.
Zuckmayer, Carl 170